UNA BREVE HISTORIA DE CASI TODO

Bill Bryson

UNA BREVE HISTORIA
DE CASI TODO

Traducción de José Manuel Álvarez

Título original: *A Short History of Nearly Everything*
Autor: Bill Bryson

© 2003, Bill Bryson
© de las ilustraciones: 2003, Neil Gower
© de la traducción: 2004, José Manuel Álvarez Flórez
© de esta edición: 2004, RBA Libros, S.A.
Pérez Galdós, 36 - 08012 Barcelona
rba-libros@rba.es / www.rbalibros.com

Quinta edición: mayo 2005

REF.: OAFI082 / ISBN: 84-7871-175-9
DEPÓSITO LEGAL: B. 20.767 - 2005
Impreso por Novagràfik (Montcada i Reixac)

Para Meghan y Chris. Bienvenidos.

El físico Leo Szilard anunció una vez a su amigo, Hans Bethe, que estaba pensando en escribir un diario: «No me propongo publicarlo. Me limitaré a registrar los hechos para que Dios se informe». «¿Tú crees que Dios no conoce los hechos?», preguntó Bethe. «Sí —dijo Szilard—. Él conoce los hechos, pero no conoce esta versión de los hechos.»

HANS CHRISTIAN VON BAEYER,
Taming the Atom [Controlando el átomo]

ÍNDICE GENERAL

INTRODUCCIÓN

Bienvenido. Y felicidades. Estoy encantado de que pudieses conseguirlo. Llegar hasta aquí no fue fácil. Lo sé. Y hasta sospecho que fue algo más difícil de lo que tú crees.

En primer lugar, para que estés ahora aquí, tuvieron que agruparse de algún modo, de una forma compleja y extrañamente servicial, trillones de átomos errantes. Es una disposición tan especializada y tan particular que nunca se ha intentado antes y que sólo existirá esta vez. Durante los próximos muchos años —tenemos esa esperanza—, estas pequeñas partículas participarán sin queja en todos los miles de millones de habilidosas tareas cooperativas necesarias para mantenerte intacto y permitir que experimentes ese estado tan agradable, pero tan a menudo infravalorado, que se llama existencia.

Por qué se tomaron esta molestia los átomos es todo un enigma. Ser tú no es una experiencia gratificante a nivel atómico. Pese a toda su devota atención, tus átomos no se preocupan en realidad por ti, de hecho ni siquiera saben que estás ahí. Ni siquiera saben que *ellos* están ahí. Son, después de todo, partículas ciegas, que además no están vivas. (Resulta un tanto fascinante pensar que si tú mismo te fueses deshaciendo con unas pinzas, átomo a átomo, lo que producirías sería un montón de fino polvo atómico, nada del cual habría estado nunca vivo pero todo él habría sido en otro tiempo tú.) Sin embargo, por la razón que sea, durante el periodo de tu existencia, tus átomos responderán a un único impulso riguroso: que tú sigas siendo tú.

La mala noticia es que los átomos son inconstantes y su tiempo de devota dedicación es fugaz, muy fugaz. Incluso una vida humana larga sólo suma unas 650.000 horas y, cuando se avista ese modesto límite, o en algún otro punto próximo, por razones desconocidas, tus átomos te dan por terminado. Entonces se dispersan silenciosamente y se van a ser otras cosas. Y se acabó todo para ti.

De todos modos, debes alegrarte de que suceda. Hablando en términos generales, no es así en el universo, por lo que sabemos. Se trata de algo decididamente raro porque, los átomos que tan generosa y amablemente se agrupan para formar cosas vivas en la Tierra, son exactamente los mismos átomos que se niegan a hacerlo en otras partes. Pese a lo que pueda pasar en otras esferas, en el mundo de la química la vida es fantásticamente prosaica: carbono, hidrógeno, oxígeno y nitrógeno, un poco de calcio, una pizca de azufre, un leve espolvoreo de otros elementos muy corrientes (nada que no pudieses encontrar en cualquier farmacia normal), y eso es todo lo que hace falta. Lo único especial de los átomos que te componen es que te componen. Ése es, por supuesto, el milagro de la vida.

Hagan o no los átomos vida en otros rincones del universo, hacen muchas otras cosas: nada menos que todo lo demás. Sin ellos, no habría agua ni aire ni rocas ni estrellas y planetas, ni nubes gaseosas lejanas ni nebulosas giratorias ni ninguna de todas las demás cosas que hacen el universo tan agradablemente material. Los átomos son tan numerosos y necesarios que pasamos con facilidad por alto el hecho de que, en realidad, no tienen por qué existir. No hay ninguna ley que exija que el universo se llene de pequeñas partículas de materia o que produzcan luz, gravedad y las otras propiedades de las que depende la existencia. En verdad, no necesita ser un universo. Durante mucho tiempo no lo fue. No había átomos ni universo para que flotaran en él. No había nada..., absolutamente nada en ningún sitio.

Así que demos gracias por los átomos. Pero el hecho de que tengas átomos y que se agrupen de esa manera servicial es sólo parte de lo que te trajo hasta aquí. Para que estés vivo aquí y ahora, en el siglo XXI, y seas tan listo como para saberlo, tuviste también que ser beneficiario de una secuencia excepcional de buena suerte biológica. La supervivencia en la Tierra es un asunto de asombrosa complejidad. De los miles y miles de millones de especies de cosas vivas que han existido desde el principio del tiempo, la mayoría (se ha llegado a decir que el 99 %) ya no anda por ahí. Y es que la vida en este planeta no sólo es breve sino de una endeblez deprimente. Constituye un curioso rasgo de nuestra existencia que procedamos de un planeta al que se le da muy bien fomentar la vida, pero al que se le da aún mejor extinguirla.

Una especie media sólo dura en la Tierra unos cuatro millones de años, por lo que, si quieres seguir andando por ahí miles de millones de años, tienes que ser tan inconstante como los átomos que te componen.

Debes estar dispuesto a cambiarlo todo (forma, tamaño, color, especie, filiación, todo) y a hacerlo reiteradamente. Esto es mucho más fácil de decir que de hacer, porque el proceso de cambio es al azar. Pasar del «glóbulo atómico protoplasmático primordial» —como dicen Gilbert y Sullivan en su canción— al humano moderno que camina erguido y que razona te ha exigido adquirir por mutación nuevos rasgos una y otra vez, de la forma precisa y oportuna, durante un periodo sumamente largo. Así que, en los últimos 3.800 millones de años, has aborrecido a lo largo de varios periodos el oxígeno y luego lo has adorado, has desarrollado aletas y extremidades y unas garbosas alas, has puesto huevos, has chasqueado el aire con una lengua bífida, has sido satinado, peludo, has vivido bajo tierra, en los árboles, has sido tan grande como un ciervo y tan pequeño como un ratón y un millón de cosas más. Una desviación mínima de cualquiera de esos imperativos de la evolución y podrías estar ahora lamiendo algas en las paredes de una cueva, holgazaneando como una morsa en algún litoral pedregoso o regurgitando aire por un orificio nasal, situado en la parte superior de la cabeza, antes de sumergirte 18 metros a buscar un bocado de deliciosos gusanos de arena.

No sólo has sido tan afortunado como para estar vinculado desde tiempo inmemorial a una línea evolutiva selecta, sino que has sido también muy afortunado —digamos que milagrosamente— en cuanto a tus ancestros personales. Considera que, durante 3.800 millones de años, un periodo de tiempo que nos lleva más allá del nacimiento de las montañas, los ríos y los mares de la Tierra, cada uno de tus antepasados por ambas ramas ha sido lo suficientemente atractivo para hallar una pareja, ha estado lo suficientemente sano para reproducirse y le han bendecido el destino y las circunstancias lo suficiente como para vivir el tiempo necesario para hacerlo. Ninguno de tus respectivos antepasados pereció aplastado, devorado, ahogado, de hambre, atascado, ni fue herido prematuramente ni desviado de otro modo de su objetivo vital: entregar una pequeña carga de material genético a la pareja adecuada en el momento oportuno para perpetuar la única secuencia posible de combinaciones hereditarias, que pudiese desembocar casual, asombrosa y demasiado brevemente en ti.

Este libro trata de cómo sucedió eso... cómo pasamos, en concreto, de no ser nada en absoluto a ser algo, luego cómo un poco de ese algo se convirtió en nosotros y también algo de lo que pasó entretanto y desde entonces. Es, en realidad, abarcar muchísimo, ya lo sé, y por eso el libro se titula *Una breve historia de casi todo*, aunque en rigor no lo sea. No podría serlo. Pero, con suerte, cuando lo acabemos tal vez parezca como si lo fuese.

Mi punto de partida fue, por si sirve de algo, un libro de ciencias del colegio que tuve cuando estaba en cuarto o quinto curso. Era un libro de texto corriente de los años cincuenta, un libro maltratado, detestado, un mamotreto deprimente, pero tenía, casi al principio, una ilustración que sencillamente me cautivó: un diagrama de la Tierra, con un corte transversal, que permitía ver el interior tal como lo verías si cortases el planeta con un cuchillo grande y retirases con cuidado un trozo que representase aproximadamente un cuarto de su masa.

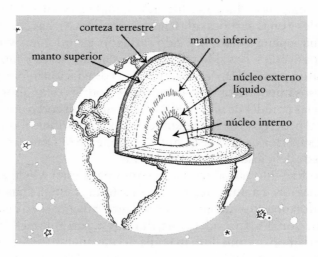

Resulta difícil creer que no hubiese visto antes esa ilustración, pero es indudable que no la había visto porque recuerdo, con toda claridad, que me quedé transfigurado. La verdad, sospecho que mi interés inicial se debió a una imagen personal de ríos de motoristas desprevenidos de los estados de las llanuras norteamericanas, que se dirigían hacia el Pacífico y que se precipitaban inesperadamente por el borde de un súbito acantilado, de unos 6.400 kilómetros de altura, que se extendía desde Centroamérica hasta el polo Norte; pero mi atención se desvió poco a poco, con un talante más académico, hacia la dimensión científica del dibujo, hacia la idea de que la Tierra estaba formada por capas diferenciadas y que terminaba en el centro con una esfera relumbrante de hierro y níquel, que estaba tan caliente como la superficie del Sol, según el pie de la ilustración. Recuerdo que pensé con verdadero asombro: «¿Y cómo saben eso?».

No dudé ni siquiera un instante de la veracidad de la información —aún suelo confiar en lo que dicen los científicos, lo mismo que confío en lo que dicen los médicos, los fontaneros y otros profesionales que poseen información privilegiada y arcana—, pero no podía imaginar de ninguna manera cómo había podido llegar a saber una mente humana qué aspecto tenía y cómo estaba hecho lo que hay a lo largo de miles de kilómetros por debajo de nosotros, algo que ningún ojo había visto nunca y que ningunos rayos X podían atravesar. Para mí, aquello era sencillamente un milagro. Ésa ha sido mi posición ante la ciencia desde entonces.

Emocionado, me llevé el libro a casa aquella noche y lo abrí antes de cenar —un acto que yo esperaba que impulsase a mi madre a ponerme la mano en la frente y a preguntarme si me encontraba bien—. Lo abrí por la primera página y empecé a leer. Y ahí está el asunto. No tenía nada de emocionante. En realidad, era completamente incomprensible. Y sobre todo, no contestaba ninguno de los interrogantes que despertaba el dibujo en una inteligencia inquisitiva y normal: ¿cómo acabamos con un Sol en medio de nuestro planeta y cómo saben a qué temperatura está?; y si está ardiendo ahí abajo, ¿por qué no sentimos el calor de la tierra bajo nuestros pies?; ¿por qué no está fundiéndose el resto del interior?, ¿o lo está?; y cuando el núcleo acabe consumiéndose, ¿se hundirá una parte de la Tierra en el hueco que deje, formándose un gigantesco sumidero en la superficie?; ¿y cómo *sabes* eso?; ¿y *cómo llegaste a saberlo*?

Pero el autor se mantenía extrañamente silencioso respecto a esas cuestiones... De lo único que hablaba, en realidad, era de anticlinales, sinclinales, fallas axiales y demás. Era como si quisiese mantener en secreto lo bueno, haciendo que resultase todo sobriamente insondable. Con el paso de los años empecé a sospechar que no se trataba en absoluto de una cuestión personal. Parecía haber una conspiración mistificadora universal, entre los autores de libros de texto, para asegurar que el material con el que trabajaban nunca se acercase demasiado al reino de lo medianamente interesante y estuviese siempre a una conferencia de larga distancia, como mínimo, de lo francamente interesante.

Ahora sé que hay, por suerte, numerosos escritores de temas científicos que manejan una prosa lúcida y emocionante (Timothy Ferris, Richard Fortey y Tim Flannery son tres que surgen de una sola estación del alfabeto, y eso sin mencionar siquiera al difunto aunque divino Richard Feynman), pero lamentablemente ninguno de ellos escribió un libro de texto que haya estudiado yo. Los míos estaban escritos por hombres —siempre eran hombres— que sostenían la curiosa teoría de que todo quedaba claro, cuando se expresaba como una fórmula, y la divertida e ilusa creencia de que los niños estadounidenses agradecerían poder disponer de capítulos que acabasen con una sección de preguntas sobre las que pudiesen cavilar en su tiempo libre. Así que me hice mayor convencido de que la ciencia era extraordinariamente aburrida, pero sospechaba que no tenía por qué serlo; de todos modos, intentaba no pensar en ella en la medida de lo posible. Esto se convirtió también en mi posición durante mucho tiempo.

Luego, mucho después (debe de hacer unos cuatro o cinco años), en un largo vuelo a través del Pacífico, cuando miraba distraído por la ventanilla el mar iluminado por la Luna, me di cuenta, con una cierta contundencia incómoda, de que no sabía absolutamente nada sobre el único planeta donde iba a vivir. No tenía ni idea, por ejemplo, de por qué los mares son salados, pero los grandes lagos no. No tenía ni la más remota idea. No sabía si los mares estaban haciéndose más salados con el tiempo o menos. Ni si los niveles de salinidad del mar eran algo por lo que debería interesarme o no. (Me complace mucho decirte que, hasta finales de la década de los setenta, tampoco los científicos conocían las respuestas a esas preguntas. Se limitaban a no hablar de ello en voz muy alta.)

Y la salinidad marina, por supuesto, sólo constituía una porción mínima de mi ignorancia. No sabía qué era un protón, o una proteína, no distinguía un quark de un cuásar, no entendía cómo podían mirar los geólogos un estrato rocoso, o la pared de un cañón, y decirte lo viejo que era..., no sabía nada, en realidad. Me sentí poseído por un ansia tranquila, insólita, pero insistente, de saber un poco de aquellas cuestiones y de entender sobre todo cómo llegaba la gente a saberlas. Eso era lo que más me asombraba: cómo descubrían las cosas los científicos. Cómo sabe alguien cuánto pesa la Tierra, lo viejas que son sus rocas o qué es lo que hay realmente allá abajo en el centro. Cómo pueden saber cómo y cuándo empezó a existir el universo y cómo era cuando lo hizo. Cómo saben lo que pasa dentro del átomo. Y, ya puestos a preguntar —o quizá sobre todo, a reflexionar—, cómo pueden los científicos parecer saber a menudo casi todo, pero luego no ser capaces aún de predecir un terremoto o incluso de decirnos si debemos llevar el paraguas a las carreras el próximo miércoles.

Así que decidí que dedicaría una parte de mi vida (tres años, al final) a leer libros y revistas y a buscar especialistas piadosos y pacientes, dispuestos a contestar a un montón de preguntas extraordinariamente tontas. La idea era ver si es o no posible entender y apreciar el prodigio y los logros de la ciencia (maravillarse, disfrutar incluso con ellos) a un nivel que no sea demasiado técnico o exigente, pero tampoco completamente superficial.

Ésa fue mi idea y mi esperanza. Y eso es lo que se propone hacer este libro. En fin, tenemos mucho camino que recorrer y mucho menos de 650.000 horas para hacerlo, de modo que empecemos de una vez.

I

PERDIDOS EN EL COSMOS

Están todos en el mismo plano. Giran todos en la misma dirección... Es perfecto, ¿sabes? Es portentoso. Es casi increíble.

GEOFFREY MARCY, astrónomo,
describiendo el sistema solar

I

CÓMO CONSTRUIR UN UNIVERSO

Por mucho que te esfuerces, nunca serás capaz de hacerte cargo de qué pequeño, qué espacialmente insignificante es un protón: sencillamente demasiado pequeño.

Un protón es una parte infinitesimal de un átomo, que es en sí mismo, por supuesto, una cosa insustancial. Los protones son tan pequeños[1] que una pizquita de tinta, como el punto de esta «i», puede contener unos 500.000 millones de ellos, o bastante más del número de segundos necesarios para completar medio millón de años. Así que los protones son extraordinariamente microscópicos, por decir algo.

Ahora, imagínate, si puedes —y no puedes, claro—, que aprietas uno de esos protones hasta reducirlo a una milmillonésima parte de su tamaño normal en un espacio tan pequeño que un protón pareciese enorme a su lado. Introduce después, en ese minúsculo espacio,[2] una onza de materia. Muy bien. Ya estás en condiciones de poner un universo en marcha.

Estoy dando por supuesto, obviamente, que lo que quieres construir es un universo inflacionario. Si en vez de eso prefirieses construir un universo clásico más anticuado, tipo Gran Explosión, necesitarías materiales suplementarios. Necesitarías, en realidad, agrupar todo lo que hay (hasta la última mota y partícula de materia desde aquí hasta el límite de la creación) y apretarlo hasta reducirlo a un punto tan infinitesimalmente compacto que no tuviese absolutamente ninguna dimensión. A eso es a lo que se llama una singularidad.

En cualquier caso, prepárate para una explosión grande de verdad. Querrás retirarte a un lugar seguro para observar el espectáculo, como es natural. Por desgracia, no hay ningún lugar al que retirarse, porque no hay ningún lugar fuera de la singularidad. Cuando el universo empiece a expandirse, no lo hará para llenar un vacío mayor que él. El único espacio que existe es el que va creando al expandirse.

Es natural, pero erróneo, visualizar la singularidad como una especie de punto preñado que cuelga en un vacío ilimitado y oscuro. Pero no hay ningún espacio, no hay ninguna oscuridad. La singularidad no tiene nada a su alrededor, no hay espacio que pueda ocupar ni lugar. Ni siquiera cabe preguntar cuánto tiempo ha estado allí, si acaba de brotar a la existencia, como una buena idea, o si ha estado allí siempre, esperando tranquilamente el momento adecuado. El tiempo no existe. No hay ningún pasado del que surja.

Y así, partiendo de la nada, se inicia nuestro universo.

En una sola palpitación cegadora, un momento de gloria demasiado rápido y expansivo para que pueda expresarse con palabras, la singularidad adquiere dimensiones celestiales, un espacio inconcebible. El primer animado segundo —un segundo al que muchos cosmólogos consagrarán carreras en que irán cortándolo en obleas cada vez más finas— produce la gravedad y las demás fuerzas que gobiernan la física. En menos de un minuto, el universo tiene un millón de miles de millones de kilómetros de anchura y sigue creciendo rápido. Hace ya mucho calor, 10.000 millones de grados, suficiente para que se inicien las reacciones nucleares que crean los elementos más ligeros, hidrógeno y helio principalmente, con un poquito de litio (un átomo de cada 100 millones). En tres minutos se ha producido el 98 % de toda la materia que hay o que llegará a haber. Tenemos un universo. Es un lugar con las más asombrosas y gratificantes posibilidades, un lugar bello, además. Y se ha hecho todo en lo que se tarda en hacer un bocadillo.

Cuándo sucedió ese momento es motivo de cierto debate. Los cosmólogos llevan mucho tiempo discutiendo sobre si el momento de la creación fue hace 10.000 millones de años o el doble de esa cifra u otra cifra intermedia. La opinión más extendida parece apuntar hacia la cifra de unos 13.700 millones de años,[3] pero estas cosas son notoriamente difíciles de medir, como veremos más adelante. Lo único que puede decirse, en realidad, es que en cierto punto indeterminado del pasado muy lejano, por razones desconocidas, se produjo el momento que la ciencia denomina $t=0$.[4] Estábamos de camino.

Hay, por supuesto, muchísimo que no sabemos. Y mucho de lo que creemos saber no lo hemos sabido, o creemos que no lo hemos sabido, durante mucho tiempo. Hasta la idea de la Gran Explosión es una idea muy reciente. Lleva rodando por ahí desde que, en la década de los veinte, Georges Lemaître, sacerdote e investigador belga, la propuso por primera vez de forma vacilante, pero no se convirtió en una noción activa en cosmología hasta mediados de los sesenta, en que dos jóvenes radioastrónomos hicieron un descubrimiento excepcional e involuntario.

Se llamaban Arno Penzias y Robert Wilson. En 1965, estaban intentando utilizar una gran antena de comunicaciones propiedad de Laboratorios Bell de Holmdel (Nueva Jersey), pero había un ruido de fondo persistente que no les dejaba en paz, un silbido constante y agobiante que hacía imposible el trabajo experimental. El ruido era continuo y difuso. Llegaba de todos los puntos del cielo, día y noche, en todas las estaciones. Los jóvenes astrónomos hicieron durante un año todo lo que se les ocurrió para localizar el origen del ruido y eliminarlo. Revisaron todo el sistema eléctrico. Desmontaron y volvieron a montar los instrumentos, comprobaron circuitos, menearon cables, limpiaron enchufes... Se subieron a la antena parabólica y pusieron cinta aislante en todas las juntas y en todos los remaches. Volvieron a subirse a la antena con escobillas y útiles de limpieza y la repasaron cuidadosamente para limpiarla[5] de lo que, en un artículo posterior, denominaron «material dieléctrico blanco», que es lo que más vulgarmente se conoce como mierda de pájaro. Todo fue en vano.

Aunque ellos no lo sabían, a sólo 50 kilómetros de distancia, en la Universidad de Princeton, había un equipo de científicos dirigidos por Robert Dicke que estaba intentando encontrar precisamente aquello de lo que ellos se afanaban tanto por librarse. Los investigadores de Princeton estaban trabajando en una idea propuesta por primera vez en los años cuarenta por el astrofísico de origen ruso George Gamow: si mirabas a suficiente profundidad en el espacio, encontrarías restos de la radiación cósmica de fondo dejada por la Gran Explosión. Gamow calculaba que la radiación, después de haber recorrido la inmensidad del cosmos, llegaría a la Tierra en forma de microondas. En un artículo más reciente, había sugerido incluso un instrumento que podría realizar la tarea: la antena de Bell de Holmdel.[6] Por desgracia, ni Penzias ni Wilson ni ninguno de los miembros del equipo de Princeton había leído el artículo de Gamow.

El ruido que Penzias y Wilson estaban oyendo era, por supuesto, el ruido que había postulado Gamow. Habían encontrado el borde del universo,[7] o al menos la parte visible de él, a unos 8.640 trillones de kilómetros de distancia. Estaban «viendo» los primeros fotones (la luz más antigua del universo), aunque el tiempo y la distancia los habían convertido en microondas, tal como había predicho Gamow. Alan Guth, en su libro *El universo inflacionario*, aporta una analogía que ayuda a situar en perspectiva este descubrimiento. Imagínate que atisbar las profundidades del universo fuese algo parecido a ponerte a mirar hacia abajo desde la planta 100 del Empire State (representando la planta 100 el momento actual y, el nivel de la calle, el instante de la Gran Explosión), cuando Wilson y Penzias realizan su descubrimiento, las galaxias más lejanas que habían llegado a detectarse se hallaban aproximadamente en la planta 60 y los objetos más lejanos (quásares) estaban aproximadamente en la planta 20. El hallazgo de Penzias y Wilson situaba nuestro conocimiento del universo visible a poco más de un centímetro del suelo del vestíbulo.[8]

Wilson y Penzias, que aún seguían sin saber cuál era la causa de aquel ruido, telefonearon a Dicke a Princeton y le explicaron su problema con la esperanza de que pudiese darles alguna solución. Dicke se dio cuenta inmediatamente de qué era lo que habían encontrado los dos jóvenes. «Bueno, muchachos, se nos acaban de adelantar», explicó a sus colegas cuando colgó el teléfono. Poco después, la revista *Astrophysical Journal* publicó dos artículos: uno de Penzias y Wilson, en el que describían su experiencia con el silbido, el otro del equipo de Dicke, explicando la naturaleza del mismo. Aunque Penzias y Wilson no buscaban la radiación cósmica de fondo, no sabían lo que era cuando la encontraron y no habían descrito ni interpretado su naturaleza en ningún artículo, recibieron el Premio Nobel de Física en 1978. Los investigadores de Princeton sólo consiguieron simpatías. Según Dennis Overbye en *Corazones solitarios en el cosmos*, ni Penzias ni Wilson entendieron nada de lo que significaba su descubrimiento hasta que leyeron sobre el asunto en el *New York Times*.

Por otra parte, la perturbación causada por la radiación cósmica de fondo es algo que todos hemos experimentado alguna vez. Si conectas la televisión a cualquier canal que tu aparato no capte, aproximadamente un 1 % de los ruidos estáticos danzantes que veas se explican por ese viejo residuo de la Gran Explosión.[9] La próxima vez que te quejes de que no hay nada que ver, recuerda que siempre puedes echar un vistazo al nacimiento del universo.

Aunque todo el mundo la llama la Gran Explosión, muchos libros nos previenen de que no debemos concebirla como una explosión en el sentido convencional. Fue, más bien, una expansión vasta y súbita, a una escala descomunal. ¿Qué la provocó?

Hay quien piensa que quizá la singularidad fuese la reliquia de un universo anterior que se había colapsado, que el nuestro es sólo uno de los universos de un eterno ciclo de expansión y colapso, algo parecido a la bolsa de una máquina de oxígeno. Otros atribuyen la Gran Explosión a lo que denominan «falso vacío», «campo escalar» o «energía de vacío», cierta cualidad o cosa, en realidad, que introdujo una medida de inestabilidad en la nada que existía. Parece imposible que se pueda sacar algo de la nada, pero el hecho de que una vez no había nada y ahora hay un universo constituye una prueba evidente de que se puede. Es posible que nuestro universo sea simplemente parte de muchos universos mayores, algunos de diferentes dimensiones, y que estén produciéndose continuamente y en todos los lugares grandes explosiones. También es posible que el espacio y el tiempo tuviesen otras formas completamente distintas antes de la Gran Explosión —formas demasiado extrañas para que podamos concebirlas— y que la Gran Explosión represente una especie de fase de transición, en que el universo pasó de una forma que no podemos entender a una forma que casi comprendemos. «Estas cuestiones están muy próximas a las cuestiones religiosas»,[10] dijo, en el año 2001 al *New York Times*, el doctor Andrei Linde, un cosmólogo de Stanford.

La teoría de la Gran Explosión no trata de la explosión propiamente dicha, sino de lo que sucedió después de la explosión. No mucho después, por supuesto. Aplicando en gran medida las matemáticas y observando detenidamente lo que sucede en los aceleradores de partículas, los científicos creen que pueden retroceder hasta 10^{-43} segundos después del momento de la creación, cuando el universo era aún tan pequeño que habría hecho falta un microscopio para localizarlo. No hay por qué desmayarse tras cada número extraordinario que aparece ante nosotros, pero quizá merezca la pena detenerse en alguno de ellos cada tanto, sólo para hacerse cargo de su amplitud asombrosa e inabarcable. Así, 10^{-43} es 0,0000000000000000000000000000000000000000001[11] o una diezmillonésima de millardos de millardos de segundos.*

Casi todo lo que sabemos o creemos saber sobre los primeros instantes del universo se lo debemos a una idea llamada teoría de la inflación, que propuso por primera vez un joven físico de partículas llamado Alan

---

* Unas palabras sobre la notación científica. Como resulta engorroso escribir cifras muy grandes y es casi imposible leerlas, los científicos emplean una taquigrafía que se vale de potencias (o múltiplos) de 10, en la que, por ejemplo, 10.000.000.000 se escribe 10^{10} y 6.500.000 se convierte en $6,5 \times 10^6$. El principio se basa simplemente en múltiplos de 10. 10×10 (o 100) se convierte en 10^2, $10 \times 10 \times 10$ (o 1.000) es 10^3; y así sucesivamente, de un modo obvio e indefinido. El pequeño exponente indica el número de ceros que siguen al número principal. Las notaciones negativas aportan básicamente una imagen especular, en la que el exponente indica el número de espacios a la derecha de la coma de los decimales (así, 10^{-4} significa 0,0001). Aunque aplaudo el principio, sigue asombrándome que alguien que lea «$1,4 \times 10^9$ km^3» se dé cuenta inmediatamente de que eso significa 1.400 millones de kilómetros cúbicos, y resulta no menos asombroso que se inclinasen por lo primero en vez de por lo segundo en letra impresa (especialmente en un libro destinado al lector medio, que fue donde se encontró el ejemplo). Considerando que muchos lectores saben tan pocas matemáticas como yo, haré un uso frugal de las notaciones, aunque algunas veces son inevitables, sobre todo en un capítulo que aborda las cosas a una escala cósmica. *(N. del A.)*

Guth, quien estaba por entonces (1979) en Stanford y ahora está en el MIT (Instituto Tecnológico de Massachusetts). Tenía treinta y dos años[12] y, según confiesa él mismo, nunca había hecho gran cosa antes. Probablemente no se le habría ocurrido jamás su gran teoría si no hubiese asistido a una conferencia sobre la Gran Explosión que pronunció nada menos que Robert Dicke. La conferencia impulsó a Guth a interesarse[13] por la cosmología y, en particular, por el nacimiento del universo.

De ello resultó la teoría de la inflación, que sostiene que el universo experimentó una expansión súbita y espectacular una fracción de instante después del alba de la creación. Se hinchó, huyó en realidad consigo mismo, duplicando su tamaño cada 10^{-34} segundos.[14] El episodio completo tal vez no durase más de 10^{-30} segundos, es decir, una millonésima de millones de millones de millones de millones de millones de segundo, pero modificó el universo, haciéndolo pasar de algo que podías tener en la mano a algo como mínimo 10.000.000.000.000.000.000.000.000.000 veces mayor.[15] La teoría de la inflación explica las ondas y los remolinos que hacen posible nuestro universo. Sin ello, no habría aglutinaciones de materia y, por tanto, no existirían las estrellas, sólo gas a la deriva y oscuridad eterna.

Según la teoría de Guth, tras una diezmillonésima de billonésima de billonésima de segundo, surgió la gravedad. Tras otro intervalo ridículamente breve se le unieron el electromagnetismo y las fuerzas nucleares fuerte y débil, es decir, la materia de la física. Un instante después se les unieron montones de partículas elementales, es decir, la materia de la materia. De no haber nada en absoluto, se pasó a haber de pronto enjambres de fotones, protones, electrones, neutrones y mucho más..., entre 10^{79} y 10^{89} de cada, de acuerdo con la teoría clásica de la Gran Explosión. Tales cantidades son, por supuesto, inaprensibles. Basta con saber que, en un solo instante retumbante, pasamos a estar dotados de un universo que era enorme (un mínimo de 100.000 millones de años luz de amplitud, según la teoría, pero posiblemente cualquier tamaño a partir de ahí hasta el infinito) y estaba en perfectas condiciones para la creación de estrellas, galaxias y otros sistemas complejos.[16]

Lo extraordinario, desde nuestro punto de vista, es lo bien que resultó la cosa para nosotros. Si el universo se hubiese formado de un modo sólo un poquito diferente (si la gravedad fuese una fracción más fuerte o más débil, si la expansión hubiese sido sólo un poco más lenta o más rápida), nunca podría haber habido elementos estables para hacernos a ti, a mí y el suelo en que nos apoyamos. Si la gravedad hubiese sido una pizca más fuerte, el propio universo podría haber colapsado como una tienda de campaña mal montada al no tener con exactitud los valores adecuados para proporcionar las dimensiones, la densidad y los elementos necesarios. Y si hubiese sido más débil, no habría llegado a fusionarse en absoluto. El universo se habría mantenido eternamente vacío, inerte, desparramado.

Éste es uno de los motivos de que algunos especialistas crean que puede haber habido muchas otras grandes explosiones, tal vez trillones y trillones de ellas, esparcidas a lo largo y ancho de la imponente extensión de la eternidad, y que la razón de que existamos en esta concreta es que es una en la que podíamos existir. Como dijo en cierta ocasión Edward P. Tryon, de la Universidad de Columbia: «Como respuesta a la pregunta de por qué sucedió, ofrezco la humilde propuesta de que nuestro universo es simplemente una de esas cosas que pasan de cuando en cuando». A lo que añadió Guth: «Aunque la creación de un universo pudiese ser muy improbable, Tryon resaltó que nadie había contado los intentos fallidos».[17]

Martin Rees, astrónomo real inglés, cree que hay muchos universos, quizás un número infinito, cada uno con atributos distintos, en combinaciones distintas, y que nosotros simplemente vivimos en uno que combina las cosas de manera tal que nos permite existir en él. Establece una analogía con una tienda de ropa muy grande: «Si hay grandes existencias de ropa, no te sorprende encontrar un traje que te valga. Si hay muchos universos, regidos cada uno de ellos por un conjunto de números distintos, habrá uno en el que exista un conjunto determinado de números apropiados para la vida. Nosotros estamos en ése».[18]

Rees sostiene que hay seis números en concreto que rigen nuestro universo y que, si cualquiera de esos valores se modificase, incluso muy levemente, las cosas no podrían ser como son. Por ejemplo, para que el universo exista como existe, hace falta que el hidrógeno se convierta en helio de un modo preciso pero majestuoso en comparación (específicamente, convirtiendo siete milésimas de su masa en energía). Con un descenso muy leve de ese valor (de 0,007 % a 0,006 %, por ejemplo) no se producirá ninguna transformación. El universo consistiría en hidrógeno y nada más. Si se eleva el valor muy ligeramente (hasta un 0,008 %), los enlaces serían tan desmedidamente prolíficos que haría ya mucho tiempo que se habría agotado el hidrógeno. En cualquiera de los dos casos, bastaría dar un pellizco insignificante a los números del universo[19] tal como lo conocemos y necesitamos y el universo no existiría.

Debería decir que todo es exactamente como debe ser *hasta ahora*. A la larga, la gravedad puede llegar a ser un poquito demasiado fuerte;[20] un día se puede detener la expansión del universo y éste puede colapsar sobre sí mismo, hasta reducirse a otra singularidad, posiblemente para iniciar de nuevo todo el proceso. Por otra parte, puede ser demasiado débil, en cuyo caso el universo seguirá alejándose eternamente, hasta que todo esté tan separado que no haya ninguna posibilidad de interacciones materiales, de forma que el universo se convierta en un lugar muy espacioso pero inerte y muerto. La tercera opción es que la gravedad se mantenga en su punto justo («densidad crítica» es el término que emplean los cosmólogos) y que mantenga unido el universo exactamente con las dimensiones adecuadas para permitir que todo siga así indefinidamente. Algunos cosmólogos llaman a este fenómeno el «efecto Ricitos de Oro», que significa que todo es exactamente como debe ser. (Diré, para que conste, que estos tres universos posibles se denominan, respectivamente, cerrado, abierto y plano.)

Ahora bien, lo que se nos ha ocurrido a todos en algún momento es lo siguiente: ¿qué pasaría si viajases hasta el borde del universo y asomases la cabeza, como si dijéramos, por entre las cortinas?, ¿dónde *estarías* si no estabas ya en el universo? y ¿qué verías más allá? La respuesta es decepcionante: nunca podremos llegar hasta el borde del universo. La razón no es que te llevaría demasiado tiempo alcanzarlo —aunque por supuesto así sería— sino que, aunque viajases y viajases hacia fuera en línea recta, indefinida y obstinadamente, nunca verías una frontera exterior. En vez de eso, volverías adonde empezaste —momento en que es de suponer que perderías el ánimo y renunciarías a seguir—. El motivo de esto es que, de acuerdo con la teoría de la relatividad de Einstein, a la que llegaremos a su debido tiempo, el universo se alabea de una forma que no somos capaces de concebir apropiadamente. Basta que sepamos, por el momento, que no vamos a la deriva en una burbuja grande y en perpetua expansión. El espacio se curva, en realidad, de un modo que le permite no tener límites pero ser al mismo tiempo finito. Ni siquiera podemos decir propiamente que se esté expandiendo, porque, como nos indica el físico y premio Nobel Steven Wenberg, «los sistemas solares y las galaxias no se están expandiendo, y el espacio no se está expandiendo». Lo que sucede es más bien que las galaxias se apartan unas de otras.[21] Todo eso es una especie de desafío a la intuición. O como dijo el biólogo J. B. S. Haldane en un comentario famoso: «El universo no sólo es más raro de lo que suponemos. Es más raro de lo que *podemos* suponer».

La analogía a la que se suele recurrir para explicar la curvatura del espacio es intentar imaginar que a alguien de un universo de superficies planas, que nunca hubiese visto una esfera, le trajesen a la Tierra. Por muy lejos que llegase a desplazarse por la superficie del planeta, jamás encontraría el borde. Podría acabar volviendo al punto del que hubiese partido y, por supuesto, no sabría explicarse cómo había sucedido tal cosa. Pues bien, nosotros en el espacio nos hallamos en la misma situación que nuestro desconcertado habitante de Planilandia, sólo que lo que nos despista es una dimensión superior.

Así como no hay ningún lugar en el que se pueda encontrar el borde del universo, tampoco hay ninguno en cuyo centro podamos plantarnos y decir: «Aquí es donde empezó todo. Éste es el punto más central de todos». Estamos *todos* en el centro de todo. La verdad es que no lo sabemos con certeza; no podemos demostrarlo matemáticamente. Los científicos se limitan a suponer que no podemos ser en realidad el centro del universo[22] —piensa lo que eso entrañaría—, sino que el fenómeno debe de ser el mismo para todos los observadores de todos los lugares. Sin embargo, lo cierto es que no lo sabemos.

Para nosotros, el universo sólo llega hasta donde ha viajado la luz en los miles de millones de años transcurridos desde que se formó. Este universo visible (el universo que conocemos y del que podemos hablar)[23] tiene 1.600.000.000.000.000.0000.000.000 de kilómetros de amplitud. Pero, de acuerdo con la mayor parte de las teorías, el universo en su conjunto (el metauniverso, como se le llama a veces) es enormemente más amplio. Según Rees, el número de años luz que hay hasta el borde de ese universo mayor y no visto[24] se escribiría no «con 10 ceros, ni siquiera con un centenar, sino con millones». En suma, hay más espacio del que se puede imaginar sin necesidad de plantearse el problema de intentar divisar un más allá suplementario.

La teoría de la Gran Explosión tuvo durante mucho tiempo un gran agujero que atribuló a mucha gente: me refiero a que no podía empezar a explicar cómo llegamos hasta aquí. Aunque el 98 % de toda la materia que existe se creó durante la Gran Explosión, esa materia consistía exclusivamente en gases ligeros: el helio, el hidrógeno y el litio que antes mencionamos. Ni una sola partícula de la materia pesada tan vital para nuestro ser (carbono, nitrógeno, oxígeno y todo lo demás) surgió del brebaje gaseoso de la creación. Pero —y ahí está el punto problemático—, para que se formen esos elementos pesados se necesita el tipo de calor y de energía que desprende una gran explosión. Sin embargo, ha habido sólo una Gran Explosión y ella no los produjo, así que ¿de dónde vinieron? Curiosamente, el individuo que encontró la solución a estos problemas fue un cosmólogo que despreciaba cordialmente la Gran Explosión como teoría y que acuñó dicho término sarcásticamente para burlarse de ella.

Trataremos de este científico en breve, pero, antes de abordar la cuestión de cómo llegamos hasta aquí, tal vez merezca la pena dedicar unos minutos a considerar dónde es exactamente «aquí».

2

BIENVENIDO AL SISTEMA SOLAR

Hoy los astrónomos pueden hacer las cosas más asombrosas. Si alguien encendiese una cerilla en la Luna, podrían localizar la llama. De los latidos y temblequeos más leves de las estrellas remotas[1] pueden deducir el tamaño e incluso la habitabilidad potencial de planetas demasiado remotos para que se puedan ver siquiera planetas tan lejanos que nos llevaría medio millón de años en una nave espacial llegar hasta allí. Pueden captar briznas de radiación tan ridículamente leves con sus radiotelescopios que, la cuantía total de energía recogida del exterior del sistema solar por todos ellos juntos, desde que iniciaron la recolección en 1951, es «menos que la energía de un solo copo de nieve al dar en el suelo», en palabras de Carl Sagan.[2]

En suma, de todas las cosas que pasan en el universo, pocas son las que no puedan descubrir los astrónomos si se lo proponen. Por eso resulta aun más notable que, hasta 1978, nadie hubiese reparado nunca en que Plutón tenía una luna. En el verano de ese año, un joven astrónomo llamado James Christy,[3] del Observatorio Naval de Estados Unidos de Flagstaff (Arizona), estaba haciendo un examen rutinario de imágenes fotográficas de Plutón cuando vio que había algo allí. Se trataba de una cosa borrosa e imprecisa, pero claramente diferenciada de Plutón. Consultó a un colega llamado Robert Harrington y llegó a la conclusión de que lo que se veía allí era una luna. Y no era una luna cualquiera. Era la luna más grande del sistema solar en relación con su planeta.

La verdad es que esto fue un duro golpe para el estatus de Plutón como planeta, que en realidad había sido siempre bastante modesto. Como hasta entonces se había creído que el espacio que ocupaba aquella luna y el que ocupaba Plutón eran el mismo, el descubrimiento significó que Plutón resultaba mucho más pequeño de lo que nadie había sospechado...,[4] más pequeño incluso que Mercurio. De hecho, hay siete lunas en el sistema solar, incluida la suya, que son mayores que él.

Ahora bien, esto nos plantea el interrogante de por qué se tardó tanto tiempo en descubrir una luna en nuestro sistema solar. La respuesta es que se debe, por una parte, a que todo depende de adónde apunten los astrónomos con sus instrumentos y, por otra, a lo que sus instrumentos puedan llegar a ver. Por último, también se debe a Plutón. Lo más importante es hacia dónde dirijan sus instrumentos. En palabras del astrónomo Clark Chapman:[5] «La mayoría de la gente piensa que los astrónomos se van de noche a sus observatorios y escrutan el firmamento. Eso no es verdad. Casi todos los telescopios que tenemos en el mundo están diseñados para ver sectores pequeñísimos del cielo perdidos en la lejanía, para ver un quásar, para localizar agujeros negros o para contemplar una galaxia remota. La única red auténtica de telescopios que recorre el cielo ha sido diseñada y construida por los militares».

Estamos mal acostumbrados por las versiones de dibujantes y pintores a imaginar una claridad de resolución que no existe en la astronomía actual. Plutón en la fotografía de Christy es apagado y borroso (un trozo de borra cósmica) y su luna no es la órbita acompañante iluminada por detrás y limpiamente delineada que encontraríamos en un cuadro de *National Geographic*, sino una mota diminuta y en extremo imprecisa de vellosidad adicional. Tan imprecisa era la vellosidad que se tardó otros ocho años en volver a localizar la luna[6] y confirmar con ello su existencia de forma independiente.

Un detalle agradable del descubrimiento de Christy fue que se produjese en Flagstaff, pues había sido allí donde se había descubierto Plutón en 1920. Ese acontecimiento trascendental de la astronomía se debió principalmente al astrónomo Percival Lowell. Lowell procedía de una de las familias más antiguas y más ricas de Boston (la de ese famoso poemilla que dice que Boston es el hogar de las judías y el bacalao, donde los Lowell sólo hablan con los Cabot, mientras que los Cabot sólo hablan con Dios). Fue el patrocinador del famoso observatorio que lleva su nombre, pero se le recuerda sobre todo por su creencia de que Marte estaba cubierto de canales, construidos por laboriosos marcianos, con el propósito de transportar agua desde las regiones polares hasta las tierras secas pero fecundas próximas al ecuador.

La otra convicción persistente de Lowell era que, en un punto situado más allá de Neptuno, existía un noveno planeta aún por descubrir, denominado Planeta X. Lowell basaba esa creencia en las irregularidades que había observado en las órbitas de Urano y Neptuno, y dedicó los últimos años de su vida a intentar encontrar el gigante gaseoso que estaba seguro que había allí. Por desgracia murió de forma súbita en 1916, en parte agotado por esa búsqueda, que quedó en suspenso mientras los herederos se peleaban por su herencia. Sin embargo, en 1929, tal vez como un medio de desviar la atención de la saga de los canales de Marte —que se había convertido por entonces en un asunto bastante embarazoso—, los directores del Observatorio Lowell decidieron continuar la búsqueda y contrataron para ello a un joven de Kansas llamado Clyde Tombaugh.

Tombaugh no tenía formación oficial como astrónomo, pero era diligente y astuto. Tras un año de búsqueda[7] consiguió localizar Plutón, un punto desvaído de luz en un firmamento relumbrante. Fue un hallazgo milagroso y, lo más fascinante de todo, fue que las observaciones en que Lowell se había basado para proclamar la existencia de un planeta más allá de Neptuno resultaron ser absolutamente erróneas. Tombaugh se dio cuenta enseguida de que el nuevo planeta no se parecía nada a la enorme bola gaseosa postulada por Lowell; de todos modos, cualquier reserva suya o de otros sobre las características del nuevo planeta no tardaría en esfumarse ante el delirio que provocaba casi cualquier gran noticia en un periodo como aquél, en que la gente se entusiasmaba enseguida. Era el primer planeta descubierto por un estadounidense, y nadie estaba dispuesto a dejarse distraer por la idea de que en realidad no era más que un remoto punto helado. Se le llamó Plutón, en parte, porque las dos primeras letras eran un monograma de las iniciales de Lowell, al que se proclamó a los cuatro vientos póstumamente un talento de primera magnitud, olvidándose en buena medida a Tombaugh, salvo entre los astrónomos planetarios que suelen reverenciarle.

Unos cuantos astrónomos siguieron pensando que aún podía existir el Planeta X allá fuera...[8] Algo enorme, tal vez diez veces mayor que Júpiter, aunque hubiese permanecido invisible para nosotros hasta el momento (recibiría tan poca luz del Sol que no tendría casi ninguna que reflejar). Se consideraba que no sería un planeta convencional como Júpiter o Saturno —estaba demasiado alejado para eso; hablamos de unos 7,2 millardos de kilómetros—, sino más bien como un sol que nunca hubiese conseguido llegar del todo a serlo. Casi todos los sistemas estelares del cosmos son binarios (de dos estrellas), lo que convierte un poco a nuestro solitario Sol en una rareza.

En cuanto al propio Plutón, nadie está seguro del todo de cuál es su tamaño, de qué está hecho, qué tipo de atmósfera tiene e incluso de lo que es realmente. Muchos astrónomos creen que no es en modo alguno un planeta, que sólo es el objeto de mayor tamaño que se ha localizado hasta ahora en una región de desechos galácticos denominada cinturón Kuiper. El cinturón Kuiper fue postulado, en realidad, por un astrónomo llamado F. C. Leonard en 1930,[9] pero el nombre honra a Gerard Kuiper, un holandés que trabajaba en Estados Unidos y que fue quien difundió la idea. El cinturón Kuiper es el origen de lo que llamamos cometas de periodo corto (los que pasan con bastante regularidad), el más famoso de los cuales es el cometa Halley. Los cometas de periodo largo, que son más retraídos —y entre los que figuran dos que nos han visitado recientemente, Hale-Bopp y Hyakutake— proceden de la nube Oort, mucho más alejada, y de la que hablaremos más en breve.

No cabe la menor duda de que Plutón no se parece demasiado a los otros planetas. No sólo es minúsculo y oscuro, sino que es tan variable en sus movimientos que nadie sabe con exactitud dónde estará dentro de unos días. Mientras los otros planetas orbitan más o menos en el mismo plano, la trayectoria orbital de Plutón se inclina —como si dijésemos— hacia fuera de la alineación en un ángulo de 17°, como el ala de un sombrero garbosamente inclinado en la cabeza de alguien. Su órbita es tan irregular que, durante periodos sustanciales de cada uno de sus solitarios circuitos alrededor del Sol, está más cerca de la Tierra que Neptuno. En la mayor parte de las décadas de los ochenta y los noventa, Neptuno fue el planeta más remoto del sistema solar. Hasta el 11 de febrero de 1999, no volvió Plutón al carril exterior,[10] para seguir allí los próximos 228 años.

Así que si Plutón es realmente un planeta se trata de un planeta bastante extraño. Es muy pequeño: un cuarto del 1 % del tamaño de la Tierra. Si lo colocases encima de Estados Unidos, no llegaría a cubrir la mitad de los 48 estados del interior. Esto es suficiente para que sea extraordinariamente anómalo. Significa que nuestro sistema planetario está formado por cuatro planetas internos rocosos, cuatro gigantes externos gaseosos y una pequeña y solitaria bola de hielo. Además, hay motivos sobrados para suponer que podemos empezar muy pronto a encontrar otras esferas de hielo, mayores incluso, en el mismo sector del espacio. Entonces *tendremos* problemas. Después de que Christy localizase la luna de Plutón, los astrónomos empezaron a observar más atentamente esa parte del cosmos y, a primeros de diciembre del año 2002, habían encontrado ya más de seiscientos Objetos Transneptunianos o Plutinos,[11] como se llaman indistintamente. Uno de ellos, denominado Varuna, es casi del mismo tamaño que la luna de Plutón. Los astrónomos creen ahora que puede haber miles de millones de esos objetos. El problema es que muchos de ellos son oscurísimos. Suelen tener un albedo (o reflectividad) característico de sólo el 4 %, aproximadamente el mismo que un montón de carbón...[12] y, por supuesto, esos montones de carbón están a más de 6.000 millones de kilómetros de distancia.

¿Y cómo de lejos es eso exactamente? Resulta casi inimaginable. El espacio es sencillamente enorme... Sencillamente enorme. Imaginemos, sólo a efectos de edificación y entretenimiento, que estamos a punto de iniciar un viaje en una nave espacial. No vamos a ir muy lejos, sólo hasta el borde de nuestro sistema solar. Pero necesitamos hacernos una idea de lo grande que es el espacio y la pequeña parte del mismo que ocupamos.

La mala noticia es que mucho me temo que no podamos estar de vuelta en casa para la cena. Incluso en el caso de que viajásemos a la velocidad de la luz (300.000 kilómetros por segundo), tardaríamos siete horas en llegar a Plutón. Pero no podemos aproximarnos siquiera a esa velocidad. Tendremos que ir a la velocidad de una nave espacial, y las naves espaciales son bastante más lentas. La velocidad máxima que ha conseguido hasta el momento un artefacto humano es la de las naves espaciales *Voyager 1* y *2*, que están ahora alejándose de nosotros a unos 56.000 kilómetros por hora.[13]

La razón de que se lanzasen estas naves cuando se lanzaron (en agosto y septiembre de 1977) era que Júpiter, Saturno, Urano y Neptuno estaban alineados de una forma que sólo se da una vez cada 175 años. Esto permitía a las dos naves utilizar una técnica de «aprovechamiento de la gravedad» por la que eran lanzadas sucesivamente de un gigante gaseoso al siguiente en una especie de versión cósmica de chasquido de látigo. Aun así, tardaron nueve años en llegar a Urano y doce en cruzar la órbita de Plutón. La buena noticia es que, si esperamos hasta enero del año 2006 —que es cuando la nave espacial *New Horizons* de la NASA partirá hacia Plutón, según el programa—, podremos aprovechar la posición favorable de Júpiter, amén de ciertos avances tecnológicos, y llegar en unos diez años...; aunque me temo que volver luego a casa llevaría bastante más. De una forma u otra, será un viaje largo.

Es probable que de lo primero que te hagas cargo sea de que el espacio tiene un nombre extraordinariamente apropiado y que es muy poco interesante, por desgracia. Posiblemente nuestro sistema solar sea lo más animado que hay en billones de kilómetros, pero todo el material visible que contiene (el Sol, los planetas y sus lunas, los 1.000 millones de rocas que giran en el cinturón de asteroides, los cometas y demás detritus a la deriva) ocupan menos de una billonésima parte del espacio disponible.[14] Te darás cuenta también enseguida de que ninguno de los mapas que hayas podido ver del sistema solar estaba dibujado ni siquiera remotamente a escala. La mayoría de los mapas que se ven en las clases muestra los planetas uno detrás de otro a intervalos de buena vecindad —los gigantes exteriores llegan incluso a proyectar sombras unos sobre otros en algunas ilustraciones)—, pero se trata de un engaño necesario para poder incluirlos a todos en la misma hoja. En verdad, Neptuno no está un poquito más lejos que Júpiter. Está *mucho más* allá de Júpiter, cinco veces más que la distancia que separa a Júpiter de la Tierra, tan lejos que recibe sólo un 3 % de la luz que recibe Júpiter. Las distancias son tales, en realidad, que no es prácticamente posible dibujar a escala el sistema solar. Aunque añadieses montones de páginas plegadas a los libros de texto o utilizases una hoja de papel de cartel realmente muy grande, no podrías aproximarte siquiera. En un dibujo a escala del sistema solar, con la Tierra reducida al diámetro aproximado de un guisante, Júpiter estaría a 300 metros de distancia y, Plutón, a 2,5 kilómetros —y sería del tamaño similar al de una bacteria, así que de todos modos no podrías verlo—. A la misma escala, Próxima Centauri, que es la estrella que nos queda más cerca, estaría a 16.000 kilómetros de distancia. Aunque lo redujeses todo de tamaño hasta el punto en que Júpiter fuese tan pequeño como el punto final de esta frase y Plutón no mayor que una molécula, Plutón seguiría quedando a 10 metros de distancia.

Así que el sistema solar es realmente enorme. Cuando llegásemos a Plutón, nos habríamos alejado tanto del Sol —nuestro amado y cálido Sol, que nos broncea y nos da la vida—, que éste se habría quedado reducido al tamaño de una cabeza de alfiler. Sería poco más que una estrella brillante. En un vacío tan solitario se puede empezar a entender por qué han escapado a nuestra atención incluso los objetos más significativos (la luna de Plutón, por ejemplo). Y Plutón no ha sido ni mucho menos un caso único a ese respecto. Hasta las expediciones del *Voyager*, se creía que Neptuno tenía dos lunas. El *Voyager* descubrió otras seis. Cuando yo era un muchacho, se creía que había 30 lunas en el sistema solar. Hoy el total es de 90, como mínimo,[15] y aproximadamente un tercio de ellas se han descubierto en los últimos diez años. Lo que hay que tener en cuenta, claro, cuando se considera el universo en su conjunto, es que ni siquiera sabemos en realidad lo que hay en nuestro sistema solar.

Bueno, la otra cosa que notarás, cuando pasemos a toda velocidad Plutón, es que estamos dejando atrás Plutón. Si compruebas el itinerario, verás que se trata de un viaje hasta el borde de nuestro sistema solar, y me temo que aún no hemos llegado. Plutón puede ser el último objeto que muestran los mapas escolares, pero el sistema solar no termina ahí. Ni siquiera estamos cerca del final al pasar Plutón. No llegaremos hasta el borde del sistema solar hasta que hayamos cruzado la nube de Oort, un vasto reino celestial de cometas a la deriva, y no llegaremos hasta allí durante otros —lo siento muchísimo— 10.000 años.[16] Plutón, lejos de hallarse en el límite exterior del sistema solar, como tan displicentemente indicaban aquellos mapas escolares, se encuentra apenas a una cincuentamilésima parte del trayecto. No tenemos ninguna posibilidad de hacer semejante viaje, claro. Los 386.000 kilómetros del viaje hasta la Luna aún representan para nosotros una empresa de enorme envergadura. La misión tripulada a Marte, solicitada por el primer presidente Bush en un momento de atolondramiento pasajero, se desechó tajantemente cuando alguien averiguó que costaría 450.000 millones de dólares y que, con probabilidad, acabaría con la muerte de todos los tripulantes —su ADN se haría pedazos por la acción de las partículas solares de alta energía de las que no se los podría proteger.[17]

Basándonos en lo que sabemos ahora y en lo que podemos razonablemente imaginar, no existe absolutamente ninguna posibilidad de que un ser humano llegue nunca a visitar el borde de nuestro sistema solar... nunca. Queda demasiado lejos. Tal como están las cosas, ni siquiera con el telescopio Hubble podemos ver el interior de la nube Oort, así que no podemos saber en realidad lo que hay allí. Su existencia es probable, pero absolutamente hipotética.* Lo único que se puede decir con seguridad sobre la nube Oort es, más o menos, que empieza en algún punto situado más allá de Plutón y que se extiende por el cosmos a lo largo de unos dos años luz. La unidad básica de medición en el sistema solar es la Unidad Astronómica, UA, que representa la distancia del Sol a la Tierra. Plutón está a unas 40 UA de la Tierra y, el centro de la nube Oort, a unas 50.000 UA. En definitiva, muy lejos.

Pero finjamos de nuevo que hemos llegado a la nube Oort. Lo primero que advertirías es lo tranquilísimo que está todo allí. Nos encontramos ya lejos de todo... tan lejos de nuestro Sol que ni siquiera es la estrella más brillante del firmamento. Parece increíble que ese diminuto y lejano centelleo tenga gravedad suficiente para mantener en órbita a todos esos cometas. No es un vínculo muy fuerte, así que los cometas se desplazan de un modo mayestático, a una velocidad de unos 563 kilómetros por hora.[18] De cuando en cuando, alguna ligera perturbación gravitatoria (una estrella que pasa, por ejemplo) desplaza de su órbita normal a uno de esos cometas solitarios. A veces se precipitan en el vacío del espacio y nunca se los vuelve a ver, pero otras veces caen en una larga órbita alrededor del Sol. Unos tres o cuatro por año, conocidos como cometas de periodo largo, cruzan el sistema solar interior. Con poca frecuencia, estos visitantes errabundos se estrellan contra algo sólido, como la Tierra. Por eso hemos venido ahora hasta aquí, porque el cometa que hemos venido a ver acaba de iniciar una larga caída hacia el centro del sistema solar. Se dirige ni más ni menos que hacia Manson (Iowa). Va a tardar mucho tiempo en

* La denominacion correcta es nube Öpik-Oort, por el astrónomo estonio Ernst Öpik, que planteó la hipótesis de su existencia en 1932, y por el astrónomo holandés Jan Oort, que perfeccionó los cálculos dieciocho años después. (N. del A.)

llegar (tres o cuatro millones de años como mínimo), así que le dejaremos de momento y volveremos a él más tarde durante esta historia.

Ése es, pues, nuestro sistema solar. ¿Y qué es lo que hay más allá, fuera del sistema solar? Bueno, nada y mucho. Depende de cómo se mire.

A corto plazo, no hay nada. El vacío más perfecto que hayan creado los seres humanos no llega a alcanzar la vaciedad del espacio interestelar.[19] Y hay mucha nada de este tipo antes de que puedas llegar al fragmento siguiente de algo. Nuestro vecino más cercano en el cosmos, Próxima Centauri,[20] que forma parte del grupo de tres estrellas llamado Alfa Centauri, queda a una distancia de 4,3 años luz, un saltito en términos galácticos. Pero aun así, cinco millones de veces más que un viaje a la Luna. El viaje en una nave espacial hasta allí duraría unos 25.000 años y, aunque hicieses el viaje y llegases hasta allí, no estarías más que en un puñado solitario de estrellas en medio de una nada inmensa. Para llegar al siguiente punto importante, Sirio, tendrías que viajar otros 4,3 años luz. Y así deberías seguir si intentases recorrer el cosmos saltando de estrella en estrella. Para llegar al centro de la galaxia, sería necesario mucho más tiempo del que llevamos existiendo como seres.

El espacio, dejadme que lo repita, es enorme. La distancia media entre estrellas[21] es ahí fuera de más de 30 millones de millones de kilómetros. Son distancias fantásticas y descomunales para cualquier viajero individual, incluso a velocidades próximas a la de la luz. Por supuesto, es *posible* que seres alienígenas viajen miles de millones de kilómetros para divertirse, trazando círculos en los campos de cultivo de Wildshire, o para aterrorizar a un pobre tipo que viaja en una furgoneta por una carretera solitaria de Arizona —deben de tener también adolescentes, después de todo—, pero parece improbable.

De todos modos, la posibilidad estadística de que haya otros seres pensantes ahí fuera es bastante grande. Nadie sabe cuántas estrellas hay en la Vía Láctea. Los cálculos oscilan entre unos 100.000 millones y unos 400.000 millones. La Vía Láctea sólo es una de los 140.000 millones de galaxias, muchas de ellas mayores que la nuestra. En la década de los sesenta, un profesor de Cornell llamado Frank Drake, emocionado por esos números descomunales, ideó una célebre ecuación para calcular las posibilidades de que exista vida avanzada en el cosmos, basándose en una serie de probabilidades decrecientes.

En la ecuación de Drake se divide el número de estrellas de una porción determinada del universo por el número de estrellas que es probable que tengan sistemas planetarios. El resultado se divide por el número de sistemas planetarios en los que teóricamente podría haber vida. A su vez, esto se divide por el número de aquellos en los que la vida, después de haber surgido, avance hasta un estado de inteligencia. Y así sucesivamente. El número va disminuyendo colosalmente en cada una de esas divisiones... pero, incluso con los datos más conservadores, la cifra de las civilizaciones avanzadas que puede haber sólo en la Vía Láctea resulta ser siempre de millones.

Qué pensamiento tan interesante y tan emocionante. Podemos ser sólo una entre millones de civilizaciones avanzadas. Por desgracia, al ser el espacio tan espacioso, se considera que la distancia media entre dos de esas civilizaciones es, como mínimo, de doscientos años luz, lo cual es bastante más de lo que parece. Significa, para empezar, que aun en el caso de que esos seres supiesen que estamos aquí y fueran de algún modo capaces de vernos con sus telescopios, lo que verían sería la luz que abandonó la Tierra hace doscientos años. Así que no nos están viendo a ti y a mí. Están viendo la Revolución francesa, a Thomas Jefferson y a gente con medias de seda y pelucas empolvadas..., gente que no sabe lo que es un átomo, o un gen, y que hacía electricidad frotando una varilla de ámbar con un trozo de piel, y eso le parecía un truco extraordinario. Es probable que cualquier mensaje que recibamos de esos observadores empiece diciendo: «Señor caballero», y que nos felicite por la belleza de nuestros caballos y por nuestra habilidad para obtener aceite de ballena. En fin, doscientos años luz es una distancia tan alejada de nosotros como para quedar fuera de nuestro alcance.

Así que, aunque no estemos solos, desde un punto de vista práctico sí lo estamos. Carl Sagan calculó que el número probable de planetas del universo podía llegar a ser de hasta 10.000 trillones, un número absolutamente inimaginable. Pero lo que también resulta inimaginable es la cantidad de espacio por el que están esparcidos. «Si estuviéramos insertados al azar en el universo —escribió Sagan—, las posibilidades que tendríamos de estar en un planeta o cerca de un planeta serían inferiores a 1.000 trillones de billones.[22] (Es decir, 10^{33}, o uno seguido de treinta y tres ceros.) Los mundos son muy valiosos.»

Por eso es por lo que quizá sea una buena noticia que la Unión Astronómica Internacional dictaminara oficialmente que Plutón es un planeta en febrero de 1999. El universo es un lugar grande y solitario. Nos vienen bien todos los vecinos que podamos conseguir.

3

EL UNIVERSO DEL REVERENDO EVANS

Cuando el cielo está despejado y no brilla demasiado la Luna, el reverendo Roberts Evans, un individuo tranquilo y animoso, arrastra un voluminoso telescopio hasta la solana de la parte de atrás de su casa de las montañas Azules de Australia, unos ochenta kilómetros al oeste de Sidney, y hace algo extraordinario: atisba las profundidades del pasado buscando estrellas moribundas.

Lo de mirar en el pasado es, claro está, la parte fácil. Mira hacia el cielo nocturno y lo que ve es historia, y mucha historia... No las estrellas como son ahora, sino como eran cuando la luz las dejó. La Estrella Polar, esa fiel acompañante, podría haberse apagado en realidad, por lo que sabemos, tanto en el pasado mes de enero de 1854 como en cualquier momento a partir de principios del siglo XIV. Y la noticia de ese hecho podría simplemente no haber llegado aún hasta nosotros. Lo máximo que podemos decir —que podemos decir siempre— es que todavía estaba ardiendo en esa fecha de hace 680 años. Mueren estrellas constantemente. Lo que Bob Evans hace mejor que nadie que lo haya intentado anteriormente es localizar esos momentos de despedida celeste.

Evans es, durante el día, un ministro bonachón y semijubilado de la Iglesia Unitaria Australiana, que hace algunas tareas como suplente e investiga la historia de los movimientos religiosos del siglo XIX. Pero de noche es, a su manera despreocupada, un titán del firmamento: caza supernovas.

Una supernova se produce cuando una estrella gigante (mucho mayor que nuestro Sol) se colapsa y explota espectacularmente, liberando en un instante la energía de 100.000 millones de soles[1] y ardiendo durante un periodo con mayor luminosidad que todas las estrellas de su galaxia.

—Es como un billón de bombas de hidrógeno que estallasen a la vez[2] —dijo Evans.

Si se produjese la explosión de una supernova a quinientos años luz de la Tierra, pereceríamos; según Evans:

—Pondría fin al asunto —dijo alegremente.

Pero el universo es vastísimo y las supernovas suelen estar demasiado lejos de nosotros para que puedan hacernos daño. De hecho, la mayoría está tan increíblemente lejos que su luz no llega a nosotros más que como un levísimo parpadeo. Durante el mes o así que son visibles, lo único que las diferencia de las otras estrellas del cielo es que ocupan un punto del espacio que antes estaba vacío. Lo que busca el reverendo Evans son esos picotazos anómalos y muy esporádicos en la atestada cúpula del firmamento nocturno.

Para comprender la hazaña que supone hacerlo, imagínate una mesa de comedor normal cubierta con un tapete negro sobre la que se derrama un puñado de sal. Los granos de sal desparramados pueden considerarse una galaxia. Imaginemos ahora 1.500 mesas como ésa —las suficientes para formar una línea de más de tres kilómetros de longitud—, cada una de ellas con un puñado de sal esparcido al azar por encima. Añadamos ahora un grano de sal a cualquiera de las mesas y dejemos a Evans pasearse entre ellas. Echará un vistazo y lo localizará. Ese grano de sal es la supernova.

Evans posee un talento tan excepcional que Oliver Sacks le dedica un pasaje de un capítulo sobre sabios autistas[3] en *Un antropólogo en Marte*, diciendo rápidamente: «No hay nada que sugiera que sea autista». Evans, que no conoce a Sacks, se ríe ante la sugerencia de que él pueda ser autista o sabio, pero no es capaz de explicar del todo de dónde procede su talento.

—Lo único que pasa es que parece que tengo habilidad para localizar campos estelares —me contó, a modo de disculpa, cuando los visité, a su esposa Elaine y a él, en el chalé de libro de fotos que tienen en un tranquilo extremo del pueblo de Hazelbrook, donde se acaba por fin Sidney y empieza el campo sin límites de Australia—. No soy particularmente bueno en otras cosas —añadió—. No se me da bien recordar los nombres.

—Ni dónde deja las cosas —agregó Elaine desde la cocina.

Él asintió de nuevo con franqueza y sonrió. Luego me preguntó si me gustaría ver su telescopio. Yo me había imaginado que Evans tendría un observatorio completo en el patio trasero, una versión a pequeña escala de Monte Wilson o de Palomar, con techo cupular deslizante y un asiento mecanizado de esos que da gusto maniobrar. En realidad, no me llevó al exterior sino a un almacén atestado de cosas que quedaba junto a la cocina, donde guarda sus libros y sus papeles y donde tiene el telescopio (un cilindro blanco que es aproximadamente del tamaño y la forma de un depósito de agua caliente doméstico), instalado sobre un soporte giratorio de contrachapado de fabricación casera. Cuando quiere efectuar sus observaciones, traslada todo en dos viajes a una pequeña solana que hay junto a la cocina, donde, entre el alero del tejado y las frondosas copas de los eucaliptos que crecen en la ladera de abajo, sólo le queda una ranura estrechísima para observar el cielo. Pero él dice que es más que suficiente para sus propósitos. Y allí, cuando el cielo está despejado y no brilla demasiado la Luna, busca sus supernovas.

Acuñó el término supernova, en la década de los treinta, un astrofísico llamado Zwicky, famoso por su extravagancia. Nacido en Bulgaria, había estudiado en Suiza y había llegado al Instituto Tecnológico de California en los años veinte, distinguiéndose enseguida por la aspereza de su carácter y su talento errático. No parecía excepcionalmente inteligente, y muchos de sus colegas le consideraban poco más que un «bufón irritante».[4] Fanático por estar en forma, se lanzaba con frecuencia al suelo en el comedor del instituto o en cualquier otro lugar público a hacer planchas con un solo brazo para demostrar su habilidad a quien le pareciese inclinado a dudar de ella. Era notoriamente agresivo, llegando a resultar tan intimidatorio en sus modales como para que su colaborador más próximo, un amable individuo llamado Walter Baade, se negase a quedarse a solas con él.[5] Zwicky acusaba entre otras cosas a Baade, que era alemán, de ser un nazi. Y no era cierto. En una ocasión, como mínimo, le amenazó con matarle, de modo que Baade,[6] si le veía en el campus del instituto, se encaminaba ladera arriba para buscar refugio en el Observatorio de Monte Wilson.

Pero Zwicky también era capaz de exponer ideas propias sumamente brillantes. A principios de la década de los treinta, centró su atención en un asunto que llevaba mucho tiempo preocupando a los astrónomos: la aparición en el cielo de puntos esporádicos de luz inexplicables, de nuevas estrellas. Zwicky se planteó algo inverosímil: la posibilidad de que en el meollo de todo aquel asunto estuviese el neutrón, la partícula subatómica que acababa de descubrir en Inglaterra James Chadwick, y que era novedosa y estaba muy de moda. A Zwicky se le ocurrió que, si una estrella se colapsaba hasta las densidades que se dan en el núcleo de los átomos, el resultado sería un núcleo increíblemente compactado. Los átomos se aplastarían literalmente unos contra otros[7] y sus electrones se verían empujados hacia el núcleo, formando neutrones. El resultado sería, pues, una estrella de neutrones. Imaginemos que aplastamos un millón de balas de cañón muy pesadas hasta reducirlas al tamaño de una canica y..., bueno, ni siquiera con eso nos aproximaríamos. El núcleo de una estrella de neutrones es tan denso que una sola cucharada de su materia pesaría

90.000 millones de kilogramos. ¡Una cucharada! Pero no quedaba ahí el tema. Zwicky se dio cuenta de que, después del colapso de una estrella de aquel tipo, habría una inmensa cantidad de energía sobrante, suficiente para producir la mayor explosión del universo.[8] A estas explosiones resultantes las llamó supernovas. Serían (son) los acontecimientos más grandes de la creación.

El 15 de enero de 1934, la revista *Physical Review* publicó un extracto muy conciso de la exposición que habían hecho, el mes anterior en la Universidad de Stanford, Zwicky y Baade. A pesar de su extrema brevedad (un solo párrafo de 24 líneas), la exposición contenía una enorme cantidad de ciencia nueva: aportaba la primera alusión a supernovas y a estrellas de neutrones; explicaba de forma convincente el proceso de su formación; calculaba correctamente la escala de su potencia explosiva, y, a modo de prima adicional, relacionaba las explosiones de supernovas con el origen de un nuevo y misterioso fenómeno, unos rayos (cósmicos), que se había descubierto recientemente que pululaban por el universo. Estas ideas eran, como mínimo, revolucionarias. La existencia de estrellas de neutrones no se confirmaría hasta treinta y cuatro años después. La idea de los rayos cósmicos, aunque considerada plausible, aún no se ha verificado.[9] El extracto era, en conjunto, en palabras de un astrofísico del instituto, Kip S. Thorne, «uno de los documentos más perspicaces de la historia de la física y de la astronomía».[10]

Lo más curioso es que Zwicky no tenía ni idea de por qué sucedía todo eso. Según Thorne, «no comprendían suficientemente las leyes de la física[11] como para poder sustanciar sus ideas». Lo único que tenía era talento para las grandes ideas. La tarea del repaso matemático quedaba para otros, sobre todo para Baade.

Zwicky fue también el primero que se dio cuenta de que no había ni mucho menos masa visible suficiente en el universo para mantener unidas las galaxias, de modo que tenía que haber algún otro influjo gravitatorio (lo que ahora llamamos materia oscura). Una cosa que no supo ver fue que, si se comprimiese lo suficiente una estrella de neutrones, se haría tan densa que ni siquiera la luz podría escapar a su inmenso tirón gravitatorio. Entonces tendríamos un agujero negro. Desgraciadamente, las ideas de Zwicky casi pasaron desapercibidas porque la mayoría de sus colegas le menospreciaba. Cuando el gran Robert Oppenheimer centró su atención cinco años después en las estrellas de neutrones, en un artículo que hizo época, no aludió ni una sola vez a ninguno de los trabajos de Zwicky, a pesar de que éste llevaba años trabajando en el mismo asunto en una oficina que quedaba al fondo del pasillo. Las deducciones de Zwicky respecto a la materia oscura siguieron sin atraer ninguna atención seria durante casi cuarenta años.[12] Lo único que podemos suponer es que, durante ese periodo, Zwicky debió de hacer un montón de planchas.

Cuando levantamos la cabeza hacia el cielo, la parte del universo que nos resulta visible es sorprendentemente reducida. Sólo son visibles desde la Tierra a simple vista unas 6.000 estrellas,[13] y sólo pueden verse unas 2.000 desde cualquier punto. Con prismáticos, el número de estrellas que podemos ver desde un solo emplazamiento aumenta hasta una cifra aproximada de 50.000 y, con un telescopio pequeño de dos pulgadas, la cifra salta hasta las 300.000. Con un telescopio de 16 pulgadas, como el de Evans, empiezas a contar no estrellas sino galaxias. Evans calcula que puede ver desde su solana de 50.000 a 100.000 galaxias, que contienen 10.000 millones de estrellas cada una. Se trata sin duda de números respetables, pero, incluso teniendo eso en cuenta, las supernovas son sumamente raras. Una estrella puede arder miles de millones de años, pero sólo muere una vez y lo hace deprisa. Y unas pocas estrellas moribundas estallan. La mayoría expira quedamente, como una fogata de campamento al amanecer. En una galaxia típica, formada por unos 10.000 millones de estrellas, una supernova aparecerá como media una vez cada doscientos o trescientos años. Así que buscar supernovas era un poco como situarse en la plataforma de observación del Empire State con un telescopio y escudriñar las ventanas de Manhattan con la esperanza de localizar, por ejemplo, a alguien que esté encendiendo 23 velas en una tarta de cumpleaños.

Por eso, cuando un clérigo afable y optimista acudió a preguntar si tenían mapas de campo utilizables para cazar supernovas, la comunidad astronómica creyó que estaba loco. Evans tenía entonces un telescopio de 10 pulgadas —tamaño muy respetable para un observador de estrellas aficionado, pero que no es ni mucho menos un aparato con el que se pueda hacer cosmología seria— y se proponía localizar uno de los fenómenos más raros del universo. Antes de que Evans empezase a buscar en 1980, se habían descubierto, durante toda la historia de la astronomía, menos de sesenta supernovas. (Cuando yo le visité, en agosto de 2001, acababa de registrar su 34.º descubrimiento visual; siguió el 35.º tres meses más tarde y el 36.º a principios de 2003.)

Pero Evans tenía ciertas ventajas. Casi todos los observadores —como la mayoría de la gente en general— están en el hemisferio norte, así que él disponía de un montón de cielo básicamente para él, sobre todo al principio. Tenía también velocidad y una memoria portentosa. Los telescopios grandes son difíciles de manejar, y gran parte de su periodo operativo se consume en maniobrarlos para ponerlos en posición. Evans podía girar su ahora pequeño telescopio de 16 pulgadas como un artillero de cola su arma en un combate aéreo, y dedicaba sólo un par de segundos a cada punto concreto del cielo. Así que podía observar unas cuatrocientas galaxias en una sesión, mientras que un telescopio profesional grande podría observar, con suerte, 50 o 60.

Buscar supernovas es principalmente cuestión de no encontrarlas. De 1980 a 1996 hizo una media de dos descubrimientos al año... No es un rendimiento desmesurado para centenares de noches de mirar y mirar. En una ocasión descubrió tres en quince días. Pero luego se pasó tres años sin encontrar ninguna.

—El hecho de no encontrar ninguna tiene cierto valor, en realidad —dijo—. Ayuda a los cosmólogos a descubrir el ritmo al que evolucionan las galaxias. Es uno de esos sectores raros en que la ausencia de pruebas *es* una prueba.

En una mesa situada al lado del telescopio se amontonan fotografías y papeles relacionados con su trabajo, y me mostró entonces algunos de ellos. Si has ojeado alguna vez publicaciones populares de astronomía, y debes de haberlo hecho en algún momento, sabrás que suelen estar llenas de fotos en colores, muy luminosas, de nebulosas lejanas y cosas parecidas: nubes brillantes de luz celestial esplendorosas, delicadas, impresionantes... Las imágenes de trabajo de Evans no se parecen en nada a eso. Son fotos borrosas en blanco y negro, con puntitos con brillo de halo. Me enseñó una en la que se veía un enjambre de estrellas entre las que se agazapaba un leve destello; tuve que acercarme mucho para apreciarlo. Evans me explicó que era una estrella de una constelación llamada Cornax, de una galaxia que los astrónomos denominan NCG1365. (NCG significa Nuevo Catálogo General, que es donde se registran estas cosas. Fue en tiempos un grueso volumen que había en el escritorio de alguien en Dublín; hoy, huelga decirlo, es una base de datos.) Durante sesenta millones de años, la luz de la espectacular defunción de esta estrella viajó infatigable por el espacio hasta que, una noche de agosto de 2001, llegó a la Tierra en forma de un soplo de radiación, la luminosidad más tenue, en el cielo nocturno. Y, por supuesto, fue Robert Evans desde su ladera perfumada por los eucaliptos quien lo detectó.

—Creo que hay algo satisfactorio en eso de que la luz viaje millones de años a través del espacio —dijo Evans— y, *justo* en el momento preciso en que llega a la Tierra, haya alguien que esté observando ese trocito preciso del firmamento y la vea. Parece justo, verdad, que se presencie y atestigüe un acontecimiento de esa magnitud.

Las supernovas hacen mucho más que inspirar una sensación de milagro. Son de varios tipos —Evans descubrió uno de ellos— y hay uno en concreto, llamado Ia, que es importante para la astronomía porque las supernovas que pertenecen a él estallan siempre del mismo modo, con la misma masa crítica, y se pueden utilizar por ello como «candelas tipo», puntos de referencia para determinar la intensidad luminosa (y, por tanto, la distancia relativa) de otras estrellas y medir entonces el ritmo de expansión del universo.

En 1987, Saul Perlmutter, del Laboratorio Lawrence Berkeley de California, necesitaba más supernovas Ia de las que le proporcionaban las observaciones visuales y decidió buscar un método más sistemático para localizarlas.[14] Acabó ideando un ingenioso sistema valiéndose de sofisticados ordenadores e instrumentos de carga acoplada, básicamente cámaras digitales de gran calidad. Se automatizó así la caza de supernovas. Los telescopios pudieron hacer miles de fotos y dejar que un ordenador localizase los puntos brillantes indicadores, que señalaban la explosión de una supernova. Perlmutter y sus colegas de Berkeley encontraron 42 supernovas en cinco años con la nueva técnica. Ahora, hasta los aficionados localizan supernovas con instrumentos de carga acoplada.

—Mediante estos instrumentos puedes dirigir un telescopio hacia el cielo e irte a ver la televisión —me dijo Evans, con tristeza—. El asunto ha perdido todo el romanticismo.

Le pregunté si le tentaba la idea de adoptar la nueva tecnología.

—Oh, no —me contestó—. Disfruto demasiado con mi método. Además... —Indicó con un gesto la foto de su última supernova y sonrió—. Aún puedo ganarles a veces.

La cuestión que naturalmente se plantea es: ¿qué pasaría si estallase cerca de la Tierra una estrella? Nuestro vecino estelar más próximo es, como ya hemos visto, Alfa Centauri, que queda a 4,3 años luz de distancia. Yo había supuesto que, en caso de que explotase, tendríamos 4,3 años luz para observar cómo se expandía por el cielo, como si se vertiese desde una lata gigantesca la luz de un acontecimiento tan majestuoso. ¿Cómo sería eso de disponer de cuatro años y tres meses para observar cómo iba aproximándose a nosotros la destrucción inevitable, sabiendo que cuando por fin llegase nos arrancaría de golpe la piel de los huesos? ¿Seguiría la gente yendo a trabajar? ¿Sembrarían los campesinos para una nueva cosecha? ¿Llevaría alguien lo cosechado a las tiendas? Semanas después, de nuevo en la población de New Hampshire en que vivo, planteé estas cuestiones a John Thorstensen, un astrónomo del Colegio Dartmouth.

—Oh, no —me dijo, riéndose—. La noticia de un acontecimiento de ese género viaja a la velocidad de la luz, pero también lo hace su capacidad destructiva,[15] de manera que te enteras de ello y mueres por ello en el mismo instante... No te preocupes, porque eso no va a pasar.

Para que la explosión de una supernova te mate, me explicó, tendrías que estar «ridículamente cerca», a unos diez años luz o así. El peligro serían varios tipos de radiación, rayos cósmicos y demás. Las radiaciones producirían fabulosas auroras, cortinas resplandecientes de luz pavorosa que llenarían todo el cielo. No sería nada bueno. Una cosa tan potente como para crear un espectáculo como ése podría muy bien acabar con la magnetosfera, la zona magnética que hay sobre la Tierra y que normalmente nos protege de los rayos ultravioleta y de otras agresiones cósmicas. Sin la magnetosfera, el pobre desdichado al que se le ocurriese ponerse al sol no tardaría mucho en adquirir la apariencia de, digamos, una pizza demasiado hecha.

Thorstensen me explicó que la razón de que podamos estar razonablemente seguros de que no sucederá un acontecimiento de ese género en nuestro rincón de la galaxia es, en primer lugar, que hace falta un tipo determinado de estrella para hacer una supernova. La estrella candidata debe tener una masa de diez a veinte veces mayor que la de nuestro Sol y «no tenemos nada del tamaño preciso que esté tan cerca». Afortunadamente, el universo es un sitio grande. La candidata posible más próxima, añadió, es Betelheuse, cuyos diversos chisporroteos llevan años indicando que está sucediendo allí algo curiosamente inestable. Pero Betelheuse se encuentra a 50.000 años luz de distancia.

Sólo seis veces en la historia registrada ha habido supernovas lo bastante cerca para que pudieran apreciarse a simple vista.[16] Una de ellas fue una explosión que se produjo en 1054 y que creó la nebulosa del Cangrejo. Otra, de 1604, hizo una estrella tan brillante como para que se pudiera ver durante el día a lo largo de más de tres semanas. El caso más reciente se produjo en 1987, cuando una supernova estalló en una zona del cosmos llamada la Gran Nube Magallánica, pero sólo fue visible en el hemisferio sur e, incluso allí, muy poco... Y se produjo a la distancia confortablemente segura de 169.000 años luz.

Las supernovas son significativas para nosotros en otro sentido que es, sin duda, fundamental. Sin ellas, no estaríamos aquí. Recordarás el interrogante cosmológico con que acabamos el primer capítulo: que la Gran Explosión creó muchísimos gases ligeros pero ningún elemento pesado. Aunque éstos llegaron después, durante un periodo muy largo nadie fue capaz de explicar *cómo* llegaron. El problema era que se necesitaba algo caliente de verdad —más caliente incluso que el centro de las estrellas más calientes— para forjar carbón, hierro y los otros elementos sin los cuales seríamos deplorablemente inmateriales. Las supernovas proporcionaron la explicación, y quien lo descubrió fue un cosmólogo inglés casi tan singular en sus modales y actitudes como Fritz Zwicky.

Ese cosmólogo inglés, natural de Yorkshire, se llamaba Fred Hoyle. Una necrológica de *Nature* describía a Hoyle, que murió en el año 2001, como «cosmólogo y polemista»,[17] y era indiscutiblemente esas dos cosas. Según la misma necrológica, anduvo «enzarzado en polémicas durante la mayor parte de su vida [...]. Puso su nombre a mucha basura». Aseguró, por ejemplo, sin pruebas, que el fósil de un arqueopterix que atesoraba el Museo de Historia Natural era una falsificación parecida al fraude de Piltdown, lo que provocó la cólera de los paleontólogos del museo, que tuvieron que pasarse muchos días atendiendo llamadas telefónicas de periodistas de todo el mundo. Creía también que la Tierra había sido sembrada desde el espacio no sólo con vida sino también con muchas de sus enfermedades, como la gripe y la peste bubónica, y en cierta ocasión dijo que los seres humanos habían adquirido evolutivamente la nariz prominente con los orificios protegidos para evitar que los patógenos cósmicos les cayeran en ellas.[18]

Fue él quien empezó a difundir el término Gran Explosión, con intención burlona, en un programa de radio en 1952. Dijo que nada de lo que sabíamos de la física podía explicar por qué todo, reducido a un punto, empezaba a expandirse de forma brusca y espectacular. Era partidario de una teoría del estado constante, en la que el universo se hallaba en un proceso constante de expansión y creaba materia nueva continuamente.[19] Se dio cuenta también de que, si las estrellas implosionaban, tenían que liberar inmensas cantidades de calor, 100 millones de grados o más,[20] lo suficiente para generar los elementos más pesados en un proceso llamado nucleosíntesis. En 1957, trabajando con otros, demostró cómo se formaron los elementos pesados en explosiones de supernovas. Por este trabajo recibió el Premio Nobel uno de sus colaboradores, W. A. Fowler. Él, vergonzosamente, no lo recibió.

Según su teoría, la explosión de una estrella genera calor suficiente para crear todos los elementos nuevos y esparcirlos por el cosmos, donde formarían nubes gaseosas (lo que se conoce como medio interestelar), que podrían acabar agrupándose en nuevos sistemas solares. Con las nuevas teorías se pudieron elaborar por fin posibles escenarios para explicar cómo llegamos aquí. Lo que ahora creemos saber es lo siguiente:

Hace unos 4.600 millones de años se acumuló en el espacio, donde estamos ahora, y empezó a agruparse un gran remolino de gas y polvo de unos 24.000 kilómetros de anchura. Casi toda su masa (el 99,9 % de todo el sistema solar)[21] formó el Sol. Del material flotante que quedaba, dos granos microscópicos se mantuvieron lo bastante próximos para unirse en virtud de las fuerzas electrostáticas. Ése fue el momento de la concepción para nuestro planeta. Y sucedió lo mismo por todo el incipiente sistema solar. Los granos de polvo formaron agrupaciones cada vez mayores al chocar. Llegó un momento en que esas agrupaciones fueron ya lo suficientemente grandes para que pudieran calificarse de planetesimales. Como chocaban sin cesar, se fracturaban y escindían y recombinaban en infinitas permutaciones al azar, pero en cada uno de esos choques había un ganador; y algunos de los ganadores adquirieron tamaño suficiente para dominar la órbita por la que se desplazaban.

Todo eso sucedió con una rapidez extraordinaria. Se cree que, para pasar de una pequeña agrupación de granos a un planeta bebé de unos centenares de kilómetros de anchura, sólo tuvieron que pasar unas decenas de miles de años. La Tierra se formó básicamente en sólo doscientos millones de años, tal vez menos,[22] aunque aún estaba fundida y sometida al bombardeo constante de toda la basura que se mantenía flotando a su alrededor.

En este punto, hace unos 4.400 millones de años, se estrelló en la Tierra un objeto del tamaño de Marte, lo que causó una explosión que produjo material suficiente para formar una esfera acompañante: la Luna. Se cree que, en cuestión de semanas, el material desprendido se había reagrupado en un solo cuerpo y que, al cabo de un año, había formado la roca esférica que todavía nos acompaña. La mayor parte del material lunar se considera que procede de la corteza de la tierra y no de su núcleo,[23] por eso la Luna tiene tan poco hierro mientras que nosotros tenemos un montón. La teoría, dicho sea de pasada, se expone casi siempre como si fuera reciente, aunque la propuso, en realidad, en la década de los cuarenta, Reginald Daly de Harvard.[24] Lo único que tiene de reciente es que ahora se le presta atención.

Cuando la Tierra tenía sólo un tercio de su futuro tamaño es probable que estuviese empezando a formar una atmósfera, compuesta principalmente de bióxido de carbono, nitrógeno, metano y azufre. No es ni mucho menos el tipo de material que asociaríamos con la vida y, sin embargo, a partir de ese brebaje tóxico se creó la vida. El bióxido de carbono es un potente gas de efecto invernadero. Eso estuvo bien, porque entonces el Sol era significativamente más tenue. Si no hubiésemos disfrutado de la ventaja de un efecto invernadero, posiblemente la Tierra se habría congelado de forma permanente[25] y la vida nunca habría llegado a conseguir un asidero. Pero lo cierto es que lo hizo.

Durante los 500 millones de años siguientes, la joven Tierra siguió sometida a un bombardeo implacable de cometas, meteoritos y demás desechos galácticos, que trajeron agua para llenar los mares y los componentes necesarios para que se formase con éxito la vida. Era un medio singularmente hostil y, sin embargo, de algún modo la vida se puso en marcha. Alguna diminuta bolsita de sustancias químicas se agitó, palpitó y se hizo animada. Estábamos de camino.

Cuatro mil millones de años después, la gente empezó a preguntarse cómo había sucedido todo. Y hacia allí nos lleva nuestra próxima historia.

II

EL TAMAÑO DE LA TIERRA

La naturaleza y las leyes naturales yacían ocultas en la noche.
Dijo Dios: «¡Hágase Newton!». Y se hizo la luz.

ALEXANDER POPE,
Epitafio: Destinado a sir Isaac Newton

4

LA MEDIDA DE LAS COSAS

Si tuviésemos que elegir el viaje científico menos cordial de todos los tiempos, no podríamos dar con uno peor que la expedición a Perú de 1735 de la Real Academia de Ciencias Francesa. Dirigida por un hidrólogo llamado Pierre Bouguer y un militar y matemático llamado Charles Marie de La Condamine, estaba formada por un grupo de científicos y aventureros que viajó a Perú con el propósito de triangular distancias a través de los Andes.

En aquel entonces, la gente se hallaba infectada por un poderoso deseo de comprender la Tierra: determinar su antigüedad y su tamaño, de dónde colgaba en el espacio y cómo había llegado a existir. El objetivo de la expedición francesa era ayudar a resolver el problema de la circunferencia del planeta midiendo la longitud de un grado de meridiano (o una trescientasesentava parte de la distancia de polo a polo) y siguiendo una línea que iba desde Yaruqui, cerca de Quito, hasta un poco más allá de Cuenca, en lo que hoy es Ecuador, una distancia de unos 320 kilómetros.*

---

* La triangulación, el método que eligieron, era una técnica popular basada en el principio geométrico de que, si conoces la longitud de un lado de un triángulo y dos de sus ángulos, puedes hallar el resto de sus dimensiones sin levantarte de la silla. Supongamos, por ejemplo, que tú y yo decidimos que queremos saber la distancia entre la Tierra y la Luna. Para valernos de la triangulación, lo primero que tenemos que hacer es poner cierta distancia entre nosotros, así que digamos que tú te quedas en París y yo me voy a Moscú, y los dos miramos la Luna al mismo tiempo. Ahora bien, imaginemos una línea que una los tres puntos principales de este ejercicio (es decir, la Luna, tú y yo) y tendremos un triángulo. Midiendo la longitud de la base, la línea trazada entre tú y yo, y los ángulos de las líneas que van desde donde estamos ambos hasta la Luna, puede calcularse el resto fácilmente. (Porque los ángulos interiores de un triángulo suman siempre 180° y, si se conoce la suma de dos ángulos, puede calcularse el tercero. Y conociendo la forma precisa de un triángulo y la longitud de uno de sus lados, se pueden calcular las longitudes de los otros dos.) Ése fue en realidad el método que empleó el

Las cosas empezaron a salir mal casi inmediatamente. En algunos casos de forma espectacular. En Quito, los visitantes debieron de provocar de algún modo a los habitantes de la ciudad porque una multitud armada con piedras les expulsó de allí. Poco después, el médico de la expedición fue asesinado por un malentendido relacionado con una mujer. El botánico se volvió loco. Otros murieron de fiebres y caídas. El miembro del grupo que ocupaba el tercer puesto en autoridad, un individuo llamado Pierre Dodin, se fugó con una muchacha de trece años y no hubo modo de convencerle de que se reincorporase a la expedición.

En determinado momento, el grupo tuvo que suspender sus trabajos durante ocho meses, mientras La Condamine regresaba a caballo a Lima para resolver unos problemas que había con los permisos. Finalmente, Bouguer y él dejaron de hablarse y se negaron a trabajar juntos. Fuese adonde fuese, el menguante grupo era recibido con profundísimo recelo por los funcionarios, a quienes les resultaba difícil creer que un grupo de científicos franceses hubiesen recorrido medio mundo para medir el mundo. No tenía sentido. Dos siglos y medio después, aún parece una postura razonable. ¿Por qué no hicieron los franceses sus mediciones en Francia y se ahorraron todas las molestias y las penalidades de su aventura andina?

La respuesta se halla en parte en el hecho de que los científicos del siglo XVIII, y en particular los franceses, raras veces hacían las cosas de una forma sencilla si había a mano una alternativa complicada; y, en parte, a un problema técnico, que había planteado por primera vez el astrónomo inglés Edmund Halley muchos años atrás, mucho antes de que Bouguer y La Condamine se planteasen ir a Suramérica y, menos aún, tuviesen algún motivo para hacerlo. Halley fue un personaje excepcional. Sucesivamente, a lo largo de una carrera prolongada y fecunda,[1] fue capitán de barco, cartógrafo, profesor de geometría en la Universidad de Oxford, subdirector de la Ceca del reino, astrónomo real e inventor de la campana de buceo de alta mar. Escribió con autoridad sobre el magnetismo, las mareas y los movimientos de los planetas, e ingenuamente sobre los efectos del opio. Inventó el mapa meteorológico y la tabla actuarial, propuso métodos para determinar la edad de la Tierra y su distancia del Sol, e incluso ideó un método práctico para mantener el

---

astrónomo griego Hiparco de Nicea en el año 15 a. C. para determinar la distancia de la Tierra a la Luna. Al nivel de la superficie de la Tierra, los principios de la triangulación son los mismos, salvo que los triángulos no se proyectan hacia el espacio sino que quedan situados uno al lado del otro en un plano. Para medir un grado de meridiano, los agrimensores irían recorriendo el terreno y formando una especie de cadena de triángulos. *(N. del A.)*

pescado fresco. Lo único que no hizo fue descubrir el cometa que lleva su nombre. Se limitó a descubrir que el cometa que él había visto en 1682 era el mismo que habían visto otros en 1456, 1531 y 1607. No se convirtió en el cometa Halley hasta 1758, unos dieciséis años después de su muerte.

Pero, pese a todos sus logros, la mayor aportación de Halley al conocimiento humano tal vez haya sido simplemente participar en una modesta apuesta científica con otros dos personajes ilustres de su época: Robert Hooke, a quien quizá se recuerde hoy mejor como el primero que describió una célula, y el grande y mayestático sir Christopher Wren, que en realidad fue primero astrónomo y después arquitecto, aunque eso es algo que no suele recordarse ya. En 1683, Halley, Hooke y Wren estaban cenando en Londres y la conversación se centró en los movimientos de los objetos celestes. Era cosa sabida que los planetas tendían a orbitar en un tipo particular de óvalo conocido como elipse («una curva muy específica y precisa»,[2] por citar a Richard Feynman), pero no se sabía por qué. Wren ofreció generosamente un premio de 40 chelines (equivalente al salario de un par de semanas) a quien aportara una solución.

Hooke, que tenía fama de atribuirse ideas que no siempre eran suyas, aseguró que ya había resuelto el problema,[3] pero se negó a compartir la solución por la curiosa y original razón de que privaría a otros de la satisfacción de descubrirla por su cuenta. Así que decidió que la ocultaría «durante un tiempo para que otros pudiesen saber cómo valorarla». No dejó prueba alguna de que hubiera pensado más en el asunto. Halley, sin embargo, se consagró a encontrar la solución hasta el punto de que, al año siguiente, fue a Cambridge y tuvo allí la audacia de ir a ver al profesor lucasiano de matemáticas de la universidad, Isaac Newton, con la esperanza de que pudiese ayudarle.

Newton era un personaje decididamente raro, sumamente inteligente, pero solitario, triste, puntilloso hasta la paranoia, con fama de distraído —cuentan que había veces que, al sacar los pies de la cama por la mañana, se quedaba allí sentado varias horas, inmovilizado por el súbito aluvión de ideas que se amontonaban en su mente— y capaz de las excentricidades más fascinantes. Se construyó un laboratorio propio, el primero de Cambridge, pero luego se dedicó a los experimentos más estrambóticos. En cierta ocasión se insertó una aguja de jareta (una aguja larga de las que se usaban para coser cuero) en la cuenca ocular y recorrió con ella el espacio «entre el ojo y el hueso, lo más cerca posible de la parte posterior del ojo»,[4] sólo para ver qué pasaba. No pasó nada, milagrosamente... al menos nada perdurable. En otra ocasión, se quedó mirando al sol todo el tiempo que pudo soportarlo para determinar qué efectos tendría sobre la visión. Salió de ello de nuevo sin daño perdurable, aunque tuvo que pasar unos cuantos días en una habitación a oscuras para conseguir que los ojos se lo perdonaran.

Sin embargo, dejando a un lado estas ideas estrambóticas y estos rasgos extraños, poseía un talento superior, a pesar de que soliese demostrar una tendencia a lo peculiar incluso cuando trabajaba en asuntos convencionales. De estudiante, irritado por las limitaciones de las matemáticas convencionales, inventó un procedimiento completamente nuevo, el cálculo, pero después de inventarlo se pasó veintisiete años sin explicárselo a nadie.[5] Trabajó de forma parecida en óptica, transformando nuestra interpretación de la luz y sentando las bases de la ciencia de la espectroscopia; tardó también, en este caso, treinta años en decidirse a compartir los resultados de sus trabajos.

Pese a lo inteligente que era, la verdadera ciencia no ocupó más que una parte de sus intereses. La mitad de su vida de trabajo como mínimo estuvo dedicada a la alquimia y a extravagantes objetivos religiosos. No se trataba de un simple juego, sino de una dedicación entusiasta. Era partidario secreto de una peligrosa secta herética llamada arrianismo, cuyo dogma principal era la creencia de que no había habido ninguna Santa Trinidad —cosa un tanto irónica, dado que su *college* de Cambridge era el Trinity—. Dedicó horas sin cuento a estudiar la planta del templo perdido del rey Salomón de Jerusalén —él solo aprendió hebreo para poder estudiar mejor los textos originales—, convencido de que ocultaba claves matemáticas sobre las fechas del segundo advenimiento de Cristo y del fin del mundo. No fue menos ferviente su apego a la alquimia. En 1936, el economista John Maynard Keynes compró un baúl de documentos de Newton en una subasta y descubrió con asombro que estaban mayoritariamente dedicados no a la óptica o a los movimientos de los planetas, sino a una búsqueda decidida de un método para convertir los metales de baja ley en metales preciosos. El análisis que se hizo de un cabello suyo, en la década de los setenta, puso al descubierto que contenía mercurio —un elemento que interesaba mucho a los alquimistas, a los sombrereros y a los fabricantes de termómetros, pero a casi nadie más—, en una concentración 40 veces superior al nivel normal. Así que no es de extrañar que le costase recordar al levantarse por la mañana. No tenemos ni idea de qué era exactamente lo que Halley esperaba conseguir de él cuando le hizo aquella visita sin anuncio previo. Pero gracias a la versión posterior de un confidente de Newton, Abraham DeMoivre, contamos con la descripción de uno de los encuentros históricos más importantes de la ciencia:

En 1684, el doctor Halley vino de visita a Cambridge y, cuando [Newton y él] llevaban ya un rato juntos, el doctor le preguntó qué curva creía él que sería la que describían los planetas, suponiendo que la fuerza de atracción del Sol fuese la recíproca del cuadrado de su distancia de él.

Se aludía aquí a una ley matemática, la del cuadrado inverso, en la que Halley creía que estaba la clave, aunque todavía no pudiese demostrarlo.

Sir Isaac contestó inmediatamente que era una elipse. El doctor, lleno de alegría y de asombro, le preguntó cómo lo sabía. «Porque lo he calculado», le contestó. Entonces el doctor Halley le pidió que le mostrase enseguida el cálculo. Sir Isaac lo buscó entre sus papeles, pero no lo encontró.

Era asombroso. Era algo así como si alguien dijese que había descubierto una cura para el cáncer y que no se acordaba de dónde había puesto la fórmula. Presionado por Halley, Newton accedió a rehacer los cálculos y a escribir un artículo. Cumplió su promesa, pero luego hizo mucho más. Se retiró durante dos años, en los que se consagró a una profunda reflexión y a escribir, dando al mundo finalmente su obra maestra: *Philosophiae Naturalis Principia Mathematica* o *Principios matemáticos de filosofía natural*, más conocido como los *Principia*.

Muy de cuando en cuando, unas cuantas veces en la historia, una inteligencia humana produce una observación tan aguda e inesperada que la gente no puede decidir del todo qué es lo más asombroso, el hecho o pensarlo. La aparición de los *Principia* fue uno de esos momentos. Hizo inmediatamente famoso a Newton. Durante el resto de su vida le cubrirían de honores y de alabanzas, llegando a ser, entre otras muchas cosas, el primero que fue nombrado caballero en Inglaterra por méritos científicos. Incluso el gran matemático alemán Gottfried von Leibniz,[6] con quien Newton mantuvo una larga y agria disputa por la prioridad en la invención del cálculo, consideraba sus aportaciones a las matemáticas equivalentes a todo el trabajo acumulado que le había precedido. «Ningún mortal puede aproximarse más a los dioses», escribió Halley, expresando un sentimiento del que se hicieron eco interminablemente sus contemporáneos y muchos otros después de ellos.

Aunque se ha dicho de los *Principia* que son «uno de los libros más inaccesibles que se han escrito,[7] Newton lo hizo difícil con toda intención, para que no le agobiasen los que él llamaba "palurdos" matemáticos», fue un faro para quienes pudieron seguirlo. No sólo explicaba matemáticamente las órbitas de los cuerpos celestes, sino que identificaba también la fuerza de atracción que los ponía en movimiento: la gravedad. De pronto cobraron sentido todos los movimientos del universo.

En el corazón de los *Principia* figuraban las tres leyes newtonianas del movimiento (que establecen, dicho de forma muy escueta, que un objeto se mueve en la dirección en que se lo empuja, que seguirá moviéndose en línea recta hasta que actúe otra fuerza para aminorar o desviar el movimiento y que cada acción tiene una reacción igual y contraria) y su ley de la gravitación universal. Ésta establece que cada objeto del universo ejerce una fuerza de atracción sobre todos los demás. Tal vez no parezca así, pero, cuando estás sentado ahí ahora, estás tirando hacia ti todo lo que te rodea (paredes, techo, lámparas, el gato...) con tu propio y pequeño —pequeñísimo realmente— campo gravitatorio. Y esos objetos también tiran de ti. Newton fue quien comprendió que el tirón de dos objetos cualesquiera es, citando de nuevo a Feynman, «proporcional a la masa de cada uno y que varía en una cuantía inversa al cuadrado de la distancia que los separa».[8] Dicho de otro modo, si duplicas la distancia entre dos objetos, la atracción entre ellos disminuye cuatro veces. Esto puede expresarse con la fórmula:

$$F = G\,\frac{mm'}{r^2}$$

Que no es algo de lo que generalmente podamos hacer un uso práctico, aunque lleguemos a apreciar su sólida elegancia. Un par de breves multiplicaciones, una simple división y, ¡bingo!, conoces ya tu posición gravitatoria vayas adonde vayas. Fue la primera ley realmente universal de la naturaleza, propuesta por una inteligencia humana, y ésa es la razón de que se profese tan profunda estima en todas partes a Newton.

La redacción de los *Principia* tuvo sus momentos dramáticos. Para espanto de Halley, justo cuando estaba a punto de terminar, Newton se enzarzó en una polémica con Hooke sobre la prioridad del descubrimiento de la ley del cuadrado inverso, y Newton se negó a publicar el decisivo tercer volumen, sin el que tenían poco sentido los dos primeros. Hizo falta una diplomacia de intermediación frenética y una generosísima aplicación del halago por parte de Halley para conseguir sacarle, al errático profesor, el volumen final.

Pero los traumas de Halley no habían terminado aún. La Real Sociedad, que había prometido publicar la obra, se echó atrás alegando dificultades económicas. Había sufragado el año anterior un costoso fracaso financiero titulado *The History of Fishes* [La historia de los peces] y sospechaba que un libro sobre principios matemáticos no tendría precisamente una acogida clamorosa. Halley, que no poseía grandes propiedades, pagó de su bolsillo la edición del libro. Newton, tal como tenía por costumbre, no aportó nada.[9] Y para empeorar las cosas todavía más, Halley acababa de aceptar por entonces un cargo como empleado de la Real Sociedad, y se le informó que ésta no podría permitirse abonarle el salario prometido de 50 libras al año. Le pagaron con ejemplares de *The History of Fishes* en vez de remunerarle con dinero.[10]

Las leyes de Newton explicaban tantas cosas (las fluctuaciones de las mareas, los movimientos de los planetas, por qué las balas de cañón siguen una trayectoria determinada antes de precipitarse en tierra, por qué no nos vemos lanzados al espacio si el planeta gira bajo nosotros a centenares de kilómetros por hora)* que llevó tiempo asimilar todo lo que significaban. Pero hubo una revelación que resultó casi inmediatamente polémica.

Se trataba de la idea de que la Tierra no es del todo redonda. Según la teoría de Newton, la fuerza centrífuga del movimiento de rotación debería producir un leve encogimiento en los polos y un ensanchamiento en el ecuador, que achatarían ligeramente el planeta. Eso quería decir que la longitud de un grado del meridiano no sería igual en Italia que en Escocia. La longitud se reduciría concretamente a medida que uno se alejase de los polos. Esto no constituía una buena noticia para quienes basaban sus mediciones del planeta en el supuesto de que éste era formaba una esfera perfecta, que eran por entonces todos.

Hacía medio siglo que se intentaba calcular el tamaño de la Tierra, cosa que se hacía principalmente efectuando arduas mediciones. Uno de los primeros intentos fue el de un matemático inglés llamado Richard Norwood. Norwood había viajado de joven hasta las Bermudas, con una campana de buceo hecha según el modelo de un aparato de Halley, dispuesto a hacer una fortuna extrayendo perlas del fondo del mar. El proyecto fracasó porque no había perlas y porque, en realidad, la campana de Norwood no funcionaba. Pero no era un individuo que desaprovechase una experiencia. A principios del siglo XVII, las Bermudas eran célebres entre los capitanes de los barcos por lo difícil que resultaba localizarlas. El problema radicaba en que el océano era grande, las Bermudas pequeñas y los instrumentos de navegación para abordar esa disparidad absolutamente impropios. Todavía no existía una longitud aceptada de la

---

* Lo deprisa que giras depende de dónde estés. La velocidad de giro de la Tierra varía entre algo más de 1.600 kilómetros por hora en el ecuador a cero en los polos. En Londres, la velocidad es de 998 kilómetros por hora. *(N. del A.)*

milla náutica. En la inmensidad del océano, un error mínimo de cálculo se magnificaba tanto que los barcos dejaban atrás a veces objetivos del tamaño de las Bermudas por márgenes grandísimos. Norwood, cuyo primer amor era la trigonometría y por tanto los ángulos, decidió introducir un poco de rigor matemático en la navegación. Y decidió para ello calcular la longitud de un grado. Empezó con la espalda apoyada en la torre de Londres y dedicó dos gloriosos años a recorrer 333 kilómetros en dirección norte hasta York. Utilizaba para medir una medida de longitud de la época, la cadena (equivalente a 22 yardas, unos 22 metros), que extendía repetidamente, haciendo al mismo tiempo los ajustes más meticulosos para tener en cuenta los desniveles del terreno y los culebreos del camino; el último paso fue medir el ángulo del Sol en York a la misma hora del día y el mismo día del año en que lo había hecho en su primera medición de Londres. Partiendo de esto, consideró que podría determinar la longitud de un grado del meridiano de la Tierra y calcular así la longitud total. Era una empresa casi ridículamente ambiciosa —un error de la más mínima fracción de grado significaría una desviación total de kilómetros—, pero lo cierto es que, como él mismo proclamó orgullosamente, fue exacto hasta «el margen del calibre...»[11] o, para ser más exactos, 600 metros. En términos métricos, su cifra resultó ser 110,72 kilómetros por grado de arco.

En 1637, se publicó y tuvo gran difusión la obra maestra de Norwood sobre navegación, *The Seaman's Practice* [Prácticas marítimas]. Se hicieron hasta 17 ediciones y aún seguía imprimiéndose veinticinco años después de la muerte del autor. Norwood regresó con su familia a las Bermudas, donde se convirtió en un terrateniente próspero y dedicó sus horas de ocio a su primer amor, la trigonometría. Vivió allí treinta y ocho años, y sería agradable informar que pasó ese periodo feliz y rodeado de halagos y de felicidad. Pero no fue así. En la travesía desde Inglaterra, sus dos hijos pequeños fueron acomodados en un camarote con el reverendo Nathaniel White, y eso, no se sabe por qué, traumatizó tanto al joven vicario que éste consagró gran parte del resto de su carrera a perseguir a Norwood por todos los medios imaginables.

Dos hijas de Norwood proporcionaron a su padre un dolor adicional al casarse con hombres de condición inferior a la suya. Uno de esos maridos, incitado posiblemente por el vicario, demandaba constantemente a Norwood ante los tribunales, lo que exasperaba a éste sobremanera y le obligaba a hacer repetidos viajes por la isla para defenderse. Finalmente, en la década de 1650, llegaron a las Bermudas los juicios por brujería y Norwood pasó los últimos años de su vida sumido en un profundo desasosiego por la posibilidad de que sus escritos sobre trigonometría, con sus símbolos arcanos, se tomasen por comunicaciones con el demonio y, en consecuencia, le condenasen a una muerte terrible. Sabemos tan poco de Norwood que es posible que mereciese esos años finales desdichados. Lo único que se sabe a ciencia cierta es que los tuvo.

Entretanto, el impulso de calcular la circunferencia de la Tierra pasó a Francia. Allí, el astrónomo Jean Picard ideó un método de triangulación complejísimo, que incluía cuadrantes, relojes de péndulo, sectores de cénit y telescopios —para observar los movimientos de las lunas de Júpiter—. Al cabo de dos años dedicados a atravesar Francia triangulando la ruta, en 1669 proclamó una medida más exacta de 110,46 kilómetros por grado de arco. Esto fue un gran motivo de orgullo para los franceses, pero se partía del supuesto de que la Tierra era una esfera perfecta..., y ahora Newton decía que no era así.

Para complicar más las cosas, tras la muerte de Picard el equipo de padre e hijo de Giovanni y Jacques Cassini repitió los experimentos de Picard en un área mayor y obtuvo resultados que indicaban que la Tierra era más ancha, no en el ecuador, sino en los polos, es decir, que Newton estaba completamente equivocado. Eso impulsó a la Real Academia de Ciencias Francesa a enviar a Bouguer y La Condamine a Suramérica a efectuar nuevas mediciones. Eligieron los Andes porque necesitaban hacer mediciones cerca del ecuador, para determinar si había realmente una diferencia de esfericidad allí, y porque consideraron que desde las montañas habría una buena perspectiva. En realidad, las montañas de Perú estaban tan constantemente cubiertas de niebla que el equipo muchas veces tenía que esperar semanas para una hora de medición clara. Además habían elegido uno de los territorios más accidentados de la Tierra. Los peruanos califican su paisaje de «muy accidentado» y, desde luego, lo era. Los franceses no sólo tuvieron que escalar algunas de las montañas más tremendas del mundo —montañas que derrotaban incluso a sus mulas—, sino que, para llegar a ellas, tuvieron que atravesar ríos peligrosos, abrirse camino por selvas a golpe de machete y recorrer kilómetros de desierto alto y pedregoso, casi todo sin cartografiar y lejos de cualquier fuente de suministro. Pero si Bouguer y La Condamine tenían algo era tenacidad, así que persistieron en la tarea durante nueve largos y penosos años y medio de sol abrasador. Poco antes de dar fin a la empresa, les llegó la noticia de que un segundo equipo francés, que había efectuado mediciones en la región septentrional de Escandinavia —y afrontado también notables penalidades, desde cenagosos tremedales a peligrosos témpanos de hielo— había descubierto que el grado era en realidad mayor cerca de los polos, como había pronosticado Newton. La Tierra tenía 43 kilómetros más medida ecuatorialmente que si se la medía de arriba abajo, pasando por los polos.[12]

Bouguer y La Condamine se habían pasado así casi diez años trabajando para obtener un resultado, que no era el que querían, sólo para enterarse ahora de que ni siquiera eran los primeros que lo hallaban. Terminaron sus mediciones apáticamente, confirmando con ellas que el primer equipo francés estaba en lo cierto. Luego, sin hablarse aún, regresaron a la costa y zarparon hacia su patria en barcos diferentes.

Otra cosa que Newton predijo también en los *Principia* fue que, si se colocaba una plomada cerca de una montaña, se inclinaría muy levemente hacia ella, afectada por su masa gravitatoria, además de por la de la Tierra. Esto era algo más que un hecho curioso. Si medías la desviación con exactitud y determinabas la masa de la montaña, podías calcular la constante gravitatoria universal (es decir, el valor básico de la gravedad, conocido como G) y, con ella, la masa de la Tierra.

Bouguer y La Condamine lo habían intentado en el monte Chimborazo de Perú, pero habían acabado derrotados por las dificultades técnicas y por sus propias desavenencias, así que la cuestión se mantuvo en estado letárgico otros treinta años hasta que la reavivó en Inglaterra Neville Maskelyne, el astrónomo real. En el libro de divulgación de Dava Sobel, *Longitud*, se presenta a Maskelyne como un tontaina y una mala persona, por no apreciar la inteligencia del relojero John Harrison, y puede que fuera así, pero estamos en deuda con él por otras cosas que no se mencionan en ese libro y, sobre todo, por su acertado plan para pesar la Tierra. Maskelyne se dio cuenta de que el quid del problema estaba en dar con una montaña que tuviese una forma lo suficientemente regular para poder determinar su masa. A instancias suyas, la Real Sociedad accedió a contratar a una persona de confianza que recorriese las islas Británicas para ver si podía hallarse en ellas una montaña de esas características. Maskelyne conocía precisamente a esa persona: el astrónomo y agrimensor Charles Mason. Maskelyne y Mason se habían hecho amigos quince años antes, cuando trabajaban en un proyecto destinado a medir un acontecimiento astronómico de gran importancia: el paso del planeta Venus por delante del Sol. El infatigable Edmond Halley había postulado años antes que, si se medía el tránsito desde puntos determinados de la Tierra, se podían utilizar los principios de la triangulación para calcular la distancia de la Tierra al Sol y para calcular luego las distancias a todos los demás cuerpos del sistema solar.

Desgraciadamente, los tránsitos de Venus, que es como se denomina ese fenómeno, son un acontecimiento irregular. Se producen en parejas con ocho años de separación, pero luego no se repiten durante un siglo o más y, durante la vida de Halley, no hubo ninguno.* Pero la idea fermentó y, cuando se produjo el tránsito siguiente, que fue en 1761, casi veinte años después de la muerte de Halley, el mundo científico estaba preparado..., mejor preparado en realidad de lo que hubiese estado nunca para un acontecimiento astronómico.

Los científicos, con la inclinación a arrostrar penalidades características de la época, partieron hacia más de un centenar de emplazamientos de todo el planeta: Siberia, China, Suramérica, Indonesia y los bosques de Wisconsin, entre muchos otros. Francia envió treinta y dos observadores; Inglaterra dieciocho más; y partieron también muchos de Suecia, Rusia, Italia, Alemania, Irlanda y otros países.

Fue la primera empresa científica internacional cooperativa de la historia, y surgieron problemas en casi todas partes. Muchos observadores se vieron frustrados en sus propósitos por la guerra, la enfermedad o el naufragio. Otros llegaron a su destino, pero cuando abrieron sus cajas se encontraron con que el equipo se había roto o estaba alabeado a causa del calor del trópico. Los franceses parecieron destinados una vez más a aportar los participantes más memorablemente desafortunados. Jean Chappe pasó meses viajando por Siberia en coche de caballos, barco y trineo, protegiendo sus delicados instrumentos de las peligrosas sacudidas, sólo para encontrarse con el último tramo vital de la ruta bloqueado por los desbordamientos fluviales, consecuencia de unas lluvias de primavera excepcionalmente intensas, que los habitantes de la zona se apresuraron a achacarle a él después de verle enfocar hacia el cielo sus extraños instrumentos. Chappe consiguió escapar con vida, pero no pudo realizar ninguna medición útil.

Peor suerte corrió Guillaume Le Gentil,[13] cuyas experiencias resumió maravillosamente Timothy Ferris en *Coming of Age in the Milky Way* [Viniendo de la era de la Vía Láctea]. Le Gentil partió de Francia con un año de antelación para observar el tránsito en la India, pero se interpusieron en su camino diversos obstáculos y aún seguía en el mar el día del tránsito... Era precisamente el peor sitio donde podía estar, ya que era imposible efectuar mediciones precisas en un barco balanceante en movimiento.

Le Gentil, pese a todo, continuó hasta la India para esperar allí el tránsito siguiente, el de 1769. Como disponía de ocho años para prepararse, pudo construir una estación observatorio de primera categoría, compro-

* El siguiente tránsito fue el 8 de junio de 2004, y el siguiente será en el 2012. En el siglo xx no hubo ninguno. *(N. del A.)*

bar una y otra vez los instrumentos y tenerlo todo a punto. La mañana del segundo tránsito, el 4 de junio de 1769, despertó y comprobó que hacía un día excelente. Pero justo cuando Venus iniciaba el tránsito, se deslizó delante del Sol una nube que permaneció allí casi las tres horas, catorce minutos y siete segundos que duró el fenómeno.

Le Gentil empaquetó estoicamente los instrumentos y partió hacia el puerto más cercano, pero en el camino contrajo disentería y tuvo que guardar cama casi un año. Consiguió finalmente embarcar, débil aún. En la travesía estuvo a punto de naufragar en la costa africana debido a un huracán. Cuando por fin llegó a Francia, once años y medio después de su partida, y sin haber conseguido nada, descubrió que sus parientes le habían declarado muerto en su ausencia y se habían dedicado con gran entusiasmo a dilapidar su fortuna.

Las decepciones que sufrieron los dieciocho observadores que envió Inglaterra no fueron gran cosa en comparación. A Mason le emparejaron con un joven agrimensor llamado Jeremiah Dixon y parece que se entendieron bien, porque formaron una asociación perdurable. Sus instrucciones eran viajar hasta Sumatra y cartografiar allí el tránsito, pero después de una noche en el mar les atacó una fragata francesa. (Aunque los científicos compartían un talante internacionalista y cooperativo, no sucedía igual con las naciones.) Mason y Dixon enviaron una nota a la Real Sociedad[14] explicando que la situación en alta mar era muy peligrosa y preguntando si no sería prudente renunciar a la empresa. La respuesta fue una reprimenda escueta y fría, se les comunicó que ya se les había pagado, que el país y la comunidad científica contaban con ellos y que no continuar con su misión significaría la pérdida irreparable de su reputación. Aleccionados con esto, prosiguieron la travesía. Pero les llegó en ruta la noticia de que Sumatra había caído en manos de los franceses, por lo que tuvieron que observar el tránsito sin llegar a ninguna conclusión desde el cabo de Nueva Esperanza. En el viaje de vuelta hicieron un alto en el solitario afloramiento atlántico de Santa Elena, donde encontraron a Maskelyne, que no había podido realizar sus observaciones a causa de las lluvias. Mason y Maskelyne establecieron una sólida amistad y pasaron varias semanas felices, y puede que hasta medianamente útiles, cartografiando los flujos de la marea.

Poco después Maskelyne regresó a Inglaterra, donde se convirtió en astrónomo real; y Mason y Dixon —por entonces ya bien curtidos— zarparon para pasar cuatro largos y con frecuencia peligrosos años recorriendo y cartografiando 392 kilómetros de bosques americanos para resolver un pleito sobre los límites de las fincas de William Penn y de lord Baltimore y sus respectivas colonias de Pensilvania y Maryland. El resultado fue la famosa línea Mason-Dixon, que adquiriría más tarde una importancia simbólica como línea divisoria entre los estados esclavistas y los estados libres. (Aunque la línea fue su principal tarea, también aportaron varias mediciones astronómicas, incluyendo una de las más precisas del siglo de un grado del meridiano, un éxito que les proporcionó muchos más aplausos en Inglaterra que resolver una disputa de límites entre aristócratas malcriados.)

De nuevo en Europa, Maskelyne y sus colegas de Alemania y Francia no tuvieron más remedio que llegar a la conclusión de que las mediciones del tránsito de 1761 habían sido en realidad un fracaso. Uno de los problemas radicaba, irónicamente, en que había demasiadas observaciones que cuando se comparaban solían resultar contradictorias e irreconciliables. El éxito en la cartografía de un tránsito venusiano correspondió, sin embargo, a un capitán de barco de Yorkshire poco conocido, llamado James Cook, que observó el tránsito de 1769 desde la cumbre de un cerro soleado de Tahití y se fue luego a cartografiar y reclamar Australia para la corona británica. Cuando él regresó a Inglaterra, se dispuso de información suficiente para que el astrónomo francés Joseph Lalande calculase que la distancia media entre el Sol y la Tierra era de poco más de 150 millones de kilómetros. (Dos tránsitos posteriores del siglo XIX permitieron a los astrónomos situar la cifra en 149,59 millones de kilómetros, que es donde se ha mantenido desde entonces. Hoy sabemos que la distancia exacta es 149.597.870.691 millones de kilómetros.) La Tierra tenía por fin una posición en el espacio.

En cuanto a Mason y Dixon, regresaron a Inglaterra convertidos en héroes de la ciencia y dejaron de colaborar por razones que desconocemos. Considerando la frecuencia con que aparecen en acontecimientos fundamentales de la ciencia del siglo XVIII, se sabe poquísimo de ellos. No existen retratos suyos y hay pocas referencias escritas. En el *Dictionary of National Biography* [Diccionario de biografías nacionales] hay un comentario intrigante sobre Dixon, en el que se decía que «había nacido en una mina de carbón»,[15] pero luego se da libertad a la imaginación del lector para que aporte unas circunstancias explicativas plausibles y se añade que murió en Durham en 1777. Lo único que se sabe de él es el nombre y su larga relación con Mason.

Mason es sólo un poco menos misterioso. Sabemos que en 1772,[16] a instancias de Maskelyne, aceptó el encargo de buscar una montaña adecuada para el experimento de la deflexión gravitatoria, y que regresó finalmente a informar de que la montaña que necesitaban estaba en las Highlands de Escocia central, encima justo del lago Tay, y que se llamaba Schiehallion. No hubo manera, sin embargo, de que quisiese pasarse un verano topografiándola. No hay noticia de más trabajos suyos. Lo único que se sabe de él es que, en 1786, apareció brusca y misteriosamente en Filadelfia con su esposa y ocho hijos y que estaba al parecer al borde de la miseria. No había vuelto a América desde las mediciones de dieciocho años atrás y no tenía ninguna razón que sepamos para estar allí, ni amigos ni patronos que le recibiesen. Murió unas semanas después.

Al negarse Mason a medir la montaña, la tarea recayó en Maskelyne. Así que, durante cuatro meses del verano de 1884, éste vivió en una tienda de campaña en una remota cañada escocesa, donde se pasaba el día dirigiendo un equipo de agrimensores que efectuó cientos de mediciones desde todas las posiciones posibles. Hallar la masa de la montaña a partir de todas esas cifras exigía una enorme cuantía de tediosos cálculos, que se encomendaron a un matemático llamado Charles Hutton. Los agrimensores habían cubierto un mapa con montones de cifras, cada una de las cuales indicaba una elevación en algún punto situado en la montaña o alrededor de ella. No era en realidad más que una masa confusa de números, pero Hutton se dio cuenta de que, si utilizaba un lápiz para unir los puntos de la misma altura, aquella confusión quedaba mucho más ordenada. De hecho, podía hacerse cargo inmediatamente de la forma global y el desnivel de la montaña. Había inventado las curvas de nivel.

Hutton, extrapolando a partir de sus mediciones de Schiehallion, calculó que la masa de la Tierra era de 5.000 millones de millones de toneladas, de lo que podían deducirse razonablemente las masas del resto de los grandes cuerpos del sistema solar, incluido el Sol. Así que, a partir de ese experimento, pudimos conocer las masas de la Tierra, el Sol, la Luna, los otros planetas y *sus* lunas, así como conseguimos de propina las curvas de nivel... No está nada mal para un trabajo de verano. Pero no todo el mundo estaba satisfecho con los resultados. El experimento de Schiehallion tenía un inconveniente, que no se podía obtener una cifra realmente exacta sin conocer la densidad concreta de la montaña. Hutton había considerado por razones de conveniencia[17] que la montaña tenía la misma densidad que la piedra ordinaria, unas 2,5 veces la del agua, pero eso era poco más que una conjetura razonable. Hubo entonces un personaje un tanto inverosímil que centró su atención en el asunto. Se trataba de un párroco rural llamado John Michell, que residía en la solitaria aldea de Thornhill (Yorkshire). A pesar de su situación de aislamiento y relativamente humilde, Michell fue uno de los grandes pensadores científicos del siglo XVIII y muy estimado por ello.

Dedujo, entre muchísimas cosas más, la naturaleza ondular de los terremotos, efectuó muchas investigaciones originales sobre el magnetismo y la gravedad e hizo algo absolutamente excepcional, que fue prever la posibilidad de que existiesen los agujeros negros dos siglos antes que ningún otro, un salto adelante que ni siquiera Newton fue capaz de dar. Cuando el músico de origen alemán William Herschel decidió que lo que realmente le interesaba en la vida era la astronomía, recurrió a Michel para que le instruyese en la construcción de telescopios,[18] una amabilidad por la que la ciencia planetaria está en deuda con él desde entonces.*

De todo lo que consiguió Michel, nada más ingenioso o que tuviese mayor influjo que una máquina que diseñó y construyó para medir la masa de la Tierra. Lamentablemente, murió antes de poder realizar los experimentos, y tanto la idea como el equipo necesario se pusieron en manos de un científico de Londres inteligente pero desmesuradamente retraído llamado Henry Cavendish. Cavendish era un libro entero él solo. Nació en un ambiente suntuoso (sus abuelos eran duques, de Devonshire y de Kent, respectivamente); fue el científico inglés más dotado de su época, pero también el más extraño. Padecía, en palabras de uno de sus escasos biógrafos, de timidez hasta un «grado que bordeaba lo enfermizo».[19] Los contactos humanos le causaban un profundo desasosiego.

En cierta ocasión abrió la puerta y se encontró con un admirador austriaco recién llegado de Viena. El austriaco, emocionado, empezó a balbucir alabanzas. Cavendish recibió durante unos instantes los cumplidos como si fuesen golpes que le asestasen con un objeto contundente y, luego, incapaz de soportarlo más, corrió y cruzó la verja de entrada dejando la puerta de la casa abierta. Tardaron varias horas en convencerle de que regresarse a su hogar. Hasta su ama de llaves se comunicaba con él por escrito.

Aunque se aventuraba a veces a aparecer en sociedad —era especialmente devoto de las *soirés* científicas semanales del gran naturalista sir Joseph Banks—, los demás invitados tenían siempre claro que no había que acercarse a él ni mirarle siquiera. Se aconsejaba a quienes deseaban conocer sus puntos de vista que paseasen a su lado como por casualidad y que «hablasen como si se dirigieran al vacío».[20] Si los comentarios eran científicamente dignos, podían recibir una respuesta en un susurro. Pero lo más probable era que sólo oyesen un molesto chillido —parece ser que tenía la voz muy aguda— y se encontrasen al volverse con un vacío real y viesen a Cavendish huyendo hacia un rincón más tranquilo.

Su riqueza y su amor a la vida solitaria le permitieron convertir su casa de Clapham en un gran laboratorio, donde podía recorrer sin que nadie

* Herschel se convirtió en 1871 en la primera persona de la era moderna que descubrió un planeta. Quiso llamarle Jorge, por el rey de Inglaterra, pero se rechazó la propuesta y acabó llamándose Urano. *(N. del A.)*

le molestase todos los apartados de las ciencias físicas: la electricidad, el calor, la gravedad, los gases..., cualquier cosa que se relacionase con la composición de la materia. La segunda mitad del siglo XVIII fue un periodo en el que las personas de inclinación científica se interesaron profundamente por las propiedades físicas de cosas fundamentales (en especial los gases y la electricidad) y empezaron a darse cuenta de lo que podían hacer con ellas, a menudo con más entusiasmo que sentido. Es bien sabido que, en Estados Unidos, Benjamin Franklin arriesgó su vida lanzando una cometa en medio de una tormenta eléctrica. En Francia, un químico llamado Pilatre de Rozier comprobó la inflamabilidad del hidrógeno reteniendo en la boca cierta cantidad de éste y soplando sobre una llama; demostró así que el hidrógeno es, en realidad, explosivamente combustible y que las cejas no son forzosamente una característica permanente de la cara de los seres humanos. Cavendish, por su parte, realizó experimentos en los que se sometió a descargas graduadas de corriente eléctrica, anotando con diligencia los niveles crecientes de sufrimiento hasta que ni podía sostener la pluma ni a veces conservar la conciencia.

En el curso de su larga vida, Cavendish hizo una serie de descubrimientos señalados (fue, entre otras muchas cosas, la primera persona que aisló el hidrógeno y la primera que unió el hidrógeno y el oxígeno para formar agua), pero casi nada de lo que hizo estuvo verdaderamente al margen de la excentricidad. Para continua desesperación de sus colegas, aludió a menudo en sus publicaciones a los resultados de experimentos de los que no le había hablado a nadie. En este secretismo no sólo se parecía a Newton, sino que le superaba con creces. Sus experimentos sobre la conductividad eléctrica se adelantaron un siglo a su tiempo, pero lamentablemente permanecieron ignorados hasta un siglo después. De hecho, la mayor parte de lo que hizo no se conoció hasta que el físico de Cambridge, James Clerk Maxwell, asumió la tarea de editar los escritos de Cavendish a finales del siglo XIX, época en que sus descubrimientos se habían atribuido ya casi todos a otros.

Cavendish, entre otras muchas cosas y sin decírselo a nadie, previó la ley de conservación de la energía, la ley de Ohm, la ley de presiones parciales de Dalton, la ley de proporciones recíprocas de Ritchster, la ley de los gases de Charles y los principios de la conductividad eléctrica. Esto es sólo una parte. Según el historiador de la ciencia J. G. Crowther, previó también «los trabajos de Kelvin y G. H. Darwin sobre los efectos de la fricción de las mareas[21] en la aminoración del movimiento rotatorio de la Tierra y el descubrimiento de Larmor, publicado en 1915, sobre el efecto del enfriamiento atmosférico local. También el trabajo de Pickering sobre mezclas congelantes y parte del trabajo de Rooseboom sobre equilibrios heterogéneos». Por último, dejó claves que condujeron directamente al descubrimiento del grupo de elementos conocidos como gases nobles, algunos de los cuales son tan esquivos que el último no se halló hasta 1962. Pero lo que nos interesa aquí es el último experimento conocido de Cavendish cuando, a finales del verano de 1747, a los sesenta y siete años, fijó su atención en las cajas de instrumental que le había dejado —evidentemente por simple respeto científico— John Michell.

Una vez montado, el aparato de Michell parecía más que nada una máquina de hacer ejercicio del Nautilus en versión siglo XVIII. Incluía pesas, contrapesos, péndulos, ejes y cables de torsión. En el centro mismo de la máquina había dos bolas de plomo que pesaban 140 kilogramos y que estaban suspendidas al lado de dos esferas más pequeñas.[22] El propósito era medir la deflexión gravitatoria de las esferas pequeñas respecto a las grandes, lo que permitiría la primera medición de aquella esquiva fuerza conocida como la constante gravitatoria y de la que podía deducirse el peso (estrictamente hablando, la masa)* de la Tierra.

Como la gravedad mantiene en órbita los planetas y hace caer los objetos a tierra con un *plof*, solemos pensar que se trata de una fuerza poderosa, pero en realidad es sólo poderosa en una especie de sentido colectivo, cuando un objeto de gran tamaño como el Sol atrae a otro objeto de gran tamaño como la Tierra. A un nivel elemental, la gravedad es extraordinariamente débil. Cada vez que levantas un libro de la mesa o una moneda del suelo superas fácilmente la fuerza gravitatoria que ejerce todo un planeta. Lo que intentaba hacer Cavendish era medir la gravedad a ese nivel extraordinariamente leve.

La clave era la delicadeza. En la habitación en la que estaba el aparato no se podía permitir ni un susurro perturbador. Así que Cavendish se situaba en una habitación contigua y efectuaba sus observaciones con el telescopio empotrado en el ojo de la cerradura. Fue una tarea agotadora, tuvo que hacer 17 mediciones interrelacionadas y tardó casi un año en hacerlas. Cuando terminó sus cálculos, proclamó que la Tierra pesaba un poco más de 13.000.000.000. 000.000.000.000 libras, ó 6.000 trillones de toneladas métricas,[23] por utilizar la medición moderna. (Una tonelada métrica equivale a 1.000 kilogramos o 2.205 libras.)

---

* Masa y peso son dos cosas completamente distintas en física. Tu masa permanece invariable vayas adonde vayas, pero el peso varía según lo lejos que estés del centro de algún otro objeto masivo, como por ejemplo un planeta. Si viajas a la Luna, pesarás mucho menos pero tendrás la misma masa. En la Tierra, y a todos los efectos prácticos, masa y peso son iguales, y por eso los términos pueden considerarse sinónimos, al menos fuera de las aulas. *(N. del A.)*

Los científicos disponen hoy de máquinas tan precisas, que pueden determinar el peso de una sola bacteria, y tan sensibles que alguien que bostece a más de veinte metros de distancia puede perturbar las lecturas. Pero no han podido mejorar significativamente las mediciones que hizo Cavendish en 1797. El mejor cálculo actual del peso de la Tierra es de 5.972,5 billones de toneladas, una diferencia de sólo un 1 % aproximadamente respecto a la cifra de Cavendish. Curiosamente, todo esto no hace más que confirmar los cálculos que había hecho Newton 110 años antes que Cavendish sin ningún dato experimental.

Lo cierto es que, a finales del siglo XVIII, los científicos conocían con mucha precisión la forma y las dimensiones de la Tierra y su distancia del Sol y de los planetas. Y ahora Cavendish, sin salir siquiera de su casa, les había proporcionado el peso. Así que se podría pensar que determinar la edad de la Tierra sería relativamente fácil. Después de todo, tenían literalmente a sus pies todos los elementos necesarios. Pero no: los seres humanos escindirían el átomo e inventarían la televisión, el nailon y el café instantáneo antes de conseguir calcular la edad de su propio planeta.

Para entender por qué, debemos viajar al norte de Escocia y empezar con un hombre inteligente y genial, del que pocos han oído hablar, que acababa de inventar una ciencia nueva llamada geología.

LOS COLECCIONISTAS DE PIEDRAS

Precisamente cuando Henry Cavendish estaba terminando sus experimentos en Londres, en Edimburgo, a 640 kilómetros de distancia, estaba a punto de producirse otro acontecimiento trascendental: la muerte de James Hutton. Era una mala noticia para Hutton, por supuesto, pero buena para la ciencia, porque despejaría el camino para que un hombre llamado John Playfair pudiese rescribir sin impedimento alguno la obra de Hutton.

Hutton era según todas las versiones un hombre de agudísima inteligencia y animada conversación,[1] encantador en compañía y que no tenía posible rival en la interpretación de los lentos y misteriosos procesos que conformaron la Tierra. Pero, desgraciadamente, era incapaz de exponer sus ideas de forma que alguien pudiese entenderlas. Como comentaba un biógrafo con un suspiro casi audible, carecía «prácticamente de virtudes retóricas».[2] Casi cada línea que escribió era una invitación a dormirse. He aquí lo que dice en su obra maestra de 1745, *Teoría de la Tierra*, analizando..., bueno, algo:

> El mundo que habitamos está compuesto de los materiales, no de la tierra que fue predecesora inmediata de la actual, sino de la tierra que, partiendo del presente, consideramos la tercera y que había precedido al territorio que estaba sobre la superficie del mar, mientras que nuestra tierra actual estaba aún bajo el agua del océano.

Sin embargo, casi solo y con gran inteligencia creó la ciencia de la geología y transformó nuestra forma de entender la Tierra.

Hutton nació en 1726, en el seno de una acaudalada familia escocesa, y disfrutó de un desahogo económico que le permitió pasar gran parte de su vida en una desahogada y grata sucesión entre el trabajo liviano y perfeccionamiento intelectual. Estudió medicina, pero no le gustó y se dedicó a la agricultura, una actividad que abordó de una forma relajada y científica en la finca familiar de Berwickshire. En 1768, cansado del campo y del ganado, se trasladó a Edimburgo, donde se inició en los negocios con éxito fabricando cloruro de amonio a partir de hollín de carbón y se dedicó a diversas actividades científicas. El Edimburgo de la época era un importante centro de actividad intelectual y Hutton disfrutó de sus enriquecedoras posibilidades. Se convirtió en miembro dirigente de una asociación llamada Oyster Club,[3] donde pasaba las veladas en compañía de hombres como el economista Adam Smith, el químico Joseph Black y el filósofo David Hume, así como esporádicos estudiosos de la electricidad como Benjamin Franklin y James Watt.

Hutton, siguiendo la tradición de la época, se interesó por casi todo, desde la mineralogía hasta la metafísica. Realizó experimentos con sustancias químicas, investigó métodos de extracción del carbón y de construcción de canales, visitó minas de sal y especuló sobre los mecanismos de la herencia, recogió fósiles y propuso teorías sobre la lluvia, la composición del aire y las leyes del movimiento entre otras muchas cosas. Pero se interesó en especial por la geología.

Entre los temas que despertaban el interés, en aquel periodo fanáticamente inquisitivo, había uno que desconcertaba a todo el mundo desde hacía mucho tiempo. ¿Por qué se encontraban tan a menudo antiguas conchas de moluscos y otros fósiles marinos en las cumbres de las montañas? ¿Cómo demonios habían llegado hasta allí? Quienes creían tener una solución al problema se dividían en dos campos opuestos. Unos, los llamados neptunistas, estaban convencidos de que todo lo que había en la Tierra, incluidas las conchas marinas halladas en lugares inverosímiles por su altura, podían explicarse por las oscilaciones del nivel del mar. Creían que las montañas, las colinas y demás accidentes geográficos eran tan antiguos como la propia Tierra y se modificaban únicamente por la acción del agua sobre ellos durante los periodos de inundación global.

El otro grupo era el de los plutonistas, que creían que eran los volcanes y los terremotos, entre otros agentes tonificantes, los que modificaban constantemente la superficie del planeta que, evidentemente, nada debía a los díscolos mares. Los plutonistas planteaban además preguntas embarazosas sobre adónde se iba el agua de la inundación cuando se retiraba. Si había en ciertos periodos suficiente para cubrir los Alpes, adónde se iba en los largos periodos de tranquilidad como el que presenciaban. Creían que la Tierra estaba sometida a fuerzas interiores profundas además de las superficiales. No eran capaces, sin embargo, de explicar de forma convincente cómo habían llegado todas aquellas conchas allá arriba.

Cavilando sobre todas estas cuestiones se le ocurrió a Hutton una serie de ideas excepcionales. Se dio cuenta, investigando en sus propias tierras de cultivo, de que el suelo se creaba por la erosión de las rocas y que ríos y arroyos arrastraban partículas de ese suelo y las transportaban y depositaban de nuevo en otros lugares. Comprendió que, si se llevaba un proceso como aquél a su conclusión natural, la Tierra acabaría siendo completamente lisa. Pero todo lo que veía a su alrededor eran montañas y colinas. Resultaba evidente que tenía que haber algún proceso adicional, alguna forma de renovación y ascensión, que creaba nuevas montañas y colinas para mantener el ciclo en marcha. Los fósiles marinos de las cumbres de las montañas no podían haber sido depositados allí por las inundaciones, sino que se habrían elevado con las propias montañas. Dedujo también que era el calor del interior de la Tierra lo que creaba las nuevas rocas y los continentes y hacía elevarse las cordilleras. No exageramos nada si decimos que los geólogos no se harían cargo de todo lo que significaba su idea hasta dos siglos más tarde, cuando adoptaron finalmente el concepto de tectónica de placas. Lo que las teorías de Hutton indicaban era, sobre todo, que el proceso que había formado la Tierra exigía inmensas cantidades de tiempo, mucho más de lo que nunca había soñado nadie. Había en aquello suficientes indicios para transformar completamente nuestra forma de ver el planeta.

Hutton expuso sus ideas en un largo artículo en 1785, que se leyó en sucesivas sesiones de la Real Sociedad de Edimburgo. No atrajo la atención de casi nadie. No es muy difícil entender por qué. Fue así, en parte, como lo expuso al público:

> En uno de los casos, la causa formadora está en el cuerpo que se separa porque, después de que el calor ha actuado sobre él, es por la reacción de la propia materia del cuerpo que se forma la grieta que forma la veta. En el otro caso, la causa es también extrínseca en relación con el cuerpo en el que se forma la grieta. Ha habido una fractura y una divulsión violentas en extremo; pero aún hay que buscar la causa y no aparece en la veta porque no se encuentran los minerales o las sustancias propias de las vetas de minerales en todas las fracturas y dislocaciones del cuerpo sólido de nuestra Tierra.

Ni qué decir tiene que casi ninguno de sus oyentes tenía la menor idea de lo que estaba explicando. Sus amigos le animaron a ampliar su teoría, con la conmovedora esperanza de que en un formato más amplio pudiese de alguna manera tropezarse con la claridad, y Hutton dedicó los diez años siguientes a preparar su *magnum opus*, que se publicó en dos volúmenes en 1795.

Los dos libros juntos sumaban casi mil páginas y eran, sorprendentemente, peores de lo que hasta los amigos más pesimistas habían temido. Aparte de cualquier otra consideración, casi la mitad de la obra terminada consistía ahora en citas de fuentes francesas, en su lengua original.[4] El tercer volumen era tan poco interesante que no se publicó hasta 1899,[5] más de un siglo después de la muerte de Hutton, y el cuarto y último no llegó a publicarse nunca. La *Teoría de la Tierra* de Hutton es un firme candidato al puesto de libro de ciencia importante menos leído —o lo sería si no hubiese tantos más.

Incluso el geólogo más importante del siglo siguiente, Charles Lyell, un hombre que lo leía todo, confesó que era incapaz de leerlo.[6]

Afortunadamente, Hutton tuvo su Boswell en la persona de John Playfair, un profesor de matemáticas de la Universidad de Edimburgo e íntimo amigo suyo, que no sólo era capaz de escribir una prosa tersa sino que —gracias a los muchos años que había pasado a su lado—, casi siempre comprendía lo que realmente Hutton intentaba decir. En 1802, cinco años después de la muerte de éste, Playfair publicó una exposición simplificada de los principios huttonianos, titulada *Ilustraciones de la teoría huttoniana de la Tierra*. El libro fue muy bien acogido por quienes se interesaban activamente por la geología, que no eran muchos en 1802. Pero eso estaba a punto de cambiar. Y cómo.

En el invierno de 1807[7] se reunieron en la Freemasons Tavern londinense de Long Acre, Covent Garden, trece almas gemelas para fundar una asociación que se llamaría Sociedad Geológica. La idea era reunirse una vez al mes para intercambiar ideas sobre cuestiones geológicas, mientras cenaban y tomaban amigablemente unas copitas de madera. Se estableció un precio por la cena de 15 chelines, una cantidad deliberadamente alta para disuadir a aquellos cuyas calificaciones fuesen meramente cerebrales. Pero no tardó en hacerse evidente que existía una demanda de algo más propiamente institucional, con una sede permanente, donde se pudiese reunir la gente a compartir y discutir los nuevos descubrimientos. En unos diez años, el número de miembros aumentó hasta los cuatrocientos —seguían siendo todos caballeros, por supuesto— y la Sociedad Geológica amenazó con eclipsar a la Real Sociedad como primera sociedad científica del país.

Los socios se reunían dos veces al mes, de noviembre a junio,[8] mes en el que se iban casi todos a pasar el verano haciendo trabajo de campo. No era gente que tuviese un interés pecuniario por los minerales, claro, ni siquiera académico la mayoría de ellos; simplemente eran caballeros que disponían de dinero y tiempo libre suficientes para poder practicar una afición de un modo más o menos profesional. En 1830 eran 745, y el mundo nunca volvería a ver algo semejante. Resulta difícil imaginarlo hoy, pero la geología conmocionó al siglo XIX —lo obsesionó positivamente— como no lo había hecho antes ninguna ciencia ni volvería a hacerlo. En 1839, cuando Roderick Murchison publicó *The Silurian System* [El sistema silúrico], un grueso y pesado estudio de un tipo de roca denominado grauwaka, fue un éxito en ventas instantáneo; se agotaron enseguida cuatro ediciones, aunque costaba ocho guineas el ejemplar y, como estaba escrito en verdadero estilo huttoniano, era ilegible. (Hasta un partidario de Murchison[9] llegaría a admitir que tenía «una carencia absoluta de atractivo literario».) Y cuando el gran Charles Lyell hizo un viaje a Estados Unidos en 1841, para dar una serie de conferencias en Boston, consiguió audiencias de tres mil personas que llenaron el Instituto Lowell para oír sus tranquilizadoras descripciones de zeolitas marinas y perturbaciones sísmicas en la Campania.

En todos los medios intelectuales modernos del mundo, pero sobre todo en Inglaterra, los hombres cultos se aventuraban a salir al campo a practicar un poco lo que se llamaba «recolección de piedras». Era una tarea que se tomaban en serio y solían vestirse con la gravedad adecuada: chistera y traje oscuro; salvo el reverendo William Buckland de Oxford, que tenía por costumbre ir a hacer su trabajo de campo ataviado con una toga académica. El campo atrajo a muchos personajes extraordinarios, entre ellos el mencionado Murchinson, que pasó los primeros treinta años o así de su vida galopando detrás de los zorros, convirtiendo aves aeronáuticamente abordadas con perdigones en soplos de plumas errantes y sin manifestar más agilidad mental de la que se precisaba para leer *The Times* o para jugar una partida de cartas. Luego descubrió un interés por las piedras y se convirtió con una rapidez bastante asombrosa en un titán del pensamiento geológico.

Estaba también el doctor James Parkinson, que fue además un temprano socialista y autor de muchos folletos provocadores, con títulos como *Revolution without Bloodshed* [Revolución sin derramamiento de sangre]. En 1794 estuvo implicado en una conspiración un tanto lunática,[10] al parecer, denominada «el complot de la pistola de juguete», en el que se planeó dispararle un dardo envenenado al rey Jorge III en el cuello cuando estuviese en su palco del teatro. Parkinson hubo de comparecer ante el Consejo Privado, que le interrogó, y a punto estuvo de que le enviasen a Australia cargado de cadenas; pero al final se retiraron los cargos que había contra él. Pasó a partir de entonces a tener un enfoque más conservador de la vida, se interesó por la geología y fue uno de los miembros fundadores de la Sociedad Geológica y escribió una obra geológica importante, *Organic Remains of a Former World* [Restos orgánicos de un mundo anterior], que siguió imprimiéndose durante medio siglo. Nunca volvió a causar problemas. Hoy, sin embargo, le recordamos por su estudio trascendental de la afección denominada «parálisis agitante», pero conocida desde entonces como «enfermedad de Parkinson».[11] (Hubo otra cosa en su vida que podemos considerar memorable. En 1785 se convirtió posiblemente en la única persona de la historia que ganó un museo de historia natural en una rifa. El museo quedaba en la plaza Leicester de Londres y lo había fundado sir Ashton Lever, que se había arruinado por su afición desmedida a coleccionar maravillas naturales. Parkinson conservó el museo hasta 1805, año en que ya no pudo seguir manteniéndolo, y se vendió y se dispersó la colección.)

Otro personaje, no tan notable por su personalidad pero que tuvo mayor influencia que todos los demás, fue Charles Lyell. Nació el mismo año en que murió Hutton y a sólo 240 kilómetros de distancia, en la aldea de Kinnordy. Aunque era de origen escocés, se crio en el lejano sur de Inglaterra, en el New Forest de Hampshire, debido a que su madre estaba convencida de que los escoceses eran unos borrachos irresponsables.[12] Como era norma general entre los aristocráticos científicos decimonónicos, Lyell procedía de una familia acomodada y de elevado nivel intelectual. Su padre, que también se llamaba Charles, tenía la insólita distinción de ser una autoridad destacada en dos campos, el poeta Dante y los musgos (*Orthotricium lyelli*, sobre el que la mayoría de los visitantes del campo inglés se habrá sentado alguna vez, se llama así por él). El joven Charles heredó de su padre el interés por la historia natural, pero fue en Oxford donde cayó bajo el hechizo del reverendo William Buckland (el de la toga flotante) e inició su dedicación a la geología a la que consagraría el resto de su vida.

Buckland era una especie de rareza encantadora. Consiguió algunos éxitos auténticos, pero se le recuerda, por lo menos en el mismo grado, por sus excentricidades. Era especialmente célebre por su colección de animales salvajes, algunos grandes y peligrosos, a los que permitía vagar a sus anchas por su casa y por su jardín, y también por su afán de recorrer gastronómicamente todas las especies de la creación. En casa de Buckland se podía servir a los invitados, dependiendo del capricho del anfitrión y la disponibilidad, conejillos de indias asados, ratones rebozados, puerco espín al horno o babosas marinas hervidas del sureste asiático. Buckland era capaz de encontrar virtudes en todos ellos, salvo en el topo común, que le parecía repugnante. Se convirtió, algo casi inevitable, en la principal autoridad en coprolitos (heces fosilizadas) y tenía una mesa hecha toda ella con piezas de su colección de especímenes.

Su actitud solía ser singular incluso cuando se dedicaba seriamente a la ciencia. En cierta ocasión, la señora Buckland sintió que su marido la zarandeaba para despertarla en plena noche gritando emocionado: «¡Querida mía, creo que las huellas del *Cheirotherium* son testudinales, es indiscutible!».[13] Corrieron ambos a la cocina en ropa de cama. La señora Buckland preparó pasta con harina, la extendió sobre la mesa, mientras el reverendo Buckland iba a buscar la tortuga de la familia. La pusieron sobre la pasta, la hicieron caminar y descubrieron entusiasmados que sus huellas coincidían con las del fósil que había estado estudiando Buckland. Charles Darwin consideró a Buckland un bufón —ésa fue la palabra que empleó para calificarle—, pero a Lyell parece ser que le resultó inspirador y que le agradó lo suficiente como para acompañarle en un recorrido por Escocia en 1824. Poco después de ese viaje, Lyell decidió abandonar sus estudios de derecho y dedicarse plenamente a la geología.

Lyell era muy miope y padeció durante la mayor parte de su vida un penoso estrabismo que le daba un aire atribulado. (Finalmente perdería la vista.) Su otra peculiaridad[14] era una costumbre que tenía de adoptar posturas inverosímiles sobre el mobiliario cuando se abstraía pensando: se tumbaba sobre dos sillas al mismo tiempo o «apoyaba la cabeza en el asiento de una silla, manteniéndose de pie» (por citar a su amigo Darwin). Cuando pensaba seriamente, se distraía[15] y solía colocarse tan bajo en el asiento que casi tocaba el suelo con las nalgas. El único trabajo de verdad que tuvo en su vida fue el de profesor de geología en el King's College londinense desde 1831 hasta 1833. Precisamente en ese periodo escribió *Principios de geología*, publicado en tres volúmenes, donde consolidó y desarrolló en muchos sentidos las ideas que había formulado Hutton una generación antes. (Aunque Lyell nunca leyó a Hutton, fue un atento estudioso de la versión reelaborada de Playfair.)

Entre la época de Hutton y la de Lyell surgió una nueva polémica geológica, que desbancó en buena medida la vieja disputa entre neptunianos y plutonianos, aunque se confunda a menudo con ella. La nueva batalla se convirtió en un enfrentamiento entre catastrofismo y uniformitarianismo (términos nada atractivos que designan a las dos partes de una disputa importante y de muy largo alcance). Los catastrofistas, como cabría esperar por su nombre, creían que la Tierra se había formado en virtud de fenómenos súbitos y cataclismáticos (inundaciones, sobre todo, que es el motivo de que se cometa el error de meter al catastrofismo y al neptunismo en el mismo saco). Resultaba especialmente atractivo para eclesiásticos, como Buckland, porque les permitían incorporar el diluvio bíblico de Noé a sus análisis científicos serios. Los uniformitarianos, por el contrario, creían que los cambios de la Tierra eran graduales y que casi todos los procesos se producían en ella lentamente, a lo largo de inmensos periodos de tiempo. El padre de la idea fue mucho más Hutton que Lyell, pero fue a Lyell a quien leyó casi toda la gente,[16] y por eso se convirtió para la mayoría, entonces y ahora, en el padre del pensamiento geológico moderno.

Lyell creía que los cambios de la Tierra eran uniformes y firmes, que todo lo que había sucedido en el pasado se podía explicar por los hechos que seguían produciéndose actualmente. Sus seguidores y él no sólo desdeñaban el catastrofismo, sino que lo detestaban. Los catastrofistas creían que las extinciones formaban parte de una serie en la que los animales desaparecían repetidamente y eran sustituidos por grupos nuevos... Una idea que el naturalista T. H. Huxley comparaba burlonamente con «una sucesión de partidas de cartas al final de cada una de las cuales los jugadores se levantaban de la mesa y pedían una baraja nueva».[17] Era también un medio adecuado para explicar lo desconocido. «Nunca hubo un dogma mejor calculado para fomentar la indolencia[18] y para embotar el agudo filo de la curiosidad», decía despectivamente Lyell.

Los fallos de Lyell no eran desdeñables. No supo explicar de forma convincente cómo se formaban las cadenas de montañas[19] y dejó de lado los glaciares como agentes de cambio. Se negó a aceptar la idea de las glaciaciones de Agassiz («la refrigeración del globo»,[20] la denominó desdeñosamente) y estaba seguro de que se encontrarían mamíferos «en los lechos fosilíferos más antiguos». Rechazó la idea de que los animales y las plantas sufriesen aniquilaciones súbitas[21] y creía que todos los principales grupos animales (mamíferos, reptiles, peces, etcétera) habían coexistido desde la aurora de los tiempos. Al final se demostraría que se equivocaba en todo eso.

Sin embargo, sería casi imposible exagerar la influencia de Lyell. Los *Principios de geología* agotaron 12 ediciones durante su vida y contenían ideas que conformaron el pensamiento geológico hasta bien entrado el siglo XX. Darwin se llevó con él un ejemplar de la primera edición, en el viaje del *Beagle*, y escribió después: «El gran mérito de los *Principios de geología* fue que modificó toda la actitud mental, de manera que, al ver algo que nunca había visto Lyell, lo veías ya, en cierto modo, a través de sus ojos».[22] En suma, le consideraba casi un dios, como muchos de su generación. Un testimonio del vigoroso influjo de Lyell es que, en la década de los ochenta, cuando los geólogos tuvieron que abandonar sólo una parte de su teoría para incluir las implicaciones de la teoría de las extinciones, por poco se mueren todos del susto. Pero eso corresponde ya a otro capítulo.

Entretanto, la geología tenía muchas cosas que aclarar y no todas ellas se esclarecieron pacíficamente. Los geólogos intentaron desde el principio clasificar las rocas por los periodos en los que se habían depositado, pero solía haber agrias disputas a la hora de establecer las líneas divisorias, siendo especialmente notable el extenso debate que llegó a conocerse como la Gran Controversia del Devónico. Se planteó cuando el reverendo Adam Sedgwick de Cambridge reclamó para el periodo Cámbrico una capa rocosa que Roderick Murchison creía que pertenecía en realidad al Silúrico. La polémica se prolongó varios años y llegó a ser sumamente acalorada. «De la Beche es un perro asqueroso»,[23] escribió Murchison a un amigo en un arrebato característico.

En parte podemos hacernos cargo de la fuerza del sentimiento echando un vistazo a los títulos de los capítulos de la excelente y sombría crónica que escribió sobre el asunto Marn J. S. Rudwick, *The Great Devonian Controversy* [La gran controversia sobre el Devónico]. Empiezan de forma bastante inocua con títulos como «Campos de caballeroso debate» y «Desentrañando la grauwaka», pero luego continúan así: «Grauwaka defendida y atacada», «Reprobaciones y recriminaciones», «Difusión de rumores alarmantes», «Weaver se retracta de su herejía», «Poniendo en su sitio a un provinciano» y —por si había dudas de que se tratara de una guerra— «Murchison inicia la campaña de la Renania». La lucha cesó finalmente en 1879 por el simple expediente de introducir un nuevo periodo, el Ordovícico, entre el Cámbrico y el Silúrico.

Como los ingleses eran los más activos en los primeros años de esta disciplina, predominan en el léxico geológico los nombres ingleses. Devónico procede, claro, del condado inglés de Devon. Cámbrico, del nombre romano de Gales, mientras que Ordovícico y Silúrico recuerdan antiguas tribus galesas, los ordovices y los silures. Pero, con el aumento de las prospecciones geológicas en otros lugares, empezaron a aparecer nombres de todas partes. El Jurásico alude a las montañas del Jura, en la frontera entre Francia y Suiza. El Pérmico procede de la antigua provincia rusa de Perm en los montes Urales. Debemos el Cretácico (de la palabra latina que significa greda) a un geólogo belga que tenía el elegante y brioso nombre de J. J. D'Omalius d'Halloy.[24]

La historia geológica se dividió en principio en cuatro periodos de tiempo: primario, secundario, terciario y cuaternario. El sistema era demasiado simple para durar, y los geólogos no tardaron en aportar divisiones adicionales, eliminando al mismo tiempo otras. Primario y secundario cayeron en desuso, mientras que algunos desecharon el cuaternario y otros, sin embargo, lo conservaron. Hoy sólo se mantiene el terciario como denominación común en todas partes, aunque ya no representa un tercer periodo de nada.

Lyell introdujo en sus *Principios de geología* unidades adicionales, conocidas como épocas o series, para cubrir el periodo transcurrido desde la época de los dinosaurios, entre ellos el Pleistoceno («lo más reciente»),

Plioceno («algo menos reciente»), Mioceno («moderadamente reciente») y Oligoceno («sólo un poco reciente») de una vaguedad muy atractiva. Se propuso en un primer momento utilizar para sus terminaciones «sincrono»,[25] componiendo designaciones tan crujientes como Meiosincrono y Pleiosincrono. El reverendo William Whewell, un hombre influyente, se opuso a esas denominaciones por razones etimológicas y propuso en su lugar una terminación «-eo», que producía Meioneo, Pleioneo, y así sucesivamente. El sufijo «-ceno» fue, por tanto, una especie de solución de compromiso.

En la actualidad, y hablando en términos muy generales, el tiempo geológico se divide primero en cuatro grandes periodos o eras: Precámbrico, Paleozoico (del griego, «vida antigua»), Mesozoico («vida media»), y Zenozoico («vida reciente»). Estas cuatro eras se dividen a su vez, según quién lo haga, en un número de subgrupos que van de 12 a 20, que suelen llamarse periodos, aunque a veces se llaman también sistemas. Casi todos ellos son además razonablemente bien conocidos: Cretácico, Jurásico, Triásico, Silúrico, etcétera.*

Luego vienen las épocas de Lyell (Pleistoceno, Mioceno...), que se aplican sólo a los 65 millones de años más recientes, aunque paleontológicamente muy activos. Y, por último, tenemos una masa de subdivisiones pormenorizadas llamadas etapas o eras. La mayoría de ellas está bautizada —casi siempre torpemente— con nombres de lugares: Illinoiense, Desmoinesiense, Croixeiense, Kimmerridgiense, etcétera, etcétera. Según John McPhee, su número es de «decenas y decenas».[26] Por suerte, a menos que elijas la geología como carrera, es improbable que vuelvas a oírlos mencionar.

El hecho de que las etapas o eras reciban distinto nombre en Norteamérica que en Europa y que sólo suelan coincidir vagamente en el tiempo, viene a complicar todavía más las cosas. Así, por ejemplo, el periodo norteamericano Cincinnateiense, coincide en general con el periodo Ashgiliense europeo, pero tiene además una minúscula parte del periodo Daradociano, que es anterior.

Por otra parte, todo esto cambia de un libro de texto a otro y de una persona a otra, de modo que algunas autoridades hablan de siete épocas recientes, mientras que otras se conforman con cuatro. En algunos libros encontrarás también el Terciario y el Cuaternario eliminados y sustitui-

---

* Nosotros no haremos ningún examen, pero, si alguna vez necesitas memorizarlos, te iría bien recordar el consejo de John Wilford de concebir las eras (Precámbrico, Paleozoico, Mesozoico y Zenozoico) como las estaciones del año y los periodos (Pérmico, Triásito, Jurásico, etcétera) como los meses. *(N. del A.)*

dos por periodos de diversa duración denominados Paleogeno y Neogeno. Otros dividen el Precámbrico en dos eras: la muy antigua, o Arqueana, y la más reciente, o Proterozoica. A veces verás también el término Fanerozoico, empleado para describir el periodo que abarca las eras Zenozoica, Mesozoica y Paleozoica.

Además, todo esto se aplica únicamente a unidades de *tiempo*. Las rocas se dividen en unidades completamente independientes[27] llamadas sistemas, series y etapas. También se establece una distinción entre temprano y tardío (refiriéndose al tiempo) y superior e inferior (refiriéndose a las capas de roca). Todo esto puede resultar muy confuso para el no especialista, pero para un geólogo pueden ser cuestiones apasionantes. «He visto a algunos hombres mayores ponerse rojos de cólera[28] por ese milisegundo metafórico de la historia de la vida», ha escrito el paleontólogo británico Richard Fortey, refiriéndose a una prolongada disputa del siglo XX sobre dónde se sitúa el límite entre el Cámbrico y el Ordovícico.

Hoy podemos al menos introducir en el asunto algunas técnicas de datación más precisas. Durante la mayor parte del siglo XIX, los geólogos sólo podían basarse en las conjeturas más probables. Lo más irritante era que, aunque pudiesen ordenar por eras las diversas rocas y los fósiles, no tenían idea de la duración de las eras. Cuando Buckland se puso a calcular[29] la antigüedad de un esqueleto de ictiosauro, lo único que pudo hacer fue sugerir que había vivido en un periodo situado entre «diez mil [y] más de diez mil veces diez mil» años antes.

Aunque no había ningún medio fidedigno de datar los periodos, no faltaban personas dispuestas a intentarlo. El primer intento más conocido[30] se llevó a cabo en 1650, cuando el arzobispo James Ussher de la Iglesia de Irlanda realizó un estudio cuidadoso de la Biblia y de otras fuentes históricas y llegó a la conclusión, en un grueso tomo titulado *Annals of the Old Testament* [Anales del Antiguo Testamento], de que la Tierra había sido creada el 23 de octubre de 4004 a. C. al mediodía, afirmación que ha hecho reír desde entonces a muchos historiadores y autores de libros de texto.*

Hay, por otra parte, un mito persistente —lo proponen muchos libros serios, además—, según el cual las ideas de Ussher predominaron entre los científicos hasta bien entrado el siglo XIX, y fue Lyell quien puso las

---

* Aunque casi todos los libros le conceden un espacio, hay una variación notoria en los datos asociada con Ussher. Algunos textos dicen que comunicó sus conclusiones en 1650; otros, que en 1654; y hay otros aun que prefieren 1664. Muchos dan como fecha del supuesto inicio de la Tierra el 26 de octubre. Al menos en un libro notable se escribe su apellido, erróneamente, «Usher». Stephen Jay Gould hace un interesante examen del asunto en *Ocho cerditos. (N. del A.)*

cosas en su sitio. Stephen Jay Gould cita en *La flecha del tiempo*, como ejemplo típico, esta frase de un libro popular en la década de los ochenta: «Hasta que Lyell publicó su libro, la mayoría de las personas inteligentes aceptaba la idea de que la Tierra era joven».[31] En realidad, no era así. Tal como dice Martin J. S. Rudwick: «Ningún geólogo de ninguna nacionalidad cuyo trabajo tomasen en serio otros geólogos[32] propuso una escala temporal encerrada en los límites de una exégesis literal del Génesis». Hasta el reverendo Buckland,[33] el alma más piadosa que podía producir el siglo XIX, indicó que la Biblia no decía en ninguna parte que Dios hiciese el cielo y la tierra el primer día, sino sólo «en el principio». Ese principio, razonaba Buckland, podría haber durado «millones de millones de años». Todo el mundo estaba de acuerdo en que la Tierra era vieja. La cuestión era simple: ¿Cuánto?

Una de las mejores primeras propuestas para fechar el planeta procedió del siempre fiable Edmond Halley, que indicó en 1715 que, si dividiésemos la cuantía total de sal de los mares del mundo por la cantidad que se añade cada año, obtendríamos el número de años que llevan existiendo los mares, lo que daría una idea aproximada de la edad de la Tierra. El razonamiento era interesante, pero, por desgracia, nadie sabía cuánta sal había en el mar ni en qué cuantía aumentaba anualmente, lo que hacía el experimento imposible.

El primer intento de medición que podría calificarse de remotamente científico lo llevó a cabo el francés Georges-Louis Leclerk, conde de Buffon, en la década de 1770. Hacía mucho que se sabía que la Tierra irradiaba cantidades apreciables de calor —era algo evidente para cualquiera que entrara en una mina de carbón—, pero no existían medios de calcular su índice de disipación. El experimento de Buffon consistió en calentar unas esferas hasta calentarlas al blanco y calcular entonces la tasa de pérdida de calor tocándolas —es de suponer que muy ligeramente al principio—, mientras se iban enfriando. Dedujo de todo esto que la edad de la Tierra debía de oscilar entre los 75.000 y los 168.000 años.[34] Era, por supuesto, un cálculo sumamente bajo; pero se trataba de una idea revolucionaria, y Buffon se enfrentó a una amenaza de excomunión por exponerla. Como hombre práctico, se retractó inmediatamente de su herejía involuntaria y luego repitió alegremente sus afirmaciones en todos sus escritos posteriores.

A mediados del siglo XIX, la gente más ilustrada creía que la Tierra tenía como mínimo varios millones de años de antigüedad, tal vez incluso varias decenas de millones. Pero seguramente no más. Así que fue toda una sorpresa que, en 1859, Charles Darwin proclamara en *El origen de las especies* que los procesos geológicos que habían creado el Weald,[35] una región de la Inglaterra meridional que se extiende por Kent, Surrey y Sussex, había tardado en completarse, según sus cálculos, 306.662.400 años. Era una afirmación notable, entre otras cosas, por ser de una precisión deslumbrante, pero aún más por oponerse directamente a la idea generalizada y aceptada sobre la edad de la Tierra.* Resultó tan polémica que Darwin la suprimió en la tercera edición del libro. Pero el quid de la cuestión seguía en pie. Darwin y sus amigos geólogos necesitaban que la Tierra fuese vieja, pero nadie era capaz de dar con un medio de demostrarlo.

Por desgracia para Darwin y para el progreso, el asunto llamó la atención de lord Kelvin (que, aunque indudablemente grande, no era por entonces más que William Thomson. No se convertiría en par del reino hasta 1892, cuando tenía 68 años y se acercaba al final de su carrera; pero me atendré aquí a la convención de utilizar el nombre retroactivamente). Kelvin fue uno de los personajes más extraordinarios del siglo XIX..., en realidad, de cualquier siglo. El científico alemán Hermann von Helmholtz,[36] que tampoco se quedó atrás intelectualmente, explica que Kelvin poseía con mucho «una inteligencia, lucidez y agilidad de pensamiento» superiores a las de cualquier hombre que hubiese conocido él. «Me sentía a veces un verdadero mostrenco a su lado», añade con cierto desánimo.

Es un sentimiento comprensible, porque Kelvin fue realmente una especie de superhombre decimonónico. Había nacido en 1824 en Belfast y era hijo de un profesor de matemáticas de la Royal Academical Institution de Belfast al que trasladaron poco después a Glasgow. Kelvin demostró allí ser un prodigio tal que le admitieron en la Universidad de Glasgow a la tiernísima edad de diez años. Cuando tenía poco más de veinte, ya había estudiado en instituciones de Londres y París, se había graduado en Cambridge (donde obtuvo los máximos premios universitarios en remo y en matemáticas y encontró tiempo también para fundar una asociación musical), había sido elegido miembro de Peterhouse y había escrito (en francés y en inglés) una docena de artículos sobre matemáticas puras y aplicadas, de una originalidad tan deslumbrante que tuvo que publicarlos de forma anónima[37] por miedo a poner a sus superiores en una situación embarazosa. A los veintidós años, regreso a Glasgow[38] para ocupar un puesto de profesor de filosofía natural, puesto que conservaría los cincuenta y tres años siguientes.

A lo largo de una trayectoria profesional bastante larga (vivió hasta 1907 y hasta los ochenta y tres años), escribió 661 artículos, acumuló 69

---

* A Darwin le encantaban las cifras exactas. En una obra posterior proclamaba que el número de gusanos que se podían encontrar en un acre medio de suelo del campo inglés era de 53.767. (N. del A.)

patentes —que le proporcionaron abundantes ingresos— y se hizo famoso en casi todas las ramas de las ciencias físicas. Propuso, entre otras muchas cosas, el método que condujo directamente al invento de la refrigeración, ideó la escala de la temperatura absoluta que aún lleva su nombre, inventó el instrumental suplementario que permitió enviar telegramas a través de los mares e introdujo innumerables mejoras en el transporte y la navegación, desde la invención de una popular brújula marina a la fabricación de la primera sonda de profundidad. Y ésos fueron sólo sus éxitos prácticos.

Sus trabajos teóricos (sobre electromagnetismo, termodinámica y teoría ondular de la luz) fueron igualmente revolucionarios.* Sólo tuvo en realidad un fallo, y fue que no supo calcular la edad correcta de la Tierra. Esta cuestión ocupó buena parte de la segunda mitad de su carrera, pero no llegó a aproximarse siquiera a una solución. En su primer intento, en 1862, en un artículo destinado a la revista popular *McMillan's*, proponía 98 millones de años como edad de la Tierra, pero aceptaba cautamente que la cifra pudiera ser tan baja como 20 millones de años o tan alta como 400 millones. Reconoció con notable prudencia que sus cálculos podrían ser erróneos si «hay dispuestas en el gran almacén de la creación fuentes hoy desconocidas por nosotros...», pero era evidente que le parecía improbable.

Con el paso del tiempo, Kelvin sería más rotundo en sus afirmaciones y se equivocaría más. Fue revisando constantemente sus cálculos a la baja, desde un máximo de 400 millones de años a 100 millones, luego a 50 y, finalmente, en 1897, a 24 millones de años. No era obstinación. Era sólo que no había nada en la física que pudiese explicar que un cuerpo del tamaño del Sol pudiera arder continuamente más de unas decenas de millones de años sin agotar su combustible. Se deducía de ello que el Sol y los planetas eran relativa, pero ineludiblemente, jóvenes.

El problema consistía en que casi todos los testimonios fósiles lo contradecían y, súbitamente, en el siglo XIX, aparecieron un *montón* de testimonios fósiles.

---

* Formuló en particular la Segunda Ley de la Termodinámica. Para analizar esas leyes haría falta un libro dedicado sólo al tema, pero expongo aquí este resumen escueto del químico P. W. Atkins, sólo para dar una idea de ellas: «Hay cuatro leyes. La tercera de ellas, la Segunda Ley, fue la que primero se identificó. La primera, la Ley Cero, fue la última que se formuló. La Primera Ley, fue la segunda; la Tercera Ley podría no ser siquiera una ley en el mismo sentido que las otras». Resumiendo: la segunda ley afirma que siempre se desperdicia un poco de energía. No puedes construir una máquina de movimiento continuo porque, por muy eficiente que sea, siempre perderá energía y acabará parándose. La primera ley dice que no se puede crear energía y, la tercera, que no se pueden reducir las temperaturas al cero absoluto; habrá siempre algo de calor residual. Como indica Dennis Overbye, las tres leyes principales se exponen a veces irónicamente como (1) no puedes ganar, (2) no puedes quedar igual y (3) no puedes salirte del juego. *(N. del A.)*

6

GRANDES Y SANGRIENTAS BATALLAS CIENTÍFICAS

En 1787 alguien de Nueva Jersey (parece que nadie recuerda quién exactamente) descubrió un gran fémur que sobresalía de la orilla de un arroyo en un lugar llamado Woodbury Creek. Era evidente que el hueso no pertenecía a ninguna especie de criatura aún viva, al menos en Nueva Jersey. Por lo poco que se sabe hoy, se cree que pertenecía a un hadrosaurio, un gran dinosaurio de pico de pato. Los dinosaurios eran desconocidos por entonces.

El hueso se envió al doctor Caspar Wistar, el anatomista más destacado del país, que lo describió aquel otoño en una sesión de la Sociedad Filosófica Americana de Filadelfia.[1] Desgraciadamente Wistar no fue capaz de comprender del todo la importancia del hueso y se limitó a formular unos cuantos comentarios cautos e insulsos, indicando que se trataba del hueso de una cosa enorme. Desperdició así la oportunidad de descubrir los dinosaurios medio siglo antes que ningún otro. En realidad, el hueso despertó tan poco interés que se guardó en un almacén y acabó desapareciendo. Con lo que el primer hueso de dinosaurio que se encontró fue también el primero que se perdió.

Resulta bastante desconcertante que ese hueso no despertase más interés, ya que su aparición se produjo en un momento en que había muchísimo interés en el país por los restos de grandes animales antiguos. El motivo de ese interés era una extraña afirmación de un gran naturalista francés, el conde de Buffon[2] (aquel que calentaba las esferas del capítulo anterior), de que los seres vivos del Nuevo Mundo eran inferiores en casi todos los aspectos a los del Viejo Mundo. América, escribía Buffon en su enorme y muy estimada *Historia natural*, era un continente en el que el agua estaba estancada, el suelo resultaba improductivo y los animales eran de menor tamaño y menos vigorosos, ya que debilitaban su constitución los «vapores nocivos» que se desprendían de sus ciénagas pútridas y sus bosques sin sol. En un medio así, hasta los indios nativos carecían de virilidad. «No tienen barba ni vello corporal —informaba sabiamente Buffon—, ni tampoco pasión por la hembra.» Sus órganos reproductores eran «pequeños y débiles».

Los comentarios de Buffon obtuvieron un apoyo sorprendentemente entusiasta entre otros autores, sobre todo entre aquellos cuyas conclusiones no se hallaban obstaculizadas por una familiaridad real con el país. Un holandés llamado Corneille de Pauw[3] proclamó, en una obra popular titulada *Recherches philosophiques sur les américains* [Investigaciones filosóficas sobre los americanos], que los varones americanos nativos no sólo eran reproductivamente mediocres sino que «carecen hasta tal punto de virilidad que tienen leche en los pechos». Estas ideas gozaron de una pervivencia inverosímil y pueden hallarse repeticiones o ecos de ellas en textos europeos hasta cerca de finales del siglo XIX.

En América tales afirmaciones causaron, como es natural, indignación. Thomas Jefferson incluyó una réplica furibunda (y absolutamente desconcertante, a menos que se tenga en cuenta el contexto) en sus *Notas sobre Virginia*, e indujo a su amigo de New Hampshire, el general John Sullivan, a enviar veinte soldados a los bosques del norte a buscar un alce macho para regalárselo a Buffon como prueba de la talla y la majestuosidad de los cuadrúpedos americanos. Los soldados tardaron veinte días en encontrar un ejemplar adecuado. Desgraciadamente comprobaron después de matarlo que carecía de la imponente cornamenta que había especificado Jefferson, pero Sullivan añadió consideradamente la cornamenta de un ciervo, proponiendo que se incluyese en el envío. ¿Quién iba a descubrir en Francia la verdad, después de todo?

Entre tanto, en Filadelfia (la ciudad de Wistar) los naturalistas habían empezado a unir los huesos de una criatura gigantesca parecida a un elefante, que se conoció al principio como «el gran *incognitum* americano» pero que se identificó, no del todo correctamente, como un mamut. El primero de estos huesos se había descubierto en un lugar llamado Big Bone Lick, en Kentucky, pero no tardaron en aparecer más por todas partes. Parecía que el continente americano había sido en tiempos el hogar de una criatura de una envergadura verdaderamente considerable..., una criatura que refutaba las necias opiniones gálicas de Buffon.

Los naturalistas americanos parece que se excedieron un poco en su afán de demostrar la envergadura y la ferocidad del *incognitum*. Se excedieron en seis veces respecto a su tamaño y lo dotaron de unas garras aterradoras, que se encontraron en las proximidades que correspondían en realidad a un *Megalonyx*, o perezoso terrestre gigante. Llegaron a creer, además, lo que resulta bastante notable, que el animal había gozado de «la agilidad y la ferocidad de un tigre» y lo representaban en sus ilustraciones acechando con gracia felina a su presa desde unos peñascos. Cuando se descubrieron unos colmillos se encasquetaron en la cabeza del animal de innumerables e ingeniosas formas. Un restaurador los atornilló dirigidos hacia abajo como los de un tigre de dientes de sable, dotándolo así de un aspecto satisfactoriamente agresivo. Otro dispuso los colmillos de manera que se curvasen hacia atrás, basándose en la simpática teoría de que la criatura había sido acuática y los había utilizado para anclarse en los árboles cuando dormitaba. Pero la consideración más pertinente sobre el *incognitum* era que parecía estar extinto..., un hecho que Buffon utilizó alegremente como prueba de su indiscutible naturaleza degenerada.

Buffon murió en 1788, pero la polémica continuó. En 1795 se envió a París una selección de huesos, que examinó allí la estrella en ascenso de la paleontología, el joven y aristocrático Georges Cuvier. Éste había demostrado ya su talento para dar una forma coherente a montones de huesos desordenados. Se decía de él que era capaz de determinar el aspecto y la naturaleza de un animal, a partir de un simple diente o de un trocito de quijada, y en muchas ocasiones de indicar la especie y el género además. Dándose cuenta de que a nadie se le había ocurrido en América realizar una descripción formal de aquel voluminoso animal, lo hizo él, convirtiéndose así en su descubridor oficial. Le llamó *mastodonte* (que significa, un tanto sorprendentemente, «dientes de mama»).

Cuvier, inspirado por la polémica, escribió en 1796 un artículo que hizo época, «Nota sobre las especies de elefantes vivos y fósiles»,[4] en el que planteó por primera vez una teoría formal de las extinciones. Creía que la Tierra experimentaba de cuando en cuando catástrofes globales en las que desaparecían grupos de criaturas. Para los que eran religiosos, como el propio Cuvier, la idea planteaba problemas inquietantes porque indicaba una despreocupación incomprensible por parte de la Providencia. ¿Con qué fin creaba Dios las especies sólo para acabar con ellas de golpe más tarde? Era una idea contraria a la creencia en la Gran Cadena del Ser, que sostenía que el mundo estaba cuidadosamente ordenado y que todas las cosas vivas que había en él tenían su lugar y su propósito, y siempre lo habían tenido y lo tendrían. Jefferson, por su parte, no podía aceptar la idea de que se permitiese alguna vez que especies enteras se esfumasen[5] —o, en realidad, que evolucionasen—. Así que, cuando se le planteó que podría tener un valor científico y político el envío de una expedición que explorase el interior del país situado al otro lado del Misisipí, apoyó inmediatamente la idea, esperando que los intrépidos aventureros encontrarían rebaños de saludables mastodontes y otras criaturas descomunales pastando en las pródigas llanuras. Fueron elegidos como jefes de la expedición el secretario personal y amigo de confianza de Jefferson,

Meriwether Lewis, y William Clark, éste como naturalista jefe. La persona elegida para aconsejarle sobre lo que tenía que buscar en cuanto a animales vivos y difuntos era ni más ni menos que Caspar Wistar.

En ese mismo año —de hecho en el mismo mes— en que el celebrado y aristocrático Cuvier proponía en París su teoría de las extinciones, al otro lado del canal de la Mancha a un inglés casi desconocido se le ocurrió una idea sobre el valor de los fósiles, que tendría también ramificaciones perdurables. Se llamaba William Smith y era un joven que trabajaba como supervisor de obra en el Coal Canal de Somerset. La noche del 5 de enero de 1796 estaba sentado en una posada de posta de Somerset[6] y se le ocurrió de pronto la idea que acabaría haciéndole famoso. Para poder interpretar las rocas tiene que haber algún sistema de correlación, una base en la que puedas apoyarte para decir que esas rocas carboníferas de Devon son más recientes que aquellas rocas cámbricas de Gales. Lo que hizo Smith fue darse cuenta de que la solución estaba en los fósiles. Con cada cambio de estratos rocosos se producía la desaparición de ciertas especies de fósiles, mientras que otros seguían presentes en los niveles subsiguientes. Determinando qué especies aparecían en qué estratos, podías descubrir las edades relativas de las rocas siempre que apareciesen. Apoyándose en sus conocimientos de agrimensor, Smith empezó inmediatamente a elaborar un mapa de los estratos rocosos de Inglaterra, que se publicaría después de muchas comprobaciones en 1815 y se convertiría en una piedra angular de la geología moderna. (En el popular libro de Simon Winchester, *The Map that Changed the World* [El mapa que cambió el mundo], se explica toda la historia.)

Por desgracia Smith, después de habérsele ocurrido esa idea iluminadora, no se interesó, curiosamente, por saber por qué razón estaban las rocas dispuestas de la manera que lo estaban. «He dejado de preguntarme por el origen de los estratos y me contento con saber que es así —explicó—. Las razones y los porqué no pueden caber dentro del campo de un prospector de minerales.»[7]

La revelación de Smith sobre los estratos agudizó aún más el embarazoso dilema moral relacionado con las extinciones. Para empezar, confirmaba que Dios había liquidado criaturas no esporádicamente sino repetidas veces. Eso le hacía parecer no ya despreocupado, sino extrañamente hostil. Hacía también inoportunamente necesario explicar por qué unas especies eran eliminadas mientras que otras seguían existiendo los eones subsiguientes sin impedimento. Estaba claro que había más en las extinciones de lo que podía explicarse por un simple diluvio noeiano, que era como se denominaba el diluvio bíblico. Cuvier resolvió el asunto a su propia satisfacción,[8] explicando que el Génesis sólo se aplicaba al diluvio más reciente. Al parecer, Dios no había querido distraer o alarmar a Moisés dándole noticia de anteriores extinciones intrascendentes.

Así pues, en los primeros años del siglo XIX, los fósiles habían adquirido una importancia indiscutible e ineludible, que hizo que resultase más desafortunado aún el hecho de que Wistar no se hubiese dado cuenta de la trascendencia de su hueso de dinosaurio. Pero, de todos modos, estaban apareciendo de pronto huesos por todas partes. Los estadounidenses tuvieron más oportunidades todavía de poder apuntarse el descubrimiento de los dinosaurios, pero las desperdiciaron todas. En 1806 la expedición de Lewis y Clark atravesó la formación de Hell Creek,[9] Montana, una zona en la que los cazadores de fósiles andarían más tarde literalmente sobre huesos de dinosaurios, e incluso examinaron detenidamente lo que era claramente un hueso de dinosaurio incrustado en la roca, pero no sacaron nada en limpio de ello. Se encontraron también huesos y huellas fosilizadas en Nueva Inglaterra, en el valle del río Connecticut, después de que un campesino llamado Plinus Moody descubriera antiguos rastros en un saliente rocoso en South Hadley, Massachusetts. Algunos de estos restos al menos se conservan aún, sobre todo los huesos de un arquisaurio, hoy en la colección del Museo Peabody de Yale. Se encontraron en 1818 y fueron los primeros huesos de dinosaurio que se examinaron y conservaron, pero desgraciadamente no se identificaron como lo que eran hasta 1855. En ese mismo año de 1818 en que se descubrieron murió Caspar Wistar, pero obtuvo una inmortalidad segura e inesperada cuando un botánico llamado Thomas Nuttall puso su nombre a una bonita planta trepadora. Algunos botánicos puristas aún siguen insistiendo en llamarle *wistaria*.

Pero por entonces el impulso paleontológico se había trasladado a Inglaterra. En 1812, en Lyme Regis, en la costa de Dorset, una niña extraordinaria llamada Mary Anning (de once, doce o trece años según la versión que se lea) encontró un extraño monstruo marino fosilizado de cinco metros de longitud, que se conoce hoy como el ictiosaurio, incrustado en los empinados y peligrosos acantilados del canal de la Mancha.

Era el inicio de una carrera notable. Anning dedicaría los treinta y cinco años siguientes de su vida a recoger fósiles, que vendía a los visitantes. Encontraría también el primer plesiosaurio, otro monstruo marino y uno de los primeros y mejores pterodáctilos. Aunque ninguno de ellos fuese técnicamente un dinosaurio, eso no era demasiado importante en la época, ya que nadie sabía por entonces qué era un dinosaurio. Bastaba con hacerse cargo de que el mundo había albergado en otros tiempos criaturas asombrosamente distintas de cualquier cosa que pudiese encontrarse ahora.

No se trataba simplemente de que a Anning se le diese bien encontrar fósiles —aunque no tenía rival en eso—, sino que además era capaz de extraerlos con la mayor delicadeza y sin dañarlos. Si alguna vez tienes la oportunidad de visitar la sala de reptiles marinos antiguos en el Museo de Historia Natural de Londres, te ruego que lo hagas porque no hay otro modo de apreciar la escala y la belleza de lo que consiguió esta joven trabajando prácticamente sin ayuda, con los instrumentos más elementales y en condiciones casi inverosímiles. Sólo el plesiosaurio le llevó diez años de paciente excavación.[10] Aunque no tenía formación científica, Anning fue también capaz de aportar dibujos y descripciones competentes para los estudiosos. Pero incluso con la ventaja de sus dotes, eran raros los descubrimientos significativos y pasó la mayor parte de su vida en condiciones de notoria pobreza.

Sería difícil encontrar a una persona a la que se haya pasado más por alto en la historia de la paleontología que Mary Anning, pero lo cierto es que hubo una que se le aproximó bastante desgraciadamente. Se llamaba Gideon Algernon Mantell y era un médico rural de Sussex.

Mantell era una desgarbada colección de puntos flacos (era vanidoso, egoísta, mojigato, no se ocupaba de su familia...), pero nunca ha habido paleontólogo aficionado más ferviente. Tenía además la suerte de contar con una esposa devota y perspicaz. En 1822, mientras él estaba realizando una visita domiciliaria a una paciente en el Sussex rural, la señora Mantell fue a dar un paseo por un sendero cercano y, en un montón de escombros que alguien había dejado para rellenar baches, encontró un objeto curioso: una piedra marrón curvada, del tamaño aproximado de una nuez pequeña. Conociendo como conocía el interés de su marido por los fósiles y pensando que podría ser uno, se lo llevó. Mantell se dio cuenta inmediatamente de que era un diente fosilizado[11] y, después de un breve estudio, llegó a la conclusión de que pertenecía a un animal herbívoro, un reptil, extremadamente grande (más de tres metros de longitud) y del periodo Cretácico. Tenía razón en todo; pero eran conclusiones audaces, ya que no se había visto ni imaginado siquiera por entonces nada como aquello.

Sabiendo que su descubrimiento pondría patas arriba la visión del pasado, y prevenido por su amigo el reverendo William Buckland (el de las togas y el apetito experimental) de que debía actuar con prudencia, Mantell dedicó tres laboriosos años a buscar pruebas que apoyasen sus conclusiones. Envió el diente a París, a Cuvier, solicitando su opinión, pero el gran francés lo desdeñó considerándolo de un hipopótamo. (Más tarde se disculparía noblemente por este error impropio de él.) Un día que Mantell estaba investigando en el Museo Hunteriano de Londres trabó conversación con otro investigador, que le dijo que el diente se parecía mucho a los de unos animales que él había estado estudiando, las iguanas de Suramérica. Una rápida comparación confirmó el parecido. Y así la criatura de Mantell se convirtió en el iguanodonte gracias a un lagarto tropical, amigo de tumbarse al sol, con el que no tenía relación alguna.

Mantell preparó un artículo para exponerlo ante la Real Sociedad. Pero daba la casualidad, por desgracia, de que se había encontrado otro dinosaurio en una cantera de Oxfordshire y acababa de describirse formalmente. Lo había hecho el reverendo Buckland, el mismo individuo que le había instado a no trabajar con prisas. Era el megalosaurio, y el nombre se lo había sugerido en realidad a Buckland su amigo el doctor James Parkinson,[12] el presunto radical y epónimo de la enfermedad de Parkinson. Debemos recordar que Buckland era ante todo un geólogo, y lo demostró con su obra sobre el megalosaurio. En su informe, para los *Anales de la Sociedad Geológica de Londres* indicaba que los dientes de la criatura no estaban directamente unidos a la quijada, como en el caso de los lagartos, sino emplazados en alveolos a la manera de los cocodrilos. Pero, aunque se dio cuenta de eso, no supo qué significaba: que el megalosaurio era un tipo completamente nuevo de criatura. De todos modos, aunque su informe no revelase demasiada agudeza ni penetración, era la primera descripción que se publicaba de un dinosaurio..., así que es a Buckland, en vez de a Mantell, que se lo merecía más, al que se atribuye el mérito del descubrimiento de esa antigua estirpe de seres.

Mantell, ignorando que la decepción iba a ser una característica constante de su vida, continuó dedicándose a buscar fósiles —encontró otro gigante, el hileosaurio, en 1833— y a comprárselos a los trabajadores de las canteras y a los campesinos, hasta llegar a reunir la que probablemente fuese la mayor colección de fósiles de Inglaterra. Era un excelente médico y un cazador de huesos muy dotado, pero no fue capaz de compaginar ambas cosas. A medida que crecía su manía coleccionista descuidaba la práctica médica. Los fósiles no tardaron en ocupar toda su casa de Brighton y en consumir gran parte de sus ingresos. Una buena porción del resto se fue en la financiación de la publicación de libros que pocos se interesaban por comprar. De *Illustrations of the Geology of Sussex* [Ilustraciones de la geología de Sussex], publicado en 1827, sólo vendió 50 ejemplares y tuvo unas pérdidas de 300 libras... una suma inquietante, bastante considerable para la época.

Un tanto angustiado por su situación, se le ocurrió la idea de convertir su casa en un museo y cobrar la entrada, dándose cuenta luego, tardíamente, de que ese acto mercenario daría al traste con su condición de caballero, no digamos ya de científico, por lo que acabó dejando que la gente visitara la casa gratis. Los visitantes llegaron a centenares, semana tras semana, perturbando su práctica médica y su vida doméstica. Finalmente se vio obligado a vender la mayor parte de la colección para pagar sus deudas.[13] Poco después le abandonó su esposa, llevándose con ella a sus cuatro hijos.

Pero, increíblemente, sus problemas no habían hecho más que empezar.

En el distrito de Sydenham, en el sur de Londres, en un lugar llamado Crystal Palace Park, puede contemplarse un espectáculo extraño y olvidado: la primera colección del mundo de reproducciones de dinosaurios de tamaño natural. No es mucha la gente que se desplaza hasta allí en estos tiempos, pero en otros era una de las atracciones más populares de Londres... Fue, en realidad, como ha dicho Richard Fortey, el primer parque temático del mundo.[14] Las reproducciones tienen muchas cosas que no son rigurosamente correctas. El iguanodonte tiene el pulgar colocado en la nariz, como una especie de púa, y el animal se sostiene sobre cuatro robustas patas, lo que le hace parecer un perro corpulento, torpe y demasiado grande. (En realidad, el iguanodonte no andaba en cuclillas sobre las cuatro patas, sino que era bípedo.) Mirando ahora a esas extrañas y enormes bestias te parece que es difícil que pudiesen causar unos rencores y unas amarguras tan grandes, pero así fue. Puede que no haya habido nada en la historia natural que haya sido centro de odios más feroces y más duraderos que ese linaje de animales antiguos llamados dinosaurios.

En la época en que se construyeron esos dinosaurios, Sydenham estaba situado a un extremo de Londres y su espacioso parque se consideró un lugar ideal para reedificar el famoso Palacio de Cristal, la construcción de cristal y hierro colado que había sido la gran joya de la Gran Exposición de 1851 y de la que el nuevo parque tomó naturalmente su nombre. Los dinosaurios, que eran de hormigón armado, constituían una especie de atracción complementaria. En la Nochevieja de 1853 se celebró, dentro del iguanodonte inconcluso, una célebre cena en la que participaron veintiún destacados científicos. Gideon Mantell, el hombre que había encontrado e identificado el iguanodonte, no figuraba entre ellos. La mesa estaba presidida por la máxima estrella de la joven ciencia de la paleontología. Se llamaba Richard Owen y ya había dedicado por entonces varios años, con bastante éxito, a convertir en un infierno la vida de Gideon Mantell.

Owen procedía de Lancaster, en el norte de Inglaterra, donde se había hecho médico. Era un anatomista nato y tan entregado a sus estudios que tomaba prestados a veces ilícitamente miembros, órganos y otras partes de cadáveres[15] y se los llevaba a casa para diseccionarlos con tranquilidad. En una ocasión en que iba cargado con un saco que contenía la cabeza de un marinero negro africano que acababa de cortar, resbaló en un adoquín mojado y vio con horror que la cabeza se caía del saco y se iba saltando calle abajo y se colaba por la puerta abierta de una casa, en la que penetró deteniéndose en el salón de la entrada. Sólo podemos imaginar lo que dirían los habitantes de la casa al ver que una cabeza desprendida entraba rodando por su puerta y se paraba a sus pies. Es de suponer que no hubiesen llegado a ninguna conclusión demasiado novedosa cuando, un instante después, un joven que parecía muy nervioso irrumpió en su casa y recogió, sin decir palabra, la cabeza y se apresuró a desaparecer de nuevo.

En 1825, cuando tenía justamente veintiún años de edad, Owen se trasladó a Londres y poco después fue contratado por el Real Colegio de Cirujanos para ayudar a organizar sus extensas pero desordenadas colecciones de especímenes médicos y anatómicos. La mayoría de ellos se los había dejado a la institución John Hunter, distinguido cirujano y coleccionista incansable de curiosidades médicas, pero nadie había ordenado y catalogado hasta entonces la colección, sobre todo porque después de la muerte de Hunter se había perdido toda la documentación que explicaba el historial de cada espécimen.

Owen destacó enseguida por su capacidad de organización y deducción. Demostró ser un anatomista sin par y poseer además un talento instintivo para reconstruir casi equiparable al del gran Cuvier de París. Se convirtió en un experto tal en la anatomía animal que se le otorgó la primera opción sobre cualquier animal que muriese en los Jardines Zoológicos de Londres, que se enviaba invariablemente a su casa para que lo examinase. Un día su mujer llegó a casa y se encontró con un rinoceronte recientemente fallecido en el vestíbulo.[16] Owen se convirtió muy pronto en un destacado especialista en todo tipo de animales vivos y extintos, desde ornitorrincos, equidnas y otros marsupiales recién descubiertos hasta el desventurado dodó y las extintas aves gigantes llamadas moas que habían vagado por Nueva Zelanda hasta que los maoríes se las habían comido todas. Fue el primero que describió el arqueopterix, tras su descubrimiento en Baviera en 1861, y el primero que escribió un epitafio oficial del dodó. Escribió en total unos seiscientos artículos anatómicos, una producción prodigiosa.

Pero por lo que se recuerda a Owen es por su trabajo con los dinosaurios. Fue él quien acuñó el término *dinosauria* en 1841. Significa «lagarto terrible» y era una denominación curiosamente impropia. Los dinosaurios, como sabemos ahora, no eran tan terribles —algunos no eran mayores que conejos[17] y probablemente fuesen extremadamente retraídos— e indiscutiblemente no eran lagartos;[18] estos últimos son en realidad un linaje mucho más antiguo (treinta millones de años más). Owen tenía muy claro que aquellas criaturas eran reptiles y tenía a su disposición una palabra griega perfectamente válida, *herpeton*, pero decidió por alguna razón no utilizarla. Otro error más excusable —dada la escasez de especímenes que había entonces— fue no darse cuenta de que los dinosaurios constituían no uno sino dos órdenes de reptiles:[19] los ornitisquianos, de cadera de ave, y los saurisquianos, de cadera de lagarto.

Owen no era una persona atractiva, ni en la apariencia física ni en el carácter. Una foto del final de su madurez nos lo muestra como un individuo adusto y siniestro, como el malo de un melodrama decimonónico, de cabello largo y lacio y ojos saltones: un rostro apropiado para meter miedo a los niños. Era en sus modales frío e imperioso, y carecía de escrúpulos cuando se trataba de conseguir sus propósitos. Fue la única persona a la que sepamos que Charles Darwin detestó siempre.[20] Hasta su propio hijo —que se suicidó poco después— hablaba de la «lamentable frialdad de corazón» de su padre.[21]

Sus indudables dotes como anatomista le permitieron recurrir a las falsedades más descaradas. En 1857 el naturalista T. H. Huxley estaba hojeando una nueva edición del *Churchill's Medical Directory* [Directorio médico de Churchill][22] y se encontró con que Owen figuraba en él como profesor de fisiología y anatomía comparadas de la Escuela Oficial de Minas, cosa que le sorprendió mucho, ya que era precisamente el puesto que ostentaba él. Al preguntar a los responsables de la publicación cómo podían haber incurrido en un error tan elemental, estos le dijeron que había sido el propio doctor Owen quien había aportado la información. Otro colega naturalista, llamado Hugh Falconer, pilló por su parte a Owen atribuyéndose uno de sus descubrimientos. Otros le acusaron de haberles pedido prestados especímenes y haber negado luego haberlo hecho. Owen se enzarzó incluso en una agria polémica con el dentista de la reina por la atribución de una teoría relacionada con la fisiología de los dientes.

No vaciló en perseguir a los que no le agradaban. Al principio de su carrera se valió de su influencia en la Sociedad Zoológica para condenar al ostracismo a un joven llamado Robert Grant, cuyo único delito era haber demostrado poseer grandes dotes para la anatomía. Grant se quedó atónito al descubrir que se le negaba de pronto acceso a los especímenes anatómicos que necesitaba para efectuar su investigación. Incapaz de continuar con su trabajo, se sumió en una comprensible y descorazonada oscuridad.

Pero nadie padeció más por las atenciones malintencionadas de Owen que el desventurado Gideon Mantell, al que la desgracia acosaba cada vez más. Después de perder a su mujer y a sus hijos, su práctica médica y la mayor parte de su colección de fósiles, Mantell se trasladó a Londres. Allí, en 1841 (el año fatídico en que Owen alcanzaría su máxima gloria por la denominación e identificación de los dinosaurios), sufrió un terrible accidente. Cuando cruzaba Clapham Common en un carruaje se cayó del asiento, se quedó enredado en las riendas y los aterrados caballos le arrastraron al galope por un terreno irregular. El percance le dejó encorvado, lisiado con dolores crónicos, y con la columna vertebral dañada irreversiblemente.

Owen, aprovechándose del estado de debilidad de Mantell, se dedicó a eliminar sistemáticamente de los archivos sus aportaciones, renombrando especies a las que Mantell había puesto nombre años antes y atribuyéndose él mismo el mérito de su descubrimiento. Mantell siguió intentando realizar investigaciones originales, pero Owen utilizó su influencia en la Real Sociedad para conseguir que se rechazasen la mayoría de los artículos que presentaba. En 1852, incapaz de soportar más dolor y más persecución, Mantell se quitó la vida. Tras la autopsia, se extirpó al cadáver la columna vertebral dañada y se envió al Real Colegio de Cirujanos[23] donde —por una ironía que imagino que podrás apreciar— se dejó al cuidado de Robert Owen, director del Museo Hunteriano de la institución.

Pero aún no habían acabado del todo las ofensas. Poco después de la muerte de Mantell apareció en la *Literary Gazette* una necrológica de una falta de caridad apabullante. Se calificaba en ella al difunto de anatomista mediocre, cuyas modestas aportaciones a la paleontología se hallaban limitadas por una «carencia de conocimiento exacto». La necrológica le arrebataba incluso el descubrimiento del iguanodonte, que se atribuía a Cuvier y a Owen, entre otros. Aunque el texto no llevaba firma, el estilo era el de Owen y en el mundo de las ciencias naturales nadie dudó de su autoría.

Pero por entonces los pecados de Owen estaban empezando a pasarle factura. Su ruina se inició cuando un comité de la Real Sociedad —un comité que daba la casualidad que presidía él— decidió otorgarle el máximo honor que podía otorgar, la Medalla Real, por un artículo que había escrito sobre un molusco extinto llamado belemnita. «Sin embargo —como indica Deborah Cadbury en *Los cazadores de dinosaurios*, su excelente historia del periodo—, ese artículo no era tan original como parecía.»[24] Resultó que la belemnita la había descubierto cuatro años antes un naturalista aficionado llamado Chaning Pearce, y se había informado detalladamente del descubrimiento en una sesión de la Sociedad Geológica.

Owen había estado presente en esa sesión, pero no lo mencionó cuando presentó un artículo suyo a la Real Sociedad —artículo en el que rebautizó, no por casualidad, a la criatura como *Belemnites oweni*, en su propio honor—. Aunque se le permitió conservar la medalla, el episodio dejó una mancha imborrable en su reputación, incluso entre los pocos que siguieron apoyándole.

Finalmente Huxley consiguió hacerle a Owen lo que Owen les había hecho a tantos otros: consiguió que se votase en favor de su expulsión de los consejos de la Sociedad Zoológica y de la Real Sociedad. Para completar el castigo, Huxley se convirtió en el nuevo profesor hunteriano del Real Colegio de Cirujanos.

Owen no volvería a realizar ninguna investigación importante, pero la última mitad de su carrera estuvo dedicada a una actividad anodina por la que todos debemos estarle agradecidos. En 1856 se convirtió en jefe de la sección de historia natural del Museo Británico, cargo en el que pasó a ser la fuerza impulsora de la creación del Museo de Historia Natural de Londres.[25] Ese gran caserón gótico tan estimado de South Kensington se inauguró en 1880 y constituye un testimonio de sus criterios como naturalista.

Antes de Owen, los museos se proyectaban primordialmente para uso y edificación de la élite,[26] y hasta a los miembros de ella les costaba conseguir acceso. En los primeros tiempos del Museo Británico, los posibles visitantes tenían que hacer una solicitud por escrito y pasar por una breve entrevista destinada a comprobar si reunían las condiciones necesarias para que se les pudiera dar acceso al museo. Tenían que volver luego una segunda vez a recoger la entrada —es decir, suponiendo que superasen la entrevista— y, luego, una tercera para ver ya los tesoros del museo. Incluso entonces se les hacía pasar rápidamente en grupos y no se permitía que se demorasen. El plan de Owen era dar la bienvenida a todos, llegando incluso hasta el punto de animar a los trabajadores a visitarlo al final del día y de dedicar la mayor parte del espacio del museo a exposiciones públicas. Hasta llegó a proponer, radicalmente, que se colocaran etiquetas informativas en cada pieza para que la gente pudiese apreciar lo que veía.[27] A esto se opuso T. H. Huxley, quien consideraba que los museos debían ser primordialmente instituciones de investigación. Owen, al convertir el Museo de Historia Natural en algo que estaba a disposición de todos, modificó nuestras expectativas sobre la finalidad de los museos.

De todos modos, ese altruismo con sus semejantes no le disuadió de nuevas rivalidades personales. Uno de sus últimos actos oficiales fue presionar en contra de una propuesta de que se erigiese una estatua en memoria de Charles Darwin. Fracasó en esto..., aunque consiguió cierto triunfo tardío e involuntario. Hoy su propia estatua ocupa una posición dominante en la escalera del vestíbulo principal del Museo de Historia Natural, mientras que Darwin y T. H. Huxley están consignados un tanto oscuramente a la cafetería de la institución, donde observan muy serios cómo toma la gente sus tazas de café y sus donuts de mermelada.

Sería razonable suponer que las mezquinas rivalidades de Richard Owen constituyeron el punto más bajo de la paleontología del siglo XIX, pero aún estaba por llegar lo peor, esta vez al otro lado del mar. En las últimas décadas del siglo surgió en Estados Unidos una rivalidad todavía más espectacularmente ponzoñosa e igual de destructiva. Los protagonistas fueron dos hombres extraños e implacables: Edward Drinker Cope y Othniel Charles Marsh.

Tenían mucho en común. Ambos eran individuos malcriados, impulsivos, egoístas, pendencieros, envidiosos, desconfiados y siempre desdichados. Y cambiaron entre los dos el mundo de la paleontología.

Empezaron profesándose amistad y admiración mutua, poniendo incluso cada uno de ellos el nombre del otro a especies fósiles, y pasaron una semana juntos en 1868. Pero hubo algún problema entre ellos —nadie sabe exactamente qué fue— y, al año siguiente, se profesaban una enemistad que se convertiría en un odio devorador a lo largo de las tres décadas siguientes. Probablemente pueda decirse con seguridad que no ha habido en las ciencias naturales dos personas que llegasen a despreciarse más.

Marsh, que era ocho años mayor que Cope, era un individuo retraído y libresco, de barba muy recortada y modales pulcros, que pasaba poco tiempo en el campo y al que no solía dársele demasiado bien encontrar cosas cuando estaba en él. En una visita a los famosos yacimientos de fósiles de dinosaurios de Como Bluff, Wyoming, no se dio cuenta siquiera de los huesos que había, en palabras de un historiador, «tirados por todas partes como troncos».[28] Pero contaba con medios sobrados para comprar casi cualquier cosa que quisiese. Aunque de origen modesto (su padre era un granjero del interior del estado de Nueva York), tenía un tío inmensamente rico y extraordinariamente indulgente, el financiero George Peabody. Al ver que Marsh se interesaba por la historia natural, Peabody hizo construir para él un museo en Yale y aportó fondos suficientes para que lo llenase prácticamente con cualquier cosa que se le ocurriese.

Cope nació en un medio más directamente privilegiado (su padre era un hombre de negocios muy rico de Filadelfia) y era con mucho el más aventurero de los dos. En el verano de 1876, mientras los sioux estaban aniquilando a George Armstrong Custer y a sus tropas en Little Big Horn,

Montana, él andaba buscando huesos en las proximidades. Cuando le dijeron que tal vez no fuera ése el momento más adecuado para ir a buscar tesoros en territorio indio, Cope se lo pensó un poco y luego decidió seguir adelante de todos modos. La estación estaba siendo demasiado buena. En determinado momento se encontró con una partida de recelosos indios crow, pero consiguió ganárselos sacándose y poniéndose varias veces la dentadura postiza.[29]

La antipatía mutua que se profesaban Marsh y Cope adoptó la forma de críticas tranquilas durante una década o así, pero de pronto en 1877 pasó a adquirir dimensiones grandiosas. En ese año, un maestro de Colorado llamado Arthur Lakes encontró huesos cerca de Morrison cuando andaba de excursión con un amigo. Dándose cuenta de que los huesos procedían de un «saurio gigantesco», envió prudentemente unas muestras a Marsh y a Cope. Este último envió a su vez 100 dólares a Lakes por su amabilidad y le pidió que no le hablara a nadie de su descubrimiento, sobre todo a Marsh. Entonces Lakes, confuso, le pidió a Marsh que le diera los huesos a Cope. Marsh lo hizo, pero eso fue una afrenta que no olvidaría nunca.[30]

El incidente significó también el inicio de una guerra entre los dos que fue haciéndose cada vez más agria, solapada y a menudo muy ridícula. Desembocaba a veces en los excavadores del equipo de uno tirando piedras a los del otro. Se sorprendió a Cope en una ocasión abriendo las cajas que pertenecían a Marsh. Se insultaban en letra impresa. Se burlaba cada uno de ellos de los descubrimientos del otro. Raras veces ha conseguido la animosidad —tal vez nunca— hacer avanzar la ciencia más rápido y con mayor éxito. Durante los años siguientes aumentaron entre los dos el número de especies conocidas de dinosaurios de Estados Unidos de nueve a casi ciento cincuenta.[31] Casi todos los dinosaurios que una persona de cultura media puede nombrar[32] (estegosaurio, brontosaurio, diplodoco, triceratopo) los descubrieron uno de los dos.* Desgraciadamente, trabajaban con una rapidez tan insensata que muchas veces no se daban cuenta de que un nuevo descubrimiento era algo ya conocido. Llegaron a «descubrir» entre los dos una especie llamada *Uintatheres anceps* veintidós veces nada menos.[33] Costó años aclarar algunos de los líos de clasificación en que incurrieron. Algunos aún no se han aclarado.

El legado científico de Cope fue con diferencia el más importante. En una carrera increíblemente productiva, escribió unos mil cuatrocientos artículos científicos y describió casi mil trescientas nuevas especies de

---

* Hay una excepción notable, el *Tyrannosaurus rex*, que encontró Barnum Brown en 1902. (*N. del A.*)

fósiles (de todos los tipos, no sólo dinosaurios), una producción de más del doble que la de Marsh. Podría haber hecho incluso más, pero se hundió por desgracia en una decadencia bastante acelerada en sus últimos años. Había heredado una fortuna en 1875, la invirtió imprudentemente en plata y lo perdió todo. Acabó viviendo en una habitación de una pensión de Filadelfia, rodeado de libros, papeles y huesos. Marsh, por el contrario, terminó sus días en una espléndida mansión de Nueva York. Cope murió en 1897, Marsh dos años después.

Cope se entregó en sus últimos años a otra obsesión interesante. Se convirtió en su deseo más ferviente el que le proclamasen el espécimen tipo del *Homo sapiens*, es decir, que sus huesos fuesen el modelo oficial de la especie humana. Lo normal es que el espécimen tipo de una especie sea la primera muestra de huesos encontrada, pero como no existe ninguna primera muestra de huesos de *Homo sapiens*, había un vacío que Cope quiso llenar. Era un deseo extraño y vanidoso, pero a nadie se le ocurría una razón para oponerse a él. Así que Cope legó sus huesos al Instituto Wistar, una sociedad científica de Filadelfia financiada por los descendientes del aparentemente inesquivable Caspar Wistar. Por desgracia, después de que se prepararan y unieran sus huesos, se demostró que mostraban indicios de una sífilis incipiente, característica que difícilmente desearía uno preservar en el espécimen tipo de la propia especie. Así que la petición de Cope y sus huesos fueron relegados discretamente a una estantería. Aún no hay un espécimen tipo de los humanos modernos.

En cuanto a los otros actores de este drama, Owen murió en 1892, pocos años antes que Cope y que Marsh. Buckland acabó perdiendo el juicio y terminó sus días convertido en una ruina farfullante en un manicomio de Clapham, no lejos de donde Mantell había sufrido el accidente que le había dejado lisiado. La columna vertebral retorcida de éste continuó exhibiéndose en el Museo Hunteriano durante casi un siglo, hasta que, durante el Blitz,[34] una bomba alemana acabó misericordiosamente con ella. Lo que quedó de su colección después de su muerte pasó a sus hijos, y gran parte de ello se lo llevó a Nueva Zelanda su hijo Walter,[35] que emigró allí en 1840. Walter se convirtió en un neozelandés distinguido, llegando a ocupar el cargo de ministro de Asuntos Nativos del país. En 1865 donó los excelentes especímenes de la colección de su padre, incluido el famoso diente de iguanodonte, al Museo Colonial de Wellington (hoy Museo de Nueva Zelanda), donde han permanecido desde entonces. El diente de iguanodonte, que fue el principio de todo —habría razones para considerarlo el diente más importante de la paleontología—, ya no está expuesto al público.

La caza de dinosaurios no acabó, claro está, con la muerte de los grandes cazadores de fósiles del siglo XIX. En realidad, en una medida sorprendente, no había hecho más que empezar. En 1898, el año que separa las muertes de Cope y de Marsh, se realizó un hallazgo —se notificó, en realidad—, muy superior a todos los que se habían hecho anteriormente, en un lugar llamado Bone Cabin Quarry, a sólo unos kilómetros de Como Bluff, Wyoming, el principal terreno de caza de Marsh. Había allí cientos y cientos de huesos fósiles a la intemperie bajo las colinas. Tan numerosos eran, realmente, que alguien se había construido una cabaña con ellos... de ahí el nombre del lugar.*[36] Sólo en las dos primeras estaciones se excavaron en ese yacimiento 40.000 kilos de huesos antiguos y decenas de miles de kilos más en cada media docena de años siguientes.

El resultado final es que, al iniciarse el siglo XX, los paleontólogos tenían literalmente toneladas de huesos viejos por revisar. El problema era que aún no tenían ni idea de lo viejos que podían ser aquellos huesos. Peor todavía, las eras atribuidas a la Tierra no podían incluir los numerosos eones, eras y épocas que evidentemente contenía el pasado. Si la Tierra sólo tenía en realidad unos veinte millones de años de antigüedad, como insistía en sostener el gran lord Kevin, órdenes completos de antiguas criaturas debían de haber aparecido y desaparecido de nuevo prácticamente en el mismo instante geológico. Simplemente carecía de sentido.

Otros científicos además de Kelvin se interesaron por el problema y obtuvieron resultados que no hicieron más que aumentar la inseguridad. Samuel Haughton, un respetado geólogo del Trinity College de Dublín proclamó una edad aproximada para la Tierra de 2.300 millones de años... mucho más de lo que nadie estaba proponiendo. Cuando se le llamó la atención sobre ese hecho, hizo un nuevo cálculo utilizando los mismos datos y obtuvo la cifra de 153 millones de años. John Joly, también del Trinity, decidió intentarlo con la idea de la sal de los mares de Edmond Halley, pero su método se basaba en tantos supuestos incorrectos que acabó totalmente desorientado. Calculó que la Tierra tenía 89 millones de años,[37] una edad que se ajustaba con bastante precisión a las suposiciones de Kelvin pero desgraciadamente no a la realidad.

La confusión era tal[38] que, a finales del siglo XIX, según el texto que consultases, podías informarte de que el número de años que mediaban entre nosotros y el inicio de la vida compleja en el periodo Cámbrico era de 3 millones, 18 millones, 600 millones, 794 millones o 2.400 millones de años... O alguna otra cifra comprendida dentro de ese ámbito. Todavía en 1910, uno de los cálculos más respetados, el del estadouni-

---

* Bone Cabin Quarry significa en inglés Cantera de la Cabaña de Hueso. (*N. del T.*)

dense George Becker, establecía la edad de la Tierra en sólo unos 55 millones de años.

Justo cuando las cosas parecían más obstinadamente confusas, surgió otro personaje extraordinario con un nuevo enfoque. Era un muchacho campesino, neozelandés, de brillante inteligencia llamado Ernest Rutherford. Él aportó pruebas bastante irrefutables de que la Tierra tenía como mínimo varios cientos de millones de años, probablemente bastantes más.

Sus pruebas se basaban, curiosamente, en la alquimia, una alquimia espontánea, científicamente creíble y despojada de todo ocultismo, pero alquimia de todos modos. Resultaba que Newton no había estado tan equivocado, después de todo. Cómo se hizo evidente todo esto es otra historia.

7

CUESTIONES ELEMENTALES

Suele decirse que la química como ciencia seria y respetable se inicia a partir de 1661, cuando Robert Boyle, de Oxford, publicó *El químico escéptico* (la primera obra que distingue entre químicos y alquimistas). Fue una transición lenta y errática. En el siglo XVIII, los estudiosos eran capaces de sentirse extrañamente cómodos en ambos campos, como, por ejemplo, el alemán Johann Becher, que escribió una obra sobria y anodina sobre mineralogía titulada *Physica Subterranea* [Física subterránea], pero que estaba convencido también de que, con los materiales adecuados, podía hacerse invisible.[1]

Quizá no haya nada que ejemplifique mejor la naturaleza extraña, y con frecuencia accidental, de la ciencia química en sus primeros tiempos que un descubrimiento que hizo un alemán llamado Hennig Brand en 1675. Brand se convenció de que podía destilarse oro de la orina humana. (Parece ser que la similitud de colorido fue un factor que influyó en esa conclusión.) Reunió 50 cubos de orina humana y los tuvo varios meses en el sótano de su casa. Mediante diversos procesos misteriosos convirtió esa orina primero en una pasta tóxica y luego en una sustancia cérea y translúcida. Nada de eso produjo oro, claro está, pero sucedió una cosa extraña e interesante. Al cabo de un tiempo, la sustancia empezó a brillar. Además, al exponerla al aire, rompía a arder en llamas espontáneamente con bastante frecuencia.

Las posibilidades comerciales del nuevo material (que pronto pasó a llamarse fósforo, de las raíces latina y griega que significan «portador de luz») no les pasaron desapercibidas a negociantes codiciosos, pero las dificultades de la manufactura del fósforo lo hacían demasiado costoso para que pudiera explotarse. Una onza de fósforo se vendía por 6 guineas[2] (unos 440 euros en dinero de hoy), es decir, costaba más que el oro.

Al principio se recurrió a los soldados para que proporcionaran la materia prima, pero eso no favorecía en modo alguno la producción a escala industrial. En la década de 1750, un químico sueco llamado Karl (o Carl) Scheele ideó un medio de fabricar fósforo en grandes cantidades sin la porquería del olor a orina. Por su maestría en la manufactura del fósforo los suecos se convirtieron en destacados fabricantes de cerillas, y aún lo siguen siendo.

Scheele fue al mismo tiempo un tipo extraordinario y extraordinariamente desafortunado. Era un humilde farmacéutico que apenas disponía de instrumental avanzado, pero descubrió ocho elementos (cloro, flúor, manganeso, bario, molibdeno, tungsteno, nitrógeno y oxígeno) y no se le llegó a honrar por ninguno de ellos.[3] Sus descubrimientos fueron, en todos los casos, bien pasados por alto o bien consiguió publicarlos después de que algún otro hubiese hecho ya ese mismo descubrimiento independientemente. Descubrió también muchos compuestos útiles, entre ellos, el amoniaco, la glicerina y el ácido tánico, y fue el primero que se dio cuenta de las posibilidades comerciales del cloro como blanqueador..., descubrimientos que hicieron a otras personas extraordinariamente ricas.

Uno de los defectos notorios de Scheele era su extraña insistencia en probar un poco de todo aquello con lo que trabajaba, incluidas sustancias tan evidentemente desagradables como el mercurio, el ácido prúsico (otro de sus descubrimientos) y el ácido cianhídrico (un compuesto con tanta fama de venenoso que, 150 años después, Erwin Schrödinger lo eligió como su toxina favorita en un famoso experimento mental (véase página 146). Esa imprudencia de Scheele acabó pasándole factura. En 1786, cuando tenía sólo cuarenta y tres años, le encontraron muerto en su banco de trabajo, rodeado de una colección de sustancias químicas tóxicas, cualquiera de las cuales podría haber sido la causa de la expresión petrificada y ausente de su rostro.

Si el mundo fuese justo y suecoparlante, Scheele habría gozado de fama universal. Pero, siendo las cosas como son, los aplausos han tendido a ser para químicos más célebres, mayoritariamente del mundo de habla inglesa. Aunque Scheele descubrió el oxígeno en 1772, por varias razones descorazonadoramente complicadas no pudo conseguir que su artículo se publicara a tiempo. Así que los honores del descubrimiento se otorgarían a John Priestley, que descubrió el mismo elemento independientemente, aunque más tarde, en el verano de 1774. Más notable fue que no se atribuyese a Scheele el descubrimiento del cloro. Los libros de texto aún siguen casi todos atribuyéndoselo a Humphry Davy, que lo halló sin duda, pero *treinta y seis* años después que Scheele.

Aunque la química había recorrido mucho camino en el siglo que separaba a Newton y Boyle de Scheele, Priestley y Henry Cavendish, todavía le quedaba mucho camino por recorrer. Hasta los últimos años del siglo XVIII (y en el caso de Priestley un poco después), los científicos buscaban en todas partes y a veces creían realmente haber encontrado cosas que simplemente no estaban allí: aires viciados, ácidos marinos desflogisticados, flox, calx, exhalaciones terráqueas y, sobre todo, flogisto, la sustancia que se consideraba el agente activo de la combustión. También se creía que en alguna parte de todo esto residía un misterioso *élan vital*, la fuerza que hacía que objetos inanimados aflorasen a la vida. Nadie sabía dónde se hallaba esa esencia etérea, pero dos cosas parecían probables: que pudieses vivificarla con una descarga eléctrica —una idea que explotó plenamente Mary Shelley en su novela *Frankenstein*— y que existiese en unas sustancias pero no en otras, que es la razón de que acabáramos teniendo dos ramas en la química:[4] orgánica (para las sustancias que consideramos que la tienen) e inorgánica (para las que no).

Hacía falta alguien con una inteligencia penetrante para introducir la química en la edad moderna, y fue Francia quien lo proporcionó. Se llamaba Antoine-Laurent Lavoisier. Nacido en 1743, era miembro de la baja nobleza —su padre había comprado un título para la familia—. En 1768 adquirió una participación activa en una institución profundamente despreciada, la Ferme Générale (o granja general), que recaudaba impuestos y tasas en nombre del Estado. Aunque el propio Lavoisier era en todos los sentidos amable y justo, la empresa para la que trabajaba no era ninguna de esas dos cosas. Por una parte, no gravaba a los ricos sino sólo a los pobres, y a éstos a menudo arbitrariamente. Para Lavoisier el atractivo de la institución era que le proporcionaba la riqueza necesaria para seguir su principal vocación, la ciencia. Sus ganancias personales alcanzaron en su periodo culminante la cifra de 150.000 libras al año... unos 18 millones de euros.[5]

Tres años después de embarcarse en esta lucrativa actividad profesional, se casó con la hija de catorce años de uno de sus jefes.[6] El matrimonio fue un encuentro de corazones y de mentes. La señora Lavoisier poseía una inteligencia arrolladora y no tardaría en trabajar productivamente al lado de su marido. A pesar de las exigencias del trabajo de él y de una activa vida social, conseguían, la mayoría de los días, dedicar cinco horas a la ciencia (dos por la mañana temprano y tres al final de la jornada), así como todo el domingo, que ellos llamaban su *jour de bonheur*[7] (día de la felicidad). No sabemos cómo Lavoisier se las arregló también para desempeñar el cargo de comisionado de la pólvora, supervisar la construcción de una muralla alrededor de París que impidiera el contrabando, ayudar a elaborar el sistema métrico y ser coautor del manual *Método de nomenclatura química*, que se convirtió en guía normativa para los nombres de los elementos.

Como miembro destacado que era también de la Real Academia de Ciencias, le pidieron que se tomase un interés activo e informado por todos los temas de actualidad: el hipnotismo, la reforma de las prisiones, la respiración de los insectos, el suministro de agua a París... En el desempeño de esa función hizo, en 1780, ciertos comentarios despectivos[8] sobre una nueva teoría de la combustión que había sido sometida a la academia por un científico joven y prometedor. La teoría era ciertamente errónea, pero el nuevo científico nunca se lo perdonó. Se llamaba Jean-Paul Marat.

Lo único que nunca llegó a hacer Lavoisier fue descubrir[9] un elemento. En una época en que parecía que casi cualquiera que tuviese a mano un vaso de precipitados, una llama y unos polvos interesantes podía descubrir algo nuevo —y cuando, no por casualidad, unos dos tercios de los elementos aún estaban por descubrir—, Lavoisier no consiguió descubrir ni uno solo. No fue por falta de vasos de precipitados, desde luego. Tenía 1.300 en lo que era, hasta un grado casi ridículo, el mejor laboratorio privado que existía.

En vez de descubrir él, se hizo cargo de los descubrimientos de otros y les dio sentido. Arrojó al basurero el flogisto y los aires mefíticos. Identificó el oxígeno y el hidrógeno como lo que eran y les dio a los dos sus nombres modernos. Ayudó a introducir rigor, claridad y método en la química.

Y su fantástico instrumental resultó verdaderamente muy útil. La señora Lavoisier y él se entregaron durante años a estudios que exigían muchísimo de ellos y que requerían de mediciones muy precisas. Demostraron, por ejemplo, que un objeto oxidado no pierde peso, como todo el mundo suponía desde hacía mucho, sino que lo ganaba; un descubrimiento extraordinario. El objeto atraía de algún modo al oxidarse partículas elementales del aire. Fue la primera vez que se comprendió que la materia se puede transformar, pero no eliminar. Si quemases ahora este libro, su materia se convertiría en ceniza y humo, pero la cantidad de materia en el universo sería la misma. Esto acabaría conociéndose como la conservación de la masa, y fue un concepto revolucionario. Coincidió, por desgracia, con otro tipo de revolución, la francesa, y en ésta Lavoisier estaba en el bando equivocado.

No sólo era miembro de la odiada Ferme Générale, sino que había participado con gran entusiasmo en la construcción de la muralla que rodeaba París... una obra tan detestada que fue lo primero que se lanzaron a destruir los ciudadanos sublevados. Aprovechando esto, Marat, que se había convertido en una de las voces destacadas de la Asamblea Nacional, denunció en 1791 a Lavoisier, indicando que hacía ya tiempo que se le debería haber ejecutado. Poco después se clausuró la Ferme Générale. No mucho después, Marat fue asesinado en la bañera por una joven agraviada llamada Charlotte Corday, pero era demasiado tarde para Lavoisier.

En 1793 el reino del terror, intenso ya, alcanzó una intensidad aún mayor. En octubre fue enviada a la guillotina María Antonieta. Al mes siguiente, cuando Lavoisier hacía con su esposa planes tardíos para escapar a Escocia, fue detenido. En mayo, 31 colegas suyos de la Ferme Générale comparecieron con él ante el Tribunal Revolucionario (en una sala de juicios presidida por un busto de Marat). A ocho de ellos se les concedió la absolución, pero Lavoisier y todos los demás fueron conducidos directamente a la Place de la Révolution (hoy Plaza de la Concordia), sede de la más activa de las guillotinas francesas. Lavoisier presenció cómo era guillotinado su suegro, luego subió al cadalso y aceptó su destino. Menos de tres meses después, el 27 de julio, era despachado del mismo modo y en el mismo lugar el propio Robespierre. Así ponía fin rápidamente al reino del terror.

Un centenar de años después de su muerte, se erigió en París una estatua de Lavoisier que fue muy admirada hasta que alguien indicó que no se parecía nada a él. Se interrogó al escultor, que acabó confesando que había utilizado la cabeza del marqués de Condorcet, matemático y filósofo —tenía al parecer un duplicado—, con la esperanza de que nadie lo advirtiese o que, si alguien lo advertía, le diese igual. Al final acertó, porque se permitió que la estatua de Lavoisier y Condorcet siguiese en su lugar otro medio siglo, hasta la Segunda Guerra Mundial, en que la retiraron una mañana y la fundieron para chatarra.[10]

A principios de la década de 1800 surgió en Inglaterra la moda de inhalar óxido nitroso, o gas de la risa, después de que se descubriese que su uso «provocaba una excitación sumamente placentera».[11] Durante el medio siglo siguiente sería la droga favorita de los jóvenes. Una docta institución, la Sociedad Askesiana, se dedicó durante un tiempo a poco más. Los teatros organizaban «veladas de gas de la risa»[12] en las que los voluntarios podían reconfortarse con una vigorosa inhalación y divertir luego al público con sus cómicos tambaleos.

Hasta 1846 no apareció nadie que descubriese un uso práctico del óxido nitroso como anestésico. Quién sabe cuántas decenas de miles de personas padecieron calvarios innecesarios bajo la cuchilla del cirujano porque a nadie se le había ocurrido la aplicación práctica más evidente de ese gas.

Menciono esto para indicar que la química, que había avanzado tanto en el siglo XVIII, pareció perder la brújula durante las primeras décadas del siglo XIX, de una forma muy parecida a lo que sucedería con la geología en los primeros años del siglo XX. Esto se debió en parte a las limitaciones del instrumental (no hubo, por ejemplo, centrifugadores hasta la segunda mitad del siglo, lo que limitó notoriamente muchos tipos de experimentos) y en parte a causas sociales. La química era, salvando excepciones, una ciencia para hombres de negocios, para los que trabajaban con el carbón, la potasa y los tintes, y no para caballeros quienes se sentían a atraídos por la geología, la historia natural y la física. (Esto era un poco menos frecuente en la Europa continental que en Inglaterra.) Resulta revelador que una de las observaciones más importantes del siglo, el movimiento browniano, que demostró la naturaleza activa de las moléculas, no la hiciese un químico sino un botánico escocés, Robert Brown. (Lo que observó Brown[13] en 1827 fue que pequeños granos de polen suspendidos en agua se mantenían indefinidamente en movimiento, por mucho tiempo que se los dejase reposar. La causa de este movimiento perpetuo, es decir, las acciones de moléculas invisibles, permaneció mucho tiempo en el misterio.)

Podrían haber ido peor las cosas si no hubiese sido por un personaje espléndido e inverosímil, el conde Von Rumford, que, a pesar de la prosapia de su título, inició su vida en Woburn, Massachusetts, en 1753, simplemente como Benjamin Thompson. Thompson era apuesto y ambicioso, «agraciado de rostro y de talle», valeroso a veces y excepcionalmente inteligente, pero inmune a algo tan poco práctico como los escrúpulos. A los diecinueve años se casó con una viuda rica catorce años mayor que él, pero al estallar la revolución en las colonias se puso imprudentemente del lado de los leales a la metrópoli, espiando durante un tiempo para ellos. En el año fatídico de 1776, ante el peligro de que le detuviesen «por tibieza en la causa de la libertad»,[14] abandonó a su mujer y a su hijo y huyó perseguido por una multitud de revolucionarios armados con cubos de alquitrán, sacos de plumas y un ardiente deseo de adornarle con ambas cosas.

Se trasladó primero a Inglaterra y luego a Alemania, donde sirvió como asesor militar del Gobierno de Baviera, impresionando tanto a las autoridades de allí que en 1791 le nombraron conde Von Rumford del Sacro Imperio romano-germánico. Durante su estancia en Múnich diseñó también y dirigió la construcción del famoso parque conocido como el Jardín Inglés.

Entre estas diversas tareas, halló tiempo para realizar bastantes trabajos científicos sólidos. Se convirtió en la máxima autoridad mundial en termodinámica y fue el primero que determinó los principios de la convección de fluidos y la circulación de las corrientes marinas. Inventó también varios objetos útiles, entre ellos una cafetera de goteo, ropa interior térmica y un tipo de cocina que aún se conoce por su nombre. En 1805, durante una temporada que pasó en Francia, cortejó a la señora Lavoisier, viuda de Antoine-Laurent, y acabó casándose con ella. El matrimonio no tuvo éxito y no tardaron en separarse. Rumford siguió en Francia donde murió en 1814, universalmente estimado por todos salvo por sus antiguas esposas.

La razón de que le mencionemos aquí es que en 1799, durante un intermedio relativamente breve en Londres, fundó la Institución Real, otra más de las muchas sociedades científicas que surgieron por toda Inglaterra a finales del siglo XVIII y principios del XIX. Durante un tiempo fue casi la única sociedad científica de talla que fomentó activamente la joven ciencia de la química, y eso fue gracias casi enteramente a un joven brillante llamado Humphry Davy, quien fue nombrado profesor de química de la institución poco después de su fundación, no tardando en hacerse famoso como destacado conferenciante y fecundo experimentalista.

Poco después de tomar posesión de su cargo, empezó a descubrir nuevos elementos, uno detrás de otro: potasio, sodio, magnesio, calcio, estroncio y aluminio.* No por ser sumamente bueno para las series descubrió tantos elementos, sino porque ideó una ingeniosa técnica de aplicación de la electricidad a una sustancia fundida que se conoce con el nombre de electrolisis. Descubrió una docena de elementos, una quinta parte del total de los conocidos en su época. Podría haber hecho mucho más, pero desgraciadamente había desarrollado durante la juventud una afición irrevocable a los alegres placeres del ácido nitroso. Llegó a estar tan habituado al gas que recurría a su inspiración (literalmente) tres o cuatro veces al día. Se cree que ésta fue la causa de su muerte en 1829.

Había, por suerte, gente más sobria trabajando en otros sitios. En 1808 un adusto cuáquero llamado John Dalton se convirtió en la primera persona que predijo la naturaleza del átomo (una cuestión que se analizará con mayor detalle más adelante) y, en 1811, un italiano con el espléndido nombre operístico de Lorenzo Romano Amedeo Carlo Avogadro, conde de Quarequa y Cerreto, hizo un decubrimiento que resultaría enormemente significativo a largo plazo: dos volúmenes iguales de gases, sean del tipo que sean, si se mantiene invariable la presión y la temperatura, contendrán igual número de moléculas.

Había dos cosas notables en el Principio de Avogadro (como se denominó) tan atractivamente simple. Primero, proporcionaba una base para una medición más precisa del tamaño y el peso de los átomos. Utilizando los cálculos de Avogadro los químicos podían llegar a descubrir, por ejem-

---

* En inglés hay una doble grafía del término (*aluminum / aluminium*) debida a cierta indecisión característica de Davy. Cuando aisló el elemento por primera vez en 1808, le llamó *alumium*. Por alguna razón se lo pensó mejor y, cuatro años después, lo cambió por *aluminum*. Los estadounidenses adoptaron diligentemente el nuevo término, pero a muchos ingleses no les gustó *aluminum*, porque decían que incumplía la regla del *-ium* establecida por el sodio (*sodium*), el calcio (*calcium*) y el estroncio (*strontium*), así que añadieron una vocal y una sílaba. Entre los otros éxitos de Davy figura la invención del casco de seguridad de minero. (*N. del A.*)

plo, que un átomo característico tenía un diámetro de 0,00000008 centímetros,15 que es realmente muy poco. La segunda cosa notable fue que casi nadie se enteró de ello durante casi cincuenta años.*

Esto se debió en parte a que el propio Avogadro era un individuo retraído (trabajaba solo, mantenía muy poca correspondencia con otros científicos, publicó pocos artículos y no asistía a congresos ni reuniones de científicos), pero también se debió a que no había reuniones a las que asistir y pocas revistas químicas en las que publicar. Se trata de un hecho bastante extraordinario. La revolución industrial progresaba impulsada en gran parte por avances de la química y, sin embargo, la química como ciencia organizada apenas si existió durante varias décadas.

La Sociedad Química de Londres no se fundó hasta 1841 y no empezó a publicar una revista regular hasta 1848, fecha en la que la mayoría de las sociedades científicas de Inglaterra (la Geológica, la Geográfica, la Zoológica, la de Horticultura y la Linneana, para naturalistas y botánicos) tenía un mínimo de veinte años de antigüedad y, en algunos casos, muchos más. El Instituto de Química rival no se creó hasta 1877, un año después de la fundación de la Sociedad Química Estadounidense. Como la química se organizó con tanta lentitud, la noticia del importante descubrimiento de Avogadro de 1811 no empezó a hacerse general hasta el primer congreso internacional de química, que se celebró en Karlsruhe en 1860.

Como los químicos estuvieron tanto tiempo en esas condiciones de aislamiento, tardaron en organizarse congresos. Hasta bien entrada la segunda mitad del siglo, la fórmula H_2O_2 podía significar agua para un químico y peróxido de hidrógeno (agua oxigenada) para otro. C_2H_4 podía significar etileno o gas de los pantanos (metano). Apenas si había una molécula que estuviese representada de un modo uniforme en todas partes.

Los químicos utilizaban también una variedad desconcertante de símbolos y abreviaturas, y era frecuente que cada uno inventase las suyas. El sueco J. J. Berzelius introdujo un nivel muy necesario de orden en

---

* El principio condujo a la adopción muy posterior del número de Avogadro, una unidad básica de medición en química, que recibió el nombre de Avogadro mucho después de la muerte de éste. Es el número de moléculas que contienen 2,016 gramos de gas hidrógeno (o un volumen igual de cualquier otro gas). Su valor se calcula en $6,0221367 \times 10^{23}$, que es un número enormemente grande. Los estudiantes de química se han entretenido durante mucho tiempo en calcular lo grande que puede llegar a ser exactamente, así que puedo informar de que es equivalente al número de panojas de maíz necesarias para cubrir Estados Unidos hasta una altura de 15 kilómetros, de tazas de agua necesarias para vaciar el océano Pacífico o de latas de refrescos necesarias para cubrir la Tierra, cuidadosamente apiladas, hasta una altura de 320 kilómetros. Un número equivalente de centavos estadounidenses bastaría para hacer a cada uno de los habitantes del planeta billonarios en dólares. Es un número grande. (N. del A.)

las cosas al decidir que había que abreviar los elementos basándose en sus nombres griegos o latinos, que es la razón de que la abreviatura del hierro sea Fe (del latín *ferrum*) y la de la plata sea Ag (del latín *argentum*). Que tantas otras abreviaturas se ajusten a sus nombres ingleses (N para el nitrógeno, O para el oxígeno, H para el hidrógeno, etcétera) se debe al carácter latino del inglés, no a su condición excelsa. Para indicar el número de átomos de una molécula, Berzelius empleó un superíndice numérico, como en H_2O. Más tarde, sin que mediara ninguna razón especial,[16] se puso de moda utilizar en vez de un superíndice numérico un subíndice: H_2O.

A pesar de las ordenaciones esporádicas, la química era en la segunda mitad del siglo XIX un galimatías, por eso, en 1896, complació tanto a todo el mundo la aportación de un extraño profesor con cara de loco de la Universidad de San Petersburgo llamado Dimitri Ivanovich Mendeleyev.

Mendeleyev (también llamado por algunos Mendeleev o Mendeléef) nació en 1834 en Tobolsk, en el lejano oeste de Siberia, en una familia culta, razonablemente próspera y muy grande... tan grande, en realidad, que la historia ha perdido la pista de exactamente cuántos Mendeleyev hubo: unas fuentes dicen que eran catorce, otras que diecisiete. Todas están de acuerdo, al menos, en que Dimitri era el más joven.

La suerte no favoreció siempre a los Mendeleyev.[17] Cuando Dimitri era pequeño su padre, director de una escuela de la localidad, se quedó ciego y su madre tuvo que ponerse a trabajar. Era, sin duda alguna, una mujer extraordinaria, ya que acabó convirtiéndose en directora de una próspera fábrica de cristal. Todo iba bien hasta que en 1848 un incendio destruyó la fábrica y la familia se vio reducida a la miseria. Decidida a conseguir que su hijo más pequeño estudiase una carrera, la indomable señora Mendeleyev recorrió en autoestop, con el joven Dimitri, los más de 6.000 kilómetros que había hasta San Petersburgo (lo que equivale a viajar desde Londres a la Guinea Ecuatorial), donde le depositó en el Instituto de Pedagogía. Agotada por tan tremendo esfuerzo, murió poco después.

Mendeleyev terminó diligentemente sus estudios y acabó consiguiendo un puesto en la universidad local. Era allí un químico competente pero que no destacaba demasiado,[18] al que se conocía más por la barba y el pelo enmarañado, los cuales sólo se cortaba una vez al año, que por sus dotes en el laboratorio.

Sin embargo, en 1869, cuando tenía treinta y cinco años, empezó a darle vueltas a la idea de encontrar una forma de ordenar los elementos. Por entonces, los elementos se agrupaban de dos maneras: bien por el peso atómico (valiéndose del Principio de Avogadro), bien por propiedades comunes (si eran metales o gases, por ejemplo). Mendeleyev se dio cuenta de que podían combinarse las dos cosas en una sola tabla.

Como suele suceder en la ciencia, el principio lo había anticipado ya tres años atrás un químico aficionado inglés llamado John Newlands. Éste había comentado que, cuando se ordenaban los elementos por el peso, parecían repetirse ciertas propiedades (armonizarse en cierto modo) en cada octavo lugar a lo largo de la escala. Newlands, un poco imprudentemente, pues se trataba de una ocurrencia cuyo momento no había llegado aún,[19] llamó a esta idea la Ley de los Octavos y comparó la disposición de los octavos a la del teclado de un piano. Tal vez hubiese algo raro en la forma de presentación de Newlands, porque el caso es que se consideró la idea fundamentalmente ridícula y se hicieron muchas bromas a su costa. En las reuniones, los miembros más graciosos del público a veces le preguntaban si podía conseguir que sus elementos les tocasen una pequeña melodía. Newlands, descorazonado, dejó de proponer la idea y no tardó en perderse de vista.

Mendeleyev utilizó un enfoque algo distinto, distribuyendo los elementos en grupos de siete, pero empleó básicamente la misma premisa. De pronto la idea pareció inteligente y maravillosamente perspicaz. Como las propiedades se repetían periódicamente, el invento pasó a conocerse como la Tabla Periódica.

Se dice que a Mendeleyev le inspiró ese juego de cartas que se llama solitario, en que las cartas se ordenan horizontalmente por el palo y verticalmente por el número. Utilizando un concepto similar en líneas generales, dispuso los elementos en hileras horizontales llamadas periodos y en columnas verticales llamadas grupos. Esto mostraba inmediatamente un conjunto de relaciones cuando se leían de arriba abajo y otro cuando se hacía de lado a lado. Las columnas verticales agrupaban en concreto sustancias químicas que tenían propiedades similares. Así, el cobre está encima de la plata y la plata encima del oro por sus afinidades químicas como metales, mientras que el helio, el neón y el argón están en una columna compuesta por gases. (El determinante concreto y oficial de la ordenación es algo que se llama las valencias electrónicas y si quieres entender lo que son tendrás que apuntarte a clases nocturnas.) Las hileras horizontales, por otra parte, disponen las sustancias químicas por orden ascendente según el número de protones de sus núcleos, que es lo que se conoce como su número atómico.

La estructura de los átomos y lo que significan los protones se tratarán en el capítulo siguiente; de momento, lo único que hace falta es apreciar el principio organizador: el hidrógeno tiene sólo un protón, por lo que su número atómico es 1 y ocupa el primer puesto de la tabla; el uranio tiene 92 protones y, por eso, figura casi al final y su número atómico es 92. En este sentido, como ha señalado Philip Ball, la química es en realidad sólo cuestión de contar.[20] (Por cierto, no debe confundirse el número atómico con el peso atómico, que es el número de protones más el número de neutrones de un elemento determinado.)

Había aún mucho que no se sabía ni se comprendía. El hidrógeno es el elemento que más abunda en el universo y, sin embargo, nadie llegaría a sospecharlo en otros treinta años. El helio, que ocupa el segundo lugar por su abundancia, no se había descubierto hasta un año antes —ni siquiera se había sospechado su existencia—, y no en la Tierra sino en el Sol, donde se localizó con un espectroscopio durante un eclipse solar, que es la razón de que se honre con su nombre al dios sol Helios. No se aislaría hasta 1895. Incluso así, gracias al invento de Mendeleyev, la química pisaba ya terreno firme.

Para la mayoría de nosotros, la Tabla Periódica es algo bello en abstracto, pero para los químicos introdujo una claridad y un orden de incalculable valor. «La Tabla Periódica de los Elementos Químicos es, sin duda, el cuadro organizativo más elegante que se haya inventado jamás»,[21] escribió Robert E. Krebs en *The History and Use of Our Earth's Chemical Elements* [Historia y uso de los elementos químicos de la Tierra], y pueden hallarse comentarios similares en casi todas las historias de la química que se han publicado.

El número de elementos que conocemos hoy es de «unos ciento veinte».[22] Hay noventa y dos que aparecen en la naturaleza más un par de docenas que han sido creados en laboratorios. El número exacto es un poco polémico porque los elementos pesados sintetizados sólo existen millonésimas de segundo, y los químicos discuten a veces sobre si se han detectado realmente o no. En tiempos de Mendeleyev, sólo se conocían 63 elementos, pero parte de su mérito fue darse cuenta de que los elementos tal como se conocían entonces no constituían un cuadro completo, pues faltaban muchas piezas. Su tabla predijo, con agradable exactitud, dónde encajarían los nuevos elementos cuando se hallasen.

Nadie sabe, por otra parte, hasta dónde podría llegar el número de elementos, aunque todo lo situado por encima de 168 como peso atómico se considera «puramente especulativo»;[23] pero lo que es seguro es que todo lo que se encuentre encajará limpiamente en el gran esquema de Mendeleyev.

El siglo XIX guardaba una última sorpresa importante para los químicos. Todo empezó en París, en 1896, cuando Henri Becquerel dejó despreocupadamente un paquete de sales de uranio en un cajón, encima de una placa fotográfica enrollada. Cuando sacó la placa algún tiempo después, se quedó sorprendido al ver que las sales habían dejado una impresión en ella, exactamente igual que si la placa se hubiese expuesto a la luz. Las sales emitían algún tipo de rayos.

Becquerel, dándose cuenta de la importancia de lo que había descubierto, hizo una cosa extraña: trasladó el problema a una estudiante gra-

TABLA PERIÓDICA DE LOS ELEMENTOS

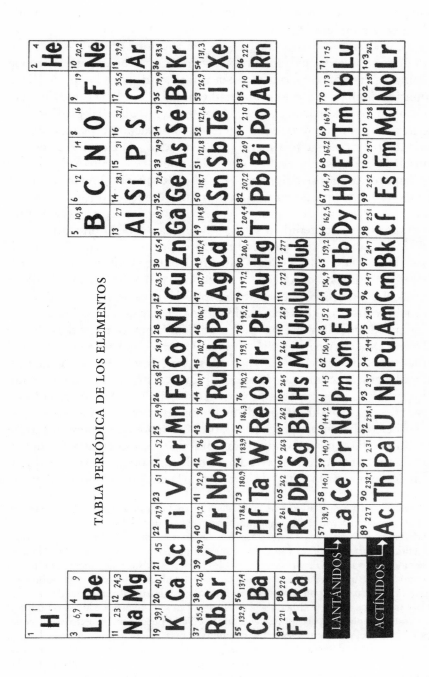

duada para que lo investigase. Afortunadamente esa estudiante era una polaca recién emigrada llamada Marie Curie. Marie descubrió, trabajando con su nuevo marido Pierre, que ciertos tipos de piedras desprendían unas cantidades extraordinarias y constantes de energía, pero sin disminuir de tamaño ni modificarse de forma apreciable. Lo que ni ella ni su marido podían saber —lo que nadie podía saber hasta que Einstein explicase las cosas en la década siguiente— era que aquellas piedras estaban transformando la masa en energía con una eficacia excepcional. Marie Curie denominó a este fenómeno «radiactividad».[24] Durante estos trabajos, los Curie descubrieron también dos nuevos elementos: el polonio, que llamaron así por su país natal, y el radio. Becquerel y los Curie fueron galardonados conjuntamente con el premio Nobel de Física en 1903. (Marie Curie ganaría un segundo Nobel, de Química, en 1911; es la única persona que ha obtenido los dos, el de Física y el de Química.)

El joven neozelandés Ernest Rutherford, por entonces profesor de física en la Universidad McGill de Montreal, empezó a interesarse por los nuevos materiales radiactivos. Y descubrió, trabajando con un colega llamado Frederick Soddy, que había encerradas inmensas reservas de energía en aquellas pequeñas cantidades de materia, y que la desintegración radiactiva de aquellas reservas podía explicar la mayor parte del calor de la Tierra. Descubrieron también que los elementos radiactivos se desintegraban en otros elementos: un día tenías, por ejemplo, un átomo de uranio y al siguiente tenías un átomo de plomo. Esto era verdaderamente extraordinario. Era pura y simple alquimia; nadie había imaginado jamás que pudiese pasar tal cosa de una forma natural y espontánea.

Rutherford, siempre pragmático, fue el primero que comprendió que aquello podría tener una aplicación práctica. Se dio cuenta de que en todas las muestras de material radiactivo siempre tardaba el mismo tiempo en desintegrarse la mitad de la muestra (la célebre vida media)* y que

---

* Si te has preguntado alguna vez cómo determinan los átomos qué 50 % morirá y qué 50 % sobrevivirá para la sesión siguiente, la respuesta es que lo de la vida media no es en realidad más que una convención estadística, una especie de tabla actuarial para cosas elementales. Imagina que tuvieses una muestra de material con una vida media de 30 segundos. No se trata de que cada átomo de la muestra exista exactamente durante 30 segundos, 60, 90 o algún otro periodo limpiamente definido. Todos los átomos sobrevivirán en realidad durante toda una extensión de tiempo totalmente al azar que nada tiene que ver con múltiplos de 30; podría durar incluso dos segundos a partir de ahora o podría ir fluctuando durante años, décadas o siglos futuros. Nadie puede saberlo. Pero lo que podemos saber es que, para la muestra en su conjunto, la tasa de desintegración será tal que la mitad de los átomos desaparecerán cada 30 segundos. Es decir, es una tasa media, y se puede aplicar a cualquier muestra grande. Alguien calculó una vez, por ejemplo, que las monedas estadounidenses de 10 centavos tenían una vida media de unos 30 años. *(N. del A.)*

esa tasa firme y segura de desintegración se podía utilizar como una especie de reloj. Calculando hacia atrás cuánta radiación tenía un material en el presente y con qué rapidez se estaba desintegrando, podías determinar su edad. Así que examinó una muestra de pechblenda, la principal mena de uranio, y descubrió que tenía 700 millones de años de antigüedad, que era mucho más vieja que la edad que la mayoría de la gente estaba dispuesta a conceder a la Tierra.

En la primavera de 1904 Rutherford viajó a Londres para dar una conferencia en la Institución Real, la augusta organización fundada por el conde Von Rumford sólo 105 años antes, aunque aquellos tiempos de pelucas empolvadas pareciesen ya a un eón de distancia comparados con la robustez despreocupada de los victorianos tardíos. Rutherford estaba allí para hablar sobre su nueva teoría de la desintegración de la radiactividad, y enseño como parte de su exposición su muestra de pechblenda. Comentó, con tacto —pues estaba presente, aunque no siempre del todo despierto, el anciano Kelvin—, que el propio Kelvin había dicho que el descubrimiento de otra fuente de calor invalidaría sus cálculos. Rutherford había encontrado esa otra fuente. Gracias a la radiactividad, la Tierra podía ser —y demostraba ser— mucho más antigua que los 24 millones de años que los últimos cálculos de Kelvin admitían.

A Kelvin le complació mucho la respetuosa exposición de Rutherford, pero no le hizo modificar lo más mínimo su posición. Nunca aceptó las cifras revisadas[25] y siguió creyendo hasta el día de su muerte que su trabajo sobre la edad de la Tierra era su aportación más inteligente e importante a la ciencia... mucho mayor que sus trabajos de termodinámica.

Los nuevos descubrimientos de Rutherford no fueron universalmente bien recibidos, como suele pasar con la mayoría de las revoluciones científicas. John Joly, de Dublín, insistió enérgicamente hasta bien entrada la década de los treinta, en que la Tierra no tenía más de 89 millones de años de antigüedad y sólo dejó de hacerlo porque se murió. Otros empezaron a preocuparse porque Rutherford les había dado ahora demasiado tiempo. Pero, incluso con la datación radiométrica, como pasaron a llamarse las mediciones basadas en la desintegración, aún se tardaría décadas en llegar a mil millones de años o así de la verdadera edad de la Tierra. La ciencia estaba en el buen camino, pero lejos del final.

Kelvin murió en 1907. En ese mismo año murió también Dimitri Mendeleyev. Como en el caso de Kelvin, su trabajo productivo quedaba ya muy atrás, pero sus años de decadencia fueron notablemente menos serenos. Con los años, Mendeleyev fue haciéndose cada vez más excéntrico (se negó a aceptar la existencia de la radiación y del electrón y de muchas otras cosas nuevas) y más problemático. Pasó sus últimas décadas abandonando furioso laboratorios y salas de conferencias de toda Europa. En 1955 se denominó mendelevio al elemento 101 en su honor. «Es, apropiadamente —comenta Paul Strathern—, un elemento inestable.»[26]

La radiación, por supuesto, siguió y siguió, literalmente y de formas que nadie esperaba. A principios de la década de 1900, Pierre Curie empezó a experimentar claros signos de radiopatía, la enfermedad causada por la radiación (principalmente dolores en los huesos y una sensación crónica de malestar) y que es muy probable que se hubiese agudizado desagradablemente. Nunca lo sabremos seguro porque, en 1906, murió atropellado por un carruaje cuando cruzaba una calle de París.

Marie Curie pasó el resto de su vida trabajando con distinción en su campo y colaboró en la creación del célebre Instituto de Radio de la Universidad de París, que se fundó en 1914. A pesar de sus dos premios Nobel, nunca fue elegida para la Academia de Ciencias, en gran medida porque después de la muerte de Pierre tuvo una relación con un físico casado lo suficientemente indiscreta para escandalizar incluso a los franceses... o al menos a los viejos que dirigían la Academia, que es quizás una cuestión distinta.

Durante mucho tiempo se creyó que una cosa tan milagrosamente energética como la radiactividad tenía que ser beneficiosa. Los fabricantes de dentífricos y de laxantes pusieron durante años torio radiactivo en sus productos y, al menos hasta finales de la década de los veinte, el Hotel Glen Springs de la región de Finger Lakes, Nueva York (y otros más, sin duda), proclamaron los efectos terapéuticos de sus «fuentes minerales radiactivas».[27] No se prohibió el uso en los artículos de consumo hasta 1938.[28] Por entonces era ya demasiado tarde para la señora Curie, que murió de leucemia en 1934. En realidad, la radiación es tan perniciosa y duradera que, incluso hoy, sus documentos de la década de 1890 (hasta sus libros de cocina) son demasiado peligrosos y no se pueden utilizar. Sus libros de laboratorio se guardan en cajas forradas de plomo [29] y quienes quieren verlos tienen que ponerse ropa especial.

Gracias al abnegado trabajo de los primeros científicos atómicos, que no sabían que corrían tanto peligro, en los primeros años del siglo XX empezaba a verse claro que la Tierra era indiscutiblemente venerable, aunque todavía haría falta otro medio siglo de ciencia para que alguien pudiese decir con seguridad cuánto. Entre tanto, la ciencia estaba a punto de alcanzar una nueva era propia: la atómica.

III

NACE UNA NUEVA ERA

Un físico es el medio que tienen los átomos de pensar en los átomos.

ANÓNIMO

EL UNIVERSO DE EINSTEIN

Cuando el siglo XIX se acercaba a su fin, los científicos podían considerar con satisfacción que habían aclarado la mayoría de los misterios del mundo físico: electricidad, magnetismo, gases, óptica, acústica, cinética y mecánica estadística, por mencionar sólo unos pocos, estaban todos alineados en orden ante ellos. Habían descubierto los rayos X, los rayos catódicos, el electrón y la radiactividad, inventado el ohmio, el vatio, el kelvin, el julio, el amperio y el pequeño ergio.

Si algo se podía hacer oscilar, acelerar, perturbar, destilar, combinar, pesar o gasificar lo habían hecho, y habían elaborado en el proceso un cuerpo de leyes universales tan sólido y majestuoso que aún tendemos a escribirlas con mayúsculas: la Teoría del Campo Electromagnético de la Luz, la Ley de Proporciones Recíprocas de Richter, la Ley de los Gases de Charles, la Ley de Volúmenes Combinatorios, la Ley del Cero, el Concepto de Valencia, las Leyes de Acción de Masas y otras innumerables leyes más. El mundo entero traqueteaba y resoplaba con la maquinaria y los instrumentos que había producido su ingenio. Muchas personas inteligentes creían que a la ciencia ya no le quedaba mucho por hacer.

En 1875, cuando un joven alemán de Kiel, llamado Max Plank, estaba decidiendo si dedicaba su vida a las matemáticas o a la física, le instaron muy encarecidamente a no elegir la física porque en ella ya estaba todo descubierto. El siglo siguiente, le aseguraron, sería de consolidación y perfeccionamiento, no de revolución. Plank no hizo caso. Estudió física teórica y se entregó en cuerpo y alma a trabajar sobre la entropía, un proceso que ocupa el centro de la termodinámica, que parecía encerrar muchas posibilidades para un joven ambicioso.* En 1891 obtuvo los re-

* Es, concretamente, una medida del azar o desorden de un sistema. Darrell Ebbing sugiere con gran sentido práctico, en el manual *Química general*, que se piense en una

sultados que buscaba y se encontró con la decepción de que el trabajo importante sobre la entropía se *había hecho* ya en realidad, en este caso lo había hecho un solitario profesor de la Universidad de Yale llamado J. Willard Gibbs.

Gibbs tal vez sea la persona más inteligente de la que la mayoría de la gente haya oído hablar. Recatado hasta el punto de rozar la invisibilidad, pasó casi la totalidad de su vida, salvo los tres años que estuvo estudiando en Europa, sin salir de un espacio de tres manzanas en que se incluían su casa y el campus de Yale de New Haven, Connecticut. Durante sus diez primeros años en Yale, ni siquiera se molestó en cobrar el sueldo. (Tenía medios propios suficientes.) Desde 1871, fecha en la cual se incorporó como profesor a la universidad, hasta 1903, cuando murió, sus cursos atrajeron a una media de poco más de un alumno por semestre.[1] Su obra escrita era difícil de seguir y utilizaba una forma personal de anotación que resultaba para muchos incomprensible. Pero enterradas entre sus arcanas formulaciones había ideas penetrantes de la inteligencia más excelsa.

Entre 1875 y 1878 Gibbs escribió una serie de artículos, titulados colectivamente *Sobre el equilibrio de los sistemas heterogéneos*, que aclaraba los principios termodinámicos de..., bueno, de casi todo:[2] «Gases, mezclas, superficies, sólidos, cambios de fase... reacciones químicas, células electroquímicas, sedimentación y ósmosis», por citar a William H. Cropper. Lo que Gibbs hizo fue, en esencia, mostrar que la termodinámica no se aplicaba simplemente al calor y la energía[3] al tipo de escala grande y ruidosa del motor de vapor, sino que estaba también presente en el nivel atómico de las reacciones químicas e influía en él. Ese libro suyo ha sido calificado de «los *Principia* de la termodinámica»,[4] pero, por razones difíciles de adivinar, Gibbs decidió publicar estas observaciones trascendentales en las *Transactions of the Connecticut Academy of Arts and Sciences*, una revista que conseguía pasar casi desapercibida incluso en Connecticut, que fue la razón por la que Planck no oyó hablar de él hasta que era ya demasiado tarde.

Planck, sin desanimarse —bueno, tal vez estuviese algo desanimado—,

---

baraja.[5] Una baraja nueva recién sacada del estuche, ordenada por palos y numéricamente del as al rey, puede decirse que está en su estado ordenado. Baraja las cartas y la pondrás en un estado desordenado. La entropía es un medio de medir exactamente lo desordenado que está ese estado y de determinar la probabilidad de ciertos resultados con posteriores barajeos. Para entender plenamente la entropía no hace falta más que entender conceptos como nouniformidades térmicas, distancias reticulares y relaciones estequiométricas, pero la idea general es ésa. *(N. del A.)*

pasó a interesarse por otras cuestiones.* Nos interesaremos también nosotros por ellas dentro de un momento, pero tenemos que hacer antes un leve (¡pero relevante!) desvío hasta Cleveland, Ohio, y hasta una institución de allí que se llamaba por entonces Case School of Applied Science. En ella, un físico que se hallaba por entonces al principio de la edad madura, llamado Albert Michelson, y su amigo el químico Edward Morley se embarcaron en una serie de experimentos que produjo unos resultados curiosos e inquietantes que habrían de tener repercusiones en mucho de lo que seguiría.

Lo que Michelson y Morley hicieron, sin pretenderlo en realidad, fue socavar una vieja creencia en algo llamado el éter luminífero, un medio estable, invisible, ingrávido, sin fricción y por desgracia totalmente imaginario que se creía que impregnaba el universo entero. Concebido por Descartes, aceptado por Newton y venerado por casi todos los demás desde entonces, el éter ocupó una posición de importancia básica en la física del siglo XIX para explicar cómo viajaba la luz a través del vacío del espacio. Se necesitó, sobre todo, en la década de 1800, porque la luz y el electromagnetismo se consideraron ondas, es decir, tipos de vibraciones. Las vibraciones tienen que producirse *en* algo; de ahí la necesidad del éter y la prolongada devoción hacia él. El gran físico británico J. J. Thompson insistía en 1909: «El éter no es una creación fantástica del filósofo especulativo; es tan esencial para nosotros como el aire que respiramos», eso más de cuatro años después de que se demostrase indiscutiblemente que no existía. En suma, la gente estaba realmente apegada al éter.

Si necesitases ejemplificar la idea de los Estados Unidos del siglo XIX como un país de oportunidades, difícilmente podrías encontrar un ejemplo mejor que la vida de Albert Michelson. Nacido en 1852 en la frontera germanopolaca en una familia de comerciantes judíos pobres, llegó de muy pequeño a Estados Unidos con su familia y se crió en un campamento minero de la región californiana de la fiebre del oro,6 donde su padre tenía una tienda. Demasiado pobre para pagarse los estudios en una universidad, se fue a la ciudad de Washington y se dedicó a holgazanear

---

* Planck fue bastante desgraciado en la vida. Su amada primera esposa murió pronto, en 1909, y al más pequeño de sus hijos le mataron en la Primera Guerra Mundial. Tenía también dos hijas gemelas a las que adoraba. Una murió de parto. La superviviente fue a hacerse cargo del bebé y se enamoró del marido de su hermana. Se casaron y, al cabo de dos años, ella murió también de parto. En 1944, cuando Planck tenía ochenta y cinco años, una bomba de los Aliados cayó en su casa y lo perdió todo, artículos, notas, diarios, lo que había acumulado a lo largo de toda una vida. Al año siguiente, el hijo que le quedaba fue detenido y ejecutado por participar en una conspiración para matar a Hitler. *(N. del A.)*

junto a la puerta de entrada de la Casa Blanca para poder colocarse al lado del presidente, Ulysses S. Grant cuando salía a oxigenarse y estirar las piernas dando un paseo. (Era, no cabe duda, una época más inocente.) En el curso de esos paseos, Michelson consiguió llegar a congraciarse tanto con el presidente que éste accedió a facilitarle una plaza gratuita en la Academia Naval. Fue allí donde Michelson aprendió física.

Diez años más tarde, cuando era ya profesor de la Case School of Applied Science de Cleveland, Michelson se interesó por intentar medir una cosa llamada desviación del éter, una especie de viento de proa que producían los objetos en movimiento cuando se desplazaban por el espacio. Una de las predicciones de la física newtoniana era que la velocidad de la luz, cuando surcaba el éter, tenía que variar respecto a un observador según que éste estuviese moviéndose hacia la fuente de luz o alejándose de ella, pero a nadie se le había ocurrido un procedimiento para medir eso. Michelson pensó que la Tierra viaja una mitad del año hacia el Sol y se aleja de él la otra mitad. Consideró que, si se efectuaban mediciones lo suficientemente cuidadosas en estaciones opuestas y se comparaba el tiempo de recorrido de la luz en las dos, se obtendría la solución.

Michelson habló con Alexander Graham Bell, inventor recién enriquecido del teléfono, y le convenció de que aportase fondos para construir un instrumento ingenioso y sensible, ideado por Michelson y llamado interferómetro, que podría medir la velocidad de la luz con gran precisión. Luego, con la ayuda del genial pero misterioso Morley, Michelson se embarcó en dos años de minuciosas mediciones. Era un trabajo delicado y agotador, y, aunque tuvo que interrumpirse durante un tiempo para permitir a Michelson afrontar una crisis nerviosa breve e intensa, en 1887 tenían los resultados. No eran en modo alguno lo que los dos científicos habían esperado encontrar.

Como escribió el astrofísico del Instituto Tecnológico de California Kip S. Thorne: «La velocidad de la luz resultó ser la misma en *todas* las direcciones y en *todas* las estaciones».[7] Era el primer indicio en doscientos años (en doscientos años exactamente, además) de que las leyes de Newton podían no tener aplicación en todas partes. El resultado obtenido por Michelson-Morley se convirtió, en palabras de William H. Cropper, «probablemente en el resultado negativo más famoso de la historia de la física».[8] Michelson obtuvo el premio Nobel de Física por su trabajo –fue el primer estadounidense que lo obtenía—, pero no hasta veinte años después. Entre tanto, los experimentos de Michelson-Morley flotarían en el trasfondo del pensamiento científico como un desagradable aroma mohoso.

Sorprendentemente, y a pesar de su descubrimiento, cuando alboreaba el siglo XX, Michelson se contaba entre los que creían que el trabajo de la ciencia estaba ya casi acabado,[9] que quedaban «sólo unas cuantas torrecillas y pináculos que añadir, unas cuantas cumbreras que construir», en palabras de un colaborador de *Nature*.

En realidad, claramente, el mundo estaba a punto de entrar en un siglo de la ciencia en el que muchos no entenderían nada y no habría nadie que lo entendiese todo. Los científicos no tardarían en sentirse perdidos en un reino desconcertante de partículas y antipartículas, en que las cosas afloraban a la existencia y se esfumaban de ella en periodos de tiempo que hacían que los nanosegundos pareciesen lentos, pesados y sin interés, en que todo era extraño. La ciencia estaba desplazándose de un mundo de macrofísica, en que se podían coger y medir los objetos, a otro de microfísica, en que los acontecimientos sucedían con inconcebible rapidez en escalas de magnitud muy por debajo de los límites imaginables. Estábamos a punto de entrar en la era cuántica, y la primera persona que empujó la puerta fue el hasta entonces desdichado Planck.

En 1900, cuando era un físico teórico de la Universidad de Berlín, y a la edad de cuarenta y dos años, Planck desveló una nueva «teoría cuántica», que postulaba que la energía no es una cosa constante como el agua que fluye, sino que llega en paquetes individualizados a los que él llamó «cuantos». *Era* un concepto novedoso. A corto plazo ayudaría a dar una solución al rompecabezas de los experimentos de Michelson-Morey, ya que demostraba que la luz no necesitaba en realidad una onda. A largo plazo pondría los cimientos de la física moderna. Era, de cualquier modo, el primer indicio de que el mundo estaba a punto de cambiar.

Pero el acontecimiento que hizo época (el nacimiento de una nueva era) llegó en 1905 cuando apareció en la revista de física alemana, *Annalen der Physik*, una serie de artículos de un joven oficinista suizo que no tenía ninguna vinculación universitaria, ningún acceso a un laboratorio y que no disfrutaba del uso de más biblioteca que la de la Oficina Nacional de Patentes de Berna, donde trabajaba como inspector técnico de tercera clase. (Una solicitud para que le ascendieran a inspector técnico de segunda había sido rechazada recientemente.)

Este burócrata se llamaba Albert Einstein, y en aquel año crucial envió a *Annalen der Physik* cinco artículos, de los que, según C. P. Snow, tres «figurarían entre los más importantes de la historia de la física».[10] Uno de ellos analizaba el efecto fotoeléctrico por medio de la nueva teoría cuántica de Planck, otro el comportamiento de pequeñas partículas en suspensión (lo que se conoce como movimiento browniano) y el otro esbozaba la Teoría Especial de la Relatividad.

El primero proporcionaría al autor un premio Nobel y explicaba la naturaleza de la luz —y ayudó también a hacer posible la televisión, entre otras cosas—.* El segundo proporcionó pruebas de que los átomos existían realmente... un hecho que había sido objeto de cierta polémica, aunque parezca sorprendente. El tercero sencillamente cambió el mundo.

Einstein había nacido en Ulm, en la Alemania meridional, en 1879, pero se crió en Múnich. Hubo poco en la primera parte de su vida que anunciase la futura grandeza. Es bien sabido que no aprendió a hablar hasta los tres años. En la década de 1890 quebró el negocio de electricidad de su padre y la familia se trasladó a Milán, pero Albert, que era por entonces un adolescente, fue a Suiza a continuar sus estudios... aunque suspendió los exámenes de acceso a los estudios superiores en un primer intento. En 1896 renunció a la nacionalidad alemana para librarse del servicio militar e ingresó en el Instituto Politécnico de Zúrich para hacer un curso de cuatro años destinado a formar profesores de ciencias de secundaria. Era un estudiante inteligente, pero no excepcional.

Se graduó en 1900 y, al cabo de pocos meses, empezó a enviar artículos a *Annalen der Physik*. El primero, sobre la física de fluidos en las pajas que se utilizan para beber[11] —nada menos—, apareció en el mismo número que el de la teoría cuántica de Planck. De 1902 a 1904 escribió una serie de artículos sobre mecánica estadística, pero no tardó en enterarse de que el misterioso y prolífico J. Willard Gibbs de Connecticut había hecho también ese trabajo[12] en su *Elementary Principles of Statistical Mechanics* [Principios elementales de la mecánica estadística] de 1901.

Albert se había enamorado de una compañera de estudios, una húngara llamada Mileva Maric. En 1901 tuvieron una hija sin estar casados aún y la entregaron discretamente en adopción. Einstein nunca llegó a ver a esa hija. Dos años después, Marie y él se casaron. Entre un acontecimiento y otro, en 1902, Einstein entró a trabajar en una oficina de patentes suiza, en la que continuaría trabajando los siete años siguientes. Le gustaba aquel trabajo: era lo bastante exigente como para ocupar su pensamiento, pero no tanto como para que le distrajese de la física. Ése fue el telón de fondo sobre el que elaboró en 1905 la Teoría Especial de la Relatividad.

---

* Einstein fue honrado, sin mucha precisión, «por servicios a la física teórica». Tuvo que esperar dieciséis años, hasta 1921, para recibir el premio, que es mucho tiempo si consideramos todo el asunto, pero muy poca cosa si lo comparamos con el caso de Frederick Reines, que detectó el neutrino en 1957 y no fue honrado con un Nobel hasta 1995, treinta y ocho años después, o el alemán Ernsy Ruska, que inventó el microscopio electrónico en 1932 y recibió su premio Nobel en 1986, más de medio siglo después del hecho. Como los premios Nobel nunca se conceden a título póstumo, la longevidad puede ser un factor tan importante como la inteligencia para conseguirlo. *(N. del A.)*

«Sobre la electrodinámica de los cuerpos en movimiento» es uno de los artículos científicos más extraordinarios que se hayan publicado,[13] tanto por la exposición como por lo que dice. No tenía ni notas al pie ni citas, casi no contenía formulaciones matemáticas, no mencionaba ninguna obra que lo hubiese precedido o influido y sólo reconocía la ayuda de un individuo, un colega de la oficina de patentes llamado Michele Besso. Era, escribió C. P. Snow, como si Einstein «hubiese llegado a aquellas conclusiones por pensamiento puro, sin ayuda,[14] sin escuchar las opiniones de otros. En una medida sorprendentemente grande, era precisamente eso lo que había hecho».

Su famosa ecuación, $E = mc^2$, no apareció en el artículo sino en un breve suplemento que le siguió unos meses después. Como recordarás de tu época de estudiante, en la ecuación, E representa la energía, m la masa y c^2 el cuadrado de la velocidad de la luz.

Lo que viene a decir la ecuación, en términos más simples, es que masa y energía tienen una equivalencia. Son dos formas de la misma cosa: energía es materia liberada; materia es energía esperando suceder. Puesto que c^2 (la velocidad de la luz multiplicada por sí misma) es un número verdaderamente enorme, lo que está diciendo la ecuación es que hay una cuantía inmensa —verdaderamente inmensa— de energía encerrada en cualquier objeto material.*

Es posible que no te consideres excepcionalmente corpulento, pero si eres un adulto de talla media contendrás en tu modesta estructura un mínimo de 7×10^{18} julios de energía potencial...[15] lo suficiente para estallar con la fuerza de 30 bombas de hidrógeno muy grandes, suponiendo que supieses liberarla y quisieses realmente hacerlo. Todas las cosas tienen ese tipo de energía atrapada dentro de ellas. Lo único que pasa es que no se nos da demasiado bien sacarla. Hasta una bomba de uranio (la cosa más energética que hemos fabricado hasta ahora) libera menos del 1 % de la energía que podría liberar,[16] si fuésemos un poco más inteligentes.

La teoría de Einstein explicaba, entre otras muchas cosas, cómo un trozo de uranio podía emitir corrientes constantes de energía de elevado nivel sin derretirse como un cubito de hielo. (Podía hacerlo convirtiendo masa en energía con una eficiencia extrema a $E = mc^2$.) Explicaba cómo las

---

* Es un tanto misterioso cómo llegó c a ser el símbolo de la velocidad de la luz, pero David Bodanis comenta que probablemente proceda del latín *celeritas*, que significa rapidez. El volumen correspondiente del *Oxford English Dictionary*, que se compiló una década antes de la teoría de Einstein, identifica c como un símbolo de muchas cosas, desde el carbono al críquet, pero no la menciona como símbolo de la luz o de la rapidez. *(N. del A.)*

estrellas podían arder miles de millones de años sin agotar su combustible. (Por lo mismo.) De un plumazo, en una simple fórmula, Einstein proporcionó a los geólogos y a los astrónomos el lujo de miles de millones de años. Sobre todo, la teoría especial mostraba que la velocidad de la luz era constante y suprema. Nada podía superarla. Llevaba la luz —no se pretende ningún juego de palabras concreto— hasta el corazón mismo de nuestra interpretación de la naturaleza del universo. También resolvía, cosa nada desdeñable, el problema del éter luminífero dejando claro que no existía. Einstein nos proporcionó un universo que no lo necesitaba.

Los físicos no suelen hacer demasiado caso a lo que puedan decir los empleados de una oficina de patentes suiza, así que los artículos de Einstein, atrajeron poca atención pese a la abundancia de nuevas que aportaban. En cuanto a Einstein, después de haber resuelto varios de los misterios más profundos del universo, solicitó un puesto como profesor universitario y fue rechazado, y luego otro como profesor de secundaria y le rechazaron también. Así que volvió a su trabajo de inspector de tercera clase... pero siguió pensando, por supuesto. Aún no se había ni aproximado siquiera al final.

Cuando el poeta Paul Valéry le preguntó una vez a Einstein si llevaba un cuaderno encima para anotar sus ideas, él le miró con ligera pero sincera sorpresa. «Oh, no hace falta eso —contestó—. Tengo tan pocas veces una.»[17] Ni qué decir tiene que cuando tenía una solía ser buena. La idea siguiente de Einstein fue una de las más grandes que haya tenido nadie jamás... la más grande en realidad, según Boorse, Motz y Weaver en su reflexiva historia de la ciencia atómica. «Como creación de una sola inteligencia —escriben— es sin duda alguna el logro intelectual más elevado de la humanidad»,[18] que es sin duda el mejor elogio que se puede conseguir.

En 1907, o al menos eso se ha dicho a veces, Albert Einstein vio caerse a un obrero de un tejado y se puso a pensar en la gravedad. Por desgracia, como tantas buenas anécdotas, también ésta parece ser apócrifa. Según el propio Einstein, estaba simplemente sentado en una silla cuando se le ocurrió pensar en el problema de la gravedad.[19]

Lo que concretamente se le ocurrió fue algo parecido al principio de una solución al problema de la gravedad, ya que para él había sido evidente desde el principio que una cosa que faltaba en la teoría especial era ésa, la gravedad. Lo que tenía de «especial» la teoría especial era que trataba de cosas que se movían en un estado libre de trabas. Pero ¿qué pasaba cuando una cosa en movimiento (la luz, sobre todo) se encontraba con un obstáculo como la gravedad? Era una cuestión que ocuparía su pensamiento durante la mayor parte de la década siguiente y conduciría a la publicación, a principios de 1917, de un artículo titulado «Consideraciones cosmológicas sobre la Teoría General de la Relatividad».[20] La Teoría Especial de la Relatividad de 1905 fue un trabajo profundo e importante, por supuesto; pero, como comentó una vez C. P. Snow, si a Einstein no se le hubiera ocurrido en su momento, lo habría hecho algún otro, probablemente en el plazo de cinco años; era una idea que estaba esperando a surgir. Sin embargo, la teoría general era algo completamente distinto. «Sin eso —escribió Snow en 1979—[21] es probable que aún hoy siguiésemos esperando la teoría.»

Con la pipa, la actitud cordial y modesta y el pelo electrificado, Einstein era un personaje demasiado espléndido para mantenerse permanentemente en la oscuridad. En 1919, terminada la guerra, el mundo le descubrió de pronto. Casi inmediatamente sus teorías de la relatividad adquirieron fama de ser algo que una persona normal no podía entender. No ayudó nada a disipar esa fama, como señala David Bodanis en su soberbio libro $E = mc^2$, que el *New York Times* decidiese hacer un reportaje y —por razones que no pueden nunca dejar de despertar asombro— enviase a realizar la entrevista al corresponsal de golf de su plantilla, un tal Henry Crouch.

Crouch no sabía nada de todo aquel asunto y lo entendió casi todo al revés.[22] Entre los errores de su reportaje que resultaron más perdurables, figura la afirmación de que Einstein había encontrado un editor lo suficientemente audaz para publicar un libro que sólo doce hombres «en todo el mundo podían entender». No existía semejante libro, ni el editor, ni ese círculo de ilustrados, pero de todos modos la idea cuajó. El número de los que podían entender la relatividad no tardó en reducirse aún más en la imaginación popular... y hemos de decir que la comunidad científica hizo poco por combatir el mito.

Cuando un periodista le preguntó al astrónomo británico sir Arthur Eddington si era verdad que él era una de las tres únicas personas del mundo que podía entender las teorías de la relatividad de Einstein, Eddington lo consideró profundamente durante un momento y contestó: «Estoy intentando pensar quién es la tercera persona».[23] En realidad, el problema de la relatividad no era que exigiese un montón de ecuaciones diferenciales, transformaciones de Lorenz y otras cuestiones matemáticas complicadas —aunque las incluía... ni siquiera Einstein podía prescindir de algo de eso—, sino lo poco intuitiva que era.

Lo que en esencia dice la relatividad es que el espacio y el tiempo no son absolutos sino relativos, tanto respecto al observador como a la cosa observada, y cuanto más deprisa se mueve uno más pronunciados pasan a ser esos efectos.[24] Nunca podríamos acelerarnos hasta la velocidad de la luz y, cuanto más lo intentásemos (y más deprisa fuésemos), más deformados nos volveríamos respecto a un observador exterior.

Los divulgadores de la ciencia intentaron casi inmediatamente hallar medios de hacer accesibles esos conceptos a un público general. Uno de los intentos de mayor éxito —al menos desde el punto de vista comercial— fue *El ABC de la relatividad*, del matemático y filósofo Bertrand Russell. Russell se valió en él de una imagen que se ha utilizado después muchas veces. Pidió al lector que imaginara un tren de 100 metros de longitud, corriendo al 60 % de la velocidad de la luz. Para alguien que estuviese parado en un andén viéndole pasar, el tren parecería tener sólo 80 metros de longitud y todo estaría comprimido en él de un modo similar. Si pudiésemos oír hablar a los pasajeros en el tren, daría la impresión de que hablan muy despacio y de que arrastran las palabras, como un disco puesto a menos revoluciones de las debidas, y también sus movimientos parecerían lentos y pesados. Hasta los relojes del tren parecerían funcionar a sólo cuatro quintos de su velocidad normal.

Sin embargo —y ahí está el quid del asunto—, la gente del tren no tendría la menor sensación de esas distorsiones. A ellos les parecería completamente normal todo lo del tren. Seríamos nosotros, parados en el andén, quienes le pareceríamos extrañamente comprimidos y más lentos y pesados en nuestros movimientos. Todo ello se debe, claro, a tu posición respecto al objeto que se mueve.

Este efecto se produce en realidad siempre que nos movemos. Si cruzas en avión Estados Unidos, te bajarás de él una diezmillonésima de segundo o así más joven que aquellos a los que dejaste atrás. Incluso al cruzar la habitación alterarás muy levemente tu propia experiencia del tiempo y del espacio. Se ha calculado que una pelota de béisbol, lanzada a 160 kilómetros por hora, aumentará 0,000000000002 gramos de masa en su trayecto hasta la base del bateador.[25] Así que los efectos de la relatividad son reales y se han medido. El problema es que esos cambios son demasiado pequeños para llegar a producir una diferencia mínima que podamos percibir. Pero, para otras cosas del universo (la luz, la gravedad, el propio universo), son cuestiones que tienen importancia.

Así que el hecho de que las ideas de la relatividad parezcan extrañas se debe sólo a que no experimentamos ese tipo de interacciones en la vida normal. Sin embargo, volviendo otra vez a Bodanis, todos nos enfrentamos normalmente a otros tipos de relatividad.[26] Por ejemplo, respecto al sonido. Si estás en un parque y hay alguien tocando una música molesta, sabes que si te desplazas a un lugar más distante la música parecerá menos molesta. Eso no se deberá a que la música se haya hecho menos molesta, claro, sino simplemente a que tu posición respecto a ella ha cambiado. Para algo demasiado pequeño o demasiado lento para reproducir esa experiencia (un caracol, por ejemplo), la idea de que una radio pudiese dar la impresión de producir dos volúmenes diferentes de música simultáneamente a dos observadores podría parecerle increíble.

Pero, de todos los conceptos de la Teoría General de la Relatividad, el que es más desconcertante y choca más con la intuición es la idea de que el tiempo es parte del espacio. El instinto nos lleva a considerar el tiempo como algo eterno, absoluto, inmutable, a creer que nada puede perturbar su tictac firme y constante. En realidad, según Einstein, el tiempo es variable y cambia constantemente. Hasta tiene forma. Está vinculado —«inextricablemente interconectado», según la expresión de Stephen Hawking— con las tres dimensiones del espacio, en una curiosa dimensión conocida como espaciotiempo.

El espaciotiempo suele explicarse pidiéndote que imagines algo plano pero flexible (por ejemplo, un colchón o una placa de goma estirada) sobre la que descansa un objeto redondo y pesado, como por ejemplo una bola de hierro. El peso de la bola de hierro hace que el material sobre el que está apoyada se estire y se hunda levemente. Esto es más o menos análogo al efecto que un objeto de grandes dimensiones como el Sol (la bola de hierro) produce en el espaciotiempo (el material flexible): lo hace estirarse, curvarse y combarse. Ahora bien, si echas a rodar una bola más pequeña por la placa de goma, intentará desplazarse en línea recta tal como exigen las leyes newtonianas del movimiento, pero, al acercarse al objeto de gran tamaño y al desnivel de la placa pandeada, rodará hacia abajo, atraída ineludiblemente hacia el objeto de mayores dimensiones. Eso es la gravedad, un producto del pandeo del espaciotiempo.

Todo objeto que tiene masa crea una pequeña depresión en el tejido del cosmos. Así el universo, tal como ha dicho Dennis Overbyye, es «el colchón básico que se comba».[27] La gravedad desde ese punto de vista es más un resultado que una cosa; «no una "fuerza", sino un subproducto del pandeo del espaciotiempo», en palabras del físico Michio Kaku, que continúa diciendo: «En cierto modo la gravedad no existe;[28] lo que mueve los planetas y las estrellas es la deformación de espacio y tiempo».

La analogía del colchón que se comba no nos permite, claro, llegar más allá, porque no incorpora el efecto del tiempo. Pero, en realidad, nuestro cerebro sólo puede llevarnos hasta ahí, porque es casi imposible concebir una dimensión que incluya tres partes de espacio por una de tiempo, todo entretejido como los hilos de una tela. En cualquier caso, creo que podemos coincidir en que se trataba de una idea terriblemente grande para un joven que miraba el mundo desde la ventana de una oficina de patentes de la capital de Suiza.

La Teoría General de la Relatividad de Einstein indicaba, entre otras muchas cosas, que el universo debía estar o expandiéndose o contrayéndose. Pero Einstein no era un cosmólogo y aceptó la concepción predominante de que el universo era fijo y eterno. Más o menos reflexivamente, introdujo en sus ecuaciones un concepto llamado la constante cosmológica, que contrarrestaba los efectos de la gravedad, sirviendo como una especie de tecla de pausa matemática. Los libros de historia de la ciencia siempre le perdonan a Einstein este fallo, pero fue en verdad algo bastante atroz desde el punto de vista científico, y él lo sabía. Lo calificó de «la mayor metedura de pata de mi vida».

Casualmente, más o menos cuando Einstein incluía una constante cosmológica en su teoría, en el Observatorio Lowell de Arizona, un astrónomo con el nombre alegremente intergaláctico de Vesto Slipher (que era en realidad de Indiana) estaba efectuando lecturas espectrográficas de estrellas lejanas y descubriendo que parecían estar alejándose de nosotros. El universo no era estático. Las estrellas que Slipher observaba mostraban indicios inconfundibles de un cambio Doppler, el mismo mecanismo que produce ese sonido *yi-yiummm* prolongado, característico, que hacen los coches cuando pasan a toda velocidad en una pista de carreras.* El fenómeno también se aplica a la luz y, en el caso de las galaxias en retroceso, se conoce como un cambio al rojo (porque la luz que se aleja de nosotros cambia hacia el extremo rojo del espectro; la luz que se aproxima cambia hacia el azul).

Slipher fue el primero que se fijó en este efecto y que se hizo cargo de lo importante que podía ser para entender los movimientos del cosmos. Por desgracia, nadie le hizo demasiado caso. El Observatorio Lowell era, como recordarás, una especie de rareza debida a la obsesión de Percival Lowell con los canales marcianos que, entre 1910 y 1920 se convirtió, en todos los sentidos, en un puesto avanzado de la exploración astronómica. Slipher no tenía conocimiento de la teoría de la relatividad de Einstein, y el mundo no lo tenía tampoco de Slipher. Así que su descubrimiento tuvo escasa repercusión.

La gloria pasaría, en cambio, a una gran masa de ego llamada Edwin

---

* Llamado así por Johann Christian Doppler, un físico austriaco, que fue el primero que reparó en él en 1842. Lo que pasa, dicho brevemente, es que, cuando un objeto en movimiento se aproxima a otro estacionario, sus ondas sonoras se fruncen al amontonarse contra el instrumento que las esté recibiendo (tus oídos, por ejemplo), lo mismo que se podría esperar de cualquier cosa a la que se esté empujando desde atrás hacia un objeto inmóvil. Este apretujamiento lo percibe el oyente como una especie de sonido apretado y elevado (el *yi*). Cuando la fuente sonora pasa, las ondas sonoras se esparcen y se alargan, provocando la caída brusca del tono (el *yiummm*). *(N. del A.)*

Hubble. Hubble había nacido en 1889, diez años después de Einstein, en un pueblecito de Misuri, del borde de las Ozarks, y se crió allí y en Wheaton, Illinois, un suburbio de Chicago. Su padre era un prestigioso ejecutivo de una empresa de seguros, así que no pasó estrecheces económicas en su época de formación; estaba bien dotado, además, en cuanto a su físico.[29] Era un atleta vigoroso y ágil, era simpático, inteligente y muy guapo («Guapo casi hasta el exceso», según la descripción de William H. Cropper; «un Adonis» en palabras de otro admirador). De acuerdo con su propia versión, consiguió también incluir en su vida actos de valor más o menos constantes (salvar a nadadores que se ahogaban, conducir a hombres asustados a lugar seguro en los campos de batalla de Francia, avergonzar a boxeadores campeones del mundo al dejarles kao en combates de exhibición...). Parecía todo demasiado bueno para ser verdad. Lo era. Pese a tantas dotes, Hubble era también un embustero inveterado.

Esto último era bastante extraño, ya que se distinguió desde una edad temprana por un nivel de auténtica distinción que resultaba a veces casi estrambóticamente brillante. En una sola competición atlética[30] del instituto de segunda enseñanza, en 1906, ganó en salto de pértiga, lanzamiento de peso, de disco, de martillo, en salto de altura, en carrera de obstáculos y figuró en el equipo que ganó la carrera de relevos de 4 × 400 metros (es decir, siete primeros puestos en una sola competición); además, quedó el tercero en salto de longitud. Ese mismo año, logró batir el récord del estado de Illinois en salto de altura.

Era igual de brillante como estudiante y no tuvo ningún problema para ingresar en la Universidad de Chicago como alumno de física y astronomía (se daba la coincidencia de que el jefe del departamento era, por entonces, Albert Michelson). Allí fue elegido para ser uno de los primeros Rhodes Scholars que irían a Oxford. Tres años de vida inglesa modificaron claramente su mentalidad, pues regresó a Wheaton en 1913 ataviado con abrigo de capucha, fumando en pipa y hablando con un acento peculiarmente rotundo (no del todo inglés británico) que conservaría toda la vida. Aunque afirmó más tarde que había pasado la mayor parte de la segunda década del siglo ejerciendo el derecho en Kentucky, en realidad trabajó como profesor de instituto y entrenador de baloncesto en New Albany (Indiana), antes de obtener tardíamente el doctorado y pasar un breve periodo en el ejército. (Llegó a Francia un mes antes del Armisticio, y es casi seguro que nunca oyó un disparo hecho con intención de matar.)

En 1919, con treinta años, se trasladó a California y obtuvo un puesto en el Observatorio de Monte Wilson, cerca de Los Ángeles. Se convirtió allí, rápida e inesperadamente, en el astrónomo más destacado del siglo XX.

Conviene que nos paremos un momento a considerar lo poco que se sabía del cosmos por entonces. Los astrónomos creen hoy que hay unos 140.000 millones de galaxias en el universo visible. Es un número inmenso, mucho mayor de lo que nos llevaría a suponer simplemente decirlo. Si las galaxias fuesen guisantes congelados, sería suficiente para llenar un gran auditorio, el viejo Boston Garden, por ejemplo, o el Royal Albert Hall. (Un astrofísico llamado Bruce Gregory ha llegado a calcularlo realmente.) En 1919, cuando Hubble acercó por primera vez la cabeza al ocular, el número de esas galaxias conocidas era exactamente una: la Vía Láctea. Se creía que todo lo demás era o bien parte de la Vía Láctea, o bien una de las muchas masas de gas periféricas lejanas. Hubble no tardó en demostrar lo errónea que era esa creencia.

Durante los diez años siguientes, Hubble abordó dos de las cuestiones más importantes del universo: su edad y su tamaño. Para responder a esas dos cuestiones es preciso conocer dos cosas: lo lejos que están ciertas galaxias y lo deprisa que se alejan de nosotros (lo que se conoce como su velocidad recesional). El desplazamiento al rojo nos da la velocidad a la que se alejan las galaxias, pero no nos indica lo lejos que están en principio. Por eso es necesario lo que se denomina «candelas tipo», estrellas cuya intensidad de luz se puede calcular fidedignamente y que se emplean como puntos de referencia para medir la intensidad de luz (y, por tanto, la distancia relativa) de otras estrellas.

La suerte de Hubble fue llegar poco después de que una ingeniosa mujer llamada Henrietta Swan Leavitt hubiese ideado un medio de encontrar esas estrellas. Leavitt trabajaba en el Observatorio de Harvard College como calculadora, que era como se denominaba su trabajo. Los calculadores se pasan la vida estudiando placas fotográficas de estrellas y haciendo cálculos, de ahí el nombre. Era poco más que una tarea rutinaria con un nombre especial, pero lo máximo que podían conseguir acercarse las mujeres a la astronomía real en Harvard (y, en realidad, en cualquier sitio) por aquel entonces. El sistema, aunque injusto, tenía ciertas ventajas inesperadas: significaba que la mitad de las mejores inteligencias disponibles se centraban en un trabajo que, de otro modo, no habría atraído demasiada atención reflexiva y garantizaba que las mujeres acabasen apreciando la delicada estructura del cosmos que no solían captar sus colegas masculinos.

Una calculadora de Harvard, Angie Jump Cannon, empleó su conocimiento repetitivo de las estrellas para idear un sistema de clasificaciones estelares[31] tan práctico que sigue empleándose. La aportación de Leavitt fue todavía más importante. Se dio cuenta de que un tipo de estrella conocido como cefeida variable (por la constelación Cefeus, donde se identificó la primera) palpitaba con un ritmo regular, una especie de latido cardiaco estelar. Las cefeidas son muy raras, pero al menos una de ellas es bien conocida por la mayoría de la gente. La Estrella Polar es una cefeida.

Sabemos ahora que las cefeidas palpitan como lo hacen porque son estrellas viejas que ya han dejado atrás su «fase de secuencia principal»,[32] en la jerga de los astrónomos, y se han convertido en gigantes rojas. La química de las gigantes rojas es un poco pesada para nuestros propósitos aquí (exige una valoración de las propiedades de átomos de helio ionizados uno a uno, entre muchas otras cosas), pero dicho de una forma sencilla significa que queman el combustible que les queda de un modo que produce una iluminación y un apagado muy rítmicos y muy fiables. El mérito de Leavitt fue darse cuenta de que, comparando las magnitudes relativas de cefeidas en puntos distintos del cielo, se podía determinar dónde estaban unas repecto a otras. Se podían emplear como candelas tipo,[33] una expresión que acuñó Leavitt y que sigue siendo de uso universal. El método sólo aportaba distancias relativas, no distancias absolutas, pero, a pesar de eso, era la primera vez que alguien había propuesto una forma viable de medir el universo a gran escala.

(Tal vez merezca la pena indicar que en la época en que Leavitt y Cannon estaban deduciendo las propiedades fundamentales del cosmos de tenues manchas de estrellas lejanas en placas fotográficas, el astrónomo de Harvard William H. Pickering, que podía mirar cuantas veces quisiese por un telescopio de primera, estaba elaborando *su* trascendental teoría, según la cual, las manchas oscuras de la Luna estaban causadas por enjambres de insectos en su migración estacional.)[34]

Hubble combinó el patrón métrico cósmico de Leavitt con los útiles desplazamientos al rojo de Vesto Slipher, y empezó a medir puntos concretos seleccionados del espacio con nuevos ojos. En 1923, demostró que una mancha de telaraña lejana de la constelación de Andrómeda, conocida como M31, no era una nube de gas ni mucho menos,[35] sino una resplandeciente colección de estrellas, una galaxia por derecho propio, de 100.000 años luz de anchura y situada como mínimo a unos 900.000 años luz de nosotros. El universo era más vasto (inmensamente más) de lo que nadie había imaginado. En 1924, Hubble escribió un artículo que hizo época: «Cefeidas de nebulosas espirales» (nebulosa, del latín *nebulae* o nubes, era el término que empleaba para denominar las galaxias) en el que demostraba que el universo estaba formado no sólo por la Vía Láctea, sino por muchísimas otras galaxias independientes («universos isla»), muchas de ellas mayores que la Vía Láctea y mucho más lejanas.

Este hallazgo por sí solo habría garantizado la fama de Hubble, pero este pasó luego a centrarse en calcular exactamente lo vasto que era el universo y realizó un descubrimiento aún más impresionante. Empezó a medir los espectros de galaxias lejanas, la tarea que había iniciado Slipher en Arizona. Utilizando el nuevo telescopio Hooker de 100 pulgadas de Monte Wilson y algunas deducciones inteligentes, había descubierto a principios de la década de los treinta que todas las galaxias del cielo (excepto nuestro grupo local) se están alejando de nosotros. Además, su velocidad y distancia eran claramente proporcionales: cuanto más lejos estaba la galaxia, más deprisa se movía.

Esto era asombroso sin duda alguna. El universo se estaba expandiendo, rápidamente y de forma regular, en todas direcciones. No hacía falta demasiada imaginación para leerlo hacia atrás y darse cuenta de que tenía que haber empezado todo en algún punto central. Lejos de ser el universo el vacío estable, fijo y eterno que todo el mundo había supuesto siempre, tenía un principio..., así que también podría tener un final.

Lo asombroso es, como ha indicado Stephen Hawking, que a nadie se le hubiese ocurrido antes la idea de un universo en expansión.[36] Un universo estático —es algo que debería haber resultado evidente para Newton y para todos los astrónomos razonables que le siguieron— se colapsaría sobre sí mismo. Existía además el problema de que, si las estrellas hubiesen estado ardiendo indefinidamente en un universo estático, lo habrían hecho insoportablemente cálido; demasiado caliente, desde luego, para seres como nosotros. Un universo en expansión resolvía buena parte de todo eso de un plumazo.

Hubble era mucho más un observador que un pensador, y no se hizo cargo inmediatamente de todo lo que implicaba lo que había descubierto, entre otras cosas porque lamentablemente no tenía idea de la Teoría General de la Relatividad de Einstein. Eso era muy notable, porque, por una parte, Einstein y su teoría eran ya mundialmente famosos. Además, en 1929, Albert Michelson (que ya estaba en sus últimos años, pero que todavía era uno de los científicos más despiertos y estimados del mundo) aceptó un puesto en Monte Wilson para medir la velocidad de la luz con su fiel interferómetro, y tuvo sin duda que haberle mencionado al menos que la teoría de Einstein era aplicable a sus descubrimientos.

Lo cierto es que Hubble no supo sacar provecho teórico a pesar de tener a mano la posibilidad de ello. Le correspondería hacerlo en su lugar a un sacerdote e investigador (con un doctorado del MIT) llamado Georges Lemaître, que unió los dos hilos en su propia «teoría de los fuegos artificiales», según la cual el universo se inició en un punto geométrico, un «átomo primigenio», que estalló gloriosamente y que ha estado expandiéndose desde entonces. Era una idea que anticipaba muy claramente la concepción moderna de la Gran Explosión, pero estaba tan por delante de su época que Lemaître raras veces recibe más que las escasas frases que le hemos dedicado aquí. El mundo necesitaría decenios, y el descubrimiento involuntario de la radiación cósmica de fondo de Penzias y Wilson en sus antenas rumorosas de Nueva Jersey, para que la Gran Explosión empezase a pasar de idea interesante a teoría reconocida.

Ni Hubble ni Einstein participarían demasiado en esa gran historia. Aunque nadie lo habría imaginado en la época, habían hecho todo lo que tenían que hacer.

En 1936, Hubble publicó un libro de divulgación titulado *El dominio de las nebulosas*,[37] que exponía con un estilo adulador sus propios y considerables logros. En él demostraba por fin que conocía la teoría de Einstein..., aunque hasta cierto punto: le dedicaba cuatro páginas de unas doscientas.

Hubble murió de un ataque al corazón en 1953. Le aguardaba una última y pequeña rareza. Por razones ocultas en el misterio, su esposa se negó a celebrar un funeral y no reveló nunca lo que había hecho con su cadáver. Medio siglo después, sigue sin saberse el paradero de los restos del astrónomo más importante del siglo.[38] Como monumento funerario, puedes mirar al cielo y ver allí el telescopio espacial Hubble, que se lanzó en 1990 y que recibió ese nombre en honor suyo.

9

EL PODEROSO ÁTOMO

Mientras Einstein y Hubble desvelaban con eficacia la estructura del cosmos a gran escala, otros se esforzaban por entender algo más próximo pero igualmente remoto a su manera: el diminuto y siempre misterioso átomo.

El gran físico del Instituto Tecnológico de California, Richard Feynman, dijo una vez que si hubiese que reducir la historia científica a una declaración importante, ésta sería: «Todas las cosas están compuestas por átomos».[1] Están en todas partes y lo forman todo. Mira a tu alrededor. Todo son átomos. No sólo los objetos sólidos como las paredes, las mesas y los sofás, sino el aire que hay entre ellos. Y están ahí en cantidades que resultan verdaderamente inconcebibles.

La disposición operativa fundamental de los átomos es la molécula (que significa en latín «pequeña masa»). Una molécula es simplemente dos o más átomos trabajando juntos en una disposición más o menos estable: si añades dos átomos de hidrógeno a uno de oxígeno, tendrás una molécula de agua. Los químicos suelen pensar en moléculas más que en elementos, lo mismo que los escritores suelen pensar en palabras y no en letras, así que es con las moléculas con las que cuentan ellos, y son, por decir poco, numerosas. Al nivel del mar y a una temperatura de 0 °C, un centímetro cúbico de aire (es decir, un espacio del tamaño aproximado de un terrón de azúcar) contendrá 45.000 millones de millones de moléculas.[2] Y ese es el número que hay en cada centímetro cúbico que ves a tu alrededor. Piensa cuántos centímetros cúbicos hay en el mundo que se extienden al otro lado de tu ventana, cuántos terrones de azúcar harían falta para llenar eso. Piensa luego cuántos harían falta para construir un universo. Los átomos son, en suma, muy abundantes.

Son también fantásticamente duraderos. Y como tienen una vida tan larga, viajan muchísimo. Cada uno de los átomos que tú posees es casi seguro que ha pasado por varias estrellas y ha formado parte de millones de organismos en el camino que ha recorrido hasta llegar a ser tú. Somos atómicamente tan numerosos y nos reciclamos con tal vigor al morir que, un número significativo de nuestros átomos (más de mil millones de cada uno de nosotros,[3] según se ha postulado), probablemente pertenecieron alguna vez a Shakespeare. Mil millones más proceden de Buda, de Gengis Kan, de Beethoven y de cualquier otro personaje histórico en el que puedas pensar (los personajes tienen que ser, al parecer, históricos, ya que los átomos tardan unos decenios en redistribuirse del todo; sin embargo, por mucho que lo desees, aún no puedes tener nada en común con Elvis Presley).

Así que todos somos reencarnaciones, aunque efímeras. Cuando muramos, nuestros átomos se separarán y se irán a buscar nuevos destinos en otros lugares (como parte de una hoja, de otro ser humano o de una gota de rocío). Sin embargo, esos átomos continúan existiendo prácticamente siempre.[4] Nadie sabe en realidad cuánto tiempo puede sobrevivir un átomo pero, según Martin Rees, probablemente unos 10^{35} años, un número tan elevado que hasta yo me alegro de poder expresarlo en notación matemática.

Sobre todo, los átomos son pequeños, realmente diminutos. Medio millón de ellos alineados hombro con hombro podrían esconderse detrás de un cabello humano. A esa escala, un átomo solo es en el fondo imposible de imaginar, pero podemos intentarlo.

Empieza con un milímetro, que es una línea así de larga: -. Imagina ahora esa línea dividida en mil espacios iguales. Cada uno de esos espacios es una micra. Ésta es la escala de los microorganismos. Un paramecio típico, por ejemplo (se trata de una diminuta criatura unicelular de agua dulce) tiene unas dos micras de ancho (0,002 milímetros), que es un tamaño realmente muy pequeño. Si quisieses ver a simple vista un paramecio nadando en una gota de agua,[5] tendrías que agrandar la gota hasta que tuviese unos doce metros de anchura. Sin embargo, si quisieses ver los átomos de esa misma gota, tendrías que ampliarla hasta que tuviese 24 *kilómetros* de anchura.

Dicho de otro modo, los átomos existen a una escala de diminutez de un orden completamente distinto. Para descender hasta la escala de los átomos, tendrías que coger cada uno de esos espacios de micra y dividirlo en 10.000 espacios más pequeños. *Ésa* es la escala de un átomo: una diezmillonésima de milímetro. Es un grado de pequeñez que supera la capacidad de nuestra imaginación, pero puedes hacerte una idea de las proporciones si tienes en cuenta que un átomo es, respecto a la línea de un milímetro de antes, como el grosor de una hoja de papel respecto a la altura del Empire State.

La abundancia y la durabilidad extrema de los átomos es lo que los hace tan útiles. Y la pequeñez es lo que los hace tan difíciles de detectar y de comprender. La idea de que los átomos son esas tres cosas (pequeños, numerosos y prácticamente indestructibles) y que todas las cosas se componen de átomos, no se le ocurrió a Antoine-Lautrent Lavoisier, como cabría esperar, ni siquiera a Henry Cavendish ni a Humphry Davy, sino más bien a un austero cuáquero inglés de escasa formación académica, llamado John Dalton, con quien ya nos encontramos en el capítulo 7.

Dalton nació en 1766, en la región de los lagos, cerca de Cockermouth, en el seno de una familia de tejedores cuáqueros pobres y devotos. (Cuatro años después se incorporaría también al mundo en Cockermouth el poeta William Wordsworth.) Dalton era un estudiante de una inteligencia excepcional, tanto que a los doce años, una edad increíblemente temprana, le pusieron al cargo de la escuela cuáquera local. Eso quizás explique tanto sobre la escuela como sobre la precocidad de Dalton, pero tal vez no: sabemos por sus diarios que, por esas mismas fechas, estaba leyendo los *Principia* de Newton —los leía en el original, en latín— y otras obras de una envergadura igual de formidable; a los quince años, sin dejar de enseñar en la escuela, aceptó un trabajo en el pueblo cercano de Kendal y, diez años después, se fue a Manchester de donde apenas se movió en los cincuenta restantes años de su vida. En Manchester se convirtió en una especie de torbellino intelectual: escribió libros y artículos sobre temas que abarcaban desde la meteorología hasta la gramática. La ceguera cromática, una enfermedad que padecía, se denominó durante mucho tiempo daltonismo por sus estudios sobre ella. Pero lo que le hizo famoso fue un libro muy gordo titulado *Un nuevo sistema de filosofía química*, publicado en 1808.

En ese libro, en un breve capítulo de cinco páginas —de las más de novecientas que tenía—, los ilustrados encontraron por primera vez átomos en una forma que se aproximaba a su concepción moderna. La sencilla idea de Dalton era que en la raíz de toda la materia hay partículas irreductibles extraordinariamente pequeñas. «Tan difícil sería introducir un nuevo planeta en el sistema solar,[6] o aniquilar uno ya existente, como crear o destruir una partícula de hidrógeno», decía.

Ni la idea de los átomos ni el término mismo eran exactamente nuevos. Ambas cosas procedían de los antiguos griegos. La aportación de Dalton consistió en considerar los tamaños relativos y las características de estos átomos y cómo se unían. Él sabía, por ejemplo, que el hidrógeno era el elemento más ligero, así que le asignó un peso atómico de uno. Creía también que el agua estaba formada por siete partes de oxígeno y una de hidrógeno, y asignó en consecuencia al oxígeno un peso atómico de siete. Por ese medio, pudo determinar los pesos relativos de los elementos conocidos. No fue siempre terriblemente exacto, el peso atómico del oxígeno es 16 en realidad, no 7, pero el principio era sólido y constituyó la base de toda la química moderna y de una gran parte del resto de la ciencia actual.

La obra hizo famoso a Dalton, aunque de una forma modesta, como correspondía a un cuáquero inglés. En 1826, el químico francés P. J. Pelletier fue hasta Manchester[7] para conocer al héroe atómico. Esperaba que estuviese vinculado a alguna gran institución, así que se quedó asombrado al encontrarle enseñando aritmética elemental a los niños de una pequeña escuela de un barrio pobre. Según el historiador de la ciencia E. J. Holmyard, Pelletier tartamudeó[8] confuso contemplando al gran hombre:

«*Est-ce que j'ai l'honneur de m'addresser à monsieur Dalton?*», pues le costaba creer lo que veían sus ojos, que aquel fuese el químico famoso en toda Europa y que estuviese enseñando a un muchacho las primeras cuatro reglas. «Sí —repuso el cuáquero con total naturalidad—. ¿Podría sentarse y esperar un poco, que estoy explicando a este muchacho aritmética?»

Aunque Dalton intentó rehuir todos los honores, le eligieron miembro de la Real Sociedad contra su voluntad, lo cubrieron de medallas y le concedieron una generosa pensión oficial. Cuando murió, en 1844, desfilaron ante su ataúd cuarenta mil personas, y el cortejo fúnebre se prolongó más de tres kilómetros.[9] Su entrada del *Dictionary of National Biography* es una de las más largas, sólo compite en extensión entre los científicos del siglo XIX con las de Darwin y Lyell.

La propuesta de Dalton siguió siendo sólo una hipótesis durante un siglo[10] y unos cuantos científicos eminentes (entre los que destacó el físico vienés Ernst Mach, al que debe su nombre la velocidad del sonido) dudaron de la existencia de los átomos. «Los átomos no pueden apreciarse por los sentidos... son cosas del pensamiento», escribió. Tal era el escepticismo con que se contemplaba la existencia de los átomos en el mundo de habla alemana, en particular, que se decía que había influido en el suicidio del gran físico teórico y entusiasta de los átomos Ludwig Boltzmann en 1906.[11]

Fue Einstein quien aportó en 1905 la primera prueba indiscutible de la existencia de los átomos, con su artículo sobre el movimiento browniano, pero esto despertó poca atención y, de todos modos, Einstein pronto se vería absorbido por sus trabajos sobre la relatividad general. Así que el primer héroe auténtico de la era atómica, aunque no el primer personaje que salió a escena, fue Ernest Rutherford.

Rutherford nació en 1871 en el interior de Nueva Zelanda, de padres que habían emigrado de Escocia para cultivar un poco de lino y criar un montón de hijos (parafraseando a Steven Weinberg).[12] Criado en una zona remota de un país remoto, estaba todo lo alejado que se podía estar de la corriente general de la ciencia, pero en 1895 obtuvo una beca que le llevó al Laboratorio Cavendish de la Universidad de Cambridge, que estaba a punto de convertirse en el lugar más interesante del mundo para estudiar la física.

Los físicos son notoriamente despectivos con los científicos de otros campos. Cuando al gran físico austriaco Wolfgang Paul le abandonó su mujer por un químico, no podía creérselo. «Si hubiese elegido un torero[13] lo habría entendido —comentó asombrado a un amigo—. Pero un *químico*...»

Era un sentimiento que Rutherford habría entendido.[14] «La ciencia es toda ella o física o filatelia», dijo una vez, una frase que se ha utilizado muchas veces desde entonces. Hay por tanto cierta ironía simpática en que le diesen el premio Nobel de Química en 1908 y no el de Física.

Rutherford fue un hombre afortunado... afortunado por ser un genio, pero aún más afortunado por vivir en una época en que la física y la química eran muy emocionantes y compatibles (pese a sus propios sentimientos). Nunca volverían a solaparse tan cómodamente.

Pese a todo su éxito, Rutherford no era una persona demasiado brillante y no se le daban demasiado bien las matemáticas. Era frecuente que se perdiese en sus propias ecuaciones en sus clases, hasta el punto de verse obligado a medio camino a renunciar y a decirles a sus alumnos que lo resolviesen ellos por su cuenta.[15] Según James Chadwick, que fue colega suyo mucho tiempo, y que descubrió el neutrón, ni siquiera se le daba demasiado bien la experimentación. Era simplemente tenaz y objetivo. Se valía de la astucia y de una audacia especial más que de la inteligencia. Según un biógrafo, su mente «se dirigía siempre hacia las fronteras, todo lo lejos que podía llegar,[16] y eso era siempre ir mucho más lejos de lo que podían llegar la mayoría de los hombres». Enfrentado a un problema insoluble, estaba dispuesto a trabajar en él con más ahínco y durante más tiempo que la mayoría de la gente y a ser más receptivo a las explicaciones heterodoxas. Su mayor descubrimiento se produjo porque estaba dispuesto a pasarse horas infinitamente tediosas, sentado frente a una pantalla, contando los centelleos de las denominadas partículas alfa, que era el tipo de tarea que normalmente se encargaba a otro. Fue uno de los primeros (puede que el primero) que se dio cuenta[17] de que la energía contenida en el átomo podría servir, si se utilizaba, para fabricar bombas lo bastante potentes para «hacer que este viejo mundo se desvanezca en humo».

Físicamente era grande e imponente, con una voz que hacía encogerse a los tímidos. En una ocasión, un colega al que le dijeron que Rutherford estaba a punto de hacer una transmisión de radio a través del Atlántico, preguntó secamente: «¿Y por qué utiliza la radio?».[18] Poseía también una cuantía inmensa de seguridad bonachona en sí mismo. Alguien comentó en una ocasión que siempre parecía estar en la cresta de la ola, y él respondió: «Bueno, después de todo, la ola la hice yo, ¿no?». C. P. Snow recordaba que le oyó comentar en una sastrería de Cambridge: «Me expando a diario en el contorno físico. Y mentalmente».[19]

Pero tanto el contorno físico expandido como la fama se hallaban aún muy lejos de él en 1895, cuando empezó a trabajar en el Laboratorio Cavendish.* Fue un periodo singularmente crucial para la ciencia. En el año que Rutherford llegó a Cambridge, Wilhelm Roentgen descubrió los rayos X en la Universidad de Würzburg, en Alemania; al año siguiente, Henri Becquerel descubrió la radiactividad. Y el propio Laboratorio Cavendish estaba a punto de iniciar un largo periodo de grandeza. Allí, en 1897, J. J. Thompson y unos colegas suyos descubrieron el electrón, en 1911 C. T. R. Wilson construyó el primer detector de partículas (como ya veremos) y, en 1932, James Chadwick descubrió el neutrón. Más adelante, en 1953, James Watson y Francis Criick descubrirían, también en el Laboratorio Cavendish, la estructura del ADN.

Rutherford trabajó al principio en ondas de radio con cierta distinción (consiguió transmitir una señal nítida a más de 1.600 metros de distancia, un triunfo muy notable para la época), pero lo dejó al convencerlo un colega más veterano de que la radio tenía poco futuro.[20] Sin embargo, no hizo demasiados progresos en el Laboratorio Cavendish y, después de pasar tres años allí, considerando que no estaba yendo a ninguna parte, aceptó un puesto en la Universidad McGill de Montreal, donde inició su larga y firme ascensión a la grandeza. En la época en que recibió su premio Nobel (por «investigaciones sobre la desintegración de los elementos y la química de las sustancias radiactivas», según la mención oficial) se había trasladado ya a la Universidad de Manchester y sería allí, en realidad, donde haría su trabajo más importante sobre la estructura y la naturaleza del átomo.

A principios del siglo XX se sabía que los átomos estaban compuestos de partes —lo había demostrado Thompson al descubrir el electrón—, pero no se sabía cuántas partes había, cómo encajaban entre sí ni qué

---

* El nombre procede de los mismos Cavendish que produjeron a Henry. Se trataba en este caso de William Cavendish, séptimo duque de Devonshire, que era un matemático de grandes dotes y un barón del acero de la Inglaterra victoriana. En 1870 donó a la universidad 6.300 libras para construir un laboratorio experimental. *(N. del A.)*

forma tenían. Si bien algunos físicos pensaban que los átomos podían ser cubiformes,[21] por lo bien que pueden agruparse los cubos sin desperdicio alguno de espacio. La idea predominante era, sin embargo, que un átomo se parecía más a un bollito de pasas que a budín de ciruelas, es decir, era un objeto denso, sólido con una carga positiva pero tachonado de electrones de carga negativa, como las pasas de un bollo de pasas.

En 1910, Rutherford —con la ayuda de su alumno Hans Geiger, que inventaría más tarde el detector de radiación que lleva su nombre— disparó átomos de helio ionizados, o partículas alfa, contra una lámina de oro.* Rutherford comprobó asombrado que algunas de las partículas rebotaban. Era, se dijo, como si hubiese disparado una bala de 15 pulgadas contra una hoja de papel y hubiese rebotado cayéndole en el regazo. No se suponía que pudiese suceder aquello. Tras una considerable reflexión comprendió que sólo había una explicación posible: las partículas que rebotaban lo hacían porque chocaban con algo pequeño y denso, situado en el corazón del átomo, mientras que las otras partículas atravesaban la lámina de oro sin impedimentos. Rutherford comprendió que un átomo era mayoritariamente espacio vacío, con un núcleo muy denso en el centro. Era un descubrimiento sumamente grato, pero planteaba un problema inmenso: de acuerdo con todas las leyes de la física convencional, los átomos no deberían existir.

Detengámonos un momento a considerar la estructura del átomo tal como la conocemos hoy. Cada átomo está compuesto por tres clases de partículas elementales: protones, que tienen una carga eléctrica positiva; electrones, que tienen una carga eléctrica negativa; y neutrones, que no tienen ninguna carga. Los protones y los neutrones están agrupados en el núcleo, mientras que los electrones giran fuera, en torno a él. El número de protones es lo que otorga a un átomo su identidad química.[22] Un átomo con un protón es un átomo de hidrógeno, uno con dos protones es helio, con tres protones litio y así sucesivamente siguiendo la escala. Cada vez que añades un protón consigues un nuevo elemento. (Como el número de protones de un átomo está siempre equilibrado por un número igual de electrones, verás a veces escrito que es el número de electrones el que define un elemento; viene a ser la misma cosa. Lo que a mí me explicaron fue que los protones dan a un átomo su identidad, los electrones su personalidad.)

Los neutrones no influyen en la identidad del átomo, pero aumentan su masa. El número de neutrones es en general el mismo que el número de protones, pero puede haber leves variaciones hacia arriba y hacia abajo.

---

* Geiger se convertiría también más tarde en un nazi leal, traicionando sin vacilar a colegas judíos, incluidos muchos que le habían ayudado. (N. del A.)

Añade o quita un neutrón o dos y tendrás un isótopo.[23] Los términos que oyes en relación con las técnicas de datación en arqueología se refieren a isótopos, el carbono 14 por ejemplo, que es un átomo de carbono con seis protones y ocho neutrones (el 14 es la suma de los dos).

Los neutrones y los protones ocupan el núcleo del átomo. El núcleo es muy pequeño (sólo una millonésima de milmillonésima de todo el volumen del átomo),[24] pero fantásticamente denso, porque contiene prácticamente toda su masa. Como ha dicho Cropper, si se expandiese un átomo hasta el tamaño de una catedral, el núcleo sería sólo del tamaño aproximado de una mosca (aunque una mosca muchos miles de veces más pesada que la catedral).[25] Fue esa espaciosidad (esa amplitud retumbante e inesperada) lo que hizo rascarse la cabeza a Rutherford en 1910.

Sigue resultando bastante pasmoso que los átomos sean principalmente espacio vacío, y que la solidez que experimentamos a nuestro alrededor sea una ilusión. Cuando dos objetos se tocan en el mundo real (las bolas de billar son el ejemplo que se utiliza con más frecuencia) no chocan entre sí en realidad. «Lo que sucede más bien —como explica Timothy Ferris— es que los campos de las dos bolas que están cargados negativamente se repelen entre sí... Si no fuese por sus cargas eléctricas, podrían, como las galaxias, pasar una a través de la otra sin ningún daño.»[26] Cuando te sientas en una silla, no estás en realidad sentado allí, sino levitando por encima de ella a una altura de un angstrom (una cienmillonésima de centímetro), con tus electrones y sus electrones oponiéndose implacablemente a una mayor intimidad.

La imagen de un átomo que casi todo el mundo tiene en la cabeza es la de un electrón o dos volando alrededor de un núcleo, como planetas orbitando un sol. Esa imagen la creó en 1904, basándose en poco más que una conjetura inteligente, un físico japonés llamado Hantaro Nagaoka. Es completamente falsa, pero ha perdurado pese a ello. Como le gustaba decir a Isaac Asimov, inspiró a generaciones de escritores de ciencia ficción a crear historias de mundos dentro de mundos, en que los átomos se convertían en diminutos sistemas solares habitados o nuestro sistema solar pasaba a ser simplemente una mota en una estructura mucho mayor. Hoy día incluso la Organización Europea para la Investigación Nuclear (cuyas siglas en inglés son CERN) utiliza la imagen de Nagaoka como logotipo en su portal de la red. De hecho, como pronto comprendieron los físicos, los electrones no se parecen en nada a planetas que orbitan, sino más bien a las aspas de un ventilador que gira, logrando llenar cada pedacito de espacio de sus órbitas simultáneamente, pero con la diferencia crucial de que las aspas de un ventilador sólo *parecen* estar en todas partes a la vez y los electrones *están*.

No hace falta decir que en 1910, y durante mucho tiempo después, se sabía muy poco de todo esto. El descubrimiento de Rutherford planteó inmediatamente algunos grandes problemas, siendo uno de los más graves el de que ningún electrón debería ser capaz de orbitar un núcleo sin estrellarse en él. Según la teoría electrodinámica convencional, un electrón en órbita debería quedarse sin energía muy pronto (al cabo de un instante, más o menos) y precipitarse en espiral hacia el núcleo, con consecuencias desastrosas para ambos. Se planteaba también el problema de cómo los protones, con sus cargas positivas, podían amontonarse en el núcleo sin estallar y hacer pedazos el resto del átomo. Estaba claro que, pasase lo que pasase allá abajo, el mundo de lo muy pequeño no estaba gobernado por las mismas leyes que el macromundo en el que residen nuestras expectativas.

Cuando los físicos empezaron a ahondar en este reino subatómico se dieron cuenta de que no era simplemente distinto de todo lo que conocían, sino diferente de todo lo que habían podido imaginar. «Como el comportamiento atómico es tan distinto de la experiencia ordinaria[27]—comentó en una ocasión Richard Feynman—, resulta muy difícil acostumbrarse a él y nos parece extraño y misterioso a todos, tanto al novicio como al físico experimentado.» Cuando Feynman hizo este comentario, los físicos habían tenido ya medio siglo para adaptarse a la rareza del comportamiento atómico. Así que piensa cómo debieron de sentirse Rutherford y sus colegas a principios de 1910, cuando era todo absolutamente nuevo.

Una de las personas que trabajaban con Rutherford era un afable y joven danés, llamado Niels Bohr. En 1913, cuando cavilaba sobre la estructura del átomo, a Bohr se le ocurrió una idea tan emocionante que pospuso su luna de miel para escribir lo que se convirtió en un artículo que hizo época.

Los físicos no podían ver nada tan pequeño como un átomo, así que tenían que intentar determinar su estructura basándose en cómo se comportaba cuando se le hacían cosas, como había hecho Rutherford disparando partículas alfa contra una lámina de oro. Nada tiene de sorprendente que los resultados de esos experimentos fuesen a veces desconcertantes. Uno de estos rompecabezas que llevaba mucho tiempo sin aclararse era el relacionado con las lecturas del espectro de las longitudes de onda del hidrógeno. Se producían pautas que indicaban que los átomos de hidrógeno emitían energía a ciertas longitudes de onda, pero no a otras. Era como si alguien sometido a vigilancia apareciese continuamente en emplazamientos determinados, pero no se le viese nunca viajando entre ellos. Nadie podía entender cómo podía pasar aquello.

Y fue cavilando sobre esto como se le ocurrió a Bohr una solución y escribió rápidamente su famoso artículo. Se titulaba «Sobre la composición de los átomos y las moléculas» y explicaba cómo podían mantenerse en movimiento los electrones sin caer en el núcleo, postulando que sólo podían ocupar ciertas órbitas bien definidas. De acuerdo con la nueva teoría, un electrón que se desplazase entre órbitas desaparecería de una y reaparecería instantáneamente en otra *sin visitar el espacio intermedio*. Esta teoría (el famoso «salto cuántico») es, por supuesto, absolutamente desconcertante, pero era también demasiado buena para no ser cierta. No sólo impedía a los electrones precipitarse en espiral catastróficamente en el núcleo sino que explicaba también las longitudes de onda inexplicables del hidrógeno. Los electrones sólo aparecían en ciertas órbitas porque sólo existían en ciertas órbitas. Fue una intuición deslumbradora y proporcionó a Bohr el premio Nobel de Física en 1922, el mismo año que recibió Einstein el suyo.

Entre tanto, el incansable Rutherford, ya de nuevo en Cambridge tras suceder a J. J. Thomson como director del Laboratorio Cavendish, dio con un modelo que explicaba por qué no estallaba el núcleo. Pensó que la carga positiva de los protones tenía que estar compensada por algún tipo de partículas neutralizadoras, que denominó neutrones. La idea era sencilla y atractiva, pero nada fácil de demostrar. Un colaborador suyo, James Chadwick, dedicó once intensos años a cazar neutrones, hasta que lo consiguió por fin en 1932. También a él le otorgaron un premio Nobel de Física en 1935. Como indican Boorse y sus colegas en su crónica de todo esto, la demora en el descubrimiento fue probablemente un hecho positivo,[28] ya que el control del neutrón era esencial para la fabricación de la bomba atómica. (Como los neutrones no tienen carga, no los repelen los campos eléctricos en el corazón del átomo y podían, por ello, dispararse como diminutos torpedos en el interior de un núcleo atómico, desencadenándose así el proceso destructivo conocido como fisión.) Si se hubiese aislado el neutrón en la década de los veinte, indican, es «muy probable que la bomba atómica se hubiese fabricado primero en Europa, indudablemente por los alemanes».

Pero no fue así la cosa, los europeos se hallaban muy ocupados intentado entender la extraña conducta del electrón. El principal problema con el que se enfrentaban era que el electrón se comportaba a veces como una partícula y otras como una onda. Esta dualidad inverosímil estuvo a punto de volver locos a los especialistas. Durante la década siguiente se pensó y escribió afanosamente por toda Europa proponiendo hipótesis rivales. En Francia, el príncipe Louis-Victor de Broglie, vástago de una familia ducal, descubrió que ciertas anomalías en la conducta de los electrones desaparecían cuando se los consideraba ondas. Este comentario llamó la atención del austriaco Erwin Schrödinger, que introdujo algunas mejoras e ideó un sistema práctico denominado mecánica ondular. Casi al mismo tiempo, el físico alemán Werner Heisenberg expuso una teoría rival llamada mecánica matricial. Era tan compleja matemáticamente que casi nadie la entendía en realidad, ni siquiera el propio Heisenberg («Yo no sé en realidad lo que *es* una matriz»,[29] le explicó desesperado en determinado momento a un amigo), pero parecía aclarar ciertas incógnitas que las ondas de Schrödinger no conseguían desvelar.

El problema era que la física tenía dos teorías, basadas en premisas contrapuestas, que producían los mismos resultados. Era una situación imposible.

Finalmente, en 1926, Heisenberg propuso un célebre compromiso, elaborando una nueva disciplina que se llamaría mecánica cuántica. En el centro de la misma figuraba el principio de incertidumbre de Heisenberg, según el cual el electrón es una partícula pero una partícula que puede describirse en los mismos términos que las ondas. La incertidumbre en torno a la cual se construye la teoría es que podemos saber qué camino sigue un electrón cuando se desplaza por un espacio, podemos saber dónde está en un instante determinado, pero no podemos saber ambas cosas.* Cualquier intento de medir una de las dos cosas perturbará inevitablemente la otra. No se trata de que se necesiten simplemente más instrumentos precisos,[30] es una propiedad inmutable del universo.

Lo que esto significa en la práctica es que nunca puedes predecir dónde estará un electrón en un momento dado. Sólo puedes indicar la probabilidad de que esté allí. En cierto modo, como ha dicho Dennis Overbye, un electrón no existe hasta que se le observa. O, dicho de forma un poco distinta, un electrón debe considerarse, hasta que se le observa, que está «al mismo tiempo en todas partes y en ninguna».[31]

Si esto os parece desconcertante, tal vez os tranquilice un poco saber que también se lo pareció a los físicos. Overbye comenta: «Bohr dijo una vez que una persona que no se escandalizase al oír explicar por primera vez la teoría cuántica era que no entendía lo que le habían dicho».[32] Heisenberg, cuando le preguntaron cómo se podía imaginar un átomo, contestó: «No lo intentes».[33]

---

* Hay cierta incertidumbre respecto al uso del término incertidumbre en relación con el principio de Heisenberg. Michael Frayn, en un epílogo a su obra *Copenhage*, comenta que los traductores han empleado varias palabras en alemán (*Unsicherheit, Unschärfe, Ungenauigkeit* y *Unbestimmtheit*), pero que ninguna equivale del todo al inglés *uncertainty* (incertidumbre). Frayn dice que *indeterminacy* (indeterminación) sería una palabra mejor para definir el principio y que *indeterminability* (indeterminabilidad) sería aun mejor. En cuanto al propio Heisenberg, utilizó en general *Unbestimmtheit*. (N. del A.)

Así que el átomo resultó ser completamente distinto de la imagen que se había formado la mayoría de la gente. El electrón no vuela alrededor del núcleo como un planeta alrededor de su sol, sino que adopta el aspecto más amorfo de una nube. La «cáscara» de un átomo no es una cubierta dura y brillante como nos inducen a veces a suponer las ilustraciones, sino sólo la más externa de esas velludas nubes electrónicas. La nube propiamente dicha no es más que una zona de probabilidad estadística[34] que señala el área más allá de la cual el electrón sólo se aventura muy raras veces. Así, un átomo, si pudiésemos verlo, se parecería más a una pelota de tenis muy velluda que a una nítida esfera metálica (pero tampoco es que se parezca mucho a ninguna de las dos cosas y, en realidad, a nada que hayas podido ver jamás; estamos hablando de un mundo muy diferente al que vemos a nuestro alrededor).

Daba la impresión de que las rarezas no tenían fin. Como ha dicho James Trefil, los científicos se enfrentaban por primera vez a «un sector del universo que nuestros cerebros simplemente no están preparados para poder entender».[35] O, tal como lo expresó Feynman, «las cosas no se comportan en absoluto a una escala pequeña como a una escala grande».[36] Cuando los físicos profundizaron más, se dieron cuenta de que habían encontrado un mundo en el que no sólo los electrones podían saltar de una órbita a otra sin recorrer ningún espacio intermedio, sino en el que la materia podía brotar a la existencia de la nada absoluta...[37] «siempre que —como dice Alan Lightman del MIT— desaparezca de nuevo con suficiente rapidez».

Es posible que la más fascinante de las inverosimilitudes cuánticas sea la idea, derivada del Principio de Exclusión enunciado por Wolfgang Pauli en 1925, de que ciertos pares de partículas subatómicas pueden «saber» instantáneamente cada una de ellas lo que está haciendo la otra, incluso en el caso de que estén separadas por distancias muy considerables. Las partículas tienen una propiedad llamada giro o espín y, de acuerdo con la teoría cuántica, desde el momento en que determinas el espín de una partícula, su partícula hermana, por muy alejada que esté, empezará a girar inmediatamente en la dirección opuesta y a la misma velocidad.

En palabras de un escritor de temas científicos, Lawrence Joseph, es como si tuvieses dos bolas de billar idénticas,[38] una en Ohio y otra en las islas Fiji, y que en el instante en que hicieses girar una la otra empezase a girar en dirección contraria a la misma velocidad exacta. Sorprendentemente, el fenómeno se demostró en 1997,[39] cuando físicos de la Universidad de Ginebra lanzaron fotones en direcciones opuestas a lo largo de 11 kilómetros y comprobaron que, si se interceptaba uno, se producía una reacción instantánea en el otro.

Las cosas alcanzaron un tono tal que Bohr comentó en una conferencia, hablando de una teoría nueva, que la cuestión no era si se trataba de una locura sino de si era lo bastante loca. Schrödinger, para ejemplificar el carácter no intuitivo del mundo cuántico, expuso un experimento teórico famoso en el que se colocaba en el interior de una caja un gato hipotético con un átomo de una sustancia radiactiva unido a una ampolla de ácido cianhídrico. Si la partícula se desintegraba en el plazo de una hora, pondría en marcha un mecanismo que rompería la ampolla y envenenaría al gato. Si no era así, el gato viviría. Pero no podíamos saber lo que sucedería, así que no había más elección desde el punto de vista científico que considerar al gato un 100 % vivo y un 100 % muerto al mismo tiempo. Esto significa, como ha dicho Stephen Hawking con cierto desasosiego comprensible, que no se pueden «predecir los acontecimientos futuros con exactitud[40] si uno no puede medir siquiera el estado actual del universo con precisión».

Debido a todas estas extravagancias, muchos físicos aborrecieron la teoría cuántica, o al menos ciertos aspectos de ella, y ninguno en mayor grado que Einstein. Lo que resultaba bastante irónico, porque había sido él, en su *annus mirabilis* de 1905, quien tan persuasivamente había explicado que los fotones de luz podían comportarse unas veces como partículas y otras como ondas, que era el concepto que ocupaba el centro mismo de la nueva física. «La teoría cuántica es algo muy digno de consideración —comentó educadamente, pero en realidad no le gustaba—, Dios no juega a los dados.» * Einstein no podía soportar la idea de que Dios hubiese creado un universo en el que algunas cosas fuesen incognoscibles para siempre. Además, la idea de la acción a distancia (que una partícula pudiese influir instantáneamente en otra situada a billones de kilómetros) era una violación patente de la Teoría Especial de la Relatividad. Nada podía superar la velocidad de la luz y, sin embargo, allí había físicos que insistían en que, de algún modo, a nivel subatómico, la información podía. (Nadie ha explicado nunca, dicho sea de pasada, cómo logran las partículas realizar esta hazaña. Los científicos han afrontado este problema, según el físico Yakir Aharanov, «no pensando en él».)[41]

Se planteaba sobre todo el problema de que la física cuántica introducía un grado de desorden que no había existido anteriormente. De pronto, necesitabas dos series de leyes para explicar la conducta del universo: la teoría cuántica para el mundo muy pequeño y la relatividad para el

---

* O así es al menos como casi siempre se cita. Sus palabras auténticas fueron: «Parece difícil echarle un vistazo furtivo a las cartas de Dios. Pero que juegue a los dados y utilice métodos "telepáticos"…, es algo que yo no puedo creer ni por un momento». *(N. del A.)*

universo mayor, situado más allá. La gravedad de la teoría de la relatividad explicaba brillantemente por qué los planetas orbitaban soles o por qué tendían a agruparse las galaxias, pero parecía no tener absolutamente ninguna influencia al nivel de las partículas. Hacían falta otras fuerzas para explicar lo que mantenía unidos a los átomos y en la decada de los treinta se descubrieron dos: la fuerza nuclear fuerte y la fuerza nuclear débil. La fuerza fuerte mantiene unidos a los átomos; es lo que permite a los protones acostarse juntos en el núcleo. La fuerza débil se encarga de tareas más diversas, relacionadas principalmente con el control de los índices de ciertos tipos de desintegración radiactiva.

La fuerza nuclear débil es, a pesar de su nombre, miles de miles de millones de veces más fuerte que la gravedad,[42] y la fuerza nuclear fuerte es más potente aún (muchísimo más, en realidad), pero su influjo sólo se extiende a distancias minúsculas. El alcance de la fuerza fuerte sólo llega hasta aproximadamente una cienmilésima del diámetro de un átomo. Es la razón de que el núcleo de los átomos sea tan denso y compacto, así como de que los elementos con núcleos grandes y atestados tiendan a ser tan inestables: la fuerza fuerte no es sencillamente capaz de contener a todos los protones.

El problema de todo esto es que la física acabó con dos cuerpos de leyes (uno para el mundo de lo muy pequeño y otro para el universo en su conjunto) que llevan vidas completamente separadas. A Einstein tampoco le gustó esto. Dedicó el resto de su vida[43] a buscar un medio de unir los cabos sueltos mediante una «gran teoría unificada». No lo consiguió. De vez en cuando, creía que lo había logrado. Pero al final siempre se le desmoronaba todo. Con el paso del tiempo, fue quedándose cada vez más al margen y hasta se le llegó a tener un poco de lástima. Casi sin excepción, escribió Snow, «sus colegas pensaban, y aún piensan, que desperdició la segunda mitad de su vida».[44]

Pero se estaban haciendo progresos reales en otras partes. A mediados de la década de los cuarenta, los científicos habían llegado a un punto en que entendían el átomo a un nivel muy profundo... como demostraron con excesiva eficacia en agosto de 1945 al hacer estallar un par de bombas atómicas en Japón.

Por entonces, se podía excusar a los físicos por creer que habían conquistado prácticamente el átomo. En realidad, en la física de partículas todo estaba a punto de hacerse mucho más complejo. Pero antes de que abordemos esa historia un tanto agotadora, debemos poner al día otro sector de nuestra historia considerando una importante y saludable narración de avaricia, engaño, mala ciencia, varias muertes innecesarias y la determinación final de la edad de la Tierra.

EL PLOMO, LOS CLOROFLUOROCARBONOS
Y LA EDAD DEFINITIVA DE LA TIERRA

A finales de la década de los cuarenta, un estudiante graduado de la Universidad de Chicago, llamado Clair Patterson (que era, a pesar de su nombre de pila, un campesino de Iowa), estaba utilizando un nuevo método de medición con un isótopo de plomo para intentar determinar la edad de la Tierra de una vez por todas. Desgraciadamente, todas sus muestras de rocas acababan contaminadas... en general muy contaminadas, además. Casi todas contenían unas doscientas veces más plomo del que cabía esperar. Patterson tardaría muchos años en comprender que la razón de esto era un lamentable inventor de Ohio llamado Thomas Middley, hijo.

Middley era ingeniero y el mundo habría sido sin duda un lugar más seguro si se hubiese quedado en eso. Pero empezó a interesarse por las aplicaciones industriales de la química. En 1921, cuando trabajaba para la General Motors Research Corporation en Dayton (Ohio), investigó un compuesto llamado plomo tetraetílico (conocido también equívocamente como tetraetilo de plomo) y descubrió que reducía de forma significativa el fenómeno de trepidación conocido como golpeteo del motor.

Aunque era del dominio público la peligrosidad del plomo, en los primeros años del siglo XX podía encontrarse plomo en todo tipo de productos de consumo. Las latas de alimentos se sellaban con soldadura de plomo. El agua solía almacenarse en depósitos recubiertos de plomo. Se rociaba la fruta con arseniato de plomo, que actuaba como pesticida. El plomo figuraba incluso como parte de la composición de los tubos de dentífricos. Casi no existía un producto que no incorporase un poco de plomo a las vidas de los consumidores. Pero nada le proporcionó una relación mayor y más íntima con los seres humanos que su incorporación al combustible de los motores.

El plomo es neurotóxico. Si ingieres mucho, puede dañarte el cerebro y el sistema nervioso central de forma irreversible. Entre los numerosos síntomas relacionados con la exposición excesiva al plomo se cuentan la ceguera, el insomnio, la insuficiencia renal, la pérdida de audición, el cáncer,[1] la parálisis y las convulsiones. En su manifestación más aguda produce alucinaciones bruscas y aterradoras, que perturban por igual a víctimas y observadores, y que suelen ir seguidas del coma y la muerte. No tienes realmente ninguna necesidad de incorporar demasiado plomo a tu sistema nervioso.

Además, el plomo era fácil de extraer y de trabajar, y era casi vergonzosamente rentable producirlo a escala industrial... y el plomo tetraetílico hacía de forma indefectible que los motores dejasen de trepidar. Así que, en 1923, tres grandes empresas estadounidenses, General Motors, Du Pont y Stardard Oil de Nueva Jersey crearon una empresa conjunta: la Ethyl Gasoline Corporation (más tarde sólo Ethyl Corporation), con el fin de producir tanto plomo tetraetílico como el mundo estuviese dispuesto a comprar, y eso resultó ser muchísimo. Llamaron «etilo» a su aditivo porque les pareció más amistoso y menos tóxico que «plomo», y lo introdujeron en el consumo público (en más sectores de los que la mayoría de la gente percibió) el 1 de febrero de 1923.

Los trabajadores de producción empezaron casi inmediatamente a manifestar los andares tambaleantes y la confusión mental característicos del recién envenenado. Casi inmediatamente también, la Ethyl Corporation se embarcó en una política de negación serena e inflexible que le resultaría rentable durante varios decenios. Como comenta Sharon Bertsch McGrayne en *Prometheans in the Lab* [Prometeanos en el laboratorio], su apasionante historia de la química industrial, cuando los empleados de una fábrica empezaron a padecer delirios irreversibles, un portavoz informó dulcemente a los periodistas: «Es posible que estos hombres se volvieran locos porque trabajaban demasiado».[2] Murieron un mínimo de quince trabajadores en el primer periodo de producción de gasolina plomada, y enfermaron muchos más, a menudo de gravedad. El número exacto no se conoce porque la empresa casi siempre consiguió silenciar las noticias de filtraciones, derrames y envenenamientos comprometedores. Pero a veces resultó imposible hacerlo, sobre todo en 1924, cuando, en cuestión de días, murieron cinco trabajadores de producción de un solo taller mal ventilado y otros treinta y cinco se convirtieron en ruinas tambaleantes permanentes.

Cuando empezaron a difundirse rumores sobre los peligros del nuevo producto, el optimista inventor del etilo, Thomas Midgley, decidió realizar una demostración para los periodistas con el fin de disipar sus inquietudes. Mientras parloteaba sobre el compromiso de la empresa con la seguridad, se echó en las manos plomo tetraetílico y luego se acercó un vaso de precipitados lleno a la nariz y lo aguantó sesenta segundos, afirmando insistentemente que podía repetir la operación a diario sin ningún peligro. Conocía en realidad perfectamente las consecuencias que podía tener el envenenamiento con plomo.[3] Había estado gravemente enfermo por exposición excesiva a él unos meses atrás y, a partir de entonces no se acercaba si podía evitarlo a donde lo hubiese, salvo cuando quería tranquilizar a los periodistas.

Animado por el éxito de la gasolina con plomo, Midgley pasó luego a abordar otro problema tecnológico de la época. Los refrigeradores solían ser terriblemente peligrosos en los años veinte porque utilizaban gases insidiosos y tóxicos que se filtraban a veces al exterior. Una filtración de un refrigerador en un hospital de Cleveland (Ohio) provocó la muerte de más de cien personas en 1929.[4] Midgley se propuso crear un gas que fuese estable, no inflamable, no corrosivo y que se pudiese respirar sin problema. Con un instinto para lo deplorable casi asombroso, inventó los clorofluorocarbonos, o los CFC.

Raras veces se ha adoptado un producto industrial más rápida y lamentablemente. Los CFC empezaron a fabricarse a principios de la década de los treinta, y se les encontraron mil aplicaciones en todo, desde los acondicionadores de aire de los automóviles a los pulverizadores de desodorantes, antes de que comprobase medio siglo después que estaban destruyendo el ozono de la estratosfera. No era una buena cosa, como comprenderás.

El ozono es una forma de oxígeno en la que cada molécula tiene tres átomos de oxígeno en vez de los dos normales. Es una rareza química, porque a nivel de la superficie terrestre es un contaminante, mientras que arriba, en la estratosfera, resulta beneficioso porque absorbe radiación ultravioleta peligrosa. Pero el ozono beneficioso no es demasiado abundante. Si se distribuyese de forma equitativa por la estratosfera, formaría una capa de sólo unos dos milímetros de espesor. Por eso resulta tan fácil destruirlo.

Los clorofluorocarbonos tampoco son muy abundantes (constituyen aproximadamente una parte por cada mil millones del total de la atmósfera), pero poseen una capacidad destructiva desmesurada. Un solo kilo de CFC puede capturar y aniquilar 70.000 kilos de ozono atmosférico.[5] Los CFC perduran además mucho tiempo (aproximadamente un siglo como media) y no cesan de hacer estragos. Son, por otra parte, grandes esponjas del calor. Una sola molécula de CFC es aproximadamente diez mil veces más eficaz intensificando el efecto invernadero que una molécula de dióxido de carbono... [6] y el dióxido de carbono no es manco que digamos, claro, en lo del efecto invernadero. En fin, los clorofluorocarbonos pueden acabar siendo el peor invento del siglo XX.

Midgley nunca llegó a enterarse de todo esto porque murió mucho antes de que nadie se diese cuenta de lo destructivos que eran los CFC. Su muerte fue memorable por insólita.[7] Después de quedar paralítico por la polio, inventó un artilugio que incluía una serie de poleas motorizadas que le levantaban y le giraban de forma automática en la cama. En 1944, se quedó enredado en los cordones cuando la máquina se puso en marcha y murió estrangulado.

La Universidad de Chicago era en la década de los cuarenta el lugar adecuado para alguien que estuviese interesado en descubrir la edad de las cosas. Willard Libby estaba a punto de inventar la datación con radiocarbono, que permitiría a los científicos realizar una lectura precisa de la edad de los huesos y de otros restos orgánicos, algo que no habían podido hacer antes. Hasta entonces, las fechas fidedignas más antiguas no se remontaban más allá de la Primera Dinastía egipcia,[8] es decir, unos 3.000 años a. C. Nadie podía decir con seguridad, por ejemplo, cuándo se habían retirado las últimas capas de hielo o en qué periodo del pasado habían decorado los cromañones las cuevas de Lascaux (Francia).

La idea de Libby era tan útil que recibiría por ella un premio Nobel en 1960. Se basaba en el hecho de que todas las cosas vivas tienen dentro de ellas un isótopo de carbono llamado carbono 14, que empieza a desintegrarse a una tasa medible en el instante en que mueren. El carbono 14 tiene una vida media (es decir, el tiempo que tarda en desaparecer la mitad de una muestra cualquiera) de unos 5.600 años, por lo que, determinando cuánto de una muestra dada de carbono se había desintegrado, Libby podía hacer un buen cálculo de la edad de un objeto... aunque sólo hasta cierto punto. Después de ocho vidas medias, sólo subsiste el 0,39 % de los restos originales de carbono radiactivo,[9] lo que es demasiado poco para efectuar un cálculo fiable, por lo que la datación con radiocarbono sólo sirve para objetos de hasta unos cuarenta mil años de antigüedad.

Curiosamente, justo cuando la técnica estaba empezado a difundirse, se hicieron patentes ciertos fallos. Para empezar, se descubrió que uno de los elementos básicos de la fórmula de Libby, conocido como la constante de desintegración, estaba equivocada en aproximadamente un 3 %. Pero, por entonces, se habían efectuado ya miles de mediciones en todo el mundo. En vez de repetir cada una de ellas, los científicos decidieron mantener la constante errónea. «Así —comenta Tim Flannery— toda fecha establecida con radiocarbono que leas hoy es aproximadamente un 3 % mayor.»[10] El problema no se limitaba a eso. No tardó en descubrirse también que las muestras de carbono 14 podían contaminarse con facilidad con carbono de otra procedencia, por ejemplo, un trocito de materia vegetal recogida con la muestra cuya presencia pasase inadvertida. En las muestras más jóvenes (las de menos de unos veinte mil años) no siempre importa mucho una leve contaminación, pero en las muestras más viejas puede ser un problema grave por los pocos átomos que quedan para contar. En el primer caso, como dice Flannery, es algo parecido a equivocarse en un dólar cuando se cuentan mil;[11] en el segundo, es más parecido a equivocarse en un dólar cuando sólo tienes dos para contar.

El método de Libby se basaba también en el supuesto de que la cantidad de carbono 14 en la atmósfera, y la tasa a la que lo han absorbido las cosas vivas, ha sido constante a través de la historia. En realidad, no lo ha sido. Sabemos ahora que el volumen del carbono 14 atmosférico varía según lo bien que el magnetismo de la Tierra está desviando los rayos cósmicos, y que eso puede oscilar significativamente a lo largo del tiempo. Y eso significa que unas fechas establecidas con carbono 14 pueden variar más que otras. Entre las más dudosas figuran las que corresponden aproximadamente a la época en que llegaron a América sus primeros pobladores,[12] que es uno de los motivos de que aún siga discutiéndose la fecha.

Las lecturas pueden verse afectadas por factores externos que no parecen estar relacionados, como, por ejemplo, la dieta de aquellos cuyos huesos se examinan. Un caso reciente es el del viejo debate de si la sífilis es originaria del Nuevo Mundo o del Viejo Mundo.[13] Arqueólogos de Hull descubrieron que los monjes del cementerio de un monasterio habían padecido sífilis, pero la conclusión inicial de que los monjes la habían contraído antes del viaje de Colón se puso en entredicho al caerse en la cuenta de que habían comido en vida mucho pescado, lo que podría hacer que los huesos pareciesen más viejos de lo que eran en realidad. Es muy posible que los monjes tuviesen la sífilis, pero cómo llegó hasta ellos y cuándo siguen siendo problemas torturantes sin resolver.

Los científicos, en vista de los defectos acumulados del carbono 14, idearon otros métodos de datación de materiales antiguos, entre ellos la termoluminiscencia, que contabiliza los electrones atrapados en las arcillas, y la resonancia del espín del electrón, método este último en el que se bombardea una muestra con ondas electromagnéticas y se miden las vibraciones de los electrones. Pero ni siquiera el mejor de esos métodos podría fechar algo de más antigüedad que unos doscientos mil años, y no podrían datar de ninguna manera materiales inorgánicos como las rocas, que es precisamente lo que se necesita hacer para determinar la edad de nuestro planeta.

Los problemas que planteaba la datación de rocas eran tales que llegó un momento en que casi todo el mundo desistió de intentarlo. Si no hubiese sido por cierto profesor inglés llamado Arthur Holmes, podría haberse abandonado del todo la investigación.

Holmes fue heroico no sólo por los resultados que consiguió, sino también por los obstáculos que superó. En los años veinte, cuando estaba en la cúspide de su carrera, la geología había pasado de moda —lo que más entusiasmo despertaba por entonces era la física— y se destinaban a ella muy pocos fondos, sobre todo en Inglaterra, su cuna espiritual. Holmes fue durante muchos años todo el departamento de geología de la Universidad de Durham. Era frecuente que tuviese que pedir prestado equipo o que arreglarlo como podía para seguir con su datación radiométrica de rocas. En determinado momento, sus cálculos tuvieron que quedar paralizados un año entero mientras esperaba a que la universidad le proporcionase una simple máquina de sumar. De vez en cuando tenía que abandonar del todo la vida académica para ganar lo suficiente para mantener a su familia —llevó durante un tiempo una tienda de artículos exóticos en Newcastle del Tyne— y, a veces, no podía permitirse ni siquiera las 5 libras anuales de la cuota de socio de la Sociedad Geológica.

La técnica que utilizó Holmes en su trabajo era sencilla en teoría y se basaba directamente en el proceso que había observado por primera vez Rutherford en 1904, por el que algunos átomos se desintegraban pasando de ser un elemento a ser otro a un ritmo lo bastante predecible para que se pudiesen usar como relojes. Si sabes cuánto tarda el potasio 40 en convertirse en argón 40 y determinas la cuantía de cada uno de ellos en cada muestra, puedes calcular la antigüedad del material. Lo que hizo Holmes fue medir la tasa de desintegración del uranio hasta convertirse en plomo para calcular la edad de las rocas y, con ello —esperaba—, la de la Tierra.

Pero había que superar muchas dificultades técnicas. Holmes necesitaba además —o al menos le habría venido muy bien— instrumental específico y preciso que le permitiese efectuar mediciones muy exactas de muestras muy pequeñas, y ya hemos explicado el trabajo que le costaba conseguir una simple máquina de sumar. Así que fue toda una hazaña que pudiese proclamar con cierta seguridad, en 1946, que la Tierra tenía como mínimo tres mil millones de años de antigüedad y, posiblemente, bastante más. Chocó entonces, por desgracia, con otro formidable impedimento para conseguir la aceptación:[14] el espíritu conservador de sus colegas, los otros científicos. Aunque muy dispuestos a alabar su metodología, muchos de ellos sostenían que lo que había calculado no había sido la edad de la Tierra sino simplemente la de los materiales con los que la Tierra se había formado.

Fue justo por entonces cuando Harrison Brown, de la Universidad de Chicago, ideó un nuevo método para contar isótopos de plomo en rocas ígneas (es decir, las que se crearon a través del calor, a diferencia de las formadas por acumulación de sedimentos). Dándose cuenta de que la tarea sería demasiado tediosa, se la asignó al joven Clair Patterson como su proyecto de tesis. Es fama que le aseguró que determinar la edad de la Tierra con su nuevo método sería «pan comido». En realidad, llevaría años.

Patterson empezó a trabajar en el proyecto en 1948. Comparado con las llamativas aportaciones de Thomas Midgley al avance del progreso, el descubrimiento de la edad de la Tierra por Patterson parece bastante insulso. Trabajó siete años, primero en la Universidad de Chicago y luego en el Instituto Tecnológico de California (al que pasó en 1952), en un laboratorio esterilizado, efectuando mediciones precisas de las proporciones plomo/uranio en muestras cuidadosamente seleccionadas de rocas antiguas.

El problema que planteaba la medición de la edad de la Tierra era que se necesitaban rocas que fuesen extremadamente antiguas, que contuviesen cristales con plomo y uranio que fuesen más o menos igual de viejos que el propio planeta —cualquier cosa mucho más joven proporcionaría como es lógico fechas engañosamente juveniles—, pero en realidad raras veces se encuentran en la Tierra rocas verdaderamente antiguas. A finales de los años cuarenta, nadie entendía por qué tenía que ser así. De hecho, y resulta bastante sorprendente, hasta bien avanzada la era espacial nadie fue capaz de explicar de una forma plausible dónde habían ido las rocas viejas de la Tierra. (La solución era la tectónica de placas, a la que, por supuesto, ya llegaremos.) Entre tanto se dejó que Patterson intentase dar un poco de sentido a las cosas con materiales muy limitados. Al final se le ocurrió la ingeniosa idea de que podía solventar el problema de la escasez de rocas utilizando las de fuera de la Tierra. Recurrió a los meteoritos.

Partió de la consideración —que parecía un poco forzada, pero que resultó correcta— de que muchos meteoritos son básicamente sobras de materiales de construcción del periodo inicial de nuestro sistema solar, y se las han arreglado por ello para preservar una química interna más o menos prístina. Determina la edad de esas rocas errantes y tendrás también la edad (bastante aproximada) de la Tierra.

Pero, como siempre, nada es tan sencillo como una descripción tan despreocupada hace que parezca serlo. Los meteoritos no abundan y no es nada fácil conseguir muestras meteoríticas. Además, la técnica de medición de Brown resultó ser complicada en extremo e hicieron falta muchos retoques para perfeccionarla. Y estaba sobre todo el problema de que las muestras de Patterson quedaban invariable e inexplicablemente contaminadas con grandes dosis de plomo atmosférico en cuanto se las exponía al aire. Fue eso lo que acabó llevándole a crear un laboratorio esterilizado,[15] que fue —según una versión, al menos— el primero del mundo.

Patterson necesitó siete años de paciente trabajo para descubrir y datar muestras apropiadas para la comprobación final. En la primavera de 1953 fue con sus especímenes al Laboratorio Nacional de Argonne de Illinois, donde le permitieron usar un espectrógrafo de masas último modelo, un aparato capaz de detectar y medir las cantidades minúsculas de uranio y plomo alojadas en cristales antiguos. Patterson se puso tan nervioso cuando obtuvo sus resultados que se fue derecho a la casa de Iowa de su infancia y mandó a su madre que le ingresara en un hospital porque creía estar sufriendo un ataque al corazón.

Poco después, en una reunión celebrada en Wisconsin, Patterson proclamó una edad definitiva para la Tierra de 4.550 millones de años (70 millones de años más o menos), «una cifra que se mantiene invariable cincuenta años después»,[16] como comenta McGrayne admirativamente. Después de doscientos años de intentos, la Tierra tenía al fin una edad.

Casi al mismo tiempo, Patterson empezó a interesarse por el hecho de que hubiese todo aquel plomo en la atmósfera. Se quedó asombrado al enterarse de que lo poco que se sabía sobre los efectos del plomo en los humanos era casi invariablemente erróneo o engañoso... cosa nada sorprendente si tenemos en cuenta que, durante cuarenta años, todos los estudios sobre los efectos del plomo los han costeado en exclusiva los fabricantes de aditivos de plomo.

En uno de estos estudios, un médico que no estaba especializado en patología química[17] emprendió un programa de cinco años en el que se pedía a voluntarios que aspirasen o ingiriesen plomo en cantidades elevadas. Luego se examinaban la orina y las heces. Desgraciadamente, aunque al parecer el médico no lo sabía, el plomo no se excreta como producto de desecho. Se acumula más bien en los huesos y en la sangre —eso es lo que lo hace tan peligroso— y ni los huesos ni la sangre se examinaron. En consecuencia, se otorgó al plomo el visto bueno sanitario.

Patterson no tardó en comprobar que había muchísimo plomo en la atmósfera (aún sigue habiéndolo, porque el plomo nunca se va) y que aproximadamente un 90 % de él parecía proceder de los tubos de escape de los coches;[18] pero no podía demostrarlo. Necesitaba hallar un medio de comparar los niveles actuales de plomo en la atmósfera con los que había antes de 1923, en que empezó a producirse a escala comercial plomo tetraetílico. Se le ocurrió que los testigos de hielo podían aportar la solución.

Era un hecho sabido que, en lugares como Groenlandia, la nieve se acumula en capas anuales diferenciadas porque las diferencias estacionales de temperatura producen leves cambios de coloración del invierno al verano. Contando hacia atrás esas capas y midiendo la cuantía de plomo de cada una, podía determinar las concentraciones globales de plomo atmosférico en cualquier periodo a lo largo de centenares y hasta miles de años. La idea se convirtió en la base de los estudios de testigos de hielo, en los que se apoya gran parte de la investigación climatológica moderna.[19]

Lo que Patterson descubrió fue que antes de 1923 casi no había plomo en la atmósfera y que los niveles de plomo habían ido aumentando constante y peligrosamente desde entonces. A partir de ese momento, convirtió la tarea de conseguir que se retirase el plomo de la gasolina en el objetivo de su vida. Para ello se convirtió en un crítico constante y a menudo elocuente de la industria del plomo y de sus intereses.

Resultaría ser una campaña infernal. Ethyl era una empresa mundial poderosa con muchos amigos en puestos elevados. (Entre sus directivos habían figurado el magistrado del Tribunal Supremo Lewis Powell y Gilbert Grosvenor de la National Geographic Society.) Patterson se encontró de pronto con que le retiraban parte de los fondos con que financiaba su investigación o que le resultaba difícil conseguirlos. El Instituto Americano de Petróleo canceló un contrato de investigación que tenía con él y lo mismo hizo el Servicio de Salud Pública de Estados Unidos, un organismo oficial supuestamente neutral.

Patterson fue convirtiéndose cada vez más en un problema para su institución, y los miembros del consejo de administración del Instituto Tecnológico de California fueron objeto de repetidas presiones de directivos de la industria del plomo para que le hiciesen callar o prescindiesen de él. Según decía en el año 2000 Jamie Linconl Kitman en *The Nation*, ejecutivos de Ethyl se ofrecieron presuntamente a financiar una cátedra en el instituto «si se mandaba a Patterson hacer las maletas».[20] Se llegó al absurdo de excluirle de una comisión del Consejo Nacional de Investigación que se creó en 1971 para investigar los peligros del envenenamiento con plomo atmosférico, a pesar de ser por entonces indiscutiblemente el especialista más destacado del país en plomo atmosférico.

Para gran honra suya, Patterson se mantuvo firme. Finalmente, gracias a sus esfuerzos, se aprobó la Ley de Aire Limpio de 1970 y acabaría consiguiendo que se retirase del mercado toda la gasolina plomada en Estados Unidos en 1986. Casi inmediatamente se redujo en un 80 % el nivel de plomo en la sangre de los estadounidenses.[21] Pero, como el plomo es para siempre, los habitantes actuales del país tienen cada uno de ellos, unas 625 veces más plomo en sangre del que tenían los que vivieron en el país hace un siglo.[22] La cuantía de plomo en la atmósfera sigue aumentando también, de una forma completamente legal, en unas cien mil toneladas al año,[23] procedentes sobre todo de la minería, la fundición y las actividades industriales. Estados Unidos prohibió también el plomo en la pintura de interior «cuarenta y cuatro años después que la mayoría de los países de Europa»,[24] como indica McGrayne. Resulta notable que no se prohibiese la soldadura de plomo en los envases de alimentos en el país hasta 1993, pese a su toxicidad alarmante.

En cuanto a la Ethyl Corporation, aún es fuerte, a pesar de que la General Motors, la Standard Oil y Du Pont no tengan ya acciones de ella. (Se las vendieron a una empresa llamada Albermarle Paper en 1962.) Según McGrayne, Ethyl seguía sosteniendo aún en febrero de 2001 «que la investigación no ha conseguido demostrar que la gasolina plomada constituya una amenaza para la salud humana[25] ni para el medio ambiente». En su portal de la red hay una historia de la empresa en la que no se menciona siquiera el plomo (ni tampoco a Thomas Midgley) y sólo se dice del producto original que contenía «cierta combinación de sustancias químicas».

Ethyl no fabrica ya gasolina plomada, aunque, de acuerdo con su balance de la empresa del año 2001, todavía hubo unas ventas ese año de plomo tetraetílico (o TEL, como le llaman ellos) por el importe de 25.100.000 dólares en 2000 (de un total de ventas de 795 millones) más que los 24.100.000 dólares de 1999, pero menos que los 117 millones de dólares de 1998. La empresa comunicó en su informe que había decidido «maximizar los ingresos generados por TEL aunque su utilización siga descendiendo en el mundo». Ethyl comercializa TEL en todo el mundo mediante un acuerdo con Associated Octel Ltd. de Inglaterra.

En cuanto al otro azote que nos legó Thomas Midgley, los clorofluorocarbonos se prohibieron en 1974 en Estados Unidos, pero son diablillos tenaces y, los que se soltaron a la atmósfera antes de eso (en desodorantes o pulverizadores capilares, por ejemplo), es casi seguro que seguirán rondando por ahí y devorando ozono mucho después de que tú y yo hayamos dado el último suspiro.[26] Y lo que es peor, seguimos introduciendo cada año enormes cantidades de CFC en la atmósfera.[27] Según Wayne Biddle, aún salen al mercado anualmente 27 kilos por un valor de 1.500 millones de dólares. ¿Quién lo está haciendo? Nosotros... es decir, muchas grandes empresas siguen produciéndolo en sus fábricas del extranjero. En los países del Tercer Mundo no estará prohibido hasta el año 2010.

Clair Patterson murió en 1995. No ganó el premio Nobel por su trabajo. Los geólogos nunca lo ganan. Ni tampoco se hizo famoso, lo que es más desconcertante. Ni siquiera consiguió que le prestasen demasiada atención pese a medio siglo de trabajos coherentes y cada vez más abnegados. Sin duda podría afirmarse que fue el geólogo más influyente del siglo XX. Sin embargo, ¿quién ha oído hablar alguna vez de Clair Patterson? La mayoría de los textos de geología no le mencionan. Dos libros recientes de divulgación sobre la historia de la datación de la Tierra se las arreglan incluso para escribir mal su nombre.[28] A principios de 2001, un crítico que hacía una recesión de uno de esos libros en la revista *Nature*, cometió el error adicional, bastante asombroso, de creer que Patterson era una mujer.[29]

Lo cierto es que, pese a todo, gracias al trabajo de Clair Patterson, en 1953 la Tierra tenía al fin una edad en la que todos podían estar de acuerdo. Ahora el único problema era que resultaba ser más vieja que el universo que la contenía.

LOS QUARKS EN MUSTER MARK

En 1911, un científico británico llamado C. T. R. Wilson,[1] estaba estudiando formaciones de nubes y tenía que hacer excursiones periódicas a la cumbre de Ben Nevis, una montaña escocesa famosa por su humedad. Un día pensó que tenía que haber un medio más fácil de hacerlo. Así que, cuando regresó al Laboratorio Cavendish de Cambridge, construyó una cámara de nubes artificiales, un instrumento sencillo con el que podía enfriar y humedecer el aire, creando un modelo razonable de una nube en condiciones de laboratorio.

El artilugio funcionaba muy bien, pero produjo además un beneficio inesperado. Cuando aceleró una partícula alfa a través de la cámara para sembrar sus supuestas nubes, la partícula dejó un rastro visible, como las estelas de condensación que deja un avión al pasar. Acababa de inventar el detector de partículas. Este detector aportó una prueba convincente de que las partículas subatómicas existían realmente.

Luego otros dos científicos del Cavendish inventaron un instrumento de haz de protones más potente, mientras que, en California, Ernest Lawrence fabricó en Berkeley su famoso e impresionante ciclotrón o desintegrador de átomos, que fue el emocionante nombre que se dio a estos aparatos durante mucho tiempo. Todos estos artefactos funcionaban (y siguen haciéndolo) basándose más o menos en el mismo principio, en la idea de acelerar un protón u otra partícula cargada hasta una velocidad elevadísima a lo largo de una pista (unas veces circular, otras lineal), hacerla chocar con otra partícula y ver qué sale volando. Por eso los llamaron desintegradores de átomos. No era un procedimiento científico muy sutil, pero resultaba en general efectivo.

Cuando los físicos construyeron máquinas mayores y más ambiciosas, empezaron a descubrir o a postular partículas o familias de partículas aparentemente sin fin: muones, piones, hiperones, mesones, mesones

K, bosones Higgs, bosones vectoriales intermedios, bariones, taquiones. Hasta los físicos empezaron a sentirse un poco incómodos. «Joven —contestó Enrico Fermi a un estudiante que le preguntó el nombre de una partícula concreta—, si yo fuese capaz de recordar los nombres de esas partículas me habría hecho botánico.»[2]

Hoy los aceleradores tienen nombres que parecen de cosas que podría usar Flash Gordon en combate: el sincrotón superprotónico, la gran cámara de reacción electrón-positrón, la gran cámara de reacción hadrónica, la cámara de reacción relativista de iones pesados. Empleando enormes cantidades de energía —algunos operan sólo de noche para que los habitantes de las poblaciones del entorno no tengan que presenciar cómo se debilitan las luces de sus casas al ponerse en marcha el aparato—, pueden acelerar partículas hasta un estado de agitación tal que un solo electrón puede dar 47.000 vueltas a un túnel de siete kilómetros en menos de un segundo.[3] Se han despertado temores de que los científicos pudiesen crear en su entusiasmo, e involuntariamente, un agujero negro o incluso algo denominado «quarks extraños» que podría interactuar en teoría con otras partículas subatómicas y propagarse incontrolablemente. Si estás leyendo esto es que no ha sucedido.

Encontrar partículas exige cierta dosis de concentración. No sólo son pequeñas y rápidas, sino que suelen ser también fastidiosamente evanescentes. Pueden aflorar a la existencia y desaparecer de nuevo en un periodo tan breve como 0,000000000000000000000001 de segundo (10^{-24} segundos). Ni siquiera las más torpes[4] e inestables persisten más de 0,0000001 segundos (10^{-7} segundos).

Algunas partículas son casi ridículamente escurridizas. Cada segundo visitan la Tierra 10.000 billones de billones de diminutos neutrinos que casi carecen de masa —la mayoría disparados por los terribles calores nucleares del Sol— y prácticamente todos atraviesan el planeta y todo lo que hay en él, incluidos tú y yo, como si no existiéramos. Para atrapar sólo unos cuantos, los científicos necesitan depósitos que contengan hasta 57.000 metros cúbicos de agua pesada (es decir, agua con una abundancia relativa de deuterio) en cámaras subterráneas (normalmente antiguas minas) donde no pueden interferir otras radiaciones.

Uno de esos neutrinos viajeros chocará de vez en cuando con uno de los núcleos atómicos del agua y producirá un soplito de energía. Los científicos cuentan estos soplitos y, por ese medio, nos acercan más a una comprensión de las propiedades básicas del universo. Observadores japoneses informaron en 1998 que los neutrinos tienen masa,[5] aunque no mucha... aproximadamente una diezmillonésima parte de la de un electrón.

Lo que hace falta hoy en realidad para encontrar partículas es dinero, y mucho. Existe una curiosa relación inversa en la física moderna entre la pequeñez de lo que se busca y la escala de los instrumentos necesarios para efectuar la búsqueda. La CERN es como una pequeña ciudad. Se extiende a ambos lados de la frontera francosuiza, cuenta con tres mil empleados, ocupa un emplazamiento que se mide en kilómetros cuadrados y se ufana de poseer una serie de imanes, que pesan más que la torre Eiffel, y un túnel subterráneo circular de unos 26 kilómetros.

Desintegrar átomos, como ha dicho James Trefil, es fácil;[6] lo haces cada vez que enciendes una lámpara fluorescente. Desintegrar núcleos atómicos requiere, sin embargo, muchísimo dinero y un generoso suministro de electricidad. Descender hasta el nivel de los quarks (las partículas que componen las partículas) requiere aún más: billones de voltios de electricidad y el presupuesto de un pequeño estado centroamericano. La nueva gran cámara hadrónica de la CERN, que está previsto que empiece a funcionar en el año 2005, dispondrá de 14 billones de voltios de energía[7] y su construcción costará unos 1.500 millones de dólares.*

Pero esos números no son nada comparado con lo que podría haberse conseguido, y lo que podría haberse gastado, con la inmensa supercámara de reacción superconductora, condenada ya por desgracia a la inexistencia, que empezó a construirse cerca de Waxahachie (Texas) en los años ochenta, antes de que sufriese una supercolisión propia con el Congreso estadounidense. El propósito de esa cámara de reacción era que los científicos pudiesen sondear «la naturaleza básica de la materia», como se dice siempre, recreando con la mayor exactitud posible las condiciones del universo durante sus primeras diezbillonésimas de segundo. El plan consistía en lanzar partículas por un túnel de 84 kilómetros de longitud, hasta conseguir 99 billones de voltios, algo verdaderamente escalofriante. Era un proyecto grandioso, pero habría costado 8.000 millones de dólares realizarlo (una cifra que acabó elevándose a 10.000 millones de dólares) y cientos de millones de dólares al año mantenerlo en marcha.

El Congreso, tal vez en el mejor ejemplo de la historia de lo que es tirar el dinero por un agujero, gastó 2.000 millones de dólares y luego canceló el proyecto en 1993, después de haberse excavado ya 22 kilómetros de túnel. Así que ahora Texas dispone del agujero más caro del universo. El lugar es, según me ha dicho mi amigo Jeff Guinn, del *Fort Worth Star-Telegraph*, «básicamente un enorme campo despejado salpicado a

---

* Todo este costoso esfuerzo ha tenido consecuencias adicionales. La World Wide Web es un vástago de la CERN. La inventó un científico de la CERN, Tim Berlers-Lee, en 1989. *(N. del A.)*

lo largo de su circunferencia por una serie de poblaciones decepcionantemente pequeñas».[8]

Desde el desastre de la supercámara de reacción, los físicos de partículas han puesto sus miras en objetivos algo más humildes. Pero hasta los proyectos relativamente modestos pueden resultar costosísimos si los comparamos, bueno, casi con cualquier cosa. La construcción de un observatorio de neutrinos en la antigua Mina Homestake de Lead (Dakota del Sur)[9] costaría 500 millones —y se trata de una mina que ya está excavada— antes de que se pudiesen calcular siquiera los costes anuales de funcionamiento. Habría además 281 millones de dólares de «costes generales de conversión». Por otra parte, readaptar un acelerador de partículas en Fermilab (Illinois)[10] sólo cuesta 260 millones de dólares.

En suma, la física de partículas es una empresa enormemente cara. Pero también es productiva. El número actual de partículas es de bastante más de 150,[11] con unas cien más, cuya existencia se sospecha. Pero desgraciadamente, según Richard Feynman: «Es muy difícil entender las relaciones de todas esas partículas, y para qué las quiere la naturaleza, o bien cuáles son las conexiones que existen entre ellas». Cada vez que conseguimos abrir una caja, nos encontramos indefectiblemente con que dentro hay otra. Hay quien piensa que existen unas partículas llamadas taquiones,[12] que pueden viajar a una velocidad superior a la de la luz. Otros ansían hallar gravitones, que serían la sede de la gravedad. No es fácil saber en qué momento llegamos al fondo irreductible. Carl Sagan planteó en *Cosmos* la posibilidad de que, si viajases hacia abajo hasta entrar en un electrón, podrías encontrarte con que contiene un universo propio, lo que recuerda todos aquellos relatos de ciencia ficción de la década de los cincuenta. «En su interior, organizados en el equivalente local de galaxias y estructuras más pequeñas, hay un número inmenso de partículas elementales mucho más pequeñas, que son a su vez universos del siguiente nivel, y así eternamente...[13] una regresión infinita hacia abajo, universos dentro de universos, interminablemente. Y también hacia arriba.»

Para la mayoría de nosotros es un mundo que sobrepasa lo comprensible. Incluso el simple hecho de leer hoy una guía elemental de la física de partículas obliga a abrirse camino por espesuras léxicas como ésta: «El pión cargado y el antipión se desintegran respectivamente[14] en un muón, más un antineutrino y un antimuón, más un neutrino con una vida media de 2.603×10^{-8} segundos, el pión neutral se desintegra en dos fotones con una vida media de aproximadamente $0,8 \times 10^{-16}$ segundos, y el muón y el antimuón se desintegran respectivamente en...» y así sucesivamente. Y esto procede de un libro escrito para el lector medio, por uno de los divulgadores (normalmente) más lúcidos, Steven Winberg.

En la década de los sesenta, en un intento de aportar un poco de sencillez a las cosas, el físico del Instituto Tecnológico de California, Murray Gell-Mann inventó una nueva clase de partículas, básicamente, según Steven Winberg, «para reintroducir una cierta economía en la multitud de hadrones»,[15] un término colectivo empleado por los físicos para los protones, los neutrones y otras partículas gobernadas por la fuerza nuclear fuerte. La teoría de Gell-Mann era que todos los hadrones estaban compuestos de partículas más pequeñas e incluso más fundamentales. Su colega Richard Feynman quiso llamar a estas nuevas partículas básicas *partones*,[16] como en Dolly, pero no lo consiguió. En vez de eso, pasaron a conocerse como *quarks*.

Gell-Mann tomó el nombre de una frase de *Finnegan's Wake*: «Tres quarks para Muster Mark» (algunos físicos riman la palabra con *storks*, no con *larks* aunque esta última es casi con seguridad la pronunciación en la que pensaba Joyce). La simplicidad básica de los quarks no tuvo larga vida. En cuanto empezaron a entenderse mejor, fue necesario introducir subdivisiones. Aunque los quarks son demasiado pequeños para tener color, sabor o cualquier otra característica física que podamos identificar, se agruparon en seis categorías (arriba, abajo, extraño, encanto, superior e inferior), a las que los físicos aluden curiosamente como sus «aromas» y que se dividen a su vez en los colores rojo, verde y azul. (Uno sospecha que no fue simple coincidencia que estos términos se aplicaran por primera vez en California en la época de la siquedelia.)

Finalmente, emergió de todo esto lo que se denomina Modelo Estándar,[17] que es esencialmente una especie de caja de piezas para el mundo subatómico. El Modelo Estándar consiste es seis quarks, seis leptones, cinco bosones conocidos y un sexto postulado, el bosón de Higgs (por el científico escocés Peter Higgs), más tres de las cuatro fuerzas físicas: las fuerzas nucleares fuerte y débil y el electromagnetismo.

Esta ordenación consiste básicamente en que entre los bloques de construcción fundamentales de la materia figuran los quarks; éstos se mantienen unidos por unas partículas denominadas gluones; y los quarks y los gluones unidos forman protones y neutrones, el material del núcleo del átomo. Los lectones son la fuente de electrones y neutrinos. Los quarks y los lectones unidos se denominan fermiones. Los bosones (llamados así por el físico indio S. N. Bose) son partículas que producen y portan fuerzas,[18] e incluyen fotones y gluones. El bosón de Higgs puede existir o no existir en realidad. Se inventó simplemente como un medio de dotar de masa a las partículas.

Es todo, como puedes ver, un poquito difícil de manejar, pero es el modelo más sencillo que puede explicar todo lo que sucede en el mundo de las partículas. Casi todos los físicos de partículas piensan, como comentó Leon Lederman en un documental de televisión en 1985, que el Modelo Estándar carece de elegancia y de sencillez. «Es demasiado complicado. Tiene parámetros demasiado arbitrarios.[19] No podemos imaginarnos en realidad al creador jugueteando con 20 teclas para establecer 20 parámetros para crear el universo tal como lo conocemos», comentó. La física sólo es en verdad una búsqueda de la sencillez básica, pero lo que tenemos hasta el momento es una especie de desorden elegante... O, en palabras de Lederman: «Existe el sentimiento profundo de que el cuadro no es bello».

El Modelo Estándar no sólo es incompleto y difícil de manejar. Por una parte, no dice absolutamente nada sobre la gravedad. Busca cuanto quieras en el Modelo Estándar y no encontrarás nada que explique por qué cuando dejas un sombrero en una mesa no se eleva flotando hasta el techo. Ni puede explicar la masa, como ya hemos comentado hace un momento. Para dar algo de masa a las partículas tenemos que introducir ese hipotético bosón de Higgs.[20] Si existe en realidad o no es una cuestión que han de resolver los físicos en el siglo XXI. Como comentaba despreocupadamente Feynman: «Estamos, pues, apegados a una teoría[21] y no sabemos si es verdadera o falsa, pero lo que sí sabemos es que es un *poco* errónea o, al menos, incompleta».

Los físicos, en un intento de agruparlo todo, se han sacado de la manga algo llamado la teoría de las supercuerdas, que postula que todas esas cositas, como los quarks[22] y los lectones, que habíamos considerado anteriormente partículas, son en realidad «cuerdas», fibras vibrantes de energía que oscilan en 11 dimensiones, consistentes en las tres que ya conocemos, más el tiempo, y otras siete dimensiones que son, bueno, incognoscibles para nosotros. Las cuerdas son muy pequeñas... lo bastante pequeñas como para pasar por partículas puntuales.[23]

La teoría de las supercuerdas, al introducir dimensiones extra, permite a los físicos unir leyes cuánticas y gravitatorias en un paquete relativamente limpio y ordenado. Pero significa también que cualquier cosa que digan los científicos sobre la teoría empieza a parecer inquietantemente como el tipo de ideas que te espantaría si te la expusiese un conocido en el banco de un parque. He aquí, por ejemplo, al físico Michio Kaku explicando la estructura del universo desde el punto de vista de las supercuerdas:

> La cuerda heterótica está formada por una cuerda cerrada que tiene dos tipos de vibraciones,[24] una en el sentido de las agujas del reloj y, la otra, en el sentido contrario, que se tratan de una forma diferente. Las vibraciones en el sentido de las agujas del reloj viven en un espacio decadi-

mensional. Las que van en el sentido contrario viven en un espacio de 26 dimensiones, 16 de las cuales han sido compactadas. (Recordamos que, en el espacio de cinco dimensiones, la quinta estaba compactada por hallarse agrupada en un círculo.)

Y así sucesivamente, durante más de 350 páginas.

La teoría de las cuerdas ha generado además una cosa llamada teoría M,[25] que incorpora superficies conocidas como membranas... o simplemente branas, para las almas selectas del mundo de la física. Me temo que esto es la parada en la autopista del conocimiento en la que la mayoría de nosotros debemos bajar. He aquí unas frases del *New York Times* explicándolo de la forma más simple para el público en general:

> El proceso ekpirótico se inicia en el pasado indefinido[26] con un par de branas planas y vacías, dispuestas entre sí en paralelo en un espacio alabeado de cinco dimensiones... Las dos branas, que forman las paredes de la quinta dimensión, podrían haber brotado de la nada como una fluctuación cuántica en un pasado aún más lejano y haberse separado luego.

No hay discusión posible. Ni posibilidad de entenderlo. *Ekpirótico*, por cierto, se deriva de la palabra griega que significa conflagración.

Las cosas han llegado a un extremo en física que, como comentaba en *Nature* Paul Davies, es «casi imposible para los no científicos diferenciar entre lo legítimamente extraño y la simple chifladura».[27] La cosa llegó a un interesante punto álgido[28] en el otoño de 2002 cuando dos físicos franceses, los hermanos gemelos Igor y Grichak Bogdanov, elaboraron una teoría de ambiciosa densidad que incluía conceptos como «tiempo imaginario» y la «condición Kubo-Schwinger-Martin» y que se planteaba describir la nada que era el universo antes de la Gran Explosión... un periodo que se consideró siempre incognoscible (ya que precedía al nacimiento de la física y de sus propiedades).

La teoría de los Bogdanov provocó casi inmediatamente un debate entre los físicos respecto a si se trataba de una bobada, de una idea genial o de un simple fraude. «Científicamente, está claro que se trata de un disparate más o menos completo —comentó al *New York Times* el físico de la Universidad de Columbia Peter Woid—, pero eso no la diferencia mucho de gran parte del resto de la literatura científica que se expone últimamente».

Karl Popper, a quien Steven Weinberg ha llamado «el decano de los filósofos de la ciencia modernos», dijo en cierta ocasión que puede que no haya en realidad una teoría definitiva para la física,[29] que cada explicación debe necesitar más bien una explicación posterior, produciéndose con ello «una cadena infinita de más y más principios fundamentales». Una posibilidad rival es que ese conocimiento se halle simplemente fuera de nuestro alcance. «Hasta ahora, por fortuna —escribe Weinberg en *El sueño de una teoría definitiva*—, no parece que estemos llegando al límite de nuestros recursos intelectuales.»[30]

Seguramente este campo sea un sector en el que veremos posteriores avances del pensamiento; y serán pensamientos que quedarán casi con seguridad fuera del alcance de la mayoría.

Mientras los físicos de las décadas medias del siglo XX examinaban perplejos el mundo de lo muy pequeño, los astrónomos se hallaban no menos fascinados ante su incapacidad de comprender el universo en su conjunto.

La última vez que hablamos de Edwin Hubble, había decidido que casi todas las galaxias de nuestro campo de visión se están alejando de nosotros y que la velocidad y la distancia de ese retroceso son perfectamente proporcionales: cuanto más lejos está la galaxia, más deprisa se aleja. Hubble se dio cuenta de que esto se podía expresar con una simple ecuación, $Ho = v/d$ (donde Ho es una constante, v es la velocidad recesional de una galaxia en fuga y d la distancia que nos separa de ella). Ho ha pasado a conocerse desde entonces como la constante de Hubble y, el conjunto, como la Ley de Hubble. Valiéndose de su fórmula, Hubble calculó que el universo tenía unos dos mil millones de años de antigüedad,[31] lo que resultaba un poco embarazoso porque incluso a finales los años veinte estaba cada vez más claro que había muchas cosas en el universo (incluida probablemente la propia Tierra) que eran más viejas. Precisar más esa cifra ha sido desde entonces una preocupación constante de la cosmología.

Casi la única cosa constante de la constante de Hubble ha sido el gran desacuerdo sobre el valor que se le puede asignar. Los astrónomos descubrieron en 1956 que las cefeidas variables eran más variables de lo que ellos habían pensado; había dos variedades, no una. Esto les permitió corregir sus cálculos y obtener una nueva edad del universo de entre siete mil y veinte mil millones de años...[32] una cifra no demasiado precisa, pero lo suficientemente grande al menos para abarcar la formación de la Tierra.

En los años siguientes surgió una polémica, que se prolongaría interminablemente,[33] entre Allan Sandage, heredero de Hubble en Monte Wilson, y Gérard de Vaucouleurs, un astrónomo de origen francés con base en la Universidad de Texas. Sandage, después de años de cálculos meticulosos, llegó a un valor para la constante de Hubble de 50, lo que daba una edad para el universo de 20.000 millones de años. De Vaucouleurs, por su parte, estaba seguro de que el valor de la constante de Hubble era 100.* Esto significaba que el universo sólo tenía la mitad del tamaño y de la antigüedad que creía Sandage (diez mil millones de años). Las cosas dieron un nuevo bandazo hacia la incertidumbre cuando un equipo de los Observatorios Carnegie de California aseguraron, en 1994, basándose en mediciones del Telescopio Espacial Hubble, que el universo podía tener sólo ocho mil millones de años de antigüedad... una edad que aceptaban que era inferior a la de algunas de las estrellas que contenía. En febrero de 2003, un equipo de la NASA[34] y el Centro de Vuelos Espaciales Goddard de Maryland, utilizando un nuevo tipo de satélite de largo alcance llamado la Sonda Anisotrópica Microndular Wilkinson, proclamó con cierta seguridad que la edad del universo es 13.700 millones de años, cien millones de años arriba o abajo. Así están las cosas, al menos por el momento.

Que sea tan difícil hacer un cálculo definitivo se debe a que suele haber un margen muy amplio para la interpretación. Imagina que estás en pleno campo de noche e intentas determinar a qué distancia están de ti dos luces eléctricas alejadas. Utilizando instrumentos bastante sencillos de astronomía puedes calcular sin mucho problema que las bombillas tienen el mismo brillo y que una está, por ejemplo, un 50 % más alejada que la otra. Pero de lo que no puedes estar seguro es de si la luz más cercana es, por ejemplo, de una bombilla de 58 vatios que está a 37 metros de distancia o de una de 61 vatios que está a 36,5 metros de distancia. Amén de eso, debes tener en cuenta las perturbaciones causadas por variaciones en la atmósfera de la Tierra, por polvo intergaláctico, por luz estelar contaminante de fondo y muchos otros factores. El resultado final es que tus

---

*Tienes derecho a preguntarte, claro está, qué es lo que quiere decir exactamente «una constante de 50» o «una constante de 100». La respuesta está en las unidades astronómicas de medición. Los astrónomos no utilizan nunca, salvo en lenguaje coloquial, los años luz. Utilizan una distancia llamada el *parsec* (una contracción de *paralaje* y *segundo*), basada en una medida universal denominada paralaje estelar y que equivale a 3,26 años luz. Las mediciones realmente grandes, como la del tamaño de un universo, se expresan en megaparsecs: 1 megaparsec = 1 millón de parsecs. La constante se expresa en kilómetros por segundo por megaparsec. Así que, cuando los astrónomos hablan de una constante Hubble de 50, lo que en realidad quieren decir es «50 kilómetros por segundo por megaparsec». Se trata, sin duda, de una medida que para nosotros no significa absolutamente nada; pero bueno, en la mayoría de las mediciones astronómicas las distancias son tan inmensas que no significan absolutamente nada. *(N. del A.)*

cálculos se basan inevitablemente en una serie de supuestos interdependientes, cualquiera de los cuales puede ser motivo de discusión. Además está el problema de que el acceso a telescopios es siempre difícil y medir las desviaciones hacia el rojo ha sido muy costoso históricamente en tiempo de telescopio. Podría llevar toda una noche conseguir una sola exposición. En consecuencia, los astrónomos se han visto impulsados (o han estado dispuestos) a basar conclusiones en pruebas bastante endebles. Como ha dicho el periodista Geoffrey Carr, en cosmología tenemos «una montaña de teoría edificada sobre una topera de pruebas».[35] O como ha dicho Martin Rees: «Nuestra satisfacción actual [con los conocimientos de que disponemos] puede deberse a la escasez de datos más que a la excelencia de la teoría».

Esta incertidumbre afecta, por cierto, a cosas relativamente próximas tanto como a los bordes lejanos del universo. Como dice Donald Goldsmith, cuando los astrónomos dicen que la galaxia M87 está a sesenta millones de años luz de distancia, lo que en realidad quieren decir[36] —«pero lo que no suelen resaltar para el público en general»— es que está a una distancia de entre cuarenta y noventa millones de años luz de nosotros... y no es exactamente lo mismo. Para el universo en su conjunto, esto, como es natural, se amplía. Pese al éxito clamoroso de las últimas declaraciones, estamos muy lejos de la unanimidad.

Una interesante teoría, propuesta recientemente, es la de que el universo no es ni mucho menos tan grande como creíamos; que, cuando miramos a lo lejos, alguna de las galaxias que vemos pueden ser simplemente reflejos, imágenes fantasmales creadas por luz rebotada.

Lo cierto es que hay mucho, incluso a nivel básico, que no sabemos... por ejemplo, nada menos que de qué está hecho el universo. Cuando los científicos calculan la cantidad de materia necesaria para mantener unidas las cosas, siempre se quedan desesperadamente cortos. Parece ser que un 90 % del universo, como mínimo, y puede que hasta el 99 %, está compuesto por la «materia oscura» de Fritz Zwicky... algo que es, por su propia naturaleza, invisible para nosotros. Resulta un tanto fastidioso pensar que vivimos en un universo que en su mayor parte no podemos ni siquiera ver, pero ahí estamos. Por lo menos los nombres de los dos principales culpables posibles son divertidos: se dice que son bien WIMP (Weakly Interacting Massive Particles, o grandes partículas que interactúan débilmente, que equivale a decir manchitas de materia invisible que son restos de la Gran Explosión) o MACHO (Massive Compact Halo Objects, objetos con halo compactos masivos, otro nombre en realidad para los agujeros negros, las enanas marrones y otras estrellas muy tenues).

Los físicos de partículas han tendido a inclinarse por la explicación basada en las partículas, las WIMP, los astrofísicos por la estelar de los MACHO. Estos últimos llevaron la voz cantante durante un tiempo, pero no se localizaron ni mucho menos los suficientes, así que la balanza acabó inclinándose por las WIMP... con el problema de que nunca se había localizado ni una sola. Dado que interactúan débilmente, son —suponiendo que existan— muy difíciles de identificar. Los rayos cósmicos provocaban demasiadas interferencias. Así que los científicos deben descender mucho bajo tierra. A un kilómetro de profundidad, los bombardeos cósmicos serían una millonésima de lo que serían en la superficie. Pero incluso en el caso de que se añadieran todas ellas, «dos tercios del universo no figuran aún en el balance»[37] como ha dicho un comentarista. De momento podríamos muy bien llamarlas DUNNOS (de Dark Unknown Nonreflective Nondetectable Objects Somewhere, objetos oscuros desconocidos no reflectantes e indetectables situados en alguna parte).

Pruebas recientes indican no sólo que las galaxias del universo están huyendo de nosotros, sino que lo están haciendo a una tasa que se acelera. Esto contradice todas las expectativas. Además, parece que el universo puede estar lleno no sólo de materia oscura, sino de energía oscura. Los científicos le llaman a veces también energía del vacío o quintaesencia. Sea lo que sea, parece estar pilotando una expansión que nadie es capaz de explicar del todo. La teoría es que el espacio vacío no está ni mucho menos tan vacío,[38] que hay partículas de materia y antimateria que afloran a la existencia y desaparecen de nuevo, y que esas partículas están empujando el universo hacia fuera a un ritmo acelerado. Aunque resulte bastante inverosímil, lo único que resuelve todo esto es la constante cosmológica de Einstein...,[39] el pequeño añadido matemático que introdujo en la Teoría General de la Relatividad para detener la presunta expansión del universo y que él calificó como «la mayor metedura de pata de mi vida». Ahora parece que, después de todo, puede que hiciese bien las cosas.

Lo que resulta de todo esto es que vivimos en un universo cuya edad no podemos calcular del todo, rodeados de estrellas cuya distancia de nosotros y entre ellas no podemos conocer, lleno de materia que no somos capaces de identificar, que opera según leyes físicas cuyas propiedades no entendemos en realidad...

Y, con ese comentario bastante inquietante, regresemos al planeta Tierra y consideremos algo que *sí* entendemos..., aunque tal vez a estas alturas no te sorprenda saber que no lo comprendemos del todo y que, lo que entendemos, hemos estado mucho tiempo sin entenderlo.

LA TIERRA SE MUEVE

Albert Einstein, en una de sus últimas actuaciones profesionales antes de morir en 1955, escribió un prólogo breve pero elogioso al libro del geólogo Charles Hapgood, titulado *La cambiante corteza de la Tierra: una clave para algunos problemas básicos de la ciencia de la Tierra*. El libro era un ataque firme a la idea de que los continentes estaban en movimiento. En un tono que casi invitaba al lector a unirse a él en una risilla tolerante,[1] Hapgood comentaba que unas cuantas almas crédulas habían apreciado «una aparente correspondencia de forma entre algunos continentes». Daba la impresión, proseguía, «de que Suramérica podría unirse a África, y así sucesivamente... Se afirmaba incluso que las formaciones rocosas de las orillas opuestas del Atlántico se correspondían».

El señor Hapgood desechaba esas ideas tranquilamente, indicando que geólogos como K. E. Caster y J. C. Mendes habían hecho abundante trabajo de campo en ambas costas del Atlántico y habían demostrado, indiscutiblemente, que no existían tales similitudes. Sabe Dios qué rocas examinarían los señores Caster y Mendes, porque, en realidad, muchas de las formaciones rocosas de ambos litorales del Atlántico *son* las mismas... No son sólo muy parecidas, sino que son idénticas.

No se trataba de una idea con la que estuviesen de acuerdo ni el señor Hapgood ni muchos otros geólogos de su época. La teoría a que aludía Hapgood había sido postulada por primera vez en 1908 por un geólogo aficionado estadounidense, llamado Frank Bursley Taylor. Taylor procedía de una familia acaudalada, disponía de medios y estaba libre de limitaciones académicas, por lo que podía emprender vías de investigación heterodoxas. Era uno de los sorprendidos por la similitud de forma entre los litorales opuestos de África y de Suramérica y dedujo, a partir de esa observación, que los continentes habían estado en movimiento en otros tiempos. Propuso —resultó una idea clarividente— que el choque de los continentes podría haber hecho surgir las cadenas montañosas del planeta. No consiguió aportar pruebas, sin embargo, y la teoría se consideró demasiado estrambótica para merecer una atención seria.

Pero un teórico alemán, Alfred Wegener, tomó la idea de Taylor y prácticamente se la apropió. Wegener era un meteorólogo de la Universidad de Marburg. Investigó numerosas muestras de plantas y animales fósiles, que no encajaban en el modelo oficial de la historia de la Tierra, y comprendió que tenía muy poco sentido si se interpretaba de forma convencional. Los fósiles de animales aparecían insistentemente en orillas opuestas de océanos que eran demasiado grandes para cruzarlos a nado. ¿Cómo habían viajado, se preguntó, los marsupiales desde Suramérica hasta Australia? ¿Cómo aparecían caracoles idénticos en Escandinavia y en Nueva Inglaterra? Y, puestos a preguntar, ¿cómo se explicaban las vetas carboníferas y demás restos semitropicales en lugares tan gélidos como Spitsbergen, más de 600 kilómetros al norte de Noruega, si no habían emigrado allí de algún modo desde climas más cálidos?

Wegener elaboró la teoría de que los continentes del mundo habían sido en tiempos una sola masa terrestre que denominó Pangea, donde flora y fauna habían podido mezclarse, antes de dispersarse y acabar llegando a sus emplazamientos actuales. Expuso la teoría en un libro titulado *Die Entstehung der Kontinente und Ozeane*, o *The Origin of Continents and Oceans* [El origen de los continentes y los océanos], publicado en alemán en 1912 y en inglés (pese a haber estallado entre tanto la Primera Guerra Mundial) tres años más tarde.

La teoría de Wegener no despertó al principio mucha atención debido a la guerra. Pero, en 1920, publicó una edición revisada y ampliada que se convirtió enseguida en tema de debate. Todo el mundo aceptaba que los continentes se movían... pero hacia arriba y hacia abajo, no hacia los lados. El proceso del movimiento vertical, conocido como isostasia, fue artículo de fe en geología durante generaciones, aunque nadie disponía de teorías sólidas que explicasen cómo y por qué se producía. Una idea que persistió en los libros de texto hasta bien entrada mi época de estudiante era la de la «manzana asada», propuesta por el austriaco Eduard Suess poco antes de fin de siglo. Suess afirmaba que, cuando la Tierra fundida se había enfriado, se había quedado arrugada igual que una manzana asada, formándose así las cuencas oceánicas y las cadenas de montañas. No importaba que James Hutton hubiese demostrado hacía mucho tiempo que cualquier disposición estática de ese género desembocaría en un esferoide sin rasgos en cuanto la erosión alisase los salientes y rellenase los huecos. Estaba también el problema, planteado por Rutherford y Soddy años antes en el mismo siglo, de que los elementos térreos contenían inmensas reservas de calor... demasiado para que fuese posible el tipo de enfriamiento y arrugamiento que proponía Suess. Y, de todos modos, si la teoría de Suess fuese correcta, las montañas estarían distribuidas de modo uniforme en la superficie de la Tierra, lo que claramente no era así; y serían todas más o menos de la misma edad. Sin embargo, a principios de la década de 1900, ya era evidente que algunas cordilleras, como los Urales y los Apalaches, eran cientos de millones de años más antiguas que otras, como los Alpes y las Rocosas. Es indudable que todo estaba a punto para una nueva teoría. Por desgracia, Alfred Wegener no era el hombre que los geólogos querían que la proporcionase.

En primer lugar, sus ideas radicales ponían en entredicho las bases de la disciplina, lo que no suele ser un medio eficaz de generar simpatía entre el público interesado. Un reto de ese tipo habría sido bastante doloroso procediendo de un geólogo, pero Wegener no tenía un historial en geología. Era meteorólogo, Dios santo. Un hombre del tiempo... un hombre del tiempo alemán. Eran defectos que no tenían remedio.

Así que los geólogos se esforzaron todo lo posible por refutar sus pruebas y menospreciar sus propuestas. Para eludir los problemas que planteaba la distribución de los fósiles, postularon «puentes de tierra» antiguos siempre que era necesario.[2] Cuando se descubrió que un caballo antiguo llamado *Hipparion* había vivido en Francia y en Florida al mismo tiempo, se tendió un puente de tierra que cruzaba el Atlántico. Cuando se llegó a la conclusión de que habían existido simultáneamente tapires antiguos en Suramérica y en el sureste asiático, se tendió otro puente de tierra. Los mapas de los mares prehistóricos no tardaron en ser casi sólidos debido a los puentes de tierra hipotéticos que iban desde Norteamérica a Europa, de Brasil a África, del sureste asiático a Australia, desde Australia a la Antártida... Estos zarcillos conexores no sólo habían aparecido oportunamente siempre que hacía falta trasladar un organismo vivo de una masa continental a otra, sino que luego se habían esfumado dócilmente sin dejar rastro de su antigua existencia. De todo esto, claro, no había ninguna prueba —nada tan erróneo podía probarse—. Constituyó, sin embargo, la ortodoxia geológica durante casi medio siglo.

Ni siquiera los puentes de tierra podían explicar algunas cosas.[3] Se descubrió que una especie de trilobite muy conocida en Europa había vivido también en Terranova... pero sólo en un lado. Nadie podía explicar convincentemente cómo se las había arreglado para cruzar 3.000 kilómetros de océano hostil y no había sido capaz después de abrirse paso por el extremo de una isla de 300 kilómetros de anchura. Resultaba más embarazosa aún la anomalía que planteaba otra especie de trilobite hallada en Europa y en la costa noroeste del Pacífico de América, pero en ningún otro lugar intermedio, que habría exigido un paso elevado más que un puente de tierra como explicación. Todavía en 1964, cuando la Enciclopedia Británica analizó las distintas teorías, fue la de Wegener la que se consideró llena de «numerosos y graves problemas teóricos».[4] Wegener cometió errores, por supuesto. Aseguró que Groenlandia se estaba desplazando hacia el oeste a razón de 1,6 kilómetros por año, un disparate evidente. (El desplazamiento se aproxima más a un centímetro.) Sobre todo no pudo ofrecer ninguna explicación convincente de cómo se movían las masas continentales. Para creer en su teoría había que aceptar que continentes enormes se habían desplazado por la corteza sólida como un arado por la tierra, pero sin dejar surcos a su paso. Nada que se conociese entonces podía explicar de forma razonable cuál era el motor de aquellos movimientos gigantescos.

Fue el geólogo inglés Arthur Holmes, que tanto hizo por determinar la edad de la Tierra, quien aportó una sugerencia. Holmes fue el primer científico que comprendió que el calentamiento radiactivo podía producir corrientes de convección en el interior de la Tierra. En teoría, dichas corrientes podían ser lo suficientemente fuertes como para desplazar continentes de un lado a otro en la superficie. En su popular manual *Principios de geología física*, publicado por primera vez en 1944 y que tuvo gran influencia, Holmes expuso una teoría de la deriva continental que es, en sus ideas fundamentales, la que hoy prevalece. Era aún una propuesta radical para la época y fue muy criticada, sobre todo en Estados Unidos, donde la oposición a la deriva continental persistió más que en ninguna otra parte. A un crítico le preocupaba —lo decía sin sombra de ironía— que Holmes expusiese sus argumentos de forma tan clara y convincente que los estudiantes pudiesen llegar realmente a creérselos.[5] En otros países, sin embargo, la nueva teoría obtuvo un apoyo firme aunque cauto. En 1950, una votación de la asamblea anual de la Asociación Británica para el Progreso de la Ciencia, puso de manifiesto que aproximadamente la mitad de los asistentes aceptaba la idea de la deriva continental.[6] (Hapgood citaba poco después esa cifra como prueba de lo trágicamente extraviados que estaban los geólogos ingleses.) Es curioso que el propio Holmes dudara a veces de sus convicciones. Como confesaba en 1953: «Nunca he conseguido librarme de un fastidioso prejuicio contra la deriva continental; en mis huesos geológicos, digamos, siento que la hipótesis es una fantasía».[7]

La deriva continental no careció totalmente de apoyo en Estados Unidos. La defendió, por ejemplo, Reginald Daly de Harvard. Pero, como recordarás, él fue quien postuló que la Luna se había formado por un impacto cósmico y sus ideas solían considerarse interesantes e incluso meritorias, pero un poco desmedidas para tomarlas en serio. Y así, la mayoría de los académicos del país siguió fiel a la idea de que los continentes habían ocupado siempre sus posiciones actuales y que sus características superficiales podían atribuirse a causas distintas de los movimientos laterales.

Resulta interesante el hecho de que los geólogos de las empresas petroleras hacía años que sabían[8] que si querías encontrar petróleo tenías que tener en cuenta concretamente el tipo de movimientos superficiales implícitos en la tectónica de placas. Pero los geólogos petroleros no escribían artículos académicos. Ellos sólo buscaban petróleo.

Había otro problema importante relacionado con las teorías sobre la Tierra que no había resuelto nadie, para el que nadie había conseguido aportar ni siquiera una solución. ¿Adónde iban a parar todos los sedimentos? Los ríos de la Tierra depositaban en los mares anualmente volúmenes enormes de material de acarreo (500 millones de toneladas de calcio, por ejemplo). Si multiplicabas la tasa de deposición por el número de años que llevaba produciéndose, obtenías una cifra inquietante: tendría que haber unos veinte kilómetros de sedimentos sobre los fondos oceánicos... o, dicho de otro modo, los fondos oceánicos deberían hallarse ya muy por encima de la superficie de los océanos. Los científicos afrontaron esta paradoja de la forma más práctica posible: ignorándola. Pero llegó un momento en que ya no pudieron seguir haciéndolo.

Harry Hess era un especialista en mineralogía de la Universidad de Princeton, al que pusieron al cargo de un barco de transporte de tropas de ataque, el *Cape Jonson*, durante la Segunda Guerra Mundial. A bordo había una sonda de profundidad nueva, denominada brazómetro,[9] que servía para facilitar las maniobras de desembarco en las playas, pero Hess se dio cuenta de que podía utilizarse también con fines científicos y la mantuvo funcionando constantemente, incluso en alta mar y en pleno combate. Descubrió así algo absolutamente inesperado: si los fondos oceánicos eran antiguos, como suponía todo el mundo, tenían que tener una gruesa capa de sedimento, como el légamo del fondo de un río o de un lago, pero las lecturas del brazómetro indicaban que en el fondo oceánico sólo había la pegajosa suavidad de limos antiguos. Y que estaba cortado además por todas partes por cañones, trincheras y grietas y salpicado de picachos volcánicos submarinos que Hess denominó guyotes, por otro geólogo anterior de Princeton llamado Arnold Guyot.[10] Todo esto era un rompecabezas, pero Hess tenía por delante una guerra y dejó aparcados al fondo de la mente estos pensamientos.

Después de la guerra, Hess regresó a Princeton y a las tareas y preocupaciones de la enseñanza, pero los misterios del lecho marino siguieron ocupando un espacio en sus pensamientos. Por otra parte, durante la década de 1950, los oceanógrafos empezaron a realizar exploraciones cada vez más complejas de los fondos oceánicos y se encontraron con una sorpresa todavía mayor: la cadena montañosa más formidable y extensa de la Tierra estaba (mayoritariamente) sumergida bajo la superficie. Trazaba una ruta ininterrumpida a lo largo de los lechos marinos del mundo bastante parecida al dibujo de una pelota de tenis. Si partías de Islandia con rumbo sur, podías seguirla por el centro del océano Atlántico, doblar con ella la punta meridional de África y continuar luego por los mares del Sur y el océano Índico y luego por el Pacífico justo por debajo de Australia. Allí continuaba en ángulo, cruzando el Pacífico como si se dirigiese hacia la baja California, pero se desviaba después por la costa oeste de Estados Unidos arriba hasta Alaska. De vez en cuando, sus picos más altos afloraban sobre la superficie del agua como islas o archipiélagos (las Azores y las Canarias en el Atlántico, Hawai en el Pacífico, por ejemplo), pero estaba mayoritariamente sepultada bajo miles de brazas de agua salada, desconocida e insospechada. Sumando todos sus ramales, la red se extendía a lo largo de 75.000 kilómetros.

Hacía bastante tiempo que se sabía algo de esto. Los técnicos que tendían cables por el lecho del océano en el siglo XIX habían comprobado que se producía algún tipo de intrusión montañosa, en el camino que recorrían los cables en el centro del Atlántico, pero el carácter continuado y la escala global de la cadena fue una sorpresa desconcertante. Contenía además anomalías físicas que no podían explicarse. En el centro de la cordillera en mitad del Atlántico había un cañón (una fisura o grieta o rift) de 10 kilómetros de anchura que recorría los 19.000 kilómetros de su longitud. Esto parecía indicar que la Tierra se estaba separando en las junturas, como una nuez cuya cáscara se estuviese rompiendo. Era una idea absurda e inquietante, pero no se podía negar lo evidente.

Luego, en 1960, las muestras de la corteza indicaron que el fondo oceánico era muy joven en la cordillera central del Atlántico, pero que iba haciéndose cada vez más viejo a medida que te alejabas hacia el este o el oeste. Harry Hess consideró el asunto y llegó a la conclusión de que sólo podía significar una cosa: se estaba formando nueva corteza oceánica a ambos lados de la fisura central, que iba desplazándose hacia los lados al ir surgiendo esa nueva corteza. El suelo del Atlántico era, en realidad, como dos grandes correas de transmisión, una que llevaba corteza hacia el norte de América y la otra que la desplazaba hacia Europa. El proceso se denominó ensanchamiento del lecho marino.

Cuando la corteza llegaba al final de su viaje en la frontera con los continentes, volvía a hundirse en la Tierra en un proceso denominado subducción. Eso explicaba adónde se iba todo el sedimento. Regresaba a las entrañas de la Tierra. También explicaba por qué los fondos oceánicos eran en todas partes tan relativamente jóvenes. No se había descubierto ninguno que tuviese más de unos 175 millones de años, lo que resultaba desconcertante porque las rocas continentales tenían en muchos casos miles de millones de años de antigüedad. Hess ya podía entender por qué. Las rocas oceánicas duraban sólo el tiempo que tardaban en llegar hasta la costa. Era una bella teoría que explicaba muchas cosas. Hess expuso sus argumentos en un importante artículo, que fue casi universalmente ignorado. A veces el mundo simplemente no está preparado para una buena idea.

Mientras tanto, dos investigadores, trabajando cada uno por su cuenta, estaban haciendo algunos descubrimientos sorprendentes, a partir de un hecho curioso de la historia de la Tierra que se había descubierto varios decenios antes. En 1906, un físico francés llamado Bernard Brunhes había descubierto que el campo magnético del planeta se invierte de cuando en cuando y que la crónica de esas inversiones está registrada de forma permanente en ciertas rocas en la época de su nacimiento. Pequeños granos de mineral de hierro que contienen las rocas apuntaban concretamente hacia donde estaban los polos magnéticos en la época de su formación, quedando luego inmovilizados en esa posición al enfriarse y endurecerse las rocas. Así pues, esos granos «recuerdan» dónde estaban los polos magnéticos en la época de su creación. Esto fue durante años poco más que una curiosidad, pero en los años cincuenta, Patrick Blackett, de la Universidad de Londres, y S. K. Runcorn de la Universidad de Newcastle, estudiaron las antiguas pautas magnéticas inmovilizadas en rocas británicas y se quedaron asombrados, por decir poco, al descubrir que indicaban que en algún periodo del pasado lejano Inglaterra había girado sobre su eje y viajado cierta distancia hacia el norte, como si se hubiese desprendido misteriosamente de sus amarras. Descubrieron además que, si colocaban un mapa de pautas magnéticas de Europa junto a otro de América del mismo periodo, encajaban tan exactamente como dos mitades de una carta rota. Era muy extraño. También sus descubrimientos fueron ignorados.

La tarea de atar todos los cabos correspondió finalmente a dos hombres de la Universidad de Cambridge, un físico llamado Drummond Matthews y un estudiante graduado alumno suyo, llamado Fred Vine. En 1963, valiéndose de estudios magnéticos del lecho del océano Atlántico, demostraron de modo concluyente que los lechos marinos se estaban ensanchando exactamente de la forma postulada por Hess y que también los continentes estaban en movimiento. Un desafortunado geólogo canadiense, llamado Lawrence Morley, llegó a la misma conclusión al mismo tiempo, pero no encontró a nadie que le publicase el artículo. El director del *Journal of Geophysical Research* le dijo, en lo que se ha convertido en un desaire célebre: «Esas especulaciones constituyen una conversación interesante para fiestas y cócteles, pero no son las cosas que deberían publicarse bajo los auspicios de una revista científica seria». Un geólogo describió el artículo más tarde así: «Probablemente el artículo más significativo de las ciencias de la Tierra al que se haya negado la publicación».[11]

De cualquier modo, lo cierto es que la consideración de la corteza móvil era una idea a la que le había llegado al fin su momento.

En 1964, se celebró en Londres bajo los auspicios de la Real Sociedad un simposio, en el que participaron muchas de las personalidades científicas más importantes del campo, y pareció de pronto que todo el mundo se había convertido. La Tierra, convinieron todos, era un mosaico de segmentos interconectados cuyos formidables y diversos empujes explicaban gran parte de la conducta de la superficie del planeta.

La expresión «deriva continental» se desechó con bastante rapidez cuando se llegó a la conclusión de que estaba en movimiento toda la corteza y no sólo los continentes, pero llevó tiempo ponerse de acuerdo en una denominación para los segmentos individuales. Se les llamó al principio «bloques de corteza» o, a veces, «adoquines». Hasta finales de 1968, con la publicación de un artículo de tres sismólogos estadounidenses en el *Journal of Geophysical Research*, no recibieron los segmentos el nombre por el que se los conoce desde entonces: placas. El mismo artículo denominaba la nueva ciencia tectónica de placas.

Las viejas ideas se resisten a morir, y no todo el mundo se apresuró a abrazar la nueva y emocionante teoría. Todavía bien entrados los años setenta[12] uno de los manuales de geología más populares e influyentes, *The Earth* [La Tierra], del venerable Harold Jeffreys, insistía tenazmente en que la tectónica de placas era una imposibilidad física, lo mismo que lo había hecho en la primera edición que se remontaba a 1924. El manual desdeñaba también las ideas de convección y de ensanchamiento del lecho marino. Y John McPhee comentaba en *Basin and Range* [Cuenca y cordillera], publicado en 1980, que, incluso entonces, un geólogo estadounidense de cada ocho no creía aún en la tectónica de placas.[13]

Hoy sabemos que la superficie terrestre está formada por entre ocho y doce grandes placas[14] (según lo que se considere grande) y unas veinte más pequeñas, y que todas se mueven en direcciones y a velocidades distintas. Unas placas son grandes y relativamente inactivas; otras, pequeñas y dinámicas. Sólo mantienen una relación incidental con las masas de tierra que se asientan sobre ellas. La placa norteamericana, por ejemplo, es mucho mayor que el continente con el que se la asocia. Sigue aproximadamente el perfil de la costa occidental del continente— ése es el motivo de que la zona sea sísmicamente tan activa, debido al choque y la presión de la frontera de la placa—, pero ignora por completo el litoral oriental y, en vez de alinearse con él, se extiende por el Atlántico hasta la cordillera de la zona central de éste. Islandia está escindida por medio, lo que hace que sea tectónicamente mitad americana y mitad europea. Nueva Zelanda, por su parte, se halla en la inmensa placa del océano Índico, a pesar de encontrarse bastante lejos de él. Y lo mismo sucede con la mayoría de las placas.

Se descubrió también que las conexiones entre las masas continentales modernas y las del pasado son infinitamente más complejas de lo que nadie había supuesto.[15] Resulta que Kazajstán estuvo en tiempos unido a Noruega y a Nueva Inglaterra. Una esquina de State Island (pero sólo una esquina) es europea. También lo es una parte de Terranova. El pariente más próximo de una piedra de una playa de Massachusetts lo encontrarás ahora en África. Las Highlands escocesas y buena parte de Escandinavia son sustancialmente americanas. Se cree que parte de la cordillera Shackleton de la Antártida quizá perteneciera en tiempos a los Apalaches del este de Estados Unidos. Las rocas, en resumen, andan de un sitio a otro.

El movimiento constante impide que las placas se fundan en una sola placa inmóvil. Suponiendo que las cosas sigan siendo en general como ahora, el océano Atlántico se expandirá hasta llegar a ser mucho mayor que el Pacífico. Gran parte de California se alejará flotando y se convertirá en una especie de Madagascar del Pacífico. África se desplazará hacia el norte, uniéndose a Europa, borrando de la existencia el Mediterráneo y haciendo elevarse una cadena de montañas de majestuosidad himaláyica, que irá desde París hasta Calcuta. Australia colonizará las islas situadas al norte de ella y se unirá mediante algunos ombligos ístmicos a Asia. Éstos son resultados futuros, pero no acontecimientos futuros. Los acontecimientos están sucediendo ya. Mientras estamos aquí sentados, los continentes andan a la deriva, como hojas en un estanque. Gracias a los sistemas de localización por satélite podemos ver que Europa y Norteamérica se están separando aproximadamente a la velocidad que crece la uña de un dedo...[16] unos dos metros en una vida humana. Si estuvieses en condiciones de esperar el tiempo suficiente, podrías subir desde Los Ángeles hasta San Francisco. Lo único que nos impide apreciar los cambios es la brevedad de la vida individual. Si miras un globo terráqueo, lo que ves no es en realidad más que una foto fija de los continentes tal como fueron durante sólo una décima del 1 % de la historia de la Tierra.[17]

La Tierra es el único planeta rocoso que tiene tectónica y la razón de ello es un tanto misteriosa. No se trata sólo de una cuestión de tamaño o densidad (Venus es casi un gemelo de la Tierra en esos aspectos y no tiene, sin embargo, ninguna actividad tectónica), pero puede que tengamos justamente los materiales adecuados en las cuantías justamente adecuadas para que la Tierra se mantenga efervescente. Se piensa —aunque es sólo una idea— que la tectónica es una pieza importante del bienestar orgánico del planeta.[18] Como ha dicho el físico y escritor James Trefil: «Resultaría difícil creer que el movimiento continuo de las placas tectónicas no tiene ninguna influencia en el desarrollo de la vida en la Tierra». En su opinión, los retos que la tectónica plantea (cambios climáticos, por ejemplo) fueron un acicate importante para el desarrollo de la inteligencia. Otros creen que la deriva de los continentes puede haber producido por lo menos algunos de los diversos procesos de extinción de la Tierra. En noviembre del año 2002, Tony Dickson, de la Universidad de Cambridge, escribió un artículo que publicó la revista *Science*, en que postula resueltamente la posible existencia de una relación entre la historia de las rocas y la historia de la vida.[19] Dickson demostró que la composición química de los océanos del mundo se ha alterado, de forma brusca y espectacular a veces, durante los últimos 500 millones de años, y que esos cambios se corresponden en muchos casos con importantes acontecimientos de la historia biológica: la profusa y súbita irrupción de pequeños organismos que creó los acantilados calizos de la costa sur de Inglaterra, la brusca propagación de la moda de las conchas entre los organismos marinos en el periodo Cámbrico, etcétera. Nadie ha podido determinar cuál es la causa de que la composición química de los océanos cambie de forma tan espectacular de cuando en cuando, pero la apertura y el cierre de las cordilleras oceánicas serían culpables evidentes y posibles.

Lo cierto es que la tectónica de placas no sólo explicaba la dinámica de la superficie terrestre (cómo un antiguo *Hipparion* llegó de Francia a Florida, por ejemplo), sino también muchos de sus procesos internos. Los terremotos, la formación de archipiélagos, el ciclo del carbono, los emplazamientos de las montañas, la llegada de las eras glaciales, los orígenes de la propia vida... no había casi nada a lo que no afectase directamente esta nueva y notable teoría. Según McPhee, los geólogos se encontraron en una posición que causaba vértigo, en la que «de pronto, toda la Tierra tenía sentido».[20]

Pero sólo hasta cierto punto. La distribución de continentes en los tiempos antiguos está mucho menos claramente resuelta de lo que piensa la mayoría de la gente ajena a la geofísica. Aunque los libros de texto dan representaciones, que parecen seguras, de antiguas masas de tierra con nombres como Laurasia, Gondwana, Rodinia y Pangea, esas representaciones se basan a menudo en conclusiones que no se sostienen del todo. Como comenta George Gaylord Simpson en *Fossils and the History of Life* [Fósiles y la historia de la vida], especies de plantas y animales del mundo antiguo tienen por costumbre aparecer inoportunamente donde no deberían y no estar donde sí deberían.[21]

El contorno de Gondwana, un continente imponente que conectaba en tiempos Australia, África, la Antártida y Suramérica, estaba basado en gran parte en la distribución de un género del antiguo helecho lengua llamado *Glossopteris*, que se halló en todos los lugares adecuados. Pero mucho después se descubrió también el *Glossopteris* en zonas del mundo que no tenían ninguna conexión conocida con Gondwana. Esta problemática discrepancia fue (y sigue siendo) mayoritariamente ignorada. Del mismo modo, un reptil del Triásico llamado listrosaurio se ha encontrado en la Antártida y en Asia, dando apoyo a la idea de una antigua conexión entre esos continentes, pero nunca ha aparecido en Suramérica ni en Australia, que se cree que habían formado parte del mismo continente en la misma época.

Hay también muchos rasgos de la superficie que no puede explicar la tectónica.[22] Consideremos, por ejemplo, el caso de Denver. Está, como es sabido, a 1.600 metros de altitud, pero su ascensión es relativamente reciente. Cuando los dinosaurios vagaban por la Tierra, Denver formaba parte del lecho oceánico y estaba, por tanto, muchos miles de metros más abajo. Pero las rocas en las que Denver se asienta no están fracturadas ni deformadas como deberían estarlo si Denver hubiese sido empujado hacia arriba por un choque de placas y, de todos modos, Denver estaba demasiado lejos de los bordes de la placa para que le afecten los movimientos de ésta. Sería como si empujases en un extremo de una alfombra con la esperanza de formar una arruga en el extremo opuesto. Misteriosamente y a lo largo de millones de años, parece que Denver ha estado subiendo como pan en el horno. Lo mismo sucede con gran parte de África meridional; un sector de ella, de 1.600 kilómetros de anchura, se ha elevado sobre kilómetro y medio en un centenar de millones de años sin ninguna actividad tectónica conocida relacionada. Australia, por su parte, ha estado inclinándose y hundiéndose. Durante los últimos cien millones de años, mientras se ha desplazado hacia el norte, hacia Asia, su extremo frontal se ha hundido casi doscientos metros. Parece ser que Indonesia se está hundiendo lentamente y arrastrando con ella a Australia. Nada de todo esto se puede explicar con las teorías de la tectónica.

Alfred Wegener no vivió lo suficiente para ver confirmadas sus ideas.[23]

En 1930, durante una expedición a Groenlandia, el día de su quincuagésimo cumpleaños, abandonó solo el campamento para localizar un lanzamiento de suministros. Nunca regresó. Le encontraron muerto unos cuantos días después, congelado en el hielo. Le enterraron allí mismo y todavía sigue allí, aunque un metro más cerca del continente norteamericano que el día que murió.

Tampoco Einstein llegó a vivir lo suficiente para ver que no había apostado por el caballo ganador. Murió en Princeton, Nueva Jersey, en 1955, antes incluso, en realidad, de que se publicasen las simplezas de Charles Hapgood sobre las teorías de la deriva continental.

El otro actor principal de la aparición de la teoría de la tectónica, Harry Hess, estaba también en Princeton por entonces y pasaría allí el resto de su carrera. Uno de sus alumnos, un joven muy inteligente llamado Walter Álvarez,[24] acabaría cambiando el mundo de la ciencia de una forma completamente distinta.

En cuanto a la propia geología, sus cataclismos no habían hecho más que empezar, y fue precisamente el joven Álvarez quien ayudó a poner el proceso en marcha.

IV

UN PLANETA PELIGROSO

La historia de cualquier parte de la Tierra, como la vida de un soldado, consiste en largos periodos de aburrimiento y breves periodos de terror.

DEREK V. AGER, geólogo británico

13

¡BANG!

La gente sabía desde hacía mucho tiempo que había algo raro en la tierra debajo de Manson, Iowa. En 1912 un hombre que estaba perforando para hacer un pozo para el suministro de agua a la población informó que había encontrado mucha roca extrañamente deformada.[1] Esto se describiría más tarde en un informe oficial como una «brecha de clasto cristalino con una matriz fundida» y «flanco de eyección invertido». También el agua era extraña. Era casi tan blanda como la de lluvia. Y nunca se había encontrado en Iowa agua blanda natural.

Aunque las extrañas rocas y las sedosas aguas de Manson despertaron curiosidad, hasta cincuenta años después no decidiría un equipo de la Universidad de Iowa acercarse por la población, que tenía entonces, como ahora, unos dos mil habitantes y que está situada en el noroeste del estado. En 1953, después de una serie de perforaciones experimentales, los geólogos de la universidad llegaron a la conclusión de que el lugar era ciertamente anómalo y atribuyeron las rocas deformadas a alguna actividad volcánica antigua no especificada. Esto se correspondía con los conocimientos de la época, pero era también todo lo errónea que puede llegar a ser una conclusión geológica.

El trauma geológico de Manson no había llegado del interior de la Tierra, sino de más de un centenar y medio de millones de kilómetros más allá, como mínimo. En algún momento del pasado muy remoto, cuando Manson se hallaba en el borde de un mar poco profundo, una roca de unos 2,4 kilómetros de anchura, que pesaba 10.000 millones de toneladas y se desplazaba a tal vez unas doscientas veces la velocidad del sonido, atravesó la atmósfera y se clavó en la Tierra con una violencia y una brusquedad casi inimaginables. La zona en la que se alza hoy Manson se convirtió en un instante en un agujero de 4,8 kilómetros de profundidad y más de 32 kilómetros de anchura. La piedra caliza que en otras partes da a Iowa su agua dura y mineralizada, quedó destruida y la sustituyeron las rocas del basamento impactado que tanto desconcertaron al perforador que buscaba agua en 1912.

El impacto de Manson fue la cosa más grande que se ha producido en la parte continental de Estados Unidos. De cualquier tipo. En toda su existencia. El cráter que dejó fue tan colosal que si te colocas en un borde sólo en un día claro podrías ver el borde opuesto. Haría parecer pintoresco e insignificante el Gran Cañón del Colorado. Por desgracia para los amantes del espectáculo, 2,5 millones de años de placas de hielo pasajeras llenaron el cráter de Manson hasta los bordes de rica arcilla glaciárica, alisándola luego, de manera que hoy el paisaje es en Manson, y en muchos kilómetros a la redonda, tan plano como la tabla de una mesa. Ésa es, claro, la razón de que nadie haya oído hablar nunca del cráter de Manson.

En la biblioteca de Manson te enseñan, con muchísimo gusto, una colección de artículos de prensa y una caja de muestras de testigos de un programa de sondeos de 1991-1992; están deseando en realidad sacarlos y enseñártelos, pero tienes que decir que quieres verlos. No hay nada permanente expuesto y no hay tampoco en ninguna parte del pueblo un indicador histórico.

Para la mayoría de los habitantes de Manson, el acontecimiento más importante que sucedió allí fue un tornado que subió arrasando por su calle Mayor y destrozó toda la zona comercial. Una de las ventajas de la llanura del entorno es que puedes ver el peligro desde muy lejos. Prácticamente todos los habitantes del pueblo se congregaron[2] en un extremo de la calle Mayor y estuvieron observando durante media hora cómo avanzaba hacia ellos el tornado, con la esperanza de que se desviase, y luego se dispersaron todos prudentemente al ver que no lo hacía. Cuatro de ellos no lo hicieron con la suficiente rapidez y perecieron. Ahora Manson celebra todos los años, en el mes de junio, una fiesta que dura una semana llamada los Días del Cráter, que se concibió como un medio de ayudar a la gente a olvidar ese otro desdichado aniversario. No tiene en realidad nada que ver con el cráter. Nadie ha dado con un medio de capitalizar un lugar de colisión que no es visible.

«Muy de cuando viene gente y pregunta dónde puede ver el cráter[3] y tenemos que decirles que no hay nada que ver —dice Anna Schlapkohl, la amable bibliotecaria del pueblo—. Entonces se van un poco desilusionados.»

Sin embargo, la mayoría de la gente, incluidos la mayoría de los habitantes del estado de Iowa, no ha oído hablar nunca del cráter de Manson. Ni siquiera en el caso de los geólogos merece algo más que una nota a pie de página. Pero, en la década de los ochenta, durante un breve periodo, Manson fue el lugar geológicamente más fascinante de la Tierra.

La historia comienza a principios de los años cincuenta, cuando un joven y brillante geólogo llamado Eugene Shoemaker hizo una visita al Cráter del Meteorito de Arizona. El Cráter del Meteorito es el punto de colisión más famoso de la Tierra y una popular atracción turística. Pero en aquella época no recibía muchos visitantes y aún solía llamársele Cráter de Barringer, por un acaudalado ingeniero de minas llamado Daniel M. Barringer que había reclamado el derecho de explotación en 1903. Barringer creía que el cráter había sido formado por un meteorito de 10 millones de toneladas, que contenía gran cantidad de hierro y níquel, y tenía la firme esperanza de que haría una fortuna extrayéndolo. Ignorando que el meteorito y todo lo que pudiese contener se habría evaporado con la colisión, derrochó una fortuna, y los veintiséis años siguientes, excavando túneles que no produjeron nada.

De acuerdo con los criterios actuales, la exploración del cráter de principios de la década de 1900 fue, por decir lo mínimo, no demasiado refinada. G. K. Gilbert, de la Universidad de Columbia,[4] que fue el más destacado de estos primeros investigadores, reprodujo a pequeña escala los efectos de las colisiones tirando canicas en bandejas de harina de avena. (Por razones que ignoro, Gilbert realizó esos experimentos no en un laboratorio de la Universidad de Columbia sino en la habitación de un hotel.)[5] De este experimento, Gilbert extrajo no se sabe cómo la conclusión de que los cráteres de la Luna se debían en realidad a colisiones —se trataba de una idea bastante revolucionaria para la época—, pero los de la Tierra no. La mayoría de los científicos se negaron a llegar incluso hasta ahí. Para ellos los cráteres de la Luna eran testimonio de antiguos volcanes y nada más. Los pocos cráteres de los que había pruebas en la Tierra —la erosión había acabado con la mayoría de ellos— se atribuían en general a otras causas o se consideraban rarezas casuales.

En la época en que Shoemaker empezó a investigar, era una idea bastante extendida que el Cráter del Meteorito se había formado por una explosión subterránea de vapor. Shoemaker no sabía nada sobre explosiones subterráneas de vapor (no podía: no existían) pero sabía todo lo que había que saber sobre zonas de explosión. Uno de los primeros trabajos que había hecho, al salir de la universidad, había sido un estudio de los anillos de explosión de la zona de pruebas nucleares de Yucca Flats, Nevada. Llegó a la conclusión, como Barringer antes que él, de que en el Cráter del Meteorito no había nada que indicase actividad volcánica, pero había gran cantidad de otro tipo de materiales (principalmente delicados sílices anómalos y magnetita), lo que sugería la colisión de un aerolito procedente del espacio exterior. Intrigado, empezó a estudiar el asunto en su tiempo libre.

Así pues, con la ayuda de su colega Eleanor Helin, y más tarde de su esposa Carolyn y de su colega David Levy, inició una investigación sistemática del sistema solar. Pasaban una semana al mes en el Observatorio Monte Palomar, en California, buscando objetos, principalmente asteroides, cuyas trayectorias les hiciesen atravesar la órbita de la Tierra.

«En la época en que empezamos, sólo se había descubierto poco más de una docena de esas cosas en todo el proceso de observación astronómica[6] —recordaba Shoemaker años más tarde en una entrevista que le hicieron en la televisión—. Los astrónomos abandonaron prácticamente el sistema solar en el siglo XX —añadió—. Tenían centrada la atención en las estrellas, en las galaxias.»

Lo que descubrieron Shoemaker y sus colegas fue que había más peligro allá fuera (muchísimo más) del que nunca nadie había imaginado.

Los asteroides, como la mayoría de la gente sabe, son objetos rocosos que orbitan en formación un tanto imprecisa en un cinturón situado entre Marte y Júpiter. En las ilustraciones se les representa siempre en un revoltijo, pero lo cierto es que el sistema solar es un lugar espacioso y el asteroide medio se halla en realidad a un millón y medio de kilómetros o así de su vecino más próximo. Nadie conoce ni siquiera el número aproximado de asteroides que andan dando tumbos por el espacio, pero se considera probable que haya mil millones de ellos como mínimo. Se supone que son un planeta que no llegó a hacerse del todo, debido a la atracción gravitatoria desestabilizadora de Júpiter, que les impidió (y les impide) aglutinarse.

Cuando empezaron a detectarse asteroides en la década de 1800 (el primero lo descubrió el primer día del siglo un siciliano llamado Giuseppe Piazzi) se creyó que eran planetas, y se llamó a los dos primeros Ceres y Palas. Hicieron falta algunas deducciones inspiradas del astrónomo William Herschel para descubrir que no eran ni mucho menos del tamaño de los planetas sino mucho más pequeños. Herschel los llamó asteroides (del griego *asteroeidés*, como estrellas)[7] lo que era algo desacertado, pues no se parecen en nada a las estrellas. Ahora se los llama a veces, con mayor exactitud, planetoides.

Encontrar asteroides se convirtió en una actividad popular en la década de 1800 y a finales de siglo se conocían unos mil. El problema era que nadie se había dedicado a registrarlos sistemáticamente. A principios de la década de 1900, resultaba a menudo imposible saber ya si un asteroide que se hacía de pronto visible era nuevo o había sido observado antes y se había perdido luego su rastro. La astrofísica había progresado tanto por entonces que eran pocos los astrónomos que querían dedicar su vida a algo tan vulgar como unos planetoides rocosos. Sólo unos cuantos, entre los que se destacó Gerard Kuiper, un astrónomo de origen holandés al que se honró bautizando con su nombre el cinturón Kuiper de cometas, se tomaron algún interés por el sistema solar. Gracias al trabajo de Kuiper en el Observatorio McDonald de Texas, y luego al de otros astrónomos del Centro de Planetas Menores de Cincinnati y del proyecto Spacewatch de Arizona, la larga lista de asteroides fue reduciéndose progresivamente hasta que, cerca ya del final del siglo XX, sólo había sin fiscalizar un asteroide conocido, un objeto denominado 719 Albert. Se le vio por última vez en octubre de 1911 y volvió a localizarse por fin en el año 2000, después de estar 89 años perdido.[8]

Así que, desde el punto de vista de la investigación de asteroides, el siglo XX no fue básicamente más que un largo ejercicio de contabilidad. Hasta estos últimos años, no empezaron los astrónomos a contar y a vigilar el resto de la comunidad asteroidal. En julio de 2001 se habían bautizado e identificado 26.000 asteroides...[9] la mitad de ellos en sólo los dos años anteriores. La cuenta, con más de mil millones de ellos por identificar, es evidente que no ha hecho más que empezar.

En cierto sentido casi no importa. Identificar un asteroide no lo hace más seguro. Aunque todos los que hay en el sistema solar tuviesen una órbita y un nombre conocidos, nadie podría decir qué perturbaciones podrían lanzar cualquiera de ellos hacia nosotros. Ni siquiera en nuestra propia superficie podemos prever las perturbaciones de la rocas. Pon esas rocas a la deriva por el espacio y no hay manera de saber lo que podrían hacer. Cualquiera de esos asteroides que hay ahí fuera, que tiene un nombre nuestro unido a él, es muy probable que no tenga ningún otro.

Piensa en la órbita de la Tierra como una especie de autopista en la que somos el único vehículo, pero que la cruzan regularmente peatones tan ignorantes que no miran siquiera antes de lanzarse a cruzar. El 90 % como mínimo de esos peatones es completamente desconocido para nosotros. No sabemos dónde viven, qué horario hacen, con qué frecuencia se cruzan en nuestro camino. Lo único que sabemos es que, en determinado momento, a intervalos imprecisos, se lanzan a cruzar por donde vamos nosotros a más de 100.000 kilómetros por hora.[10] Tal como ha dicho Steven Ostro, del Laboratorio de Propulsión Jet: «Supón que hubiese un botón que pudieses accionar e iluminar al hacerlo todos los asteroides que cruzan la Tierra mayores de unos diez metros: habría más de cien millones de esos objetos en el cielo». En suma, verías un par de miles de titilantes estrellas lejanas, pero millones y millones y millones de objetos más próximos moviéndose al azar, «todos los cuales pueden colisionar con la Tierra y todos los cuales se mueven en cursos ligeramente distintos atravesando el cielo a diferentes velocidades.[11] Sería profundamente inquietante». En fin, inquiétate, porque es algo que está ahí. Sólo que no podemos verlo.

Se piensa en general —aunque no es más que una conjetura, basada en extrapolar a partir de los cráteres de la Luna— que cruzan regularmente nuestra órbita unos dos mil asteroides lo suficientemente grandes para constituir una amenaza para la vida civilizada. Pero incluso un asteroide pequeño (del tamaño de una casa, por ejemplo) podría destruir una ciudad. El número de estos relativos enanitos que hay en órbitas que cruzan la Tierra es casi con seguridad de cientos de miles y posiblemente millones, y es casi imposible rastrearlos.

No se localizó el primero hasta 1991, y se hizo después de que había pasado ya. Se le llamó 1991 BA y se detectó cuando estaba ya a una distancia de 170.000 kilómetros de nosotros; en términos cósmicos el equivalente a una bala que le atravesase a uno la manga sin tocar el brazo. Dos años después pasó otro, un poco mayor, que erró el blanco por sólo 145.000 kilómetros; el que ha pasado hasta ahora más cerca de los que se han detectado. No se vio tampoco hasta que había pasado ya y había llegado sin previo aviso. Según decía Timothy Ferris en *New Yorker*, probablemente haya dos o tres veces por semana[12] otros que pasan igual de cerca y que no detectamos.

Un objeto de un centenar de metros de ancho no podría captarse con ningún telescopio con base en la Tierra hasta que estuviese a sólo unos días de nosotros, y eso únicamente en el caso de que diese la casualidad de que se enfocase un telescopio hacia él, cosa improbable porque es bastante modesto incluso hoy el número de los que buscan esos objetos. La fascinante analogía, que se establece siempre, es que el número de personas que hay en el mundo que estén buscando activamente asteroides es menor que el personal de un restaurante McDonald corriente. (En realidad es ya algo mayor, pero no mucho.)

Mientras Gene Shoemaker intentaba electrizar a la gente con el número de peligros potenciales del interior del sistema solar, había otro acontecimiento —sin ninguna relación en apariencia— que se estaba desarrollando discretamente en Italia. Era el trabajo de un joven geólogo del Laboratorio Lamont Doherty de la Universidad de Columbia. A principios de los años setenta, Walter Álvarez estaba haciendo trabajo de campo en un bonito desfiladero conocido como Garganta Bottaccione, cerca de Gubbio, un pueblo de montaña de la Umbría, y cuando despertó su curiosidad una delgada banda de arcilla rojiza que dividía dos antiguas capas de piedra caliza, una del periodo Cretácico y la otra del Terciario. Este punto se conoce en geología como la frontera KT* y señala el periodo, de hace 65 millones de años, en que los dinosaurios y aproximadamente la mitad de las otras especies de animales del mundo se esfumaron bruscamente del registro fósil. Álvarez se preguntó qué podría explicar una fina lámina de arcilla, de apenas seis milímetros de espesor, de un momento tan dramático de la historia de la Tierra.

Por entonces, la explicación oficial de la extinción de los dinosaurios era la misma que había sido un siglo atrás, en tiempos de Charles Lyell; es decir, que los dinosaurios se habían extinguido a lo largo de millones de años. Pero la delgadez de la capa parecía indicar que en la Umbría, por lo menos, había sucedido algo más brusco. Por desgracia, en la década de los setenta, no existía ningún medio de determinar el tiempo que podía haber tardado en acumularse un depósito como aquél.

En el curso normal de las cosas, es casi seguro que Álvarez habría tenido que dejar el asunto en eso; pero, afortunadamente, tenía una relación impecable con alguien ajeno a la disciplina que podía ayudar: su padre, Luis. Luis Álvarez era un eminente físico nuclear; había ganado el premio Nobel de Física en la década anterior. Siempre se había burlado un poco del apego de su hijo a las rocas, pero aquel problema le intrigó. Se le ocurrió la idea de que la respuesta podía estar en polvo procedente del espacio.

La Tierra acumula todos los años unas 30.000 toneladas de «esférulas cósmicas»[13] (polvo del espacio, en lenguaje más sencillo) que sería muchísimo si lo amontonases, pero que es infinitesimal si se esparce por todo el globo. Ese fino polvo está salpicado de elementos exóticos que apenas se encuentran normalmente en la Tierra. Entre ellos está el elemento iridio, que es un millar de veces más abundante en el espacio que en la corteza terrestre (se cree que porque la mayor parte del iridio del planeta se hundió hasta el núcleo cuando el planeta era joven).

Luis Álvarez sabía que un colega suyo del Laboratorio Lawrence Berkeley de California, Frank Asaro, había ideado una técnica para determinar con mucha exactitud la composición química de las arcillas mediante un proceso llamado análisis de activación electrónica. Entrañaba bombardear con neutrones en un pequeño reactor nuclear y contar minuciosamente los rayos gamma que se emitiesen; era una tarea extrema

---

* Es KT en vez de CT porque C se había asignado ya al Cámbrico. Según a qué fuente te atengas, la *K* procede bien del griego *kreta* o bien del alemán *Kreide*. Las dos significan oportunamente caliza o creta, que es también de donde viene *cretáceo*. (N. del A.)

damente delicada. Asaro había utilizado antes esa técnica para analizar piezas de alfarería, pero Álvarez pensó que, si determinaban la cuantía de uno de los elementos exóticos en las muestras de suelo de su hijo y lo comparaban con su tasa anual de deposición, sabrían lo que habían tardado en formarse las muestras. Una tarde del mes de octubre de 1977, Luis y Walter Álvarez fueron a ver a Asaro y le preguntaron si podía hacerles los análisis que necesitaban.

Era una petición bastante impertinente en realidad. Pedían a Asaro que dedicara meses a hacer unas laboriosísimas mediciones de muestras geológicas sólo para confirmar lo que, en principio, parecía absolutamente obvio: que la fina capa de arcilla se había formado con tanta rapidez como indicaba su escaso grosor. Desde luego, nadie esperaba que el estudio aportara ningún descubrimiento espectacular.

«En fin, fueron muy encantadores, muy persuasivos[14] —recordaba Asaro en 2002 en una entrevista—. Y parecía un problema interesante, así que accedí a hacerlo. Lamentablemente, tenía muchísimo trabajo de otro tipo, y no pude hacerlo hasta ocho meses después. —Consultó sus notas del periodo y añadió—: El 21 de junio de 1978, a las 13:45, pusimos una muestra en el detector. Al cabo de 224 minutos nos dimos cuenta de que estábamos obteniendo resultados interesantes, así que lo paramos y echamos un vistazo.»

En realidad, los resultados fueron tan inesperados que los tres científicos creyeron al principio que tenían que haberse equivocado. La cuantía de iridio de la muestra de Álvarez era más de trescientas veces superior a los niveles normales... muchísimo más de lo que podrían haber predicho. Durante los meses siguientes, Asaro y su colega Helen Michel trabajaron hasta treinta horas seguidas —«En cuanto empezabas ya no podías parar», explicó Asaro— analizando muestras, siempre con los mismos resultados. Los análisis de otras muestras (de Dinamarca, España, Francia, Nueva Zelanda, la Antártida...) indicaban que el depósito de iridio tenía un ámbito planetario y era muy elevado en todas partes, en algunos casos, hasta quinientas veces los niveles normales. No cabía duda de que la causa de aquel pico fascinante había sido algo grande, brusco y probablemente catastrófico.

Después de pensarlo mucho, los Álvarez llegaron a la conclusión de que la explicación más plausible (plausible para ellos, claro) era que había caído en la Tierra un asteroide o un cometa.

La idea de que la Tierra podría hallarse sometida a colisiones devastadoras de cuando en cuando no era tan nueva como se dice a veces hoy. Un astrofísico de la Univesidad Northwestern, llamado Ralph B. Baldwin, había planteado ya en 1942 esa posibilidad en un artículo publicado en la revista *Popular Astronomy*.[15] (Publicó el artículo allí porque ninguna revista académica se mostró dispuesta a publicarlo.) Dos científicos bien conocidos como mínimo, el astrónomo Ernst Öpik y el químico y premio Nobel Harold Urey habían dicho también en varias ocasiones que apoyaban la idea. No era algo desconocido ni siquiera entre los paleontólogos. En 1956, el profesor de la Universidad Estatal de Oregón, M. W. De Laubenfels,[16] se anticipaba en realidad a la teoría de los Álvarez al comentar en un artículo publicado en *Journal of Paleontology* que los dinosaurios podrían haber sufrido un golpe mortal por un impacto procedente del espacio. Y, en 1970, el presidente de la Sociedad Paleontológica Americana, Dewey J. McLaren, planteó en la conferencia anual de la institución la posibilidad de que un acontecimiento anterior conocido como la extinción frasniana,[17] se hubiese debido al impacto de un objeto extraterrestre.

Como para resaltar hasta qué punto la idea ya no era novedosa en el periodo, unos estudios de Hollywood hicieron en 1979 una película titulada *Meteorito* («Mide ocho kilómetros de ancho... Se está acercando a 48.000 kilómetros por hora... ¡Y no hay donde esconderse!»), en la que actuaban Henry Fonda, Natalie Wood, Karl Malden y una roca gigante.

Así que, cuando en la primera semana de 1980, en una asamblea de la Asociación Americana para el Progreso de la Ciencia, los Álvarez comunicaron que creían que la extinción de los dinosaurios no se había producido a lo largo de millones de años como parte de un proceso lento e inexorable, sino de forma brusca en un solo acontecimiento explosivo, no debería haber causado ninguna conmoción.

Pero la causó. Se consideró en todas partes, pero sobre todo en el mundo de la paleontología, una herejía escandalosa.

«En fin, tienes que recordar —explica Asaro— que éramos aficionados en ese campo. Walter era geólogo especializado en paleomagnetismo; Luis era físico y yo era químico nuclear. Y de pronto, estábamos allí diciéndoles a los paleontólogos que habíamos resuelto un problema que ellos no habían conseguido resolver en un siglo. Así que no es tan sorprendente que no lo aceptaran de inmediato.»

Como decía bromeando Luis Álvarez: «Nos habían pillado practicando la geología sin licencia».

Pero había también algo mucho más profundo y fundamentalmente más abominable en la teoría del impacto. La creencia de que los procesos terrestres eran graduales había sido algo básico en la historia natural desde los tiempos de Lyell. En la década de los ochenta, el catastrofismo llevaba tanto tiempo pasado de moda que se había convertido literalmente en algo impensable. Como comentaría Eugene Shoemaker, casi todos los geólogos consideraban «contraria a su religión científica» la idea de un impacto devastador.

No ayudaba precisamente el que Luis Álvarez se mostrase claramente despectivo con los paleontólogos y con sus aportaciones al conocimiento científico.

«No son muy buenos científicos, en realidad. Parecen más coleccionistas de sellos»,[18] escribió en un artículo del *New York Times*, que sigue hiriendo.

Los adversarios de la teoría de los Álvarez propusieron muchas explicaciones alternativas de los depósitos de iridio —por ejemplo, que se debían a prolongadas erupciones volcánicas en la India llamadas las traps del Decán (*trap* se deriva de una palabra sueca que designa un tipo de lava; Decán es el nombre que tiene hoy la región)— e insistían sobre todo en que no existían pruebas de que los dinosaurios hubiesen desaparecido bruscamente del registro fósil en la frontera del iridio. Uno de los adversarios más firmes fue Charles Officer del Colegio Dartmouth. Insistió en que el iridio había sido depositado por la acción volcánica, aunque admitiese en una entrevista de prensa que no tenía pruebas concretas de ello.[19] Más de la mitad de los paleontólogos estadounidenses con quienes se estableció contacto en una encuesta seguían creyendo, todavía en 1988, que la extinción de los dinosaurios no tenía ninguna relación con el impacto de un asteroide o un cometa.[20]

Lo único que podía apoyar con la mayor firmeza la teoría de los Álvarez era lo único que ellos no tenían: una zona de impacto. Aquí es donde interviene Eugene Shoemaker. Shoemaker tenía familia en Iowa (su nuera daba clases en la Universidad de Iowa) y conocía bien el cráter de Manson por sus propios estudios. Gracias a él, todas las miradas se concentraron entonces en Iowa.

La geología es una profesión que varía de un sitio a otro. Iowa, un estado llano y poco interesante estratigráficamente, es en general un medio bastante tranquilo para los geólogos. No hay picos alpinos ni glaciares rechinantes. No hay grandes yacimientos de petróleo y de metales preciosos, ni rastros de un caudal piroclástico. Si eres geólogo y trabajas para el estado de Iowa, buena parte de tu trabajo consistirá en evaluar los planes de control de estiércol[21] que tienen obligación de presentar periódicamente todas las «empresas de confinamiento animal» (criadores de cerdos para el resto de las personas) del estado. En Iowa hay 15 millones de cerdos y, por tanto, muchísimo estiércol que controlar. No lo digo en tono burlesco ni mucho menos —es una tarea vital y progresista, mantiene limpia el agua de Iowa—, pero, aunque se ponga la mejor voluntad del mundo, no es lo mismo que esquivar bombas de lava en el monte Pinatubo o que andar entre las grietas de un glaciar en la capa de hielo de Groenlandia buscando cuarzos antiguos con restos de seres vivos. Así que es fácil imaginar la corriente de emoción que recorrió el Departamento de Recursos Naturales de Iowa cuando, a mediados de los años ochenta, la atención del mundo de la geología se concentró en Manson y en su cráter.

Troubridge Hall, en Iowa City, es un montón de ladrillo rojo, que data del cambio de siglo que alberga el departamento de Ciencias de la Tierra de la Universidad de Iowa y (arriba, en una especie de buhardilla) a los geólogos del Departamento de Recursos Naturales de Iowa. Nadie recuerda ahora exactamente cuándo se instaló a los geólogos del estado en un centro académico, y aún menos por qué, pero da la sensación de que se les concedió ese espacio a regañadientes porque las oficinas están atestadas y son de techo bajo y muy poco accesibles. Cuando te indican el camino, casi esperas que acaben sacándote a una cornisa y ayudándote luego a entrar por una ventana.

Ray Anderson y Brian Witzke pasan sus horas de trabajo allá arriba entre montones desordenados de artículos, revistas, mapas plegados y grandes especímenes líticos. (A los geólogos nunca les faltan pisapapeles.) Es el tipo de espacio en que si quieres encontrar algo (un asiento, una taza de café, un teléfono que suena) tienes que mover montones de documentos.

—De pronto estábamos en el centro de todo[22] —me explicó Anderson, resplandeciente al recordarlo, cuando me reuní con Witzke y con él en su despacho una mañana lluviosa y deprimente de junio—. Fue una época maravillosa.

Les pregunté por Gene Shoemaker, un hombre que parece haber sido universalmente reverenciado.

—Era un gran tipo —contestó sin vacilar Witzke—. Si no hubiese sido por él, no habría podido ponerse en marcha el asunto. Incluso con su apoyo costó dos años organizarlo y echarlo adelante. Los sondeos son muy caros... unos 35 dólares el pie entonces, ahora cuesta más, y necesitábamos profundizar 3.000 pies.

—A veces más aún —añadió Anderson.

—A veces más aún —ratificó Witzke—. Y en varios puntos. Se trataba por tanto de muchísimo dinero. Desde luego, más de lo que podíamos permitirnos con nuestro presupuesto.

Así que se estableció un acuerdo de colaboración entre el Servicio Geológico de Iowa y el Servicio Geológico de Estados Unidos (USGS).

—Por lo menos nosotros *creímos* que era una colaboración —dijo Anderson, esbozando una sonrisilla amarga.

—Para nosotros fue una verdadera curva de aprendizaje —continuó Witzke—. Había muchísima mala ciencia en aquel periodo, la verdad, gente que llegaba con resultados que no siempre resistían el análisis. Uno de esos momentos se produjo en la asamblea anual de la Unión Geofísica Americana en 1985,[23] cuando Glenn Izett y C. L. Pillmore del USGS comunicaron que el cráter de Manson tenía la edad justa para haber estado relacionado con la extinción de los dinosaurios. La noticia atrajo bastante la atención de la prensa, pero desgraciadamente era prematura. Un examen más meticuloso de los datos reveló que Manson no sólo era demasiado pequeño, sino que era además nueve millones de años más antiguo.

Anderson y Witzke recibieron la primera noticia de este revés para sus carreras al llegar a una conferencia en Dakota del Sur y ver que la gente salía a su encuentro y les miraba con lástima y les decía: «Ya nos hemos enterado de que habéis perdido vuestro cráter». Era la primera noticia que tenían de que Izett y los demás científicos del USGS acababan de comunicar que se habían repasado los datos y que se había llegado a la conclusión de que Manson no podía haber sido en realidad el cráter de la extinción.

—Fue bastante deprimente —recuerda Anderson—. Quiero decir que teníamos aquello que era realmente importante y de pronto ya no lo teníamos. Pero fue peor aún darse cuenta de que las personas con quienes creíamos que habíamos estado colaborando no se habían molestado siquiera en comunicarnos los nuevos resultados.

—¿Por qué?

—¿Quién sabe? —respondió, encogiéndose de hombros—. De todos modos, era un indicio bastante claro de lo poco atractiva que puede llegar a ser la ciencia cuando trabajas a un cierto nivel.

La búsqueda se trasladó a otros lugares. En 1990 uno de los investigadores, Alan Hildebrand de la Universidad de Arizona, se encontró por casualidad con un periodista del *Houston Chronicle* que se había enterado de que había una formación anular grande e inexplicable, de 193 kilómetros de anchura y 48 de profundidad, debajo de la península de Yucatán, en Chicxulub (México), cerca de la ciudad de Progreso, unos 950 kilómetros al sur de Nueva Orleáns. Había sido Pemex, la empresa petrolera mexicana, quien había encontrado la formación en 1952[24] (precisamente el año en que Gene Shoemaker había visitado por primera vez el Cráter del Meteorito de Arizona), pero los geólogos de la empresa habían llegado a la conclusión de que se trataba de un fenómeno volcánico, de acuerdo con los criterios de la época. Hildebrand fue hasta allí y llegó enseguida a la conclusión de que habían encontrado el cráter. A principios de 1991, se había demostrado a satisfacción de casi todos que Chicxulub era el lugar del impacto.

Aun así, mucha gente no entendía bien lo que podía hacer un impacto. Como explicaba Stephen Jay Gould en un artículo: «Recuerdo que albergaba algunas fuertes dudas iniciales sobre la eficacia de un acontecimiento de ese tipo...[25] ¿por qué un objeto de unos diez kilómetros de anchura habría de causar un desastre tan grande en un planeta con un diámetro de casi trece mil?».

Poco después surgió oportunamente una prueba natural de la teoría cuando los Shoemaker y Levy descubrieron el cometa Shoemaker-Levy 9, y se dieron cuenta de que se dirigía a Júpiter. Los seres humanos podrían presenciar por primera vez una colisión cósmica... y presenciarla muy bien gracias al nuevo Telescopio Espacial Hubble. Casi todos los astrónomos esperaban poco, según Curtis Peebles. Sobre todo porque el cometa no era una esfera compacta sino una sarta de 21 fragmentos. «Tengo la impresión de que Júpiter se tragará esos cometas sin soltar un eructo»,[26] escribía uno. Una semana antes de la colisión, *Nature* publicó el artículo «Se acerca el gran fracaso», en el que se decía que el impacto sólo iba a producir una lluvia meteórica.

Los impactos se iniciaron el 16 de junio de 1994, duraron una semana y fueron muchísimo mayores de lo que todos habían esperado (con la posible excepción de Gene Shoemaker). Un fragmento llamado Núcleo G impactó con la fuerza de un unos seis millones de megatones,[27] 75 veces el arsenal nuclear que existe actualmente en nuestro planeta. Núcleo G era sólo del tamaño aproximado de una montaña pequeña, pero hizo heridas en la superficie joviana del tamaño de la Tierra. Era el golpe definitivo para los críticos de la teoría de los Álvarez.

Luis Álvarez no llegó a enterarse del descubrimiento del cráter de Chicxulub ni del cometa Shoemaker-Levy porque murió en 1988. También Shoemaker murió prematuramente. En el tercer aniversario de la colisión de Júpiter, su esposa y él estaban en el interior de Australia, adonde iban todos los años a buscar zonas de impacto. En una pista sin asfaltar del desierto de Tanami (normalmente uno de los lugares más vacíos de la Tierra), superaron una pequeña elevación justo cuando se acercaba otro vehículo. Shoemaker murió instantáneamente, su esposa resultó herida.[28] Parte de sus cenizas se enviaron a la Luna a bordo de la nave espacial *Lunar Prospector*. El resto se esparció por el Cráter del Meteorito.

Anderson y Witzke no tenían ya el cráter que mató a los dinosaurios, «pero aún teníamos el cráter de impacto mayor y mejor conservado del territorio continental de Estados Unidos», dijo Anderson. (Hace falta una cierta destreza verbal para seguir otorgando un estatus superlativo a Manson. Hay otros cráteres mayores, en primer lugar el de Chesapeake Bay, que se identificó como zona de impacto en 1994, pero están en el mar o mal conservados.)

—Chicxulub está enterrado bajo dos o tres kilómetros de piedra caliza y la mayor parte de él está en el mar, lo que hace que su estudio resulte difícil —añadió Anderson—, mientras que Manson es perfectamente accesible. El hecho de que esté enterrado es lo que hace que se conserve relativamente intacto.

Les pregunté qué aviso tendríamos si una mole de roca similar se dirigiera hoy hacia nosotros.

—Bueno, seguramente ninguno —se apresuró a contestar Anderson—. No sería visible a simple vista hasta que se calentase, y eso no sucedería hasta que entrara en la atmósfera, y lo haría aproximadamente un segundo antes de llegar a tierra. Hablamos de algo que se mueve muchas decenas de veces más deprisa que la bala más rápida. Salvo que lo haya visto alguien con un telescopio, y en realidad no hay ninguna certeza de que vaya a ser así, nos pillaría completamente desprevenidos.

La fuerza del impacto depende de un montón de variables (ángulo de entrada, velocidad y trayectoria, si la colisión es de frente o de lado y la masa y la densidad del objeto que impacta, entre muchas otras cosas), ninguna de las cuales podemos conocer después de haber transcurrido tantos millones de años desde que se produjo el suceso. Pero lo que pueden hacer los científicos (y lo han hecho Anderson y Witzke) es medir la zona de impacto y calcular la cantidad de energía liberada. A partir de ahí, pueden calcular escenarios plausibles de cómo pudo ser... o, más estremecedor, cómo sería si sucediese ahora.

Un asteroide o un cometa que viajase a velocidades cósmicas entraría en la atmósfera terrestre a tal velocidad que el aire no podría quitarse de en medio debajo de él y resultaría comprimido como en un bombín de bicicleta. Como sabe cualquiera que lo haya usado, el aire comprimido se calienta muy deprisa y la temperatura se elevaría debajo de él hasta llegar a unos 60.000 grados kelvin o diez veces la temperatura de la superficie del Sol. En ese instante de la llegada del meteorito a la atmósfera, todo lo que estuviese en su trayectoria (personas, casas, fábricas, coches) se arrugaría y se esfumaría como papel de celofán puesto al fuego.

Un segundo después de entrar en la atmósfera, el meteorito chocaría con la superficie terrestre, allí donde la gente de Manson habría estado un momento antes dedicada a sus cosas. El meteorito propiamente dicho se evaporaría instantáneamente, pero la explosión haría estallar mil kilómetros cúbicos de roca, tierra y gases supercalentados. Todos los seres vivos en 250 kilómetros a la redonda a los que no hubiese liquidado el calor generado por la entrada del meteorito en la atmósfera perecerían entonces con la explosión. Se produciría una onda de choque inicial que irradiaría hacia fuera y se lo llevaría todo por delante a una velocidad que sería casi la de la luz.

Para quienes estuviesen fuera de la zona inmediata de devastación, el primer anuncio de la catástrofe sería un fogonazo de luz cegadora (el más brillante que puedan haber visto ojos humanos), seguido de un instante a un minuto o dos después por una visión apocalíptica de majestuosidad inimaginable: una pared rodante de oscuridad que llegaría hasta el cielo y que llenaría todo el campo de visión desplazándose a miles de kilómetros por hora. Se aproximaría en un silencio hechizante, porque se movería mucho más deprisa que la velocidad del sonido. Cualquiera que estuviese en un edificio alto de Omaha o Des Moines, por ejemplo, y que mirase por casualidad en la dirección correcta, vería un desconcertante velo de agitación seguido de la inconsciencia instantánea.

Al cabo de unos minutos, en un área que abarcaría desde Denver a Detroit, incluyendo lo que habían sido Chicago, San Luis, Kansas City, las Ciudades Gemelas (en suma, el Medio Oeste entero), casi todo lo que se alzase del suelo habría quedado aplanado o estaría ardiendo, y casi todos los seres vivos habrían muerto.[29] A los que se hallasen a una distancia de hasta 1.500 kilómetros les derribaría y machacaría o cortaría en rodajas una ventisca de proyectiles voladores. Después de esos 1.500 kilómetros iría disminuyendo gradualmente la devastación.

Pero eso no es más que la onda de choque inicial. Sólo se pueden hacer conjeturas sobre los daños relacionados, que serían sin duda contundentes y globales. El impacto desencadenaría casi con seguridad una serie de terremotos devastadores. Empezarían a retumbar y a vomitar los volcanes por todo el planeta. Surgirían maremotos que se lanzarían a arrasar las costas lejanas. Al cabo de una hora, una nube de oscuridad cubriría toda la Tierra y caerían por todas partes rocas ardientes y otros desechos, haciendo arder en llamas gran parte del planeta. Se ha calculado que al final del primer día habrían muerto mil millones y medio de personas como mínimo. Las enormes perturbaciones que se producirían en la ionosfera destruirían en todas partes los sistemas de comunicación, con lo que los supervivientes no tendrían ni idea de lo que estaba pasando en otros lugares y no sabrían adónde ir. No importaría mucho. Como ha dicho un comentarista, huir significaría «elegir una muerte lenta en vez de una rápida.[30] El número de víctimas variaría muy poco por cualquier tentativa plausible de reubicación, porque disminuiría universalmente la capacidad de la Tierra para sustentar vida».

La cantidad de hollín y de ceniza flotante que producirían el impacto y los fuegos siguientes taparía el Sol sin duda durante varios meses, puede que durante varios años, lo que afectaría a los ciclos de crecimiento. Investigadores del Instituto Tecnológico de California analizaron, en el año 2001, isótopos de helio de sedimentos dejados por el impacto posterior del KT y llegaron a la conclusión de que afectó al clima de la Tierra durante unos diez mil años.[31] Esto se usó concretamente como prueba que apoyaba la idea de que la extinción de los dinosaurios había sido rápida y drástica... y lo fue, en términos geológicos. Sólo podemos hacer conjeturas sobre cómo sobrellevaría la humanidad un acontecimiento semejante, o si lo haría.

Y recuerda que el hecho se produciría con toda probabilidad sin previo aviso, de pronto, como caído del cielo.

Pero supongamos que viésemos llegar el objeto. ¿Qué haríamos? Todo el mundo se imagina que enviaríamos una ojiva nuclear y lo haríamos estallar en pedazos. Pero se plantean algunos problemas en relación con esa idea. Primero, como dice John S. Lewis, nuestros misiles no están diseñados para operar en el espacio.[32] No poseen el empuje necesario para vencer la gravedad de la Tierra y, aun en el caso de que lo hiciesen, no hay ningún mecanismo para guiarlos a lo largo de las decenas de millones de kilómetros del espacio. Hay aún menos posibilidades de que consiguiésemos enviar una nave tripulada con vaqueros espaciales para que hiciesen el trabajo por nosotros, como en la película *Armagedón*; no disponemos ya de un cohete con potencia suficiente para enviar seres humanos ni siquiera hasta la Luna. Al último que la tenía, el *Saturno 5*, lo jubilaron hace años y no lo ha reemplazado ningún otro. Ni tampoco podría construirse rápidamente uno nuevo porque, aunque parezca increíble, los planos de las lanzaderas *Saturno* se destruyeron en una limpieza general de la NASA.

Incluso en el caso de que consiguiéramos de algún modo lanzar una ojiva nuclear contra el asteroide y hacerlo pedazos, lo más probable es que sólo lo convirtiésemos en una sucesión de rocas que caerían sobre nosotros una tras otra como el cometa Shoemaker sobre Júpiter... pero con la diferencia de que las rocas se habrían hecho intensamente radiactivas. Tom Gehrels, un cazador de asteroides de la Universidad de Arizona, cree que ni siquiera un aviso con un año de antelación sería suficiente[33] para una actuación adecuada. Pero lo más probable es que no viésemos el objeto —ni aunque se tratase de un cometa— hasta que estuviese a unos seis meses de distancia, lo que sería con mucho demasiado tarde. Shoemaker-Levy 9 había estado orbitando Júpiter de una forma bastante notoria desde 1929, pero pasó medio siglo antes de que alguien se diese cuenta.[34]

Como estas cosas son tan difíciles de calcular y los cálculos han de incluir necesariamente un margen de error tan significativo, aunque supiésemos que se dirigía hacia nosotros un objeto, no sabríamos casi hasta el final (el último par de semanas más o menos) si la colisión era segura. Durante la mayor parte del periodo de aproximación del objeto viviríamos en una especie de cono de incertidumbre. Esos pocos meses serían, sin duda, los más interesantes de la historia del mundo. E imagínate la fiesta si pasase de largo.

—¿Con qué frecuencia se produce algo como el impacto de Manson? —les pregunté a Anderson y Witzke antes de irme.

—Oh, a una media aproximada de una vez cada millón de años —dijo Witzke.

—Y recuerda —añadió Anderson—, que ése fue un acontecimiento relativamente menor. ¿Sabes cuántas extinciones estuvieron relacionadas con el impacto de Manson?

—No tengo ni idea —contesté.

—Ninguna —dijo, con un extraño aire de satisfacción—. Ni una.

Por supuesto, se apresuraron a añadir Witzke y Anderson más o menos al unísono, se produjo una devastación terrible que afectó a gran parte del planeta, como hemos explicado ya, y una aniquilación total en cientos de kilómetros a la redonda de la zona cero. Pero la vida es resistente y, cuando se despejó el humo, había suficientes afortunados supervivientes de todas las especies para que ninguna desapareciese del todo.

La buena noticia es, al parecer, que hace falta un impacto enormemente grande para que se extinga una especie. La mala es que nunca se puede contar con la buena. Peor aún, no es necesario en realidad mirar hacia el espacio para ver peligros petrificadores. Como estamos a punto de ver, la Tierra puede proporcionar peligro en abundancia por sí sola.

14

EL FUEGO DE ABAJO

En el verano de 1917, un joven geólogo llamado Mike Voorhies andaba explorando, por una tierra de cultivo cubierta de hierba del este de Nebraska, cerca de la pequeña población de Orchard donde se había criado. Cuando pasaba por una garganta de paredes empinadas, localizó un brillo curioso en la maleza de arriba y subió a echar un vistazo. Lo que había visto era el cráneo perfectamente conservado de un joven rinoceronte, que habían sacado a la superficie lluvias recientes.

Y resultó que unos metros más allá se hallaba uno de los yacimientos de fósiles más extraordinarios que se han descubierto en Norteamérica: un abrevadero seco que había servido de tumba colectiva a gran cantidad de animales, rinocerontes, caballos tipo cebra, ciervos de dientes de sable, camellos, tortugas. Habían muerto todos a causa de algún misterioso cataclismo hace justamente menos de doce millones de años, en una época que se conoce en geología como el Mioceno. En aquella época, Nebraska se hallaba sobre una enorme y cálida llanura muy parecida al Serengueti del África actual. Los animales se encontraban enterrados bajo una capa de ceniza volcánica de hasta tres metros de profundidad. Lo desconcertante del asunto era que en Nebraska no había volcanes y nunca los había habido.

El lugar donde se hallaba el yacimiento descubierto por Voorhies se llama hoy Parque Estatal del Lecho de Fósiles de Ashfall. Hay en él un centro para visitantes y un museo nuevos y elegantes, con exposiciones serias sobre la geología de Nebraska y la historia de los yacimientos de fósiles. El centro cuenta también con un laboratorio que tiene una pared de cristal, a través de la cual los visitantes pueden ver a los paleontólogos limpiando huesos. Trabajando solo en el laboratorio en la mañana que yo pasé por allí había un tipo alegremente entrecano con una gastada camisa azul al que reconocí como Mike Voorhies por un documental de la serie *Horizon* de la BBC en el que actuaba. En el Parque Estatal del Lecho de Fósiles de Ashfall no es que reciban un enorme número de visitantes (queda un poco en medio de ninguna parte) y a Voorhies pareció gustarle poder enseñarme todo aquello. Me llevó al sitio donde había hecho su primer hallazgo, en lo alto de una quebrada de seis metros de altura.

—Era un lugar bastante tonto para buscar huesos[1] —dijo alegremente—. Pero yo no estaba buscando huesos. Estaba pensando por entonces hacer un mapa geológico del este de Nebraska, y estaba en realidad más que nada echando un vistazo por allí. Si no hubiesen subido por aquella quebrada o si las lluvias no hubiese dejado al descubierto en aquel momento aquel cráneo, habría seguido mi camino y nunca se habría encontrado esto.

Le pregunté en qué sentido era un sitio bastante tonto para buscar huesos.

—Bueno, si buscas huesos, necesitas en realidad roca que esté al descubierto. Esa es la razón de que la paleontología se haga principalmente en sitios cálidos y secos. No es que en esos sitios haya más huesos. Es sólo que allí tienes cierta posibilidad de localizarlos. En un entorno como éste —dijo indicando la enorme e invariable pradera—, no sabrías por dónde empezar. Podría haber cosas realmente magníficas por ahí, pero no dispones de ninguna clave en la superficie que te indique por dónde puedes empezar a buscar.

Al principio pensaron que los animales habían quedado enterrados vivos,[2] y eso fue lo que dijo Voorhies en 1981 en un artículo publicado en *National Geographic*.

El artículo llamaba al lugar del hallazgo una «Pompeya de animales prehistóricos» —me explicó—, lo cual fue desafortunado porque poco después comprendimos que los animales no habían muerto súbitamente ni mucho menos. Padecían todos ellos de una cosa llamada osteodistrofia pulmonar hipertrófica, que es lo que te podría pasar a ti si respirases mucha ceniza abrasiva... y debieron de respirar muchísima porque había unos 30 centímetros de espesor de ceniza en un radio de 160 kilómetros.

Cogió un trozo de tierra grisácea y arcillosa y la desmenuzó en mi mano. Era polvorienta pero un poco arenosa.

—Un material desagradable si tienes que respirarlo —continuó—, porque es muy fino pero es también muy agudo. Así que, en realidad, los animales vinieron a este abrevadero a refugiarse y murieron miserablemente. La ceniza lo había enterrado todo. Había enterrado toda la hierba y cubierto todas las hojas y convertido el agua en un caldo grisáceo que no se podía beber. No debió de ser nada agradable, la verdad.

En el documental de *Horizon* se indicaba que era una sorpresa la existencia de tanta ceniza en Nebraska. En realidad hacía mucho tiempo que se sabía que en Nebraska había grandes depósitos de ceniza. Se habían extraído cenizas a lo largo de casi un siglo para hacer polvos para la limpieza doméstica como Comet y Ajax. Pero, curiosamente, a nadie se le había ocurrido preguntarse de dónde procedía toda aquella ceniza.

—Me da un poco de vergüenza decírtelo —confesó Voorhies con una breve sonrisa—, pero la primera vez que pensé en ello fue cuando un director de *National Geographic* me preguntó de dónde procedía toda aquella ceniza y tuve que confesarle que no lo sabía. Nadie lo sabía.

Voorhies envió muestras a colegas de todo el oeste de Estados Unidos preguntándoles si había algo en aquello que identificasen. Varios meses más tarde, un geólogo llamado Bill Bonnichsen, del Servicio Geológico de Idaho, se puso en contacto con él y le explicó que la ceniza se correspondía con la del yacimiento volcánico de un lugar del suroeste de Idaho llamado Bruneau-Jarbidge. El suceso en el que perecieron los animales de las llanuras de Nebraska fue una explosión volcánica de una envergadura inconcebible hasta entonces... pero lo suficientemente grande para dejar una capa de ceniza de tres metros de profundidad a unos 1.600 kilómetros de distancia, en el este de Nebraska. Resultó que bajo el oeste de Estados Unidos había un inmenso caldero de magma, un punto caliente volcánico colosal, que entraba en erupción cataclismáticamente cada 600.000 años o así. La última de esas erupciones se produjo hace unos 600.000 años. El punto caliente aún sigue allí. En la actualidad le llamamos Parque Nacional de Yellowstone.

Sabemos asombrosamente poco sobre lo que sucede debajo de nuestros pies. Es bastante notable pensar que Ford ha estado fabricando coches y los comités del Nobel otorgando premios durante más tiempo del que hace que sabemos que la Tierra tiene un núcleo. Y, por supuesto, la idea de que los continentes andan moviéndose por la superficie como nenúfares hace bastante menos de una generación que es de conocimiento público. «Aunque pueda parecer extraño —escribió Richard Feynman—, tenemos una idea más clara de la distribución de la materia en el interior del Sol de la que tenemos del interior de la Tierra.»[3]

La distancia desde la superficie de la Tierra hasta el centro de ésta es de 6.370 kilómetros, que no es tantísimo.[4] Se ha calculado que si abrieses un pozo que llegase hasta el centro de la Tierra y dejases caer por él un ladrillo, sólo tardaría 45 minutos en llegar al fondo (aunque, cuando lo hiciese, sería ingrávido porque toda la gravedad de la Tierra estaría arriba y alrededor y no ya debajo de ella). Nuestros propios intentos de penetrar hacia el centro han sido en realidad modestos. Hay una o dos minas surafricanas de oro que llegan hasta una profundidad de más de tres kilómetros, pero la mayoría de las minas del planeta no llegan más allá de unos cuatrocientos metros por debajo de la superficie. Si la Tierra fuese una manzana, aún no habríamos atravesado toda la piel. Aún nos faltaría bastante para a llegar a eso, en realidad.

Hasta hace poco menos de un siglo, lo que los científicos mejor informados sabían sobre el interior de la Tierra no era mucho más de lo que sabía el minero de una mina de carbón... es decir, que podías cavar en el suelo hasta una cierta profundidad y que luego habría roca y nada más. Más tarde, en 1906, un geólogo irlandés llamado R. D. Oldham se dio cuenta, cuando estaba examinando las lecturas de un sismógrafo correspondientes a un terremoto que se había producido en Guatemala, que ciertas ondas de choque habían penetrado hasta un punto situado muy profundo dentro de la Tierra y habían rebotado luego en un ángulo, como si se hubiese encontrado con una especie de barrera. Dedujo de eso que la Tierra tenía un núcleo. Tres años después, un sismólogo croata llamado Andrija Mohorovichic estaba estudiando gráficos de un terremoto que se había producido en Zagreb y localizó una reflexión extraña similar, pero a un nivel más superficial. Había descubierto la frontera entre la corteza y la capa situada a continuación, el manto; esta zona se ha conocido desde entonces como la discontinuidad de Mohorovichic, o Moho para abreviar.

Estábamos empezando a tener una vaga idea del interior en capas de la Tierra... pero sólo era en realidad una vaga idea. Hasta 1936 no descubrió un científico danés llamado Inge Lehmann, cuando estudiaba sismografías de terremotos que se habían producido en Nueva Zelanda, que había dos núcleos, uno más interior, que hoy creemos que es sólido, y otro exterior (el que había detectado Oldham), que se cree que es líquido y que constituye la base del magnetismo.

En ese mismo periodo en que Lehmann estaba depurando nuestra visión básica del interior de la Tierra a través del estudio de las ondas sísmicas de los terremotos, dos geólogos del Instituto Tecnológico de California estaban buscando un medio de establecer comparaciones entre un terremoto y el siguiente. Estos geólogos eran Charles Richter y Beno Gutenberg, aunque, por razones que no tienen nada que ver con la justicia, la escala pasó a llamarse casi inmediatamente sólo de Richter. (No tuvo tampoco nada que ver con Richter, un hombre honesto que nunca se refirió a la escala por su propio nombre,[5] sino que siempre la llamó «la escala de magnitud».)

La escala de Richter ha sido siempre bastante malinterpretada por los no científicos, aunque esto suceda algo menos ahora que en sus primeros tiempos. La gente que visitaba la oficina de Richter solía preguntarle si podía enseñarles su famosa escala, creyendo que era algún tipo de máquina. La escala es, claro está, más una idea que una cosa, una medida arbitraria de los temblores de la Tierra que se basa en mediciones de superficie. Aumenta exponencialmente,[6] de manera que un temblor de 7,3 es 50 veces más potente que un terremoto de 6,3 y 2.500 veces más que uno de 5,3.

Teóricamente al menos, no hay un límite superior para un terremoto... ni tampoco hay, en realidad, uno inferior. La escala es una simple medición de fuerza, pero no dice nada sobre los daños. Un terremoto de magnitud 7, que se produzca en las profundidades del manto (a, digamos, 650 kilómetros de profundidad), podría no causar absolutamente ningún daño en la superficie, mientras que otro significativamente más pequeño, a sólo seis o siete kilómetros por debajo de la superficie, podría provocar una devastación considerable. Depende mucho también de la naturaleza del subsuelo, de la duración del terremoto, de la frecuencia y la gravedad de las réplicas y de las características de la zona afectada. Todo esto significa que los terremotos más temibles no son necesariamente los más potentes, aunque la potencia cuente muchísimo, claro está.

El terremoto más grande desde que se inventó la escala fue —según la fuente a la que se preste crédito— uno centrado en el estrecho del Príncipe Guillermo de Alaska que se produjo en marzo de 1964, que alcanzó una magnitud de 9,2 en la escala Richter, o uno que se produjo en el océano Pacífico, frente a las costas de Chile, en 1960, al que se asignó inicialmente una magnitud de 8,6 en la escala pero que se revisó más tarde al alza por fuentes autorizadas (incluido el Servicio Geológico de Estados Unidos) hasta una magnitud verdaderamente grande: de 9,5. Como deducirás de todo esto, medir terremotos no siempre es una ciencia exacta, sobre todo cuando significa que hay que interpretar lecturas de emplazamientos lejanos. De todos modos, ambos terremotos fueron tremendos. El de 1960 no sólo causó daños generalizados a lo largo de la costa suramericana, sino que provocó también un maremoto gigantesco que recorrió casi 10.000 kilómetros por el Pacífico y arrasó gran parte del centro de Hiro, Hawai, destruyendo 500 edificios y matando a sesenta personas. Oleadas similares causaron más víctimas aún en lugares tan alejados como Japón y Filipinas.

Pero, por lo que se refiere a devastación pura y concentrada, el terremoto más intenso que se ha registrado históricamente es muy probable que haya sido el que afectó a Lisboa, Portugal, el día de Todos los Santos (1 de noviembre) de 1755, y la hizo básicamente pedazos. Justo antes de las diez de la mañana se produjo allí una sacudida lateral súbita que se calcula hoy que tuvo una magnitud de 9 y que se prolongó ferozmente durante siete minutos completos. La fuerza convulsiva fue tan grande que el agua se retiró del puerto de la ciudad y regresó en una ola de más de 15 metros de altura, que aumentó la destrucción. Cuando cesó al fin el temblor, los supervivientes gozaron sólo de tres minutos de calma, tras los cuales se produjo un segundo temblor, sólo un poco menos potente que el primero. Dos horas después se produjo el tercero y último temblor. Al final, habían muerto sesenta mil personas[7] y habían quedado reducidos a escombros casi todos los edificios en varios kilómetros a la redonda. El terremoto que se produjo en San Francisco en 1906, por su parte, se calcula que alcanzó sólo una magnitud de 7,8 en la escala de Richter y duró menos de treinta segundos.

Los terremotos son bastante frecuentes. Hay como media a diario dos de magnitud 2, o mayores, en alguna parte del planeta, lo que es suficiente para que cualquiera que esté cerca experimente una sacudida bastante buena. Aunque tienden a concentrarse en ciertas zonas (sobre todo en las orillas del Pacífico), pueden producirse casi en cualquier lugar. En Estados Unidos, sólo Florida, el este de Texas y la parte superior del Medio Oeste parecen ser (por el momento) casi totalmente inmunes. Nueva Inglaterra ha tenido dos terremotos de magnitud 6 o mayores en los últimos doscientos años. En abril de 2002, la región experimentó una sacudida de magnitud 5,1 por un terremoto que se produjo cerca del lago Champlain, en la frontera de los estados de Nueva York y de Vermont, que causó grandes daños en la zona y —puedo atestiguarlo— tiró cuadros de las paredes y niños de sus camas en puntos tan alejados como New Hampshire.

Los tipos más comunes de terremotos son los que se producen donde se juntan dos placas, como en California a lo largo de la Falla de San Andrés. Cuando las placas chocan entre sí, se intensifican las presiones hasta que cede una de las dos. Cuanto mayores sean los intervalos entre las sacudidas, más aumenta en general la presión acumulada y es por ello mayor la posibilidad de un temblor de grandes dimensiones. Esto resulta especialmente inquietante para Tokio que Bill McGuire, un especialista en riesgos del Colegio Universitario de Londres, describe como «la ciudad que está esperando la muerte»[8] (no es un lema que se encuentre uno en los folletos turísticos). Tokio se encuentra en el punto de unión de tres placas tectónicas, en un país bien conocido por su inestabilidad sísmica. En 1995, como sin duda recordarás, la ciudad de Kobe, situada casi 500 kilómetros al oeste, se vio afectada por un terremoto de una magnitud de 7,2, en el que perecieron 6.394 personas. Los daños se calcularon en 99.000 millones de dólares. Pero eso no fue nada (bueno, fue relativamente poco) comparado con lo que le puede pasar a Tokio.

Tokio ha padecido ya uno de los terremotos más devastadores de los tiempos modernos. El 1 de septiembre de 1923, poco antes del mediodía, se abatió sobre la ciudad el terremoto Gran Kanto, diez veces más potente que el de Kobe. Murieron 200.000 personas. Desde entonces, Tokio se ha mantenido extrañamente tranquilo, lo que significa que la tensión lleva ochenta años acumulándose en la superficie. Tiene que acabar estallando. En 1923 Tokio tenía una población de unos tres millones de habitantes. Hoy se aproxima a los treinta millones. Nadie se ha interesado por calcular cuántas personas podrían morir, pero el coste económico potencial sí se ha calculado y parece ser que podría llegar a los 7.000 millones de dólares.[9]

Son todavía más inquietantes, porque sabemos menos de ellos y pueden producirse en cualquier lugar en cualquier momento, los temblores menos frecuentes denominados endoplacales. Éstos se producen fuera de las fronteras entre placas, lo que los hace totalmente imprevisibles. Y como llegan de una profundidad mucho mayor, tienden a propagarse por áreas mucho más amplias. Los movimientos de tierra de este tipo más tristemente célebres que se han producido en Estados Unidos fueron una serie de tres en Nuevo Madrid, Misuri, en el invierno de 1811-1812. La aventura se inició inmediatamente después de medianoche, el 16 de diciembre en que despertó a la gente, primero, el ruido del ganado presa del pánico —el desasosiego de los animales antes de los terremotos no es ningún cuento de viejas, sino que está en realidad bien demostrado, aunque no haya llegado a entenderse del todo el porqué— y, luego, por un terrible ruido desgarrador que llegaba de las profundidades de la Tierra. La gente salió de sus casas y se encontró con que el suelo se movía en olas de hasta un metro de altura y se abría en grietas de varios metros de profundidad. El aire se llenó de un olor a azufre. El temblor duró cuatro minutos con los habituales efectos devastadores para las propiedades. Entre los testigos estaba el pintor John James Audubon, que se hallaba por casualidad en la zona. El seísmo irradió hacia fuera con tal fuerza que derribó chimeneas en Cincinnati, a más de 600 kilómetros de distancia, y, al menos según una versión, «hizo naufragar embarcaciones en puertos de la costa atlántica y... echó abajo incluso andamiajes que había instalados en el edificio del Capitolio de la ciudad de Washington».[10] El 23 de enero y el 4 de febrero se produjeron más terremotos de magnitud similar. Nuevo Madrid ha estado tranquilo desde entonces..., pero no es nada sorprendente porque estos episodios no se tiene noticia de que se hayan producido dos veces en el mismo sitio. Se producen, por lo que sabemos, tan al azar como los rayos. El siguiente podría ser debajo de Chicago, de París o de Kinsasa. Nadie es capaz de empezar siquiera a hacer conjeturas. ¿Y qué es lo que provoca esos enormes desgarrones endoplacales? Algo que sucede en las profundidades de la Tierra. Eso es todo lo que sabemos.

En los años sesenta, los científicos se sentían tan mal por lo poco que sabían del interior de la Tierra que decidieron hacer algo al respecto. Se les ocurrió concretamente la idea de efectuar perforaciones en el lecho del mar (la corteza continental era demasiado gruesa), hasta la discontinuidad de Moho, y extraer un trozo del manto de la Tierra para examinarlo con calma. La idea era que, si conseguían conocer la naturaleza de las rocas del interior, podrían empezar a entender cómo interactuaban y tal vez podrían predecir así los terremotos y otros desagradables acontecimientos.

El proyecto pasó a conocerse, casi inevitablemente, como el Mohole,*[11] y resultó bastante desastroso. Se tenía la esperanza de poder sumergir una perforadora hasta una profundidad de 4.000 metros en el Pacífico, cerca de la costa de México, y perforar unos 5.000 metros a través de una corteza rocosa de relativamente poco espesor. Perforar desde un barco en alta mar es, según un oceanógrafo, «como intentar hacer un agujero en una acera de Nueva York desde el Empire State utilizando un espagueti».[12] Acabó todo en un fracaso. La profundidad máxima a la que llegaron fue de sólo unos 180 metros. El Mohole pasó a llamarse No Hole. En 1966, exasperado por unos costes en constante aumento y ningún resultado, el Congreso estadounidense canceló el proyecto.

Cuatro años después, científicos soviéticos decidieron probar suerte en tierra firme. Eligieron un punto de península Kola, cerca de la frontera rusa con Finlandia, y empezaron a trabajar con la esperanza de poder perforar hasta una profundidad de 15 kilómetros. La tarea resultó más dura de lo esperado, pero los soviéticos demostraron una tenacidad encomiable. Cuando se dieron finalmente por vencidos, diecinueve años después, habían perforado hasta una profundidad de 12.262 metros. Teniendo en cuenta que la corteza de la Tierra representa sólo el 0,3 % del volumen del planeta[13] y que el agujero de Kola no había recorrido ni siquiera un tercio del camino previsto a través de la corteza terrestre, difícilmente podemos pretender haber llegado al interior.

Pero, aunque el agujero era modesto, casi todo lo que reveló la perfo-

* *Hole* significa en inglés «agujero». (*N. del T.*)

ración sorprendió a los investigadores. Los estudios de las ondas sísmicas habían llevado a los científicos a predecir, y con bastante seguridad, que encontrarían rocas sedimentarias a una profundidad de 4.700 metros, seguidas de granito en los 2.300 metros siguientes y basalto a partir de allí. En realidad, la capa sedimentaria era un 50 % más profunda de lo esperado y nunca llegó a encontrarse la capa basáltica. Además, el mundo era allá abajo mucho más cálido de lo que nadie había supuesto, con una temperatura de 180 °C a 10.000 metros, casi el doble de lo previsto. Lo más sorprendente de todo era que la roca estaba saturada de agua, algo que no se había considerado posible.

Como no podemos ver dentro de la Tierra, tenemos que utilizar otras técnicas, que entraña principalmente la lectura de ondas cuando viajan a través del interior, para descubrir lo que hay allí. Sabemos un poquito sobre el manto por lo que se denominan tubos de kimberlita,[14] en los que se forman los diamantes. Lo que sucede es que se produce una explosión en las profundidades de la Tierra que dispara, digamos, balas de cañón de magma hacia la superficie a velocidades supersónicas. Es un suceso que se produce totalmente al azar. Podría estallar un tubo de kimberlita en el huerto trasero de tu casa mientras estás leyendo esto. Como surgen de profundidades de hasta 200 kilómetros, los tubos de kimberlita suben hasta la superficie todo tipo de cosas que no se encuentran normalmente en ella ni cerca de ella: una roca llamada peridotita, cristales de olivino y —sólo de vez en cuando, más o menos en un tubo de cada 100— diamantes. Con las eyecciones de kimberlita sale muchísimo carbono, pero la mayor parte se evapora o se convierte en grafito. Sólo de cuando en cuando surge un trozo de él justo a la velocidad precisa y se enfría con la suficiente rapidez para convertirse en un diamante. Fue uno de esos tubos el que convirtió Johannesburgo en la ciudad diamantífera más productiva del mundo, pero puede haber otros más grandes aún de los que no tenemos noticia. Los geólogos saben que, en algún punto de las proximidades del noreste de Indiana, hay pruebas de la presencia de un tubo o un grupo de tubos que pueden ser verdaderamente colosales. Se han encontrado diamantes de 20 quilates o más en puntos dispersos de esa región. Pero nadie ha encontrado aún la fuente. Como dice John McPhee, puede estar enterrado bajo suelo depositado por glaciares, como el cráter de Manson, de Iowa, o bajo las aguas de los Grandes Lagos.

¿Cuánto sabemos, pues, sobre lo que hay en el interior de la Tierra? Muy poco. Los científicos están en general de acuerdo[15] en que el mundo que hay debajo de nosotros está compuesto de cuatro capas: una corteza exterior rocosa, un manto de roca caliente viscosa, un núcleo exterior líquido y un núcleo interior sólido.* Sabemos que, en la superficie, predominan los silicatos, que son relativamente ligeros y no pesan lo suficiente para explicar la densidad global del planeta. Por tanto, tiene que haber en el interior material más pesado. Sabemos que para que exista nuestro campo magnético tiene que haber en algún lugar del interior un cinturón concentrado de elementos metálicos en estado líquido. Todo eso se acepta de forma unánime. Casi todo lo demás (cómo interactúan las capas, qué hace que se comporten como lo hacen, qué pueden hacer en cualquier momento del futuro) plantea en algunos casos cierta incertidumbre y en la mayoría, mucha.

Hasta la única parte que podemos ver, la corteza, es objeto de una polémica bastante estridente. Casi todos los textos de geología explican que la corteza continental tiene de 5 a 10 kilómetros de espesor bajo los océanos, unos 40 kilómetros de espesor bajo los continentes y de 65 a 95 kilómetros de espesor bajo las grandes cordilleras. Pero hay muchas variaciones desconcertantes dentro de estas generalizaciones. Por ejemplo, la corteza debajo de las montañas californianas de Sierra Nevada tiene sólo de 30 a 40 kilómetros de grosor, y nadie sabe por qué. Según todas las leyes de la geofísica,[16] esas montañas deberían estar hundiéndose, como si estuviesen sobre arenas movedizas. (Algunos creen que puede ser que esté pasando eso).

Cómo y cuándo se formó la corteza terrestre son cuestiones que dividen a los geólogos en dos grandes campos: los que creen que sucedió bruscamente, al principio de la historia de la Tierra, y quienes creen que fue de forma gradual y bastante más tarde. En cuestiones como éstas influye mucho la fuerza del sentimiento. Richard Armstrong de Yale propuso una teoría de estallido inicial en la década de 1960, y luego dedicó el resto de su carrera a combatir a quienes no estaban de acuerdo con él. Murió de cáncer en 1991, pero poco antes «arremetió contra sus críticos en una revista australiana de ciencias de la Tierra en una polémica en que les acusaba de perpetuar mitos», según un reportaje de la revista *Earth* de 1998. «Murió amargado», informaba un colega.

La corteza terrestre y parte del manto exterior se denominan litosfera

---

* Para quienes deseen un cuadro más detallado del interior de la Tierra, he aquí las dimensiones de las diversas capas, empleando cifras medias: corteza, de 0 a 40 kilómetros; manto superior, de 40 a 400 kilómetros; la zona de transición entre el manto superior y el inferior, de 400 a 600 kilómetros; el manto inferior de 650 a 2.700 kilómetros; la capa «D», de 2.700 a 2.890 kilómetros; el núcleo exterior, de 2.890 a 5.150 kilómetros, y el núcleo interior de 5.160 a 6.370 kilómetros. *(N. del A.)*

(del griego *litos*, que significa «piedra»). La litosfera flota sobre una capa de roca más blanda llamada astenosfera (del griego «sin fuerza»), pero esos términos nunca son plenamente satisfactorios. Decir que la litosfera flota encima de la astenosfera indica un grado de fácil flotabilidad que no es del todo correcto. También es engañoso pensar que las rocas fluyen de alguna forma parecida a como pensamos que fluyen los materiales en la superficie. Las rocas son viscosas, pero sólo a la manera que lo es el cristal.[17] Puede que no lo parezca, pero todo el cristal de la Tierra fluye hacia abajo, bajo la fuerte atracción de la gravedad. Retira un paño de cristal muy antiguo del ventanal de una catedral europea y verás que es visiblemente más grueso en la parte inferior que en la superior. Ése es el tipo de «fluidez» de que hablamos. La manecilla de las horas de un reloj se mueve unas diez mil veces más deprisa que las rocas «fluyentes» del manto terrestre.

Los movimientos no sólo se producen lateralmente,[18] como cuando las placas de la Tierra se mueven por la superficie, sino también hacia arriba y hacia abajo, cuando las rocas se elevan y caen en el proceso de batido llamado convección. El primero que dedujo la existencia del proceso de convección fue el excéntrico conde Von Rumford a finales del siglo XVIII. Sesenta años más tarde, un vicario inglés llamado Osmond Fisher afirmó clarividentemente[19] que el interior de la Tierra podría ser lo bastante fluido para que sus contenidos se moviesen de un lado a otro, pero semejante idea tardó muchísimo tiempo en recibir apoyo.

Los geofísicos se hicieron cargo de cuánta agitación había ahí abajo hacia 1970 y la noticia causó una considerable conmoción. Según cuenta Shawna Vogel en el libro *Naked Earth: The New Geophysics* [Tierra al desnudo: la nueva geofísica]: «Fue como si los científicos se hubiesen pasado décadas considerando las capas de la atmósfera de la Tierra (troposfera, estratosfera y demás), y luego, de pronto, hubiesen descubierto el viento».[20]

A qué profundidad se produce el proceso de convección ha sido desde entonces objeto de debate. Hay quien dice que empieza a 650 kilómetros de profundidad. Otro creen que a más de 3.000 kilómetros por debajo de nosotros. Como ha comentado James Trefil, el problema es que «hay dos series de datos, de dos disciplinas distintas,[21] que no se pueden conciliar». Los geoquímicos dicen que ciertos elementos de la superficie del planeta no pueden proceder del manto superior, que tienen que haber llegado de más abajo, de zonas más profundas del interior de la Tierra. Por tanto, los materiales del manto superior y el inferior deben mezclarse, al menos ocasionalmente. Los sismólogos insisten en que no hay prueba alguna que sustente esa tesis.

Así que sólo cabe decir que, cuando nos dirigimos hacia el centro de la Tierra, hay un punto un tanto indeterminado en el que dejamos la astenosfera y nos sumergimos en manto puro. Considerando que el manto abarca el 82 % del volumen de la Tierra y constituye el 65 % de su masa,[22] no atrae demasiada atención, principalmente porque las cosas que interesan a los geocientíficos, y a los lectores en general por igual, da la casualidad de que o están más abajo (como es el caso del magnetismo) o más cerca de la superficie (como son los terremotos). Sabemos que a una profundidad de unos 150 kilómetros, el manto consiste predominantemente en un tipo de roca llamado peridotita, pero lo que llena los 2.650 kilómetros siguientes no se sabe bien qué es. Según un artículo de *Nature*, no parece ser peridotita. Pero eso es todo lo que sabemos.

Debajo del manto están los dos núcleos: un núcleo interno sólido y otro externo líquido. Lo que sabemos sobre la naturaleza de esos núcleos es indirecto, por supuesto, pero los científicos pueden postular algunas hipótesis razonables. Saben que las presiones en el centro de la Tierra son lo suficientemente elevadas (algo más de tres millones más que las de la superficie)[23] para solidificar cualquier roca que haya allí. También saben, por la historia de la Tierra (entre otras cosas), que el núcleo interno retiene muy bien el calor. Aunque es poco más que una conjetura, se cree que en unos 4.000 millones de años la temperatura del núcleo no ha disminuido más que 110 °C. Nadie sabe con exactitud la temperatura del núcleo terrestre, pero los cálculos oscilan entre poco más de 4.000 °C y más de 7.000 °C, aproximadamente lo mismo que la superficie del Sol.

Se sabe todavía menos en muchos sentidos del núcleo exterior, aunque todo el mundo está de acuerdo en que es fluido y que es la sede del magnetismo. La teoría la expuso E. C. Bullard de la Universidad de Cambridge en 1949. Según ella, esa parte fluida del núcleo terrestre gira de tal forma que se convierte prácticamente en un motor eléctrico, que crea el campo magnético de la Tierra. Se supone que los fluidos de convección de la Tierra actúan de forma parecida a las corrientes en los cables. No se sabe exactamente qué pasa, pero se cree que está relacionado con el hecho de que el núcleo gire y con el de que sea líquido. Los cuerpos que no tienen un núcleo líquido (la Luna y Marte, por ejemplo) no tienen magnetismo.

Sabemos que la potencia del campo magnético de la Tierra cambia de potencia de vez en cuando: durante la era de los dinosaurios, era tres veces mayor que ahora.[24] Sabemos que se invierte cada 500.000 años o así, como media, aunque esas medias entrañan un enorme grado de imprecisión. La última inversión se produjo hace 750.000 años. A veces se mantiene invariable millones de años (el periodo más largo parece ser de

37 millones)[25] y en otras ocasiones se ha invertido al cabo de sólo veinte mil años. En los últimos cien millones de años, se ha invertido en total unas doscientas veces, y no tenemos ninguna idea concreta del porqué. A esto se le llama «la mayor pregunta sin respuesta de las ciencias geológicas».[26]

Quizás estemos ahora en una inversión. El campo magnético de la Tierra ha disminuido puede que hasta en un 6 % sólo en el último siglo. Es probable que cualquier disminución de la fuerza magnética sea una mala noticia, porque el magnetismo —aparte de permitirnos pegar notas en la puerta de la nevera y mantener nuestras brújulas señalando hacia donde deben—, desempeña un papel esencial en la tarea de mantenernos con vida. El espacio está lleno de peligrosos rayos cósmicos que, si no hubiese protección magnética, nos atravesarían el cuerpo dejando buena parte de nuestro ADN hecho briznas inútiles. El campo magnético impide cuando opera que esos rayos lleguen a la superficie de la Tierra, conduciéndolos a dos zonas del espacio próximo denominadas «cinturones Van Allen». Interactúa además con las partículas de la atmósfera exterior para crear esos velos luminosos hechizantes, que llamamos auroras boreales y australes.

Nuestra ignorancia se debe en buena medida a que se han hecho tradicionalmente escasos esfuerzos para coordinar lo que está sucediendo en la parte de arriba de la Tierra con lo que pasa en su interior. Según Shawna Vogel: «Los geólogos y los geofísicos raras veces asisten a las mismas reuniones[27] o colaboran en la solución de los mismos problemas».

Quizá no haya nada que evidencie mejor nuestro insuficiente conocimiento de la dinámica interior de la Tierra que lo mucho que nos sorprende cuando nos juega una mala pasada; y sería difícil dar con un recordatorio más saludable de lo limitado que es nuestro conocimiento, que la erupción del monte St. Helens del estado de Washington en 1980.

Por entonces, los 48 estados de la Unión situados más abajo llevaban sesenta y cinco años sin ver una erupción volcánica, así que la mayoría de los vulcanólogos oficiales a quienes se encargó controlar y prever la conducta del St. Helens sólo había visto en acción volcanes hawaianos y resultó que aquél no tenía nada que ver con ellos.

El St. Helens inició sus estruendos amenazadores el 20 de marzo. Al cabo de una semana, estaba expulsando magma, aunque en cantidades modestas, hasta cien veces al día, y se estremecía con movimientos de tierra constantes. Se evacuó a la población a 13 kilómetros, una distancia que se consideró segura. Cuando aumentaron los estruendos, la montaña se convirtió en una atracción turística internacional. Los periódicos informaban a diario de cuáles eran los mejores sitios para contemplar el espectáculo. Los equipos de televisión efectuaban varios vuelos al día en helicóptero hasta la cima e incluso se veía gente escalando la montaña a pie. En un solo día volaron sobre la cima más de setenta helicópteros y aeroplanos ligeros. Pero, a medida que fue pasando el tiempo sin que llegase a convertirse en un acontecimiento espectacular, la gente empezó a perder la paciencia y se generalizó la idea de que el volcán no entraría en realidad en erupción.

El 19 de abril empezó a hincharse visiblemente el lado norte de la montaña. Lo más curioso es que ninguna de las personas que ocupaban cargos de responsabilidad se dio cuenta de que eso anunciaba una explosión lateral. Los sismólogos basaban sus conclusiones categóricamente en el comportamiento de los volcanes hawaianos,[28] en los que no se dan los estallidos laterales. La única persona que creyó que podría ocurrir algo grave fue Jack Hyde, un profesor de geología de una escuela politécnica de Tacoma. Indicó que el St. Helens no tenía chimenea abierta como los volcanes hawaianos, así que cualquier presión que se acumulase en su interior tenía que liberarse de forma espectacular y tal vez catastrófica. Sin embargo, Hyde no formaba parte del equipo oficial y sus comentarios despertaron escaso interés.

Todos sabemos lo que pasó después. El domingo 18 de mayo a las 8:32 de la mañana, el lado norte del volcán se desmoronó, lanzando ladera abajo una enorme avalancha de tierra y roca a casi 250 kilómetros por hora. Era el mayor deslizamiento de tierras de la historia humana[29] y arrastró material suficiente para enterrar todo Manhattan a una profundidad de 120 metros. Un minuto después, con el flanco gravemente debilitado, el St. Helens entró en erupción con la potencia de 500 bombas atómicas del tamaño de la de Hiroshima,[30] lanzando una nube caliente asesina a más de 1.050 kilómetros por hora, una velocidad demasiado elevada, sin duda, para que pudiesen escapar los que estuviesen cerca. Resultaron alcanzadas muchas personas que se creía que estaban a salvo en zona segura, y en muchos casos en lugares desde los que ni siquiera se veía el volcán. Hubo cincuenta y siete muertos[31] y veintitrés de los cadáveres no se encontraron. El número de víctimas habría sido mucho mayor si no hubiese sido domingo. Cualquier otro día de la semana habrían estado trabajando en la zona mortal muchos forestales. De todos modos, murieron algunas personas que se encontraban a 30 kilómetros de distancia.

La persona que tuvo más suerte ese día fue un estudiante graduado llamado Harry Glicken. Había estado controlando un puesto de observación a nueve kilómetros de la montaña, pero tenía una entrevista en la universidad, en California, el 18 de mayo, y tuvo que dejar el puesto un día antes de la erupción. Le sustituyó David Johnston, que fue el primero que informó de la erupción del volcán. A los pocos segundos, había muerto. Su cadáver nunca apareció. Pero, por desgracia, la suerte de Glicken fue temporal. Once años después, fue uno de los cuarenta y tres científicos y periodistas que perecieron en una erupción mortífera de roca fundida, gases y cenizas (lo que se llama flujo piroclástico) en el monte Unzen de Japón, debido a la interpretación errónea y catastrófica de la conducta de otro volcán.

Los vulcanólogos pueden ser o no los peores científicos del mundo haciendo predicciones, pero lo que es indiscutible es que son los peores en lo de darse cuenta de lo malas que son sus predicciones. Menos de dos años después de la catástrofe del Unzen, otro grupo de observadores de volcanes, dirigido por Stanley Williams de la Universidad de Arizona, se adentró por la periferia de un volcán activo llamado Galeras, en Colombia. A pesar de las muertes de los últimos años, sólo dos de los dieciséis miembros del equipo de Wiliams llevaban cascos de seguridad u otros medios de protección. El volcán entró en erupción y mató a seis científicos, y a tres turistas que los habían seguido, e hirió de gravedad a algunos más, incluido Williams.

En un libro extraordinariamente poco autocrítico titulado *Surviving Galeras* [Sobrevivir al Galeras], Williams decía que sólo pudo «mover la cabeza asombrado»[32] cuando se enteró después de que sus colegas del mundo de la vulcanología habían comentado que había pasado por alto o desdeñado importantes señales sísmicas y había actuado de forma imprudente. «Es muy fácil criticar después de los hechos, aplicar el conocimiento que tenemos ahora a los acontecimientos de 1993», escribió. Sólo se consideraba responsable de haber tenido la mala suerte de acudir allí cuando el volcán «se comportó de forma caprichosa, como suelen hacer las fuerzas naturales. Me equivoqué y asumiré la responsabilidad. Pero no me siento culpable de la muerte de mis colegas. No hay culpas. Se produjo una erupción».

Pero volvamos a Washington. El monte St. Helens perdió 400 metros de cima y quedaron devastados 600 kilómetros cuadrados de bosque. Quedaron calcinados árboles suficientes como para construir unas 150.000 casas (o 300.000, según otros informes). Los daños se calcularon en 2.700 millones de dólares. Surgió una columna de humo y cenizas que alcanzó una altura de 18.000 metros en menos de diez minutos. Un aparato de unas líneas aéreas, que se encontraba a 48 kilómetros de distancia, informó que había sido víctima de una granizada de rocas.[33]

Noventa minutos después de la explosión empezó a caer ceniza sobre Yakin, Washington, una comunidad de 50.000 personas situada a unos 130 kilómetros de distancia. Como es natural, la ceniza oscureció el día y lo cubrió todo, atascando motores, generadores y equipo eléctrico, asfixiando a los peatones, bloqueando los sistemas de filtración y paralizando toda actividad. Hubo que cerrar el aeropuerto y las autopistas de entrada y salida de la ciudad.

Hay que tener en cuenta que todo eso pasaba en la dirección del viento de un volcán que llevaba dos meses gruñendo de una forma amenazadora. Sin embargo, Yakima no contaba con sistemas de emergencia[34] para posibles erupciones. El sistema de radio de emergencia de la ciudad, que debía entrar en acción teóricamente en una situación crítica, no lo hizo porque «el personal del domingo por la mañana no sabía manejarlo». Yakima estuvo paralizado y completamente aislado durante tres días, con el aeropuerto cerrado y las vías de acceso bloqueadas. La población quedó cubierta por una capa de ceniza (1,5 centímetros) tras la erupción del volcán. Imagínate ahora, por favor, lo que sería una erupción en Yellowstone.

15

UNA BELLEZA PELIGROSA

En la década de los sesenta, mientras estudiaba la historia volcánica del Parque Nacional de Yellowstone, Bob Christiansen, del Servicio Geológico de Estados Unidos, se quedó intrigado por algo por lo que sorprendentemente no se había interesado nadie antes: no podía encontrar el volcán del parque. Hacía mucho tiempo que se sabía que Yellowstone era de naturaleza volcánica —eso era lo que explicaba todos sus géiseres y demás fuentes de vapor—, y lo único que tienen los volcanes es que, en general, son bastante notorios. Pero Christiansen no podía encontrar por ninguna parte el volcán de Yellowstone. Lo que no conseguía encontrar concretamente era una estructura denominada caldera.

Casi todo el mundo imagina, cuando piensa en los volcanes, la forma cónica clásica de un Fuji o un Kilimanjaro, que es algo que se forma cuando el magma de la erupción se acumula en un montículo simétrico. Estos montículos pueden formarse con notable rapidez. En 1943, en Paricutín (México),[1] un campesino se asustó al ver que salía humo de una zona de sus tierras. Al cabo de una semana, era el asombrado propietario de un cono de 152 metros de altura. Dos años después, el cono tenía ya casi 430 metros de altura y medía más de 800 metros de anchura. Hay en total unos 10.000 volcanes de ese tipo claramente visibles en la Tierra. Y salvo unos centenares están casi todos extintos. Pero existe otro tipo de volcanes menos famosos que no necesitan formar una montaña. Se trata de volcanes tan explosivos que se abren de forma violenta en un solo y potente estallido, dejando atrás un enorme pozo: la caldera (un término latino). Yellowstone debía de ser, sin duda, un volcán de este segundo tipo. Pero Christiansen no encontraba la caldera por ninguna parte.

Quiso la suerte que, precisamente por entonces, decidiese la NASA probar algunas nuevas cámaras de gran altitud haciendo fotos de Yellowstone, copias de las cuales un funcionario considerado facilitó a las autoridades del parque suponiendo que podrían hacer una bonita exposición en uno de los centros para visitantes. Christiensen se dio cuenta, al ver las fotos, de por qué no había conseguido localizar la caldera: prácticamente todo el parque (9.000 kilómetros cuadrados) era caldera. La explosión había dejado un cráter de casi 65 kilómetros de anchura, demasiado enorme para poder apreciarlo desde ningún punto situado a nivel del suelo. En algún momento del pasado, Yellowstone debió de estallar con una violencia superior a la escala de cualquier cosa conocida por los seres humanos.

Resulta, pues, que Yellowstone es un supervolcán. Se asienta encima de un enorme punto caliente, un depósito de roca fundida que se inicia a un mínimo de 200 kilómetros bajo tierra y se eleva casi hasta la superficie, formando lo que se llama una superpluma. El calor del punto caliente es lo que alimenta todas las chimeneas, termas, géiseres y ollas de lodo burbujeante. Debajo de la superficie hay una cámara de magma que tiene unos 72 kilómetros de ancho (aproximadamente las mismas dimensiones del parque) y unos 13 kilómetros de espesor en su parte más gruesa. Imagina un montón de TNT más o menos del tamaño de un condado inglés y que se eleve hacia el cielo 13 kilómetros, de la altura aproximada de los cirros más altos, y te harás una idea de por encima de qué andan los que visitan Yellowstone. La presión que ejerce un depósito de magma de esas dimensiones, sobre la corteza que está encima, ha elevado Yellowstone y el territorio del entorno aproximadamente medio kilómetro más de lo que estaría sin ella. Según el profesor Bill McGuire del Colegio Universitario de Londres, «no podrías acercarte a un radio de 1.000 kilómetros de él»[2] en plena erupción. Las consecuencias que seguirían serían peor aún.

El tipo de superplumas sobre las que se asienta Yellowstone se parece bastante a los vasos de Martini: son estrechas por abajo pero van ensanchándose a medida que se acercan a la superficie para crear grandes cuencos de magma inestable. Algunos de estos cuencos pueden tener una anchura de hasta 1.900 kilómetros. De acuerdo con las teorías actuales, no siempre entran en erupción de una forma explosiva, pero a veces estallan en una emanación enorme y continua, una avalancha de roca fundida como sucedió en las traps del Decán, en la India, hace 65 millones de años. En este caso cubrieron un área de más de 500.000 kilómetros cuadrados y probablemente contribuyesen a la extinción de los dinosaurios —desde luego, no los ayudaron— con sus emanaciones de gases nocivos. Las superplumas pueden ser también responsables de las fisuras o los rifts que hacen que se separen los continentes.

Esas plumas no son tan raras. Hay unas treinta activas en la Tierra en este momento y son responsables de muchas de las islas y cadenas de islas más conocidas (los archipiélagos de las Azores, las Canarias y los Galápagos, la pequeña Pitcairn en mitad del Pacífico Sur y muchas otras), pero, aparte de Yellowstone, son todas oceánicas. Nadie tiene la menor idea de cómo o por qué acabó Yellowstone bajo una placa continental. Sólo hay dos cosas seguras: que la corteza en Yellowstone es fina y el mundo que hay debajo es caliente. Pero, si la corteza es fina, debido al punto caliente o si el punto caliente está allí porque la corteza es fina es motivo de, digamos, ardoroso debate. La naturaleza continental de la corteza hace que sus erupciones sean enormemente distintas. Mientras los otros supervolcanes tienden a emitir lava de modo constante y de una forma relativamente benigna, Yellowstone lo hace de forma explosiva. No sucede a menudo, pero cuando sucede es mejor encontrarse a bastante distancia.

Desde su primera erupción conocida de hace 16,5 millones de años, ha entrado en acción unas cien veces, pero es sobre las tres erupciones más recientes sobre las que se ha escrito. La última fue un millar de veces mayor que la del monte St. Helens, la penúltima fue 280 veces mayor y, la antepenúltima, fue tan grande que nadie sabe exactamente cuán grande fue. Fue por lo menos 2.500 veces mayor que la de St. Helens, pero quizás 8.000 veces más monstruosa.

No tenemos absolutamente nada con lo que podamos compararla. La mayor explosión de tiempos recientes fue la de Krakatoa, Indonesia, en agosto de 1889, y fue de tal magnitud que reverberó por todo el planeta durante nueve días[3] e hizo agitarse las aguas en zonas alejadas como el canal de la Mancha. Pero, si imaginamos que el volumen de material eyectado en Krakatoa es del tamaño de una pelota de golf, el de la mayor erupción de Yellowstone sería del tamaño aproximado de una esfera detrás de la cual podrías esconderte. A esa escala, la erupción del monte St. Helens no sería más grande que un guisante.

La erupción de Yellowstone de hace dos millones de años emitió ceniza suficiente como para enterrar el estado de Nueva York, hasta una profundidad de 20 metros, o el de California hasta seis metros. Fue esa ceniza la que creó los yacimientos fósiles de Mike Voorhies en el este de Nebraska. Esa explosión se produjo en lo que hoy es Idaho, pero la corteza de la Tierra se ha desplazado por encima de ella a lo largo de millones de años a un ritmo de unos 2,5 centímetros al año, de manera que hoy está directamente debajo del noroeste de Wyoming. (El punto caliente propiamente dicho se mantiene en el mismo sitio, como un soplete de acetileno dirigido hacia un techo.) Deja en su estela el tipo de fértiles llanuras volcánicas que son ideales para cultivar patatas, como hace mucho que descubrieron los campesinos de Idaho. A los geólogos les gusta decir en broma que, en otros dos millones de años, Yellowstone producirá patatas fritas para los McDonald's y, la gente de Billings, Montana, andará entre géiseres.

La lluvia de cenizas de la última erupción de Yellowstone cubrió por completo o en parte 19 estados del oeste (más zonas de Canadá y de México), casi la totalidad de la parte de Estados Unidos situada al oeste del Misisipí. Hay que tener en cuenta que esa zona es el granero del país, una región que produce aproximadamente la mitad de los cereales del mundo. Y conviene recordar que la ceniza no es como una gran nevada que se derretirá con la llegada de la primavera. Si quisieses volver a cultivar, tendrías que encontrar algún sitio donde poner toda la ceniza. Hicieron falta miles de trabajadores durante ocho meses para retirar 1.800.000.000 de toneladas de desechos de las 6,5 hectáreas del emplazamiento del World Trade Center de Nueva York. Imagina lo que llevaría limpiar Kansas.

Y eso sin considerar siquiera las consecuencias climáticas. La última erupción de un supervolcán en la Tierra se produjo en Toba,[4] en el norte de Sumatra, hace 74.000 años. Nadie sabe exactamente lo grande que fue, pero desde luego fue tremenda. Los testigos de hielo de Groenlandia muestran que a la explosión de Toba siguieron como mínimo seis años de «invierno volcánico» y Dios sabe cuántas estaciones de escaso crecimiento después de eso. El acontecimiento se cree que pudo llevar a los seres humanos hasta el borde de la extinción, reduciendo la población global a sólo unos cuantos millares de individuos. Eso significaría que todos los seres humanos modernos surgieron de una base de población muy pequeña, lo que explicaría nuestra carencia de diversidad genética. En todo caso, hay ciertas pruebas que sugieren que, durante los 20.000 años siguientes, el número total de habitantes de la Tierra no llegó a ser nunca superior a unos cuantos miles.[5] No hace falta decir que es mucho tiempo para dedicarlo a recuperarse de una sola erupción volcánica.

Todo esto fueron hipótesis interesantes hasta 1973, en que un extraño suceso lo hizo súbitamente trascendental: el agua del lago de Yellowstone, en el centro del parque, empezó a cubrir las orillas en el extremo sur, inundando un prado, mientras que, en el extremo opuesto del lago el agua retrocedió de forma misteriosa. Los geólogos efectuaron una rápida investigación y descubrieron que una gran zona del parque había experimentado un abultamiento amenazador. Ese abultamiento estaba elevando un extremo y haciendo retirarse el agua del otro, como pasaría si alzases por un lado la piscina hinchable de un niño. Luego, en 1984, toda la región central del parque se hundió 20 centímetros. Ahora parece que está elevándose de nuevo.

Los geólogos comprendieron que la única causa posible de esto era una cámara de magma inestable. Yellowstone no era el emplazamiento de un antiguo supervolcán: era el emplazamiento de uno activo. Fue también, más o menos por entonces, cuando consiguieron descubrir que en el ciclo de erupciones de Yellowstone se producía de promedio una gran explosión cada 600.000 años. La última fue hace 630.000. Parece, pues, que ya le toca.

—Puede que no lo parezca, pero estás sobre el volcán activo mayor del mundo[6] —me dice Paul Doss, geólogo del Parque Nacional de Yellowstone, poco después de bajarse de una enorme motocicleta Harley-Davidson y de que nos diéramos la mano cuando nos encontramos en Mammoth Hot Springs una deliciosa mañana de junio, temprano. Doss, que es natural de Iowa, es un hombre cordial, de voz suave y extremadamente reflexivo, que no parece en absoluto un empleado de un Servicio de Parques Nacionales. Tiene una barba canosa y lleva el pelo recogido atrás en una larga coleta. Adorna una de sus orejas un pequeño arete de zafiro. Una leve barriga fuerza su flamante uniforme del Servicio de Parques. Parece más un músico de *blues* que un funcionario del estado. Es en realidad músico de *blues* (toca la armónica). Pero, de lo que no hay duda, es de que le entusiasma la geología—. Y he conseguido el mejor sitio del mundo para practicarla —dice cuando nos ponemos en marcha en un vehículo maltrecho y saltarín de tracción integral, camino de Old Faithful.

Ha accedido a dejarme acompañarle durante un día mientras se dedica a hacer lo que los geólogos del parque suelen hacer. La primera tarea de hoy es dar una charla introductoria a una nueva tanda de guías turísticos.

Yellowstone, no hace falta decirlo, es de una belleza sensacional, con montañas gordas y majestuosas, prados salpicados de bisontes, riachuelos retozones, un lago azul cielo, fauna y flora naturales en cantidades desmedidas.

—La verdad es que no hay nada mejor que esto si eres geólogo —dice Doss—. Arriba en Beartooth Gap hay rocas de casi 3.000 millones de años (tres cuartas partes del tiempo transcurrido desde el principio de la Tierra) y luego tienes aquí aguas termales. —Señala las aguas calientes sulfurosas a las que se debe el nombre de Mammoth—. Donde puedes ver cómo son las rocas cuando nacen. Y en medio hay todo lo que puedas imaginar. No he estado en ningún sitio donde la geología sea más evidente... ni más bella.

—¿Así que te gusta? —le digo.

—Oh, no, me entusiasma —contesta con absoluta sinceridad—. Quiero decir que me entusiasma esto. Los inviernos son duros y el sueldo no es gran cosa, pero, en cuanto a bueno, la verdad es que... —Se interrumpió para señalar un espacio vacío situado a lo lejos, en una cadena de montañas, hacia el oeste, que acababa de hacerse visible sobre una elevación. Me explicó que las montañas se llamaban las Gallatins—. Ese hueco tiene 100 kilómetros de anchura, puede que 110. Durante mucho tiempo nadie pudo entender por qué estaba ahí ese hueco, hasta que Bob Christiansen se dio cuenta de que tenía que ser porque las montañas simplemente habían estallado. Cuando te encuentras con 100 kilómetros de montañas que han desaparecido del mapa, sabes que estás tratando con algo muy potente. A Christiansen le llevó seis años dar con la clave.

Le pregunté qué era lo que hacía que Yellowstone estallase cuando estallaba.

—No lo sé. Nadie lo sabe. Los volcanes son cosas extrañas. No los entendemos en realidad. El Vesubio de Italia estuvo activo trescientos años hasta que tuvo una erupción en 1944 y luego sencillamente se paró. Ha estado silencioso desde entonces. Algunos vulcanólogos piensan que se está recargando a lo grande, lo que es un poco preocupante porque alrededor de él viven dos millones de personas. Pero nadie sabe.

—Y si Yellowstone fuese a estallar ¿qué avisos tendríais?

Se encogió de hombros.

—No había nadie por aquí la última vez que estalló, así que nadie sabe cuáles son las señales de aviso. Lo más probable sería que hubiese enjambres de terremotos y algún levantamiento superficial y, posiblemente, algunos cambios en las pautas de conducta de los géiseres y de las chimeneas de vapor, pero la verdad es que nadie lo sabe.

—Así que ¿podría simplemente estallar sin aviso?

Asintió pensativo. El problema, explicó, es que casi todas las cosas que constituían señales y avisos ya estaban presentes en cierta medida en Yellowstone.

—Los terremotos son generalmente un precursor de las erupciones volcánicas, pero en el parque hay ya montones de terremotos... el último año tuvo 260. La mayoría de ellos son demasiado pequeños y no se aprecian, pero son terremotos de todos modos.

También podría considerarse una clave, dijo, un cambio en la pauta en las erupciones de los géiseres, aunque también éstas varían impredeciblemente. El géiser más famoso del parque era en tiempos el Excelsior. Solía entrar en erupción regular y espectacularmente llegando a alturas de 100 metros, pero en 1888 se paró sin más ni más. Luego, en 1985, volvió a entrar en erupción, aunque sólo llegó a una altura de 25 metros.

El géiser Steamboat es el más grande del mundo cuando estalla lanzando agua 120 metros en el aire, pero los intervalos entre sus erupciones han oscilado entre sólo cuatro días y casi cincuenta años.

—Aunque estallase hoy y luego volviese a hacerlo la semana que viene, eso no nos diría absolutamente nada sobre lo que podría hacer la semana siguiente, la otra o dentro de veinte años —dijo Doss—. El parque entero es tan imprevisible que es imposible en realidad extraer conclusiones de casi nada de lo que pasa.

Evacuar Yellowstone no sería fácil. El parque recibe unos tres millones de visitantes al año, la mayoría de ellos en los tres meses de temporada alta del verano. En el recinto hay relativamente pocas carreteras y no se quieren ensanchar, en parte para aminorar el tráfico, en parte para preservar un ambiente pintoresco, y en parte, debido a limitaciones topográficas. En el periodo álgido del verano puede ser fácil que lleve medio día cruzar el parque y varias horas llegar a cualquier lugar situado dentro de él.

—La gente, siempre que ve animales, simplemente se para, esté donde esté —dice Doss—. Tenemos atascos por osos. Tenemos atascos por bisontes. Tenemos atascos por lobos.

En el otoño de 2000, representantes del Servicio Nacional de Parques y del Servicio Geológico de Estados Unidos, junto con algunos académicos, se reunieron y crearon el llamado Observatorio Volcánico de Yellowstone (OVY). Existían ya cuatro organismos de este tipo (en Hawai, California, Alaska y Washington), pero, aunque parezca extraño, no había ninguno en la mayor zona volcánica del mundo. El OVY es en realidad una idea más que una cosa, un acuerdo para coordinar esfuerzos en el estudio y el análisis de una geología tan diversa como es la del parque. Doss me dijo que una de sus primeras tareas fue elaborar un «plan de riesgos de terremotos y erupciones volcánicas», un plan de actuación en caso de una crisis.

—¿No hay ya uno? —pregunté yo.

—No, en realidad, no. Pero pronto lo habrá.

—¿No llega con un poco de retraso?

Sonrió.

—Bueno, digamos que no llega demasiado pronto.

La idea es que una vez que esté listo habrá tres personas (Christiansen de Parque Menlo, California, el profesor Robert B. Smith de la Universidad de Utah y Doss del propio parque) que valorarán el grado de peligro de cualquier cataclismo potencial y aconsejarán al superintendente del parque. El superintendente tomará la decisión de evacuar o no evacuar el parque.

Para las zonas adyacentes, no hay ningún plan. En cuanto cruzases las puertas de salida del parque tendrías que arreglártelas por tu cuenta... no es mucha ayuda en caso de que Yellowstone estallase de verdad a lo grande.

Por supuesto, ese día puede tardar decenas de miles de años en llegar. Doss piensa que ese día puede no llegar nunca.

—Que haya seguido una pauta en el pasado no significa que siga ateniéndose a ella —dice—. Hay algunas pruebas que indican que la pauta puede ser una serie de explosiones catastróficas, seguidas de un largo periodo de quietud. Puede que ahora estemos en él. Lo que se aprecia ahora es que la mayor parte de la cámara de magma está cristalizando y enfriándose. Está liberando los materiales volátiles; para una erupción explosiva necesitas tener atrapados materiales volátiles.

Hay, por otra parte, abundantes peligros de otro género en Yellowstone y en su entorno, como se hizo evidente de una foma devastadora la noche del 17 de agosto de 1959, en un lugar llamado lago Hebgen,7 a la salida misma del parque. Ese día, cuando faltaban veinte minutos para la medianoche, se produjo allí un terremoto catastrófico. Tuvo una magnitud de 7,5, que no es una cosa demasiado enorme para un terremoto, pero fue tan brusco y desgarrador que derrumbó toda la ladera de una montaña. Era el punto culminante de la temporada de verano, pero afortunadamente por entonces no iba tanta gente a Yellowstone como ahora. Se desprendieron de pronto de la montaña, a una velocidad de más de 160 kilómetros por hora, 80 millones de toneladas de rocas, que se precipitaron con una fuerza y un empuje tales que el borde delantero de la avalancha ascendió 120 metros por la ladera de una montaña del otro lado del valle. Había una parte de la zona de acampada de Rock Creek en su trayecto y se la llevó por delante. Murieron veintiocho campistas, diecinueve de los cuales quedaron tan enterrados que nunca llegaron a recuperarse los cadáveres. La devastación que causó la avalancha fue tan rápida como caprichosa. Tres hermanos que dormían en una misma tienda resultaron ilesos. Sus padres que dormían en otra tienda contigua fueron arrastrados y no se halló rastro alguno de ellos.

—Algún día se producirá un gran terremoto... y me refiero a uno grande de veras —me dijo Doss—. Hay que contar con eso. Ésta es una gran zona de falla para terremotos.

A pesar del terremoto de lago Hebgen y de otros peligros conocidos, Yellowstone no tuvo sismógrafos permanentes hasta la década de los setenta.

Si quisieses apreciar la majestuosidad y la inexorabilidad de los procesos geológicos, no podrías elegir un sitio más peligroso que los Tetons, esa cordillera de suntuosos picachos que se alza justamente al sur del Parque Nacional de Yellowstone. Hace nueve millones de años los Tetons no existían. El terreno que rodea Jackson Hole no era más que una llanura cubierta de hierba. Pero luego se abrió una falla de 64 kilómetros de longitud dentro de la Tierra y, desde entonces, una vez cada novecientos años aproximadamente, los Tetons experimentaron un terremoto grande de verdad, lo suficiente para elevarlos otros dos metros más de altura. Han sido estos tirones repetidos a lo largo de eones los que les han alzado hasta sus majestuosas altitudes actuales de 2.000 metros.

Esos novecientos años son una media..., una media un tanto engañosa. Según dicen Robert B. Smith y Lee J. Siegel en *Windows into the Earth* [Ventanas hacia la Tierra], una historia geológica de la región, el último terremoto importante de los Tetons se produjo hace entre cinco mil y siete mil años. Así que puede que los Tetons sea la zona del planeta donde antes toca un terremoto.

Las explosiones hidrotérmicas son también un peligro significativo. Pueden producirse en cualquier momento y prácticamente en cualquier sitio sin que sea posible predecirlas.

—Canalizamos a los visitantes hacia las cuencas térmicas, ¿sabes? —me dijo Doss después de que vimos la explosión de Old Faithful—. Es lo que vienen a ver. ¿Sabías que hay más géiseres y fuentes termales en Yellowstone que en todo el resto del mundo?

—No, no lo sabía.

—Hay 10.000, y nadie sabe cuándo se puede abrir una chimenea.

Fuimos en el coche hasta un sitio llamado Duck Lake, una masa de agua de un par de cientos de metros de anchura.

—Parece completamente inocuo —dijo Doss—. Es sólo una gran laguna. Pero este gran agujero no estaba aquí antes. En algún momento de los últimos quince mil años se produjo aquí una explosión de muchísima envergadura. Debieron de ser varias decenas de millones de toneladas de tierra, roca y agua a temperaturas muy elevadas las que salieron despedidas a velocidades supersónicas. Ya te puedes imaginar lo que pasaría si sucediese eso debajo de los aparcamientos de Old Faithful o en uno de los centros para visitantes. —Hizo un mohín descorazonado.

—¿Habría algún aviso?

—Lo más probable es que no. La última explosión significativa que se produjo en el parque fue en un sitio llamado Pork Chop Geyser en 1989. Dejó un cráter de unos cinco metros de ancho..., no es una cosa enorme ni mucho menos, pero sí bastante grande si hubieses estado allí en aquel momento. No andaba nadie por la zona, afortunadamente, así que no hizo daño a nadie, pero aquello sucedió sin aviso. En el pasado muy remoto ha habido explosiones que han hecho agujeros de más de kilómetro y medio de anchura. Y nadie puede decirte cuándo y dónde podría volver a pasar. Lo único que puedes hacer es tener la esperanza de no estar allí cuando pase.

También son un peligro los grandes desprendimientos de rocas. Hubo uno bastante grande en Gardiner Canyon en 1999, pero tampoco en ese caso afectó a nadie, afortunadamente. Al final de la tarde Doss y yo paramos en un sitio donde había una roca que sobresalía por encima de una carretera del parque con bastante tráfico. Las grietas eran claramente visibles.

—Podría llegarse a caer en cualquier momento —dijo Doss cavilosamente.

—Lo dices en broma —dije yo.

No había un momento en que no pasasen dos coches por debajo de ella, todos llenos de (literalmente) despreocupados campistas.

—Bueno, no es probable —añadió—. Yo sólo estoy diciendo que *podría*. Quizá podría también mantenerse así varias décadas. No hay manera de saberlo seguro. La gente tiene que aceptar que viniendo aquí se corren riesgos. Eso es todo lo que se puede decir.

Cuando volvíamos andando a su vehículo para dirigirnos a Mammoth Springs, Doss añadió:

—Pero el asunto es que casi nunca pasa nada malo. Las rocas no se caen. No hay terremotos. No se abren de pronto nuevas chimeneas. Con tanta inestibilidad casi siempre está todo notable y sorprendentemente tranquilo.

—Es como la propia Tierra —comenté.

—Exactamente —coincidió.

Los peligros de Yellowstone afectan tanto a los empleados del parque como a los visitantes. Doss había tenido una terrible impresión de eso mismo en su primera semana de trabajo, cinco años antes. Una noche, ya tarde, tres jóvenes empleados de verano estaban dedicados a una actividad ilícita consistente en nadar en las charcas de agua caliente o simplemente flotar en ellas. Aunque el parque no lo pregona por razones obvias, no todas las charcas de Yellowstone son tan calientes como para que resulten peligrosas. En algunas resulta muy agradable meterse y quedarse flotando en el agua, y algunos de los empleados de verano tenían la costumbre de darse un chapuzón por la noche, aunque las normas prohibiesen hacerlo. Esos tres habían cometido además la estupidez de no llevar linterna, lo que era extremadamente peligroso porque gran parte del terreno que rodea las charcas de agua caliente es inestable y frágil y es fácil hundirse en él y escaldarse en chimeneas que puede haber debajo. El caso es que cuando regresaban a los dormitorios llegaron a un arroyo que habían tenido que saltar antes. Retrocedieron unos pasos para coger carrerilla, se cogieron de la mano, contaron hasta tres, corrieron y saltaron. En realidad, no era un arroyo. Era una charca hirviente. Se habían extraviado en la oscuridad. No sobrevivió ninguno de los tres.

Pensé en esto a la mañana siguiente mientras hacía una breve visita, de camino ya hacia la salida del parque, a un sitio llamado Emerald Pool, en la Upper Geyser Basin. Doss no había tenido tiempo de llevarme allí el día anterior, pero pensé que debía echarle un vistazo por lo menos, ya que Emerald Pool es un lugar histórico.

En 1965 un equipo de biólogos formado por un matrimonio, Thomas y Louise Brock, estaban en un viaje de estudio de verano y habían hecho una chifladura. Habían recogido un poco de la capa superficial de un marrón amarillento que había por los bordes de la charca y la habían examinado buscando vida. Ante su profunda sorpresa, y más tarde la de todo el mundo, estaba llena de microbios vivos. Habían encontrado los primeros extremófilos del planeta, unos organismos que eran capaces de vivir en agua que hasta entonces se había considerado demasiado caliente, ácida o repleta de azufre para sustentar vida. Sorprendentemente, Emerald Pool reunía todas esas características y, sin embargo, tenía como mínimo dos tipos de seres vivos. *Sulpholobus acidocaldarius* y *Thermophilus aquaticus*, como pasarían a llamarse, la encontraban agradable. Se había supuesto siempre que nada podía sobrevivir por encima de temperaturas de 50 °C, pero allí había organismos que estaban muy tranquilos en aguas fétidas y ácidas de una temperatura de casi el doble.

Uno de los dos tipos de bacterias de los Brock, *Thermophilus aquaticus*, permaneció durante casi veinte años como una curiosidad de laboratorio... hasta que un científico de California, llamado Kary B. Mullis, se dio cuenta de que contenía enzimas resistentes que podían utilizarse para crear un tipo de brujería química conocida como una reacción de polimerización en cadena, que permite a los científicos generar montones de ADN a partir de cantidades muy pequeñas... tan pequeñas como una sola molécula en condiciones ideales.[8] Es una especie de fotocopiaje genético y se convirtió en la base de toda la ciencia genética posterior, desde los estudios académicos a las tareas de policía forense. Proporcionó a Mullis el premio Nobel de Química de 1993.

Y no sólo eso, sino que otros científicos estaban encontrando microbios aún más resistentes,[9] conocidos hoy como hipertermófilos, que viven a temperaturas de 80 °C o más. El organismo más cálido que se ha encontrado hasta ahora, según indica Frances Ashcroft en *Life at the*

Extremes [Vida en condiciones extremas], es el *Pyrolobus fumarii*, que vive en las paredes de las chimeneas oceánicas, donde las temperaturas pueden llegar a los 113 °C. El límite máximo de la vida se cree que está en unos 120 °C, aunque nadie lo sabe en realidad. La cuestión es que los hallazgos de los Brock cambiaron completamente nuestra percepción del mundo vivo. Como ha dicho un científico de la NASA, Jay Bergstralh:[10] «Donde quiera que vayamos en la Tierra (hasta en lo que parecían los medios más hostiles para la vida), siempre que haya agua líquida y alguna fuente de energía química, encontramos vida».

Resulta que la vida es infinitamente más lista y más adaptable de lo que nadie había supuesto jamás. Eso es algo muy bueno, ya que, como estamos a punto de ver, vivimos en un mundo que no parece en modo alguno querernos aquí.

V

LA VIDA MISMA

Cuanto más examino el universo y estudio los detalles de su arquitectura, más pruebas hallo de que el universo debe de haber sabido de algún modo que veníamos.

FREEMAN DYSON

16

UN PLANETA SOLITARIO

No es fácil ser un organismo. Por lo que sabemos hasta ahora, sólo hay un lugar en todo el universo, un puesto destacado insignificante de la Vía Láctea llamado la Tierra, que te sustentará, puede que hasta ése lo haga bastante a regañadientes.

Desde el fondo de la fosa oceánica más honda hasta la cumbre de la montaña más alta, la zona que incluye el total de la vida conocida tiene un espesor de sólo unos 20 kilómetros..., no es mucho si se compara con la espaciosidad del cosmos en su conjunto.

Para los seres humanos es peor aún porque sucede que pertenecemos a la porción de seres vivos que tomó, hace cuatrocientos millones de años, la arriesgada y azarosa decisión de arrastrarse fuera de los mares, pasar a residir en tierra y respirar oxígeno. En consecuencia, nada menos que el 99,5 % del volumen del espacio habitable del mundo[1] queda, según una estimación, en términos prácticos completamente, fuera de nuestros límites.

No se trata sólo de que no podemos respirar en el agua, sino de que no podemos soportar la presión. Como el agua es unas 1.300 veces más pesada que el aire,[2] la presión aumenta rápidamente cuando desciendes, en el equivalente a una atmósfera cada 10 metros de profundidad. En tierra, si subieses a la cima de una eminencia de 150 metros (la catedral de Colonia o el Monumento a Washington, por ejemplo), el cambio de presión sería tan leve que resultaría inapreciable. Pero a la misma profundidad bajo el agua las venas se colapsarían y los pulmones se comprimirían hasta las dimensiones aproximadas de una lata de refresco.[3] Sorprendentemente, la gente bucea de forma voluntaria hasta esas profundidades, sin aparatos de respiración, por diversión, en un deporte llamado buceo libre. Parece ser que la experiencia de que los órganos internos se deformen con brusquedad se considera emocionante —aunque es de suponer que no tan emocionante como el que vuelvan a sus anteriores dimensiones al aflorar a la superficie—. Pero para que los buceadores lleguen a esas profundidades deben hacerse arrastrar hacia abajo, con bastante brutalidad, mediante pesos. La máxima profundidad a la que se ha podido llegar sin ayuda y vivir para contarlo es de 72 metros, una hazaña que realizó un italiano llamado Umberto Pelizzari, que en 1992 descendió buceando hasta esa profundidad, se mantuvo allí un nanosegundo y luego salió disparado hacia la superficie. En términos terrestres, 72 metros es bastante menos que la longitud de un campo de fútbol. Así que ni siquiera en nuestros despliegues propagandísticos más entusiastas podemos proclamar que dominamos las profundidades.

Hay otros organismos, claro, que sí lo consiguen, que logran soportar esas presiones de las profundidades, aunque sea un misterio cómo lo consiguen exactamente algunos de ellos. El punto más profundo del océano es la Fosa de las Marianas, en el Pacífico. Allí, a unos 11,3 kilómetros de profundidad, las presiones se elevan hasta más de 1.120 kilómetros por centímetro cuadrado. Sólo una vez hemos logrado, brevemente, enviar humanos a esa profundidad en un sólido vehículo de inmersión. Sin embargo, es el hogar de colonias de anfípodos, un tipo de crustáceo similar a la gamba pero transparente, que sobrevive allí sin absolutamente ninguna protección. Casi todos los océanos son, por supuesto, mucho menos profundos, pero incluso a la profundidad oceánica media, de cuatro kilómetros, la presión es equivalente al peso de 14 camiones de cemento cargados puestos uno encima de otro.[4]

La mayoría de la gente considera, incluidos los autores de algunos libros de divulgación sobre oceanografía, que el cuerpo humano se arrugaría bajo las inmensas presiones de las profundidades oceánicas. Pero no parece que sea así, en realidad. Como también nosotros estamos hechos principalmente de agua,[5] y el agua es «casi incomprimible —en palabras de Frances Ashcroft de la Universidad de Oxford—, el cuerpo se mantiene a la presión del agua que lo rodea y no resulta aplastado en las profundidades». La causa de los problemas son los gases del interior del cuerpo, sobre todo de los pulmones. Éstos sí se comprimen, aunque no se sabe en qué punto resulta mortal la presión. Hasta hace muy poco se creía que, todo el que descendiera hasta unos 100 metros, sufriría una muerte dolorosa cuando le implosionasen los pulmones o se le hundiese la caja torácica, pero los que practican el buceo libre han demostrado repetidamente que no es así. Según Ashcroft, parece ser que «los seres humanos deben de ser más parecidos a las ballenas y los delfines de lo que suponíamos».[6]

Pero puede haber muchos errores más. En los tiempos de los trajes de buzo (de aquellos que estaban conectados a la superficie por largos tubos) se experimentaba a veces en las inmersiones un temido fenómeno llamado «el apretón». Esto ocurría cuando fallaban las bombas de la superficie, lo que provocaba una pérdida catastrófica de presión en el traje. El aire salía de él con tal violencia que el desventurado buzo quedaba prácticamente aspirado en el casco y el tubo. Cuando le izaban a la superficie, «todo lo que queda en el traje son los huesos y unos andrajos de carne[7] —escribió en 1947 el biólogo J. B. S. Haldane, añadiendo para convencer a los incrédulos—: Eso ha sucedido».

(Diremos, de pasada, que el casco de inmersión original, ideado por un inglés llamado Charles Deane, no era en principio para bucear sino para la lucha contra el fuego. Se le llamó, por ello, «casco de humos», pero al ser de metal se calentaba y resultaba incómodo; como pronto descubrió Deane, a los bomberos no les entusiasmaba la idea de entrar en edificios ardiendo con ningún género de atuendo, pero mucho menos aún con algo que se calentaba como un hervidor y que obstaculizaba además sus movimientos. Deane, para intentar salvar su inversión, lo probó bajo el agua y descubrió que era ideal para tareas de salvamento.)

El auténtico terror de las profundidades es, sin embargo, la enfermedad del buzo..., no tanto porque sea desagradable, aunque sin duda lo es, sino porque es muy probable que se produzca. El aire que respiramos tiene un 80 % de nitrógeno. Al someter a presión el cuerpo humano, ese nitrógeno se transforma en pequeñas burbujas que pasan a la sangre y a los tejidos. Si cambia la presión con excesiva rapidez (como en una ascensión demasiado rápida de un buceador), las burbujas atrapadas en el organismo empezarán a bullir exactamente como lo hacen las de una botella de champán al abrirla, atascando pequeños vasos sanguíneos, privando a las células de oxígeno y causando un dolor tan intenso que quienes lo padecen suelen doblarse angustiados por los retortijones... de ahí el nombre que se da en inglés a esa dolencia, *the bends*.*

La enfermedad del buzo ha constituido desde tiempo inmemorial un riesgo laboral para los buceadores que buscan esponjas y perlas, pero no atrajo mucha atención en Occidente hasta el siglo XIX, y entonces lo hizo entre quienes no se mojaban para nada (o, al menos, no se mojaban mucho y, en general, no muy por encima de los tobillos). Eran los trabajadores de los cajones hidráulicos. Estos cajones eran cámaras secas cerradas construidas en los lechos de los ríos para facilitar la construcción de puentes. Se llenaban de aire comprimido y sucedía con frecuencia que, cuando los trabajadores salían de ellos tras un periodo largo de trabajo bajo aquella

* En inglés, *bend* es una apoplejía por cambios bruscos de presión. También significa encorvarse o doblarse. *(N. del T.)*

presión artificial, experimentaban leves síntomas, consistentes en hormigueo y prurito. Pero un número reducido, aunque impredecible, experimentaba un dolor más insistente en las articulaciones y, a veces, se desmoronaba presa de intensos dolores, en algunos casos para no levantarse más.

Todo eso resultaba muy desconcertante. A veces, los trabajadores se acostaban sintiéndose perfectamente y despertaban paralizados. A veces, no se despertaban más. Ashcroft cuenta una historia relacionada con los directores de las obras de un nuevo túnel bajo el Támesis, que celebraron un banquete[8] para conmemorar que estaban terminando el túnel, y descubrieron consternados que su champán no burbujeaba cuando lo descorcharon en el aire comprimido del túnel. Sin embargo, cuando salieron al aire libre de la noche de Londres, las burbujas empezaron a bullir dentro de ellos, acelerando memorablemente el proceso digestivo.

Aparte de evitar por completo los entornos de alta presión, sólo hay dos estrategias seguras para evitar la enfermedad del buzo. La primera es someterse a una exposición muy breve a los cambios de presión. Por eso quienes practican el buceo libre antes mencionado pueden descender hasta 150 metros sin sentir ningún efecto negativo. No están abajo el tiempo suficiente para que el nitrógeno del organismo se disuelva en los tejidos. La otra solución es ascender en cuidadosas etapas. Esto permite que las burbujitas de nitrógeno se disipen de forma inocua.

Buena parte de lo que sabemos sobre supervivencia en situaciones extremas se lo debemos a un extraordinario equipo formado por un padre y un hijo, John Scott y J. B. S. Haldane. Los Haldane eran muy excéntricos incluso para los criterios no demasiado rigurosos de los intelectuales ingleses. Haldane padre nació en 1860, en el seno de una familia de la aristocracia escocesa (su hermano era vizconde), pero casi toda su carrera transcurrió en una modestia relativa como profesor de fisiología en Oxford. Tenía fama de ser muy distraído. En cierta ocasión en que su esposa le hizo subir al dormitorio a cambiarse para asistir a una cena, no regresaba y cuando subieron a ver lo que le pasaba descubrieron que se había puesto el pijama, se había metido en la cama y estaba dormido. Cuando le despertaron, explicó que se había dado cuenta de pronto de que estaba desvistiéndose y había pensado que debía de ser porque era ya hora de acostarse.[9] Su idea de unas vacaciones era irse a Cornualles a estudiar la anquilostoma de los mineros. Aldous Huxley, el novelista nieto de T. H. Huxley, que vivió con los Haldane un tiempo, le parodió de forma implacable, en el personaje del científico Edward Tantamount de su novela *Contrapunto*.

Lo que hizo Haldane por el submarinismo fue determinar los intervalos de descanso necesarios para efectuar una ascensión desde las profundidades sin contraer la enfermedad del buzo,[10] pero sus intereses abarcaron el total de la fisiología, desde el estudio del mal de altura de los escaladores hasta los problemas de las crisis cardiacas en las regiones desérticas. Sintió especial interés por los efectos de los gases tóxicos en el cuerpo humano. Para entender mejor cómo mataban a los mineros las fugas de monóxido de carbono, se intoxicó metódicamente, tomándose al mismo tiempo muestras de sangre y analizándolas. Interrumpió el experimento sólo cuando estaba ya a punto de perder el control muscular y el nivel de saturación de la sangre había llegado al 56%...[11] Un nivel que, como explica Trevor Norton en *Stars Beneath the Sea* [Estrellas bajo el mar], su divertida historia del submarinismo, se hallaba sólo a unas fracciones de la muerte segura.

Jack, el Haldane hijo, conocido por la posteridad como J. B. S., fue un notable prodigio que se interesó por el trabajo de su padre casi desde la temprana infancia. A los tres años de edad le oyeron preguntar malhumorado a su padre: «Pero ¿es oxihemoglobina o carboxihemoglobina?».[12] El joven Haldane ayudó a su progenitor durante su juventud en sus experimentos. Siendo aún adolescente, solían probar juntos gases y máscaras antigás, turnándose para hacerlo, con el fin de comprobar el tiempo que tardaban en desmayarse.

Aunque J. B. S. Haldane no llegó a graduarse en ciencias (estudió lenguas clásicas en Oxford), fue un científico eminente por derecho propio y trabajó sobre todo para el Gobierno en Cambridge. El biólogo Peter Medawar, que se pasó la vida entre los llamados «olímpicos mentales», dijo de él que era «el hombre más listo que he conocido».[13] Huxley también parodió a Haldane hijo en su novela *Antic Hay* [Antiguo forraje], pero utilizó sus ideas sobre manipulación genética de los seres humanos como base para la trama de *Un mundo feliz*. Entre otros muchos logros de este Haldane, figura haber desempeñado un papel decisivo en la fusión de los principios darwinianos de la evolución con la genética mendeliana, cuyo resultado conocen los genetistas como la Síntesis Moderna.

El joven Haldane fue tal vez el único ser humano a quien la Primera Guerra Mundial le pareció «una experiencia muy gozosa»,[14] y admitió sin rubor: «Gocé de la oportunidad de matar a gente». Resultó herido dos veces. Después de la guerra se convirtió en un divulgador de la ciencia de bastante éxito y llegó a escribir 23 libros (y 400 artículos científicos). Sus libros aún son legibles e instructivos, aunque no siempre fáciles de encontrar. Se convirtió además en un marxista entusiasta. Se ha dicho, no del todo cínicamente, que esto último no era más que puro afán de llevar la contraria y que si hubiese nacido en la Unión Soviética habría sido un monárquico ferviente. Pero lo cierto es que casi todos sus artículos aparecieron en primer lugar en el comunista *Daily Worker*.

Mientras los principales intereses de su padre se centraban en los mineros y en el envenenamiento, el joven Haldane se consagró a la tarea de salvar a submarinistas y buceadores de las consecuencias desagradables de su trabajo. Adquirió con fondos del almirantazgo una cámara de descompresión a la que llamó la «olla a presión». Consistía en un cilindro metálico en el que se podía encerrar a tres personas al mismo tiempo y someterlas a diversas pruebas, todas dolorosas y casi todas peligrosas. Podía pedir a los voluntarios que se sentaran en agua helada mientras respiraban «atmósfera aberrante» o se les sometía a rápidos cambios de presionización. En otro experimento se sometió él mismo a una ascensión simulada peligrosamente rápida para comprobar qué pasaba. Lo que ocurrió fue que le estallaron los empastes de las muelas. «Casi todos los experimentos —escribe Norton— acababan con que alguien tenía un ataque, sangraba o vomitaba.»[15] La cámara estaba prácticamente insonorizada, de manera que el único medio que tenían sus ocupantes de indicar que se encontraban mal era golpeando de forma insistente en las paredes o alzando notas hasta una ventanilla. En otra ocasión en que se estaba intoxicando con elevados niveles de oxígeno, sufrió un ataque tan grave que se rompió varias vértebras. Un riesgo habitual consistía en el colapso pulmonar. También eran frecuentes las perforaciones de tímpano.[16] Pero, como indicaba tranquilizadoramente Haldane en uno de sus artículos: «El tímpano en general se cura. Y si queda algún orificio, aunque uno se quede un poco sordo, siempre puede expulsar el humo del tabaco por el oído en cuestión, lo que constituye un éxito social».

Lo extraordinario de todo esto no era que Haldane estuviese dispuesto a someterse a tales riesgos y penalidades en la investigación científica, sino que no tuviera problema para convencer a colegas y seres queridos de que entrasen también en la cámara. Su esposa, lanzada a un descenso simulado, sufrió una vez un ataque que duró trece minutos. Cuando al fin dejó de dar saltos en el suelo, la ayudó a levantarse y la mandó a casa a hacer la cena. Haldane utilizaba muy gustoso a cualquiera que tuviese a mano, incluido en una ocasión memorable, un primer ministro español, Juan Negrín. El doctor Negrín se quejó después de un leve cosquilleo y «una curiosa sensación aterciopelada en los labios». Pero, por lo demás, parece que resultó ileso. Debió de considerarse muy afortunado. Un experimento similar de privación de oxígeno dejó a Haldane seis años sin sensibilidad en las nalgas y en la parte inferior de la espina dorsal.[17]

Entre las muchas intoxicaciones que le interesaban concretamente a Haldane figuraba la intoxicación con nitrógeno. Por razones que aún no están del todo claras, a profundidades superiores a unos treinta metros, el nitrógeno se convierte en un poderoso embriagante. Bajo sus efectos, sabemos que ha habido buceadores que han ofrecido sus tubos de respiración a los peces que pasaban a su lado o que han decidido hacer un alto para fumarse un cigarrillo. También producía extraños cambios de humor.[18] Haldane cuenta que, en una prueba, el sujeto «osciló entre la depresión y el entusiasmo, rogando en un momento que le descomprimiese porque se sentía muy mal y echándose a reír al momento siguiente, intentando estorbar a su colega que estaba haciendo una prueba de habilidad».

Para medir el grado de deterioro del sujeto, tenía que entrar en la cámara un científico con el voluntario para plantearle sencillas pruebas matemáticas. Pero, como recordaría Haldane más tarde, a los pocos minutos «el científico solía estar tan embriagado como el voluntario[19] y muchas veces se olvidaba de poner el cronómetro en marcha o de tomar las notas que tenía que tomar». La causa de la embriaguez hoy sigue siendo un misterio.[20] Se cree que tal vez se trate de lo mismo que produce la embriaguez alcohólica, pero, como nadie sabe con certeza qué es lo que causa eso, semejante consideración no sirve de mucho. Lo cierto es que, si no se tiene muchísimo cuidado, es fácil que uno tenga problemas cuando abandona el mundo de la superficie.

Lo que nos lleva de nuevo (bueno, casi) a nuestra observación anterior de que la Tierra no es el lugar más cómodo para ser un organismo, aunque se trate del único lugar. De la pequeña porción de la superficie del planeta que está lo bastante seca para poder apoyarse en ella, una cantidad sorprendentemente grande es demasiado cálida, fría, seca, empinada o elevada para servirnos de gran cosa. Hay que decir que eso es en parte culpa nuestra. Los humanos somos inútiles en un grado bastante asombroso por lo que se refiere a la adaptabilidad. Como a la mayoría de los animales, no nos gustan demasiado los lugares muy cálidos porque sudamos mucho y es fácil que sucumbamos a una apoplejía, somos especialmente vulnerables. En las peores circunstancias (a pie, sin agua, en un desierto caluroso...), la mayoría sufrirá delirios y se desmayará, posiblemente para no volver a levantarse, en no más de siete u ocho horas. Y no estamos menos desvalidos frente al frío. Los humanos, como todos los mamíferos, generamos mucho calor. Pero, como casi no tenemos pelo, no lo retenemos. Incluso con un tiempo muy benigno, la mitad de las calorías que consumimos son para mantener el cuerpo caliente.[21] Por supuesto, podemos contrarrestar estas debilidades en gran medida con ropa y cobijo, pero, aun teniendo eso en cuenta, las partes de la Tierra en que estamos dispuestos a vivir o podemos hacerlo son, en realidad, modestas:[22] sólo el 12 % del total de tierra firme y el 4 % de toda la superficie si incluimos los mares.

Pero si consideramos las condiciones existentes en el resto del universo conocido, lo asombroso no es que utilicemos tan poco de nuestro planeta, sino que hayamos conseguido encontrar un planeta del que podamos utilizar un poco. No hay más que echar un vistazo al propio sistema solar (o, en realidad, a la Tierra en ciertos periodos de su historia) para darnos cuenta de que la mayoría de los sitios son mucho más inhóspitos y menos propicios para la vida que nuestro suave, azul y acuoso globo terráqueo.

Hasta ahora, los científicos espaciales han descubierto unos setenta planetas fuera del sistema solar, de los 10.000 billones o así que se cree que existen ahí fuera, así que difícilmente pueden pretender hablar los humanos con autoridad sobre el asunto; pero parece ser que para conseguir un planeta adecuado para la vida, tienes que tener muchísima suerte y, cuanto más avanzada sea la vida, más suerte has de tener. Diversos observadores han identificado unas dos docenas de ventajas particularmente afortunadas de que hemos gozado en la Tierra, pero como esto es un repaso rápido las reduciremos a las cuatro principales.

Un excelente emplazamiento. Estamos, en un grado casi sobrenatural, a la distancia exacta del tipo exacto de estrella, una lo suficientemente grande para irradiar muchísima energía, pero no tan grande como para que se consuma enseguida. Es una peculiaridad de la física que, cuanto más grande es una estrella, más rápido se consume. Si nuestro Sol hubiese sido 10 veces mayor, se habría consumido al cabo de 10 millones de años en vez de 10.000 millones,[23] y nosotros no estaríamos ahora aquí. También somos afortunados por orbitar donde lo hacemos. Si nos hubiésemos acercado más en nuestra órbita, todo se habría evaporado en la Tierra. Si nos hubiésemos alejado, todo se habría congelado.

En 1978, un astrofísico llamado Michael Hart hizo unos cálculos y llegó a la conclusión de que la Tierra habría sido inhabitable si hubiese estado sólo un 1 % más alejada del Sol o un 5 % más cerca. No es mucho. Y, de hecho, no era suficiente. Las cifras se han revisado desde entonces y han pasado a ser un poco más generosas (un 5 % más cerca y un 15 % más lejos se cree que son valoraciones más exactas de nuestra zona de habitabilidad), pero sigue siendo un margen muy exiguo.*

* El descubrimiento de extremófilos, en las charcas de barro hirviente de Yellowstone y de organismos similares en otras regiones, hicieron comprender a los científicos que había en realidad un tipo de vida que podría soportar situaciones aún más extremas, tal vez incluso como la existente bajo la corteza helada de Plutón. De lo que hablamos aquí es de las condiciones que produjeron criaturas de la superficie razonablemente complejas. *(N. del A.)*

Para apreciar hasta qué punto es exiguo, no tenemos más que echar un vistazo a Venus. Venus queda 40.000 millones de kilómetros más cerca del Sol que la Tierra. El calor del Sol llega allí sólo dos minutos antes que a nosotros.[24] Venus es muy parecido a la Tierra en tamaño y en composición, pero la pequeña diferencia de distancia orbital fue el elemento decisivo en el proceso que hizo que se convirtiera en lo que se convirtió. Al parecer Venus era poco más cálido que la Tierra durante el primer periodo del sistema solar y es probable que tuviese mares.[25] Pero esos pocos grados de calor extra hicieron que no pudiese conservar agua en su superficie, con consecuencias desastrosas para el clima. Al evaporarse el agua, los átomos de hidrógeno escaparon al espacio y, los de oxígeno, se combinaron con el carbono para formar una densa atmósfera gaseosa de dióxido de carbono de efecto invernadero. Venus se volvió sofocante. Aunque la gente de mi edad recordará la época en que los astrónomos acariciaban la esperanza de que hubiera vida en Venus bajo sus nubes acolchadas, hasta quizás un tipo de verdor tropical, hoy se sabe que es un entorno demasiado implacable para cualquier género de vida que razonablemente podamos concebir. La temperatura de la superficie es de unos calcinantes 470 °C, un calor suficiente para fundir el plomo, y la presión atmosférica en la superficie es 90 veces mayor que la de la Tierra,[26] más de lo que podría soportar el cuerpo humano. No disponemos de la tecnología necesaria para hacer trajes o naves espaciales que nos permitan visitar ese planeta. Nuestros conocimientos de la superficie de Venus se basan en imágenes lejanas de radar y en algunos graznidos sobresaltados de una sonda soviética, sin tripulación, que se dejó caer entre las nubes venusianas en 1972, que funcionó durante una hora escasa y luego se sumió para siempre en el silencio.

Así que eso es lo que pasa cuando te acercas dos minutos luz más al Sol. Si te alejas, el problema no será el calor sino el frío, como atestigua frígidamente Marte. También Marte fue en tiempos un lugar mucho más agradable, pero no pudo retener una atmósfera utilizable y se convirtió en una desolación gélida.

Sin embargo, el simple hecho de hallarse a la distancia correcta del Sol no puede ser toda la historia porque, si así fuese, la Luna sería un hermoso lugar cubierto de árboles, algo que claramente no es. Para eso tiene que haber algo más.

El tipo de planeta adecuado. No creo que haya ni siquiera muchos geofísicos que cuando se les pidiese que enumerasen las ventajas con las que cuentan incluyesen vivir en un planeta con un interior fundido, pero es casi seguro que, sin todo ese magma girando debajo de nosotros, no estaríamos aquí ahora. Aparte de muchas otras cosas, nuestro animado interior creó las emanaciones de gas que ayudaron a formar una atmósfera y nos proporcionaron el campo magnético que nos protege de la radiación cósmica. Nos dio también la tectónica de placas, que renueva y agita sin cesar la superficie. Si la Tierra fuese perfectamente lisa, estaría cubierta por completo de agua hasta una profundidad de cuatro kilómetros. Podría existir vida en ese océano solitario, pero desde luego no habría fútbol.

Además de tener un benéfico interior, tenemos también los elementos adecuados en las proporciones correctas. Estamos hechos de la materia apropiada, en el sentido más literal. Eso es tan crucial para nuestro bienestar que vamos a considerarlo más ampliamente en un momento, pero tenemos que analizar antes los dos factores restantes, empezando por uno que suele pasarse por alto.

Somos un planeta gemelo. No somos muchos quienes consideramos normalmente la Luna un planeta acompañante, aunque sea eso lo que es en realidad. Casi todas las lunas son pequeñas comparadas con sus respectivos planetas. Fobo y Deimo, por ejemplo, sólo tienen unos diez kilómetros de diámetro. Sin embargo, nuestra Luna tiene más de un cuarto del diámetro de la Tierra, lo que convierte a ésta en el único planeta de nuestro sistema solar con una luna de tamaño apreciable en comparación consigo misma, salvo Plutón, que en realidad no cuenta porque es muy pequeño... y ¡qué diferencia supone para nosotros!

Sin la influencia estabilizadora de la Luna, la Tierra se bambolearía como una peonza al perder impulso, con quién sabe qué consecuencias para el clima y la meteorología. El influjo gravitatorio estabilizador de la Luna hace que la Tierra gire a la velocidad justa y en el ángulo justo para aportar el tipo de estabilidad necesario para un largo desarrollo con éxito de la vida. Eso no perdurará siempre. La Luna se está librando de nuestras garras a un ritmo de cuatro centímetros por año.[27] En otros 2.000 millones de años se habrá alejado tanto que no nos mantendrá equilibrados y tendremos que encontrar alguna otra solución. Pero, mientras tanto, deberías considerarla mucho más que un simple rasgo agradable del cielo nocturno.

Los astrónomos pensaron durante mucho tiempo que o bien la Luna y la Tierra se habían formado juntas, o bien la Tierra había capturado a la Luna cuando pasaba cerca. Hoy creemos, como recordarás de un capítulo anterior, que hace unos 4.400 millones de años un objeto del tamaño de Marte impactó en la Tierra haciendo estallar y desprenderse material suficiente para que se creara a partir de él la Luna. Fue para nosotros una cosa magnífica... sobre todo por haber sucedido hace tantísimo. Es evidente que no estaríamos tan contentos si hubiese sucedido en 1986 o el miércoles pasado. Y eso nos lleva a la cuarta consideración, que es en varios sentidos la más importante.

El cronometraje. El universo es un lugar asombrosamente voluble y lleno de acontecimientos. Y nuestra existencia en él es un milagro. Si no se hubiese producido una larga serie de acontecimientos inconcebiblemente compleja, que se remonta a unos 4.400 millones de años atrás, de un modo determinado y en momentos determinados (si, por atenernos sólo a un ejemplo evidente, los dinosaurios no hubiesen sido aniquilados por un meteorito en el momento en que lo fueron), tú podrías muy bien ser unos cuantos centímetros más alto, tener rabo y bigotes como los de los gatos y estar leyendo esto en una madriguera.

Aunque no lo sepamos con seguridad, porque no tenemos nada con lo que podamos comparar nuestra existencia, parece evidente que, para desembocar en una sociedad moderadamente avanzada y pensante, tienes que figurar en el extremo adecuado de una cadena muy larga de acontecimientos que entrañan periodos razonables de estabilidad, intercalados exactamente con la cantidad justa de tensiones y de retos (las glaciaciones parecen ser especialmente auxiliadoras a este respecto) y caracterizados por la ausencia absoluta de un verdadero cataclismo. Como veremos en las páginas que nos quedan, somos muy afortunados por hallarnos en esa situación.

Y tras dicha nota aclaratoria, volvamos ya brevemente a los elementos que nos compusieron:

Hay 92 elementos que aparecen de forma natural en la Tierra, más unos 20 suplementarios que han sido creados en el laboratorio; pero podemos dejar algunos de estos a un lado, tal como suelen hacer, en realidad, los químicos. Hay bastantes sustancias químicas terrenas muy poco conocidas. El astato, por ejemplo, apenas se ha estudiado. Tiene un nombre y un lugar en la Tabla Periódica (en la puerta contigua del polonio de Marie Curie), pero casi nada más. No se trata de indiferencia científica, sino de rareza. No hay sencillamente mucho astato por ahí. El elemento más esquivo parece ser, sin embargo, el francio,[28] que es tan raro que se cree que en todo nuestro planeta puede haber, en cualquier momento dado, menos de 20 átomos de él. Sólo unos 30 de los elementos que aparecen de forma natural están ampliamente extendidos por la Tierra y apenas media docena son fundamentales para la vida.

El oxígeno es, como cabría esperar, el elemento más abundante, constituyendo algo menos del cincuenta por ciento de la corteza terrestre, pero tras eso, la abundancia relativa suele ser sorprendente. ¿Quién pensaría, por ejemplo, que el silicio es el segundo elemento más común de la Tierra, o que el titanio es el décimo? La abundancia tiene poco que ver con la familiaridad o la utilidad que tenga para nosotros. Muchos de los elementos más oscuros son en realidad más comunes que los más conocidos. En la Tierra hay más cerio que cobre, más neodimio y lantano que cobalto o nitrógeno. El estaño consigue a duras penas figurar entre los primeros 50, eclipsado por relativos desconocidos como el praseodimio, el samario, el gadolimio y el disprosio.

La abundancia tiene también poco que ver con la facilidad para la detección. El aluminio ocupa el cuarto lugar entre los elementos más comunes de la Tierra, constituyendo casi la décima parte de todo lo que hay bajo tus pies, pero su existencia no llegó ni a sospecharse hasta que lo descubrió Humphrey Davy en el siglo XIX, y fue considerado después raro y precioso durante mucho tiempo. El Congreso estadounidense estuvo a punto de colocar un forro relumbrante de aluminio sobre el monumento a Washington para demostrar en que próspera y distinguida nación nos habíamos convertido. Y la familia imperial francesa prescindió en la misma época de la cubertería de plata oficial y la sustituyó por una de aluminio.[29] El aluminio estaba en la vanguardia de la moda, aunque los cuchillos de aluminio no cortasen.

La abundancia tampoco está relacionada con la importancia. El carbono ocupa el decimoquinto lugar entre los elementos más comunes y constituye el modestísimo 0,048 % de la corteza terrestre;[30] pero sin él estaríamos perdidos. Lo que sitúa al átomo de carbono en una posición especial es que es desvergonzadamente promiscuo. Se trata del juerguista del mundo atómico, que se une a muchos otros átomos (incluidos los propios) y mantiene una unión firme, formando hileras de conga moleculares de desbordante robustez..., precisamente el truco necesario para construir proteínas y ADN. Como ha escrito Paul Davies: «Si no fuese por el carbono, la vida tal como la conocemos sería imposible.[31] Puede que cualquier tipo de vida». Sin embargo, el carbono no es, ni mucho menos, tan abundante ni siquiera en nosotros, que dependemos vitalmente de él. De cada 200 átomos de nuestro organismo, 126 son de hidrógeno, 51 de oxígeno y sólo 19 de carbono.*[32] Hay otros elementos decisivos no para crear la vida sino para mantenerla. Necesitamos hierro para fabricar hemoglobina, sin la cual moriríamos. El cobalto es necesa-

---

* De los cuatro restantes, tres son de nitrógeno, y el otro átomo se divide entre todos los demás elementos. *(N. del A.)*

rio para la formación de vitamina B_{12}. El potasio y una pizca de sodio son literalmente buenos para los nervios. El molibdeno, el manganeso y el vanadio ayudan a mantener las enzimas ronroneando. El zinc (bendito sea) oxida el alcohol.

Hemos evolucionado para utilizar o tolerar estas cosas (difícilmente estaríamos aquí si no). Pero vivimos en reducidos márgenes de aceptación. El selenio es vital para los seres humanos, pero, si nos excedemos sólo un poquito en la cantidad, será lo último que hagamos. El grado en que los organismos necesitan o toleran determinados elementos es una reliquia de su evolución.[33] El ganado ovino y vacuno pasta hoy junto, pero tienen en realidad necesidades muy distintas por lo que se refiere a los minerales. El ganado vacuno moderno necesita muchísimo cobre porque evolucionó en zonas de Europa y de África donde era abundante. El ganado ovino evolucionó, por su parte, en zonas de Asia Menor pobres en cobre. Nuestra tolerancia a los elementos es, por norma, y no tiene nada de extraño, directamente proporcional a su abundancia en la corteza terrestre. Hemos evolucionado para esperar, y en algunos casos realmente necesitar, las pequeñas cantidades de elementos raros que se acumulan en la carne o la fibra que ingerimos. Pero, si elevamos las dosis, en algunos casos en una cuantía mínima, podemos cruzar muy pronto el umbral. Buena parte de esto se conoce bastante mal. Nadie sabe, por ejemplo, si una pequeña cantidad de arsénico es necesaria para nuestro bienestar o no. Algunas autoridades en la materia dicen que sí. Otras que no. Lo único cierto es que si tomamos demasiado nos matará.

Las propiedades de los elementos pueden resultar más curiosas aún cuando se combinan. El oxígeno y el hidrógeno, por ejemplo, son dos de los elementos más amigos de la combustión que existen. Pero si los unimos, forman agua, que es incombustible.* Incluso son más extraños combinados el sodio, uno de los elementos más inestables, y el cloro, uno de los más tóxicos. Si dejas caer un poco de sodio puro en agua normal, explotará con la fuerza suficiente para matarte.[34] El cloro es todavía más peligroso. Aunque útil en pequeñas concentraciones para matar microorganismos —es cloro lo que olemos en la lejía—, en cantidades mayores resulta mortal. Fue el elemento preferido para muchos de los gases vene-

---

* El oxígeno no es combustible en sí, solamente facilita la combustión de otras cosas. Y menos mal porque, si fuese combustible, cada vez que encendiésemos una cerilla estallaría en llamas el aire que nos rodea. El hidrógeno, por otra parte, *es* sumamente combustible, como demostró el dirigible *Hindenburg* el 6 de mayo de 1937 en Lakehurst (Nueva Jersey), cuando se incendió de repente el hidrógeno que utilizaba como combustible y murieron a consecuencia de ello treinta y seis personas. *(N. del A.)*

nosos de la Primera Guerra Mundial. Y, como más de un nadador con los ojos irritados atestiguará, el organismo humano no lo acepta de buen grado ni siquiera en forma muy diluida. Pero pon juntos esos dos elementos desagradables y, ¿qué es lo que tienes? Cloruro sódico..., es decir, sal común.

En términos generales, si un elemento no halla el medio natural de incorporarse a nuestros sistemas (si no es soluble en agua, por ejemplo), tendemos a no tolerarlo. El plomo nos intoxica porque, hasta que empezamos a utilizarlo en envases, recipientes y tuberías de instalaciones sanitarias, no habíamos estado nunca expuestos a él. (Por cierto, que el símbolo del plomo es Pb, del latín *plumbum.*) Los romanos también sazonaban el vino con plomo,[35] lo que quizá sea el motivo de que no sean ya la potencia que eran. Como hemos visto en otra parte, nuestra resistencia al plomo —por no mencionar el mercurio, el cadmio y demás contaminantes industriales con que nos dosificamos habitualmente— no nos deja mucho margen para el optimismo. Cuando los elementos no aparecen de forma natural, no hemos adquirido en el proceso evolutivo tolerancia a ellos, por lo que suelen ser sumamente tóxicos para nuestro organismo, como en el caso del plutonio. Nuestra tolerancia al plutonio es cero: no existe ningún nivel al que no haga que quieras tumbarte.

Hemos hecho un largo camino con el fin de exponer lo siguiente: que la Tierra parezca tan prodigiosamente acogedora se debe en gran parte a que evolucionamos para ir adaptándonos a sus condiciones. De lo que nos maravillamos no es de que sea adecuada para la vida, sino de que sea adecuada para *nuestra* vida... Y no es muy sorprendente, en realidad. Puede que muchas cosas que la hacen tan espléndida para nosotros (un Sol bien proporcionado, una Luna que la adora, un carbono sociable, una cantidad adecuada de magma fundido y todo lo demás) nos parezcan espléndidas sólo porque nacimos para contar con ellas. Nadie puede saberlo exactamente.

Otros mundos pueden tener seres que agradezcan sus lagos plateados de mercurio y sus nubes errantes de amonio. Que estén encantados porque su planeta, en vez de zarandearlos bobamente con sus chirriantes placas y vomitar sucios pegotes de lava que ensucian el paisaje, se mantenga en una tranquilidad no tectónica permanente. A los visitantes que lleguen a la Tierra de lejos, les parecerá curioso, casi con toda seguridad, que vivamos en una atmósfera compuesta de nitrógeno, un gas hoscamente reacio a combinarse con lo que sea, y de oxígeno, tan partidario de la combustión que tenemos que tener parques de bomberos en todas las ciudades para protegernos de sus efectos especiales más tempestuosos. Pero incluso en el caso de que nuestros visitantes fuesen bípedos, respirasen oxígeno, tuviesen supermercados y les gustasen las películas de acción, es improbable que la Tierra les pareciese ideal. Ni siquiera podríamos ofrecerles alimentos, porque todos contienen rastros de manganeso, selenio, zinc y otras partículas elementales, algunas de las cuales serían venenosas para ellos. La Tierra quizá no les pareciese un lugar tan maravilloso y agradable.

El físico Richard Feynman solía bromear[36] sobre las conclusiones a posteriori, lo de remontarse a partir de hechos conocidos hasta sus posibles causas. «Sabes, anoche me pasó una cosa asombrosa —decía—. Vi un coche que tenía la placa de licencia ARW 357. ¿Te imaginas? De todos los millones de placas de licencia que hay en el estado, ¿qué posibilidades había de que yo viese una noche ésa en concreto? ¡Es asombroso!» Lo que quería decir era, claro, que es fácil hacer que cualquier situación intrascendente parezca extraordinaria si la tratamos como algo profético.

Así que es posible que los acontecimientos y las condiciones que condujeron a la aparición de vida en la Tierra no sean tan extraordinarios como nos gusta pensar. Aunque, de todos modos, fueron bastante extraordinarios. Y hay algo seguro: tendremos que arreglárnoslas con ellos hasta que encontremos algo mejor.

EN LA TROPOSFERA

Menos mal que existe la atmósfera. Nos mantiene calientes. Si no existiera, la Tierra sería una bola de hielo sin vida,[1] con una temperatura media de -50 °C. Además, la atmósfera absorbe o desvía los enjambres que llegan de rayos cósmicos de partículas con carga, de rayos ultravioleta, etcétera. El relleno gaseoso de la atmósfera es, en conjunto, equivalente a un grosor de hormigón protector de 4,5 kilómetros, y sin él esos visitantes espaciales invisibles nos atravesarían como pequeñas dagas y nos harían trizas. Hasta las gotas de la lluvia nos dejarían inconscientes si no fuese porque las frena la atmósfera.

Lo más sorprendente de la atmósfera es que no hay mucha. Se extiende hacia arriba unos 190 kilómetros, lo que podría parecer razonable visto desde el nivel del suelo, pero si redujésemos la Tierra al tamaño de un globo terráqueo normal de mesa, sólo tendría el grosor aproximado de un par de capas de barniz.

La atmósfera se divide, por conveniencia científica, en cuatro capas desiguales: troposfera, estratosfera, mesosfera e ionosfera (que suele llamarse ahora termosfera). La troposfera es para nosotros la parte más valiosa. Contiene oxígeno y calor suficientes para permitirnos funcionar, aunque hasta ella se haga rápidamente incompatible con la vida a medida que se asciende en su interior. Desde el nivel del suelo a su punto más alto, la troposfera («esfera giratoria») tiene unos 16 kilómetros de espesor en el ecuador y sólo 10 u 11 kilómetros en las latitudes templadas en que vivimos la mayoría de los seres humanos. El 80 % de la masa atmosférica y casi toda el agua se encuentra en esta pequeña capa, de la que depende casi toda la meteorología. No hay en realidad mucho entre tú y el olvido.

Después de la troposfera está la estratosfera. Cuando ves la cúspide de un nubarrón que se achata en la forma clásica de yunque, lo que ves es la frontera entre la troposfera y la estratosfera. Ese techo invisible se llama tropopausa, y lo descubrió desde un globo en 1902 un francés, Léon-Philippe Teisserenc de Bort.[2] *Pausa* en este sentido no significa paro momentáneo, sino cese absoluto. Procede de la misma raíz griega que menopausia.[3] Ni siquiera donde alcanza la troposfera su máxima extensión está muy distante la tropopausa. Un ascensor rápido, de los que se emplean en los modernos rascacielos, te llevaría hasta allí en unos veinte minutos, aunque harías bien en no emprender el viaje. Una ascensión tan rápida sin presionización, provocaría como mínimo graves edemas pulmonares y cerebrales,[4] así como un peligroso exceso de fluidos en los tejidos orgánicos. Cuando se abrieran las puertas en la plataforma de observación, lo más seguro es que todos los del ascensor estuviesen muertos o agonizantes. Hasta un ascenso más moderado iría acompañado de graves inconvenientes. La temperatura sería a 10 kilómetros de altura[5] de -57 °C y necesitarías, o al menos agradecerías enormemente, un suministro de oxígeno suplementario.

Al dejar atrás la troposfera, la temperatura se eleva de nuevo hasta los 4 °C, debido a los efectos absorbentes del ozono (algo que también descubrió De Bort en su audaz ascensión de 1902). Luego desciende hasta -90 °C en la mesosfera, para disparase otra vez hasta 1.500 °C o más en la correctamente denominada pero muy errática termosfera, donde las temperaturas pueden variar más de 500 °C del día a la noche..., aunque hay que decir que «temperatura» a esa altura se convierte en un concepto un tanto teórico. Temperatura no es en realidad más que un indicador de la actividad molecular. Al nivel del mar, las moléculas del aire son tan densas que sólo pueden moverse una distancia mínima (una octomillonésima de centímetro, para ser exactos)[6] sin chocar unas con otras. Como hay millones de moléculas que chocan constantemente, se intercambia muchísimo calor, pero, a la altura de la termosfera, a 80 kilómetros o más, el aire es tan sutil que hay kilómetros de separación entre las moléculas y éstas apenas entran en contacto. Así que, aunque cada molécula esté muy caliente, apenas interactúan unas con otras, por lo que hay escasa transferencia calórica. Eso es una buena noticia para los satélites y las naves espaciales porque, si el intercambio de calor fuese más eficiente, cualquier objeto hecho por el hombre que orbitase a ese nivel se incendiaría.

De todos modos, las naves espaciales tienen que tener cuidado en la atmósfera exterior, sobre todo en los viajes de regreso a la Tierra, como demostró tan trágicamente, en febrero de 2003, la lanzadera espacial *Columbia*. Aunque la atmósfera es muy sutil, si un vehículo entra en ella en un ángulo demasiado inclinado (más de unos 6 °C) o con demasiada rapidez, puede impactar con moléculas suficientes para generar una resistencia aerodinámica extraordinariamente combustible. Por otra parte, si un vehículo que entra en la atmósfera penetra en la termosfera con un ángulo demasiado pequeño, podría rebotar al espacio[7] como esas piedras planas que se tiran al ras del agua para cortar la superficie con ellas.

Pero no es necesario aventurarse hasta el borde de la atmósfera para constatar hasta qué punto somos seres confinados a nivel de suelo. Como muy bien sabe quien haya pasado un tiempo en una población elevada, no hace falta ascender muchos cientos de metros del nivel del mar para que empiece a protestar el organismo. Hasta los alpinistas veteranos, con el apoyo de una buena forma física, la experiencia y el oxígeno embotellado son vulnerables a gran altura a la confusión, las náuseas y el agotamiento, la congelación, la hipotermia, la migraña, la pérdida del apetito y otros muchos trastornos. El cuerpo humano recuerda por un centenar de enérgicos medios a su propietario que no ha sido diseñado para operar tan por encima del nivel del mar.

«Incluso en las circunstancias más favorables —nos dice el escalador Peter Habeler hablando de las condiciones que se dan en la cima del Everest—, cada paso a esa altitud exige un colosal esfuerzo de voluntad. Tienes que forzarte a hacer cada movimiento y recurrir a todos los asideros. Te amenaza perpetuamente una fatiga mortal, plúmbea.»

El montañero y cineasta británico Matt Dickinson explica en *The Other Side of Everest* [La otra cara del Everest] que Howard, en una expedición inglesa al Everest de 1924, «estuvo a punto de morir cuando un trozo de carne infectada se desprendió y le bloqueó la tráquea».[8] Somervell consiguió toser y expulsarla con un supremo esfuerzo. Resultó ser «toda la capa mucosa de la laringe».

Los trastornos físicos son notorios por encima de los 7.500 metros (la zona que los escaladores denominan zona «de la muerte»). Pero son muchos quienes experimentan una debilidad patente, que se ponen incluso gravemente enfermos, a alturas no superiores a los 4.500 metros. La susceptibilidad a la altura tiene poco que ver con la forma física. A veces, las abuelitas se las arreglan mejor a mucha altura que sus descendientes más en forma, que quedan reducidos a guiñapos gemebundos y desvalidos hasta que los trasladan a cotas más bajas.

El límite absoluto de tolerancia humana para la vida continuada parece situarse en unos 5.500 metros;[9] pero incluso las personas condicionadas a vivir a bastante altitud podrían no tolerar esas alturas mucho tiempo. Frances Ashcroft comenta, en *Life at the Extremes,* que hay minas de azufre en los Andes a 5.800 metros, pero que los mineros prefieren bajar todos los días 460 metros y volver a subirlos al día siguiente que vivir continuamente a esa altura. Los pueblos que viven habitualmente a gran altura suelen llevar miles de años desarrollando pechos y pulmones desproporcionadamente grandes y aumentando la densidad de hematíes portadores de oxígeno hasta casi en un tercio, aunque la cuantía de hematíes en la sangre que puede soportarse sin que llegue a ser demasiado densa para una circulación fluida tiene sus límites. Además, por encima de los 5.500 metros ni siquiera las mujeres mejor adaptadas pueden aportar a un feto en crecimiento oxígeno suficiente para que pueda completar su desarrollo.[10]

En la década de 1780, en que se empezaron a hacer ascensiones experimentales en globo por Europa, una cosa que sorprendió a los investigadores fue el frío que hacía cuando se elevaban. La temperatura desciende 1,6 °C por cada 1.000 metros que asciendes. La lógica parecería indicar que, cuanto más te acercases a una fuente de calor, deberías sentir más calor. El hecho se explica, en parte, porque no estás en realidad acercándote más al Sol en una cuantía significativa. El Sol está a unos 149 millones de kilómetros de distancia. Aproximarse unos cuantos centenares de metros a él es como acercarte un paso a un incendio forestal en Australia y esperar oler el humo estando en Ohio. La explicación del hecho nos lleva de nuevo a la cuestión de la densidad de las moléculas en la atmósfera. La luz del Sol energiza los átomos. Aumenta el ritmo al que se mueven y se agitan; en ese estado de animación chocan entre sí, liberando calor. Cuando sientes que el Sol te calienta la espalda en un día de verano, lo que sientes en realidad es la excitación de los átomos. Cuanto más asciendes, menos moléculas hay, y habrá por tanto menos colisiones entre ellas. El aire es una cosa engañosa. Tendemos a pensar que es, incluso al nivel del mar, etéreo y hasta ingrávido. En realidad tiene una gran masa, y esa gran masa suele excederse en sus esfuerzos. Como escribió hace más de un siglo Wyville Thomson, un científico marino: «A veces nos encontramos al levantarnos por la mañana con que, debido a una subida de una pulgada en el barómetro, se ha amontonado sobre nosotros silenciosamente casi media tonelada durante la noche,[11] pero no experimentamos ninguna molestia, más bien una sensación de optimismo y euforia, porque mover el cuerpo en un medio más denso exige un esfuerzo algo menor». La razón de que no te sientas aplastado bajo esa media tonelada extra de presión es la misma por la que no quedaría aplastado tu cuerpo al sumergirte en las profundidades del mar: el cuerpo está compuesto principalmente de fluidos incompresibles, que empujan en sentido contrario, equilibrando la presión interior y la exterior.

Pero, si lo que experimentas es aire en movimiento, como en el caso de un huracán e incluso de un viento fuerte, te das cuenta enseguida de que tiene una masa muy considerable. Hay en total unos 5.200 billones de toneladas de aire a nuestro alrededor (25 millones de toneladas por cada 2,6 kilómetros cuadrados del planeta), un volumen nada desdeñable. Cuando hay millones de toneladas de atmósfera desplazándose a 50 ó 60 kilómetros por hora, no tiene nada de sorprendente que se rompan las ramas de los árboles y salgan volando las tejas de las casas. Como comenta Anthony Smith, un frente meteorológico típico puede consistir en 750 millones de toneladas de aire frío inmovilizado debajo de 1.000 millones de toneladas de aire más caliente.[12] Es natural que el resultado sea a veces meteorológicamente interesante.

Es indudable que no hay escasez de energía en el mundo por encima de nuestras cabezas. Se ha calculado que una tormenta puede contener una cantidad de energía equivalente a la electricidad que se consume en cuatro días en Estados Unidos.[13] Las nubes de tormenta pueden elevarse en condiciones adecuadas hasta alturas de entre 10 y 15 kilómetros y contienen corrientes ascendentes y descendentes de más de 150 kilómetros por hora. Estas corrientes están a menudo una al lado de otra, y ésa es la razón de que los pilotos no quieran volar a través de ellas. Las partículas que hay dentro de la nube captan en todo ese torbellino interior cargas eléctricas. Por razones que no están todavía demasiado claras, las partículas más ligeras tienden a adquirir carga positiva y las corrientes de aire tienden a arrastrarlas hacia la cima de la nube. Las partículas más pesadas se quedan en la base, acumulando cargas negativas. Estas partículas con carga negativa tienen un fuerte afán de lanzarse hacia la Tierra, que tiene una carga positiva, y cualquier cosa que se interponga en su camino está arreglada. Un relámpago se desplaza a 435.000 kilómetros por hora y puede calentar el aire en torno a él hasta unos 28.000 °C, una temperatura decididamente achicharrante, varias veces mayor que la de la superficie del Sol. En cualquier momento que consideremos hay en el planeta 1.800 tormentas en marcha...,[14] unas 40.000 diarias. Día y noche, en todo el globo, alcanzan el suelo unos 100 rayos por segundo. El cielo es un lugar bastante animado.

Mucho de lo que sabemos sobre lo que pasa allá arriba es sorprendentemente reciente.[15] Las corrientes en chorro, que se localizan normalmente a entre 9.000 y 10.000 metros de altura, pueden alcanzar casi los 300 kilómetros por hora e influyen muchísimo en los sistemas meteorológicos de continentes enteros y, sin embargo, no se sospechó su existencia hasta que los pilotos empezaron a entrar en ellas en sus vuelos durante la Segunda Guerra Mundial. Hoy en día incluso hay muchas cosas que apenas entendemos sobre los fenómenos atmosféricos. Una forma de movimiento ondular, conocida vulgarmente como turbulencia del aire claro, anima de cuando en cuando los vuelos aeronáuticos. Hay unos veinte incidentes de éstos al año, que son lo suficientemente graves para que sea necesario informar de ellos. No están relacionados con formaciones de nubes ni con ninguna otra cosa que se pueda apreciar visualmente o con radar. Son sólo bolsas de turbulencia súbita en medio de cielos tranquilos. En un incidente característico de este género, un avión en ruta de Singapur a Sidney iba volando en condiciones normales cuando descendió brusca y súbitamente 90 metros..., lo suficiente para lanzar contra el techo a todos los que no llevasen puesto el cinturón. Hubo doce heridos, uno de ellos de gravedad. Nadie sabe cuál es la causa de esas celdas de aire perturbadoras.

El proceso que hace circular el aire en la atmósfera es el mismo proceso que dirige el motor interno del planeta, es decir, la convección. El aire cálido y húmedo de las regiones ecuatoriales asciende hasta que choca con la barrera de la tropopausa y se esparce. Al alejarse del ecuador y enfriarse, desciende. Parte del aire que desciende busca, cuando toca fondo, una zona de baja presión para llenarla y se dirige de nuevo al ecuador, completando el circuito.

En el ecuador, el proceso de convección es en general estable y el tiempo predeciblemente bueno, pero en las zonas templadas las pautas son mucho más estacionales, localizadas y aleatorias y el resultado es una batalla interminable entre sistemas de aire de alta y de baja presión. Los sistemas de baja presión los crea el aire que asciende, que transporta al cielo moléculas de agua, formando nubes y finalmente lluvia. El aire cálido puede contener más humedad que el frío, ésa es la razón de que las tormentas estivales y tropicales tiendan a ser más intensas. Las zonas bajas tienden así a estar asociadas con nubes y lluvia y, las altas, prometen en general buen tiempo. Cuando se encuentran dos sistemas, suele ponerse de manifiesto en las nubes. Por ejemplo, los estratos (esas expansiones informes y antipáticas responsables de nuestros cielos encapotados) se producen cuando corrientes ascendentes con carga de humedad carecen del brío necesario para atravesar un nivel de aire más estable, que hay encima, y en vez de ello se esparcen, como el humo cuando llega al techo. De hecho, si observas alguna vez a un fumador, puedes hacerte bastante buena idea de cómo funcionan las cosas considerando cómo se eleva el humo desde un cigarrillo en una habitación en calma. Al principio sube en línea recta (te diré, por si necesitas impresionar a alguien, que eso es lo que se llama un flujo laminar) y luego se esparce en una capa ondulante y difusa. El superordenador más grande del mundo, efectuando mediciones en el entorno más cuidadosamente controlado, es incapaz de predecir con exactitud qué formas tendrán esas ondulaciones, así que puedes hacerte una idea de las dificultades a las que se enfrentan los meteorólogos al intentar predecir esos movimientos en un mundo a gran escala ventoso y giratorio.

Lo que sabemos es que debido a que el calor del Sol está irregularmente distribuido, se producen sobre el planeta diferencias en la presión del aire. El aire no puede soportar esto, así que anda de aquí para allá intentando igualar las cosas en todas partes. El viento no es más que la forma que tiene el aire de intentar mantener las cosas en equilibrio. Siempre va de zonas de alta presión a zonas de baja (tal como se podría esperar; piensa en cualquier cosa con aire bajo presión, un globo, un depósito de aire o un avión al que se le rompe una ventanilla, y piensa en la obstinación con que el aire presionado quiere ir a algún otro sitio) y, cuanto mayor es la diferencia de presiones, más rápido se mueve el viento.

Por otra parte, la velocidad del viento, como la mayoría de las cosas que se acumulan, crece exponencialmente, de manera que un viento que sopla a 300 kilómetros por hora no es sólo 10 veces más fuerte que el que lo hace a 30, sino un centenar de veces más[16] y, en consecuencia, el mismo número de veces más destructivo. Aplica este efecto acelerador a varios millones de toneladas de aire y el resultado puede ser extraordinariamente enérgico. Un huracán tropical puede liberar en veinticuatro horas tanta energía como la que consume en un año una nación rica de tamaño medio como Inglaterra o Francia.[17]

El primero que sospechó de la existencia de esa tendencia de la atmósfera a buscar el equilibrio fue Edmond Halley[18] (el hombre que estaba en todas partes) y, en el siglo XVIII, profundizaría más en el asunto el también británico George Hadley, que se dio cuenta de que las columnas ascendentes y descendentes de aire tendían a producir «celdas» (conocidas desde entonces como «celdas de Hadley»). Hadley, aunque abogado de profesión, se interesaba mucho por la meteorología —después de todo, era inglés— y sugirió también la existencia de un vínculo entre sus celdas, el giro de la Tierra y las aparentes desviaciones del aire que nos proporcionan nuestros vientos alisios. Fue, sin embargo, un profesor de ingeniería de la Escuela Politécnica de París, Gustave-Gaspard de Coriolis, quien determinó los detalles de esas interacciones en 1835, y, por eso, le llamamos el efecto Coriolis. (Coriolis se destacó también por introducir en la escuela enfriadores de agua, que aún se conocen allí, al parecer, como Corios.)[19] La Tierra gira a unos briosos 1.675 kilómetros por hora en el ecuador, aunque esa velocidad disminuye considerablemente si te desplazas hacia los polos, hasta situarse en unos 900 kilómetros por hora en Londres o en París, por ejemplo. La razón de esto es evidente si lo piensas un poco. Cuando estás en el ecuador, la Tierra tiene que llevarte a lo largo de una buena distancia (unos 40.000 kilómetros) para volverte al mismo punto, mientras que si estás al lado del polo Norte, sólo necesitarás desplazarte unos metros para completar una revolución; se tarda, sin embargo, veinticuatro horas en ambos casos en volver adonde empezaste. Así que se deduce de ello que cuanto más cerca estés del ecuador más deprisa debes girar.

El efecto Coriolis explica por qué cualquier cosa que se mueva a través del aire en línea recta, lateralmente respecto al giro de la Tierra, parecerá, si se da suficiente distancia, curvarse a la derecha en el hemisferio norte y hacia la izquierda en el hemisferio sur al girar la Tierra bajo ella. El modo habitual de visualizar esto es imaginarte en el centro de un gran tiovivo y lanzar una pelota a alguien situado en el borde. Cuando la pelota alcanza el perímetro, la persona a la que se le tira se ha desplazado ya y la pelota pasa detrás de ella. Desde su perspectiva, parece como si se hubiese alejado de él describiendo una curva. Éste es el efecto Coriolis y es lo que da su sinuosidad a los sistemas meteorológicos y lanza los huracanes haciéndolos girar como si fueran peonzas.[20] El efecto Coriolis es también la razón de que los cañones de los barcos que disparan proyectiles artilleros tengan que ajustarse a la izquierda o a la derecha; un proyectil disparado a 15 millas se desviaría, si no, en unas 100 yardas y se hundiría inofensivamente en el mar.

A pesar de la importancia práctica y psicológica del tiempo para casi todo el mundo, la meteorología no se puso en realidad en marcha como ciencia hasta poco antes de iniciarse el siglo XIX (aunque el término en sí, *meteorología*, llevaba rodando por ahí desde 1.626, en que lo acuñó un tal T. Granger en un libro de lógica).

Parte del problema era que una meteorología satisfactoria exige mediciones precisas de temperaturas, y los termómetros demostraron ser durante mucho tiempo más difíciles de hacer de lo que podría suponerse. Una lectura precisa dependía de que se consiguiese una perforación muy uniforme de un tubo de cristal, y eso no era fácil de hacer. El primero que resolvió el problema fue Daniel Gabriel Fahrenheit, un constructor de instrumentos holandés que consiguió hacer un termómetro preciso en 1717. Sin embargo, por razones desconocidas, calibró el instrumento de manera que situó la congelación a los 32 grados y la ebullición a los 212. Esa excentricidad numérica molestó desde el principio a algunas personas y, en 1742, Anders Celsius, un astrónomo sueco, presentó una escala rival. Para probar la proposición de que los inventores raras veces hacen las cosas bien del todo, Celsius situó la ebullición en el punto 0 y la congelación en el punto 100 de su escala,[21] pero eso no tardó en invertirse.

La persona a la que se considera mayoritariamente el padre de la meteorología moderna fue un farmacéutico inglés llamado Luke Howard, que se hizo célebre a principios del siglo XIX. Hoy se le recuerda sobre todo por haber puesto nombre a los tipos de nubes en 1803.[22] Aunque era un miembro activo y respetado de la Sociedad Linneana y empleó los principios de Linneo en su nuevo esquema, Howard eligió como foro para comunicar su nuevo esquema de clasificación una asociación mucho menos conocida, la Sociedad Askesiana. (Puede que recuerdes de un capítulo anterior que esta última era la asociación cuyos miembros eran extraordinariamente adeptos a los placeres del óxido nitroso, así que no podemos estar seguros del todo de que otorgasen a la exposición de Howard la sobria atención que se merecía. Es un tema respecto al cual los estudiosos de Howard curiosamente guardan silencio.)

Howard dividió las nubes en tres grupos: estrato para las nubes en capas, cúmulo para las esponjosas (del latín *cumulus*, cúmulo o montón) y cirro (de *cirrus*, que significa en latín rizo o copete) para las formaciones altas, finas y livianas que suelen presagiar tiempo más frío. A estos términos añadió posteriormente un cuarto, nimbo (del latín *nimbus*, nube), para una nube de lluvia. Lo bueno del sistema de Howard era que los elementos básicos se podían combinar libremente para describir cualquier forma o tamaño de una nube pasajera: estratocúmulo, cirroestrato, cumulonimbo, etcétera. Tuvo un éxito inmediato y no sólo en Inglaterra. A Goethe le entusiasmó tanto el sistema que le dedicó a Howard cuatro poemas.

Se ha añadido mucho al sistema a lo largo de los años,[23] tanto que el *Atlas Internacional de Nubes*, enciclopédico aunque poco leído, consta de dos volúmenes, pero es interesante considerar que de todos los tipos de nubes posthowarianos no ha llegado a retener nadie casi ninguno fuera del medio de la meteorología e incluso, según me han dicho, tampoco demasiado dentro de ese medio (mamato, pileo, nebulosis, espisato, floco y mediocrisis son una muestra de esos nombres). Por otra parte, la primera edición, mucho más breve, de ese atlas, hecha en 1896, dividía las nubes en 10 tipos básicos, de los que la más llenita y de aspecto más blando y mullido era la número 9, el cumulonimbo.* Ése parece haber sido el motivo de la expresión inglesa «estar en la novena nube».[24]

Pese a todo el brío y la furia de la esporádica nube de tormenta de cabeza de yunque, la nube ordinaria es en realidad una cosa benigna y,

---

* Si alguna vez te ha impresionado la nítida belleza y la claridad con que tienden a estar definidos los bordes de los cúmulos, mientras que en otras nubes son más borrosos, la explicación es que hay un límite pronunciado entre el interior húmedo de un cúmulo y el aire seco de fuera de él. El aire seco que hay en el exterior elimina inmediatamente toda molécula de agua que se aventure fuera del borde de la nube y eso es lo que permite mantener ese perfil nítido. Los cirros, que son mucho más altos, están compuestos de hielo y la zona situada entre el borde de la nube y el aire exterior no está tan claramente delineada, y ésa es la razón de que tiendan a tener unos bordes imprecisos. *(N. del A.)*

sorprendentemente, insustancial. Un esponjoso cúmulo estival de varios cientos de metros de lado puede contener sólo de 100 a 150 litros de agua,[25] es decir, como ha explicado James Trefil, «más o menos lo suficiente para llenar una bañera». Puedes hacerte cierta idea del carácter inmaterial de las nubes caminando entre la niebla, que es, después de todo, una nube que no tiene ganas de volar. Citando de nuevo a Trefil: «Si caminas 100 metros entre una niebla típica, entrarás en contacto sólo con media pulgada cúbica de agua, que no es bastante ni siquiera para un trago decente». Así que las nubes no son grandes depósitos de agua. Sólo aproximadamente un 0,035 % del agua potable de la Tierra flota alrededor y por encima de nosotros continuamente.[26]

La prognosis de una molécula de agua varía mucho,[27] dependiendo de dónde caiga. Si aterriza en suelo fértil, la absorberán las plantas o volverá a evaporarse directamente en un plazo de horas o días. Pero, si se abre camino hasta la capa freática, puede tardar muchos años en volver a ver la luz del Sol, miles si llega realmente a penetrar muy hondo. Cuando contemplas un lago, estás contemplando una colección de moléculas que llevan allí como media diez años. Se cree que el tiempo de residencia en el mar se acerca más a los cien años. Aproximadamente, un 60 % de las moléculas de agua de un chaparrón vuelve a la atmósfera en uno o dos días. Una vez que se evaporan, no pasan en el cielo más de una semana —Drury dice que doce días— sin que caigan de nuevo a tierra como lluvia.

La evaporación es un proceso rápido, como se puede comprobar por el destino de un charco en un día de verano. Incluso algo tan grande como el Mediterráneo se secaría en mil años si no se repusiese el agua continuamente.[28] Ese acontecimiento se produjo hace poco menos de seis millones de años[29] y provocó lo que la ciencia conoce como la Crisis de Salinidad Mesiniana. Lo que pasó fue que el movimiento continental cerró el estrecho de Gibraltar. Cuando el Mediterráneo se secó, su contenido evaporado cayó como lluvia de agua dulce en otros mares, diluyendo levemente su salinidad..., diluyéndolos, en realidad, lo suficiente para que se congelasen áreas mayores de lo habitual. La región de hielo ampliada rechazó más el calor solar e introdujo a la Tierra en una edad del hielo. Eso es al menos lo que sostiene la teoría.

Lo que es seguro, en la medida en que podemos saberlo, es que un pequeño cambio en la dinámica de la Tierra puede tener repercusiones que desbordan nuestra imaginación. Un acontecimiento de ese tipo puede incluso habernos creado, como veremos un poco más adelante.

El verdadero centro motor del comportamiento de la superficie del planeta son los mares. De hecho, los meteorólogos tratan cada vez más la atmósfera y los mares como un sistema único, y ése es el motivo de que debamos prestarles un poco de atención ahora. Al agua se le da de maravilla la tarea de retener y transportar calor, cantidades increíblemente grandes de él. La Corriente del Golfo transporta a diario una cantidad de calor hacia Europa equivalente a la producción de carbón mundial de diez años,[30] que es el motivo de que Inglaterra e Irlanda tengan unos inviernos tan suaves comparados con los de Canadá y Rusia. Pero el agua también se calienta despacio, y por eso lagos y piscinas están fríos incluso los días más calurosos. Por esa razón tiende a haber un lapso entre el inicio oficial astronómico de una estación y la sensación concreta de que ha empezado.[31] Así, la primavera puede empezar oficialmente en el hemisferio norte en marzo, pero en la mayoría de los lugares no se tiene la sensación de que sea primavera hasta el mes de abril como muy pronto.

Los mares no son una masa de agua uniforme. Sus diferencias de temperatura, salinidad, profundidad, densidad, etcétera, tienen enormes repercusiones en su forma de transmitir el calor de un lugar a otro, lo que afecta a su vez al clima. El Atlántico, por ejemplo, es más salado que el Pacífico, y es bueno que lo sea. El agua es más densa cuanto más salada es, y el agua densa se hunde. Sin su peso suplementario de sal, las corrientes atlánticas continuarían hasta el Ártico, calentando el polo Norte, pero privando a Europa de todo ese agradable calor. El principal agente de transferencia de calor que hay en la Tierra es lo que se llama circulación termohalina, que se origina en las corrientes lentas y profundas a gran distancia de la superficie, un proceso que detectó por primera vez el científico-aventurero conde Von Rumford en 1797.* Lo que sucede es que las aguas superficiales, cuando llegan a las proximidades de Europa, se hacen más densas y se hunden a grandes profundidades e inician un lento viaje de regreso al hemisferio sur. Cuando llegan a la Antártida, se incorporan a la corriente circumpolar antártica, que acaba conduciéndolas al Pacífico. El proceso es muy lento (el agua puede tardar 1.500 años en llegar desde el Atlántico Norte a la zona media del Pacífico), pero los volúmenes de calor y de agua que se desplazan son muy considerables y la influencia en el clima es enorme.

* El término significa una serie de cosas para distintas personas, al parecer. En noviembre del año 2002, Carl Wunsch, del MIT, publicó un informe en *Science*, «¿Qué es la circulación termohalina?», en el que comentaba que la expresión ha sido empleada en importantes publicaciones para indicar siete fenómenos distintos como mínimo (circulación en el nivel abisal, circulación motivada por diferencias de densidad o flotabilidad, «circulación giratoria meridional de masa», etcétera), aunque todos se relacionan con circulaciones oceánicas y con la trasferencia de calor, que es el sentido cautamente vago y general que yo empleo aquí. *(N. del A.)*

(En cuanto a la cuestión de cómo pudo alguien calcular lo que tarda una gota de agua en desplazarse de un océano a otro,[32] la respuesta es que los científicos pueden determinar en qué cuantía están presentes en el agua compuestos como los clorofluorocarbonos y calcular el tiempo transcurrido desde la última vez que estuvieron en el aire. Comparando un gran número de mediciones de profundidades y emplazamientos diferentes, pueden cartografiar con razonable precisión los movimientos del agua.)

La circulación termohalina no sólo desplaza el calor de un punto a otro, sino que contribuye también a elevar los nutrientes cuando las corrientes ascienden y descienden, haciendo habitables mayores volúmenes de océano para los peces y otras criaturas marinas. Parece, por desgracia, que la circulación puede ser también muy sensible al cambio. Según simulaciones de ordenador, incluso una dilución modesta del contenido de sal del océano (por un aumento de la fusión de la capa de hielo de Groenlandia, por ejemplo) podría perturbar de forma desastrosa el ciclo.

Los mares se hacen favores unos a otros que también nos favorecen a nosotros. Absorben enormes volúmenes de carbono y proporcionan un medio para que éste quede bien guardado. Una de las peculiaridades de nuestro sistema solar es que el Sol arde con un 25 % más de luminosidad ahora que cuando el sistema solar era joven. Eso debería haber tenido como consecuencia que la Tierra fuese mucho más cálida. De hecho, como ha dicho el geólogo inglés Aubrey Manning: «Este cambio colosal debería haber tenido unas consecuencias absolutamente catastróficas en la Tierra y, sin embargo, parece que nuestro mundo apenas se ha visto afectado».

¿Qué mantiene, pues, estable y fresco el planeta? Lo hace la vida. Trillones y trillones de pequeños organismos marinos, de los que muchos de nosotros no hemos oído hablar jamás (foraminíferos, cocolitos y algas calcáreas), captan el carbono atmosférico en forma de bióxido de carbono, cuando cae como lluvia, y lo emplean (en combinación con otras cosas) para hacer sus pequeñas cáscaras. Encerrando el carbono en sus cáscaras, impiden que vuelva a evaporarse y a pasar a la atmósfera, donde se acumularía peligrosamente como gas de efecto invernadero. Más tarde, todos los pequeños foraminíferos, cocolitos y demás animales similares mueren y caen al fondo del mar, donde se convierten en piedra calcárea. Resulta extraordinario, al contemplar un rasgo natural asombroso como los acantilados blancos de Dover en Inglaterra, considerar que están compuestos casi exclusivamente por pequeños organismos marinos muertos, pero resulta todavía más notable cuando te das cuenta de la cantidad de carbono que retienen acumulativamente. Un cubo de 15 centímetros de greda de Dover contendrá bastante más de mil litros de dióxido de carbono comprimido que, de no estar allí, no nos haría ningún bien.

Hay en total 20.000 veces más carbono retenido en las rocas de la Tierra que en la atmósfera.[33] Gran parte de esa piedra calcárea acabará alimentando volcanes, y el carbono volverá a la atmósfera y caerá con la lluvia a la Tierra, que es el motivo de que se llame a esto el ciclo a largo plazo del carbono. El proceso lleva mucho tiempo (aproximadamente medio millón de años para un átomo de carbono típico), pero si no hay ninguna otra perturbación colabora con notable eficiencia en la tarea de mantener estable el clima.

Por desgracia, los seres humanos tienen una imprudente tendencia a perturbar ese ciclo incorporando a la atmósfera grandes cantidades de carbono suplementarias, estén los foraminíferos preparados para ello o no. Se ha calculado que, desde 1850, se han lanzado al aire 100.000 millones de toneladas de carbono extra, un total que aumenta en unos 7.000 millones de toneladas al año. En realidad, no es tanto, en conjunto. La naturaleza (principalmente a través de las erupciones volcánicas y la descomposición de las plantas) lanza a la atmósfera unos 200.000 millones de toneladas de dióxido de carbono al año, casi treinta veces más que los humanos con los coches y las fábricas. Pero no hay más que contemplar la niebla que se cierne sobre nuestras ciudades, el Gran Cañón del Colorado o incluso, a veces, los Acantilados Blancos de Dover, para darse cuenta de la diferencia entre una aportación y otra.

Sabemos por muestras de hielo muy antiguo que el nivel «natural» de dióxido de carbono atmosférico[34] (es decir, antes de que empezásemos a aumentarlo con la actividad industrial) es de unas 280 partes por millón. En 1958, cuando los científicos empezaron a prestar atención al asunto, se había elevado a 315 partes por millón. Hoy es de más de 360 partes por millón y aumenta aproximadamente un cuarto del 1 % al año. A finales del siglo XXI se prevé que ascienda a unas 560 partes por millón.

Hasta ahora, los bosques —que también retienen un montón de carbono— y los océanos han conseguido salvarnos de nosotros mismos; pero, como dice Peter Cox de la Oficina Meteorológica Británica: «Hay un umbral crítico en el que la biosfera natural deja de protegernos de los efectos de nuestras emisiones y, en realidad, empieza a amplificarlos». Lo que se teme es que pueda producirse un aumento muy rápido del calentamiento de la Tierra. Muchos árboles y otras plantas incapaces de adaptarse morirían, liberando sus depósitos de carbono y aumentando el problema. Ciclos así se han producido de cuando en cuando en el pasado lejano, sin contribución humana. La buena noticia es que, incluso en esto, la naturaleza es absolutamente maravillosa. Es casi seguro que el ciclo del carbono se restablecerá al final y devolverá a la Tierra a una situación de estabilidad y felicidad. La última vez que lo hizo, no tardó más que 60.000 años.

EL MAR DELIMITADOR

Imagina lo que sería intentar vivir en un mundo dominado por el óxido de dihidrógeno,[1] un compuesto que no tiene sabor ni olor y que es tan variable en sus propiedades que, en general, resulta benigno, pero que hay veces que mata con gran rapidez. Según el estado en que se halle, puede escaldarte o congelarte. En presencia de ciertas moléculas orgánicas, puede formar ácidos carbónicos tan desagradables que dejan los árboles sin hojas y corroen los rostros de las estatuas. En grandes cantidades, cuando se agita, puede golpear con una furia que ningún edificio humano podría soportar. A menudo es una sustancia asesina incluso para quienes han aprendido a vivir en ella. Nosotros le llamamos agua.

El agua está en todas partes. Una patata es en un 80 %, agua. Una vaca, en un 74 %. Una bacteria, en un 75 %.[2] Un tomate, que es agua en un 95 %, es poco más que agua. Hasta los humanos somos agua en un 65 %, lo que nos hace más líquidos que sólidos por un margen de casi dos a uno. El agua es una cosa rara. Es informe y transparente y, sin embargo, deseamos estar a su lado. No tiene sabor y no obstante nos encanta beberla. Somos capaces de recorrer grandes distancias y de pagar pequeñas fortunas por verla al salir el Sol. Y, aun sabiendo que es peligrosa y que ahoga a decenas de miles de personas al año, nos encanta retozar en ella.

Como el agua es tan ubicua, tendemos a no darnos cuenta de que es una sustancia extraordinaria. Casi no hay nada en ella que pueda emplearse para establecer predicciones fiables sobre las propiedades de otros líquidos[3] y a la inversa. Si no supieses nada del agua y basases tus conjeturas en el comportamiento de los compuestos químicamente más afines a ella (selenuro de hidrógeno o sulfuro de hidrógeno, sobre todo) esperarías que entrase en ebullición a -93 °C y que fuese un gas a temperatura ambiente.

Casi todos los líquidos se contraen aproximadamente un 10 % al enfriarse. El agua también lo hace, pero sólo hasta cierto punto. En cuanto se encuentra a una distancia mínima de la congelación, empieza (de forma perversa, cautivadora, completamente inverosímil) a expandirse. En estado sólido, es casi un décimo más voluminosa que en estado líquido.[4] El hielo, como se expande, flota en el agua («una propiedad sumamente extraña»,[5] según John Gribbin). Si careciese de esta espléndida rebeldía, el hielo se hundiría y lagos y océanos se congelarían de abajo arriba. Sin hielo superficial que retuviese el calor más abajo, el calor del agua irradiaría, dejándola aún más fría y creando aún más hielo. Los océanos no tardarían en congelarse y seguirían congelados mucho tiempo, probablemente siempre... condiciones que no podrían sostener la vida. Por suerte para nosotros, el agua parece ignorar las normas químicas y las leyes físicas.

Todo el mundo sabe que la fórmula química del agua es H_2O, lo que significa que consiste en un átomo grande de oxígeno y dos átomos más pequeños de hidrógeno unidos a él. Los átomos de hidrógeno se aferran ferozmente a su huésped oxigénico, pero establecen también enlaces casuales con otras moléculas de agua. La molécula de agua, debido a su naturaleza, se enreda en una especie de baile con otras moléculas de agua, formando breves enlaces y desplazándose luego, como participantes de un baile que fuesen cambiando de pareja,[6] por emplear el bello símil de Robert Kunzig. Un vaso de agua tal vez no parezca muy animado, pero cada molécula que hay en él está cambiando de pareja a razón de miles de millones de veces por segundo. Por eso las moléculas de agua se mantienen unidas formando cuerpos como los charcos y los lagos, pero no tan unidas como para no poder separarse fácilmente cuando te lanzas, por ejemplo, de cabeza a una piscina llena de ellas. Sólo el 15 % de ellas se tocan realmente en cualquier momento dado.[7]

El vínculo es en cierto modo muy fuerte... Ese es el motivo de que las moléculas de agua puedan fluir hacia arriba cuando se sacan con un sifón y el motivo de que las gotitas de agua del capó de un coche se muestren tan decididas a unirse a sus compañeras. Es también la razón de que el agua tenga tensión superficial. Las moléculas de la superficie experimentan una atracción más fuerte hacia las moléculas semejantes a ellas, que hay a los lados y debajo, que hacia las moléculas de aire que están sobre ellas. Esto crea una especie de membrana lo bastante fuerte como para sostener a los insectos y permitirnos lanzar piedras al ras de la superficie para hacer «sopas». Es también el motivo de que cuando nos tiramos mal al agua nos hagamos daño.

Ni qué decir tiene que estaríamos perdidos sin agua. El organismo humano se descompone rápidamente si se ve privado de ella. A los pocos días desaparecen los labios (como si los hubiesen amputado), «las encías se ennegrecen, la nariz se arruga y se reduce a la mitad de su tamaño[8] y la piel se contrae tanto en torno a los ojos que impide el parpadeo», según una versión. El agua es tan vital para nosotros que resulta fácil no darse cuenta de que salvo una pequeñísima fracción, la mayor parte de la que hay en la Tierra es venenosa para nosotros (muy venenosa) debido a las sales que contiene.

Necesitamos sal para vivir, pero sólo en cantidades mínimas, y el agua de mar contiene mucha más de la que podemos metabolizar sin problema (unas setenta veces más). Un litro típico de agua de mar contendrá sólo aproximadamente dos cucharaditas y media de sal común[9] (de la que empleamos en la comida), pero cuantías mucho mayores de otros elementos y compuestos de otros sólidos disueltos que se denominan colectivamente sales. Las proporciones de estas sales y minerales en nuestros tejidos son asombrosamente similares a las del agua del mar (sudamos y lloramos agua de mar,[10] como han dicho Margulis y Sagan), pero, curiosamente, no podemos tolerarla como un aporte. Si introduces un montón de sal en el organismo, el metabolismo entrará en crisis enseguida. Las moléculas de cada célula de agua se lanzarán como otros tantos bomberos voluntarios a intentar diluir y expulsar la súbita afluencia de sal. Eso deja las células peligrosamente escasas del agua que necesitan para sus funciones normales. Se quedan, en una palabra, deshidratadas. La deshidratación producirá en situaciones extremas colapsos, desmayos y lesión cerebral. Mientras tanto, las células de la sangre, sobrecargadas de trabajo, transportarán la sal hasta los riñones, que acabarán desbordados y dejarán de funcionar. Al dejar de funcionar los riñones, te mueres. Por eso no bebemos agua salada.

Hay 1.300 millones de kilómetros cúbicos de agua en la Tierra y eso es todo lo que podemos tener.[11] Es un sistema cerrado: Hablando en términos generales, no se puede añadir ni sustraer nada al sistema. El agua que bebes ha estado por ahí haciendo su trabajo desde que la Tierra era joven. Hace 3.800 millones de años, los océanos habían alcanzado (aproximadamente, al menos) sus volúmenes actuales.[12]

El reino del agua se llama hidrosfera y es abrumadoramente oceánico. El 97 % del agua del planeta está en los mares, la mayor parte en el Pacífico, que es mayor que todas las masas terrestres juntas. El Pacífico contiene en total más de la mitad de todo el agua oceánica[13] (51,6 %), el Atlántico contiene el 23,6 % y, el océano Índico, el 21,2 %, lo que sólo deja un 3,6 % a todos los mares restantes. La profundidad oceánica media es de 3,86 kilómetros, con una media en el Pacífico de unos 300 metros más de profundidad que en el Atlántico y el Índico. El 60 % de la superficie del planeta es océano de más de 1,6 kilómetros de profundidad. Como dice Philip Ball, deberíamos llamar a nuestro planeta Agua y no Tierra.[14]

Del 3 % de agua de la Tierra que es dulce,[15] la mayor parte se encuentra concentrada en capas de hielo. Sólo una cuantía mínima (el 0,036 %) se encuentra en lagos, ríos y embalses, y una cantidad menor aún (sólo el 0,001 %) en las nubes en forma de vapor. Casi el 90 % del hielo del planeta está en la Antártida, y la mayor parte del resto en Groenlandia. Si vas al polo Sur, podrás poner los pies sobre 3,2 kilómetros de hielo; en el polo Norte sólo hay 4,5 metros.[16] La Antártida sólo tiene 906.770.420 kilómetros cúbicos de hielo... lo suficiente para elevar el nivel de los océanos unos sesenta metros si se fundiese todo.[17] Pero, si cayese toda el agua de la atmósfera en forma de lluvia por todas partes, en una distribución regular, el nivel de los océanos sólo aumentaría unos dos centímetros.

Por otra parte, lo del nivel del mar es un concepto casi completamente teórico: los mares no están a nivel. Las mareas, los vientos, las fuerzas de Coriolis y otros muchos fenómenos hacen que los niveles del agua sean distintos de un océano a otro e incluso dentro de cada uno de ellos. El Pacífico es 45 centímetros más alto a lo largo de su borde occidental debido a la fuerza centrífuga que crea la rotación de la Tierra. Igual que cuando te metes en una bañera llena de agua, el agua tiende a fluir hacia el otro extremo, como si no quisiese estar contigo, así la rotación terrestre hacia el este amontona el agua en los márgenes occidentales del océano.

Considerando la importancia inmemorial de los mares para nosotros, es sorprendente lo mucho que tardamos en interesarnos científicamente por ellos. Hasta bien entrado el siglo XIX, casi todo lo que se sabía sobre los océanos se basaba en lo que las olas y las mareas echaban a las playas, costas, así como lo que aparecía en las redes de los pescadores. Y casi todo lo que estaba escrito se basaba en anécdotas y conjeturas más que en pruebas materiales. En la década de 1830, el naturalista inglés Edward Forbes investigó los lechos marinos, en el Atlántico y el Mediterráneo, y proclamó que en los mares no había vida por debajo de los 600 metros. Parecía un supuesto razonable. A esa profundidad no había luz, por lo que no podía haber vida vegetal. Y se sabía que las presiones del agua a esas profundidades eran extremas. Así que fue toda una sorpresa que, cuando se reflotó en 1860 uno de los primeros cables telegráficos trasatlánticos para hacer reparaciones, izándolo de una profundidad de más de tres kilómetros, se comprobase que estaba cubierto de una densa costra de corales, almejas y demás detritos vivientes.

La primera investigación realmente organizada de los mares se llevó a cabo en 1872, cuando partió de Portsmouth, en un antiguo barco de guerra llamado *Challenger*, una expedición conjunta organizada por el

Museo Británico, la Real Sociedad y el Gobierno. Los miembros de la expedición navegaron por el mundo tres años y medio recogiendo muestras, pescando y dragando sedimentos. Era un trabajo bastante monótono, desde luego. De un total de 240 entre científicos y tripulación, uno de cada cuatro abandonó el barco y ocho murieron o perdieron el juicio, «empujados a la demencia por la rutina paralizante de años de trabajo tedioso y de monotonía»,[18] en palabras de la historiadora Samantha Weinberg. Pero recorrieron casi 70.000 millas náuticas,[19] recogieron más de 4.700 especies nuevas de organismos marinos, recopilaron información suficiente para redactar un informe de 50 volúmenes —tardaron diecinueve años en terminarlo— y se dio al mundo el nombre de una nueva disciplina científica: *oceanografía*. Los expedicionarios descubrieron también, a través de las mediciones de profundidad, que parecía haber montañas sumergidas en medio del Atlántico, lo que impulsó a algunos emocionados observadores a especular sobre la posibilidad de que hubiesen encontrado el continente perdido de la Atlántida.

Como el mundo institucional hacía mayoritariamente caso omiso de los mares, quedó en manos de aficionados entusiastas (muy esporádicos) la tarea de explicarnos qué había allí abajo. La exploración moderna de las profundidades marinas se inicia con Charles William Beebe y Otis Barton en 1930. Eran socios igualitarios, pero Beebe, más pintoresco, ha recibido siempre mucha más atención escrita. Nacido en 1877 en una familia acomodada de la ciudad de Nueva York, Beebe estudió zoología en la Universidad de Columbia y trabajó de cuidador de aves en la Sociedad Zoológica de Nueva York. Cansado de ese trabajo, decidió entregarse a una vida aventurera y, durante el siguiente cuarto de siglo, viajó por Asia y Suramérica con una serie de atractivas ayudantes cuya tarea se describió de forma bastante imaginativa como de «historiadora y técnica» o de «asesora en problemas pesqueros».[20] Subvencionó estas empresas con una serie de libros de divulgación con títulos como *El borde de la selva* y *Días en la selva*, aunque también escribió algunos libros respetables sobre flora, fauna y ornitología.

A mediados de los años veinte, en un viaje a las islas Galápagos, descubrió «las delicias de colgarse y oscilar», que era como él describía las inmersiones en alta mar. Poco tiempo después pasó a formar equipo con Barton, que procedía de una familia aún más rica,[21] había estudiado también en Columbia y ansiaba la aventura. Aunque casi siempre se atribuye el mérito a Beebe, en realidad fue Barton quien diseñó la primera batiesfera (del término griego que significa «profundo») y quien aportó los 12.000 dólares que costó su construcción. Se trataba de una cámara pequeña y necesariamente fuerte, de hierro colado de 3,75 centímetros de grosor y con dos portillas pequeñas de bloques de cuarzo de 4,5 centímetros de grosor. Tenía cabida para tres hombres, pero sólo si estaban dispuestos a llegar a conocerse muy bien. La tecnología era bastante tosca, incluso para los criterios de la época. La esfera carecía de maniobrabilidad (colgaba simplemente al extremo de un cable largo) y tenía un sistema de respiración muy primitivo:[22] para neutralizar el propio bióxido de carbono, dejaban abiertas latas de cal sódica y para absorber la humedad abrían un tubo pequeño de cloruro cálcico, que abanicaban a veces con hojas de palma para acelerar las reacciones químicas.

Pero la pequeña batiesfera sin nombre hizo la tarea que estaba previsto que hiciese. En la primera inmersión, en junio de 1930, en las Bahamas, Barton y Beebe establecieron un récord mundial descendiendo hasta los 183 metros. En 1934 habían elevado ya la marca a más de 900 metros, punto en el que se mantendría hasta después de la Segunda Guerra Mundial. Barton estaba convencido de que el aparato era seguro hasta una profundidad de 1.400 metros, más o menos, aunque la presión sobre tornillos y remaches se hiciese claramente audible a cada braza que descendían. Se trataba de un trabajo peligroso, que exigía valor a cualquier profundidad. A 900 metros, la pequeña portilla estaba sometida a 19 toneladas de presión por 6,45 centímetros cuadrados. Si hubiesen sobrepasado los límites de tolerancia de la estructura, la muerte a esa profundidad habría sido instantánea, como nunca dejaba de comentar Beebe en sus muchos libros, artículos y emisiones de radio. Pero su principal preocupación era que el cabrestante de la cubierta del barco, que tenía que sostener una bola metálica y dos toneladas de cable de acero, se partiese y los precipitase a ambos al fondo del mar. En cuyo caso nada habría podido salvarlos.

Lo único que no produjeron sus inmersiones fue mucha ciencia digna de ese nombre. Aunque se encontraron con muchas criaturas que no se habían visto antes, debido a los límites de visibilidad y a que ninguno de los dos intrépidos acuonautas había estudiado oceanografía, no fueron capaces muchas veces de describir sus hallazgos con el tipo de detalle que deseaban los verdaderos científicos. La esfera no llevaba ninguna luz externa, sólo una bombilla de 250 vatios que podían acercar a la ventana, pero el agua por debajo de los 150 metros de profundidad era de todos modos prácticamente impenetrable, y estaban además observándola a través de 7,5 centímetros de cuarzo, por lo que cualquier cosa que tuviesen la esperanza de ver tendría que estar casi tan interesada en ellos como ellos en ella. Así que de lo único de lo que más o menos podían informar era de que había un montón de cosas raras allá abajo. En una inmersión que efectuaron en 1934, Beebe se sobresaltó al ver una serpiente gigante «de más de seis metros de longitud y muy ancha».' Pasó demasiado rápido para que fuese sólo una sombra. Fuese lo que fuese, nadie ha visto después nada parecido.²³ Los medios académicos desdeñaron en general los informes de ambos socios.

Beebe, después de su máximo récord de inmersión de 1934, perdió interés por el asunto y pasó a dedicarse a otras empresas aventureras, pero Barton perseveró. Beebe había dicho siempre a todo el mundo, cosa que le honra, que el verdadero cerebro de la investigación era Barton, pero éste pareció incapaz de salir de las sombras. También él escribió crónicas emocionantes de sus aventuras submarinas y hasta llegó a actuar en una película de Hollywood titulada *Titans of the Deep* [Titanes de las profundidades], en la que aparecía una batiesfera y se producían numerosos enfrentamientos emocionantes, bastante fantásticos, con agresivos calamares gigantes y cosas por el estilo. Llegó incluso a hacer anuncios de los cigarrillos Camel («Con ellos no me da el tembleque»). En 1948 elevó en un 50 % el récord de profundidad, con una inmersión hasta los 1.370 metros, efectuada en el Pacífico, cerca de California, pero el mundo parecía decidido a no hacerle caso. Una crítica de prensa de *Titans of the Deep* consideraba en realidad que la estrella de la película era Beebe. Barton es afortunado si llega a conseguir una simple mención hoy día.

De todos modos, estaba a punto de quedar eclipsado por un equipo formado por un padre y un hijo, Auguste y Jacques Piccard, de Suiza, que estaban proyectando un nuevo tipo de sonda llamada batiscafo (que significa «navío de profundidad»). Bautizado con el nombre de *Trieste*, por la ciudad italiana en la que se construyó, el nuevo artefacto maniobraba independientemente, aunque hiciese poco más que subir y bajar. En una de sus primeras inmersiones, a principios de 1954, descendió por debajo de los 4.000 metros, casi trece veces el récord de inmersión de Barton de seis años atrás. Pero las inmersiones a gran profundidad exigían muchísimo y costoso apoyo, y los Piccard fueron precipitándose gradualmente hacia la quiebra.

En 1958 llegaron a un acuerdo con la Marina de Estados Unidos,²⁴ que otorgaba a ésta la propiedad pero les dejaba a ellos el control. Con esa inyección de fondos, los Piccard reconstruyeron la embarcación, dotándola de paredes de casi 13 centímetros de espesor y reduciendo las ventanas a sólo 54 centímetros de diámetro, es decir, poco más que mirillas. Pero era ya lo bastante fuerte para soportar presiones verdaderamente enormes y, en enero de 1960, Jacques Piccard y el teniente Don Walsh de la Marina estadounidense descendieron lentamente hasta el fondo del cañón más profundo del océano, la Fosa de las Marianas, a unos 400 kilómetros de la isla de Guam, en el Pacífico occidental (y descubierta, no por casualidad, por Harry Hess con su brazómetro). Llevó algo menos de cuatro horas descender 10.918 metros. Aunque la presión a esa profundidad era de casi 1.196 kilogramos por centímetro cuadrado, observaron sorprendidos que, al tocar fondo, sobresaltaban a un habitante de las profundidades, un pleuronéctido (grupo al que pertenecen peces planos como el rodaballo o el lenguado). No disponían de medios para hacer fotografías, así que no quedó ningún testimonio visual del suceso.

Tras sólo veinte minutos en el punto más hondo del mundo, volvieron a la superficie. Ha sido la única vez que los seres humanos han descendido a tanta profundidad.

Cuarenta años después, la pregunta que se plantea es, lógicamente, por qué no ha vuelto a hacerlo nadie desde entonces. En primer lugar, el vicealmirante Hyman G. Rickover, un hombre de carácter inquieto e ideas firmes, y sobre todo que controlaba el dinero del departamento correspondiente, se opuso de manera resuelta a que se efectuasen más inmersiones. En su opinión, la exploración submarina era un desperdicio de recursos y la Marina no era un instituto de investigación. Además, la nación estaba a punto de centrarse plenamente en los viajes espaciales y en el proyecto de enviar un hombre a la Luna, lo que hacía que las investigaciones de los fondos marinos pareciesen insignificantes y más bien anticuadas. Pero la consideración decisiva es que el descenso del *Trieste* no había aportado en realidad demasiada información. Como explicó un funcionario de la Marina años después: «No aprendimos demasiado de aquello. ¿Por qué repetirlo?».[25] Era, en resumen, un esfuerzo demasiado grande para encontrar un lenguado, y demasiado caro. Se ha calculado que repetir el experimento costaría hoy un mínimo de 100 millones de dólares.

Cuando los investigadores del medio submarino comprendieron que la Marina no tenía la menor intención de continuar con el programa de investigación prometido, protestaron quejumbrosamente. En parte para aplacar sus críticas, la Marina aportó fondos para la construcción de un sumergible más avanzado, que habría de manejar la Institución Oceanográfica de Massachusetts. Este nuevo aparato, llamado *Alvin* para honrar de forma un poco compendiada al oceanógrafo Allyn C. Vine, sería un minisubmarino maniobrable por completo, aunque no descendería ni mucho menos a tanta profundidad como el *Trieste*. Sólo había un problema: los proyectistas no podían encontrar a nadie dispuesto a construirlo.[26] Según dice William J. Broad en *The Universe Below* [El universo submarino]: «Ninguna gran empresa, como General Dynamics, que hacía submarinos para la Marina, quería hacerse cargo de un proyecto desdeñado tanto por la Oficina de Buques como por el almirante Rickover, las deidades del padrinazgo naval». Por fin, aunque parezca inverosímil, acabó construyendo el *Alvin* General Mills, la empresa alimentaria, en una planta en la que producía las máquinas con que fabricaba cereales para el desayuno.

En cuanto a qué más había allá abajo, la gente tenía en realidad muy poca idea. Todavía bien entrada la década de los cincuenta, los mejores mapas de que disponían los oceanógrafos estaban casi exclusivamente basados en estudios dispersos y poco detallados, que se remontaban a 1929, insertados básicamente en un océano de conjeturas. La Marina estadounidense tenía cartas marinas excelentes para guiar a sus submarinos por los cañones y guyots o mesetas de los fondos marinos, pero no quería que esa información cayera en manos soviéticas, por lo que las mantenía en secreto. En consecuencia, los medios académicos debían conformarse con estudios esquemáticos y anticuados, o bien basarse en suposiciones razonables. Hoy incluso nuestro conocimiento de los lechos oceánicos sigue siendo de una resolución notoriamente baja. Si observas la Luna con un telescopio doméstico común y corriente, verás cráteres de gran tamaño (Fracastorio, Blancano, Zach, Planck y muchos otros con los que cualquier científico lunar está familiarizado) que serían desconocidos si estuviesen en nuestros lechos marinos. Tenemos mejores mapas de Marte que de ellos.

A nivel de superficie, las técnicas de investigación han ido improvisándose también sobre la marcha. En 1994 una tormenta barrió de la cubierta del barco de carga coreano 34.000 pares de guantes de hockey sobre hielo en el Pacífico.[27] Los guantes, arrastrados por la corriente, viajaron desde Vancouver hasta Vietnam, ayudando a los oceanógrafos a rastrear las corrientes con más exactitud de lo que nunca lo habían hecho.

Hoy *Alvin* tiene ya casi cuarenta años, pero sigue siendo el mejor navío de investigación del mundo. Aún no hay sumergibles que puedan aproximarse a la profundidad de la Fosa de las Marianas y sólo cinco, incluido el *Alvin*, que puedan llegar a las profundidades de la «llanura abisal» (el lecho oceánico profundo), que cubre más de la mitad de la superficie del planeta. Un sumergible típico supone un coste diario de funcionamiento de 25.000 dólares, así que no se les lanza al agua por un capricho, y todavía menos con la esperanza de que se topen por casualidad con algo interesante. Es más o menos como si nuestra experiencia directa del mundo de la superficie se basase en el trabajo de cinco individuos que explorasen con tractores agrícolas después del oscurecer. Según Robert Kunzig, los seres humanos pueden haber investigado «tal vez una millonésima o una milmillonésima parte de los misterios del mar.[28] Tal vez menos. Mucho menos».

Pero los oceanógrafos son ante todo gente industriosa y han hecho con sus limitados recursos varios descubrimientos importantes, entre los que se cuenta uno de 1977 que figura entre los descubrimientos biológicos más importantes y sorprendentes del siglo xx. En ese año, el *Alvin* halló populosas colonias de organismos grandes que vivían en las chimeneas de las profundidades marinas y en torno a ellas, cerca de las islas Galápagos, serpúlidos, gusanos tubiformes, de más de tres metros de longitud; almejas de 30 centímetros de anchura, grandes cantidades de gambas y mejillones, culebreantes gusanos espagueti.[29] Debían todos ellos su existencia a vastas colonias de bacterias que obtenían *su* energía y sustento de sulfuros de hidrógeno (compuestos muy tóxicos para las criaturas de la superficie), que brotaban constantemente de las chimeneas. Era un mundo independiente de la luz solar, del oxígeno y de cualquier otra cosa en general asociada con la vida. Se trataba de un sistema vivo que no se basaba en la fotosíntesis sino en la quimiosíntesis, una posibilidad que los biólogos habrían desechado por absurda si alguien hubiese sido tan imaginativo como para proponerla.

Esas chimeneas expulsan inmensas cantidades de calor y de energía. Dos docenas juntas producen tanta energía como una central eléctrica grande, y las oscilaciones de las temperaturas que se dan en torno a ellas son enormes. En el punto de salida del agua se pueden alcanzar los 400 °C, mientras que, a unos dos metros de distancia, el agua puede estar sólo a 2 °C o 3 °C por encima del punto de congelación. Un tipo de gusanos llamados alvinélidos vivían justo en los márgenes, con una temperatura del agua de 78 °C más en la cabeza que en la cola. Anteriormente, se creía que ningún organismo complejo podría sobrevivir en el agua a temperaturas superiores a unos 54 °C,[30] y allí había uno que sobrevivía a temperaturas más cálidas y acompañadas además de frío extremo. El descubrimiento transformó nuestra idea de los requerimientos de la vida.

Aclaró también uno de los grandes enigmas de la oceanografía (algo que muchas personas no nos dábamos cuenta de que *era* un enigma), es decir, por qué los océanos no se hacen más salados con el tiempo. Arriesgándonos a decir una obviedad, diremos que en el mar hay mucha sal... suficiente para cubrir toda la tierra del planeta con una capa de 150 metros de espesor.[31] Hacía siglos que se sabía que los ríos arrastran minerales al mar y que esos minerales se combinan con iones en el agua oceánica para formar sales. Hasta aquí, ningún problema. Pero lo que resultaba desconcertante era que los niveles de salinidad del mar se mantuvieran estables. En el mar se evaporan a diario millones de litros de agua dulce, que dejan atrás todas sus sales, por lo que lógicamente los mares deberían ir haciéndose cada vez más salados con el paso de los años; pero no es así. Algo extrae una cantidad de sal del agua equivalente a la cuantía que se incorpora a ella. Durante mucho tiempo, nadie pudo explicar la razón de esto.

El *Alvin* aportó la solución al descubrir las chimeneas del lecho marino. Los geofísicos se dieron cuenta de que las chimeneas actuaban a modo de filtros de pecera. Cuando la corteza terrestre absorbe el agua, se desprenden de ella sales y finalmente el agua limpia vuelve a salir por las chimeneas. El proceso no es rápido (puede llevar hasta diez millones de años limpiar un océano),[32] pero, si no tienes prisa, es de una eficacia prodigiosa.

Tal vez no haya nada que exprese con mayor claridad nuestra lejanía psicológica de las profundidades oceánicas[33] que el hecho de que el principal objetivo expuesto por los oceanógrafos durante el Año Geofísico Internacional de 1957-1958 fuese el estudio de «la utilización de los lechos marinos para el vertido de residuos radiactivos». No fue un encargo secreto, sabes, sino un alarde público orgulloso. De hecho, aunque no se le diese mucha publicidad, en 1957-1958, el vertido de residuos radiactivos se había iniciado ya hacía diez años, con una asombrosa y vigorosa resolución. Estados Unidos llevaba transportando bidones de 55 galones de desechos radiactivos a las islas Fallarone (a unos 50 kilómetros de la costa de California, cerca de San Francisco) y tirándolos allí por la borda, sin más, desde 1946.

Era una operación sumamente burda. Casi todos los bidones eran del mismo tipo de esos que se ven oxidándose detrás de las gasolineras o amontonados al lado de las fábricas, sin ningún tipo de recubrimiento protector. Cuando no se hundían, que era lo que solía pasar, los acribillaban a balazos tiradores de la Marina, para que se llenaran de agua[34] y, por supuesto, salían de ellos el plutonio, el uranio y el estroncio. Cuando se puso fin a esos vertidos en la década de los noventa, Estados Unidos había arrojado al mar cientos y cientos de miles de bidones en unos cincuenta emplazamientos marítimos, casi 50.000 en las Fallarone. Pero Estados Unidos no estaba solo en esto, ni mucho menos. Entre otros entusiastas de los vertidos se contaban Rusia, China, Japón, Nueva Zelanda y casi todas las naciones europeas.

¿Y qué efectos podría haber producido todo esto en la vida de las profundidades marinas? Bueno, tenemos la esperanza de que pocos; pero la verdad es que lo desconocemos por completo. Ignoramos de un modo asombroso, suntuoso y radiante las características de la vida en las profundidades marinas. Sabemos a menudo notoriamente poco incluso de las criaturas oceánicas de mayor tamaño, incluida la más poderosa: la gran ballena azul, una criatura de proporciones tan leviatanescas que (citando a David Attenborough) su «lengua pesa tanto como un elefante, tiene el corazón del tamaño de un automóvil y algunos de sus vasos sanguíneos son tan anchos que podrías bajar nadando por ellos». Es la bestia más gargantuesca que ha creado la Tierra hasta ahora, mayor aún que los dinosaurios más voluminosos y pesados. Sin embargo, la existencia de las ballenas azules es en buena medida un misterio para nosotros. No tenemos la menor idea de lo que hacen durante mucho tiempo, adónde van a criar, por ejemplo, o qué ruta siguen para hacerlo. Lo poco que sabemos de ellas procede casi exclusivamente de escuchar sus cantos; pero hasta sus cantos son un misterio. A veces los interrumpen y luego los reanudan exactamente en el mismo punto seis meses más tarde.[35] A veces, inician un canto nuevo, que ningún miembro del grupo puede haber oído antes pero que todos conocen ya. No entendemos en absoluto cómo lo hacen ni por qué. Y se trata de animales que tienen que salir periódicamente a la superficie para respirar.

En cuanto a los animales que no tienen necesidad de salir a la superficie, el misterio puede resultar aun más torturante. Consideremos lo que sabemos sobre el fabuloso calamar gigante.[36] Aunque no alcanza ni mucho menos el tamaño de la ballena azul, es indiscutiblemente un animal de considerable tamaño; tiene los ojos como balones de fútbol y arrastra unos tentáculos que pueden llegar a medir 18 metros. Pesa casi una tonelada y es el invertebrado más grande de la Tierra. Si arrojases uno en una piscina pequeña, casi no quedaría espacio para nada más. Sin embargo, ningún científico (ninguna persona, que sepamos) ha visto nunca un calamar gigante vivo. Los zoólogos han dedicado carreras a intentar capturar, o simplemente ver, un calamar gigante vivo y no lo han conseguido jamás. Se los conoce sobre todo por los ejemplares muertos que arroja el mar a las playas, en especial, y por razones desconocidas, a las de la isla del sur de Nueva Zelanda. Debe de haber gran número de calamares gigantes porque constituyen un elemento básico de la dieta del cachalote, y los cachalotes comen mucho.*

Según una estimación, podría haber hasta 30 millones de especies

---

* Las partes indigeribles del calamar gigante, sobre todo el pico, se acumulan en el estómago de los cachalotes, formando una sustancia llamada ámbar gris, que se emplea como fijador en perfumería. La próxima vez que te pongas Chanel Nº 5 (suponiendo que lo hagas), puedes pensar, si quieres, que estás rociándote con un destilado de un monstruo marino nunca visto. *(N. del A.)*

marinas, la mayoría aún por descubrir.[37] El primer indicio de hasta qué punto es abundante la vida en las profundidades marinas no se conoció hasta fechas tan recientes como la década de los sesenta, con la invención del trineo epibéntico, un instrumento de arrastre que captura no sólo organismos del lecho marino y cerca de él, sino también de los que están enterrados en los sedimentos. En una sola pasada de una hora por la plataforma continental a una profundidad aproximada de kilómetro y medio, dos oceanógrafos de Woods Hole, Howard Sandle y Robert Kessler, capturaron más de 25.000 criaturas (gusanos, estrellas de mar, holoturias y otros animales parecidos) que representaban 365 especies. Incluso a una profundidad de casi cinco kilómetros encontraron unas 3.700 criaturas,[38] que representaban casi 2.100 especies de organismos. Pero la draga sólo podía capturar las criaturas que eran lo suficientemente lentas o estúpidas como para dejarse atrapar. A finales de la década de los sesenta, un biólogo marino llamado John Isaacs tuvo la idea de hacer descender una cámara con un cebo atado a ella y encontró aún más cosas, sobre todo densos enjambres de culebreantes ciclóstomos, que son unas criaturas primitivas parecidas a la anguila, y bancos de macruros igual de rápidas que las flechas como el pez granadero. Donde hay de pronto buen alimento disponible (por ejemplo, cuando muere una ballena y se hunde hasta el fondo) se han encontrado hasta 390 especies de criaturas marinas que acuden al banquete. Curiosamente se descubrió que muchas de esas criaturas llegaban de chimeneas situadas hasta a 1.600 kilómetros de distancia. Y había entre ellas algunas como las almejas y los mejillones, que no tienen en verdad fama de ser grandes viajeros. Ahora se cree que las larvas de ciertos organismos pueden andar a la deriva por el agua hasta que, por algún medio químico desconocido, detectan la proximidad de una fuente de alimentación y la aprovechan.

¿Por qué, entonces, si los mares son tan inmensos, los esquilmamos con tanta facilidad? Bien, para empezar, los mares del mundo no son ricos en formas de vida de un modo uniforme. Se considera naturalmente productiva menos de una décima parte del océano.[39] Casi todas las especies acuáticas prefieren las aguas poco profundas, donde hay calor, luz y materia orgánica abundante para abastecer la cadena trófica. Los arrecifes coralinos, por ejemplo, constituyen bastante menos del 1 % del espacio marino, pero albergan aproximadamente el 25 % de la pesca.

Los mares no son tan ricos, ni mucho menos, en otras partes. Consideremos el caso de Australia. Con 36.735 kilómetros de costa y unos 23 millones de kilómetros cuadrados de aguas territoriales, tiene más mar lamiendo su litoral que cualquier otro país del mundo, pero, como indica

Tim Flannery, ni siquiera consigue situarse entre las 50 primeras naciones pesqueras del mundo.[40] En realidad, es un gran importador neto de alimentos marinos. Eso se debe a que gran parte de las aguas australianas están, como buena parte de la propia Australia, básicamente desiertas. (Una excepción notable la constituye la Gran Barrera Coralina de Queensland, que es suntuosamente fecunda.) Como el suelo es pobre, no produce casi nutrientes en sus residuos líquidos.

Incluso donde prospera la vida, ésta suele ser sumamente sensible a la perturbación. En la década de los setenta, los pescadores australianos, y en menor medida los de Nueva Zelanda, descubrieron bancos de un pez poco conocido que vive a unos 800 metros de profundidad en sus plataformas continentales. Los llamaban percas anaranjadas, eran deliciosos y había una cantidad inmensa. En muy poco tiempo, las flotas pesqueras estaban capturando 40.000 toneladas de percas anaranjadas al año. Luego, los biólogos marinos hicieron unos descubrimientos alarmantes. La perca anaranjada es muy longeva y tarda mucho en madurar. Algunos ejemplares pueden tener ciento cincuenta años; puedes haberte comido una que había nacido cuando reinaba en Inglaterra la reina Victoria. Estas criaturas han adoptado ese tipo de vida extraordinariamente pausado porque las aguas en que viven son muy pobres en recursos. En esas aguas hay algunos peces que desovan sólo una vez en la vida. Es evidente que se trata de poblaciones que no pueden soportar muchas perturbaciones. Por desgracia, cuando se supo todo esto, las reservas habían quedado ya considerablemente mermadas. Habrán de pasar décadas, incluso con un buen control, para que se recupere la población, si es que alguna vez llega a hacerlo.

En otras partes, sin embargo, el mal uso de los océanos ha sido más consciente que inadvertido. Muchos pescadores cortan las aletas a los tiburones[41] y vuelven a echarlos al mar para que mueran. En 1998, las aletas de tiburón se vendían en Extremo Oriente a más de 110 dólares el kilo, y un cuenco de sopa de aleta de tiburón costaba 100 dólares en Tokio. Según los cálculos del Fondo Mundial para la Naturaleza, en 1994, se mataban entre 40 y 70 millones de ejemplares de tiburón al año.

En 1995, unos 37.000 buques pesqueros de tamaño industrial, más un millón de embarcaciones más pequeñas, capturaban el doble que veinticinco años antes. Los arrastreros son hoy en algunos casos tan grandes como cruceros y arrastran redes de tal tamaño que podría caber en una de ellas una docena de reactores Jumbo.[42] Algunos emplean incluso aviones localizadores para detectar desde el aire los bancos de peces. Se calcula que, aproximadamente, una cuarta parte de cada red que se iza contiene peces que no pueden llevarse a tierra por ser demasiado pequeños, por no ser del tipo adecuado o porque se han capturado fuera de temporada. Como explicaba un observador en *The Economist*: «Aún estamos en la era de las tinieblas. Nos limitamos a arrojar una red y esperar a ver qué sale».[43] De esas capturas no deseadas tal vez vuelvan a echarse al mar, cada año, unos 22 millones de toneladas, sobre todo en forma de cadáveres.[44] Por cada kilo de camarones que se captura, se destruyen cuatro de peces y otras criaturas marinas.

Grandes zonas del lecho del mar del Norte se dejan limpias mediante redes de manga hasta siete veces al año,[45] un grado de perturbación que ningún otro sistema puede soportar. Se está sobreexplotando dos tercios de las especies del mar del Norte como mínimo, según numerosas estimaciones. Las cosas no están mejor al otro lado del Atlántico. El hipogloso era en otros tiempos tan abundante en las costa de Nueva Inglaterra que un barco podía pescar hasta 8.000 kilos al día. Ahora, el hipogloso casi se ha extinguido en la costa noreste de Estados Unidos.

Pero no hay nada comparable al destino del bacalao. A finales del siglo XV, el explorador John Cabot encontró bacalao en cantidades increíbles en los bancos orientales de Norteamérica, zonas de aguas poco profundas muy atractivas para los peces que se alimentan en el lecho del mar, como el bacalao. Había tantos bacalaos, según el asombrado Cabor, que los marineros los recogían en cestos.[46] Algunos bancos eran inmensos. Georges Banks, en la costa de Massachusetts, es mayor que el estado con que linda. El de Grand Bank, de la costa de Terranova, es todavía mayor y estuvo durante siglos siempre lleno de bacalao. Se creía que eran bancos inagotables. Sin embargo, se trataba, por supuesto, de cualquier otra cosa menos eso.

En 1960 se calculaba que el número de ejemplares de bacalao que desovaban en el Atlántico Norte había disminuido en 1,6 millones de toneladas. En 1990, la disminución había alcanzado la cantidad de 22.000 toneladas.[47] El bacalao se había extinguido a escala comercial. «Los pescadores —escribió Mark Kurlansky en su fascinante historia *El Bacalao*— habían capturado a todos.»[48] El bacalao puede haber perdido el Atlántico Occidental para siempre. En 1992 se paralizó por completo su pesca en Grand Bank, pero en el otoño del año 2002, según un informe de *Nature*, aún no se habían recuperado las reservas.[49] Kurlansky explica que el pescado de los filetes de pescado o de los palitos de pescado era en principio de bacalao, pero luego se sustituyó por el abadejo, más tarde por el salmón y últimamente por el polaquio del Pacífico. En la actualidad, comenta escuetamente: «Pescado es cualquier cosa que quede».[50]

Se puede decir en gran medida lo mismo de muchas otras especies marinas que se emplean en la alimentación. En los caladeros de Nueva

Inglaterra, de la costa de Rhode Island, solían pescarse en otros tiempos langostas que pesaban nueve kilos. A veces llegaban a pesar más de trece. Las langostas pueden vivir decenios si las dejan en paz (se cree que hasta setenta años) y nunca dejan de crecer. Ahora se capturan pocas langostas que pesen más de un kilo. «Los biólogos —según el *New York Times*— calculan que el 90 % de las langostas se pesca un año después de que alcance el tamaño mínimo legal, a los seis años aproximadamente.»[51] Pese a la disminución de las capturas, los pescadores de Nueva Inglaterra siguen obteniendo incentivos fiscales federales y estatales que los impulsan (en algunos casos casi los fuerzan) a adquirir embarcaciones mayores y a explotar el mar de forma más intensiva. Hoy día, los pescadores de Massachusetts sólo pueden pescar el repugnante ciclóstomo, para el que todavía existe un pequeño mercado en Extremo Oriente, pero ya empieza a escasear.

Tenemos un desconocimiento notorio de la dinámica que rige la vida en el mar. Mientras la vida marina es más pobre de lo que debería en zonas que han sido esquilmadas por la pesca abusiva, en algunas aguas pobres por naturaleza hay mucha más vida de la que debería haber. Los océanos australes, que rodean la Antártida, sólo producen aproximadamente el 3 % del fitoplancton del mundo, demasiado poco, da la impresión, para alimentar un ecosistema complejo; y, sin embargo, lo alimentan. Las focas cangrejeras no son una especie animal de la que hayamos oído hablar muchos de nosotros, pero pueden ser en realidad la especie de animales grandes que ocupa el segundo puesto por su número en la Tierra después de los seres humanos. En el hielo a la deriva que rodea el continente antártico puede que vivan hasta 15 millones de ellas.[52] Tal vez haya otros dos millones de focas de Weddell, al menos medio millón de pingüinos emperador y puede que hasta cuatro millones de pingüinos adelia. Así que la cadena alimentaria es de una inestabilidad desesperante, pero, de algún modo, funciona. Lo más notable del asunto es que no sabemos cómo.

Todo esto es un medio muy tortuoso de explicar que sabemos muy poco del mayor sistema terrestre. Pero, bueno, como veremos en las páginas que nos quedan, en cuanto se empieza a hablar de la vida, hay muchísimo que no sabemos... entre otras cosas, cómo se puso en marcha por primera vez.

LA APARICIÓN DE LA VIDA

En 1953, un estudiante graduado de la Universidad de Chicago, Stanley Miller, cogió dos matraces (uno que contenía un poco de agua para representar el océano primigenio; el otro con una mezcla de metano, amoniaco y sulfuro de hidrógeno en estado gaseoso, que representaba la primitiva atmósfera de la Tierra), los conectó con tubos de goma e introdujo unas chispas eléctricas como sustituto de los rayos. A los pocos días, el agua de los matraces se había puesto verde y amarilla y se había convertido en un sustancioso caldo de aminoácidos,[1] ácidos grasos, azúcares y otros compuestos orgánicos. «Si Dios no lo hizo de este modo —comentó encantado el supervisor de Miller, el premio Nobel Harold Urey—, desperdició una buena opción.»

La prensa de la época hizo que pareciese que lo único que hacía falta era que alguien diese un buen meneo a los matraces para que saliese arrastrándose de ellos la vida. El tiempo ha demostrado que el asunto no era tan simple. A pesar de medio siglo de estudios posteriores, no estamos más cerca hoy de sintetizar la vida que en 1953... Y estamos mucho más lejos de pensar que podemos hacerlo. Hoy los científicos están bastante seguros de que la atmósfera primitiva no se hallaba tan preparada para el desarrollo como el estofado gaseoso de Miller y Urey, que era una mezcla bastante menos reactiva de nitrógeno y dióxido de carbono. La repetición de los experimentos de Miller con estos aportes mucho más completos no ha producido hasta ahora más que un aminoácido bastante primitivo.[2] De todos modos, crear aminoácidos no es en realidad el problema. El problema son las proteínas.

Las proteínas son lo que obtienes cuando logras unir aminoácidos, y necesitamos muchísimas. Nadie lo sabe en realidad, pero puede haber hasta un millón de tipos de proteínas en el cuerpo humano[3] y cada una de ellas es un pequeño milagro. Según todas las leyes de la probabilidad, las proteínas no deberían existir. Para hacer una necesitas agrupar los aminoácidos (a los que estoy obligado por larga tradición a calificar aquí como «los ladrillos de la vida») en un orden determinado, de una forma muy parecida a como se agrupan las letras en un orden determinado para escribir una palabra. El problema es que las palabras del alfabeto de los aminoácidos suelen ser extraordinariamente largas. Para escribir *colágeno*, el nombre de un tipo frecuente de proteína, necesitas colocar en el orden correcto ocho letras. Para hacer colágeno, hay que colocar 1.055 aminoácidos exactamente en la secuencia correcta. Pero —y es una cuestión obvia pero crucial— no lo haces tú. Se hace solo, espontáneamente, sin dirección; y ahí es donde intervienen las improbabilidades.

Las posibilidades de que una molécula con una secuencia de 1.055 aminoácidos como el colágeno se autoorganice de una forma espontánea son claramente nulas. Sencillamente no sucederá. Para entender hasta qué punto es improbable su existencia, visualiza una máquina tragaperras normal de Las Vegas, pero muy ampliada (hasta los 27 metros, para ser exactos), de manera que quepan en ella 1.055 ruedecillas giratorias en vez de las tres o cuatro habituales, y con 20 símbolos en cada rueda (uno por cada aminoácido común).* ¿Cuánto tiempo tendrías que pasarte dándole a la manivela para que llegaran a aparecer en el orden correcto los 1.055 símbolos? Efectivamente, infinito. Aunque redujeses el número de ruedas giratorias a 200, que es en realidad un número más característico de aminoácidos para una proteína, las posibilidades en contra de que apareciesen las 200 en una secuencia prescrita son de 1 entre 10^{260} (es decir, un 1 seguido de 260 ceros).[4] Esta cifra es por sí sola mayor que el número de todos los átomos del universo.

Las proteínas son, en suma, entidades complejas. La hemoglobina sólo tiene 146 aminoácidos, una nadería para criterios proteínicos,[5] pero incluso ella presenta 10^{190} combinaciones posibles de aminoácidos, que son el motivo de que el químico de la Universidad de Cambridge, Max Perutz, tardase veintitrés años (más o menos una carrera profesional) en desentrañarlas. Que ciertos acontecimientos aleatorios produjesen incluso una sola proteína resultaría algo de asombrosa improbabilidad, comparable al hecho de que un torbellino que pase por un depósito de

---

* Existen, en realidad, 22 aminoácidos naturales conocidos en la Tierra. Y puede haber más esperando que los descubramos. Pero sólo son necesarios 20 para producirnos y para producir la mayoría de los demás seres vivos. El que hace el número 22, llamado pirrolisina, fue descubierto el año 2002 por los investigadores de la Universidad Estatal de Ohio. Sólo se encuentra en un tipo de arquea (forma de vida básica que analizaremos un poco más adelante) denominada *Methanosarcina barkeri. (N. del A.)*

chatarra dejase atrás un reactor Jumbo completamente montado, según el pintoresco símil del astrónomo Fred Hoyle.

Sin embargo, estamos hablando de cientos de miles de proteínas, tal vez un millón, únicas cada una de ellas y vitales, por lo que sabemos, cada una para el mantenimiento de un tú sólido y feliz. Y ahí empieza el asunto. Para que una proteína sea útil no sólo debe agrupar aminoácidos en el orden correcto, debe entregarse a una especie de papiroflexia química y plegarse de una forma muy específica. Incluso después de haber alcanzado esa complejidad estructural, una proteína no te servirá de nada si no puede reproducirse, y las proteínas no pueden hacerlo. Por eso necesitas ADN. El ADN es un hacha en lo de la reproducción (puede hacer una copia de sí mismo en cuestión de segundos),[6] pero no es capaz de hacer prácticamente nada más. Así que nos encontramos ante una situación paradójica. Las proteínas no pueden existir sin el ADN y el ADN no vale nada sin las proteínas. ¿Hemos de suponer, pues, que surgieron simultáneamente con el propósito de apoyarse entre sí? Si fue así: ¡puf!

Y hay más aún. El ADN, las proteínas y los demás elementos de la vida no podrían prosperar sin algún tipo de membrana que los contenga. Ningún átomo ni molécula ha alcanzado nunca vida independientemente. Desprende cualquier átomo de tu cuerpo y no estará más vivo que un grano de arena. Esos materiales diversos sólo pueden tomar parte en el asombroso baile que llamamos vida cuando se unen en el refugio alimentador de una célula. Sin la célula, no son más que sustancias químicas interesantes. Pero, sin las sustancias químicas, la célula carece también de propósito. Como dice Davies: «Si cada cosa necesita a todas las demás, ¿cómo pudo surgir en principio la comunidad de moléculas?».[7] Es como si los ingredientes de tu cocina se uniesen misteriosamente y se convirtiesen solos en una tarta... pero una tarta que además pudiera dividirse cuando hiciera falta para producir *más* tartas. No es raro que le llamemos milagro de la vida. Tampoco lo es que apenas hayamos empezado a comprenderlo.

¿Qué es, pues, lo que explica toda esta maravillosa complejidad? Bueno, una posibilidad es que quizá no sea del todo (no *del todo*) tan maravillosa como parece en principio. Consideremos esas proteínas tan asombrosamente inverosímiles. El prodigio que vemos en su agrupación se debe a que suponemos que aparecieron en escena plenamente formadas. Pero ¿y si las cadenas de proteínas no se agruparon de golpe? ¿Y si en la gran máquina tragaperras de la «creación» pudiesen pararse algunas ruedas, lo mismo que podría conservar un jugador un número de cerezas prometedoras? ¿Y si, dicho de otro modo, las proteínas no hubiesen brotado súbitamente a la existencia, sino que *hubiesen evolucionado*?

Imagínate que cogieses todos los elementos que componen a un ser humano (carbono, hidrógeno, oxígeno, etcétera) y los pusieses en un recipiente con un poco de agua, lo agitaras con fuerza y saliese una persona. Sería asombroso. Pues bien, eso es lo que vienen a decir Hoyle y otros (incluidos muchos ardorosos creacionistas) cuando afirman que las proteínas se formaron de pronto de forma espontánea. No es posible tal cosa... no pudo ser así. Como explica Richard Dawkins en *El relojero ciego*, tiene que haber habido algún tipo de proceso de selección acumulativo que permitió agruparse a los aminoácidos.[8] Tal vez se unieron dos o tres aminoácidos con algún objetivo simple y luego, al cabo de un tiempo, se tropezaron con otro pequeño grupo similar y, al hacerlo, «descubrieron» alguna mejora adicional.

Las reacciones químicas del tipo de las que se asocian con la vida son en realidad algo común y corriente. Tal vez no podamos prepararlas en un laboratorio como Stanley Miller y Harold Urey, pero el universo lo hace con bastante frecuencia. Muchas moléculas de la naturaleza se unen para formar largas cadenas denominadas polímeros.[9] Los azúcares se agrupan constantemente para formar almidones. Los cristales pueden hacer muchas cosas parecidas a la vida: reproducirse, reaccionar a los estímulos ambientales, adoptar una complejidad pautada... Nunca han alcanzado la vida misma, por supuesto, pero demuestran de forma insistente que la complejidad es un hecho natural, espontáneo y absolutamente fiable. Puede haber o no mucha vida en el universo en su conjunto, pero lo que falta es automontaje ordenado, en todas las cosas, desde la pasmosa simetría de los copos de nieve hasta los hermosos anillos de Saturno.

Tan poderosa es esta tendencia natural a la agrupación que muchos científicos creen que la vida puede ser más inevitable de lo que pensamos... que es, en palabras del bioquímico y premio Nobel belga Christian de Duve, «una manifestación obligatoria de la materia,[10] obligada a surgir siempre que se dan las condiciones apropiadas». De Duve consideraba probable que se diesen esas condiciones un millón de veces en cada galaxia.

Desde luego no hay nada demasiado exótico en las sustancias químicas que nos animan. Si quisieras crear otra criatura viva, ya sea una perca dorada, un cogollo de lechuga o un ser humano, sólo necesitarías cuatro elementos principales:[11] carbono, hidrógeno, oxígeno y nitrógeno, más pequeñas cantidades de algunos más, principalmente azufre, fósforo, calcio y hierro. Dispón esos elementos unidos en tres docenas de combinaciones o así para formar más azúcares, ácidos y otros compuestos básicos y podrás construir cualquier ser vivo. Como dice Dawkins: «Las sustancias de las que están hechas las cosas vivas no tienen nada de especial.[12] Las cosas vivas son colecciones de moléculas, como todo lo demás».

El balance final es que la vida es asombrosa y gratificante, tal vez hasta milagrosa, pero de ningún modo imposible... como atestiguamos una y otra vez con nuestra humilde existencia. Muchos de los pequeños detalles de los comienzos de la vida siguen siendo, claro, bastante imponderables. Todos los escenarios sobre los que hayas podido leer relacionados con las condiciones necesarias para la vida incluyen agua (desde el «cálido charquito» donde suponía Darwin que se inició la vida, a las burbujeantes chimeneas submarinas que son ahora las candidatas más probables para el inicio de la vida), pero aquí se pasa por alto el hecho de que, para convertir monómeros en polímeros (es decir, para empezar a crear proteínas), hace falta un tipo de reacción que se denomina en biología «enlaces de deshidratación». Como dice un destacado texto de esa disciplina, tal vez con sólo una leve sombra de desasosiego:[13] «Los investigadores coinciden en que esas reacciones no habrían sido energéticamente favorables en el mar primitivo, o en realidad en ningún medio acuoso, debido a la ley de acción de masas». Es algo muy parecido a echar azúcar en un vaso de agua y que se convierta en un cubo. No debería suceder, pero el hecho es que sucede en la naturaleza. Los procesos químicos concretos de todo esto son un poco crípticos para lo que nos proponemos aquí, pero basta con saber que, si humedeces monómeros, no se convierten en polímeros... salvo cuando crearon la vida en la Tierra. Cómo y por qué sucedió eso entonces y no sucedió otra cosa es uno de los grandes interrogantes de la biología.

Una de las mayores sorpresas de las ciencias de la Tierra en las décadas recientes fue precisamente el descubrimiento de cuándo surgió la vida en la historia de la Tierra. Todavía bien entrados los años cincuenta se creía que la vida tenía menos de 600 millones de años de antigüedad.[14] En la década de los setenta, unas cuantas almas intrépidas creían ya que tal vez se remontase a 2.500 millones de años. Pero la cifra actual de 3.850 millones de años sitúa el origen de la vida en un pasado de clamorosa antigüedad. La superficie de la Tierra no empezó a solidificarse hasta hace unos 3.900 millones de años.

«Sólo podemos deducir de esa rapidez que para las bacterias no es "difícil" evolucionar[15] en planetas que reúnan las condiciones adecuadas», opinaba Stephen Jay Gould en el *New York Times* en 1996. O, como él mismo decía en otro lugar, es difícil eludir la conclusión de que «la vida, al surgir tan pronto como podía hacerlo, estaba químicamente destinada a ser».[16]

La vida afloró tan deprisa, en realidad, que algunas autoridades en la materia piensan que tuvo que haber contado con alguna ayuda... tal vez bastante ayuda. La idea de que la vida terrestre pudiese haber llegado del espacio tiene una historia sorprendentemente larga e incluso distinguida en ocasiones. El gran lord Kelvin planteó la posibilidad, en 1871, en un congreso de la Asociación Británica para el Progreso de la Ciencia, cuando dijo que «los gérmenes de la vida pudo haberlos traído a la Tierra algún meteorito». Pero esto quedó como poco más que una idea marginal hasta que, un domingo de septiembre de 1969, una serie de explosiones sónicas y la visión de una bola de fuego cruzando el cielo de este a oeste sobresaltó a decenas de miles de australianos.[17] La bola de fuego hizo un extraño sonido chisporroteante al pasar y dejó tras ella un olor que a algunos les pareció como a alcohol metílico y otros se limitaron a calificar de espantoso.

La bola de fuego estalló encima de Murchison, una población de seiscientos habitantes situada en Goulburn Valley, al norte de Melbourne, y cayó en una lluvia de fragmentos, algunos de los cuales pesaban más de cinco kilos. Afortunadamente no hicieron daño a nadie. El meteorito era de un tipo raro, conocido como condrita carbonosa, y la gente del pueblo recogió y guardó diligentemente unos 90 kilos de él. El momento no podría haber sido más oportuno. Menos de dos meses antes, habían regresado a la Tierra astronautas del *Apolo 11* con un saco lleno de rocas lunares, así que los laboratorios del mundo se estaban preparando para recibir rocas de origen extraterrestre —estaban clamando, en realidad, por ellas.

Se descubrió que el meteorito de Murchison tenía 4.500 millones de años de antigüedad y estaba salpicado de aminoácidos, 74 tipos en total,[18] ocho de ellos involucrados en la formación de las proteínas terrestres. A finales de 2001, más de treinta años después de que cayese, el equipo del Centro de Investigación Ames de California comunicó que la roca de Murchison contenía también cadenas complejas de azúcares llamados poliolos, que no se habían encontrado antes fuera de la Tierra.

Desde 1960 se han cruzado en el camino de la Tierra unas cuantas condritas carbonosas más[19] (una que cayó cerca del lago Tagish en el Yukón canadiense en enero de 2000 resultó visible en grandes sectores de Norteamérica) y han confirmado asimismo que el universo es en realidad rico en compuestos orgánicos. Hoy se cree que un 25 % de las moléculas del cometa Halley son moléculas orgánicas. Si un número suficiente de ellas aterriza en un lugar apropiado (la Tierra, por ejemplo), tendrás los elementos básicos necesarios para la vida.

Hay dos problemas relacionados con las ideas de la panespermia, que es como se conocen las teorías del origen extraterrestre de la vida. El primero es que no aclara ninguno de los interrogantes relacionados con cómo surgió la vida; se limita a desplazar la responsabilidad del asunto a otro lugar. El otro es que la panespermia tiende a veces a provocar incluso en sus partidarios más respetables grados de especulación que pueden, sin duda alguna, calificarse de imprudentes. Francis Crick, codescubridor de la estructura del ADN, y su colega Leslie Orgel han postulado que la Tierra fue «deliberadamente sembrada con vida por alienígenas inteligentes», una idea que para Gribbin «se halla en el límite mismo de la respetabilidad científica»...[20] o, dicho de otro modo, una idea que se consideraría descabellada y lunática si no lo expusiese alguien galardonado con el premio Nobel. Fred Hoyle y su colega Chandra Wickramasinghe minaron aún más el entusiasmo por la panespermia sugiriendo, como se indicó en el capítulo 3, que el espacio exterior nos trajo no sólo vida sino también muchas enfermedades como la gripe y la peste bubónica, ideas que fueron fácilmente refutadas por los bioquímicos.

Fuese lo que fuese lo que impulsó a la vida a iniciar su andadura, sucedió sólo una vez. Éste es el hecho más extraordinario de la biología, tal vez el hecho más extraordinario que conocemos. Todo lo que ha vivido, planta o animal, tuvo su inicio a partir del mismo tirón primordial. En determinado punto de un pasado inconcebiblemente lejano, cierta bolsita de sustancias químicas se abrió paso hacia la vida. Absorbió algunos nutrientes, palpitó suavemente, tuvo una breve existencia. Todo eso pudo haber sucedido antes, tal vez muchas veces. Pero este paquete ancestral hizo algo adicional y extraordinario: se dividió y produjo un heredero. Una pequeña masa de material genético pasó de una entidad viva a otra, y nunca ha dejado de moverse desde entonces. Fue el momento de la creación para todos nosotros. Los biólogos le llaman a veces el Gran Nacimiento.

«Adonde quiera que vayas en el mundo, cualquier animal, planta, bicho o gota que veas[21] utilizará el mismo diccionario y conocerá el mismo código. Toda la vida es una», dice Matt Ridley. Somos todos el resultado de un solo truco genético transmitido de generación en generación a lo largo de casi 4.000 millones de años, hasta el punto de que puedes coger un fragmento de instrucción genética humana y añadirlo a una célula de levadura defectuosa, y la célula de levadura lo pondrá a trabajar como si fuera suyo. En un sentido muy real, es suyo.

El alba de la vida (o algo muy parecido) se halla en una estantería de la oficina de una geoquímica isotópica llamada Victoria Bennett, del edificio de Ciencias de la Tierra de la Universidad Nacional Australiana de

Camberra. La señora Bennett, que es estadounidense, llegó de California a esa universidad con un contrato de dos años en 1989 y lleva allí desde entonces. Cuando la visité, a finales de 2001, me pasó un trozo de roca no demasiado grande, compuesto de finas vetas alternadas de cuarzo blanco y un material verde grisáceo llamado clinopiroxeno. La roca procedía de la isla de Akilia, en Groenlandia, donde se encontraron rocas excepcionalmente antiguas en 1997. Las rocas tienen 3.850 millones de años y son los sedimentos marinos más antiguos que se han encontrado hasta el momento.

—No podemos estar seguros de que lo que tienes en la mano haya contenido alguna vez organismos vivos[22] porque, para saberlo, habría que pulverizarlo —me explicó Bennett—. Pero procede del mismo yacimiento donde se excavó el testimonio de vida más antiguo que se conoce, así que lo más probable es que hubiese vida en él.

Tampoco encontrarías microbios fosilizados, por mucho que buscases. Desgraciadamente, cualquier organismo simple hubiera desaparecido calcinado en los procesos que convirtieron el cieno del océano en piedra. Lo que veríamos, en lugar de eso, si machacásemos la piedra y examinásemos sus restos al microscopio, serían residuos químicos que pudiesen haber dejado atrás los organismos: isótopos de carbono y un tipo de fosfato llamado apatito, que proporcionan juntos un testimonio firme de que la roca contuvo en tiempos colonias de seres vivos.

—Sólo podríamos hacer conjeturas sobre el aspecto que pudo haber tenido el organismo —dijo Bennett—. Probablemente fuese todo lo elemental que puede serlo la vida... pero aun así era vida. Vivía. Se propagaba.

Y acabó conduciendo hasta nosotros.

Si te dedicas a rocas muy antiguas, y es indudable que la señora Bennett está dedicada a eso, hace mucho que la Universidad Nacional Australiana es un lugar excelente para trabajar. Eso se debe principalmente al ingenio de un hombre llamado Bill Compston, que ya está jubilado pero que, en la década de los setenta, construyó la primera microsonda iónica sensible de alta resolución, o SHRIMP (es decir, CAMARÓN), que es como se la conoce más afectuosamente por sus iniciales en inglés —Sensitive High Resolution Ion Micro Probe— de microsonido electrónico de alta resolución sensible al ión. Se trata de una máquina que mide la tasa de desintegración del uranio en unos pequeños minerales llamados zircones. Los zircones aparecen en la mayoría de las rocas, aunque no en los basaltos, y son extremadamente duraderos, ya que sobreviven a todos los procesos naturales salvo la subducción. La mayor parte de la corteza de la Tierra ha vuelto a deslizarse en el interior en algún momento, pero los geólogos, sólo esporádicamente (en Australia Occidental y en Groenlandia, por ejemplo) han encontrado afloramientos de rocas que hayan permanecido siempre en la superficie. La máquina de Compston permitió que se fecharan esas rocas con una precisión sin paralelo. El prototipo del SHRIMP se construyó y torneó en los propios talleres del Departamento de Ciencias de la Tierra, y parecía una cosa hecha con piezas sobrantes, pero funcionaba magníficamente. En su primera prueba oficial, en 1982, fechó la cosa más vieja que se había encontrado hasta entonces, una roca de Australia Occidental de 4.300 millones de años de antigüedad.

—Causó mucho revuelo en la época —me contó Bennett— encontrar tan deprisa algo tan importante con una nueva tecnología.

Me guió pasillo abajo para que viese el modelo actual, el SHRIMP II. Era un aparato de acero inoxidable grande y sólido, de unos 3,5 metros de largo por 1,5 metros de altura, y tan sólidamente construido como una sonda abisal. En una consola que había frente a él, y pendiente de las hileras de cifras en constante cambio de una pantalla, había un hombre llamado Bob, de la Universidad de Canterbury, Nueva Zelanda. Llevaba allí desde las cuatro de la mañana, me explicó. Eran ya las nueve y disponía de la máquina hasta el mediodía. SHRIMP II funciona las veinticuatro horas del día; son muchas las rocas que hay que fechar. Si preguntas a un par de geoquímicos cómo funciona un aparato así, empezará a hablarte de abundancias isotópicas y de niveles de ionización con un entusiasmo que resulta simpático pero insondable. El resumen de todo ello era, sin embargo, que la máquina es capaz, bombardeando una muestra de roca con corrientes de átomos cargados, de detectar diferencias sutiles en las cantidades de plomo y uranio de las muestras de zircón, pudiendo deducirse a través de ellas con exactitud la edad de las rocas. Bob me explicó que se tarda diecisiete minutos en analizar un zircón y que hay que analizar docenas en cada roca para conseguir una datación fiable. El proceso parece exigir en la práctica el mismo nivel de actividad dispersa, y aproximadamente el mismo estímulo, que un viaje a la lavandería. Pero Bob parecía muy feliz; claro que en Nueva Zelanda la gente suele parecerlo.

El Departamento de Ciencias de la Tierra era una extraña combinación, en parte oficina, en parte laboratorio, en parte depósito de maquinaria.

—Antes fabricábamos todo aquí —dijo—. Teníamos incluso un soplador de vidrio, pero se jubiló. De todos modos, aún tenemos dos machacadores de piedras a jornada completa.

Percibió mi expresión de leve sorpresa.

—Tenemos que analizar *muchísimas* piedras. Y hay que prepararlas con mucho cuidado. Tienes que asegurarte de que no hay ninguna contaminación de muestras anteriores... que no queda polvo ni nada. Es un proceso muy meticuloso.

Me enseñó las máquinas de triturar rocas, que eran realmente impolutas, aunque los trituradores parecían haberse ido a tomar un café. Al lado de las máquinas había grandes cajas que contenían piedras de todos los tamaños y las formas. Era verdad, sin duda, que analizaban muchísimas piedras en la Universidad Nacional Australiana.

Cuando volvimos al despacho de Bennett, después de nuestro recorrido me fijé en que había colgado en la pared un cartel que mostraba una interpretación pintorescamente imaginativa de la Tierra tal como podría haber sido hace 3.500 millones de años, justo cuando empezaba a iniciarse la vida, en el antiguo periodo conocido por la ciencia de la Tierra como Arcaico. En el cartel se veía un paisaje alienígena de volcanes inmensos y muy activos, así como un mar brumoso de color cobrizo bajo un cielo de un rojo chillón. En primer plano se veían los bajíos llenos de estromatolitos, una especie de roca bacteriana. No parecía un lugar muy prometedor para crear y sustentar vida. Le pregunté si la representación era veraz.

—Bueno, hay una escuela de pensamiento que sostiene que en realidad hacía frío entonces porque el Sol era mucho más débil. (Más tarde me enteré de que los biólogos, cuando se ponen jocosos, se refieren a esto como «el problema del restaurante chino»... porque teníamos un *dim sun*.*) Sin atmósfera, los rayos ultravioleta del Sol, incluso de un Sol débil, habrían tendido a descomponer cualquier enlace incipiente que estableciesen las moléculas. Y ahí tienes, sin embargo —digo señalando los estromatolitos—, organismos casi en la superficie. Es un rompecabezas.

—Así que no sabemos cómo era el mundo entonces...

—Mmmm —asintió cavilosamente.

—De todos modos, no parece muy propicio para la vida.

—Pero tuvo que haber —dijo con un cabeceo amistoso— algo que fuese propicio para la vida. Si no, no estaríamos aquí.

Para nosotros no habría sido un medio propicio, desde luego. Si tuvieses que salir de una máquina del tiempo en aquel antiguo mundo del periodo Arcaico, volverías a meterte corriendo en la máquina, porque no había más oxígeno para respirar en la Tierra del que hay hoy en Marte. Todo estaba lleno además de vapores nocivos de ácido clorhídrico y de ácido sulfúrico lo suficientemente potentes para corroer la ropa y quemar la piel.[23] No se habrían podido contemplar además las vistas limpias y luminosas que aparecían en el cartel del despacho de Victoria Bennett. El caldo químico que era la atmósfera entonces habría impedi-

---

* *Dim sun* es la transcripción aproximada de un aperitivo cantonés, que en chino significa «toca el corazón», pero que en inglés significa «Sol tenue». *(N. del T.)*

do que llegase mucha luz del Sol a la superficie de la Tierra. Lo poco que pudieses ver estaría brevemente iluminado por relumbrantes y frecuentes fogonazos de relámpagos. En resumen, era la Tierra, pero una Tierra que no identificaríamos como nuestra.

En el mundo del periodo Arcaico había pocos aniversarios y estaban muy espaciados. Durante 2.000 millones de años, las únicas formas de vida eran organismos bacterianos. Vivían, se reproducían, pululaban, pero no mostraban ninguna inclinación especial a pasar a otro nivel de existencia más interesante. En un momento determinado de los primeros 1.000 millones de años, las cianobacterias, o algas verdeazuladas, aprendieron a aprovechar un recurso al que había libre acceso: el hidrógeno que existe en el agua en abundancia espectacular. Absorbían moléculas de agua, se zampaban el hidrógeno y liberaban el oxígeno como desecho, inventando así la fotosíntesis. Como dicen Margulis y Sagan, la fotosíntesis es «indudablemente la innovación metabólica más importante de la historia de la vida en el planeta»...[24] y no la inventaron las plantas, sino las bacterias.

Al proliferar las cianobacterias, el mundo empezó a llenarse de O_2, para consternación de aquellos organismos para los que era venenoso... Que en aquellos tiempos eran todos. En un mundo anaeróbico (o que no utiliza oxígeno), el oxígeno es extremadamente venenoso. Nuestros glóbulos blancos usan, en realidad, el oxígeno para matar las bacterias invasoras.[25] Que el oxígeno sea fundamentalmente tóxico suele constituir una sorpresa para los que lo encontramos tan grato para nuestro bienestar, pero eso se debe únicamente a que hemos evolucionado para poder aprovecharlo. Para otros seres es aterrador. Es lo que vuelve rancia la manteca y cubre de herrumbre el hierro. Nosotros, incluso, podemos tolerarlo sólo hasta cierto punto. El nivel de oxígeno de nuestras células es sólo aproximadamente un décimo del que existe en la atmósfera.

Los nuevos organismos que utilizaban oxígeno tenían dos ventajas. El oxígeno era una forma más eficiente de producir energía y acababa además con organismos competidores. Algunos se retiraron al cenagoso mundo anaeróbico de pantanos y lechos de lagos. Otros hicieron lo mismo, pero más tarde (mucho más tarde) migraron a los tractos digestivos de seres como tú y como yo. Un buen número de estas entidades primigenias está vivo dentro de tu cuerpo en este momento, ayudando a la digestión de lo que comes, pero rechazando hasta el más leve soplo de O_2. Un número incontable más de ellas no consiguió adaptarse y pereció.

Las cianobacterias fueron un éxito fugitivo. Al principio, el oxígeno extra que produjeron no se acumuló en la atmósfera, sino que se combinó con hierro para formar óxidos férricos, que se hundieron hasta el fondo de los mares primitivos. Durante millones de años, el mundo literalmente se oxidó, un fenómeno del que son vívido testimonio los depósitos ribeteados de hierro que proporcionan hoy una parte tan importante del mineral de hierro. Durante muchas decenas de millones de años no sucedió mucho más que esto. Si retrocedieses ahora hasta aquel primitivo mundo del Proterozoico, no hallarías muchos signos prometedores en la Tierra para la vida futura. Tal vez encontrases de cuando en cuando una película de suciedad viva o una capa de marrones y verdes brillantes en rocas de la costa, pero por lo demás la vida se mantendría invisible.

Sin embargo, hace unos 3.500 millones de años se hizo patente algo más notorio.[26] Donde el mar era poco profundo empezaron a aparecer estructuras visibles. Cuando las cianobacterias pasaban por sus rutinas químicas se hacían un poquito pegajosas, y esa pegajosidad atrapaba micropartículas de polvo y arena que se unían para formar estructuras un poco extrañas pero sólidas (los estromatolitos representados en las aguas poco profundas del mar del cartel del despacho de Victoria Bennett). Los estromatolitos tenían diversas formas y tamaños. Parecían unas veces enormes coliflores, a veces colchones esponjosos (estromatolitos viene de la palabra griega que significa colchón); otras veces tenían forma de columnas, se elevaban decenas de metros por encima de la superficie del agua (llegaban a veces a los 100 metros). Eran en todas sus manifestaciones una especie de roca viviente y constituyeron la primera empresa cooperativa del mundo, viviendo algunas variedades justo en la superficie, y otras justo por debajo de ella, y aprovechando cada una las condiciones creadas por la otra. El mundo tuvo así su primer ecosistema.

Los científicos conocían los estromatolitos por formaciones fósiles, pero en 1961 se llevaron una auténtica sorpresa al descubrirse una comunidad de estromatolitos vivos en la bahía Shark, en la remota costa del noroeste de Australia. Fue un descubrimiento de lo más inesperado... tan inesperado, en realidad, que los científicos tardaron varios años en darse cuenta cabal de lo que habían encontrado. Hoy, sin embargo, la bahía Shark es una atracción turística... o lo es al menos en la medida en que puede llegar a ser una atracción turística un lugar que queda a cientos de kilómetros del resto del mundo y a docenas de kilómetros de algún sitio en el que se pueda estar. Se han construido paseos marítimos entarimados en la bahía para que los visitantes puedan caminar sobre el agua y contemplar a gusto los estromatolitos, que están allí respirando muy tranquilos bajo la superficie. Son grises y sin brillo y parecen, como he dicho ya en un libro anterior, boñigas muy grandes. Pero resulta curioso y turbador considerar que estás contemplando restos vivos de la Tierra tal como era hace 3.500 millones de años. Como ha dicho Richard

Fortey: «Esto es viajar de verdad en el tiempo[27] y, si el mundo estuviese conectado con sus auténticas maravillas, este espectáculo sería tan bien conocido como las pirámides de Gizeh». Aunque tú nunca lo dirías, esas rocas mates están llenas de vida: en cada metro cuadrado de roca se calcula que hay (es un cálculo estimativo, claro) 3.000 millones de organismos individuales. A veces, cuando miras detenidamente, llegas a ver pequeños anillos de burbujas que ascienden a la superficie que es el oxígeno del que se están deshaciendo. Estos minúsculos procesos elevaron el nivel de oxígeno en la atmósfera de la Tierra al 20 %, preparando el camino para el capítulo siguiente, y más complejo, de la historia de la vida.

Se ha llegado a decir que las cianobacterias de la bahía Shark tal vez sean los organismos de más lenta evolución de la Tierra,[28] y es indudable que se cuentan hoy entre los más raros. Después de preparar el camino para formas de vida más complejas, los devoraron borrándolos de la existencia precisamente esos organismos cuya existencia habían hecho ellos mismos posible. (Perviven en bahía Shark porque las aguas son demasiado saladas para las criaturas que se los comerían.)

Una razón de que la vida tardase tanto en hacerse compleja fue que el mundo tuvo que esperar a que los organismos más simples hubiesen oxigenado lo suficiente la atmósfera. «Los animales no podían reunir la energía suficiente para trabajar»,[29] como ha dicho Fortey. Hicieron falta unos dos mil millones de años, aproximadamente el 40 % de la historia de la Tierra, para que los niveles de oxígeno alcanzasen más o menos los niveles modernos de concentración en la atmósfera. Pero una vez dispuesto el escenario, y al parecer de forma completamente súbita, surgió un tipo de célula del todo nuevo... una célula que contenía un núcleo y otros cuerpos pequeños denominados colectivamente *organelos* (que significa en griego «instrumentitos»). Se cree que se inició el proceso cuando alguna bacteria equivocada o aventurera invadió otra o fue capturada por ella y resultó que eso les pareció bien a ambas. La bacteria cautiva se cree que se convirtió en una mitocondria. Esta invasión mitocóndrica (o acontecimiento endosimbiótico, como les gusta denominarlo a los biólogos) hizo posible la vida compleja. (Una invasión similar produjo en las plantas los cloroplastos, que las permiten fotosintetizar.)

Las mitocondrias manipulan el oxígeno de un modo que libera energía de los alimentos. Sin este ingenioso truco auxiliador, la vida en la Tierra no sería hoy más que un fango de simples microbios.[30] Las mitocondrias son muy pequeñas (podrías meter mil millones de ellas en el espacio que ocupa un grano de arena),[31] pero también muy voraces. Casi todos los nutrientes que absorbes son para alimentarlas.

No podríamos vivir dos minutos sin ellas, pero incluso después de mil millones de años las mitocondrias se comportan como si las cosas pudiesen no llegar a ir bien entre nosotros. Conservan su propio ADN, su ARN y sus ribosomas. Se reproducen a un ritmo diferente que sus células anfitrionas. Parecen bacterias, se dividen como bacterias y reaccionan a veces a los antibióticos como lo hacen las bacterias. Ni siquiera hablan el mismo lenguaje genético que la célula en la que viven. En suma, no han deshecho las maletas. Es como tener un extraño en tu casa, pero uno que llevase allí mil millones de años.

El nuevo tipo de células se conoce como eucariota (que significa «verdaderamente nucleadas»), a diferencia del viejo tipo, que se conocen como procariotas («prenucleadas»), y parecen haber llegado súbitamente al registro fósil. Las eucariotas más viejas que se conocen, llamadas *Grypania*, se descubrieron en sedimentos de hierro de Michigan en 1992. Esos fósiles sólo se han encontrado una vez y luego no se vuelve a tener noticia de ellos en 500 millones de años.[32]

La Tierra había dado su primer paso para convertirse en un planeta verdaderamente interesante. Las viejas células procariotas, comparadas con las nuevas eucariotas, eran poco más que «bolsas de sustancias químicas»,[33] por utilizar la expresión del geólogo inglés Stephen Drury. Las eucariotas eran mayores (llegarían a ser hasta 10.000 veces más grandes) que sus primas más sencillas, y podían contener hasta mil veces más ADN. De forma gradual, gracias a estos avances, la vida fue haciéndose más compleja y creó dos tipos de organismos: los que expelen oxígeno (como las plantas) y los que lo absorben (como los animales).

A los organismos eucariotas unicelulares se los llamó en tiempos protozoos («preanimales»), pero ese término se desechó progresivamente. Hoy el término común para designarlos es el de *protistas*. Comparadas con las bacterias, esas nuevas protistas eran unas maravillas de diseño y de refinamiento. La simple ameba, sólo una célula grande y sin más ambiciones que existir, contiene 400 millones de bites de información genética en su ADN... lo suficiente, según Carl Sagan, para llenar 80 libros de quinientas páginas.[34]

Al final, las células eucariotas aprendieron un truco aún más singular. Costó mucho tiempo (unos mil millones de años), pero estuvo muy bien cuando consiguieron dominarlo. Aprendieron a agruparse en seres pluricelulares complejos. Gracias a esta innovación fueron posibles entidades grandes, visibles y complejas como nosotros. El planeta Tierra estaba listo para pasar a su siguiente y ambiciosa fase.

Pero antes de que nos emocionemos demasiado con eso, es conveniente recordar que el mundo, como estamos a punto de ver, pertenece aún a «lo muy pequeño».

20

UN MUNDO PEQUEÑO

Puede que no sea una buena idea que uno se tome un interés demasiado personal por sus microbios. El gran químico y bacteriólogo francés Louis Pasteur llegó a interesarse tanto por los suyos que se dedicaba a examinar críticamente cada plato que le ponían delante con un cristal de aumento,[1] una costumbre que es de suponer que no le proporcionó muchas invitaciones repetidas a cenar.

No tiene ningún sentido, en realidad, que intentes esconderte de tus bacterias, ya que están siempre dentro de ti y a tu alrededor, en cantidades que te resultarían inconcebibles. Si gozas de buena salud y eres medianamente diligente respecto a la higiene, tendrás un rebaño de unos 1.000 billones de bacterias pastando en las llanuras de tu carne,[2] unas 100.000 por cada centímetro cuadrado de tu piel. Están ahí para zamparse los 10.000 millones o así de escamas de piel de las que te desprendes cada día, más todos los sabrosos aceites y los minerales fortalecedores que afloran de poros y fisuras. Eres para ellos el mejor bufé, con la ventaja añadida de calor y movilidad constante. Y ellas te dan para agradecértelo el «olor corporal».

Y ésas son sólo las bacterias que viven en la piel. Hay miles de billones más alojadas en el intestino y en los conductos nasales, aferradas a tu cabello y a tus pestañas, nadando por la superficie de tus ojos, taladrando el esmalte de dientes y muelas. El sistema digestivo alberga él solo más de 100.000 billones de microbios, de 400 tipos como mínimo.[3] Unas bacterias se dedican a los azúcares, otras a los almidones, las hay que atacan a otras bacterias... Un número sorprendente de ellas, como las ubicuas espiroquetas intestinales, no tienen absolutamente ninguna función apreciable.[4] Parece que les gusta simplemente estar contigo. El cuerpo humano consta de unos 10.000 trillones de células, pero alberga unos 100.000 trillones de células bacterianas.[5] Son, en suma, una gran parte de nosotros. Desde el punto de vista de las bacterias, claro, nosotros somos una parte bastante pequeña de ellas.

Como los humanos somos lo suficientemente grandes y listos para fabricar y utilizar antibióticos y desinfectantes, es fácil que nos creamos de que hemos arrinconado ya a las bacterias en los márgenes de la existencia. No lo creas. Puede que las bacterias no sean capaces de construir ciudades y que no tengan una vida social interesante, pero estarán aquí cuando estalle el Sol. Éste es su planeta, y nosotros estamos en él sólo porque ellas nos permiten estar.

Las bacterias, nunca lo olvides, se pasaron miles de millones de años sin nosotros. Sin ellas no podríamos sobrevivir un solo día.[6] Procesan nuestros desechos y hacen que vuelvan a ser utilizables; sin su diligente mordisqueo nada se pudriría. Purifican nuestra agua y mantienen productivos nuestros suelos. Sintetizan vitaminas en nuestros intestinos, convierten las cosas que comemos en azúcares y polisacáridos útiles y hacen la guerra a los microbios foráneos que se nos cuelan por la garganta.

Dependemos totalmente de las bacterias para obtener nitrógeno del aire y convertirlo en nucleótidos y aminoácidos útiles para nosotros. Es una hazaña prodigiosa y gratificante. Como dicen Margulis y Sagan, para hacer lo mismo industrialmente (como cuando se fabrican fertilizantes) hay que calentar las materias primas hasta los 500 °C centígrados y someterlas a presiones trescientas veces superiores a las normales. Las bacterias hacen lo mismo continuamente sin ningún problema, y menos mal que lo hacen, porque ningún organismo mayor podría sobrevivir sin el nitrógeno que le pasan. Y sobre todo los microbios siguen proporcionándonos el aire que respiramos y manteniendo estable la atmósfera. Los microbios, incluidas las versiones modernas de cianobacterias, suministran la mayor parte del oxígeno respirable del planeta. Las algas y otros pequeños organismos que burbujean en el mar aportan unos 150.000 millones de kilos al año.[7]

Y son asombrosamente prolíficas. Las más frenéticas de ellas pueden producir una nueva generación en menos de diez minutos; *Clostridium perfringens*, el pequeño y desagradable organismo que causa la gangrena, puede reproducirse en nueve minutos[8] y luego empieza inmediatamente a reproducirse otra vez. A ese ritmo, una sola bacteria podría producir en teoría más vástagos en dos días que protones hay en el universo.[9] «Si se da un suministro adecuado de nutrientes, una sola célula bacteriana puede generar 280 billones de individuos en un solo día»,[10] según el bioquímico y premio Nobel belga Christian de Duve. En el mismo periodo, una célula humana no conseguiría efectuar más que una división.

Aproximadamente una vez por cada millón de divisiones, producen un mutante. Eso significa mala suerte para el mutante —el cambio siempre es arriesgado para un organismo—, pero de cuando en cuando la nueva bacteria está dotada de alguna ventaja accidental, como, por ejemplo, la habilidad para eludir o rechazar el ataque de un antibiótico. Esta capacidad de evolucionar rápidamente va acompañada de otra ventaja aún más temible. Las bacterias comparten información. Cada una de ellas puede tomar piezas del código genético de cualquier otra. En el fondo, como han dicho Margulis y Sagan, todas las bacterias nadan en una sola charca genética.[11] Cualquier cambio adaptativo que se produzca en un sector del universo bacteriano puede transmitirse a cualquier otro. Es como si un ser humano pudiese acudir a un insecto para obtener el material genético necesario para generar alas o poder andar por el techo. Significa que, desde un punto de vista genético, las bacterias se han convertido en un solo supraorganismo... pequeño, disperso, pero invencible.

Vivirán y prosperarán con casi cualquier cosa que derrames, babees o te sacudas de encima. Basta que les proporciones un poco de humedad (como cuando pasas un paño húmedo por un mostrador) y brotarán como surgidas de la nada. Comerán madera, la cola del empapelado, los metales de la pintura endurecida... Científicos de Australia encontraron microbios conocidos como *Thiobacillus concretivorans*[12] que vivían —en realidad no podían vivir sin— en concentraciones de ácido sulfúrico lo suficientemente fuertes para disolver metal. Se descubrió que una especie llamada *Micrococcus radiophilus* vivía muy feliz en los tanques de residuos de los reactores nucleares, atracándose de plutonio y cualquier otra cosa que hubiese allí. Algunas bacterias descomponen materiales químicos de los que no obtienen beneficio alguno, que sepamos.[13]

Se las ha encontrado viviendo en géiseres de lodo hirviente y en lagos de sosa cáustica, en el interior profundo de rocas, en el fondo del mar, en charcos ocultos de agua helada de los McMurdo Dry Valleys de la Antártida y a 11 kilómetros de profundidad en el océano Pacífico, donde las presiones son más de mil veces mayores que en la superficie, o el equivalente a soportar el peso de 50 reactores Jumbo. Algunas de ellas parecen ser prácticamente indestructibles. Según *The Economist*, la *Deinococcus radiodurans* es «casi inmune a la radiactividad». Destruye con radiación su ADN y las piezas volverán a recomponerse inmediatamente «como los miembros desgarbados de un muerto viviente de una película de terror».[14]

La supervivencia más extraordinaria, de la cual por el momento tenemos constancia, tal vez sea la de una bacteria, *Streptococcus,* que se recuperó de las lentes aisladas de una cámara que había permanecido dos años en la Luna.[15] Hay, en suma, pocos entornos en los que las bacterias no estén dispuestas a vivir. «Están descubriendo ahora que cuando introducen sondas en chimeneas oceánicas tan calientes que las sondas empiezan realmente a fundirse, hay bacterias incluso allí», me contó Victoria Bennett.

En la década de 1920 dos científicos de la Universidad de Chicago comunicaron que habían aislado cepas de bacterias de los pozos de petróleo, que habían estado viviendo a 600 metros de profundidad. Se rechazó la idea como básicamente ridícula (no había nada que pudiese seguir vivo a 600 metros de profundidad) y, durante sesenta años, se consideró que las muestras habían sido contaminadas con microbios de la superficie. Hoy sabemos que hay un montón de microbios que viven en las profundidades de la Tierra, muchos de los cuales no tienen absolutamente nada que ver con el mundo orgánico convencional. Comen rocas, o más bien el material que hay en las rocas (hierro, azufre, manganeso, etcétera). Y respiran también cosas extrañas (hierro, cromo, cobalto, incluso uranio). Esos procesos puede que cooperen en la concentración de oro, cobre y otros metales preciosos, y puede que en la formación de yacimientos de petróleo y de gas natural. Se ha hablado incluso de que sus incansables mordisqueos hayan podido crear la corteza terrestre.[16]

Algunos científicos piensan ahora que podría haber hasta 100.000 billones de toneladas de bacterias viviendo bajo nuestros pies, en lo que se conoce como ecosistemas microbianos litoautótrofos subterráneos. Thomas Gold, de la Universidad de Cornell, ha calculado que si cogieses todas las bacterias del interior de la Tierra y las vertieses en la superficie, cubrirían el planeta hasta una altura de 15 metros,[17] la altura de un edificio de cuatro plantas. Si los cálculos son correctos, podría haber más vida bajo la tierra que encima de ella.

En zonas profundas, los microbios disminuyen de tamaño y se vuelven extremadamente lentos e inactivos. El más dinámico de ellos puede dividirse no más de una vez por siglo,[18] algunos puede que sólo de una vez en quinientos años. Como ha dicho The Economist: «La clave para una larga vida es, al parecer, no hacer demasiado».[19] Cuando las cosas se ponen realmente feas, las bacterias están dispuestas a cerrar todos los sistemas y esperar que lleguen tiempos mejores. En 1997, los científicos consiguieron activar unas esporas de ántrax que habían permanecido aletargadas ochenta años en la vitrina de un museo de Trondheim, Noruega. Otros microorganismos han vuelto a la vida después de ser liberados de una lata de carne de 118 años de antigüedad o de una botella de cerveza de 166 años.[20] En 1996, científicos de la Academia Rusa de la Ciencia afirmaron haber revivido bacterias que habían permanecido congeladas en el permafrost siberiano tres millones de años.[21] Pero el récord lo ostenta, por el momento, la bacteria que Russell Vreeland y unos colegas suyos de la Universidad de West Chester, Pensilvania,[22] comunicaron que habían resucitado, una bacteria de 250 millones de años de antigüedad, *Bacillus permians*, que había quedado atrapada en unos yacimientos de sal a 600 metros de profundidad en Carlsbad, Nuevo México. Si es así, ese microbio es más viejo que los continentes.

La noticia se acogió con un comprensible escepticismo. Muchos bioquímicos consideraron que, en ese lapso de tiempo, los componentes del microbio se habrían degradado hasta el punto de resultar ya inservibles a menos que la bacteria se desperezase de cuando en cuando. Pero, si la bacteria se despertaba de cuando en cuando, no había ninguna fuente interna plausible de energía que pudiese haber durado tanto tiempo. Los científicos más escépticos sugirieron que la muestra podía haberse contaminado,[23] si no durante la extracción sí mientras estaba aún enterrada. En 2001 un equipo de la Universidad de Tel Aviv aseguró que *Bacillus permians* era casi idéntico a una cepa de bacterias modernas, *Bacillus marismortui*, halladas en el mar Muerto. Sólo diferían dos de sus secuencias genéticas, y sólo ligeramente.

«¿Debemos creer —escribieron los investigadores israelíes— que, en 250 millones de años, *Bacillus permians* ha acumulado la misma cantidad de diferencias genéticas que podrían conseguirse en sólo un plazo de tres a siete días en el laboratorio?» Vreeland sugirió como respuesta que «las bacterias evolucionan más deprisa en el laboratorio que en libertad».

Puede ser.

Un hecho notable es que bien entrada la era espacial, la mayoría de los libros de texto aún dividía el mundo de lo vivo en sólo dos categorías: planta y animal. Los microorganismos apenas aparecían. Las amebas y otros organismos unicelulares similares se trataban como protoanimales y, las algas, protoplantas. Las bacterias solían agruparse también con las plantas,[24] aunque todo el mundo supiese que ése no era su sitio. El naturalista alemán Ernst Haeckel había sugerido a finales del siglo XIX que las bacterias merecían figurar en un reino aparte, que él denominó mónera, pero la idea no empezó a cuajar entre los biólogos hasta los años sesenta e incluso entonces sólo entre algunos de ellos. (He de añadir que mi leal diccionario de mesa *American Heritage* de 1969 no incluye el término.)

Muchos organismos del mundo visible tampoco acababan de ajustarse bien a la división tradicional. Los hongos (el grupo que incluye setas, mohos, mildius, levaduras y bejines) se trataban casi siempre como objetos botánicos, aunque en realidad casi nada de ellos (cómo se reproducen y respiran, cómo se forman...) se corresponda con el mundo de las plantas. Estructuralmente tienen más en común con los animales porque construyen sus células con quitina, un material que les proporciona su textura característica. Esa sustancia es la misma que se utiliza para hacer los caparazones de los insectos y las garras de los mamíferos, aunque no resulte tan gustosa ni en un escarabajo ciervo como en un hongo de Portobello. Sobre todo, a diferencia de todas las plantas, los hongos no fotosintetizan, por lo que no tienen clorofila y no son verdes. En vez de eso, crecen directamente sobre su fuente de alimentación, que puede ser casi cualquier cosa. Los hongos son capaces de comer el azufre de una pared de hormigón o la materia en descomposición que hay entre los dedos de tus pies... dos cosas que ninguna planta hará. Casi la única característica que comparten con las plantas es que tienen raíz.

Aún era más difícil de categorizar ese grupo peculiar de organismos oficialmente llamados mixomicetos, pero conocidos más comúnmente como mohos del limo. El nombre tiene mucho que ver sin duda con su oscuridad. Una denominación que resultase un poco más dinámica («protoplasma ambulante autoactivado», por ejemplo) y menos parecida al material que encuentras cuando penetras hondo en un desagüe atascado, habría otorgado casi seguro a estas entidades extraordinarias una cuota más inmediata de la atención que se merecen, porque los mohos del limo son, no nos confundamos, uno de los organismos más interesantes de la naturaleza. En los buenos tiempos, existen como individuos unicelulares, de forma muy parecida a las amebas. Pero cuando se ponen mal las cosas, se arrastran hasta un punto central de reunión y se convierten, casi milagrosamente, en una babosa. La babosa no es una cosa bella y no llega demasiado lejos (en general desde el fondo de un lecho de hojas a la parte superior, donde se encuentra en una posición un poco más expuesta), pero durante millones de años ése puede muy bien haber sido el truco más ingenioso del universo.

Y no para ahí la cosa. Después de haberse aupado a un emplazamiento más favorable, el moho del limo se transforma una vez más, adoptando la forma de una planta. Por algún curioso proceso regulado, las células se reconfiguran, como los miembros de una pequeña banda de música en marcha, para hacer un tallo encima del cual se forma un bulbo conocido como cuerpo frugífero. Dentro del cuerpo frugífero hay millones de esporas que, en el momento adecuado, se desprenden para que el viento se las lleve y se conviertan en organismos unicelulares que puedan volver a iniciar el proceso.

Los mohos del limo fueron considerados durante años protozoos por los zoólogos y hongos por los micólogos, aunque la mayoría de la gente se daba cuenta de que no pertenecían en realidad a ningún lugar. Cuando llegaron los análisis genéticos, la gente de los laboratorios descubrió sorprendida que los mohos del limo eran tan distintivos y peculiares que no estaban directamente relacionados con ninguna otra cosa de la naturaleza y, a veces, ni siquiera entre ellos. En un intento de poner un poco de orden en las crecientes impropiedades de clasificación,[25] un ecologista de Cornell llamado R. H. Whittaker expuso en la revista *Science* una propuesta para dividir la vida en cinco ramas principales (se llaman reinos) denominadas animales, plantas, hongos, protistas y móneras. Protistas era una modificación de un término anterior, *protoctista*, que había propuesto John Hogg, y pretendía describir los organismos que no eran ni planta ni animal.

Aunque el nuevo esquema de Whittaker era una gran mejora, las protistas permanecieron mal definidas. Algunos taxonomistas reservaron el término para organismos unicelulares grandes (los eucariotas), pero otros lo consideraron una especie de cajón de sastre de la biología, incluyendo en él todo lo que no encajaba en ningún otro sitio. Incluía —dependiendo del texto que consultases— mohos del limo, amebas e incluso algas, entre otras muchas cosas. Según una estimación incluía un total de hasta 200.000 especies diferentes de organismos.[26] Un cajón de sastre verdaderamente grande.

Irónicamente, justo cuando esta clasificación de cinco reinos de Whittaker estaba empezando a abrirse camino en los libros de texto, un despreocupado profesor de la Universidad de Illinois estaba abriéndoselo a su vez a un descubrimiento que lo cambiaría todo. Se llamaba Carl Woese y, desde mediados de los años sesenta (o más o menos todo lo pronto que era posible hacerlo), había estado estudiando tranquilamente secuencias genéticas de bacterias. En aquel primer periodo se trataba de un proceso extraordinariamente laborioso. Trabajar con una sola bacteria podía muy bien significar un año. Por entonces, según Woese, sólo se conocían unas 500 especies de bacterias,[27] que es menos que el número de especies que tienes en la boca. Hoy el número es unas diez veces más, aunque no se aproxime ni mucho menos a las 26.900 especies de algas, las 70.000 de hongos y las 30.800 de amebas y organismos relacionados cuyas biografías llenan los anales de la biología.

No es simple indiferencia lo que mantiene el total bajo. Las bacterias suelen ser exasperantemente difíciles de aislar y de estudiar. Sólo alrededor de un 1 % crecerá en cultivo.[28] Considerando que son adaptables hasta la desmesura en la naturaleza, es un hecho extraño que el único lugar donde parecen no querer vivir sea en una placa de cultivo. Échalas en un lecho de agar, mímalas cuanto quieras y la mayoría de ellas se limitará a quedarse tumbada allí, rechazando cualquier incentivo para crecer. La bacteria que prospere en un laboratorio es por definición excepcional y, sin embargo, eran bacterias, casi exclusivamente, los organismos que estudiaban los microbiólogos. Era, decía Woese, como «aprender sobre los animales visitando zoos».[29]

Pero los genes permitieron a Woese aproximarse a los microorganismos desde otro ángulo. Y se dio cuenta, mientras trabajaba, de que había más divisiones fundamentales en el mundo microbiano de las que nadie sospechaba. Muchos de los organismos que parecían bacterias y se comportaban como bacterias eran, en realidad, algo completamente distinto... algo que se había ramificado de las bacterias hacía muchísimo tiempo. Woese llamó a esos organismos arqueobacterias, término que se abrevió más tarde en arqueas.

Hay que decir que los atributos que diferencian a las arqueas de las bacterias no son del género de los que aceleran el pulso de alguien que no sea un biólogo. Son principalmente diferencias en sus lípidos y la ausencia de una cosa llamada peptidoglicano. Pero, en la práctica, la diferencia es enorme. Hay más diferencia entre las arqueas y las bacterias que la que hay entre tú y yo y un cangrejo o una araña. Woese había descubierto él solo una división insospechada de la vida, tan fundamental que se alzaba por encima del nivel de reino en la cúspide del Árbol Universal de la Vida, como se le conoce un tanto reverencialmente.

En 1976, Woese sobresaltó al mundo —o al menos al trocito de él que estaba prestando atención— reelaborando el Árbol Universal de la Vida para incorporar no cinco divisiones principales sino 23. Las agrupó en tres nuevas categorías principales (bacterias, arqueas y eucarias), que él llamó dominios. La nueva ordenación era la siguiente:

Bacterias: cianobacterias, bacterias púrpuras, bacterias grampositivas, bacterias verdes no sulfurosas, flavobacterias y termotogales.
Arqueas: arqueanos halofílicos, metanosarcinas, metanobacterio, metanococo, termocéler, termoproteo y pirodictio.
Eucarias: diplomadas, microsporidias, tricomónadas, flagelados, entamebas, mohos del limo, ciliados, plantas, hongos y animales.

Las nuevas divisiones de Woese no conquistaron inmediatamente el mundo biológico. Algunos desdeñaron su sistema considerando que daba una importancia excesiva a lo microbiano. Muchos se limitaron a ignorarlo. Woese, según Frances Ashcroft, «se sintió amargamente decepcionado».[30] Pero, poco a poco, empezó a asentarse entre los microbiólogos su nuevo esquema. Los botánicos y los zoólogos tardaron mucho más en apreciar sus virtudes. No es difícil ver por qué. En el modelo de Woese, los mundos de la botánica y de la zoología quedan relegados a unas pocas rami-

tas del extremo exterior de la rama eucariana. Todo lo demás corresponde a los seres unicelulares.

«A esa gente la educaron para clasificar de acuerdo con grandes diferencias y similitudes morfológicas —explicó Woese a un entrevistador
en 1996—. La idea de hacerlo de acuerdo con la secuencia molecular es
algo que les resulta un poco difícil de asimilar a muchos de ellos.»

En suma, si no podían ver una diferencia con sus propios ojos, no les
gustaba. De modo que siguieron fieles a la división más convencional en
cinco reinos... una ordenación que Woese calificó de «no muy útil» en sus
momentos de mayor moderación y «claramente engañosa» la mayor parte
del resto del tiempo. «La biología, como la física antes que ella —escribió—, ha pasado a un nivel en que los objetos de interés y sus interacciones
no pueden a menudo apreciarse por observación directa.»[31]

En 1998, el veterano y gran zoólogo de Harvard, Ernst Mayr (que
tenía por entonces noventa y cuatro años y que, en el momento en que
escribo esto, se acerca a los cien y aún sigue estando fuerte), agitó todavía
más el caldero declarando que no debía haber más que dos divisiones
principales de la vida, a las que llamó «imperios». En un artículo publicado en *Proceedings of the National Academy of Sciences*, Mayr decía
que los descubrimientos de Woese eran interesantes pero engañosos en
último término, comentando que «Woese no tiene formación como biólogo y no está familiarizado, como es natural, con los principios de la
clasificación»,[32] que es quizá lo más que un científico distinguido se puede aproximar a decir de otro que no sabe de lo que está hablando.

Los detalles de las críticas de Mayr son sumamente técnicos (se refieren
a temas de sexualidad meiótica, clasificación henniniana e interpretaciones discrepantes del genoma de *Methanobacterium thermoautrophicum*,
entre muchísimas cosas más), pero lo que alega es básicamente que la clasificación de Woese desequilibra el Árbol Universal de la Vida. El reino
bacteriano, dice Mayr, consta de sólo unos cuantos miles de especies mientras que el arqueano no tiene más que 175 especímenes denominados, con
tal vez unos cuantos miles más por descubrir... pero «difícilmente más que
eso». Sin embargo, el reino eucariota (es decir, los organismos complejos
con células nucleadas, como nosotros) cuenta ya con millones de especies.
Mayr, en pro de «el principio de equilibrio», se muestra partidario de agrupar los sencillos organismos bacterianos en una sola categoría, procariotas,
situando los organismos más complejos y «altamente evolucionados» restantes en el imperio eucariota, que se situaría a su lado como un igual.
Dicho de otro modo, es partidario de mantener las cosas en gran medida
como estaban antes. En esta división entre células simples y células complejas «es donde reside la gran diferenciación en el mundo de lo vivo».

Si la nueva clasificación de Woese nos enseña algo es que la vida es realmente diversa y que la mayor parte de su variedad es pequeña, unicelular y extraña. Constituye un impulso humano natural concebir la evolución como una larga cadena de mejoras, un avance interminable hacia el mayor tamaño y la complejidad... en una palabra, hacia nosotros. Nos halagamos a nosotros mismos. La mayor parte de la auténtica diversidad en la evolución ha sido de pequeña escala. Nosotros, las cosas grandes, sólo somos casualidades... una rama lateral interesante. De las 23 divisiones principales de la vida, sólo tres (plantas, animales y hongos) son lo suficientemente grandes para que puedan verlas ojos humanos[33] y hasta ellas incluyen especies que son microscópicas. De hecho, según Woese, si sumases toda la biomasa del planeta (todos los seres vivos, plantas incluidas), los microbios constituirían como mínimo el 80 % de todo lo que hay,[34] puede que más. El mundo pertenece a lo muy pequeño... y ha sido así durante muchísimo tiempo.

¿Por qué, entonces, tienes que preguntarte en algún momento de tu vida, quieren tan a menudo hacernos daño los microbios? ¿Qué posible satisfacción podría haber para un microbio en hacernos tener fiebre o escalofríos, desfigurarnos con llagas o sobre todo en matarnos? Después de todo, un anfitrión muerto difícilmente va a poder seguir brindando mucha hospitalidad.

En primer lugar, conviene recordar que casi todos los microorganismos son neutrales o incluso beneficiosos para el bienestar humano. El organismo más devastadoramente infeccioso de la Tierra, una bacteria llamada *Wolbachia*,[35] no hace absolutamente ningún daño a los humanos (ni, en realidad, a ningún otro vertebrado), pero, si fueses una gamba, un gusano o una mosca de la fruta, podría hacerte desear no haber nacido. En total, sólo aproximadamente un microbio de cada mil es patógeno para los humanos,[36] según *National Geographic*... aunque, sabiendo lo que algunos de ellos pueden hacer, se nos podría perdonar que pensásemos que eso ya es bastante. Y aunque la mayoría de ellos sean benignos, los microbios son aún el asesino número tres del mundo occidental...[37] e incluso algunos que no nos matan nos hacen lamentar profundamente su existencia.

Hacer que un anfitrión se sienta mal tiene ciertos beneficios para el microbio. Los síntomas de una enfermedad suelen ayudar a propagarla. El vómito, el estornudo y la diarrea son métodos excelentes para salir de un anfitrión y disponerse a entrar en otro. La estrategia más eficaz de todas es solicitar la ayuda de un tercero móvil. A los organismos infecciosos les encantan los mosquitos porque su picadura los introduce directamente en un torrente sanguíneo en el que pueden ponerse inmediatamente a trabajar, antes de que los mecanismos de defensa de la víctima puedan darse cuenta de qué les ha atacado. Ésa es la razón de que tantas enfermedades de grado A (malaria, fiebre amarilla, dengue, encefalitis y un centenar o así de enfermedades menos célebres, pero con frecuencia muy voraces) empiecen con una picadura de mosquito. Es una casualidad afortunada para nosotros que el VIH (virus de la inmunodeficiencia humana), el agente del sida, no figure entre ellos... o aún no, por lo menos. Cualquier VIH que pueda absorber el mosquito en sus viajes lo disuelve su propio metabolismo. Si llega el día en que el virus supere esto mediante una mutación, puede que tengamos problemas muy graves.

Pero es un error considerar el asunto demasiado meticulosamente desde una posición lógica, porque es evidente que los microorganismos no son entidades calculadoras. A ellos no les preocupa lo que te hacen más de lo que te puede preocupar a ti liquidarlos a millones cuando te enjabonas y te duchas o cuando te aplicas un desodorante. La única ocasión en que tu bienestar continuado es importante para un patógeno es cuando te mata demasiado bien. Si te eliminan antes de que puedan mudarse, es muy posible que mueran contigo. La historia, explica Jared Diamond, está llena de enfermedades que «causaron en tiempos terribles epidemias y luego desaparecieron tan misteriosamente como habían llegado».[38] Cita, por ejemplo, la enfermedad de los sudores inglesa, potente pero por suerte pasajera, que asoló el país de 1485 a 1552, matando a decenas de miles a su paso y despareciendo luego completamente. La eficacia excesiva no es una buena cualidad para los organismos infecciosos.

Muchas enfermedades surgen no por lo que el organismo infeccioso te ha hecho a ti sino por lo que tu cuerpo está intentando hacerle a él. El sistema inmune, en su intento de librar el cuerpo de patógenos, destruye en ocasiones células o daña tejidos críticos, de manera que muchas veces que te encuentras mal se debe a las reacciones de tu propio sistema inmune y no a los patógenos. En realidad, ponerse enfermo es una reacción razonable a la infección. Los que están enfermos se recluyen en la cama y pasan a ser así una amenaza menor para el resto de la comunidad.

Como hay tantas cosas ahí fuera con capacidad para hacerte daño, tu cuerpo tiene un montón de variedades diferentes de leucocitos defensivos, unos diez millones de tipos en total, diseñado cada uno de ellos para identificar y destruir un tipo determinado de invasor. Sería de una ineficacia inadmisible mantener diez millones de ejércitos permanentes distintos, así que cada variedad de leucocito sólo mantiene unos cuantos exploradores en el servicio activo. Cuando invade un agente infeccioso (lo que se conoce como un antígeno), los vigías correspondientes identifican al atacante y piden refuerzos del tipo adecuado. Mientras tu organismo está fabricando esas fuerzas, es probable que te sientas maltrecho. La recuperación se inicia cuando las tropas entran por fin en acción.

Los leucocitos son implacables y atrapan y matan a todos los patógenos que puedan encontrar. Los atacantes, para evitar la extinción, han ideado dos estrategias elementales. Bien atacan rápidamente y se trasladan a un nuevo anfitrión, como ocurre con enfermedades infecciosas comunes como la gripe, o bien se disfrazan para que los leucocitos no las localicen, como en el caso del VIH, el virus responsable del sida, que puede mantenerse en los núcleos de las células durante años sin causar daño ni hacerse notar antes de entrar en acción.

Uno de los aspectos más extraños de la infección es que microbios, que normalmente no hacen ningún daño, se introducen a veces en partes impropias del cuerpo y «se vuelven como locos», en palabras del doctor Bryan Marsh, un especialista en enfermedades infecciosas del Centro Médico Dartmouth-Hitchcock de Lebanon, New Hampshire. «Pasa continuamente con los accidentes de tráfico, cuando la gente sufre lesiones internas. Microbios que en general son benignos en el intestino entran en otras partes del cuerpo (el torrente sanguíneo, por ejemplo) y organizan un desastre terrible.»

El trastorno bacteriano más temible y más incontrolable del momento es una enfermedad llamada fascitis necrotizante, en la que las bacterias se comen básicamente a la víctima de dentro a fuera,[39] devorando tejido interno y dejando atrás como residuo una pulpa tóxica. Los pacientes suelen ingresar con males relativamente leves (sarpullido y fiebre, son característicos) pero experimentan luego un deterioro espectacular. Cuando se les abre suele descubrirse que lo que les pasa es sencillamente que están siendo consumidos. El único tratamiento es lo que se llama «cirugía extirpatoria radical», es decir, extraer en su totalidad la zona infectada. Fallecen el 70 % de las víctimas; muchos de los que se salvan quedan terriblemente desfigurados. El origen de la infección es una familia corriente de bacterias llamada estreptococo del grupo A, que lo único que hace normalmente es provocar una inflamación de garganta. Muy de cuando en cuando, por razones desconocidas, algunas de esas bacterias atraviesan las paredes de la garganta y entran en el cuerpo propiamente dicho, donde organizan un caos devastador. Son completamente inmunes a los antibióticos. Se producen unos mil casos al año en Estados Unidos, y nadie puede estar seguro de que el problema no se agrave.

Pasa exactamente lo mismo con la meningitis. El 10 % al menos de los adultos jóvenes, y tal vez el 30 % de los adolescentes, porta la mortífera bacteria meningocócica, pero vive en la garganta y es completamente inofensiva. Sólo de vez en cuando (en una persona joven de cada 100.000

aproximadamente) entra en el torrente sanguíneo y causa una enfermedad muy grave. En los peores casos puede llegar la muerte en doce horas. Es terriblemente rápida. «Te puedes encontrar con que una persona esté perfectamente sana a la hora del desayuno y muerta al anochecer», dice Marsh.

Tendríamos mucho más éxito con las bacterias si no fuésemos tan manirrotos con nuestra mejor arma contra ellas: los antibióticos. Según una estimación, un 70 % de los antibióticos que se utilizan en el mundo desarrollado se administran a los animales de granja, a menudo de forma rutinaria con el alimento normal, sólo para estimular el crecimiento o como una precaución frente a posibles infecciones. Esas aplicaciones dan a las bacterias todas las posibilidades de crear una resistencia a ellos. Es una oportunidad que han aprovechado con entusiasmo.

En 1952, la penicilina era plenamente eficaz contra todas las cepas de bacterias de estafilococos, hasta el punto de que, a principios de los años sesenta, la Dirección General de Salud Pública estadounidense, que dirigía William Stewart, se sentía lo suficientemente confiada que declaró: «Ha llegado la hora de cerrar el libro de las enfermedades infecciosas.[40] Hemos eliminado prácticamente la infección en Estados Unidos». Pero, incluso cuando él estaba diciendo esto, alrededor de un 90 % de las cepas estaban involucradas en un proceso que les permitiría hacerse inmunes a la penicilina.[41] Pronto empezó a aparecer en los hospitales una de esas nuevas variedades, llamada estafilococo áureo, resistente a la meticilina. Sólo seguía siendo eficaz contra ella un tipo de antibiótico, la vancomicina, pero en 1997 un hospital de Tokio informó de la aparición de una variedad capaz de resistir incluso a eso.[42] En cuestión de unos meses se había propagado a otros seis hospitales japoneses. Los microbios están empezando a ganar la batalla otra vez en todas partes: sólo en los hospitales estadounidenses mueren de infecciones que contraen en ellos catorce mil personas al año. Como comentaba James Surowiecki[43] en un artículo de *New Yorker*, si se da a elegir a los laboratorios farmacéuticos entre producir antibióticos que la gente tomará a diario durante dos semanas y antidepresivos que la gente tomará a diario siempre, no debe sorprendernos que opten por esto último. Aunque se han reforzado un poco unos cuantos antibióticos, la industria farmacéutica no nos ha dado un antibiótico completamente nuevo desde los años setenta.

Nuestra despreocupación resulta mucho más alarmante desde que se descubrió que pueden tener un origen bacteriano muchas otras enfermedades. El proceso de descubrimiento se inició en 1983, cuando Barry Marshall, un médico de Perth, Australia Occidental, demostró que muchos cánceres de estómago y la mayoría de las úlceras de estómago los causaba una bacteria llamada *Helicobacter pylori*. Aunque sus descubrimientos eran fáciles de comprobar, la idea era tan revolucionaria que no llegaría a aceptarse de forma generalizada hasta después de más de una década. Los Institutos Nacionales de Salud de Estados Unidos, por ejemplo, no la respaldaron oficialmente hasta 1994.[44] «Cientos de personas, miles incluso, han debido de morir de úlceras que no deberían haber tenido»,[45] explicaba Marshall a un periodista de *Forbes* en 1999.

Posteriores investigaciones han demostrado que hay, o puede haber, un componente bacteriano en muchos otros trastornos de todo tipo:[46] enfermedad cardíaca, asma, artritis, esclerosis múltiple, varios tipos de trastornos mentales, muchos cánceres, incluso se ha sugerido (en *Science* nada menos), la obesidad. Tal vez no esté muy lejano el día en que necesitemos desesperadamente un antibiótico y no tengamos ninguno al que podamos recurrir.

Tal vez sea un pequeño alivio saber que también las bacterias son capaces de ponerse malas. Se quedan a veces infectadas con bacteriófagos (o simplemente fagos), un tipo de virus. Un virus es una entidad extraña y nada bonita, «un trozo de ácido nucleico rodeado de malas noticias»,[47] según la memorable frase del premio Nobel Peter Medawar. Más pequeños y más simples que las bacterias, los virus no están vivos. Cuando están aislados son inertes e inofensivos. Pero introdúcelos en un anfitrión adecuado y empiezan inmediatamente a actuar, cobran vida. Hay unos 5.000 tipos de virus conocidos,[48] y nos afligen con muchos cientos de enfermedades, que van desde la gripe y el catarro común a las más contrarias al bienestar humano: viruela, rabia, fiebre amarilla, ébola, polio y sida.

Los virus prosperan apropiándose de material genético de una célula viva y utilizándolo para producir más virus. Se reproducen de una forma fanática y luego salen en busca de más células que invadir. Al no ser ellos mismos organismos vivos, pueden permitirse ser muy simples. Muchos, incluido el VIH, tienen 10 genes o menos, mientras que, hasta la bacteria más simple, necesita varios miles. Son también muy pequeños, demasiado para que puedan verse con un microscopio convencional. La ciencia no pudo ponerles la vista encima hasta 1943, cuando se inventó el microscopio electrónico. Pero pueden hacer un daño inmenso. Se calcula que la viruela mató sólo en el siglo XX a 300 millones de personas.[49]

Tienen, además, una capacidad inquietante para irrumpir en el mundo de una forma nueva y sorprendente y esfumarse luego otra vez con la misma rapidez con que aparecieron. En 1916, en uno de estos casos, la gente empezó a contraer en Europa y en América una extraña enfermedad que acabaría conociéndose como encefalitis letárgica. Las víctimas se iban a dormir y no despertaban. Se las podía inducir sin demasiado problema a ingerir alimentos o a ir al retrete y contestaban razonablemente a las preguntas (sabían quiénes eran y dónde estaban), aunque su actitud fuese siempre apática. Pero, en cuanto se les permitía descansar, volvían inmediatamente a hundirse en un adormilamiento profundo y se quedaban en ese estado todo el tiempo que los dejaran. Algunos continuaron así varios meses antes de morir. Un puñado de ellos sobrevivió y recuperó la conciencia, pero no su antigua vivacidad. Existían en un estado de profunda apatía, «como volcanes extintos» en palabras de un médico. La enfermedad mató en diez años a unos cinco millones de personas y luego, rápidamente, desapareció.[50] No logró atraer mucha atención perdurable porque, en el ínterin, barrió el mundo una epidemia aún peor, de hecho la peor de la historia.

Se le llama unas veces la epidemia de la gran gripe porcina y otras la epidemia de la gran gripe española, pero, en cualquier caso, fue feroz. La Primera Guerra Mundial mató 21 millones de personas en cuatro años; la gripe porcina hizo lo mismo en sus primeros cuatro meses.[51] Casi el 80 % de las bajas estadounidenses en la Primera Guerra Mundial no fue por fuego enemigo sino por la gripe. En algunas unidades la tasa de mortalidad llegó a ser del 80 %.

La gripe porcina surgió como una gripe normal, no mortal, en la primavera de 1918, pero lo cierto es que, en los meses siguientes —nadie sabe cómo ni dónde—, mutó convirtiéndose en una cosa más seria. Una quinta parte de las víctimas sólo padeció síntomas leves, pero el resto cayó gravemente enfermo y muchos murieron. Algunos sucumbieron en cuestión de horas; otros aguantaron unos cuantos días.

En Estados Unidos, las primeras muertes se registraron entre marineros de Boston a finales de agosto de 1918, pero la epidemia se propagó rápidamente por todo el país. Se cerraron escuelas, se cancelaron las diversiones públicas, la gente llevaba mascarillas en todas partes. No sirvió de mucho. Entre el otoño de 1918 y la primavera del año siguiente murieron de gripe en el país 584.425 personas. En Inglaterra el balance fue de 220.000, con cantidades similares en Francia y Alemania. Nadie conoce el total mundial, ya que los registros eran a menudo bastante pobres en el Tercer Mundo, pero no debió de ser de menos de veinte millones y, probablemente, se aproximase más a los cincuenta. Algunas estimaciones han elevado el total mundial a los cien millones.

Las autoridades sanitarias realizaron experimentos con voluntarios en la prisión militar de la isla Deer, en el puerto de Boston,[52] para intentar obtener una vacuna. Se prometió a los presos el perdón si sobrevivían a una serie de pruebas. Estas pruebas eran, por decir poco, rigurosas. Primero se inyectaba a los sujetos tejido pulmonar infestado de los fallecidos y, luego, se les rociaba en los ojos, la nariz y la boca con aerosoles infecciosos. Si no sucumbían con eso, les aplicaban en la garganta secreciones tomadas directamente de los enfermos y de los moribundos. Si fallaba también todo esto, se les ordenaba que se sentaran y abrieran la boca mientras una víctima muy enferma se sentaba frente a ellos, y un poco más alto, y se le pedía que les tosiese en la cara.

De los trescientos hombres (una cifra bastante asombrosa) que se ofrecieron voluntarios, los médicos eligieron para las pruebas a sesenta y dos. Ninguno contrajo la gripe... absolutamente ninguno. El único que enfermó fue el médico del pabellón, que murió enseguida. La probable explicación de esto es que la epidemia había pasado por la prisión unas semanas antes y los voluntarios, que habían sobrevivido todos ellos a su visita, poseían una inmunidad natural.

Hay muchas cosas de la gripe de 1918 que no entendemos bien o que no entendemos en absoluto. Uno de los misterios es cómo surgió súbitamente, en todas partes, en lugares separados por océanos, cordilleras y otros obstáculos terrestres. Un virus no puede sobrevivir más de unas cuantas horas fuera de un cuerpo anfitrión, así que ¿cómo pudo aparecer en Madrid, Bombay y Filadelfia en la misma semana?

La respuesta probable es que lo incubó y lo propagó gente que sólo tenía leves síntomas o ninguno en absoluto. Incluso en brotes normales, aproximadamente un 10 % de las personas de cualquier población dada tiene la gripe pero no se da cuenta de ello porque no experimentan ningún efecto negativo. Y como siguen circulando tienden a ser los grandes propagadores de la enfermedad.

Eso explicaría la amplia difusión del brote de 1918, pero no explica aún cómo consiguió mantenerse varios meses antes de brotar tan explosivamente más o menos a la vez en todas partes. Aún es más misterioso el que fuese más devastadora con quienes estaban en la flor de la vida. La gripe suele atacar con más fuerza a los niños pequeños y a los ancianos, pero en el brote de 1918 las muertes se produjeron predominantemente entre gente de veintitantos y treinta y tantos años. Es posible que la gente de más edad se beneficiase de una resistencia adquirida en una exposición anterior a la misma variedad, pero no sabemos por qué se libraban también los niños pequeños. El mayor misterio de todos es por qué la gripe de 1918 fue tan ferozmente mortífera cuando la mayoría de las gripes no lo es. Aún no tenemos ni idea.

Ciertos tipos de virus regresan de cuando en cuando. Un desagradable virus ruso llamado H1N1 produjo varios brotes en 1933, de nuevo en los años cincuenta y, una vez más, en la de los setenta. Adónde se fue, durante ese tiempo, no lo sabemos con seguridad. Una explicación es que los virus permanezcan ocultos en poblaciones de animales salvajes antes de probar suerte con una nueva generación de seres humanos. Nadie puede desechar la posibilidad de que la epidemia de la gran gripe porcina pueda volver a levantar cabeza.

Y si no lo hace ella, podrían hacerlo otras. Surgen constantemente virus nuevos y aterradores. Ébola, la fiebre de Lassa y de Malburg han tendido todos a brotar de pronto y apagarse de nuevo, pero nadie puede saber si están o no mutando en alguna parte, o simplemente esperando la oportunidad adecuada para irrumpir de una manera catastrófica. Está claro que el sida lleva entre nosotros mucho más tiempo del que nadie sospechaba en principio. Investigadores de la Royal Infirmary de Manchester descubrieron que un marinero que había muerto por causas misteriosas e incurables en 1959 tenía en realidad sida.[53] Sin embargo, por la razón que fuese, la enfermedad se mantuvo en general inactiva durante otros veinte años.

El milagro es que otras enfermedades no se hayan propagado con la misma intensidad. La fiebre de Lassa, que no se detectó por primera vez hasta 1969, en África occidental, es extremadamente virulenta y se sabe poco de ella. En 1969, un médico de un laboratorio de la Universidad de Yale, New Haven, Connecticut, que estaba estudiando la fiebre, la contrajo.[54] Sobrevivió, pero sucedió algo aún más alarmante: un técnico de un laboratorio cercano, que no había estado expuesto directamente, contrajo también la enfermedad y falleció.

Afortunadamente, el brote se detuvo ahí, pero no podemos contar con que vayamos a ser siempre tan afortunados. Nuestra forma de vida propicia las epidemias. Los viajes aéreos hacen posible que se propaguen agentes infecciosos por todo el planeta con asombrosa facilidad. Un virus ébola podría iniciar el día, por ejemplo, en Benín y terminarlo en Nueva York, en Hamburgo, en Nairobi o en los tres sitios. Esto significa también que las autoridades sanitarias necesitan cada vez más estar familiarizadas con prácticamente todas las enfermedades que existen en todas partes, pero, por supuesto, no lo están. En 1990, un nigeriano que vivía en Chicago se vio expuesto a la fiebre de Lassa durante una visita que efectuó a su país natal,[55] pero no manifestó los síntomas hasta después de su regreso a Estados Unidos. Murió en un hospital de Chicago sin diagnóstico y sin que nadie tomase ninguna precaución especial al tratarle, ya que no sabían que tenía una de las enfermedades más mortíferas e infecciosas del planeta. Milagrosamente, no resultó infectado nadie más. Puede que la próxima vez no tengamos tanta suerte.

Y tras esa nota aleccionadora, es hora de que volvamos al mundo de lo visiblemente vivo.

LA VIDA SIGUE

No es fácil convertirse en un fósil. El destino de casi todos los organismos vivientes[1] (alrededor del 99,9 % de ellos) es descomponerse en la nada. Cuando se te apague la chispa, todas las moléculas que posees se desprenderán de ti, o se dispersarán, y pasarán a utilizarse en algún otro sistema. Así son las cosas. Aunque consigas figurar en el pequeño grupo de organismos, ese menos del 0,1 %, que no resulta devorado, las posibilidades de que acabes convertido en un fósil son muy pequeñas.

Para convertirse en un fósil tienen que suceder varias cosas. Primero, tienes que morir en el lugar adecuado. Sólo el 15 % de las rocas aproximadamente puede preservar fósiles,[2] así que de nada sirve desplomarse sobre un futuro emplazamiento de granito. En términos prácticos, el difunto debe acabar enterrado en un sedimento en el que pueda dejar una impresión, como la de una hoja en el barro, o descomponerse sin exposición al oxígeno, permitiendo que las moléculas de sus huesos y partes duras (y muy de cuando en cuando partes más blandas) sean sustituidas por minerales disueltos, creándose una copia petrificada del original. Luego, cuando los sedimentos en los que yace el fósil sean despreocupadamente prensados, plegados y zarandeados de un lado a otro por los procesos de la Tierra, el fósil debe mantener de algún modo una forma identificable. Finalmente, pero sobre todo, después de decenas de millones o tal vez centenares de millones de años oculto, debe encontrarlo alguien e identificarlo como algo digno de conservarse.

Sólo un hueso de cada mil millones aproximadamente se cree que llega a fosilizarse alguna vez. Si es así, significa que el legado fósil completo de todos los estadounidenses que viven hoy (es decir, 270 millones de individuos con 206 huesos cada uno) sólo serán unos 50 huesos, la cuarta parte de un esqueleto completo. Eso no quiere decir, claro, que vaya a encontrarse realmente alguna vez alguno de esos huesos. Teniendo en cuenta que se pueden enterrar en cualquier parte dentro de un área de algo más de 9,3 millones de kilómetros cuadrados, poco de la cual va a ser excavado alguna vez, mucho menos examinado, sería una especie de milagro que se encontrasen. Los fósiles son en todos los sentidos evanescentemente raros. La mayor parte de lo que ha vivido en la Tierra no ha dejado atrás el menor recuerdo. Se ha calculado que sólo ha conseguido acceder al registro fósil menos de una especie de cada diez mil.[3] Eso es ya por sí solo una porción clamorosamente infinitesimal. Sin embargo, si aceptas la estimación común de que la Tierra ha producido 30.000 millones de especies de criaturas a lo largo de su periodo de existencia, y la afirmación de Richard Leakey y Roger Lewin (en *La sexta extinción*) de que hay 250.000 especies de criaturas en el registro fósil,[4] eso reduce la proporción a sólo una de cada 120.000. En suma, lo que poseemos es una muestra mínima de toda la vida que ha engendrado la Tierra.

Además, el registro que tenemos es totalmente sesgado. La mayoría de los animales terrestres no muere en sedimentos, claro. Caen en campo abierto y son devorados o se pudren y se descomponen sin dejar rastro. Así que el registro fósil está casi absurdamente sesgado en favor de las criaturas marinas. Aproximadamente, el 95 % de todos los fósiles que poseemos son de animales que vivieron en tiempos bajo el agua,[5] casi todos ellos en mares poco profundos.

Menciono todo esto con la finalidad de explicar por qué un día gris de febrero acudí al Museo de Historia Natural de Londres a ver a un paleontólogo alegre, levemente arrugado y muy agradable, llamado Richard Fortey.

Fortey sabe muchísimo de muchísimas cosas. Es el autor de un libro irónico y espléndido titulado *La vida: una biografía no autorizada*, que cubre todo el panorama de la creación animada. Pero su primer amor es un tipo de criatura marina, los llamados trilobites, que llenaban en tiempos los mares ordovícicos pero que no han existido durante mucho tiempo más que como forma fosilizada. Todos los trilobites comparten un plano corporal básico de tres partes, o lóbulos (cabeza, cola, tórax), al que deben su nombre. Fortey encontró el primero cuando aún era un niño que andaba trepando por las rocas de la bahía de St. David, en Gales. Quedó enganchado de por vida.

Me llevó a una galería de altos armarios metálicos. Estaban todos ellos llenos de cajones de poco fondo, y cada cajón estaba lleno a su vez de trilobites pétreos... había 20.000 especímenes en total.

—Parece un número muy grande —aceptó—,[6] pero tienes que recordar que millones y millones de trilobites vivieron durante millones y millones de años en los mares antiguos, así que veinte mil no es un número tan inmenso. Y la mayoría de ellos son sólo especímenes parciales. El hallazgo de un fósil de trilobite completo aún es un gran acontecimiento para un paleontólogo.

Los trilobites aparecieron por primera vez (totalmente formados, al parecer de la nada) hace unos 540 millones de años, en fechas próximas al inicio de la gran explosión de vida compleja vulgarmente conocida como la explosión cámbrica, y luego se desvanecieron, junto con muchas cosas más, en la gran, y aún misteriosa, extinción pérmica unos 300.000 años después. Como sucede con todas las criaturas extintas, se siente uno, como es natural, tentado a considerarlos un experimento fallido, pero en realidad figuraron entre los animales de mayor éxito que hayan existido. Reinaron a lo largo de 300 millones de años, el doble que los dinosaurios, que figuran también entre los grandes supervivientes de la historia. Los humanos, señala Fortey, han sobrevivido hasta ahora la mitad del 1 % de ese periodo.[7]

Con tanto tiempo a su disposición, los trilobites proliferaron prodigiosamente. La mayoría se mantuvieron de pequeño tamaño, más o menos de la talla de los escarabajos modernos, pero algunos llegaron a ser tan grandes como bandejas. Formaron en total un mínimo de 5.000 géneros y 60.000 especies... aunque aparecen continuamente más. Fortey había estado hacía poco en una conferencia en Suramérica donde le había abordado una profesora de una pequeña universidad argentina de provincias.

—Tenía una caja que estaba llena de cosas interesantes... trilobites que no se habían visto hasta entonces en Suramérica, ni en ninguna otra parte en realidad, y muchísimas cosas más. No disponía de servicios de investigación para estudiarlas ni de fondos para buscar más. Hay zonas extensas del mundo que están aún inexploradas.

—¿Por lo que se refiere a los trilobites?

—No, por lo que se refiere a todas las cosas.

Los trilobites fueron casi las únicas formas conocidas de vida compleja primitiva a lo largo del siglo XIX, y fueron coleccionados y estudiados por esa razón. El gran misterio que planteaban era su aparición súbita. Hoy incluso, como dice Fortey, puede resultar asombroso acercarse a una formación apropiada de rocas y abrirte paso hacia arriba a través de los eones, sin encontrar absolutamente ninguna vida visible y, luego, de pronto, «saltará a tus manos expectantes un *Profallotaspis* entero o un *Elenellus,* grande como un cangrejo».[8] Eran criaturas con extremidades, agallas, sistema nervioso, antenas sondeadoras, «una especie de cerebro», en palabras de Fortey y los ojos más extraños que se hayan visto jamás. Hechos de varillas de calcio, el mismo material que forma la piedra caliza, constituyen el sistema visual más antiguo que se conoce. Aparte de esto, los trilobites más antiguos no formaban una sola especie audaz, sino docenas, y no aparecieron en uno o dos sitios sino por todas partes. Mucha gente reflexiva del siglo XIX consideró esto prueba de la intervención de Dios y una refutación de los ideales evolucionistas de Darwin. Si la evolución procedió con lentitud, preguntaban, cómo explicaba Darwin esa aparición súbita de criaturas complejas plenamente formadas. La verdad es que no podía.

Y así parecían destinadas a seguir las cosas para siempre hasta que, un día de 1909, tres meses antes del quincuagésimo aniversario de la publicación de *El origen de las especies* de Darwin, un paleontólogo llamado Charles Doolittle Walcott hizo un descubrimiento extraordinario en las Rocosas canadienses.

Walcott había nacido en 1850 y se había criado cerca de Utica, Nueva York, en una familia de medios modestos, que se hicieron más modestos aún con la muerte súbita de su padre cuando Charles era muy pequeño. Descubrió de niño que tenía una habilidad especial para encontrar fósiles, sobre todo trilobites, y reunió una colección lo suficientemente importante como para que la comprara Louis Agassiz[9] para su museo de Harvard por una pequeña fortuna, unos 65.000 euros en dinero de hoy. Aunque apenas poseía una formación de bachiller y era en ciencias un autodidacta, Walcott se convirtió en una destacada autoridad en trilobites y fue la primera persona que demostró que eran artrópodos, el grupo en el que se incluyen los insectos y crustáceos modernos.

En 1879, Walcott consiguió un trabajo como investigador de campo[10] en el recién creado Servicio Geológico de Estados Unidos. Desempeñó el puesto con tal distinción que, al cabo de quince años, se había convertido en su director. En 1907 fue nombrado secretario del Instituto Smithsoniano, cargo que conservó hasta 1927, en que murió. A pesar de sus obligaciones administrativas siguió haciendo trabajo de campo y escribiendo prolíficamente. «Sus libros ocupan todo el estante de una biblioteca»,[11] según Fortey. Fue también, y no por casualidad, director fundador del Comité Nacional Asesor para la Aeronáutica, que acabaría convirtiéndose en la NASA, y bien se le puede considerar por ello el abuelo de la era espacial.

Pero, por lo que se le recuerda hoy, es por un astuto pero afortunado descubrimiento que hizo en la Columbia Británica, a finales del verano de 1909, en el pueblecito de Field, encima de él más bien, muy arriba. La versión tradicional de la historia es que Walcott y su esposa iban a caballo por un camino de montaña, y el caballo de su esposa resbaló en unas piedras que se habían desprendido de la ladera. Walcott desmontó para ayudarla y descubrió que el caballo había dado la vuelta a una losa de pizarra que contenía crustáceos fósiles de un tipo especialmente antiguo e insólito. Estaba nevando —el invierno llega pronto a las Rocosas canadienses—, así que no se entretuvieron. Pero al año siguiente Walcott regresó allí en la primera ocasión que tuvo. Siguiendo la presunta ruta hacia el sitio del que se habían desprendido las piedras, escaló unos 22 metros, hasta cerca de la cumbre de la montaña. Allí, a 2.400 metros por encima del nivel del mar, encontró un afloramiento de pizarra, de la longitud aproximada de una manzana de edificios, que contenía una colección inigualable de fósiles de poco después de que irrumpiera la vida compleja en deslumbrante profusión... la famosa explosión cámbrica. Lo que Walcott había encontrado era, en realidad, el grial de la paleontología. El afloramiento pasó a conocerse como Burgess Shale (la «losa» o «pizarra» de Burgess), por el nombre de la montaña en que se encontró, y aportaría durante mucho tiempo «nuestro único testimonio del comienzo de la vida moderna[12] en toda su plenitud», como indicaba el difunto Stephen Jay Gould en su popular libro *La vida maravillosa*.

Gould, siempre escrupuloso, descubrió,[13] leyendo los diarios de Walcott, que la historia del descubrimiento de Burgess Shale parecía estar un poco adornada (Walcott no hace mención alguna de que resbalase un caballo o estuviese nevando), pero no hay duda de que fue un descubrimiento extraordinario.

Es casi imposible para nosotros, cuyo tiempo de permanencia en la Tierra será de sólo unas cuantas décadas fugaces, apreciar lo alejada en el tiempo de nosotros que está la explosión cámbrica. Si pudieses volar hacia atrás por el pasado a la velocidad de un año por segundo, tardarías una media hora en llegar a la época de Cristo y algo más de tres semanas en llegar a los inicios de la vida humana. Pero te llevaría veinte años llegar al principio del periodo Cámbrico. Fue, en otras palabras, hace muchísimo tiempo, y el mundo era entonces un sitio muy distinto.

Por una parte, cuando se formó Burgess Shale, hace más de 500 millones de años, no estaba en la cima de una montaña sino al pie de una. Estaba concretamente en una cuenca oceánica poco profunda, al fondo de un abrupto acantilado. En los mares de aquella época pululaba la vida, pero los animales no dejaban normalmente ningún resto porque eran de cuerpo blando y se descomponían después de morir. Pero en Burgess el acantilado se desplomó y las criaturas que había abajo, sepultadas en un alud de lodo, quedaron aplastadas como flores en un libro, con sus rasgos conservados con maravilloso detalle.

Walcott, en viajes anuales de verano, entre 1910 y 1925 (en que tenía ya setenta y cinco años), extrajo decenas de miles de especímenes (Gould habla de 80.000; los comprobadores de datos de *National Geographic*, que suelen ser fidedignos, hablan de 60.000), que se llevó a Washington para su posterior estudio. Era una colección sin parangón, tanto por el número de especímenes como por su diversidad. Algunos de los fósiles de Burgess tenían concha; muchos otros no. Algunas de las criaturas veían, otras eran ciegas. La variedad era enorme, 140 especies según un recuento.[14] «Burgess Shale indicaba una gama de disparidad en el diseño anatómico que nunca se ha igualado[15] y a la que no igualan hoy todas las criaturas de los mares del mundo», escribió Gould.

Desgraciadamente, según Gould, Walcott no fue capaz de apreciar la importancia de lo que había encontrado. «Walcott, arrebatándole la derrota de las fauces a la victoria —escribió Gould en otra obra suya, *Ocho cerditos*—, pasó luego a interpretar aquellos magníficos fósiles del modo más erróneo posible.» Los emplazó en grupos modernos, convirtiéndolos en ancestros de gusanos, medusas y otras criaturas de hoy, incapaz de apreciar su carácter distinto. «De acuerdo con aquella interpretación,[16] —se lamenta Gould—, la vida empezaba en la sencillez primordial y avanzaba inexorable y predeciblemente hacia más y mejor.»

Walcott murió en 1917 y los fósiles de Burgess quedaron en gran medida olvidados. Durante casi medio siglo permanecieron encerrados en cajones del Museo Americano de Historia Natural de Washington, donde raras veces se consultaban y nunca se pusieron en entredicho. Luego, en 1973, un estudiante graduado de la Universidad de Cambridge[17] llamado Simon Conway Morris hizo una visita a la colección. Se quedó asombrado con lo que encontró. Los fósiles eran mucho más espléndidos y variados de lo que Walcott había explicado en sus escritos. En taxonomía, la categoría que describe los planos corporales básicos de los organismos es el filum, y allí había, en opinión de Conway Morris, cajones y cajones de esas singularidades anatómicas... y, asombrosa e inexplicablemente, el hombre que las había encontrado no había sabido verlo.

Conway Morris, con su supervisor Harry Whittington y un compañero también estudiante graduado, Derek Briggs, se pasaron varios años revisando sistemáticamente toda la colección y elaborando una interesante monografía tras otra mientras iban haciendo descubrimiento tras descubrimiento. Muchas de las criaturas utilizaban planos corporales que no eran sólo distintos de cualquier cosa vista antes o después, sino que eran *extravagantemente* distintos. Una de ellas, *Opabinia*, tenía cinco ojos y un hocico como un pitorro con garras al final. Otra, un ser con forma de disco llamado *Peytoia*, resultaba casi cómico porque parecía una rodaja circular de piña. Una tercera era evidente que había caminado tambaleante sobre hileras de patas tipo zancos y era tan extraña que la llamaron *Hallucigenia*. Había tanta novedad no identificada[18] en la colección que, en determinado momento, se dice que se oyó murmurar a Conway Morris al abrir un cajón: «Joder, no, otro filum».

Las revisiones del equipo inglés mostraban que el Cámbrico había sido un periodo de innovación y experimentación sin paralelo en el diseño corporal. Durante casi 4.000 millones de años, la vida había avanzado parsimoniosamente sin ninguna ambición apreciable en la dirección de la complejidad, y luego, de pronto, en el transcurso de sólo cinco o diez millones de años, había creado todos los diseños corporales básicos aún hoy vigentes. Nombra una criatura, desde el gusano nematodo a Cameron Diaz, y todos utilizan una arquitectura que se creó en la fiesta cámbrica.[19]

Pero lo más sorprendente era que hubiese tantos diseños corporales que no habían conseguido dar en el clavo, digamos, y dejar descendientes. Según Gould, 15 al menos y tal vez hasta 20[20] de los animales de Burgess no pertenecían a ningún filum identificado. (El número pronto aumentó en algunos recuentos populares hasta los 100... bastante más de lo que pretendieron nunca en realidad los científicos de Cambridge.) «La historia de la vida —escribió Gould— es una historia de eliminación masiva seguida de diferenciación dentro de unos cuantos linajes supervivientes, no el cuento convencional de una excelencia, una complejidad y una diversidad continuadas y crecientes.» Daba la impresión de que el éxito evolutivo era una lotería.

Una criatura que *sí* consiguió seguir adelante, un pequeño ser gusaniforme llamado *Pikaia gracilens*, se descubrió que tenía una espina dorsal primitiva, que lo convertía en el antepasado más antiguo conocido de todos lo vertebrados posteriores, nosotros incluidos. *Pikaia* no abundaban ni mucho menos entre los fósiles de Burgess, así que cualquiera sabe lo cerca que pueden haber estado de la extinción. Gould, en una cita famosa, deja muy claro que considera el éxito de nuestro linaje una chiripa afortunada: «Rebobina la cinta de la vida[21] hasta los primeros tiempos de Burgess Shale, ponla en marcha de nuevo desde un punto de partida idéntico y la posibilidad de que algo, como la inteligencia humana, tuviese la suerte de reaparecer resulta evanescentemente pequeña».

Gould publicó *La vida maravillosa* en 1989 con aplauso general de la crítica y fue un gran éxito comercial. En general no se sabía que muchos científicos no estaban en absoluto de acuerdo con sus conclusiones y que no iban a tardar mucho en ponerse muy feas las cosas. En el contexto del

Cámbrico, lo de «explosión» pronto tendría más que ver con furias modernas que con datos fisiológicos antiguos.

Hoy sabemos, en realidad, que existieron organismos complejos cien millones de años antes del Cámbrico como mínimo. Deberíamos haber sabido antes mucho más. Casi cuarenta años después de que Walcott hiciese su descubrimiento en Canadá, al otro lado del planeta, en Australia, un joven geólogo llamado Reginald Sprigg encontró algo aún más antiguo e igual de notable a su manera.

En 1946 enviaron a Sprigg, joven ayudante de geólogo de la administración del estado de Australia del sur,[22] a inspeccionar minas abandonadas de las montañas de Ediacaran, en la cordillera de Flinders, una extensión de páramo calcinado por el Sol situado unos 500 kilómetros al norte de Adelaida. El propósito de la inspección era comprobar si había alguna de aquellas viejas minas que pudiese ser rentable reexplotar utilizando técnicas más modernas, por lo que Sprigg no estaba estudiando ni mucho menos rocas superficiales y aún menos fósiles. Pero un día, cuando estaba almorzando, levantó despreocupadamente un pedrusco de arenisca y comprobó sorprendido (por decirlo con suavidad) que la superficie de la roca estaba cubierta de delicados fósiles, bastante parecidos a las impresiones que dejan las hojas en el barro. Aquellas rocas databan de la explosión cámbrica. Estaba contemplando la aurora de la vida visible.

Sprigg envió un artículo a *Nature*, pero se lo rechazaron. Así que lo leyó en la siguiente asamblea anual de la Asociación para el Progreso de la Ciencia de Australia y Nueva Zelanda, pero no consiguió la aprobación del presidente de esa entidad,[23] que dijo que las huellas de Ediacaran no eran más que «marcas inorgánicas fortuitas»..., dibujos hechos por el viento, la lluvia o las mareas, pero no seres vivos. Sprigg, que aún no daba por perdidas sus esperanzas, se fue a Londres y presentó sus hallazgos en el Congreso Geológico Internacional de 1948, donde tampoco consiguió despertar interés ni que se le creyera. Finalmente, a falta de una salida mejor, publicó sus descubrimientos en *Transactions of the Royal Society of South Australia*. Después dejó su trabajo de funcionario del estado y se dedicó a la prospección petrolera.

Nueve años después, en 1957,[24] un escolar llamado John Mason, iba andando por Charnwood Forest, en las Midlands inglesas, y encontró una piedra que tenía un extraño fósil, parecido a un pólipo del género *Pennatula*, que se llama en inglés pluma de mar, y que era exactamente igual que algunos de aquellos especímenes que Sprigg había encontrado y que llevaba desde entonces intentando contárselo al mundo. El escolar le llevó la piedra a un paleontólogo de la Universidad de Leicester, que la identificó inmediatamente como precámbrica. El pequeño Mason salió retratado en los periódicos y se le trató como a un héroe precoz; aún figura en muchos libros. Al espécimen se le llamó en honor suyo *Charnia masoni*.

En la actualidad, algunos de los especímenes ediacarianos originales de Sprigg, junto con muchos de los otros 1.500 que se han encontrado por la cordillera de Flinders desde entonces, se pueden ver en Adelaida, en una vitrina de una habitación de la planta superior del sólido y encantador Museo de Australia del Sur, pero no atraen demasiada atención. Los dibujos delicadamente esbozados son bastante desvaídos y no demasiado fascinantes para ojos inexpertos. Suelen ser pequeños, con forma de disco y parecen arrastrar a veces vagas cintas. Fortey los ha descrito como «rarezas de cuerpo blando».

Aún hay muy poco acuerdo sobre lo que eran esas cosas y cómo vivían. No tenían, por lo que podemos saber, ni boca ni ano por los que introducir y expulsar materiales digestivos, ni órganos internos con los que procesarlos a lo largo del camino.

—Lo más probable es que la mayoría de ellos —dice Fortey—, cuando estaban vivos, se limitasen a permanecer echados sobre la superficie del sedimento arenoso, como lenguados o rodaballos blandos, sin estructura e inanimados.

Los más dinámicos no eran más complejos que una medusa. Las criaturas ediacaranas eran diploblásticas, que quiere decir que estaban compuestas por dos capas de tejido. Los animales de hoy son todos, salvo las medusas, triploblásticos.

Algunos especialistas creen que ni siquiera eran animales, que se parecían más a las plantas o a los hongos. Las diferenciaciones entre vegetales y animales no siempre son claras, ni siquiera hoy. La esponja moderna se pasa la vida fijada a un solo punto y no tiene ojos ni cerebro ni corazón que lata y, sin embargo, es un animal.

—Cuando retrocedemos hasta el Precámbrico es probable que fuesen aún menos claras las diferencias entre las plantas y los animales —dice Fortey—. No hay ninguna regla que diga que tengas que ser demostrablemente una cosa o la otra.

No hay acuerdo en que los organismos ediacaranos sean en algún sentido ancestros de algún ser vivo actual (salvo posiblemente alguna medusa). Muchas autoridades en la materia las consideran una especie de experimento fallido, un intento de complejidad que no cuajó, tal vez debido a que los lentos organismos ediacaranos fueron devorados por los animales más ágiles y más refinados del periodo Cámbrico o no pudieron competir con ellos.

«No hay hoy nada vivo que muestre una estrecha similitud con ellos[25] —ha escrito Fortey—. Resultan difíciles de interpretar[26] como ancestros de cualquier tipo de lo que habría de seguir.»

La impresión era que no habían sido en realidad demasiado importantes para el desarrollo de la vida en la Tierra. Muchas autoridades creen que hubo un exterminio masivo en el paso del Precámbrico al Cámbrico y que ninguna de las criaturas ediacaranas (salvo la insegura medusa) consiguió pasar a la fase siguiente. El verdadero desarrollo de la vida compleja se inició, en otras palabras, con la explosión cámbrica. En cualquier caso, era así como Gould lo veía.

En cuanto a las revisiones de los fósiles de Burgess Shale, la gente empezó casi inmediatamente a poner en duda las interpretaciones y, en particular, la interpretación que Gould hacía de las interpretaciones. «Había por primera vez un cierto número de científicos que dudaba de la versión que había expuesto Stephen Gould, por mucho que admirasen su forma de exponerla», escribió Fortey en *Life*. Esto es una forma suave de decirlo.

«¡Ojalá Stephen Gould pudiese pensar con la misma claridad que escribe!»[27] aullaba el académico de Oxford Richard Dawkins en la primera línea de una recensión (en el *Sunday Telegraph*) de *La vida maravillosa*. Dawkins reconocía que el libro era «indejable» y una «hazaña literaria», pero acusaba a Gould de entregarse a una distorsión de los hechos «grandilocuente y que bordea la falsedad», y comentaba que las revisiones de Burgess Shale habían dejado atónita a la comunidad paleontológica. «El punto de vista que está atacando (que la evolución avanza inexorablemente hacia un pináculo como el hombre) es algo en lo que hace ya cincuenta años que no se cree», bufaba Dawkins.

Se trataba de una sutileza que se le pasó por alto a la mayoría de los críticos del libro. Uno de ellos, que escribía para la *New York Times Book Review*,[28] comentaba alegremente que, como consecuencia del libro de Gould, los científicos «están prescindiendo de algunas ideas preconcebidas que llevaban generaciones sin examinar. Están aceptando, a regañadientes o con entusiasmo, la idea de que los seres humanos son tanto un accidente de la naturaleza como un producto del desarrollo ordenado».

Pero los auténticos ataques a Gould se debieron a la creencia de que muchas de sus conclusiones eran sencillamente erróneas o estaban imprudentemente exageradas. Dawkins, que escribía para la revista *Evolution*, atacó las afirmaciones de Gould[29] de que «la evolución en el Cámbrico fue un *tipo* de proceso diferente del actual» y manifestó su exasperación por las repetidas sugerencias de que «el Cámbrico fue un periodo de "experimentación" evolucionista, de "tanteo" evolucionista, de "falsos inicios" evolucionistas... Fue el fértil periodo en que se inventaron todos los grandes "planos corporales básicos". Actualmente la evolución se limita a retocar viejos planos corporales. Allá en el Cámbrico, surgieron nuevos filums y nuevas clases. ¡Hoy sólo tenemos nuevas especies!».

Comentando lo a menudo que se menciona esa idea (la de que no hay nuevos planos corporales), Dawkins dice: «Es como si un jardinero mirase un roble y comentase, sorprendido: "¿No es raro que haga tantos años que no aparecen nuevas ramas grandes en este árbol? Últimamente todo el nuevo crecimiento parece producirse a nivel de ramitas"».

—Fue un periodo extraño —dice ahora Fortey—, sobre todo si te paras a pensar que era todo por algo que pasó hace quinientos millones de años, pero la verdad es que los sentimientos eran muy fuertes. Yo decía bromeando en uno de mis libros que tenía la sensación de que debía de ponerme un casco de seguridad antes de escribir sobre el periodo Cámbrico, pero lo cierto es que tenía un poco esa sensación, la verdad.

Lo más extraño de todo fue la reacción de uno de los héroes de *La vida maravillosa*, Simon Conway Morris, que sorprendió a muchos *miembros* de la comunidad paleontológica al atacar inesperadamente a Gould en un libro suyo, *The Crucible of Creation* [El crisol de la creación].[30] «Nunca he visto tanta cólera en un libro de un profesional[31] —escribió Fortey más tarde—. El lector casual de *The Crucible of Creation*, que ignora la historia, nunca llegaría a saber que los puntos de vista del autor habían estado antes próximos a los de Gould (si es que en realidad no eran coincidentes).»

Cuando le pregunté a Fortey sobre este asunto, dijo:

—Bueno, fue algo muy raro, algo absolutamente horrible, porque el retrato que había hecho Gould de él era muy halagador. La única explicación que se me ocurrió fue que Simon se sentía avergonzado. Bueno, la ciencia cambia, pero los libros son permanentes y supongo que lamentaba estar tan irremediablemente asociado a puntos de vista que ya no sostenía. Estaba todo aquel asunto de «Joder, no, otro filum», y yo supongo que lamentaba ser famoso por eso. Nunca dirías leyendo el libro de Simon que sus ideas habían sido antes casi idénticas a las de Gould.

Lo que pasó fue que los primeros fósiles cámbricos empezaron a pasar por un periodo de revaloración crítica. Fortey y Derek Briggs (uno de los otros protagonistas del libro de Gould) utilizaron un método conocido como cladística para comparar los diversos fósiles de Burgess. La cladística consiste, dicho con palabras sencillas, en clasificar los organismos basándose en los rasgos que comparten. Fortey da como ejemplo la idea de comparar una musaraña y un elefante.[32] Si considerases el gran tamaño del elefante y su sorprendente trompa, podrías extraer la conclusión de que no podría tener gran cosa en común con una diminuta y gimoteante musaraña. Pero si los comparases a los dos con un lagarto, verías que el elefante y la musaraña están construidos en realidad en el mismo plano. Lo que quiere decir Fortey es, básicamente, que Gould veía elefantes y musarañas donde Briggs y él veían mamíferos. Las criaturas de Burgess, creían ellos, no eran tan extrañas y diversas como a primera vista parecían.

—No eran con frecuencia más extrañas que los trilobites —dice ahora Fortey—. Lo único que pasa es que hemos tenido un siglo o así para acostumbrarnos a los trilobites. La familiaridad, comprendes, genera familiaridad.

Esto no se debía, conviene tenerlo en cuenta, a dejadez o falta de atención. Interpretar las formas y las relaciones de animales antiguos, basándose en testimonios a menudo deformados y fragmentarios, es, sin lugar a dudas, un asunto peliagudo. Edward O. Wilson ha dicho que, si cogieses especies seleccionadas de insectos modernos y los presentases como fósiles estilo Burgess, nadie adivinaría jamás que eran todos del mismo filum, por lo diferentes que son sus planos corporales. Ayudaron también en las revisiones los hallazgos de otros dos yacimientos del Cámbrico temprano, uno en Groenlandia y el otro en China, amén de otros hallazgos dispersos, que aportaron entre todos muchos especímenes más y a menudo mejores.

El resultado final es que se descubrió que los fósiles de Burgess no eran tan diferentes ni mucho menos. Resultó que *Hallucigenia* había sido reconstruido al revés. Las patas como zancos eran en realidad unas púas que tenía a lo largo de la espalda. *Peytoia*, la extraña criatura que parecía una rodaja de piña, se descubrió que no era una criatura diferenciada, sino sólo parte de un animal mayor llamado *Anomalocaris*. Muchos de los especímenes de Burgess han sido asignados ya a filums vivientes... precisamente donde los había puesto Walcott en un principio. *Hallucigenia* y algunos más se cree que están emparentados con *Onychophora*, un grupo de animales tipo oruga. Otros han sido reclasificados como precursores de los anélidos modernos. En realidad, dice Fortey:

—Hay relativamente pocos diseños cámbricos que sean totalmente originales. Lo más frecuente es que resulten ser sólo elaboraciones interesantes de diseños bien establecidos.

Como él mismo escribió en *Life*: «Ninguno era tan extraño como el percebe actual,[33] ni tan grotesco como una termita reina».

Así que, después de todo, los especímenes de Burgess Shale no eran tan espectaculares. No es que eso los hiciera, como ha escrito Fortey, «menos interesantes, o extraños, sólo más explicables».[34] Sus exóticos planos corporales eran sólo una especie de exuberancia juvenil... el equivalente evolutivo, digamos, del cabello punk en punta o los aretes en la lengua. Finalmente, las formas se asentaron en una edad madura seria y estable.

Pero eso aún deja en pie la cuestión de que no sabemos de dónde habían salido todos aquellos animales, cómo surgieron súbitamente de la nada.

Por desgracia resulta que la explosión cámbrica puede que no haya sido tan explosiva ni mucho menos. Hoy se cree que los animales cámbricos probablemente estuviesen allí todo el tiempo, sólo que fuesen demasiado pequeños para que se pudiesen ver. Fueron una vez más los trilobites quienes aportaron la clave... en concreto, esa aparición desconcertante de diferentes tipos de ellos en emplazamientos muy dispersos por el globo, todos más o menos al mismo tiempo.

A primera vista, la súbita aparición de montones de criaturas plenamente formadas pero diversas parecería respaldar el carácter milagroso del brote cámbrico, pero en realidad hizo lo contrario. Una cosa es tener una criatura bien formada como un trilobite que brote de forma aislada[35] (lo que realmente es un milagro), y otra tener muchas, todas distintas pero claramente relacionadas, que aparecen simultáneamente en el registro fósil en lugares tan alejados como China y Nueva York, hecho que indica con toda claridad que estamos pasando por alto una gran parte de su historia. No podría haber una prueba más firme de que tuvieron por necesidad que tener un ancestro... alguna especie abuela que inició la línea en un pasado muy anterior.

Y la razón de que no hayamos encontrado esas especies anteriores es, según se cree ahora, que eran demasiado pequeñas para que pudieran conservarse. Fortey dice:

—No es necesario ser grande para ser un organismo complejo con un funcionamiento perfecto. Los mares están llenos hoy de pequeños artrópodos que no han dejado ningún residuo fósil.

—Cita el pequeño copépodo, del que hay billones en los mares modernos y que se agrupa en bancos lo suficientemente grandes como para volver negras vastas zonas del océano y, sin embargo, el único ancestro de él de que disponemos es un solo espécimen que se encontró en el cuerpo de un antiguo pez fosilizado.

—La explosión cámbrica, si es ésa la expresión adecuada, probablemente fuese más un aumento de tamaño que una aparición súbita de nuevos tipos corporales —dice Fortey—. Y podría haber sucedido muy deprisa, así que en ese sentido supongo que sí, que fue una explosión.

La idea es que, lo mismo que los mamíferos tuvieron que esperar un centenar de millones de años a que desaparecieran los dinosaurios para que les llegara su momento y entonces irrumpieron, profusamente según parece por todo el planeta, así también quizá los artrópodos y otros triploblastos esperaron en semimicroscópico anonimato a que a los organismos ediacaranos dominantes les llegase su hora.

—Sabemos —dice Fortey— que los mamíferos aumentaron de tamaño muy bruscamente después de que desaparecieron los dinosaurios... aunque cuando digo muy bruscamente lo digo, claro, en un sentido geológico. Estamos hablando de millones de años.

Por otra parte, Reginald Sprigg acabó recibiendo una parte del reconocimiento que merecía. Uno de los principales géneros primitivos, *Spriggina*, fue bautizado así en su honor, lo mismo que varias especies más, y el total pasó a conocerse como fauna ediacarana por las montañas por las que él había investigado. Pero, por entonces, los tiempos de Sprigg como cazador de fósiles hacía mucho que habían quedado atrás. Después de dejar la geología fundó una empresa petrolera con la que tuvo mucho éxito y acabó retirándose a una finca en su amada cordillera de Flinders, donde creó una reserva natural de flora y fauna. Murió, convertido en un hombre rico, en 1994.

ADIÓS A TODO ESO

Cuando lo consideras desde una perspectiva humana, y es evidente que nos resultaría difícil hacerlo de otro modo, la vida es una cosa extraña. Estaba deseando ponerse en marcha, pero luego, después de ponerse en marcha, pareció tener muy poca prisa por seguir.

Consideremos el liquen. Los líquenes son uno de los organismos visibles más resistentes de la Tierra, pero uno de los menos ambiciosos. Son capaces de crecer muy contentos en un soleado cementerio, prosperan sobre todo en medios donde no lo haría ningún otro organismo, en cumbres batidas por el viento y en las soledades árticas, donde hay poco más que rocas, lluvia y frío, y casi ninguna competencia. En zonas de la Antártida donde apenas crece otra cosa,[1] puedes encontrar vastas extensiones de líquenes (400 tipos de ellos) devotamente adheridos a todas las rocas azotadas por el viento.

La gente no pudo entender durante mucho tiempo cómo lo hacían. Dado que los líquenes crecen sobre roca pelada sin disponer de alimento visible ni producir semillas, mucha gente (gente ilustrada) creía que eran piedras que se hallaban en proceso de convertirse en plantas vivas. «¡La piedra inorgánica, espontáneamente, se convierte en planta viva!»,[2] se regocijaba un observador, un tal doctor Hornschuch, en 1819.

Una inspección más detenida demostró que los líquenes eran más interesantes que mágicos. Son en realidad una asociación de hongos y algas. Los hongos excretan ácidos que disuelven la superficie de la roca, liberando minerales que las algas convierten en alimento suficiente para el mantenimiento de ambos. No es un arreglo muy emocionante, pero no cabe duda de que ha tenido mucho éxito. Hay en el mundo más de 20.000 especies de líquenes.[3]

Los líquenes, como la mayoría de las cosas que prosperan en medios difíciles, son de crecimiento lento. A un liquen puede llevarle más de medio siglo alcanzar las dimensiones de un botón de camisa. Los que tienen el tamaño de platos, escribe David Attenborough, es «probable que tengan cientos e incluso miles de años de antigüedad».[4] Sería difícil imaginar una existencia menos plena. «Simplemente existen, —añade Attenborough—, testimoniando el hecho conmovedor de que la vida existe, incluso a su nivel más simple, por lo que parece, porque sí, por existir.»

Es fácil no reparar en esta idea de que la vida simplemente es. Como humanos nos inclinamos a creer que tiene que tener un objeto. Tenemos planes, aspiraciones y deseos. Queremos sacar provecho constante de toda la existencia embriagadora de la que se nos ha dotado. Pero ¿qué es vida para un liquen? Sin embargo, su impulso de existir, de ser, es igual de fuerte que el nuestro... puede decirse que hasta más fuerte. Si se me dijese que tendría que pasar décadas siendo una costra peluda en una roca del bosque, creo que perdería el deseo de seguir. Los líquenes, en cambio, no. Ellos, como casi todos los seres vivos, soportarán cualquier penalidad, aguantarán cualquier ofensa, por un instante más de existencia. La vida, en suma, sólo quiere ser. Pero —y aquí tenemos un punto interesante— no quiere, en general, ser mucho.

Esto tal vez resulte un poco extraño, ya que la vida ha tenido tiempo de sobra para concebir ambiciones. Si imaginásemos los 4.500 millones de años de historia de la Tierra reducidos a un día terrestre normal,[5] la vida empieza muy temprano, hacia las cuatro de la madrugada, con la aparición de los primeros simples organismos unicelulares, pero luego no hay ningún avance más en las dieciséis horas siguientes. Hasta casi las ocho y media de la noche, cuando han transcurrido ya cinco sextas partes del día, no empieza la Tierra a tener otra cosa que enseñar al universo que una inquieta capa de microbios. Luego, por fin, aparecen las primeras plantas marinas, a las que siguen veinte minutos más tarde la primera medusa y la enigmática fauna ediacarana, localizada por primera vez por Reginald Sprigg en Australia. A las 21:04 salen nadando a escena los primeros trilobites, seguidos, de forma más o menos inmediata, por las criaturas bien proporcionadas de Burgess Shale. Poco antes de las 10:00 empiezan a brotar las plantas en la tierra. Poco después, cuando quedan menos de dos horas del día, las siguen las primeras criaturas terrestres.

Gracias a unos diez minutos de meteorología balsámica, a las 22:24, la Tierra se cubre de los grandes bosques carboníferos cuyos residuos nos proporcionan todo nuestro carbón. Aparecen los primeros insectos alados. Poco antes de las 23:00 irrumpen en escena los dinosaurios e imperan durante unos tres cuartos de hora. Veintiún minutos antes de la media noche se esfuman y se inicia la era de los mamíferos. Los humanos surgen un minuto y diecisiete segundos antes de la media noche. El total de nuestra historia registrada, a esta escala, sería de sólo unos cuantos segundos, y la duración de una sola vida humana de apenas un instante. A lo largo de este día notoriamente acelerado, los continentes se desplazan y chocan a una velocidad que parece claramente insensata. Surgen y desaparecen montañas, aparecen y se esfuman cuencas oceánicas, avanzan y retroceden mantos de hielo. Y a través de todo esto, unas tres veces por minuto, en algún punto del planeta hay un pum de bombilla de flash y un fogonazo indica el impacto de un meteorito del tamaño del de Manson o mayor. Es asombroso que haya podido llegar a sobrevivir algo en un medio tan aporreado y desestabilizado. En realidad, no son muchas las cosas que consiguen hacerlo bastante tiempo.

Tal vez un medio más eficaz, de hacerse cargo de nuestro carácter extremadamente reciente como parte de este cuadro de 4.500 millones de años de antigüedad, es que extiendas los brazos el máximo posible e imagines que la extensión que abarcan es toda la historia de la Tierra.[6] A esa escala, según dice John McPhee en *Basin and Range*, la distancia entre las puntas de los dedos de una mano y la muñeca de la otra es el Precámbrico. El total de la vida compleja está en una mano, «y con una sola pasada de una lima de granulado mediano podrías eliminar la historia humana».

Por suerte ese momento aún no ha llegado, pero hay bastantes posibilidades de que llegue. No quiero introducir una nota sombría precisamente en este punto, pero el hecho es que hay otra característica de la vida en la Tierra estrechamente relacionada: que se extingue. Con absoluta regularidad. Las especies, por mucho que se esfuercen en organizarse y pervivir, se desintegran y mueren con notable regularidad. Y cuanto mayor es su complejidad más deprisa parecen extinguirse. Quizás ésta sea una de las razones de que una parte tan grande de la vida no sea demasiado ambiciosa.

Así que cualquier periodo en que la vida hace algo audaz es todo un acontecimiento, y pocas ocasiones fueron más cruciales que cuando la vida pasó a la etapa siguiente de nuestra narración y salió del mar.

La tierra firme era un medio terrible: caliente, seco, bañado por una radiación ultravioleta intensa, sin la flotabilidad que hace relativamente fácil el movimiento en el agua. Las criaturas tuvieron que pasar por revisiones completas de su anatomía para vivir en tierra firme. Si coges un pez por sus dos extremos se comba por el medio, su espina dorsal es demasiado débil para sostenerle. Los animales marinos, para sobrevivir fuera del agua, necesitaban proveerse de una nueva arquitectura interna que soportase peso... un tipo de ajuste que no se consigue de la noche a la mañana. Sobre todo, y es lo más evidente, una criatura terrestre tenía que desarrollar un medio de tomar su oxígeno directamente del aire en vez de filtrarlo del agua. No eran retos fáciles de afrontar. Por otra parte, había un poderoso incentivo para abandonar el agua: estaba empezando a resultar peligroso quedarse allá abajo. La lenta fusión de los continentes en una sola masa de tierra, Pangea, significaba que había mucha menos costa que antes y, por tanto, menos hábitat costero. La competencia era, en consecuencia, feroz. Había además un nuevo tipo de predador omnívoro e inquietante, tan perfectamente diseñado para el ataque que apenas si ha cambiado a lo largo de los eones transcurridos desde que apareció: el tiburón. Nunca habría un periodo más propicio para buscar un medio alternativo al agua.

Las plantas iniciaron el proceso de colonización de la tierra hace unos 450 millones de años, acompañadas por necesidad de pequeños ácaros y otros organismos que necesitaban para descomponer y reciclar materia orgánica muerta en su beneficio. Los animales de mayor tamaño tardaron un poco más, pero hace unos 400 millones de años ya estaban aventurándose también a salir del agua. Las ilustraciones populares nos han impulsado a imaginar a los primeros audaces moradores de tierra firme como una especie de pez ambicioso (algo así como el moderno pez saltador, que puede desplazarse a saltos de charco en charco durante las sequías) o incluso como un anfibio plenamente formado. En realidad, lo más probable es que los primeros residentes móviles visibles en tierra firme se pareciesen mucho más a la cochinilla moderna. Se trata de esos bichos pequeños (crustáceos, en realidad) que suelen correr desconcertados cuando alzas la piedra o el trozo de madera bajo el que están.

Para quienes aprendieron a respirar oxígeno del aire, fueron buenos tiempos. Los niveles de oxígeno durante los periodos Devónico y Carbonífero, en que floreció por primera vez la vida terrestre, llegaban hasta el 35 %[7] (frente a menos de un 20 % en la actualidad). Esto permitió a los animales hacerse notablemente grandes en un periodo de tiempo muy breve.

¿Y cómo, tal vez te preguntes razonablemente, pueden los científicos saber cuáles eran los niveles de oxígeno hace centenares de millones de años? La respuesta se encuentra en un campo un tanto abstruso pero ingenioso llamado geoquímica isotópica. Los antiguos mares del Carbonífero y el Devónico estaban plagados de pequeño plancton que se encerraba dentro de diminutas conchas protectoras. Entonces, como ahora, el plancton construía sus conchas extrayendo oxígeno de la atmósfera y combinándolo con otros elementos (especialmente carbono) para formar compuestos duraderos como el carbonato cálcico. Es el mismo truco químico que se produce en el ciclo a largo plazo del carbono —y que se analiza en otra parte en relación con él—, un proceso que no constituye una narración demasiado interesante pero que es vital para crear un planeta habitable.

Por último, en este proceso, todos los pequeños organismos mueren y descienden hasta el fondo del mar, donde son prensados lentamente hasta formar piedra caliza. Entre las diminutas estructuras atómicas que el plancton se lleva consigo a la tumba hay dos isótopos muy estables: el oxígeno-16 y el oxígeno-18. (Si se te ha olvidado lo que es un isótopo, no importa, aunque te diré, de todos modos, para que no lo olvides, que es un átomo con un número anormal de protones.) Ahí es donde intervienen los geoquímicos, pues los isótopos se acumulan a ritmos diferentes según la cantidad de oxígeno o de dióxido de carbono que haya en la atmósfera[8] en el momento de su formación. Comparando las tasas antiguas de deposición de los dos isótopos, los geoquímicos pueden calcular las condiciones que existían en el mundo antiguo: niveles de oxígeno, temperatura del aire y del mar, la duración y el momento de los periodos glaciales y muchas cosas más. Comparando sus hallazgos de isótopos con otros residuos fósiles, que indican otras condiciones como los niveles de polen, etcétera, los científicos pueden reconstruir, con bastante seguridad, paisajes completos que los ojos humanos nunca vieron.

La principal razón de que pudiesen aumentar tanto los niveles de oxígeno a lo largo del periodo de vida terrestre primitiva fue que gran parte del paisaje del mundo estaba dominado por helechos arborescentes gigantes y enormes ciénagas, que por su carácter pantanoso perturbaban el proceso normal de reciclaje del carbono. Las frondas que caían y otra materia vegetativa muerta, en vez de pudrirse por completo, se acumuló en ricos sedimentos húmedos, que acabaron prensados en los grandes yacimientos de carbón que aún sostienen hoy gran parte de la actividad económica.

Los niveles embriagadores de oxígeno estimularon sin duda el crecimiento. El indicio más antiguo de un animal de superficie encontrado hasta ahora es un rastro que dejó hace 350 millones de años una criatura tipo milpiés en una roca de Escocia. Esa criatura medía más de un metro de longitud. Antes de que concluyese el periodo, algunos milpiés llegarían a medir más del doble.

Con tales criaturas merodeando por ahí, tal vez no tenga nada de sorprendente que los insectos desarrollasen en ese periodo un truco que pudiese ponerles fácilmente fuera de su alcance: aprendieron a volar. Algunos llegaron a dominar ese nuevo medio de locomoción con una pericia tan asombrosa que no han tenido necesidad de modificar sus técnicas desde entonces. La libélula podía, entonces como ahora, volar a 50 kilómetros por hora, parar instantáneamente, mantenerse inmóvil en el aire, volar hacia atrás y elevarse mucho más, en proporción, que cualquiera de las máquinas voladoras construidas por los seres humanos. «La Fuerza Aérea estadounidense —ha escrito un comentarista— las ha puesto en túneles de viento, para ver cómo se las arreglaban, y se desesperaron.»[9] También ellas se atracaron de aquel aire tan rico. Y llegaron a hacerse grandes como cuervos en los bosques del Carbonífero.[10] Los árboles y el resto de la vegetación alcanzaron también proporciones exageradas. Los equisetos y los helechos arborescentes crecieron hasta alcanzar alturas de 15 metros, los licopodios de hasta 40 metros.

Los primeros vertebrados terrestres (es decir, los primeros animales de tierra firme de los que procederíamos nosotros) son una especie de misterio. Eso se debe en parte a una escasez de fósiles relacionados, pero se debe también a un sueco muy especial llamado Erik Jarvik, cuyas extrañas interpretaciones y cuya actitud reservada retrasaron casi medio siglo los progresos en este campo. Jarvik formaba parte de un equipo de científicos escandinavos que fueron a Groenlandia en las décadas de los treinta y cuarenta a buscar peces fósiles. Buscaban sobre todo peces de aletas lobuladas del tipo que presumiblemente fueron antepasados nuestros y de todas las demás criaturas que andan, conocidas como tetrápodos.

La mayoría de los animales son tetrápodos, y todos los tetrápodos vivientes tienen una cosa en común: cuatro extremidades, cada una de las cuales termina en un máximo de cinco dedos. Los dinosaurios, las ballenas, las aves, los humanos, hasta los peces... todos ellos son tetrápodos, lo que indica claramente que proceden de un ancestro único común. Se suponía que la clave para dar con ese ancestro se hallaría en el Devónico, de hace unos cuatrocientos millones de años. Antes de ese periodo no había nada que caminase sobre la tierra. Después de esa época lo hicieron muchísimas cosas. Por suerte, el equipo encontró justamente una de esas criaturas,[11] un animal de un metro de longitud llamado *Ichthyostega*. El análisis del fósil le correspondió a Jarvik, que inició la tarea en 1948 y continuó con ella los cuarenta y ocho años siguientes. Desgraciadamente, Jarvik se negó a permitir que ningún otro estudiase su tetrápodo. Los paleontólogos del mundo tuvieron que contentarse con dos esquemáticos artículos provisionales, en los que Jarvik indicaba que la criatura tenía cinco dedos en cada una de sus cuatro extremidades, lo que confirmaba su importancia como ancestro.

Jarvik murió en 1998. Después de su muerte otros peleontólogos examinaron ávidamente el espécimen y descubrieron que Jarvik había cometido un grave error al contar los dedos (había, en realidad, ocho en cada extremidad) y no se había dado cuenta de que el pez no había podido caminar. Dada la estructura de la aleta, el animal se habría caído por su propio peso. No hace falta decir que esto no contribuyó gran cosa al progreso de nuestros conocimientos sobre los primeros animales terrestres. Actualmente se conocen tres tetrápodos primitivos y ninguno tiene cinco dedos. En suma, no sabemos del todo de dónde venimos.

Pero venir vinimos, aunque alcanzar nuestra actual condición de eminencia no siempre haya sido fácil, claro. La vida, desde que se inició en la tierra, ha consistido en cuatro megadinastías, como se los llama a veces. La primera formada por anfibios y reptiles primitivos, lentos y torpes en general pero a veces bastante corpulentos. El animal más conocido de ese periodo era el dimetrodonte, una criatura con una especie de vela en el lomo que suele confundirse con los dinosaurios (he de decir que esto ocurre incluso en un pie de ilustración de *Comet*, el libro de Carl Sagan). El dimetrodonte era en realidad un sinápsido. También nosotros lo fuimos en otros tiempos. Los sinápsidos eran una de las cuatro divisiones principales de la vida reptil primitiva, siendo las otras los anápsidos, los euriápsidos y los diápsidos. Los nombres aluden simplemente al número y el emplazamiento de pequeños agujeros que se encuentran a los lados de cráneo.[12] Los sinápsidos tienen un agujero a cada lado en la parte inferior de la sien, los diápsidos tienen dos y los euriápsidos tienen un solo agujero más arriba.

Con el tiempo, cada una de estas agrupaciones principales se escindió en más subdivisiones, de las que algunas prosperaron y otras fracasaron. Los anápsidos dieron origen a las tortugas, pese a que resulta difícil de creer, parecieron dispuestas a predominar como la especie más avanzada y mortífera del planeta, antes de que un bandazo evolutivo las llevase a contentarse con la perdurabilidad en vez de la dominación. Los sinápsidos se dividieron en cuatro corrientes, sólo una de las cuales sobrevivió después del Pérmico. Afortunadamente, ésa fue la corriente a la que pertenecemos y evolucionó hacia una familia de protomamíferos conocida como terápsidos. Éstos formaron la Megadinastía 2.

Por desgracia para los terápsidos, sus primos los diápsidos estaban evolucionando también con éxito, en su caso hacia los dinosaurios (entre otros seres), lo que fue resultando gradualmente demasiado para los terápsidos. Incapaces de competir cara a cara con aquellas nuevas y agresivas criaturas, los terápsidos desaparecieron casi en su totalidad. Sólo unos pocos evolucionaron convirtiéndose en seres pequeños y peludos, que vivían en madrigueras y que se pasaron mucho tiempo como pequeños mamíferos. El mayor de ellos no era mayor que un gato doméstico, y la mayoría no era mayor que los ratones. Con el tiempo, ésa resultaría ser su salvación, pero tendrían que esperar casi 150 millones de años a que la Megadinastía 3, la Era de los Dinosaurios, tocase bruscamente a su fin y diese paso a la Megadinastía 4 y a nuestra Era de los Mamíferos.

Todas estas grandes transformaciones, así como otras muchas más pequeñas que se produjeron entre ellas y después, se basaban en ese motor paradójicamente importante de la extinción. Es un hecho curioso que en las especies de la Tierra la muerte sea, en el sentido más literal, una forma de vida. Nadie sabe cuántas especies de organismos han existido desde que la vida se inició. Una cifra que suele mencionarse es la de 30.000 millones, pero se ha llegado a hablar de hasta cuatro billones.[13] Sea cual sea el total verdadero, el 99,90 % de todas las especies que han vivido alguna vez ya no está con nosotros. «En una primera aproximación —como le gusta decir a David Raup, de la Universidad de Chicago—, todas las especies están extintas.»[14] Para los organismos complejos, la duración media de la vida de una especie es de sólo unos cuatro millones de años...[15] Aproximadamente donde nosotros estamos ahora.

La extinción significa siempre malas noticias para las víctimas, claro está, pero parece ser buena para un planeta dinámico. «La alternativa a la extinción es el estancamiento[16] —dice Ian Tattersall, del Museo Americano de Historia Natural— y el estancamiento rara vez es beneficioso en cualquier reino.» (Quizá debiese decir que de lo que hablamos aquí es de extinción como un proceso natural a largo plazo. La extinción provocada por imprudencia humana es otro asunto completamente distinto.)

Las crisis de la historia de la Tierra van invariablemente acompañadas de saltos espectaculares posteriores.[17] A la caída de la fauna ediacarana siguió la explosión creadora del periodo Cámbrico. La extinción ordovícica de hace 440 millones de años limpió los océanos de un montón de animales inmóviles, que se alimentaban por filtración y creó condiciones que favorecieron a los peces rápidos y a los reptiles acuáticos gigantes. Éstos a su vez estaban en una posición ideal para enviar colonos a tierra firme, cuando otra crisis que se produjo a fines del periodo Devónico le dio otro buen meneo a la vida. Y así han ido las cosas a intervalos dispersos a lo largo de la historia. Si la mayoría de esos acontecimientos no hubiesen sucedido justamente cuando lo hizo, casi seguro que no estaríamos aquí nosotros ahora.

La Tierra ha pasado a lo largo de su historia por cinco grandes episodios de extinción (el Ordovícico, el Devónico, el Pérmico, el Triásico y el Cretácico, en ese orden) y muchos otros más pequeños. El Ordovícico (hace 440 millones de años) y el Devónico (hace 365 millones de años) liquidaron cada uno de ellos del 80 al 85 % de las especies. Los episodios de extinción del Triásico (hace 210 millones de años) y del Cretácico (hace 65 millones de años) del 70 al 75 % de las especies cada uno de ellos. Pero la más tremenda de todas las extinciones fue la del Pérmico (hace unos 245 millones de años), que alzó el telón para la larga Era de los Dinosaurios. En el Pérmico, un 95 % como mínimo de los animales conocidos por el registro fósil se fueron para no volver.[18] También lo hicieron aproximadamente un tercio de las especies de insectos —la única ocasión en que desaparecieron en masa—.[19] Es lo más cerca que hemos estado nunca de la devastación total.

«Fue, verdaderamente, una extinción masiva,[20] una carnicería de una magnitud como no había azotado hasta entonces la Tierra», dice Richard Fortey. La extinción pérmica fue especialmente devastadora para las criaturas marinas. Los trilobites desaparecieron del todo. Las almejas y los erizos de mar casi se extinguieron también. El fenómeno afectó a casi todos los organismos marinos. Se calcula que el planeta perdió en total, en tierra firme y en el agua, el 52 % de sus familias (es el nivel situado por encima del género y por debajo del orden en la gran escala de la vida, tema del capítulo siguiente) y tal vez hasta el 96 % de todas sus especies. El total de especies tardaría en recuperarse mucho tiempo (hasta 80 millones de años según un cálculo).

Hay que tener en cuenta dos cuestiones. Primero, se trata sólo de conjeturas informadas. Las estimaciones del número de especies animales vivas al final del Pérmico oscilan entre un mínimo de 45.000 y un máximo de 240.000.[21] Si no sabes cuántas especies estaban vivas, difícilmente puedes especificar con seguridad la proporción que pereció. Además, estamos hablando de la muerte de especies, no de individuos. En el caso de los individuos, el balance de muertos podría ser mucho mayor... en muchos casos casi total.[22] Las especies que sobrevivieron hasta la fase siguiente de la lotería de la vida debieron su existencia, casi con seguridad, a unos cuantos supervivientes maltrechos y renqueantes.

En los periodos comprendidos entre esas grandes matanzas hubo otros muchos periodos de extinción más pequeños y peor conocidos (el Hemfiliano, el Frasniano, el Famenniano, el Rancholabreano y una docena o así más), que no fueron tan devastadores para el número total de especies, pero que afectaron decisivamente a ciertas poblaciones. Los animales hervíboros, incluidos los caballos, quedaron casi barridos en el episodio del Hemfiliano,[23] hace unos cinco millones de años. Los caballos quedaron reducidos a una sola especie, que aparece de forma esporádica en el registro fósil como para hacernos pensar que estuvo durante un tiempo al borde de la extinción. Imagina una historia humana sin caballos, sin herbívoros.

En casi todos los casos, tanto en las grandes extinciones como en las más modestas, tenemos una escasez de información desconcertante sobre cuál fue la causa. Incluso después de desechar las ideas más estrambóticas, hay aún más teorías sobre lo que provocó el episodio de extinción que sobre el número de episodios que ha habido. Se han identificado dos docenas, al menos, de posibles culpables como causas o responsables principales,[24] incluidos el calentamiento global, el enfriamiento global, los cambios de nivel marino, la disminución del oxígeno de los mares (una condición conocida como anoxia), epidemias, fugas gigantescas de gas metano del lecho del mar, impactos de meteoritos y cometas, huracanes descomunales del tipo conocido como hipercanes, inmensos afloramientos volcánicos y catastróficas erupciones solares.

Esta última es una posibilidad especialmente intrigante. Nadie sabe lo grandes que pueden llegar a ser las erupciones solares porque sólo las hemos observado desde el principio de la era espacial, pero el Sol es un potente motor y sus tormentas son de una magnitud correspondiente. Una erupción solar típica (algo que ni siquiera percibíamos desde la Tierra) libera la energía equivalente a mil millones de bombas de hidrógeno y lanza al espacio 100.000 millones de toneladas, o así, de partículas asesinas de alta energía. La magnetosfera y la atmósfera las eliminan, devolviéndolas al espacio, o las desvían sin problema hacia los polos (donde producen las bonitas auroras de la Tierra), pero se cree que una explosión insólitamente grande, por ejemplo, cien veces mayor que la erupción típica, podría superar nuestras etéreas defensas. El espectáculo luminoso sería espléndido, pero mataría casi con seguridad a una proporción muy elevada de quienes lo contemplasen arrobados. Además, y resulta bastante estremecedor, según Bruce Tsurutani del Laboratorio de Propulsión Jet de la NASA, «no dejaría ningún rastro en la historia».

Todo esto nos deja, como ha dicho un investigador, «toneladas de conjeturas y muy pocas pruebas».[25] El enfriamiento parece estar relacionado como mínimo con tres de los episodios de extinción (el Ordovícico, el Devónico y el Pérmico), pero aparte de eso hay poco que se acepte de forma general, incluido si un episodio determinado sucedió rápida o lentamente. Los científicos no son capaces de ponerse de acuerdo, por ejemplo, en si la extinción del Devónico tardío (el acontecimiento al que siguió el paso de los vertebrados a tierra firme) se produjo a lo largo de millones de años, de miles de años o en un día de mucho ajetreo.

Una de las razones de que sea tan difícil elaborar explicaciones convincentes de las extinciones es lo difícil que resulta exterminar la vida a gran escala. Como hemos visto con el impacto de Manson, se puede recibir un golpe terrible y conseguir de todos modos una recuperación plena, aunque presumiblemente insegura. Así que, ¿por qué, de todos los miles de impactos que ha soportado la Tierra, fue el acontecimiento KT de hace 65 millones de años, que acabó con los dinosaurios, tan singularmente devastador? Bueno, primero, fue sin duda alguna enorme. Golpeó con la fuerza de 100 millones de megatones. No es fácil imaginar una explosión así,[26] pero, como ha señalado James Lawrence Powell, si hicieses estallar una bomba del tamaño de la de Hiroshima por cada persona viva en la Tierra, hoy aún te faltarían unos mil millones de bombas para igualar el impacto KT. Pero puede que ni siquiera eso sólo haya sido suficiente para acabar con un 70 % de la vida de la Tierra, dinosaurios incluidos.

El meteorito KT tuvo la ventaja adicional (es decir, ventaja si eres un mamífero)[27] de que cayó en un mar poco profundo, a unos 10 metros de profundidad, con el ángulo justo, en un periodo en el que los niveles de oxígeno eran superiores en un 10 % a los actuales, por lo que el mundo era más combustible. Sobre todo, el lecho del mar en el que cayó estaba compuesto de roca rica en azufre. El resultado fue un impacto que convirtió una zona del lecho marino del tamaño de Bélgica en aerosoles de ácido sulfúrico. La Tierra estuvo sometida luego durante varios meses a lluvias lo suficientemente ácidas como para quemar la piel.

En cierto modo, una cuestión aún más importante que «¿qué fue lo que acabó con el 70 % de las especies que existían en la época?» es «¿cómo sobrevivió el 30 % restante?». ¿Por qué fue el acontecimiento tan irremediablemente devastador para todos los dinosaurios que existían mientras que otros reptiles, como las serpientes y los cocodrilos, lo superaron sin problema? Ninguna especie de sapo, tritón, salamandra u otro anfibio se extinguió, que sepamos, en Norteamérica. «¿Cómo pudieron haber salido ilesas esas delicadas criaturas de un desastre sin parangón como aquél?»,[28] pregunta Tim Flannery en su fascinante prehistoria de Norteamérica, *The Eternal Frontier* [La frontera eterna].

En los mares sucedió más o menos lo mismo.[29] Desaparecieron todos los amonites, pero sus primos, los nautiloides, que vivían un tipo de vida similar, siguieron nadando. Entre el plancton, algunas especies quedaron prácticamente barridas (el 92 % de los foraminíferos, por ejemplo) mientras que otros organismos como los diatomos, diseñados según un plano similar y que vivían al lado de ellos, salieron relativamente ilesos.

Son contradicciones difíciles de explicar. Como comenta Richard Fortey: «La verdad es que no parece satisfactorio limitarse a calificarlos de "afortunados" y zanjar el asunto con eso».[30] Si, como parece muy probable, al acontecimiento siguieron meses de oscuridad y humo asfixiante, resulta difícil explicar la supervivencia de muchos de los insectos. «Algunos insectos, como los escarabajos —comenta Fortey—, podían vivir de la madera y de otras cosas que encontrasen por allí. ¿Pero qué decir de otros como las abejas que navegan con la luz del sol y necesitan polen? Su supervivencia no es tan fácil de explicar.»

Sobre todo, están los corales. Los corales necesitan algas para sobrevivir y las algas precisan luz solar. En los últimos años se ha dado mucha publicidad a corales que mueren por cambios en la temperatura del mar de aproximadamente un grado. Si son tan vulnerables a pequeños cambios, ¿cómo sobrevivieron al largo invierno del impacto?

Hay también muchas variaciones regionales que son difíciles de explicar. Las extinciones parecen haber sido mucho menos graves en el hemisferio sur que en el hemisferio norte. Nueva Zelanda en particular parece haber salido mayoritariamente ilesa y, sin embargo, apenas tenía criaturas que viviesen en madrigueras. Hasta su vegetación se libró mayoritariamente de la extinción y, sin embargo, la escala de la conflagración en otros lugares indica que la devastación fue global. En suma, hay muchas cosas que no sabemos.

Algunos animales prosperaron de forma notoria... incluidas una vez más, un poco sorprendentemente, las tortugas. Como comenta Flannery, el periodo que siguió a la extinción de los dinosaurios podría muy bien considerarse la Era de las Tortugas.[31] En Norteamérica sobrevivieron 16 especies y afloraron poco después a la existencia tres más.

No hay duda de que ayudó el hecho de vivir en el agua. El impacto KT liquidó casi el 90 % de las especies basadas en tierra pero sólo el 10 % de las que vivían en agua dulce. Es evidente que el agua protegió del calor y de las llamas, pero es de suponer que proporcionó también más sustento en el periodo de escaseces que siguió. Todos los animales terrestres que sobrevivieron tenían la costumbre de retirarse a un medio seguro en los periodos de peligro, al agua o bajo tierra, refugios ambos que les habrían proporcionado una protección considerable contra los estragos del exterior. Los animales que se alimentaban de carroña también habrían disfrutado de una ventaja. Los lagartos eran, y son, inmunes en gran medida a las bacterias de los restos de animales en descomposición. De hecho, suelen atraerles y es evidente que tuvo que haber carroña en abundancia durante mucho tiempo.

Se suele afirmar erróneamente que sólo sobrevivieron al acontecimiento KT los animales pequeños. En realidad, entre los supervivientes figuraron los cocodrilos, que no sólo eran grandes sino tres veces mayores de lo que son hoy. Pero es verdad, en general, que casi todos los supervivientes eran animales pequeños y furtivos. De hecho, con un mundo a oscuras y hostil, fue un periodo perfecto para ser pequeño, de sangre caliente, nocturno, flexible en la dieta y cauto por naturaleza, precisamente las características de nuestros antepasados mamíferos. Si hubiésemos avanzado más en la evolución, probablemente habríamos perecido. Pero, en vez de eso, los mamíferos se encontraron en con mundo para el que estaban mejor adaptados que ningún otro ser vivo.

Sin embargo, lo que sucedió no fue que los mamíferos se multiplicaban explosivamente para llenar todos los huecos. «La evolución puede aborrecer el vacío —escribió el paleobiólogo Steven M. Stanley—, pero a veces tarda mucho en llenarlo.»[32] Durante hasta diez millones de años tal vez los mamíferos se mantuvieron cautamente pequeños.[33] A principios del Terciario, si eras del tamaño de un lince podías ser rey.

Pero en cuanto se pusieron en marcha, los mamíferos se expandieron prodigiosamente... a veces hasta un grado casi grotesco. Hubo durante un tiempo conejillos de Indias del tamaño de rinocerontes y rinocerontes del tamaño de una casa de dos pisos.[34] Donde quiera que hubiese un vacío en la cadena predadora, los mamíferos se apresuraban (a veces literalmente) a llenarlo. Miembros primitivos de la familia del mapache emigraron a Suramérica, descubrieron un vacío y evolucionaron convirtiéndose en criaturas del tamaño y de la ferocidad del oso. También las aves prosperaron de una forma desproporcionada. Posiblemente, durante millones de años, una gigantesca ave carnívora no voladora, llamada *Titanis*, fue la criatura más feroz de Norteamérica.[35] Fue, sin duda alguna, el ave más sobrecogedora que haya existido. Medía tres metros de altura, pesaba unos 350 kilos y tenía un pico que podía arrancarle la cabeza a cualquier cosa que le molestase. Su familia sobrevivió sin problema durante cincuenta millones de años, pero, hasta que no se descubrió un esqueleto en Florida en 1963, no teníamos ni idea de que hubiese existido alguna vez.

Lo que nos lleva a otra razón de nuestra inseguridad respecto a las extinciones: la escasez del registro fósil. Hemos hablado de lo difícil que es que un conjunto de huesos llegue a quedar fosilizado, pero el registro es en realidad peor de lo que te puedas imaginar. Considera los dinosaurios. Los museos dan la impresión de que tenemos una abundancia global de fósiles de dinosaurios. Pero lo que se exhibe en los museos es abrumadoramente artificial. El diplodocus gigante que domina el vestíbulo de entrada del Museo de Historia Natural de Londres, y que ha deleitado e informado a generaciones de visitantes, está hecho de yeso, se construyó en 1903 en Pittsburgh y se lo regaló al Museo Andrew Carnegie.[36] El vestíbulo de entrada del Museo Americano de Historia Natural de Nueva York está dominado por un cuadro vivo aún mayor: el esqueleto de un gran barosaurio defendiendo a su cría del ataque de un ágil y dentudo allosaurio. Es un despliegue maravilloso e impresionante (el barosaurio tal vez se eleva nueve metros hacia el alto techo), pero también completamente falso. Todos y cada uno de los varios centenares de huesos que se exhiben son de yeso. Visita casi cualquier museo grande de historia natural del mundo (en París, Viena, Fráncfort, Buenos Aires, México...) y te recibirán modelos de anticuario, no huesos antiguos.

La verdad es que no sabemos mucho de los dinosaurios. De toda la era que les corresponde, se han identificado menos de 1.000 especies (casi la mitad de ellas conocidas por un solo espécimen), que es aproximadamente un cuarto del número de especies de mamíferos que viven hoy. No olvides que los dinosaurios dominaron la Tierra durante unas tres veces más tiempo de lo que lo han hecho los mamíferos, así que, o bien eran notablemente poco productivos de especies, o bien no hemos hecho más que arañar la superficie —por echar mano de un tópico irresistiblemente apropiado.

Hay periodos de millones de años de la Era de los Dinosaurios de los que aún no se ha encontrado un solo fósil. Hasta el periodo del Cretácico superior (el periodo prehistórico más estudiado, gracias a nuestro prolongado interés por los dinosaurios y su extinción), puede que aún queden por descubrir tres cuartas partes de las especies que existían. Puede que hayan vagado por la Tierra miles de animales mucho más voluminosos que el diplodocus o más sobrecogedores que el tiranosaurio, y puede que no lleguemos nunca a saberlo. Hasta fechas muy recientes, todo lo que se sabía de los dinosaurios de este periodo procedía de unos trescientos especímenes[37] que representaban a unas 16 especies. La escasez de restos llevó a la creencia generalizada de que los dinosaurios estaban próximos a la extinción cuando se produjo el impacto KT.

A finales de la década los ochenta un paleontólogo del Museo Público de Milwaukee, Peter Sheehan, decidió realizar un experimento. Valiéndose de 200 voluntarios elaboró un censo minucioso ue una zona bien definida, pero también bien explorada de la famosa Formación de Hell Creek, Montana. Los voluntarios, cribando meticulosamente, recogieron hasta el último diente y la última vértebra y fragmento de hueso... todo lo que los buscadores anteriores habían pasado por alto. La tarea duró tres años. Cuando terminaron se encontraron con que habían más que triplicado (para todo el planeta) el número de fósiles de dinosaurio del Cretácico superior. El estudio demostró que los dinosaurios habían seguido siendo numerosos hasta el momento del impacto KT. «No hay ningún motivo para creer que los dinosaurios se estuviesen extinguiendo gradualmente[38] durante los últimos tres millones de años del Cretácico», informó Sheehan.

Estamos tan acostumbrados a la idea de nuestra propia inevitabilidad como especie dominante de la vida que es difícil comprender que estamos aquí sólo debido a oportunos impactos extraterrestres y otras casualidades aleatorias. Lo único que tenemos en común con el resto de los seres vivos es que, durante casi 4.000 millones de años, nuestros antepasados consiguieron colarse a través de una serie de puertas que se cerraban cada vez que necesitábamos que lo hiciesen. Stephen Jay Gould lo expresó sucintamente con palabras bien conocidas: «Los seres humanos estamos hoy aquí porque nuestra línea concreta nunca se rompió...[39] ni una sola vez en ninguno de los miles de millones de sucesos que podrían habernos borrado de la historia».

Empezamos este capítulo con tres cuestiones: la vida quiere ser; la vida no siempre quiere ser mucho; y la vida de cuando en cuando se extingue. A estas tres cuestiones debemos añadir una cuarta: la vida sigue. Y a menudo lo hace, como veremos, de formas que son decididamente sorprendentes.

LA RIQUEZA DEL SER

En el Museo de Historia Natural de Londres, aquí y allá, en huecos y recodos a lo largo de los pasillos en penumbra, entre vitrinas de minerales y huevos de avestruz y un siglo o así más de provechoso revoltijo, hay puertas secretas... al menos secretas en el sentido de que no hay nada en ellas que atraiga la atención del visitante. De vez en cuando, tal vez puedas ver que alguien con el aire distraído y el cabello curiosamente rebelde, que caracterizan al investigador, sale de una de las puertas y se lanza pasillo abajo, probablemente para desaparecer por otra puerta que hay un poco más allá, pero se trata de un acontecimiento relativamente raro. Durante la mayor parte del tiempo, esas puertas están cerradas, sin que haya el menor indicio de que tras ellas exista otro Museo de Historia Natural (uno paralelo) tan grande como el que conoce y adora el público, y en muchos sentidos más maravilloso aún.

El Museo de Historia Natural contiene unos 70 millones de objetos de cada reino de la vida y cada rincón del planeta, con otros 100.000 o así que se añaden cada año a la colección, pero sólo entre bastidores llegas a hacerte una idea de los tesoros que encierra. En armarios y vitrinas y largas habitaciones llenas de estanterías atestadas se guardan decenas de miles de animales encurtidos en frascos, millones de insectos clavados en cuadrados de cartulina, cajones de brillantes moluscos, huesos de dinosaurios, cráneos de humanos primitivos, interminables carpetas de plantas cuidadosamente prensadas. Es algo así como pasearse por el cerebro de Darwin. Sólo la sala del alcohol contiene 24 kilómetros de estanterías[1] con tarros y tarros de animales conservados en alcohol metilado.

Allí detrás hay especímenes recogidos por Joseph Banks en Australia, por Alexander von Humboldt en la Amazonia y por Darwin en el viaje del *Beagle*... y mucho más que es o muy raro o históricamente importante o ambas cosas. A muchas personas les encantaría poder ponerles las manos encima a esas cosas. Unas cuantas lo hacen realmente. En 1954 el museo adquirió una notable colección ornitológica procedente del patrimonio de un devoto coleccionista llamado Richard Meinertzhagen, autor de *Birds of Arabia* [Pájaros de Arabia], entre otras obras eruditas. Meinertzhagen había sido usuario asiduo del museo durante muchos años, acudía a éste casi a diario a tomar notas para sus libros y monografías. Cuando llegaron las cajas, los conservadores se apresuraron a abrirlas deseosos de ver lo que les había dejado y descubrieron sorprendidos, por decirlo suavemente, que un grandísimo número de especímenes llevaba la etiqueta del propio museo. El señor Meinertzhagen se había pasado años proveyéndose allí de ejemplares para sus colecciones. Eso explicaba su costumbre de llevar un abrigo largo hasta cuando hacía calor.

Unos años más tarde se sorprendió a un viejo y encantador habitual del departamento de moluscos («un caballero muy distinguido», me dijeron), introduciendo valiosas conchas marinas en las patas huecas de su andador.

—No creo que haya nada aquí que no codicie alguien en algún sitio —me explicó Richard Fortey con aire pensativo, mientras me guiaba por ese mundo seductor que es la parte oculta del museo.

Recorrimos muchos departamentos, donde había gente sentada a grandes mesas haciendo tareas de investigación que exigían intensa concentración con artrópodos, hojas de palma y cajas de huesos amarillentos. Había por todas partes un ambiente de meticulosidad pausada, de gente consagrada a una tarea gigante que nunca podía llegar a terminarse y en la que tampoco había que precipitarse. Yo había leído que el museo había publicado en 1967 su informe sobre la expedición de John Murray, una investigación que se había hecho en el océano Índico, cuarenta y cinco años después de que la expedición hubiese concluido.[2] Se trata de un mundo en el que las cosas se mueven a su propio ritmo, incluido un pequeño ascensor que Fortey y yo compartimos con un anciano con aspecto de científico, con el que Fortey charló cordial y familiarmente mientras subíamos a una velocidad parecida a la de los sedimentos cuando se asientan.

Después de que el hombre se fue, Fortey me dijo:

—Es un tipo muy agradable que se llama Norman y que se ha pasado cuarenta y dos años estudiando una especie vegetal, el hipericón. Se jubiló en 1989, pero sigue viniendo todas las semanas.

—¿Cómo puedes pasarte cuarenta y dos años con una especie vegetal? —pregunté.

—Es tremendo, ¿verdad? —coincidió Fortey; se quedó un momento pensando y añadió—: Parece ser que es una persona muy concienzuda.

La puerta del ascensor se abrió revelando una salida tapiada con ladrillos. Fortey pareció sorprenderse:

—Qué raro —dijo—. Ahí detrás era donde estaba Botánica.

Pulsó el botón de otro piso y acabamos encontrando el camino que nos llevaría a Botánica, a través de unas escaleras que había al fondo y de un discreto recorrido por más departamentos donde había investigadores trabajando amorosamente con objetos que, en otros tiempos, habían estado vivos. Y así fue como fui presentado a Len Ellis y al silencioso mundo de los briofitos... musgos para el resto de nosotros.

Cuando Emerson comentó poéticamente que los musgos prefieren el lado norte de los árboles («El musgo sobre la corteza del bosque era la Estrella Polar en las noches oscuras») se refería en realidad a los líquenes, ya que en el siglo XIX no se distinguía entre unos y otros. A los auténticos musgos no les importa crecer en un sitio u otro, así que no sirven como brújulas naturales. En realidad, los musgos no sirven para nada. «Puede que no haya ningún gran grupo de plantas que tenga tan pocos usos, comerciales o económicos, como los musgos», escribió Henry S. Conard, tal vez con una pizca de tristeza, en *How to Know the Mosses and Liverworts* [Cómo reconocer los musgos buenos para el hígado], publicado en 1956 y que aún se puede encontrar en muchas estanterías de bibliotecas como casi la única tentativa de popularizar el tema.[3]

Son, sin embargo, prolíficos. Incluso prescindiendo de los líquenes, el reino de las briofitas es populoso, con más de 10.000 especies distribuidas en unos 700 géneros. El grueso e imponente *Moss of Britain and Ireland* [Musgos de Inglaterra e Irlanda] de A. J. E. Smith tiene 700 páginas, e Inglaterra e Irlanda no son países que sobresalgan por sus musgos, ni mucho menos.

—En los trópicos encuentras la variedad[4] —me explicó Len Ellis.

Es un hombre enjuto y calmoso, que lleva veintisiete años en el Museo de Historia Natural y que es conservador del departamento desde 1990.

—En un sitio como la selva tropical de Malasia, puedes salir y encontrar nuevas variedades con relativa facilidad. Yo mismo lo hice hace poco. Bajé la vista y había una especie que nunca había sido registrada.

—¿Así que no sabemos cuántas especies hay aún por descubrir?

—Oh, no. Ni idea.

Puede que te parezca increíble que haya tanta gente en el mundo dispuesta a dedicar toda una vida al estudio de algo tan inexorablemente discreto, pero lo cierto es que la gente del musgo se cuenta por centenares y se toma muy a pecho su tema.

—Oh, sí —me dijo Ellis—, las reuniones pueden llegar a ser muy movidas a veces.

Le pedí que me diese un ejemplo de discusión.

—Bueno, aquí hay una que nos ha planteado uno de nuestros compatriotas —dijo, con una leve sonrisa, y abrió una voluminosa obra de consulta que contenía ilustraciones de musgos cuya característica más notable para el ojo no ilustrado era la asombrosa similitud que había entre todos ellos.

—Éste —dijo, señalando un musgo—, era antes un género, *Drepanocladus*. Ahora se ha reorganizado en tres: *Drepanocladus*, *Warnstorfia* y *Hamatacoulis*.

—¿Y eso hizo que hubiese bofetadas? —pregunté, tal vez con una leve esperanza de que así fuese.

—Bueno, tenía sentido. Tenía mucho sentido. Pero significaba tener que volver a ordenar un montón de colecciones y poner al día todos los libros, así que, bueno, en fin, hubo algunas protestas.

Los musgos plantean misterios también, me explicó. Un caso famoso (famoso para la gente del musgo, claro) es el relacionado con un esquivo tipo de espécimen, *Hyophila stanfordensis*, que se descubrió en el campus de la Universidad de Stanford, en California, y más tarde se comprobó que crecía también al borde de un sendero de Cornualles, pero que nunca se ha encontrado en ningún punto intermedio. La pregunta que se hace todo el mundo es cómo pudo nacer en dos lugares tan desconectados.

—Ahora se le conoce como *Hennendiella stanfordensis* —dijo Ellis—. Otra revisión.

Asentimos cavilosamente.

Cuando se descubre un nuevo musgo hay que compararlo con todos los demás para cerciorarse de que no está ya registrado. Luego hay que redactar una descripción oficial, preparar ilustraciones y publicar el resultado en una revista respetable. El proceso completo raras veces lleva menos de seis meses. El siglo XX no fue un gran periodo para la taxonomía de los musgos. Gran parte del trabajo se dedicó en él a aclarar las confusiones y repeticiones que había dejado tras él el siglo XIX.

Ese siglo fue la época dorada de la recolección de musgos. (Has de saber que el padre de Charles Lyell era un gran especialista en musgos.) Un inglés llamado George Hunt se dedicó con tal asiduidad a buscar musgos que es probable que contribuyese a la extinción de varias especies. Pero gracias a sus esfuerzos la colección de Len Ellis es una de las más completas del mundo. Los 780.000 especímenes con que cuenta están prensados en grandes hojas dobladas de papel grueso, en algunos casos muy viejo, y cubierto con los trazos delgados e inseguros de la caligrafía decimonónica. Por lo que sabemos, algunos de ellos podrían haber estado en las manos de Robert Brown, el gran botánico del siglo XIX, descubridor del movimiento browniano y del núcleo de las células, que fundó y dirigió el departamento de botánica del museo durante sus primeros treinta y un años de existencia, hasta 1858, en que murió. Todos los especímenes están guardados en viejos y lustrosos armarios de caoba, tan asombrosamente delicados que hice un comentario sobre ellos.

—Oh, ésos eran de sir Joseph Banks, de su casa de Soho Square —dijo Ellis despreocupadamente, como si identificase una compra reciente de Ikea—. Los mandó hacer para guardar sus especímenes del viaje del *Endeavour*.

Contempló los armarios cavilosamente, como si lo hiciera por primera vez en mucho tiempo.

—No sé cómo acabamos *nosotros* con ellos, en briología —añadió.

Era una revelación sorprendente. Joseph Banks fue el botánico más grande de Inglaterra y el viaje del *Endeavour* (es decir, aquel en el que el capitán Cook cartografió el tránsito de Venus en 1769 y reclamó Australia para la corona británica, entre un montón de cosas más) fue la expedición botánica más grande de la historia. Banks pagó 10.000 libras, unos 400.000 euros en dinero de hoy, para poder participar, y llevar a un grupo de nueve personas (un naturalista, un secretario, tres dibujantes y cuatro criados) en una aventura de tres años viajando alrededor del mundo. Quién sabe lo que haría el campechano capitán Cook con semejante colección aterciopelada y consentida, pero parece que le cayó bastante bien Banks y que no pudo por menos de admirar su talento botánico, un sentimiento compartido por la posteridad.

Jamás ha logrado un equipo botánico mayores triunfos ni antes ni después. Se debió en parte a que el viaje incluía muchos lugares nuevos o poco conocidos (Tierra del Fuego, Tahití, Nueva Zelanda, Australia, Nueva Guinea), pero, sobre todo, a que Banks era un investigador astuto y de gran inventiva. Aunque no pudo desembarcar en Río de Janeiro debido a una cuarentena, anduvo hurgando en una bala de pienso enviada desde tierra para el ganado del barco e hizo nuevos descubrimientos.[5] Nada parecía escapar a su atención. Volvió con 30.000 especímenes de plantas en total, entre ellas 1.400 nunca vistas hasta entonces. Lo suficiente para aumentar en un 25 % aproximadamente el número de plantas conocidas en el mundo.

Pero el gran botín de Banks era sólo una parte del total de lo que fue una época casi absurdamente codiciosa. La recolección de plantas se convirtió, en el siglo XVIII, en una especie de manía internacional. La gloria y la riqueza aguardaban por igual a quienes eran capaces de encontrar nuevas especies, y botánicos y aventureros hacían los esfuerzos más increíbles para satisfacer el ansia de novedad horticultural del mundo. Thomas Nuttall, el hombre que puso nombre a la wisteria por Caspar Wistar, llegó a Estados Unidos como un impresor sin estudios, pero descubrió que le apasionaban las plantas y se fue hasta la mitad del país y regresó recolectando centenares de ellas de las que no se había tenido noticia hasta entonces. John Fraser, cuyo nombre lleva el abeto Fraser, se pasó años recorriendo bosques y estepas para recolectar plantas por encargo de Catalina *la Grande* y, cuando regresó al fin, se enteró de que Rusia tenía un nuevo zar que le consideraba un loco y se negaba a cumplir el acuerdo al que Catalina había llegado con él. Así que se llevó todo a Chelsea, donde abrió un vivero y se ganó muy bien la vida vendiendo rododendros, azaleas, magnolias, parra virgen, ásters y otras plantas coloniales exóticas a una aristocracia inglesa encantada de adquirirlas.

Podían obtenerse sumas enormes con los hallazgos adecuados. John Lyon, un botánico aficionado, se pasó dos duros y peligrosos años recolectando especímenes, pero obtuvo casi 84.000 euros en dinero de hoy por sus esfuerzos. Hubo, sin embargo, muchos que lo hicieron sólo por amor a la botánica. Nuttall donó la mayor parte de lo que encontró a los Jardines Botánicos de Liverpool. Acabaría siendo director del Jardín Botánico de Harvard y autor de la enciclopedia *Genera of North American Plants* [Género de las plantas de Norteamérica] (que no sólo escribió sino que en gran parte también editó).

Y eso sólo por lo que se refiere a las plantas. Estaba también toda la fauna de los nuevos mundos: canguros, kiwis, mapaches, linces rojos, mosquitos y otras curiosas formas que desafiaban la imaginación. El volumen de vida de la Tierra era aparentemente infinito, como comentaba Jonathan Swift en unos versos famosos:

> Así una pulga, nos indican los naturalistas,
> tiene otras más pequeñas que hacen presa en ella
> y éstas, a su vez, otras más pequeñas que las picotean.
> Y así sigue el proceso *ad infinitum*.

Esta nueva información tenía que archivarse, ordenarse y compararse con lo que ya se conocía. El mundo necesitaba desesperadamente un sistema viable de clasificación. Por suerte había un hombre en Suecia que estaba en condiciones de proporcionarlo.

Se llamaba Carl Linné (lo cambió más tarde, con permiso, por el más aristocrático Von Linné), pero hoy se le recuerda por la forma latinizada Carolus Linnaeus o Linneo. Nació en 1707 en la aldea de Råshult, en la

Suecia meridional, hijo de un coadjutor luterano pobre pero ambicioso, y fue un estudiante tan torpe que su exasperado padre le colocó como aprendiz de zapatero (o, según algunas versiones, estuvo a punto de hacerlo). Horrorizado ante la perspectiva de desperdiciar la vida clavando tachuelas en el cuero, el joven Linné pidió otra oportunidad, que le fue concedida, y a partir de entonces no dejó nunca de obtener distinciones académicas. Estudió medicina en Suecia y en Holanda, aunque fue el mundo de la naturaleza lo que se convirtió en su pasión. A principios de la década de 1730, aún con veintitantos años, empezó a elaborar catálogos de las especies de vegetales y animales del mundo, utilizando un sistema ideado por él, y su fama fue aumentando gradualmente.

Pocas veces ha habido un hombre que se haya sentido más cómodo con su propia grandeza. Dedicó una gran parte de su tiempo de ocio a escribir largos y halagadores retratos de sí mismo, proclamando que nunca había habido «un botánico ni un zoólogo más grande» que él y que su sistema de clasificación era «el mayor logro en el reino de la ciencia». Propuso, modestamente, que su lápida llevase la inscripción *Princeps Botanicorum* (príncipe de los botánicos). Nunca fue prudente poner en tela de juicio sus generosas autovaloraciones. Los que lo hacían podían encontrarse con hierbas bautizadas con sus nombres.

Otro rasgo sorprendente de Linneo fue una preocupación pertinaz (a veces uno podría decir que febril) por la sexualidad. Le impresionó particularmente la similitud entre ciertos bivalvos y las partes pudendas femeninas. A las divisiones del cuerpo de una especie de almeja le dio los nombres[6] de «vulva», «labios», «pubes», «ano» e «himen». Agrupó las plantas según la naturaleza de sus órganos reproductores y las dotó de un apasionamiento fascinantemente antropomórfico. Sus descripciones de las flores y de su conducta están llenas de alusiones a «relaciones promiscuas», «concubinas estériles» y «lecho nupcial». En primavera escribió en un pasaje muy citado:

> El amor llega incluso a las plantas. Machos y hembras... celebran sus nupcias...[7] mostrando, por sus órganos sexuales, cuáles son machos y, cuáles son hembras. Las hojas de las flores sirven como un lecho nupcial, dispuesto gloriosamente por el Creador, adornado con excelsos cortinajes y perfumado con suaves aromas para que el novio pueda celebrar allí sus nupcias con la novia con la máxima solemnidad. Una vez dispuesto así el lecho, es el momento de que el novio abrace a su novia amada y se entregue a ella.

Llamó a un género de plantas *Clitoria*. Mucha gente lo consideró extraño, lo que no es sorprendente. Antes de Linneo se daban a las plantas nombres que eran ampliamente descriptivos. El guindo común se denominaba *Physalis amno ramosissime ramis angulosis glabris foliis dentoserratis*. Linneo lo abrevió en *Physalis angulata*,[8] que aún sigue usándose. El mundo vegetal estaba igualmente desordenado por incoherencias de denominación. Un botánico podía no estar seguro de si *Rosa sylvestris alba cum rubore, folio glabro* era la misma planta que otros llamaban *Rosa sylvestris inodora seu canina*. Linneo resolvió el problema llamándola simplemente *Rosa canina*. Efectuar estas extirpaciones útiles y agradables para todos exigía mucho más que ser simplemente decidido y resuelto. Hacía falta un instinto (un talento, en realidad) para localizar las características destacadas de una especie.

El sistema de Linneo está tan bien establecido que casi no podemos concebir una alternativa, pero antes de él, los sistemas de clasificación solían ser extremadamente caprichosos. Podían clasificarse los animales siguiendo el criterio de si eran salvajes o estaban domesticados, si eran terrestres o acuáticos, grandes o pequeños, incluso si se consideraban nobles y apuestos o vulgares e intrascendentes. Buffon ordenó los animales en función de su utilidad para el hombre. Apenas se tenían en cuenta las características anatómicas. Linneo convirtió en la tarea de su vida rectificar esa deficiencia, clasificando todo lo que estaba vivo de acuerdo con sus atributos físicos. La taxonomía (es decir, la ciencia de la clasificación) nunca ha mirado atrás.

Todo esto llevó tiempo, claro. La primera edición de su gran *Systema naturae*[9] de 1735 sólo tenía 14 páginas. Pero creció y creció hasta que, en la doceava edición (la última que Linneo viviría para ver), abarcaba ya tres volúmenes y 2.300 páginas. Al final nombraba o reseñaba unas 13.000 especies de plantas y animales. Otras obras fueron más amplias aún (los tres volúmenes de la *Historia Generalis Plantarum* que publicó John Ray en Inglaterra,[10] completada una generación antes, incluía nada menos que 18.625 especies sólo de plantas) pero en lo que nadie podía igualar a Linneo era en coherencia, orden, sencillez y sentido de la oportunidad. Aunque su obra date de la década de 1730, no llegó a conocerse de forma generalizada en Inglaterra hasta la década de 1760, justo a tiempo para convertir a Linneo en una especie de figura paterna para los naturalistas ingleses.[11] En ningún lugar se adoptó su sistema con mayor entusiasmo (ése es, en parte, el motivo de que la Sociedad Linneana tenga su sede en Londres y no en Estocolmo).

Linneo no era infalible. Incluyó animales míticos y «humanos monstruosos», cuyas descripciones, hechas por los hombres de mar y por otros viajeros imaginativos,[12] aceptó crédulamente. Entre ellos había un hombre salvaje, *Homo ferus*, que caminaba a cuatro patas y aún no había dominado el arte de hablar, y *Homo caudatus*, «hombre con cola». Pero se trataba, no debemos olvidarlo, de una época mucho más crédula. Hasta el gran Joseph Banks se tomó un vivo y cándido interés por una serie de supuestos avistamientos de sirenas en la costa escocesa a finales del siglo XVIII. Sin embargo, los fallos de Linneo quedaron compensados en su mayor parte por una taxonomía sólida y a menudo brillante. Supo darse cuenta, entre otros aciertos, de que las ballenas pertenecían junto con las vacas, los ratones y otros animales terrestres comunes al orden de los cuadrúpedos (más tarde cambiado por mamíferos),[13] clasificación que nadie había hecho antes.

Linneo intentó, al principio, asignar a cada planta un nombre de género y un número (*Convolvulus 1*, *Convolvulus 2*, etcétera.) Pero se dio cuenta enseguida de que eso no era satisfactorio y se inclinó por la forma binaria, que sigue siendo la base del sistema. Su primera intención fue utilizar el sistema binario para rocas, minerales, enfermedades, vientos... todo lo que existía en la naturaleza. No todo el mundo adoptó el sistema entusiásticamente. A muchos les molestó su tendencia a la procacidad, lo que resultaba un tanto irónico, ya que antes de Linneo los nombres vulgares de muchas plantas y animales habían sido bastante groseros. En inglés, el diente de león se conoció popularmente, durante mucho tiempo como «mea en la cama» por sus supuestas propiedades diuréticas, y otros nombres de uso cotidiano incluían *pedo de yegua*, *damas desnudas*, *orina de perro* y *culo abierto*.[14] Uno o dos de estos apelativos vulgares deben de sobrevivir aún en inglés. El «cabello de doncella» del musgo que se llama en inglés así, por ejemplo, *no* se refiere al pelo de la cabeza de la mujer. De todos modos, hacía mucho que se creía que las ciencias naturales se dignificarían apreciablemente con una dosis de denominación clásica, así que causó cierta decepción al descubrir que el autoproclamado príncipe de la botánica salpicase sus textos con designaciones como *Clitoria*, *Fornicata* y *Vulva*.

Con el paso de los años, muchos de estos nombres se desecharon discretamente (aunque no todos, la llamada en inglés «lapa zapatilla» aún recibe a veces la denominación oficial de *Crepidula fornicata*) y se introdujeron muchos otros perfeccionamientos a medida que las ciencias naturales se fueron especializando más. El sistema se reforzó sobre todo con la introducción gradual de jerarquías adicionales. *Genus* (plural *genera*) y *species* habían sido utilizados por los naturalistas más de cien años antes de Linneo, y *orden*, *clase* y *familia*, en sus acepciones biológicas, empezaron a usarse en las décadas de 1750 y 1760. Pero *filum* no se acuñó hasta 1876 (lo hizo el alemán Ernst Haeckel), y *familia* y *orden* se consideraron intercambiables hasta principios del siglo XX. Los zoólogos utilizaron durante un tiempo *familia* donde los botánicos situaban *orden*, para esporádicas confusiones de casi todos.*

Linneo había dividido el mundo animal en seis categorías: mamíferos, reptiles, aves, peces, insectos y «vermes» o gusanos, para todo lo que no encajaba en los cinco primeros. Resultó evidente desde el principio que situar las langostas y las gambas en la misma categoría que los gusanos era insatisfactorio, y se crearon varias categorías nuevas como los moluscos y los crustáceos. Desgraciadamente, estas nuevas clasificaciones no se aplicaron uniformemente en todos los países. En 1842 los ingleses, en un intento de restablecer el orden, propusieron una serie de normas llamadas Código Stricklandiano, pero los franceses lo consideraron arbitrario y la Sociedad Zoológica de Francia respondió con su propio código opuesto. Entre tanto, la Sociedad Ornitológica Americana estadounidense, por razones misteriosas, decidió utilizar la edición de 1758 del *Systema naturae* como base para todas sus denominaciones, en vez de la edición de 1766 utilizada en los otros países, lo que significó que muchas aves estadounidenses se pasaron el siglo XIX clasificadas en géneros distintos de sus primas avícolas de Europa. Hasta 1902, no empezaron por fin los naturalistas, en una de las primeras reuniones del Congreso Internacional de Zoología, a mostrar un espíritu de colaboración y a adoptar un código universal.

La taxonomía se describe a veces como una ciencia y otras veces como un arte, pero es en realidad un campo de batalla. Hoy incluso hay más desorden en el sistema de lo que la mayoría de la gente sabe. Consideremos la categoría del filum, la división que describe los planos corporales básicos de los organismos. Hay unos cuantos filums que son bien conocidos, como el de los moluscos (donde están las almejas y los caracoles), el de los artrópodos (insectos y crustáceos) y el de los cordados (nosotros y todos los demás animales con espina dorsal o protoespina dorsal); a partir de ahí, las cosas se adentran rápidamente en la región de la oscuridad. Entre lo

---

* Diremos a modo de ejemplo que los humanos estamos en el dominio eucaria, en el reino de los animales, en el filum de los cordados, en el subfilum de los vertebrados, en la clase de los mamíferos, en el orden de los primates, en la familia de los homínidos, en el género *Homo*, en la especie *sapiens*. (Se me informa que en la forma convencional se escriben en cursiva los nombres de género y especie, pero no los de las divisiones superiores.) Algunos taxonomistas emplean más subdivisiones: tribu, suborden, infraorden, parvorden, etcétera. *(N. del A.)*

oscuro podríamos enumerar los gnastostomúlidos (gusanos marinos), los cnidarios (pólipos, medusas, anémonas y corales) y los delicados priapúlidos (o pequeños «gusanos penes»). Familiares o no, son divisiones elementales. Pero, aunque parezca extraño hay poco acuerdo sobre cómo son o deberían ser muchos filums. La mayoría de los biólogos fija el total en unos 30, algunos optan por poco más de 20, mientras que Edward O. Wilson en *La diversidad de la vida* se inclina por un total sorprendente por lo abultado de 89.[15] Depende de dónde decidas establecer tus divisiones, si eres un «amontonador» o un «dividdor», como dicen en el mundo biológico.

Al nivel más cotidiano de las especies, las posibilidades de discrepancia son aún mayores. El que una especie de hierba deba llamarse *Aegilops incurva*, *Aegilops incurvata* o *Aegilops ovata* puede no ser una cuestión que agite pasiones entre los botánicos, pero puede ser un motivo de enfrentamiento muy acalorado en los sectores correspondientes. El problema es que hay 5.000 especies de hierbas y muchas de ellas les parecen terriblemente iguales incluso a gente que sabe de hierbas. En consecuencia, algunas especies han sido halladas y nombradas lo menos veinte veces, y parece ser que apenas hay una que no haya sido identificada independientemente dos veces como mínimo. El *Manual of the Grasses of the United States* [Manual de hierbas de Estados Unidos] en dos volúmenes dedica 200 páginas de apretada tipografía a aclarar todas las sinonimias, que es como el mundo de la biología denomina a sus involuntarias pero frecuentes repeticiones. Y se trata de las hierbas de un país.

Para abordar las discrepancias a escala mundial, hay un organismo llamado Asociación Internacional para la Taxonomía Vegetal que arbitra sobre cuestiones de prioridad y repetición. Emite periódicamente decretos, proclamando que *Zauschneria californica* (una planta frecuente en los jardines de rocas) debe pasar a llamarse *Epilobium canun*; o que *Aglaothamnion tenuissimum* debe pasar a considerarse coespecífica de *Aglaothamnion byssoides*, pero no de *Aglaothamnion pseudobyssoides*. Suele tratarse de cuestiones de poca monta que despiertan poco interés, pero, cuando afectan a las amadas plantas de jardín, como sucede a veces, se alzan inevitablemente gritos de indignación. A finales de la década de los ochenta se expulsó al crisantemo común (basándose al parecer en sólidos fundamentos científicos) del género del mismo nombre y se le relegó al mundo del género *Dendranthema*, insulso e indeseable en comparación.

Los criadores de crisantemos son un grupo numeroso y orgulloso y protestaron ante el (real aunque suene a inverosímil) Comité de Espermatofitos. (Hay también comités de pterodofitos, briofitos y hongos, entre otros, todos los cuales tienen que informar a un ejecutivo llamado el Rapporteur Général; una institución a tener muy en cuenta, sin duda.) Aunque se supone que las reglas de la nomenclatura se aplican rigurosamente, los botánicos no son indiferentes al sentimiento y, en 1995, se revocó la decisión. Fallos similares han salvado a las petunias, al evónimo y a una popular especie de amarilis de la degradación, pero no a muchas especies de geranios, que hace unos cuantos años se transfirieron, en medio de sonoras protestas, al género *Pelargonium*.[16] El libro de Charles Elliott, *The Potting-Shed Papers*, incluye una entretenida descripción de esas disputas.

Pueden encontrarse disputas y reordenaciones similares en todos los demás reinos de los seres vivos, por lo que mantener una concordancia global no es algo tan sencillo como podría suponerse. En consecuencia, el hecho bastante sorprendente es que no tenemos la menor idea («ni siquiera el orden más próximo de magnitud», en palabras de Edward O. Wilson) del número de seres que viven en nuestro planeta. Las estimaciones oscilan entre los tres millones y los doscientos millones.[17] Y, más sorprendente aún, según un informe de *The Economist*, puede que todavía quede por descubrir nada menos que el 97 % de las especies de animales y vegetales del mundo.[18]

De los organismos de los que *sí* sabemos, más del 99 % está sólo esquemáticamente descrito: «Un nombre científico, un puñado de especímenes en un museo y unas cuantas definiciones someras en publicaciones científicas» es como describe Wilson el estado de nuestro conocimiento. En *La diversidad de la vida* calculaba el número de especies conocidas de todos los tipos (plantas, insectos, microbios, algas...) en 1.400.000,[19] pero añadía que era sólo una conjetura. Otras autoridades han situado el número de especies conocidas un poco más alto, en torno al 1.500.000 o al 1.800.000;[20] pero aunque no hay ningún registro central de estas cosas y, por tanto, ningún lugar en el que cotejar cifras. En resumen, la curiosa posición en la que nos hallamos es que no sabemos, en realidad, lo que en realidad sabemos.

Deberíamos poder acudir a especialistas de cada sector de especialización, preguntar cuántas especies hay en sus campos y luego sumar los totales. Lo han hecho muchas personas, en realidad. El problema es que raras veces coinciden dos personas. Algunas fuentes sitúan el número de tipos conocidos de hongos en los 70.000, otros en los 100.000... es decir, casi la mitad más. Podemos encontrar afirmaciones seguras de que el número de especies de lombrices de tierra descritas es de 4.000 y afirmaciones, igual de seguras, de que la cifra es 12.000. En el caso de los insectos, las cifras oscilan entre las 750.000 y las 950.000 especies. Se trata, supuestamente, claro, del número de especies *conocidas*. En el caso de los vegetales las cifras que en general se aceptan oscilan entre las 248.000 a las 265.000. Eso puede no parecer una discrepancia demasiado grande, pero es más de veinte veces el número de plantas que florecen en toda Norteamérica.

Poner las cosas en orden es una tarea que no tiene nada de fácil. A principios de la década de 1960 Colin Groves, de la Universidad Nacional Australiana, inició un estudio sistemático de las más de 250 especies conocidas de primates. Resultaba a menudo que la misma especie había sido descrita más de una vez (en ocasiones varias veces) sin que ninguno de los descubridores se diese cuenta de que se trataba de un animal que la ciencia ya conocía. Groves tardó cuatro décadas en aclararlo todo,[21] y se trataba de un grupo relativamente pequeño de criaturas fáciles de distinguir y, en general, poco polémicas. Quién sabe cuáles serían los resultados si alguien intentase una tarea similar con los 20.000 tipos de líquenes que se supone que hay en el planeta, las 50.000 especies de moluscos o los más de 400.000 escarabajos.

De lo que no hay duda es de que hay mucha vida por ahí fuera, aunque las cantidades concretas sean inevitablemente cálculos basados en extrapolaciones, a veces extrapolaciones demasiado amplias. En la década de los ochenta, Terry Erwin, del Instituto Smithsoniano, en un experimento famoso, saturó un grupo de 19 árboles de una selva tropical de Panamá con una niebla insecticida, luego recogió todo lo que cayó en sus redes de las copas. Entre las piezas de su botín (en realidad botines, ya que repitió el experimento estacionalmente para cerciorarse de que capturaba especies migratorias) había 1.200 tipos de escarabajos. Basándose en la distribución de los escarabajos en otras zonas, el número de otras especies arborícolas en el bosque, el número de bosques en el mundo, el número de otros tipos de insectos y así sucesivamente hasta recorrer una larga cadena de variables, calculó una cifra de 30 millones de especies de insectos para todo el planeta... cifra que diría más tarde él mismo que era demasiado conservadora. Otros, utilizando los mismos datos u otros similares, han obtenido cifras de 13 millones, 80 millones o 100 millones de tipos de insectos, resaltando la conclusión de que esas cifras, por muy meticulosamente que se llegase a ellas, tenían que ser sin duda, en el mismo grado como mínimo, tanto conjetura como ciencia.

Según el *Wall Street Journal*, el mundo cuenta con «unos 10.000 taxonomistas en activo»... no es un gran número si se considera cuánto hay que reseñar y registrar. Pero el *Wall Street Journal* añade que, debido al coste (unas 1.250 libras por especie) y al trabajo de papeleo, en total sólo se clasifican unas 15.000 nuevas especies al año.[22]

—¡No es una crisis de biodiversidad, es una crisis de taxonomistas![23]
—gritó Koen Maes.

Maes, belga de origen, es jefe de invertebrados en el Museo Nacional de Kenia de Nairobi, y tuve una breve charla con él en una visita al país en el otoño de 2002. Me explicó que no había ningún taxonomista especializado en toda África.

—Había uno en Costa de Marfil, pero creo que ya se ha jubilado —dijo.

Hacen falta de diez a doce años para formar a un taxonomista, pero no hay ninguno que vaya a África.

—Ellos son los auténticos fósiles —añadió Maes.

Él mismo tenía que irse a finales de año, me explicó. Después de siete años en Kenia, no le iban a renovar el contrato.

—No hay fondos —explicó.

El biólogo británico, G. H. Godfray, comentaba hace unos meses en un artículo publicado en *Nature* que hay una «carencia de fondos y de prestigio» crónica, en todas partes, para los taxonomistas. En consecuencia, «se están describiendo pobremente muchas especies en publicaciones aisladas,[24] sin ningún intento de relacionar un nuevo taxón* con clasificaciones y especies ya existentes». Además, una gran parte del tiempo de los taxonomistas lo absorbe no tanto la descripción de nuevas especies como la ordenación de las antiguas. Según Godfray, muchos «dedican la mayor parte de su carrera a intentar interpretar la obra de los sistematizadores del siglo XIX: a deconstruir sus descripciones publicadas, a menudo incorrectas, o a recorrer los museos del mundo en busca de un material tipo que suele estar en condiciones bastante deficientes». Godfray insiste, sobre todo, en la nula atención que se presta a las posibilidades de sistematización que brinda Internet. El hecho es que la taxonomía aún está, en general, curiosamente vinculada al papel.

En 2001, en un intento de situar las cosas en la edad moderna, Kevin Kelly, cofundador de la revista *Wired*, puso en marcha un proyecto denominado la All Species Foundation[25] con el objetivo de hallar y registrar, en una base de datos, todos los organismos vivos. Se ha calculado que el coste de ese proyecto oscila entre los 1.300 millones y los 30.000 millones de libras. En la primavera del año 2002, la fundación sólo tenía unos fondos de 750.000 libras y cuatro empleados a jornada completa.

Si, como indican los números, tal vez tengamos 100 millones de especies de insectos aún por descubrir, y si nuestras tasas de descubrimiento siguen al ritmo actual, podríamos tener un total definitivo para los insec-

---

* Es el término oficial para una categoría zoológica, como filum o género. *(N. del A.)*

tos en poco más de 15.000 años. El resto del reino animal podría llevar un poco más de tiempo.

¿Por qué sabemos, pues, tan poco? Hay casi tantas razones como animales quedan por contar, pero he aquí algunas de las causas principales:

Casi todos los seres vivos son pequeños y pasan muy fácilmente desapercibidos. En términos prácticos, esto no siempre es malo. No podrías dormir tan tranquilo si tuvieses conciencia de que tu colchón es el hogar de casi dos millones de ácaros microscópicos,[26] que salen a altas horas de la noche a cenar tus grasas sebáceas y a darse un banquete con todos esos encantadores y crujientes copos de piel que desprendes cuando te mueves en sueños. Sólo en tu almohada puede haber 40.000. (Para ellos, tu cabeza no es más que un enorme bombón aceitoso.) Y no creas que cambiar el forro de la almohada cambiará las cosas. Para alguien de la escala de esos ácaros, el tejido de la tela humana más tupida es como las jarcias de un barco. De hecho, si la almohada tiene seis años (que parece ser que es más o menos la edad media de una almohada), se ha calculado que una décima parte de su peso estará compuesta de «piel desprendida, ácaros vivos, ácaros muertos y excrementos de ácaros», según la persona que efectuó el cálculo, el doctor John Maunder, del Centro Médico Entomológico Británico.[27] (Pero, al menos, son *tus* ácaros. Piensa encima de qué te acurrucas cuando te metes en la cama de un hotel.)* Estos ácaros llevan con nosotros desde tiempo inmemorial,[28] pero no se descubrieron hasta 1965.

Si criaturas tan íntimamente relacionadas con nosotros como los ácaros nos pasaron inadvertidas hasta la época de la televisión en color, no tiene nada de sorprendente que apenas tengamos conocimiento de la mayor parte del resto del mundo a pequeña escala. Sal al bosque (a cualquiera), agáchate y coge un puñado de tierra, y tendrás en la mano 10.000 millones de bacterias, casi todas desconocidas por la ciencia. Esa muestra contendrá también quizás un millón de rechonchas levaduras,[29] unos 200.000 honguitos peludos, conocidos como mohos, tal vez 10.000 protozoos (de los que el más conocido es la ameba) y diversos rotíferos, platelmintos, nematelmintos y otras criaturas microscópicas, conocidas colectivamente como criptozoos. Una gran parte de ellos serán también desconocidos.

---

* En realidad estamos empeorando en algunas cuestiones de higiene. El doctor Maunder cree que el mayor uso de detergentes de lavadora de baja temperatura ha estimulado la proliferación de bichos. Según dice él: «Si lavas la ropa con parásitos a bajas temperaturas, lo único que consigues son parásitos más limpios». *(N. del A.)*

El manual más completo de microorganismos, *Bergey's Manual of Systematic Bacteriology* [Manual Bergey de bacteriología sistemática], enumera unos 4.000 tipos de bacterias. Los científicos noruegos Jostein Goksøyr y Vigdis Torsvik recogieron, en la década de los ochenta, un gramo de tierra elegido al azar en un bosque de abedules, próximo a su laboratorio de Bergen, y analizaron meticulosamente su contenido bacteriano. Descubrieron que aquella pequeña muestra contenía entre 4.000 y 5.000 especies diferenciadas de bacterias, más que todas las incluidas en el *Bergey's Manual*. Se trasladaron luego a una zona costera, situada a unos kilómetros de distancia, recogieron otro gramo de tierra y se encontraron con que contenía de 4.000 a 5.000 especies *distintas*. Como comenta Edward O. Wilson: «Si hay más de 9.000 tipos microbianos en dos pequeñas muestras de sustrato de dos localidades noruegas,[30] ¿cuántas más aguardan el descubrimiento en otros hábitats radicalmente distintos?». Pues según una estimación, podrían ser hasta 400 millones.[31]

No miramos en los sitios adecuados. Wilson describe en *La diversidad de la vida* cómo un botánico se pasó unos cuantos días pateando diez hectáreas de selva en Borneo y descubrió un millar de nuevas especies de plantas floridas,[32] más de las que hay en toda Norteamérica. Las plantas no eran difíciles de encontrar. Se trataba simplemente de que nadie había mirado allí antes. Koen Maes, del Museo Nacional de Kenia, me contó que él fue a un bosque de nubes, que es como se llaman en Kenia los bosques de las cumbres de las montañas, y en media hora, «de una inspección no particularmente concienzuda», encontró cuatro nuevas especies de milpiés, tres de las cuales constituían géneros nuevos, y una nueva especie de árbol. «Un árbol grande», añadió, y colocó los brazos como si estuviese a punto de bailar con una pareja muy grande. Los bosques de nubes se encuentran en lo alto de mesetas y han permanecido aislados, en algunos casos, millones de años. «Proporcionan el clima ideal para la biología y apenas han sido estudiados», me dijo.

Las selvas tropicales ocupan sólo un 6 % de la superficie de la Tierra,[33] pero albergan más de la mitad de su vida animal y aproximadamente dos tercios de sus plantas floridas... y la mayor parte de esa vida sigue siéndonos desconocida porque son demasiado pocos los investigadores que le dedican su tiempo. Y hay que tener en cuenta que gran parte de eso podría ser muy valioso. Un 99 % de las plantas floridas, como mínimo, nunca ha sido investigado en relación con sus propiedades medicinales. Las plantas, como no pueden huir de los predadores, han tenido que recurrir a complejas defensas químicas y son, por ello, particularmente ricas en intrigantes compuestos. Incluso hoy, casi una cuarta parte de todas las medicinas recetadas procede de 40 plantas y un 16 % de animales o microbios, así que con cada hectárea de bosque que se tala corremos un grave peligro de perder posibilidades médicamente vitales. Los químicos, utilizando un método llamado química combinatoria, pueden generar 40.000 compuestos a la vez en los laboratorios, pero esos productos se obtienen al azar y son a menudo inútiles, mientras que cualquier molécula natural habrá pasado ya por lo que *The Economist* llama «el programa de revisión definitivo: unos 3.000 millones y medio de años de evolución».[34]

Pero buscar lo desconocido no es simplemente cuestión de viajar a lugares remotos o lejanos. Richard Fortey comenta en su libro *La vida: una biografía no autorizada* cómo se encontró una bacteria antigua en la pared de un bar de una taberna rural[35] «donde los hombres llevaban generaciones orinando»... Un descubrimiento que parecería incluir cantidades excepcionales de suerte, dedicación y, posiblemente, alguna que otra cualidad no especificada.

No hay suficientes especialistas. El número de seres que hay que buscar, examinar y registrar sobrepasa con mucho el número de científicos de que se dispone para hacerlo. Consideremos esos organismos tan resistentes y poco conocidos llamados rotíferos bdeloides. Se trata de animales microscópicos que pueden sobrevivir casi a cualquier cosa. Cuando las condiciones son duras, se enroscan adoptando una forma compacta, desconectan su metabolismo y esperan tiempos mejores. En ese estado puedes echarlos en agua hirviendo o congelarlos casi hasta el cero absoluto (es decir, el nivel al que hasta los átomos se rinden) y, cuando ese tormento haya concluido y hayan regresado a un entorno más placentero, se desperezarán y seguirán con su vida como si no hubiese pasado nada. Se han identificado hasta ahora unas 500 especies (aunque otras fuentes hablan de 360),[36] pero nadie tiene la más remota idea de cuántas puede haber en total. Casi todo lo que se supo de ellos durante muchos años se debió al trabajo de un fervoroso aficionado, un oficinista de Londres llamado David Bryce, que los estudió en su tiempo libre. Se pueden encontrar en todo el mundo, pero podrías invitar a cenar a todos los especialistas en rotíferos bdeloides del mundo sin tener que pedir platos prestados a los vecinos.

Hasta unas criaturas tan importantes y ubicuas como los hongos (y los hongos son ambas cosas) atraen relativamente poca atención. Hay hongos en todas partes y adoptan muchas formas (como setas, mohos, mildius, levaduras y bejines, por mencionar sólo unos cuantos) y los hay en cantidades que no sospechamos siquiera la mayoría de nosotros. Junta todos los hongos que hay en una hectárea típica de pradería[37] y tendrás unos 2.800 kilos de ellos. No se trata de organismos marginales. Sin los hongos no habría pestes de la patata, enfermedad del olmo de Holanda, pie de atleta, pero tampoco habría yogures ni cervezas ni quesos. Han sido identificadas unas 70.000 especies de ellos, pero se cree que el número total podría llegar hasta el 1.800.000.[38] Hay un montón de micólogos que trabajan para la industria, haciendo quesos, yogures y alimento parecido, así que es difícil saber cuántos están dedicados activamente a la investigación, pero podemos estar seguros de que hay más especies de hongos por descubrir que gente dedicada a descubrirlas.

El mundo es un sitio realmente grande. Lo fácil que resulta viajar en avión y otras formas de comunicación nos han inducido a creer que el mundo no es tan grande, pero a nivel de suelo, que es donde deben trabajar los investigadores, es en realidad enorme... lo suficientemente enorme como para estar lleno de sorpresas. Hoy sabemos que hay ejemplares de okapi, el pariente vivo más cercano de la jirafa, en número sustancial en las selvas de Zaire (la población total se estima en unos 30.000), pero su existencia ni siquiera se sospechó hasta el siglo XX. La gran ave no voladora de Nueva Zelanda llamada takahe[39] se había considerado extinta durante doscientos años hasta que se descubrió que vivía en una zona abrupta del campo de la isla del Sur. En 1995, un equipo de científicos franceses y británicos, que estaban en el Tíbet, se perdieron en una tormenta de nieve en un valle remoto y se tropezaron con una raza de caballos, llamada riwoche, que hasta entonces sólo se conocía por dibujos de cuevas prehistóricas. Los habitantes del valle se quedaron atónitos al enterarse de que aquel caballo se consideraba una rareza en el mundo exterior.[40]

Algunos creen que pueden aguardarnos sorpresas aún mayores. «Un destacado etnobiólogo británico —decía *The Economist* en 1995— cree que el megaterio, una especie de perezoso gigante que erguido puede llegar a ser tan alto como una jirafa...[41] puede vivir oculto en las espesuras de la cuenca amazónica.» No se nombraba, tal vez significativamente, al etnobiólogo; tal vez aún más significativamente, no se ha querido decir nada más de él ni de su perezoso gigante. Pero nadie puede afirmar con seguridad que no haya tal cosa hasta que se hayan investigado todos los rincones de la selva, y estamos muy lejos de lograr eso.

De todos modos, aunque formásemos miles de trabajadores de campo y los enviásemos a los cuatro extremos del mundo, no sería un esfuerzo suficiente, ya que la vida existe en todos los lugares en que puede existir. Es asombrosa su extraordinaria fecundidad, gratificante incluso, pero también problemática. Investigarla en su totalidad exigiría alzar cada piedra del suelo, hurgar en los lechos de hojas de todos los lechos de los bosques, cribar cantidades inconcebibles de arena y tierra, trepar a todas las copas de los árboles e idear medios mucho más eficaces de investigar los mares. E incluso haciendo eso podrían pasarnos desapercibidos ecosistemas enteros. En la década de los ochenta, exploradores de cuevas aficionados entraron en una cueva profunda de Rumania, que había estado aislada del mundo exterior durante un periodo largo pero desconocido, y encontraron 33 especies de insectos y otras pequeñas criaturas (arañas, ciempiés, piojos...) todos ciegos, incoloros y nuevos para la ciencia. Se alimentaban de los microbios de la espuma superficial de los charcos, que se alimentaban a su vez del sulfuro de hidrógeno de fuentes termales.

Ante la imposibilidad de localizarlo todo es posible que tendamos a sentirnos frustrados y desanimados, y hasta que nos sintamos muy mal, pero también puede considerarse eso algo casi insoportablemente emocionante. Vivimos en un planeta que tiene una capacidad más o menos infinita para sorprendernos. ¿Qué persona razonable podría, en realidad, querer que fuese de otro modo?

Lo que resulta casi siempre más fascinante, en cualquier recorrido que se haga por las dispersas disciplinas de la ciencia moderna, es ver cuánta gente se ha mostrado dispuesta a dedicar su vida a los campos de investigación más suntuosamente esotéricos. Stephen Jay Gould nos habla, en uno de sus ensayos, de un héroe llamado Henry Edward Crampton que se pasó cincuenta años, desde 1906 a 1956 en que murió, estudiando tranquilamente un género de caracol de tierra, llamado *Partula*, en la Polinesia. Crampton midió una y otra vez, año tras año, hasta el mínimo grado (hasta ocho cifras decimales) las espiras y arcos y suaves curvas de innumerables *Partula*, compilando los resultados en tablas meticulosamente detalladas. Una sola línea de texto de una tabla de Crampton[42] podía representar semanas de cálculos y mediciones.

Sólo ligeramente menos ferviente, y desde luego más inesperado, fue Alfred C. Kinsey, que se hizo famoso por sus estudios sobre la sexualidad humana en las décadas de 1940 y 1950. Antes de que su mente se llenara de sexo, como si dijésemos, Kinsey era un entomólogo, y un entomólogo obstinado además. En una expedición que duró dos años recorrió 4.000 kilómetros para reunir una colección de 300.000 avispas.[43] No está registrado, desgraciadamente, cuántos aguijones recogió de paso.

Algo que había estado desconcertándome era la cuestión de cómo aseguraba una cadena de sucesión en esos campos tan arcanos. Es evidente que no pueden ser muchas las instituciones del mundo que necesiten o estén dispuestas a mantener especialistas en percebes o en caracoles marinos del Pacífico. Cuando nos despedíamos en el Museo de Historia

Natural de Londres, pregunté a Richard Fortey cómo garantiza la ciencia que, cuando una persona muere, haya alguien listo para ocupar su puesto.

Se rió entre dientes con ganas ante mi ingenuidad.

—Siento decirte que no es que tengamos sustitutos sentados en el banco en algún sitio, esperando a que los llamen para jugar. Cuando un especialista se jubila o, más lamentable aún, cuando se muere, eso puede significar que queden paralizadas cosas en ese campo, a veces durante muchísimo tiempo.

—Y supongo que es por eso por lo que valoras a alguien que es capaz de pasarse cuarenta y dos años estudiando una sola especie de planta, aunque no produzca nada que sea terriblemente nuevo.

—Exactamente —dijo él—. Exactamente.

Y parecía decirlo muy en serio.

CÉLULAS

Todo empieza con una sola célula. La primera célula se divide para convertirse en dos, estas dos se convierten en cuatro y así sucesivamente. Justo después de 42 duplicaciones, tienes 10.000 billones (10.000.000.000.000) de células en el cuerpo y estás listo para aflorar como un ser humano.* Y cada una de esas células sabe perfectamente qué es lo que tiene que hacer para preservarte y nutrirte desde el momento de la concepción hasta tu último aliento.

Tú no tienes secretos para tus células. Saben mucho más de ti que lo que sabes tú. Cada una de ellas lleva una copia del código genético completo (el manual de instrucciones de tu cuerpo), así que sabe cómo hacer no sólo su trabajo sino también todos los demás trabajos del cuerpo. Nunca en tu vida tendrás que recordarle a una célula que vigile sus niveles de adenosín trifosfato o que busque un sitio para el chorrito extra de ácido fólico que acaba de aparecer inesperadamente. Hará por ti eso y millones de cosas más.

Cada célula de la naturaleza es una especie de milagro. Hasta las más simples superan los límites del ingenio humano. Para construir, por ejemplo, la célula de la levadura más elemental tendrías que miniaturizar aproximadamente el mismo número de piezas que tiene un reactor de pasajeros Boeing 777[1] y encajarlas en una esfera de sólo cinco micras de anchura; luego tendrías que arreglártelas para convencer a la esfera de que debía reproducirse.

Pero las células de levadura no son nada comparadas con las células

---

* En realidad, se pierden muchísimas células en el proceso de desarrollo, así que el número con que nacen no es más que una conjetura. Según la fuente que consultes, puede variar en varios órdenes de magnitud. La cifra de 10.000 billones es de *Microcosmos*, de Margulis y Sagan. *(N. del A.)*

humanas, que no sólo son más variadas y complejas, sino muchísimo más fascinantes debido a sus enrevesadas interacciones.

Tus células son un país de 10.000 billones de ciudadanos, dedicados cada uno de ellos, de forma intensiva y específica, a tu bienestar general. No hay nada que ellas no hagan por ti. Te dejan sentir placer y formar pensamientos. Te permiten estar de pie y estirarte, así como dar saltos y brincos. Cuando comes, extraen los nutrientes, distribuyen la energía y expulsan los desechos (todas aquellas cosas que aprendiste en las clases de biología), pero también se acuerdan de hacer que sientas hambre antes y de recompensarte con una sensación de bienestar después, para que no te olvides de comer otra vez. Por ellas crece el pelo, hay cerumen en los oídos, ronronea quedamente el cerebro. Ellas se ocupan de todos los rincones de tu cuerpo. Saltarán en tu defensa en el instante en que estés amenazado. Morirán por ti sin vacilar, miles de millones de ellas lo hacen diariamente. Y ni una sola vez en toda tu vida le has dado las gracias a una sola de ellas. Así que dediquemos ahora un momento a considerarlas con la admiración y el aprecio que se merecen.

Sabemos un poco de cómo las células hacen las cosas que hacen (cómo se libran de la grasa o fabrican insulina o realizan muchos de los otros actos que son necesarios para mantener una entidad compleja como tú), pero sólo un poco. Tienes como mínimo 200.000 tipos diferentes de proteínas trabajando laboriosamente dentro de ti y, hasta ahora, sólo entendemos aproximadamente un 2 % de lo que hacen.[2] (Otros sitúan la cifra más bien en el 50 %; parece ser que depende de lo que se quiera decir con «entender».)

Aparecen constantemente sorpresas al hablar de células. En la naturaleza, el óxido nítrico es una toxina temible y uno de los componentes más comunes de la contaminación atmosférica. Así que los científicos se sorprendieron un poco cuando descubrieron a mediados de la década de los años ochenta que lo producían con curioso fervor las células humanas. Su finalidad, era en principio, un misterio, pero luego los científicos empezaron a encontrarlo por todas partes:[3] controla el flujo sanguíneo y los niveles de energía de las células, ataca cánceres y otros patógenos, regulan el sentido del olfato, ayudan incluso al pene en sus erecciones... También explicaba por qué la nitroglicerina, el famoso explosivo, alivia el dolor del corazón llamado angina. (Se convierte en óxido nítrico en el torrente sanguíneo, relaja las paredes musculares de los vasos y permite que la sangre fluya con más libertad.[4]) En el espacio de apenas una década, esta sustancia gaseosa pasó de ser una toxina externa a convertirse en un ubicuo elixir.

Tú posees, según el bioquímico belga Christian de Duve, «unos cuantos centenares» de tipos diferentes de células.[5] Éstas varían enormemente en tamaño y forma, desde las células nerviosas, cuyos filamentos pueden extenderse más de un metro, a las células rojas de la sangre, pequeñas y en forma de disco, y a las fotocélulas en forma de varillas que ayudan a proporcionarnos la visión. Adoptan también una gama de tamaños de suntuosa amplitud, lo que es especialmente impresionante en el momento de la concepción, en que un solo y esforzado espermatozoo se enfrenta a un huevo 85.000 veces mayor que él (lo que relativiza bastante la idea de la conquista masculina). Sin embargo, una célula humana tiene como media una anchura de 29 micras (es decir, unas dos centésimas de milímetro) lo que es demasiado pequeño para que pueda verse, pero lo bastante espacioso para albergar miles de complicadas estructuras como las mitocondrias y millones y millones de moléculas. Las células también varían, en el sentido más literal, en cuanto a su vivacidad. Las de la piel están todas muertas. Es una idea algo mortificante pensar que todos los centímetros de tu superficie están muertos. Si eres un adulto de talla media, andas arrastrando por ahí más de dos kilos de piel muerta,[6] de los que se desprenden cada día varios miles de millones de pequeños fragmentos. Recorre con un dedo una estantería cubierta de polvo y estarás dibujando una línea formada principalmente por piel vieja.

La mayoría de las células vivas raras veces duran más de un mes o así, pero hay algunas notables excepciones. Las células del hígado pueden sobrevivir años,[7] aunque los componentes que hay en ellas se puedan renovar cada pocos días. Las células cerebrales duran todo lo que dures tú. Estás provisto de unos 100.000 millones de ellas al nacer y eso es todo lo que tendrás. Se ha calculado que se pierden 500 cada hora, así que, si tienes que pensar en algo serio no tienes realmente tiempo que perder. La buena noticia es que los componentes individuales de tus células cerebrales se renuevan constantemente, como sucede con las células hepáticas, por lo que ninguna parte de ellas es en realidad probable que tenga más de un mes de vida. De hecho, se ha dicho que no hay ni un solo pedacito de cualquiera de nosotros (ni tan siquiera una molécula perdida)[8] que formase parte de nosotros hace nueve años. Puede que no dé esa sensación, pero al nivel celular somos todos unos jovencitos.

La primera persona que describió una célula fue Robert Hooke, al que dejamos páginas atrás peleándose con Isaac Newton por la atribución del invento de la Ley del Cuadrado Inverso. Hooke consiguió hacer muchas cosas en sus sesenta y ocho años de vida (fue al mismo tiempo un teórico consumado y un manitas haciendo instrumentos ingeniosos y útiles), pero por nada de lo que hizo se le admiró tanto como por su popular libro

Micrografía, o algunas descripciones fisiológicas de los cuerpos diminutos realizadas mediante cristales de aumento, publicado en 1665. Reveló a un público fascinado un universo de lo muy pequeño, que era mucho más diverso y estaba mucho más poblado y delicadamente estructurado que nada que se hubiese llegado a imaginar hasta entonces.

Entre las características de lo microscópico que primero identificó Hooke estaban las pequeñas cámaras de las plantas, que él llamó «células» porque le recordaron las celdas de los monjes. Hooke calculó que en una pulgada cuadrada de corcho había 1.259.712.000 de aquellas pequeñas cámaras[9] (la primera aparición de un número tan largo en la ciencia). Los microscopios llevaban circulando por entonces una generación o así, pero lo que distinguió los de Hooke fue su superioridad técnica. Lograban ampliar los objetos treinta veces, lo que los convirtió en lo mejorcito de la tecnología óptica del siglo XVII.

Así que se produjo toda una conmoción cuando, sólo una década después, Hooke y el resto de los miembros de la Real Sociedad de Londres empezaron a recibir dibujos e informes, de un iletrado comerciante de paños de la ciudad holandesa de Delft, que conseguía ampliaciones de hasta 275 veces. El pañero se llamaba Antoni van Leeuwenhoek. Aunque tenía escasos estudios oficiales y carecía de bagaje científico, era un observador sensible y fervoroso, así como un genio técnico.

Aún no se sabe cómo consiguió unas ampliaciones tan magníficas con unos instrumentos manuales tan simples, que eran poco más que unas modestas espigas de madera, con una pequeña burbuja de cristal engastada en ellas, algo mucho más parecido a una lupa que a lo que la mayoría de nosotros consideramos un microscopio, pero tampoco demasiado parecido. Leeuwenhoek hacía un nuevo instrumento para cada experimento que realizaba y era extremadamente reservado sobre a sus técnicas, aunque brindó a veces sugerencias a los ingleses sobre cómo podrían mejorar la resolución de su instrumental.*

A lo largo de un periodo de cincuenta años (que se inició, bastante notablemente, cuando él pasaba ya de los cuarenta), Leeuwenhoek hizo

---

* Leeuwenhoek era íntimo amigo de otro notable de Delft, el pintor Jan Vermeer. A mediados de la década de 1600, Vermeer, que antes había sido un pintor competente pero no sobresaliente, pasó de pronto a dominar las técnicas de la luz y de la perspectiva por lo que ha sido alabado desde entonces. Aunque nunca se ha demostrado, hace tiempo que se sospecha que utilizaba una cámara oscura, un instrumento para proyectar imágenes sobre una superficie plana a través de una lente. No se enumeró ningún instrumento de este tipo entre los efectos personales de Vermeer después de su muerte, pero da la casualidad de que el albacea de su testamento era ni más ni menos que Antoni van Leeuwenhoek, el fabricante de lentes más reservado de su tiempo. *(N. del A.)*

casi 200 informes para la Real Sociedad, todos escritos en bajo holandés, la única lengua que él dominaba. No exponía ninguna interpretación, sólo los datos de lo que había encontrado acompañados de exquisitos dibujos. Envió informes sobre casi todo lo que podía resultar útil examinar, el moho del pan, un aguijón de abeja, las células sanguíneas, los dientes, el cabello humano, su propia saliva, algo de excremento y semen (esto último con preocupadas disculpas por su carácter ineludiblemente sucio y desagradable). Ninguna de aquellas cosas se había visto microscópicamente hasta entonces.

Después de que informó de haber hallado «animáculos» en una muestra de infusión de pimienta negra en 1676,[10] los miembros de la Real Sociedad pasaron un año buscando, con los mejores instrumentos que era capaz de producir la tecnología inglesa, los «animalitos» hasta que consiguieron, por fin, la ampliación correcta. Lo que Leeuwenhoek había encontrado eran los protozoos. Calculó que había 8.280.000 de aquellos pequeños seres en una sola gota de agua[11] (más que el número de habitantes de Holanda). El mundo estaba repleto de vida en cantidades y formas que nadie había sospechado hasta entonces.

Inspirados por los fantásticos hallazgos de Leeuwenhoek, hubo otros que empezaron a atisbar por microscopios con tal ansia que a veces encontraban cosas que, en realidad, no estaban allí. Un respetado observador holandés, Nicolaus Hartsoecker, estaba convencido de haber visto «hombrecillos preformados» en células espermáticas. Llamó a aquellos pequeños seres «homúnculos»[12] y, durante un tiempo, mucha gente creyó que todos los seres humanos (en realidad, todas las criaturas) eran sólo versiones infladas de seres precursores, chiquitines pero completos. También el propio Leeuwenhoek se dejaba extraviar de vez en cuando por sus entusiasmos. En uno de sus experimentos menos felices[13] intentó estudiar las propiedades explosivas de la pólvora observando una pequeña explosión a corta distancia; estuvo a punto de perder la vista.

En 1683, Leeuwenhoek descubrió las bacterias, pero eso fue prácticamente todo lo que pudo avanzar la ciencia en el siglo y medio siguiente, debido a las limitaciones de la tecnología microscópica. Hasta 1831 no vería nadie por primera vez el núcleo de una célula. Ese alguien fue el botánico escocés Robert Brown, ese visitante frecuente pero misterioso de la historia de la ciencia. Brown, que vivió de 1773 a 1858, le llamó *núcleo*, de la palabra latina *nucula*, que significa nuececita o almendra. Pero, hasta 1839, no hubo nadie que se diera cuenta de que *toda* la materia viva era celular.[14] Fue a un alemán, Theodor Schwann, al que se le ocurrió esa idea, y no sólo apareció con relativo retraso, tratándose de una idea científica, sino que no se aceptó al principio de forma general.

Hasta la década de 1860, y la obra decisiva de Louis Pasteur en Francia, no quedó demostrado concluyentemente que la vida no puede surgir de forma espontánea, sino que debe llegar de células preexistentes. Esta creencia pasó a conocerse como «teoría celular» y es la base de toda la biología moderna.

La célula se ha comparado con muchas cosas,[15] desde «una compleja refinería química» (el físico James Trefil) a «una vasta y populosa metrópoli» (el bioquímico Guy Brown). Una célula es ambas cosas y ninguna de ellas. Es como una refinería porque está consagrada a la actividad química a gran escala y como una metrópolis porque está muy poblada y llena de actividad y de interacciones que parecen confusas y al azar, pero que es evidentemente se atienen a cierto sistematismo. Pero es mucho más un lugar de pesadilla que cualquier ciudad o fábrica que hayas podido ver alguna vez. Para empezar, no hay arriba y abajo dentro de la célula (la gravedad no tiene una importancia significativa a escala celular) y no hay ni un átomo de espacio desaprovechado. Hay actividad por *todas* partes y un repiqueteo constante de energía eléctrica. Puede que no te sientas terriblemente eléctrico, pero lo eres. La comida que comes y el oxígeno que respiras se transforman, en las células, en electricidad. La razón de que no nos propinemos unos a otros grandes descargas o de que no chamusquemos el sofá cuando nos sentamos en él es que está sucediendo todo a pequeña escala: se trata sólo de 0,1 voltios que recorren distancias medidas en nanómetros. Sin embargo, si aumentases la escala, se traduciría en una sacudida de 20 millones de voltios por metro,[16] aproximadamente la misma carga que contiene el cuerpo principal de un rayo.

Casi todas nuestras células, sean cuales sean su tamaño y su forma, están construidas prácticamente sobre el mismo plano: tienen una cubierta exterior o membrana, un núcleo en el que se halla la información genética necesaria para mantenerte en marcha y un activo espacio entre ambas llamado citoplasma. La membrana no es, como imaginamos la mayoría de nosotros, una cubierta correosa y duradera, algo que necesitases un alfiler de buena punta para pincharlo. Está compuesta, en realidad, de un tipo de material graso conocido como lípido, que es de la consistencia aproximada «de un aceite de máquina de tipo ligero»,[17] en palabras de Sherwin B. Nuland. Si eso parece sorprendentemente insustancial, ten en cuenta que, a escala microscópica, las cosas se comportan de forma diferente. A nivel molecular, el agua se convierte en una especie de gel muy resistente y un lípido es como hierro.

Si pudieses visitar una célula, no te gustaría. Hinchada hasta una escala en que los átomos fuesen del tamaño aproximado de guisantes, una célula sería una esfera de unos 800 metros de anchura, sostenida por un complejo entramado de vigas llamado citoesqueleto. Dentro de ella van de un lado a otro, como balas, millones de objetos, unos del tamaño de balones, otros del tamaño de coches. No habría un sitio en el que pudieras estar sin que te aporreasen y te despedazasen miles de veces por segundo en todas las direcciones. El interior de una célula es un lugar peligroso hasta para sus ocupantes habituales. Cada filamento de ADN es atacado o dañado una vez cada 8,4 segundos (10.000 veces al día) por sustancias químicas u otros agentes que lo aporrean o lo atraviesan despreocupadamente, y cada una de esas heridas debe suturarse a toda prisa para que la célula no perezca.

Son especialmente vivaces las proteínas, que giran, palpitan y vuelan unas en otras hasta mil millones de veces por segundo.[18] Las enzimas, que son también un tipo de proteínas, corren por todas partes, realizando mil tareas por segundo. Construyen y reconstruyen diligentemente moléculas, como hormigas obreras muy aceleradas, sacando una pieza de ésta, añadiendo una pieza a aquélla. Algunas controlan a las proteínas que pasan y marcan con una sustancia química las que están irreparablemente dañadas o son defectuosas. Una vez seleccionadas, las proteínas condenadas se dirigen a una estructura denominada proteasoma, donde son despiezadas y sus componentes se utilizan para formar nuevas proteínas. Algunos tipos de proteínas tienen menos de media hora de existencia; otras sobreviven varias semanas. Pero todas llevan una vida increíblemente frenética. Como dice De Duve, «el mundo molecular debe permanecer necesariamente fuera del alcance de nuestra imaginación[19] debido a la increíble velocidad con que suceden allí las cosas».

Pero aminora la marcha, hasta una velocidad en la que las interacciones se puedan observar y las cosas no parezcan tan desquiciantes. Podrás darte cuenta entonces de que una célula es sólo millones de objetos (lisosomas, endosomas, ribosomas, ligandos, peroxisomas, proteínas de todas las formas y tamaños...) chocando con otros millones de objetos y realizando tareas rutinarias: extrayendo energía de nutrientes, montando estructuras, deshaciéndose de desperdicios, rechazando a los intrusos, enviando y recibiendo mensajes, efectuando reparaciones, etcétera. Una célula suele contener unos 20.000 tipos diferentes de proteínas, y unos 2.000 tipos de ellas representarán cada una 50.000 moléculas como mínimo. «Esto significa —dice Nuland—, que, aunque sólo contásemos las moléculas presentes en cuantías de más de 50.000, el total es aún un mínimo de 100 millones de moléculas de proteínas en cada célula.[20] Esa cifra tan asombrosa nos da cierta idea de la pululante inmensidad de actividades bioquímicas que hay dentro de nosotros.»

Se trata, en conjunto, de un proceso inmensamente exigente. Para mantener esas células bien oxigenadas el corazón ha de bombear 343 litros de sangre por hora, unos 8.000 litros al día, 3 millones de litros al año (lo suficiente para llenar cuatro piscinas olímpicas). (Y eso es en condiciones de descanso. Durante el ejercicio, la cuantía puede llegar a ser de hasta seis veces más.) El oxígeno lo absorben las mitocondrias. Son las centrales eléctricas de las células y suele haber unas 1.000 por célula, aunque el número varía considerablemente según lo que la célula haga y la cantidad de energía que necesite.

Puede que recuerdes de un capítulo anterior que las mitocondrias se cree que fueron en principio bacterias cautivas y que viven básicamente como inquilinos en nuestras células, conservando sus propias instrucciones genéticas, dividiéndose según su propio programa, hablando su propio idioma... Puede que recuerdes también que estamos a merced de su buena voluntad. He aquí por qué. Prácticamente todo el alimento y todo el oxígeno que entran en tu cuerpo se entregan, una vez procesados, a las mitocondrias, en las que se convierten en una molécula llamada adenosín trifosfato o ATP.

Es posible que no hayas oído nunca hablar del ATP, pero es lo que te mantiene en marcha. Las moléculas de ATP son básicamente paquetitos de baterías que se desplazan por la célula, proporcionando energía para todos los procesos celulares. Y gastas muchísimo de eso. Una célula típica de tu cuerpo tendrá en cualquier momento dado unos 1.000 millones de moléculas de ATP,[21] y en dos minutos habrán quedado todas vaciadas y ocuparán su lugar otros 1.000 millones. Produces y utilizas cada día un volumen de ATP equivalente aproximadamente a la mitad de tu peso corporal.[22] Aprecia el calor de tu piel. Es tu ATP que está trabajando.

Las células, cuando ya no son necesarias, mueren con lo que sólo se puede calificar de gran dignidad. Desmantelan todos los puntales y contrafuertes que las sostienen y devoran tranquilamente los elementos que las componen. El proceso se denomina apoptosis o muerte celular programada. Miles de millones de células tuyas mueren cada día a tu servicio y otras miles de millones de ellas limpian los desechos. Las células pueden morir también violentamente (por ejemplo, cuando resultan infectadas), pero mueren principalmente porque se les dice que lo hagan. De hecho, si no se les dice que vivan, si no les da algún tipo de instrucción activa alguna otra célula, se suicidan automáticamente. Las células necesitan muchísimo apoyo.

Cuando una célula, como a veces ocurre, no expira de la forma prescrita, sino que en lugar de eso empieza a dividirse y a proliferar descontroladamente, llamamos al resultado cáncer. Las células cancerosas simplemente son células confundidas. Las células cometen ese error con bastante regularidad, pero el cuerpo ha elaborado mecanismos para lidiar con él. Sólo muy raras veces se descontrola el proceso. Los humanos padecen como media de un tumor maligno por cada 100.000 billones de divisiones celulares.[23] El cáncer es mala suerte en todos los sentidos posibles del término.

Lo asombroso de las células es no que las cosas vayan mal a veces sino que consigan que todo vaya tan bien durante décadas seguidas. Consiguen que sea así enviando y controlando corrientes de mensajes (una cacofonía de mensajes) de todo el conjunto del cuerpo: instrucciones, preguntas, correcciones, peticiones de ayuda, puestas al día, avisos de dividirse o de expirar... La mayoría de esas señales llegan por medio de correos llamados hormonas, entidades químicas como la insulina, la adrenalina, el estrógeno y la testosterona que transmiten información desde puestos destacados remotos, como las glándulas tiroides y la endocrina. Hay otros mensajes más que llegan por telégrafo del cerebro o de centros regionales, en un proceso denominado señalización paracrina. Por último, las células se comunican directamente con sus vecinas para cerciorarse de que sus acciones están coordinadas.

Lo más notable puede que sea el que se trate sólo de acción frenética al azar, una serie de encuentros interminables gobernados únicamente por las reglas elementales de atracción y repulsión. Es evidente que no hay ninguna presencia pensante detrás de ninguna de las acciones de las células. Sucede todo de una forma fluida y reiterada y tan fiable que raras veces llegamos siquiera a darnos cuenta de ello; sin embargo, de alguna manera, todo esto produce no sólo orden dentro de la célula sino una armonía perfecta en todo el organismo. De modo que apenas si hemos empezado a entender, billones y billones de reacciones químicas reflexivas dan como resultado total un tú que se mueve, piensa y toma decisiones... o, ya puestos, un escarabajo pelotero bastante menos reflexivo pero aun así increíblemente organizado. Cada ser vivo, nunca lo olvides, es un milagro de ingeniería atómica.

De hecho, algunos organismos que nos parecen primitivos gozan de un grado de organización celular que hace parecer el tuyo despreocupadamente pedestre. Disgrega las células de una esponja (haciéndolas pasar por un cedazo, por ejemplo), échalas luego en una solución y ellas solas encontrarán el medio de volver a unirse y organizarse en una esponja. Puedes hacerles eso una y otra vez y se reconstruirán obstinadamente porque, como tú, como yo y como todos los demás seres vivos, tienen un impulso imperativo: seguir siendo.

Y eso se debe a una molécula curiosa, decidida y apenas entendida, que no está por su parte viva y que no hace en general absolutamente nada. Le llamamos ADN y, para empezar a entender la suma importancia que tiene para la ciencia y para nosotros, necesitamos retroceder unos 160 años, hasta la Inglaterra decimonónica, hasta el momento en que el naturalista Charles Darwin tuvo lo que se ha denominado «la mejor idea que haya tenido nadie nunca»...[24] y luego, por razones un poco largas de explicar, la metió en un cajón y la dejó allí los quince años siguientes.

LA IDEA SINGULAR DE DARWIN

A finales del verano o principios del otoño de 1859, Whitwell Elwin, director de la respetada revista inglesa *Quarterly Review*, recibió un ejemplar de adelanto de un nuevo libro del naturalista Charles Darwin. Elwin leyó el libro con interés y reconoció que tenía mérito, pero temía que el tema fuese excesivamente especializado y no atrajese a un público amplio. Instó a Darwin a escribir un libro sobre palomas en vez de aquél. «Las palomas le interesan a todo el mundo»,1 comentó amablemente.

El sabio consejo de Elwin fue ignorado y *On the Origin of Species by Means of Natural Selection, o the Preservation of Favoured Races in the Struggle for Life* [El origen de las especies por selección natural o la preservación de las razas favorecidas en la lucha por la vida] se publicó a finales de noviembre de 1859, al precio de 15 chelines. La primera edición de 1.250 ejemplares se vendió el primer día. Nunca ha estado agotado, y casi siempre ha provocado controversias en el tiempo transcurrido desde entonces, lo que no está mal tratándose de un hombre cuyo otro interés principal eran las lombrices de tierra y que, si no hubiese sido por la decisión impetuosa de navegar alrededor del mundo, probablemente se habría pasado la vida como un párroco rural famoso por..., bueno, por su interés por las lombrices de tierra.

Charles Robert Darwin nació el 12 de febrero de 1809* en Shrewsbury, una población tranquila con mercado situada en la zona oeste de las Midlands. Su padre era un médico rico y bien considerado. Su madre, que murió cuando Charles contaba sólo ocho años de edad, era hija de Josiah Wedgwood, un famoso alfarero.

---

* Una fecha auspiciosa de la historia: ese mismo día nacía en Kentucky Abraham Lincoln. *(N. del A.)*

Darwin disfrutó de todas las ventajas de la educación, pero atribuló continuamente a su padre viudo con su rendimiento académico poco brillante. «De lo único que te preocupas es de andar dando gritos, de los perros y de cazar ratas,[2] y serás una desgracia para ti y para toda tu familia», escribía el viejo Darwin, es una cita que casi siempre aparece a esta altura en toda descripción de la primera parte de la vida de Charles Darwin. Aunque él se sentía inclinado hacia la historia natural, intentó estudiar medicina en la Universidad de Edimburgo por satisfacer a su padre, pero no fue capaz de soportar la sangre y el sufrimiento. La experiencia de presenciar una operación practicada a un niño comprensiblemente aterrado[3] (era en los tiempos en que no se utilizaban aún anestésicos, claro) le dejó traumatizado de por vida. Intentó estudiar derecho en vez de medicina, pero le pareció insoportablemente aburrido. Consiguió al final graduarse en teología en Cambridge, un poco como último recurso.

Parecía aguardarle una vida de vicario rural cuando surgió inesperadamente una oferta más tentadora. Darwin fue invitado a participar en una travesía del buque de investigación naval *Beagle*, básicamente como compañero en la mesa del comedor del capitán, Robert FitzRoy, cuyo rango le impedía socializar con alguien que no fuese un caballero. FitzRoy, que era muy raro, eligió a Darwin en parte porque le gustaba la forma de su nariz. (Creía que indicaba profundidad de carácter.) No fue su primera elección, sino que le eligió después de que el acompañante preferido abandonase. Desde la perspectiva del siglo XXI, el rasgo más sorprendente que los dos hombres compartían era su extremada juventud. Cuando zarparon en su viaje, FitzRoy tenía sólo veintitrés años y, Darwin, veintidós.

La misión oficial que tenía FitzRoy era cartografiar aguas costeras, pero su afición (pasión, en realidad) era buscar pruebas para una interpretación bíblica literal de la creación. El que Darwin tuviese una formación eclesiástica fue básico en la decisión de FitzRoy de tenerle a bordo. El que Darwin resultase luego no ser del todo un ferviente devoto de los principios cristianos fundamentales daría motivo a roces constantes entre los dos.

El periodo que Darwin pasó a bordo del *Beagle*, de 1831 a 1836, fue obviamente la experiencia formativa de su vida, pero también una de las más duras. Compartía con su capitán un camarote pequeño, lo que no debió resultar fácil pues FitzRoy padecía arrebatos de furia seguidos de periodos de resentimiento latente. Darwin y él estaban constantemente enzarzados en disputas, algunas de las cuales «bordeaban la locura»,[4] según recordaría más tarde Darwin. Las travesías oceánicas tendían a convertirse en experiencias melancólicas en el mejor de los casos (el anterior capitán del *Beagle* se había atravesado el cerebro de un balazo en un momento de pesimismo solitario), y FitzRoy procedía de una familia famosa por sus tendencias depresivas. Su tío, el vizconde de Castlereagh, se había cortado el cuello en la década anterior cuando era canciller del tesoro. (El propio FitzRoy se suicidaría por el mismo procedimiento en 1865.) El capitán resultaba extraño e incomprensible hasta en sus periodos más tranquilos. Darwin se quedó estupefacto al enterarse, al final del viaje, de que FitzRoy se iba a casar casi inmediatamente con una joven con la que estaba prometido. En los cinco años que había pasado con él, no había insinuado que tuviese esa relación sentimental[5] ni había llegado a mencionar siquiera el nombre de su prometida.

Pero en todos los demás aspectos, la travesía del *Beagle* fue un éxito. Darwin pasó por aventuras suficientes como para toda una vida y acumuló una colección de especímenes que le bastaron para hacerse famoso y para mantenerle ocupado muchos años: encontró espléndidos fósiles gigantes antiguos, entre ellos el mejor *Megatherium* hallado hasta la fecha; sobrevivió a un mortífero terremoto en Chile; descubrió una nueva especie de delfín (a la que llamó servicialmente *Delphinus fitzroyi*); realizó diligentes y provechosas investigaciones geológicas en los Andes; y elaboró una teoría nueva y muy admirada sobre la formación de atolones coralinos, que sugería, significativamente, que los atolones necesitaban como mínimo un millón de años[6] para formarse, primer atisbo de su adhesión perdurable a la extrema antigüedad de los procesos terrestres. En 1836, a los veintisiete años, regresó a casa después de una ausencia de cinco años y dos días. Nunca volvió a salir de Inglaterra.

Una cosa que no hizo Darwin en el viaje fue proponer la teoría (o incluso una teoría) de la evolución. Para empezar, evolución como concepto tenía ya varias décadas de antigüedad en la de 1830. El propio abuelo de Darwin, Erasmus, había rendido tributo a los principios evolucionistas en un poema de inspirada mediocridad titulado «El templo de Natura» años antes de que Charles hubiese nacido siquiera. Hasta que el joven Charles no regresó a Inglaterra y leyó el *Ensayo sobre el principio de la población* de Thomas Malthus[7] (que postulaba que el aumento del suministro de alimentos nunca podría ser equiparable, por razones matemáticas, al crecimiento demográfico) no empezó a filtrarse en su mente la idea de que la vida es una lucha perenne y que la selección natural era el medio por el que algunas especies prosperaban mientras otras fracasaban. Lo que Darwin percibió concretamente fue que los organismos competían por los recursos y que los que tenían alguna ventaja innata prosperaban y transmitían esa ventaja a sus vástagos. Ése era el medio por el que mejoraban continuamente las especies.

Parece una idea terriblemente simple, (y lo es) pero explicaba muchísimo y Darwin estaba dispuesto a consagrar su vida a ella. «¡Qué estúpido fui por no haberlo pensado!»,[8] exclamó T. H. Huxley cuando leía *Sobre el origen de las especies*. Es una idea que ha ido repitiéndose desde entonces.

Conviene señalar que Darwin no utilizó la frase «supervivencia del más apto» en ninguna de sus obras (aunque expresase su admiración por ella). La expresión la acuñó, en 1864, cinco años después de la publicación de *Sobre el origen de las especies*, Herbert Spencer en su *Principios de biología*. Tampoco utilizó la palabra «evolución» en letra impresa hasta la sexta edición de *Sobre el origen* (época en la que su uso estaba ya demasiado generalizado para no utilizarla), prefiriendo en su lugar «ascendencia con modificación». Y, sobre todo, lo que inspiró sus conclusiones no fue el hecho de que apreciase, en el tiempo que estuvo en la islas Galápagos, una interesante diversidad en los picos de los pinzones. La versión convencional de la historia (o al menos la que solemos recordar muchos) es que Darwin, cuando iba de isla en isla, se dio cuenta de que, en cada una de ellas los picos de los pinzones estaban maravillosamente adaptados para el aprovechamiento de los recursos locales (en una isla, los picos eran fuertes, cortos y buenos para partir frutos con cáscara dura, mientras que, en la siguiente, eran, por ejemplo, largos, finos y muy bien adaptados para sacar alimento de hendiduras y rendijas) y eso le hizo pensar que tal vez aquellas aves no habían sido hechas así, si no que en cierto modo se habían hecho así ellas mismas.

Ciertamente, las aves se *habían* hecho a sí mismas, pero no fue Darwin quien se dio cuenta de ello. En la época del viaje del *Beagle*, Darwin acababa de salir de la universidad y aún no era un naturalista consumado, por eso no fue capaz de darse cuenta de que las aves de las islas de los Galápagos eran todas del mismo tipo. Fue su amigo el ornitólogo John Gould[9] quien se dio cuenta de que lo que Darwin había encontrado había sido muchos pinzones con distintas habilidades. Por desgracia, Darwin no había reseñado, por su inexperiencia, qué aves correspondían a cada isla. (Había cometido un error similar con las tortugas.) Tardó años en aclarar todos estas cosas.

Debido a estos diversos descuidos, y a la necesidad de examinar cajas y cajas de otros especímenes del *Beagle*, Darwin no empezó hasta 1842, cinco años después de su regreso a Inglaterra, a bosquejar los rudimentos de su nueva teoría. Los desarrolló dos años después en un «esbozo» de 230 páginas.[10] Y luego hizo una cosa extraordinaria: dejó a un lado sus notas y, durante la década y media siguiente, se ocupó de otros asuntos. Engendró diez hijos, dedicó casi ocho años a escribir una obra exhaustiva sobre los percebes («Odio el percebe como ningún hombre lo ha odiado jamás»,[11] afirmó, y es comprensible, al concluir su obra) y cayó presa de extraños trastornos que le dejaron crónicamente apático, débil y «aturullado», como decía él. Los síntomas casi siempre incluían unas terribles náuseas, acompañadas en general de palpitaciones, migrañas, agotamiento, temblores, manchas delante de los ojos, insuficiencia respiratoria, vértigo y, como es natural, depresión.

No ha llegado a determinarse la causa de la enfermedad. La más romántica, y tal vez la más probable de las posibilidades propuestas, es que padeciese el mal de Chagas, una enfermedad persistente que podría haber contraído en Suramérica por la picadura de un insecto. Una explicación más prosaica es que su trastorno era psicosomático. De todos modos el sufrimiento no lo era. Era frecuente que no pudiese trabajar más de veinte minutos seguidos, y a veces ni siquiera eso.

Gran parte del resto del tiempo lo dedicaba a una serie de tratamientos cada vez más terribles: se daba gélidos baños de inmersión, se rociaba con vinagre, se ponía «cadenas eléctricas» que le sometían a pequeñas descargas de corriente... Se convirtió en una especie de eremita que raras veces abandonaba su casa de Kent, Down House. Una de las primeras cosas que hizo al instalarse en aquella casa fue colocar un espejo, por la parte de fuera de la ventana de su estudio, para poder identificar y, en caso necesario, evitar a los visitantes.

Darwin mantuvo en secreto su teoría porque sabía muy bien la tormenta que podía desencadenarse. En 1844, el año en que guardó sus notas, un libro titulado *Vestiges of the Natural History of Creation* [Vestigios de la historia natural de la Creación] enfureció a gran parte del mundo intelectual al sugerir que los seres humanos podrían haber evolucionado a partir de primates inferiores, sin la ayuda de un creador divino. El autor, previendo el escándalo, había tomado medidas cuidadosas para ocultar su identidad, manteniendo el secreto incluso con sus más íntimos amigos durante los cuarenta años siguientes. Había quien se preguntaba si el autor no podría ser el propio Darwin.[12] Otros sospechaban del príncipe Albert. En realidad, el autor era un escocés, un editor de prestigio y hombre en general modesto. Se llamaba Robert Chambers y su resistencia a hacer pública la autoría del libro tenía una dimensión práctica además de la personal: su empresa era una importante editorial de biblias.* El libro de Chambers fue fogosamente atacado desde los púlpitos por toda

---

* Darwin fue uno de los pocos que hicieron una conjetura acertada. Dio la casualidad de que estaba visitando a Chambers un día en que se entregaba un ejemplar de avance de la sexta edición de *Vestiges*. La atención con que Chamber cotejaba las revisiones fue una especie de indicio delator, aunque parece que no hablaron del asunto. *(N. del A.)*

Inglaterra y muchos otros países, pero provocó también una buena cuantía de cólera más académica. La *Edimburgh Review* dedicó casi un número completo (85 páginas) a hacerlo pedazos. Hasta T. H. Huxley, que creía en la evolución, atacó el libro bastante venenosamente, sin saber que el autor era un amigo suyo.

En cuanto al manuscrito de Darwin podría haber seguido guardado hasta su muerte si no hubiese sido por un aviso alarmante que llegó de Extremo Oriente, a principios del verano de 1858, en forma de paquete, que contenía una amable carta de un joven naturalista, llamado Alfred Russel Wallace y el borrador de un artículo, «Sobre la tendencia de las variedades a separarse indefinidamente del tipo original», en que se esbozaba una teoría de la selección natural que era asombrosamente parecida a las notas secretas de Darwin. Había incluso frases que le recordaban las suyas. «No he visto nunca una coincidencia tan asombrosa —reflexionaba consternado Darwin—. Si Wallace tuviese el esbozo de mi manuscrito redactado en 1842, no podría haber hecho mejor un breve extracto.»[13]

Wallace no apareció en la vida de Darwin de una forma tan inesperada como se dice a veces. Hacía tiempo que mantenían correspondencia y le había enviado generosamente más de una vez a Darwin especímenes que le parecía que podrían ser interesantes. En estos intercambios, Darwin había advertido discretamente a Wallace que consideraba el tema de la creación de las especies un territorio exclusivamente suyo. «Este verano hará veinte años (!) que abrí mi primer cuaderno de notas[14] sobre la cuestión de cómo y cuánto difieren entre sí las especies y las variedades —le había escrito tiempo atrás a Wallace—. Estoy preparando mi obra para la publicación», añadía, aunque en realidad no estaba haciéndolo.

Wallace no se dio cuenta de qué era lo que Darwin estaba intentando decirle... y, de todos modos, claro, no podría haber tenido la menor idea de que su propia teoría fuese casi idéntica a la que Darwin había estado, digamos, haciendo evolucionar desde hacía veinte años.

Darwin se hallaba ante un dilema torturante. Si corría a la imprenta para preservar su prioridad, estaría aprovechándose de un chivatazo inocente de un admirador lejano. Pero, si se hacía a un lado, como una conducta caballerosa se podía alegar que exigía, perdería el reconocimiento debido por una teoría que él había postulado independientemente. La teoría de Wallace era, según su propio autor confesaba, fruto de un ramalazo de intuición; la de Darwin era producto de años de pensamiento meticuloso, pausado y metódico. Era todo de una injusticia aplastante.

Para aumentar las desgracias, el hijo más pequeño de Darwin, que se llamaba también Charles, había contraído la escarlatina y estaba en un estado crítico. Murió en el punto álgido de la crisis, el 28 de junio. A pesar del desconsuelo que le causaba la enfermedad de su hijo, Darwin encontró tiempo para escribir cartas a sus amigos Charles Lyell y Joseph Hooker, ofreciendo hacerse a un lado pero indicando que hacerlo significaba que toda su obra, «tenga el valor que pueda tener, quedará hecha trizas».[15] Lyell y Hooker propusieron la solución de compromiso de presentar un resumen conjunto de las ideas de Darwin y de Wallace. Acordaron que se efectuaría en una de las reuniones de la Sociedad Linneana, que estaba por entonces luchando por recuperar la condición de entidad científica prestigiosa. El 1 de julio de 1858, se reveló al mundo la teoría de Darwin y Wallace. Darwin no estuvo presente. Ese mismo día, su esposa y él estaban enterrando a su hijo.

La presentación de la teoría de Darwin y Wallace fue una de las siete disertaciones de esa velada (una de las otras fue sobre la flora de Angola) y, si las treinta personas, más o menos, del público se dieron cuenta de que estaban siendo testigos del acontecimiento científico del siglo, no mostraron el menor indicio de ello. No hubo al final ningún debate. Tampoco atrajo el asunto mucha atención en otros círculos. Darwin comentó muy contento, más tarde, que sólo una persona, un tal profesor Haughton de Dublín, mencionó los dos artículos en letra impresa y su conclusión fue que «todo lo que era nuevo en ellos era falso y, todo lo que era verdad, era viejo».[16]

Wallace, aún en Extremo Oriente, se enteró de estos acontecimientos mucho después de que se produjesen, pero fue notablemente ecuánime, y pareció complacerle el hecho de se le hubiese llegado a incluir. Hasta se refirió siempre a la teoría como «darwinismo».

Quien no se mostró tan bien dispuesto a aceptar la reivindicación de prioridad de Darwin fue un jardinero escocés llamado Patrick Matthew[17] que, había planteado los principios de la selección natural más de veinte años antes, en realidad el mismo año en que Darwin se había hecho a la mar en el *Beagle*. Por desgracia, Matthew había expuesto esas ideas en un libro titulado *Naval Timber and Arboriculture* [Madera naval y arboricultura], y no sólo le había pasado desapercibido a Darwin sino a todo el mundo. Matthew armó un gran escándalo, a través de una carta a *Gardener's Chronicle*, al ver que se honraba a Darwin en todas partes por una idea que en realidad era suya. Darwin se disculpó inmediatamente, aunque puntualizaba: «Creo que nadie se sorprenderá de que ni yo, ni al parecer ningún otro naturalista, se haya enterado de las ideas del señor Matthew, considerando la brevedad con que se expusieron y que aparecieron en el Apéndice a una obra sobre madera naval y arboricultura».

Wallace continuó otros cincuenta años en activo como naturalista y pensador, a veces muy bueno, pero fue perdiendo progresivamente prestigio en los medios científicos al interesarse por temas dudosos, como el espiritismo y la posibilidad de la existencia de vida en otras partes del universo. Así que la teoría pasó a ser, por defecto básicamente, sólo de Darwin.

A Darwin le atormentaron siempre sus propias ideas. Se calificaba a sí mismo de «capellán del diablo»[18] y decía que, al revelar la teoría, sintió «como si confesase un asesinato».[19] Aparte de cualquier otra consideración, sabía que apenaba profundamente a su amada y devota esposa. Aun así, se lanzó a trabajar inmediatamente ampliando su manuscrito en una obra con extensión de libro. La tituló provisionalmente *Un extracto de un ensayo sobre el origen de las especies y las variedades a través de la selección natural...* título tan tibio y vacilante que su editor, John Murray, decidió hacer una tirada de sólo 500 ejemplares. Pero después de recibir el manuscrito, y un título algo más atractivo, Murray reconsideró el asunto y aumentó el número de ejemplares de la tirada inicial hasta los 1.250.

Aunque *El origen de las especies* tuvo un éxito comercial inmediato, tuvo bastante menos éxito de crítica. La teoría de Darwin planteaba dos problemas insolubles. Necesitaba mucho más tiempo del que lord Kevin estaba dispuesto a otorgarle y contaba con escaso apoyo en el testimonio fósil. ¿Dónde estaba, se preguntaban los críticos más sesudos, las formas transicionales que su teoría tan claramente exigía? Si la evolución estaba creando continuamente nuevas especies, tenía que haber, sin duda, muchísimas formas intermedias esparcidas por el registro fósil; y no las había.* En realidad, los testimonios fósiles con que se contaba entonces (y se contaría durante mucho tiempo después) no indicaban que hubiese habido vida antes de la famosa explosión cámbrica.

Pero ahora allí estaba Darwin, sin ninguna prueba, insistiendo en que los mares primitivos anteriores debían haber contado con vida abundante y que no se había encontrado aún porque no se había preservado, por alguna razón. Tenía que haber sido así sin duda, según Darwin. «De momento, la teoría ha de seguir sin poder explicarse;[20] y eso debe alegarse, ciertamente, como argumento válido contra las ideas que aquí se sostie-

---

* Dio la casualidad de que, en 1861, cuando el debate estaba en su punto álgido, apareció precisamente un testimonio. Unos obreros de Baviera encontraron los huesos de un antiguo arqueopterix, una criatura a medio camino entre un ave y un dinosaurio. (Tenía plumas, pero también tenía dientes.) Pero aunque era un hallazgo impresionante y providencial y su significado fue muy discutido, un solo descubrimiento difícilmente podía considerarse concluyente. *(N. del A.)*

nen», admitía con la mayor sinceridad, pero se negaba a aceptar una posibilidad alternativa. A modo de explicación especulaba[21] (con inventiva, pero incorrectamente) que, tal vez, los mares precámbricos hubiesen estado demasiado limpios para dejar sedimentos y, por eso, no se hubiesen conservado fósiles.

Hasta los amigos más íntimos de Darwin se sentían atribulados por la poca seriedad que revelaban a su juicio algunas de sus afirmaciones. Adam Sedgwick, que había sido profesor suyo en Cambridge y le había llevado en una gira geológica por Gales en 1831, dijo que el libro le causaba «más dolor que placer». Louis Agassiz, el célebre paleontólogo suizo, lo desdeñó como una pobre conjetura. Hasta Lyell dijo lúgubremente: «Darwin va demasiado lejos».[22]

A T. H. Huxley no le agradaba la insistencia de Darwin en cantidades inmensas de tiempo geológico porque él era un saltacionista,[23] lo que significa que creía en la idea de que los cambios evolutivos se producen no gradualmente sino de forma súbita. Los saltacionistas (la palabra viene del latín *saltatio* que significa «salto») no podían aceptar que pudiesen surgir órganos complicados en etapas lentas. ¿De qué vale, en realidad, un décimo de ala o la mitad de un ojo? Esos órganos, pensaban, sólo tienen sentido si aparecen completos.

Esa creencia resultaba un poco sorprendente en un espíritu tan radical como Huxley porque recordaba mucho una idea religiosa, muy conservadora, que había expuesto por primera vez el teólogo inglés William Paley en 1802, conocida como el argumento del diseño. Paley sostenía que, si te encuentras un reloj de bolsillo en el suelo, aunque fuese el primero que vieses en tu vida, te darías cuenta inmediatamente de que lo había hecho un ser inteligente. Lo mismo sucedía, según él, con la naturaleza: su complejidad era prueba de que estaba diseñada. La idea tuvo mucha aceptación en el siglo XIX y también le causó problemas a Darwin. «El ojo me da hasta hoy escalofríos»,[24] reconocía en una carta a un amigo. En *El origen de las especies* acepta que «admito libremente que parece absurdo en el más alto grado posible» que la selección natural pudiese producir un instrumento así en etapas graduales.[25]

Aun así, y para infinita exasperación de sus partidarios, Darwin no sólo insistió en que todo cambio era gradual, sino que casi cada nueva edición de *El origen de las especies* aumentaba la cantidad de tiempo que consideraba necesario para que la evolución pudiese progresar, lo que hacía que su propuesta fuese perdiendo cada vez más apoyo. «Al final —según el científico y historiador Jeffrey Schwartz—, Darwin perdió casi todo el apoyo que aún conservaba[26] entre las filas de sus colegas geólogos y naturalistas.»

Irónicamente, si consideramos que Darwin tituló su libro *El origen de las especies*, la única cosa que no podía explicar era cómo se originaban las especies. Su teoría postulaba un mecanismo que explicaba cómo una especie podía hacerse más fuerte, mejor o más rápida (en una palabra, más apta) pero no daba indicio alguno de cómo podía producirse una especie nueva. Fleeming Jenkin, un ingeniero escocés, consideró el problema y apreció un fallo importante en el argumento de Darwin. Darwin creía que cualquier rasgo beneficioso que surgiese en una generación se transmitiría a las generaciones siguientes, fortaleciéndose así la especie. Jenkin señaló que un rasgo favorable en un progenitor se haría dominante en las generaciones siguientes, pero se diluiría en realidad a través de la mezcla. Si echas whisky en un vaso de agua, no reforzarás el whisky, lo harás más débil. Y si echas esa solución diluida en otro vaso de agua, se vuelve más débil aún. Así también, cualquier rasgo favorable introducido por un progenitor iría aguándose sucesivamente por los posteriores apareamientos hasta desaparecer del todo. Por tanto, la teoría de Darwin era una receta no para el cambio, sino para la permanencia. Podían producirse de vez en cuando casualidades afortunadas, pero no tardarían en esfumarse ante el impulso general a favor de que todo volviese a una situación de mediocridad estable. Para que la selección natural operase hacía falta un mecanismo alternativo no identificado.

Aunque ni Darwin ni nadie más lo supiera, a 1.200 kilómetros de distancia, en un tranquilo rincón de Europa central, un monje recoleto llamado Gregor Mendel estaba dando con la solución.

Mendel había nacido en 1822, en una humilde familia campesina de una zona remota y atrasada del Imperio austriaco situada en lo que es hoy la República Checa. Los libros de texto le retrataban en tiempos como un monje provinciano sencillo, pero perspicaz, cuyos descubrimientos fueron en gran medida fruto de la casualidad, resultado de fijarse en algunos rasgos interesantes de la herencia mientras cultivaba guisantes en el huerto del monasterio. En realidad, Mendel poseía formación científica (había estudiado física y matemáticas en el Instituto Filosófico de Olmütz y en la Universidad de Viena) y aplicó los criterios de la ciencia en todo lo que hizo. Además, el monasterio de Brno en el que vivió a partir de 1834 era reconocido como institución ilustrada. Tenía una biblioteca de 20.000 volúmenes y una tradición de investigación científica meticulosa.[27]

Mendel, antes de iniciar sus experimentos, pasó dos años preparando sus especímenes de control, siete variedades de guisantes, para asegurarse de que los cruces eran correctos. Luego, con la ayuda de dos ayudantes que trabajaban a jornada completa, cruzó y recruzó híbridos de 30.000 plantas de guisantes. Era una tarea delicada, que obligaba a los tres a esforzarse todo lo posible para evitar una fertilización cruzada accidental y para que no les pasase desapercibida cualquier leve variación en el desarrollo y la apariencia de semillas, vainas, hojas, tallos y flores. Mendel sabía bien lo que estaba haciendo.

Él no utilizó nunca la palabra «gen» (no se acuñó hasta 1913, en un diccionario médico inglés) aunque sí inventó los términos «dominante» y «recesivo». Lo que él demostró fue que cada semilla contenía dos «factores» o *elemente*, como los llamaba él (uno dominante y otro recesivo) y que esos factores, cuando se combinaban, producían pautas de herencia predecibles.

Mendel convirtió los resultados en fórmulas matemáticas precisas. Dedicó ocho años en total a sus experimentos, luego confirmó los resultados obtenidos mediante otros experimentos similares con flores, trigo y otras plantas. En realidad, si hubiera que reprocharle algo, sería haber sido *demasiado* científico en su enfoque, pues, cuando presentó sus descubrimientos en 1865, en las reuniones de febrero y marzo de la Sociedad de Historia Natural de Brno, el público, compuesto por unas cuarenta personas, escuchó cortésmente pero no se conmovió lo más mínimo, a pesar de que el cultivo de plantas era un tema que tenía un gran interés práctico para muchos de los miembros de la asociación.

Cuando se publicó el informe, Mendel envió enseguida un ejemplar de él al gran botánico suizo Karl-Wilhelm von Nägeli, cuyo apoyo era casi vital para las perspectivas de la teoría. Desgraciadamente, Nägeli no fue capaz de darse cuenta de la importancia de lo que Mendel había descubierto. Le sugirió que intentase cruces con la vellosilla. Mendel obedeció servicialmente, pero no tardó en darse cuenta de que la vellosilla no tenía ninguno de los rasgos precisos para estudiar la herencia. Era evidente que Nägeli no había leído el artículo con atención o tal vez no lo había leído siquiera. Mendel, decepcionado, dejó de investigar la herencia y dedicó el resto de su vida a cultivar unas hortalizas excepcionales y a estudiar las abejas, los ratones y las manchas solares, entre otras muchas cosas. Acabaron nombrándole abad.

Los descubrimientos de Mendel no pasaron tan desapercibidos como se dice a veces. Su estudio mereció una elogiosa entrada en la *Encyclopaedia Britannica* (que era entonces un registro científico más sobresaliente de lo que es ahora) y apareció citado varias veces en un importante artículo del alemán Wilhelm Olbers Focke. De hecho, que las ideas de Mendel nunca llegasen a hundirse bajo la línea de flotación del pensamiento científico fue lo que permitió que se recuperasen tan rápido cuando el mundo estuvo preparado para ellas.

Darwin y Mendel establecieron los dos juntos sin saberlo los cimientos de todas las ciencias de la vida del siglo XX. Darwin percibió que todos los seres vivos están emparentados, que en última instancia «su ascendencia se remonta a un origen único común»; la obra de Mendel aportó el mecanismo que permitía explicar cómo podía suceder eso. Es muy posible que Darwin y Mendel se ayudasen mutuamente. Mendel tenía una edición alemana del *El origen de las especies*, que se sabe que había leído, así que debió de darse cuenta de que sus trabajos se complementaban con los de Darwin, pero parece que no hizo ningún intento de ponerse en contacto con él. Y Darwin, por su parte, se sabe que estudió el influyente artículo de Focke[28] con sus repetidas alusiones a la obra de Mendel, pero no las relacionó con sus propios estudios.

Curiosamente, hay algo que todo el mundo piensa que se expone en la teoría de Darwin (que los humanos descendemos de los monos), pero esta idea no aparece en su obra más que como una alusión sobre la marcha. Aun así, no hacía falta forzar mucho la imaginación para darse cuenta de lo que implicaban las teorías de Darwin en relación con el desarrollo humano, y el asunto se convirtió enseguida en tema de conversación.

El enfrentamiento se produjo el sábado 30 de junio de 1860 en una reunión de la Asociación Británica para el Progreso de la Ciencia en Oxford. Robert Chambers,[29] autor de *Vestiges of the Natural History of Creation*, había instado a asistir a Huxley, que desconocía la relación de Chambers con ese libro polémico. Darwin no asistió, como siempre. La reunión se celebró en el Museo Zoológico de Oxford. Se apretujaron en el recinto más de mil personas; hubo que negar el acceso a centenares de personas más. La gente sabía que iba a suceder algo importante, aunque tuvieran que esperar antes a que un soporífero orador llamado John William Draper, de la Universidad de Nueva York, dedicase valerosamente dos horas a exponer con escasa habilidad unos comentarios introductorios[30] sobre «El desarrollo intelectual de Europa, considerado en relación con las ideas del señor Darwin».

Finalmente, pidió la palabra el obispo de Oxford, Samuel Wilberforce. Había sido informado (o así suele suponerse) por el ardiente antidarwiniano Richard Owen, que había estado en su casa la noche anterior. Como casi siempre ocurre con acontecimientos que acaban en un alboroto, las versiones de qué fue exactamente lo que sucedió varían en extremo. Según la versión más popular, Wilberforce, cuando estaba en plena disertación, se volvió a Huxley con una tensa sonrisa y le preguntó si se consideraba vinculado a los monos a través de su abuelo o de su abuela. El comentario pretendía ser, sin duda, una ocurrencia graciosa, pero se interpretó como un gélido reto. Huxley, según su propia versión, se volvió a la persona que estaba a su lado y murmuró: «El Señor le ha puesto en mis manos», luego se levantó con visible alegría.

Otros, sin embargo, recordaban a Huxley temblando de cólera e indignación. Lo cierto es que proclamó que prefería declararse pariente de un mono antes que de alguien que utilizaba su posición eminente para decir insensateces, que revelaban una profunda falta de información en lo que se suponía que era un foro científico serio. Semejante respuesta era una impertinencia escandalosa, así como una falta de respeto al cargo que ostentaba Wilberforce, y el acto se convirtió inmediatamente en un tumulto. Una tal lady Brewster se desmayó. Robert FitzRoy, el compañero de Darwin en el *Beagle* de veinticinco años atrás, vagaba por el salón sosteniendo en alto una biblia y gritando: «¡El Libro, el Libro!». (Estaba allí para presentar un artículo sobre las tormentas en su calidad de director de un Departamento Meteorológico recién creado.) Curiosamente, cada uno de los dos bandos proclamaría después que había derrotado al otro.

Darwin haría por fin explícita su creencia en nuestro parentesco con los simios en *La descendencia humana y la selección sexual* en 1871. Se trataba de una conclusión audaz, porque no había nada en el registro fósil que apoyara semejante idea. Los únicos restos humanos antiguos conocidos por entonces eran los famosos huesos de Neardental, de Alemania, y unos cuantos fragmentos dudosos de mandíbulas, y muchas autoridades en la materia se negaban incluso a creer en su antigüedad. *La descendencia humana y la selección sexual* era un libro mucho más polémico que *El origen de las especies*, pero en la época de su aparición el mundo se había hecho menos excitable y los argumentos que en él se exponían causaron mucho menos revuelo.

Darwin pasó, sin embargo, sus últimos años dedicado mayoritariamente a otros proyectos, casi ninguno de los cuales se relacionaba, salvo de forma tangencial, con el tema de la selección natural. Pasó periodos asombrosamente largos recogiendo excrementos de aves, examinando sus contenidos con el propósito de determinar cómo se difundían las semillas entre continentes, y dedicó varios años más a investigar la conducta de los gusanos. Uno de sus experimentos consistió en tocarles el piano,[31] no para entretenerlos sino para estudiar qué efectos tenían en ellos el sonido y la vibración. Fue el primero en darse cuenta de la importancia vital que tienen los gusanos para la fertilidad del suelo. «Se puede considerar dudoso que haya habido muchos otros animales que hayan tenido un papel tan importante en la historia del mundo», escribió en su obra maestra sobre el tema, *The Formation of Vegetable Mould Through the*

Action of Worms [Formación de la capa vegetal por la acción de los gusanos] (1881), que fue en realidad más popular de lo que lo había llegado a ser *El origen de las especies*. Otros libros suyos son *Fecundación de las orquídeas por los insectos* (publicada en inglés en 1862), *Expresión de las emociones en el hombre y en los animales* (en inglés, 1872), del que se vendieron casi 5.300 ejemplares el primer día de su publicación, *Los efectos de la fecundación cruzada y de la autofecundación en el reino vegetal* (en inglés, 1876) (un tema increíblemente próximo a los trabajos de Mendel, pero en el que no llegó a proponer en modo alguno ideas similares) y *The Power of Movement in Plants* [El poder del movimiento de las plantas]. Finalmente, aunque no sea por ello menos importante, dedicó mucho esfuerzo a estudiar las consecuencias de la endogamia, un tema por el que tenía un interés personal. Se había casado con una prima suya,[32] así que sospechaba sombríamente que ciertos defectos físicos y mentales de sus hijos se debían a una falta de diversidad en su árbol genealógico.

A Darwin se le honró a menudo en vida, pero nunca por *El origen de las especies*[33] o *La descendencia humana y la selección sexual*. Cuando la Real Sociedad le otorgó la prestigiosa Copley Medal fue por sus trabajos en geología, zoología y botánica, no por sus teorías evolucionistas, y la Sociedad Linneana tuvo a bien, por su parte, honrar a Darwin sin abrazar por ello sus ideas revolucionarias. Nunca se le nombró caballero, aunque se le enterró en la abadía de Westminster, al lado de Newton. Murió en Down en abril de 1882. Mendel murió dos años después.

La teoría de Darwin no alcanzó, en realidad, una amplia aceptación hasta las décadas de los treinta y los cuarenta,[34] con el desarrollo de una teoría perfeccionada denominada, con cierta altivez, la Síntesis Moderna, que complementaba las ideas de Darwin con las de Mendel y otros. También en el caso de Mendel fue póstumo el reconocimiento, aunque llegó un poco antes. En 1900, tres científicos que trabajaban independientemente en Europa redescubrieron la obra de Mendel más o menos a la vez. Como uno de ellos, un holandés llamado Hugo de Vries, parecía dispuesto a atribuirse las ideas de Mendel,[35] surgió un rival que dejó ruidosamente claro que el honor correspondía al monje olvidado.

El mundo estaba (aunque no del todo) preparado para empezar a entender cómo llegamos aquí; cómo nos hicimos unos a otros. Resulta bastante asombroso pensar que, a principios del siglo XX y durante algunos años más, las mentes científicas más preclaras del mundo no podían decirte, de una forma verdaderamente significativa, de dónde vienen los niños.

Y hay que tener en cuenta que se trataba de hombres que creían que la ciencia había llegado casi al final.

26

EL MATERIAL DE LA VIDA

Si tus padres no se hubiesen unido justo cuando lo hicieron (posiblemente en ese segundo, posiblemente en ese nanosegundo), tú no estarías aquí. Y si sus padres no se hubiesen unido en el momento exacto oportuno, tampoco estarías tú aquí.

Retrocede en el tiempo y esas deudas ancestrales empezarán a sumarse. Con que retrocedas sólo unas ocho generaciones, hasta la época en que nacieron Charles Darwin y Abraham Lincoln, encontrarás a unas 250 personas de cuyas uniones en el momento oportuno depende tu existencia. Si sigues más atrás, hasta la época de Shakespeare y de los peregrinos del *Mayflower*, y tendrás como mínimo 16.384 ancestros intercambiando afanosamente material genético de una forma cuyo resultado final y milagroso eres tú.

Veinte generaciones atrás, el número de personas que procrearon en beneficio tuyo se ha elevado a 1.048.576. Cinco generaciones antes de eso, habrá como mínimo 33.554.432 hombres y mujeres de cuyos ardorosos acoplamientos depende tu existencia. Treinta generaciones atrás, tu número total de antepasados —recuerda que no se trata de primos, tíos y otros parientes intrascendentes, sino sólo de padres y padres de padres en una línea que lleva indefectiblemente a ti— es de más de 1.000 millones (1.073.741.824, para ser exactos). Si retrocedieses 64 generaciones, hasta la época de los romanos, el número de personas de cuyos esfuerzos cooperativos depende tu eventual existencia se ha elevado hasta la cifra aproximada de un trillón, que es varios miles de veces el número total de personas que han vivido.

Es evidente que hay algo que está mal en las cuentas que hemos hecho. Tal vez te interese saber que el problema se debe a que tu línea no es pura. No podrías estar aquí sin un poco de incesto (en realidad, sin mucho), aunque se guardase una distancia genéticamente prudencial. Con tantos millones de antepasados en tu estirpe, habrá habido muchas ocasiones en las que un pariente de la familia de tu madre procrease con algún primo lejano de la familia de tu padre. En realidad, si tienes como pareja a alguien de tu propia raza y de tu país, hay grandes posibilidades de que estéis emparentados en cierta medida. De hecho, si miras a tu alrededor en el autobús, en un parque, en un café o en cualquier lugar concurrido, *la mayoría* de las personas que veas será probablemente pariente tuyo. Cuando alguien presuma delante de ti de que es descendiente de Shakespeare o de Guillermo *el Conquistador*, deberías responder inmediatamente: «¡Yo también!». Todos somos familia en el sentido más fundamental y más literal.

Somos también asombrosamente parecidos. Compara tus genes con los de cualquier otro ser humano y serán iguales en un 99,9 % como media. Eso es lo que nos convierte en una especie. Esas pequeñas diferencias del 0,1 restante («una base de nucleótido de cada mil, aproximadamente»,[1] por citar al genetista inglés y reciente premio Nobel John Sulston) son las que nos dotan de nuestra individualidad. Es mucho lo que se ha hecho en años recientes para determinar la estructura del genoma humano. En realidad, no existe «el» genoma humano. Los genomas humanos son todos diferentes. Si no fuese así seríamos todos idénticos. Son las interminables recombinaciones de nuestros genomas (cada uno de ellos casi idéntico a los demás, pero no del todo) las que nos hacen lo que somos, como individuos y también como especie.

¿Pero qué es exactamente eso que llamamos genoma? Y, puestos ya a preguntar, ¿qué son los genes? Bueno, empecemos de nuevo con una célula. Dentro de la célula hay un núcleo y dentro de cada núcleo están los cromosomas, 46 hacecillos de complejidad, de los que 23 proceden de tu madre y 23 de tu padre. Con muy pocas excepciones, todas las células de tu cuerpo (99,999 % de ellas, digamos) llevan la misma dotación de cromosomas. (Las excepciones son las células rojas de la sangre, algunas del sistema inmune y las células del óvulo y del esperma[2] que, por diversas razones organizativas, no portan el bagaje genético completo.) Los cromosomas constituyen el manual completo de instrucciones necesario para hacerte y mantenerte y están formadas por largas hebras de esa pequeña maravilla química llamada ácido desoxirribonucleico o ADN, al que se ha calificado de «la molécula más extraordinaria de la Tierra».

El ADN sólo existe por una razón: crear más ADN. Y tienes un montón dentro de ti: casi dos metros de él apretujado dentro de cada célula. Cada fragmento de ADN incluye unos 3.200 millones de letras de código, suficiente para proporcionar 103·480·000·000 combinaciones posibles, con la «garantía de que serán únicas frente a todas las posibilidades concebibles»,[3] en palabras de Christian de Duve. Son muchísimas posibilidades, un uno seguido de más de 3.000 millones de ceros. «Harían falta más de 5.000 libros de extensión media sólo para imprimir esa cifra» comenta De Duve. Mírate al espejo y reflexiona sobre el hecho de que estás contemplando 10.000 billones de células y que casi todas ellas contienen dos metros de ADN densamente compactado. Empieza a apreciar la cantidad de ese material que llevas contigo por ahí. Si se juntara todo tu ADN en una sola fina hebra, habría suficiente para estirarlo desde la Tierra hasta la Luna y volver. No una o dos veces, sino una y otra y otra vez.[4] En total podrías tener empaquetados dentro de ti, según un cálculo, hasta 20 millones de kilómetros de ADN.[5]

En resumen, a tu cuerpo le encanta hacer ADN, y sin él no podrías vivir. Sin embargo, el ADN no está vivo. Ninguna molécula lo está, pero el ADN está, como si dijésemos, especialmente «no vivo». Figura «entre las moléculas químicamente inertes menos reactivas del mundo viviente»,[6] en palabras del genetista Richard Lewontin. Por eso es por lo que se puede recuperar de fragmentos de semen o sangre que llevan mucho tiempo secos en las investigaciones policiales y se extrae de los huesos de los antiguos neandertales. También explica eso por qué tardaron tanto los científicos en entender cómo una sustancia desconcertantemente discreta (tan sin vida, en un palabra) podía encontrarse en el meollo mismo de la propia vida.

El ADN es una entidad conocida hace más tiempo del que podrías pensar. Lo descubrió, en 1869 nada menos,[7] Johann Friedrich Miescher, un científico suizo que trabajaba en la Universidad de Tubinga, en Alemania. Cuando examinaba pus de vendajes quirúrgicos, al microscopio, encontró una sustancia que no identificó y a la que llamó nucleína (porque residía en los núcleos de las células). Miescher hizo poco más por entonces que reseñar su existencia, pero es evidente que la nucleína permaneció grabada en su mente porque, veintitrés años después, en una carta a un tío suyo, planteó la posibilidad de que aquellas moléculas pudieran ser los agentes básicos de la herencia. Era una intuición extraordinaria, pero se adelantaba tanto a las necesidades científicas de la época que no atrajo la menor atención.

Durante la mayor parte del medio siglo siguiente, el criterio general era que aquel material (llamado ácido desoxirribonucleico o ADN) tenía como máximo un papel subsidiario en cuestiones de herencia. Era demasiado simple. No tenía más que cuatro componentes básicos, llamados nucleótidos, lo que era como tener un alfabeto de sólo cuatro letras. ¿Cómo se iba a poder escribir la historia de la vida con un alfabeto tan rudimentario? (La respuesta es que lo haces de un modo muy parecido al que utilizas para crear mensajes complejos con los simples puntos y rayas del código Morse: combinándolos.) El ADN no hacía nada en absoluto, que se supiera.[8] Estaba simplemente instalado allí en el núcleo, tal vez ligando el cromosoma de algún modo, añadiendo una pizca de acidez cuando se lo mandaban o realizando alguna otra tarea trivial que aún no se le había ocurrido a nadie. Se creía que la necesaria complejidad tenía que estar en las proteínas del núcleo.[9]

El hecho de desdeñar el ADN planteaba, sin embargo, dos problemas. Primero, había tanto (casi dos metros en cada núcleo) que era evidente que las células lo estimaban mucho y que tenía que ser importante para ellas. Además, seguía apareciendo, como el sospechoso de un crimen no aclarado, en los experimentos. En dos estudios en particular, uno sobre la bacteria *Pneumococcus* y otro sobre bacteriófagos (virus que infectan bacterias), el ADN demostró tener una importancia que sólo se podía explicar si su papel era más trascendental de lo que los criterios imperantes admitían. Las pruebas parecían indicar que el ADN participaba de algún modo en la formación de proteínas, un proceso decisivo para la vida, pero estaba también claro que las proteínas se hacían *fuera* del núcleo, bien lejos del ADN que dirigía supuestamente su ensamblaje.

Nadie podía entender cómo era posible que el ADN enviase mensajes a las proteínas. Hoy sabemos que la respuesta es el ARN, o ácido ribonucleico, que actúa como intérprete entre los dos. Es una notable rareza de la biología que el ADN y las proteínas no hablen el mismo idioma. Durante casi 4.000 millones de años han protagonizado la gran actuación en pareja del mundo viviente y, sin embargo, responden a códigos mutuamente incompatibles, como si uno hablase español y el otro hindi. Para comunicarse necesitan un mediador en la forma de ARN. El ARN, trabajando con una especie de empleado químico llamado ribosoma, les traduce a las proteínas la información de una célula de ADN a un lenguaje comprensible para ellos para que puedan utilizarla.

Pero, a principios de 1900, que es cuando reanudamos nuestra historia, estábamos aún muy lejos de entender eso o, en realidad, cualquier cosa que tuviese que ver con el confuso asunto de la herencia.

Estaba claro que hacían falta experimentos ingeniosos e inspirados. Afortunadamente, la época produjo a un joven con la diligencia y la aptitud precisas para hacerlos. Ese joven se llamaba Thomas Hunt Morgan y, en 1904, justo cuatro años después del oportuno redescubrimiento de los experimentos de Mendel con plantas de guisantes y todavía casi una década antes de que *gen* se convirtiera siquiera en una palabra, empezó a hacer cosas notablemente nuevas con los cromosomas.

Los cromosomas se habían descubierto por casualidad en 1888 y se llamaron así porque absorbían enseguida la tintura, eran fáciles de ver al microscopio. En el cambio de siglo existía ya la firme sospecha de que participaban en la transmisión de rasgos, pero nadie sabía cómo hacían eso, o incluso si realmente lo hacían.

Morgan eligió como tema de estudio una mosca pequeña y delicada, llamada oficialmente *Drosophila melanogaster*, conocida como la mosca de la fruta (del vinagre, el plátano o la basura). Casi todos nosotros estamos familiarizados con *Drosophila*, que es ese insecto frágil e incoloro que parece tener un ansia compulsiva de ahogarse en nuestras bebidas. Las moscas de la fruta tenían ciertas ventajas muy atractivas como especímenes de laboratorio; no costaba casi nada alojarlas y alimentarlas, se podían criar a millones en botellas de leche, pasaban del huevo a la paternidad en diez días o menos y sólo tenían cuatro cromosomas, lo que mantenía las cosas convenientemente simples.

Morgan y su equipo trabajaban en un pequeño laboratorio (que pasó a conocerse, inevitablemente, como el Cuarto de las Moscas)[10] de Schermerhorn, en la Universidad de Columbia, Nueva York. Se embarcaron allí en un programa de reproducción y cruce con millones de moscas (un biógrafo habla de miles de millones, pero probablemente sea una exageración), cada una de las cuales tenía que ser capturada con pinzas y examinada con una lupa de joyero para localizar pequeñas variaciones en la herencia. Intentaron, durante seis años, producir mutaciones por todos los medios que se les ocurrieron (liquidando las moscas con radiación y rayos X, criándolas en un medio de luz brillante y de oscuridad, asándolas muy despacio en hornos, haciéndolas girar demencialmente en centrifugadores), pero nada resultó. Cuando Morgan estaba ya a punto de renunciar se produjo una mutación súbita y repetible: una mosca tenía los ojos de color blanco en vez del rojo habitual. Después de este éxito, Morgan y sus ayudantes consiguieron generar provechosas deformidades que les permitieron rastrear un rasgo a lo largo de sucesivas generaciones. Pudieron determinar así las correlaciones entre características particulares y cromosomas individuales, llegando a demostrar, por fin, para satisfacción de casi todo el mundo, que los cromosomas eran una de las claves de la herencia.

Pero seguía en pie el problema en el nivel siguiente de la herencia: los enigmáticos genes y el ADN del que se componían. Éstos eran mucho más difíciles de aislar y de entender. Todavía en 1933, cuando se concedió a Morgan el premio Nobel por sus trabajos, había muchos investigadores que no estaban convencidos de que los genes existiesen siquiera. Como comentó Morgan en la época, no había coincidencia alguna «sobre lo que son los genes... si son reales o puramente imaginarios».[11] Puede parecer sorprendente que los científicos fuesen capaces de resistirse a aceptar la realidad física de algo tan fundamental para la actividad celular, pero, como señalan Wallace, King y Sanders en *Biología molecular y herencia: la ciencia de la vida* (esa cosa rarísima: un libro de texto legible), hoy nos hallamos en una situación parecida respecto a procesos mentales como el pensamiento o la memoria.[12] Sabemos que los tenemos, claro, pero no sabemos qué forma física adoptan, si es que adoptan alguna. Lo mismo sucedió durante mucho tiempo con los genes. La idea de que podías sacar uno de tu cuerpo y llevártelo para estudiarlo era tan absurda para muchos de los colegas de Morgan como la idea de que los científicos pudiesen hoy capturar un pensamiento descarriado y examinarlo al microscopio.

De lo que no cabía la menor duda era de que *algo* relacionado con los cromosomas estaba dirigiendo la reproducción celular. Por último, en 1944, después de quince años de trabajos, un equipo del Instituto Rockefeller de Manhattan, dirigido por un canadiense inteligente pero tímido, Oswald Avery, consiguió demostrar, con un experimento de una delicadeza extraordinaria, en el que se convirtió en permanentemente infecciosa una cepa inocua de bacterias, cruzándola con ADN distinto, que el ADN era mucho más que una molécula pasiva y que se trataba, casi con seguridad, del agente activo de la herencia. Más tarde un bioquímico de origen austriaco, Erwin Chargaff, afirmó con toda seriedad que el descubrimiento de Avery merecía dos premios Nobel.[13]

Desgraciadamente se opuso a Avery uno de sus propios colegas del instituto, un entusiasta de las proteínas, terco y desagradable, llamado Alfred Mirsky, que hizo cuanto pudo por desacreditar su obra, llegando incluso a presionar a las autoridades del Instituto Karolinska de Estocolmo para que no dieran a Avery el premio Nobel.[14] Avery tenía por entonces sesenta y seis años y estaba cansado. Incapaz de afrontar la tensión y la polémica, dimitió de su cargo y nunca más volvió a pisar un laboratorio. Pero otros experimentos efectuados en otras partes respaldaron abrumadoramente sus conclusiones y no tardó en iniciarse la carrera para hallar la estructura del ADN.

Si hubieses sido una persona aficionada a las apuestas a principios de la década de los años cincuenta, casi habrías apostado tu dinero a Linus Pauling, del Instituto Tecnológico de California, el químico más sobresaliente del país, como descubridor de la estructura del ADN. Pauling no tenía rival en la tarea de determinar la arquitectura de las moléculas y había sido un adelantado en el campo de la cristalografía de rayos X, una técnica que resultaría crucial para atisbar el corazón del ADN. Obtendría, en una trayectoria profesional extraordinariamente distinguida, dos premios Nobel (de Química en 1954 y de la Paz en 1962), pero con el ADN acabó convenciéndose de que la estructura era una hélice triple, no una doble, y nunca consiguió llegar a dar del todo con el procedimiento adecuado. La victoria no le correspondería a él, sino a un cuarteto inverosímil de científicos de Inglaterra que no trabajaban como equipo, se enfadaban a menudo, no se hablaban y eran mayoritariamente novatos en ese campo.

El que más se aproximaba a la condición de cerebrito convencional era Maurice Wilkins, que había pasado gran parte de la Segunda Guerra Mundial ayudando a proyectar la bomba atómica. Dos de los otros, Rosalind Franklin y Francis Crick, habían pasado los años de la guerra trabajando para el Gobierno británico en minas... Crick en las que explotaban, Franklin en las que producían carbón.

El menos convencional de los cuatro era James Watson, un niño prodigio estadounidense que ya se había distinguido de muchacho como participante en un programa de radio muy popular llamado *The Quiz Kids*[15] (y podría así afirmar haber inspirado, al menos en parte, algunos de los miembros de la familia Glass de *Frannie and Zooey* y otras obras de J. D. Salinger) y que había ingresado en la Universidad de Chicago cuando sólo tenía quince años. Había conseguido doctorarse a los veintidós y ahora estaba trabajando en el famoso Laboratorio Cavendish de Cambridge. En 1951 era un joven desgarbado de veintitrés años, con un cabello tan asombrosamente vivaz que parece en las fotos estar esforzándose por pegarse a algún potente imán que queda justo fuera de la imagen.

Crick, doce años más viejo y aún sin un doctorado, era menos memorablemente hirsuto y un poco más campestre. En la versión de Watson se le presenta como tempestuoso, impertinente, amigo de discutir, impaciente con el que no se apresurase a compartir una idea y constantemente en peligro de que le pidiesen que se fuese a otro sitio. No tenía además una formación oficial en bioquímica.

La cuestión es que supusieron (correctamente, como se demostraría) que, si se podía determinar la forma de la molécula de ADN, se podría ver cómo hacía lo que hacía. Parece ser que tenían la esperanza de conseguir esto haciendo el menor trabajo posible aparte de pensar, y eso no más de lo estrictamente necesario. Como Watson comentaría alegremente (aunque con una pizca de falsedad) en su libro autobiográfico *La doble hélice*, «yo albergaba la esperanza de poder resolver lo del gen sin tener que aprender química».[16] En realidad, no tenían asignada la tarea de trabajar en el ADN y, en determinado momento, les dieron orden de dejar de hacerlo.

En teoría, Watson estaba estudiando el arte de la cristalografía y, Crick, terminando una tesis sobre la difracción de rayos X en las grandes moléculas.

Aunque a Crick y a Watson se les atribuyó en las versiones populares casi todo el mérito de haber aclarado el misterio del ADN, su descubrimiento tuvo como base crucial el trabajo experimental de sus rivales, que obtuvieron sus resultados «fortuitamente»,[17] según las diplomáticas palabras de la historiadora Lisa Jardine. Muy por delante de ellos, al menos al principio, se encontraban dos académicos del Colegio King de Londres, Wilkins y Franklin.

Wilkins, oriundo de Nueva Zelanda, era un personaje retraído, casi hasta el punto de la invisibilidad. Un documental del Public Broadcasting Service estadounidense de 1998, sobre el descubrimiento de la estructura del ADN (una hazaña por la que compartió el premio Nobel con Crick y Watson), conseguía pasarle por alto del todo.

Franklin era el personaje más enigmático de todos ellos. Watson, en *La doble hélice*, hace un retrato nada halagador[18] de ella en el que dice que era una mujer muy poco razonable, reservada, que siempre se negaba a cooperar y (esto parecía ser lo que más le irritaba) casi deliberadamente antierótica. Él admitía que «no era fea y podría haber sido bastante sensacional si se hubiese tomado un mínimo de interés por la ropa», pero en esto frustraba todas las expectativas. Nunca usaba ni siquiera barra de labios, comentaba asombrado, mientras que su sentido del atuendo «mostraba toda la imaginación de las adolescentes inglesas que se las dan de intelectuales».*

Sin embargo, tenía las mejores imágenes que existían de la posible estructura del ADN, conseguidas por medio de la cristalografía de rayos X, la técnica perfeccionada por Linus Pauling. La cristalografía se había utilizado con éxito para cartografiar átomos en cristales (de ahí «cristalografía»), pero las moléculas de ADN eran un asunto mucho más peliagudo. Sólo Franklin estaba consiguiendo buenos resultados del proceso pero, para constante irritación de Wilkins, se negaba a compartir sus descubrimientos.

No se le puede echar a Franklin toda la culpa por no compartir cordialmente sus descubrimientos. A las mujeres se las trataba en el Colegio King en la década de los años cincuenta con un desdén formalizado que

---

* En 1968 Harvard University Press canceló la publicación de *La doble hélice* después de que Crick y Wilkins se quejasen de la caracterización que se hacía de ellos, que Lisa Jardine ha calificado de «gratuitamente ofensiva».[19] Las descripciones que hemos mencionado se corresponden con las que hizo Watson después de suavizar sus comentarios. *(N. del A.)*

asombra a la sensibilidad moderna (en realidad, a cualquier sensibilidad). Por muy veteranas que fuesen o mucho prestigio que tuviesen no se les daba acceso al comedor del profesorado y tenían que comer en una habitación más funcional, que hasta Watson admitía que era «deprimentemente carcelaria». Además la presionaban sin parar (a veces, la acosaban activamente) para que compartiera sus resultados con un trío de hombres cuya ansia desesperada de echarles un vistazo raras veces iba acompañada de cualidades más atractivas, como el respeto. «Por desgracia, creo que siempre adoptábamos digamos que una actitud paternalista con ella», recordaría más tarde Crick. Dos de aquellos hombres eran de una institución rival y el tercero se alineaba más o menos abiertamente con ellos. No debería haber sorprendido a nadie que ella guardase bien cerrados sus resultados.

Que Wilkins y Franklin no congeniasen fue un hecho que Watson y Crick parece ser que explotaron en beneficio propio. Aunque estaban adentrándose con bastante desvergüenza en territorio de Wilkins, era con ellos con los que éste se alineaba cada vez más... lo que no tiene nada de sorprendente si consideramos que la propia Franklin estaba empezando a actuar de una forma decididamente extraña. Aunque los resultados que había obtenido dejaban muy claro que el ADN tenía forma helicoidal, ella les decía a todos insistentemente que no la tenía. En el verano de 1952, hemos de suponer que para vergüenza y desánimo de Wilkins, Franklin colocó una nota burlona[20] en el departamento de física del Colegio King que decía: «Tenemos que comunicarles, con gran pesar, la muerte, el viernes 18 de julio de 1952, de la hélice del ADN... Se espera que el doctor M. H. F. Wilkins diga unas palabras en memoria de la hélice difunta».

El resultado de todo esto fue que, en enero de 1953 Wilkins mostró a Watson las imágenes de Franklin. «Al parecer, sin que ella lo supiese ni lo consintiese.»[21] Sería muy poco considerar esto una ayuda significativa. Años después, Watson admitiría que «fue el acontecimiento clave... nos movilizó».[22] Watson y Crick, armados con el conocimiento de la forma básica de la molécula de ADN y algunos elementos importantes de sus dimensiones, redoblaron sus esfuerzos. Ahora todo parecía ir a su favor. Pauling se disponía a viajar a Inglaterra para asistir a una conferencia, en la que se habría encontrado con toda probabilidad con Wilkins y se habría informado lo suficiente para corregir los errores conceptuales que le habían inducido a seguir una vía errónea de investigación, pero todo esto sucedía en la era McCarthy, así que Pauling fue detenido en el aeropuerto de Idlewild, en Nueva York, y le confiscaron el pasaporte, basándose en que tenía un carácter demasiado liberal para que se le pudiera permitir viajar al extranjero. Crick y Watson tuvieron, además, la oportuna buena suerte de que el hijo de Pauling estuviese trabajando en el Laboratorio Cavendish y de que les mantuviese inocentemente bien informados de cualquier noticia o acontecimiento.

Watson y Crick, que aún se enfrentaban a la posibilidad de que se les adelantasen en cualquier momento, se concentraron febrilmente en el problema. Se sabía que el ADN tenía cuatro componentes químicos (llamados adenina, guanina, citosina y tiamina) y que esos componentes se emparejaban de formas determinadas. Así que, jugando con piezas de cartón cortadas según la forma de las moléculas, Watson y Crick consiguieron determinar cómo encajaban las piezas. A partir de ahí construyeron un modelo tipo Mecano (tal vez el más famoso de la ciencia moderna), que consistía en placas metálicas atornilladas en una espiral, e invitaron a Wilkins, a Franklin y al resto del mundo a echarle un vistazo. Cualquier persona informada podía darse cuenta inmediatamente de que habían resuelto el problema. Era sin duda un brillante ejemplo de trabajo detectivesco, con o sin la ayuda de la imagen de Franklin.

La edición del 25 de abril de *Nature* incluía un artículo de 900 palabras de Watson y Crick, titulado «Una estructura para el ácido desoxirribonucleico».[23] Iba acompañado de artículos independientes de Wilkins y Franklin. Era un momento en el que estaban sucediendo acontecimientos de gran importancia en el mundo (Edmund Hillary estaba a punto de llegar a la cima del Everest, e Isabel II a punto de ser coronada reina de Inglaterra), así que el descubrimiento del secreto de la vida pasó casi desapercibido. Se hizo una pequeña mención en el *News Chronicle* y fue, por lo demás, ignorado.[24]

Rosalind Franklin no compartió el premio Nobel. Murió de cáncer de ovarios con sólo treinta y siete años, en 1958, cuatro años antes de que se otorgara el galardón. Los premios Nobel no se conceden a título póstumo. Es casi seguro que el cáncer se debió a una exposición crónica excesiva a los rayos X en su trabajo, que podría haberse evitado. En la reciente biografía, muy alabada, que de ella ha hecho Brenda Maddox, se dice que Franklin raras veces se ponía el delantal de plomo y era frecuente que se pusiese despreocupadamente delante de un haz de rayos.[25] Oswald Avery tampoco llegó a conseguir un Nobel y la posteridad apenas se acordó de él, aunque tuviese por lo menos la satisfacción de vivir justo lo suficiente para ver confirmados sus hallazgos. Murió en 1955.

El descubrimiento de Watson y Crick no se confirmó, en realidad, hasta la década los años ochenta. Como dijo Crick en uno de sus libros: «Hicieron falta veinticinco años para que nuestro modelo de ADN pasase de ser sólo bastante plausible a ser muy plausible...[26] y, de ahí, a ser casi con seguridad correcto».

Aun así, una vez aclarada la estructura del ADN, los avances en genética fueron rápidos y, en 1968, la revista *Science* pudo publicar un artículo titulado «Así es como era la biología»,[27] donde se aseguraba (parece casi imposible, pero es cierto) que la tarea de la genética estaba casi tocando a su fin.

En realidad casi no se había hecho más que empezar, claro. Hoy día incluso hay muchas peculiaridades del ADN que apenas entendemos, entre ellas por qué hay gran porcentaje que no parece *hacer* nada en realidad. El 97 % de tu ADN consiste en largas extensiones de materia extraña sin sentido... «basura» o «ADN sin código» como prefieren decir los bioquímicos. Sólo aquí y allá, a lo largo de cada filamento, encuentras secciones que controlan y organizan funciones vitales. Se trata de los curiosos genes, tan esquivos y escurridizos durante mucho tiempo.

Los genes no son nada más (ni menos) que instrucciones para hacer proteínas. Esto lo hacen con una fidelidad monótona y segura. En este sentido, son más bien como las teclas de un piano, que cada una de ellas da sólo una nota y nada más,[28] lo que es evidentemente un poco monótono. Pero, si combinas los genes, igual que haces con las notas del piano, puedes crear acordes y melodías de infinita variedad. Pon juntos todos esos genes y tendrás (continuando la metáfora) la gran sinfonía de la existencia, conocida como el genoma humano.

Un medio alternativo y más común de enfocar el genoma es como un manual de instrucciones para el cuerpo. Visto de ese modo, podemos imaginar los cromosomas como los capítulos de un libro y los genes como instrucciones individuales para hacer proteínas. Las palabras con las que están escritas las instrucciones se llaman codones y las letras se llaman bases. Las bases (las letras del alfabeto genético) consisten en los cuatro nucleótidos mencionados anteriormente: adenina, tiamina, guanina y citosina. A pesar de la importancia de lo que hacen, estas sustancias no están compuestas de nada exótico. La guanina, por ejemplo, es el mismo material que abunda en el guano,[29] que le da su nombre.

La forma de una molécula de ADN es, como todo el mundo sabe, bastante parecida a una escalera de caracol o una escala de cuerda retorcida: la famosa doble hélice. Los soportes verticales de esa estructura están hechos de un tipo de azúcar llamado «desoxirribosa» y toda la hélice es un ácido nucleico, de ahí el nombre de «ácido desoxirribonucleico». Los travesaños (o escalones) están formados por dos bases que se unen en el espacio intermedio, y sólo pueden combinarse de dos modos: la guanina está siempre emparejada con la citosina y la tiamina siempre con la adenina. El orden en el que aparecen esas letras, cuando te desplazas hacia arriba o hacia abajo por la escalera, constituye el código del ADN; descubrirlo ha sido la tarea del Proyecto Genoma Humano.

Pues bien, la espléndida particularidad del ADN reside en su forma de reproducirse. Cuando llega la hora de producir una nueva molécula de ADN, los dos filamentos se abren por la mitad, como la cremallera de una prenda de vestir, y cada mitad pasa a formar una nueva asociación. Como cada nucleótido que hay a lo largo de un filamento se empareja con otro nucleótido específico, cada filamento sirve como una plantilla para la formación de un nuevo filamento parejo. Aunque sólo poseyeses un filamento de tu ADN, podrías reconstruir con bastante facilidad la parte pareja determinando los emparejamientos necesarios: si el travesaño más alto de un filamento estuviese compuesto de guanina, sabrías que el travesaño más alto del filamento parejo debería ser citosina. Si siguieses bajando la escalera por todos los emparejamientos de nucleótidos acabarías teniendo al final el código de una nueva molécula. Eso es lo que pasa exactamente en la naturaleza, salvo que la naturaleza lo hace rapidísimo... en sólo cuestión de segundos, lo que es toda una hazaña.

Nuestro ADN se reduplica en general con diligente exactitud, pero sólo de vez en cuando (aproximadamente una vez en un millón) hay una letra que se coloca en el sitio equivocado. Esto se conoce como un polimorfismo nucleótido único, o SNP, lo que los bioquímicos llaman familiarmente un «snip». Estos «snips» están generalmente enterrados en extensiones de ADN no codificante y no tienen ninguna consecuencia desagradable para el cuerpo. Pero, de vez en cuando, pueden tener consecuencias. Podrían dejarte predispuesto para alguna enfermedad, pero también podrían otorgarte alguna pequeña ventaja, como por ejemplo, más pigmentación protectora o una mayor producción de células rojas en sangre para alguien que vive a mucha altitud. Con el tiempo, esas leves modificaciones se acumulan, tanto en los individuos como en las poblaciones, contribuyendo al carácter distintivo de ambos.

El equilibrio entre exactitud y errores en la reproducción es delicado. Si hay demasiados errores, el organismo no puede funcionar pero, si hay demasiado pocos, lo que se sacrifica es la capacidad de adaptación. En un organismo debe existir un equilibrio similar entre estabilidad e innovación. Un aumento del número de células rojas en la sangre puede ayudar, a una persona o a un grupo que viva a gran altitud, a moverse y respirar más fácilmente porque hay más células rojas que pueden transportar más oxígeno. Pero las células rojas adicionales espesan también la sangre. Si se añaden demasiadas «es como bombear petróleo», según Charles Weitz, antropólogo de Universidad Temple. Eso le pone las cosas más difíciles al corazón. Así que los diseñados para vivir a gran altitud alcanzan una mayor eficiencia en la respiración, pero pagan por ello con corazones de mayor riesgo. La selección natural darwiniana cuida de nosotros por esos medios. Así también puede explicarse por qué somos todos tan singulares. Y es que la evolución no te dejará hacerte muy distinto... salvo que te conviertas en una nueva especie, claro.

La diferencia del 0,1 % entre tus genes y los míos se atribuye a nuestros snips. Ahora bien, si comparases tu ADN con el de una tercera persona, habría también una correspondencia del 99,9 %, pero los snips estarían, en su mayor parte, en sitios distintos. Si añades más gente a la comparación, tendrás aún más snips en más lugares aún. Por cada una de tus 3.200 millones de bases, habrá en algún lugar del planeta una persona, o un grupo de personas, con una codificación distinta en esa posición. Así que no sólo es incorrecto hablar de «el» genoma humano, sino que en cierto modo ni siquiera tenemos «un» genoma humano. Tenemos 6.000 millones de ellos. Somos todos iguales en un 99,9 %, pero, al mismo tiempo, en palabras del bioquímico David Cox, «podrías decir que no hay nada que compartan todos los humanos, y también eso sería correcto».30

Pero aún tenemos que explicar por qué tan poco de ese ADN tiene una finalidad discernible. Aunque empiece a resultar un poco desconcertante, la verdad es que parece que el propósito de la vida es perpetuar el ADN. El 97 % de nuestro ADN que suele denominarse basura está compuesto principalmente de grupos de letras que, como dice Matt Ridley, «existen por la pura y simple razón de que son buenos en lo de conseguir duplicarse».*31 En otras palabras, la mayor parte de tu ADN está dedicada no a ti sino a sí misma. Tú eres una máquina a su servicio, en vez de serlo ella al tuyo. La vida, como recordarás, sólo quiere ser, y el ADN es lo que la hace así.

Ni siquiera cuando el ADN incluye instrucciones para hacer genes (cuando codifica para ellos, como dicen los científicos) lo hace necesariamente pensando en un mejor funcionamiento del organismo. Uno de los genes más comunes que tenemos es para una proteína llamada transcrip-

---

* El ADN basura34 tiene una utilidad. Es la parte que se utiliza en la detección policial. Su utilidad para ese fin la descubrió accidentalmente Alec Jeffreys, un científico de la Universidad de Leicester. Cuando estaba estudiando, en 1986, secuencias de ADN, para marcadores genéticos relacionados con enfermedades hereditarias, la policía recurrió a él para pedirle que la ayudase a relacionar a un sospechoso con dos asesinatos. Jeffreys se dio cuenta de que su técnica podía servir perfectamente para resolver casos policiales... y resultó que era así. Un joven panadero, con el nombre inverosímil de Colin Pitchfork (horca), fue condenado a dos cadenas perpetuas por los asesinatos. *(N. del A.)*

tasa inversa, que no tiene absolutamente ninguna función conocida beneficiosa para los seres humanos. Lo único que *hace* es permitir que retrovirus, como el VIH, penetren de forma inadvertida en el organismo.

Dicho de otro modo, nuestro cuerpo dedica considerable energía a producir una proteína que no hace nada que sea beneficioso y que a veces nos perjudica. Nuestro organismo no tiene más remedio que hacerlo porque lo ordenan los genes. Somos juguetes de sus caprichos. En conjunto, casi la mitad de los genes humanos (la mayor proporción conocida en un organismo) no hace absolutamente nada más, por lo que podemos saber,[32] que reproducirse.

Todos los organismos son, en cierto modo, esclavos de sus genes. Por eso es por lo que el salmón y las arañas y otros tipos de criaturas más o menos innumerables están dispuestas a morir en el proceso de apareamiento. El deseo de engendrar, de propagar los propios genes, es el impulso más potente de la naturaleza. Tal como ha dicho Sherwin B. Nuland: «Caen los imperios, explotan los ids, se escriben grandes sinfonías y, detrás de todo eso, hay un solo instinto que exige satisfacción».[33] Desde un punto de vista evolutivo, la sexualidad no es en realidad más que un mecanismo de gratificación para impulsarnos a transmitir nuestro material genético.

Los científicos casi no habían asimilado aún la sorprendente noticia de que la mayor parte de nuestro ADN no hace nada, cuando empezaron a efectuarse descubrimientos todavía más inesperados. Los investigadores realizaron, primero en Alemania y después en Suiza, algunos experimentos bastante extraños que produjeron resultados curiosamente normales.[34] En uno de ellos cogieron el gen que controlaba el desarrollo del ojo de un ratón y lo insertaron en la larva de una mosca de la fruta. La idea era que podría producir algo interesantemente grotesco. En realidad, el gen de ojo de ratón no sólo hizo un ojo viable en la mosca de la fruta, hizo un ojo *de mosca*. Se trataba de dos criaturas que llevaban quinientos millones de años[35] sin compartir un ancestro común, sin embargo podían intercambiar material genético como si fueran hermanas.

La historia era la misma donde quiera que miraran los investigadores. Descubrieron que podían insertar ADN humano en ciertas células de moscas y que las moscas lo aceptaban como si fuese suyo. Resulta que más del 60 % de los genes humanos son básicamente los mismos que se encuentran en las moscas de la fruta. El 90 %, como mínimo, se corresponde en cierto modo con los que se encuentran en los ratones.[36] (Tenemos incluso los mismos genes para hacer una cola, bastaría activarlos.)[37] Los investigadores descubrieron en un campo tras otro que, fuese el que fuese el organismo con el que trabajasen, solían estar estudiando esencialmente los mismos genes. Parecía que la vida se construyese a partir de un solo juego de planos.

Investigaciones posteriores revelaron la existencia de un grupo de genes encargados del control, cada uno de los cuales dirigía el desarrollo de un sector del cuerpo, a los que se denominó homeóticos (de una palabra griega que significa «similar») o genes hox.[38] Los genes hox aclaraban un interrogante que llevaba mucho tiempo desconcertando a los investigadores: cómo miles de millones de células embrionarias, surgidas todas de un solo huevo fertilizado, que llevaban un ADN idéntico, sabían adónde tenían que ir y qué tenían que hacer, es decir, una tenía que convertirse en una célula hepática, otra en una neurona elástica, una tercera en una burbuja de sangre, otra en parte del brillo de un ala que bate... Los genes hox son los que les dan las instrucciones y lo hacen, en gran medida, del mismo modo para todos los organismos.

Curiosamente, la cuantía de material genético y cómo está organizado no reflejan siempre, ni siquiera en general, el nivel de complejidad de la criatura correspondiente. Nosotros tenemos 46 cromosomas, pero algunos helechos tienen más de 600.[39] El pez pulmonado, uno de los animales complejos menos evolucionados, tiene 40 veces más ADN que nosotros.[40] Hasta el tritón común es genéticamente más esplendoroso que nosotros, cinco veces más.

Está claro que lo importante no es el número de genes que tienes, sino lo que haces con ellos. Conviene saberlo, porque el número de genes de los humanos se ha visto muy reducido últimamente. Hasta hace poco se creía que los seres humanos tenían como mínimo 100.000 genes, tal vez bastantes más, pero el número se redujo drásticamente con los primeros resultados del Proyecto Genoma Humano, que indicó una cifra más cercana a los 35.000 o 40.000 genes, más o menos el mismo número de los que se encuentran en la hierba. Esto fue una sorpresa y una decepción al mismo tiempo.

No habrá escapado a tu atención que se ha solido implicar a los genes en todo género de flaquezas humanas. Algunos científicos han proclamado entusiasmados, en varias ocasiones, que han hallado los genes responsables de la obesidad, la esquizofrenia, la homosexualidad, la delincuencia, la violencia, el alcoholismo, incluso el simple hurto y la condición de los sintecho. El punto culminante (o nadir) de esta fe en el biodeterminismo puede que haya sido un estudio, que publicó en 1980 la revista *Science*,[41] en que se sostenía que las mujeres son genéticamente inferiores en matemáticas. En realidad, sabemos que no hay casi nada nuestro que sea tan acomodaticiamente simple.

Esto es, claro, una lástima en un sentido importante porque, si tuvieses genes individuales que determinasen la estatura o la propensión a la diabetes o a la calvicie o a cualquier otro rasgo distintivo, sería fácil (relativamente, por supuesto) aislarlos y manipularlos. Por desgracia, 35.000 genes funcionando independientemente no son ni mucho menos suficientes para producir el tipo de complejidad física que hace un ser humano satisfactorio. Es evidente, pues, que los genes tienen que cooperar. Hay unos cuantos trastornos (la hemofilia, la enfermedad de Parkinson, la enfermedad de Huntington y la fibrosis quística, por ejemplo) que se deben a genes disfuncionales solitarios, pero la norma es que la selección natural elimina los genes perjudiciales mucho antes de que puedan llegar a ser un problema permanente para una especie o una población. Nuestro destino y nuestro bienestar (y hasta el color de nuestros ojos) no los determinan, en general, genes individuales, sino conjuntos de genes que trabajan coaligados. Por eso es tan difícil saber cómo encaja todo y por qué no empezaremos todavía a producir bebés de diseño.

En realidad, cuanto más hemos ido aprendiendo en años recientes, más han tendido a complicarse las cosas. Resulta que hasta el pensamiento influye en el modo de trabajar de los genes. La rapidez con la que crece la barba de un hombre depende en parte de cuánto piense en las relaciones sexuales[42] (porque ese pensamiento produce una oleada de testosterona). A principios de la década de los noventa, los científicos hicieron un descubrimiento aún más trascendental cuando se encontraron con que, al destruir genes supuestamente vitales de ratones embrionarios y aun así comprobar que los ratones no sólo solían nacer sanos, a veces eran más aptos en realidad que sus hermanos y hermanas que no habían sido manipulados. Resultaba que cuando quedaban destruidos ciertos genes importantes acudían otros a llenar el hueco. Se trataba de excelentes noticias para nosotros como organismos, pero no tan buenas para nuestro conocimiento del modo de funcionar de las células, ya que introducían una capa extra de complejidad en algo que apenas habíamos empezado a comprender en realidad.

Es principalmente por estos factores que complican las cosas por lo que el desciframiento del genoma humano vino a considerarse casi inmediatamente sólo un principio. El genoma, como ha dicho Eric Lander del MIT, es como una lista de piezas del cuerpo humano: nos dice de qué estamos hechos, pero no dice nada de cómo funcionamos. Lo que hace falta ahora es el manual de funcionamiento, las instrucciones para saber cómo hacerlo funcionar. Aún estamos lejos de eso.

Así que ahora lo que se intenta es descifrar el proteoma humano —un concepto tan novedoso que el término *proteoma* ni siquiera existía hace una década—. El proteoma es la biblioteca de la información que crea las proteínas. «Por desgracia —comentaba *Scientific American* en la primavera de 2002—, el proteoma es mucho más complicado que el genoma.»[43]

Y decir eso es decir poco. Como recordarás, las proteínas son las bestias de carga de todos los organismos vivos; en cada célula puede haber, en cada momento, hasta 100 millones de ellas trabajando. Es muchísima actividad para intentar desentrañarla. Lo que es aún peor, la conducta y las funciones de las proteínas no se basan simplemente en su composición química, como sucede con los genes, sino que depende también de sus formas. Una proteína debe tener, para funcionar, no sólo los componentes químicos necesarios, adecuadamente ensamblados, sino que debe estar, además, plegada de una forma extremadamente específica. «Plegado» es el término que se usa, pero es un término engañoso, ya que sugiere una nitidez geométrica que no se corresponde con la realidad. Las proteínas serpentean y se enroscan y se arrugan adoptando formas que son extravagantes y complejas al mismo tiempo. Parecen más perchas ferozmente destrozadas que toallas dobladas.

Además, las proteínas son las desinhibidas del mundo biológico. Según del humor que estén y según la circunstancia metabólica, se permitirán que las fosforilicen, glicosilicen, acetilicen, ubicuitinicen,[44] farneisilicen, sulfaten y enlacen con anclas de glicofosfatidilinositol, entre otras muchísimas cosas. Parece ser que no suele costar mucho ponerlas en marcha. Como dice *Scientific American*, bebe un vaso de vino y alterarás materialmente el número y los tipos de proteínas de todo el organismo.[45] Esto es agradable para los bebedores, pero no ayuda gran cosa a los genetistas que intentan entender qué es lo que pasa.

Puede empezar a parecer todo de una complejidad insuperable y, en algunos sentidos, lo *es*. Pero hay también una simplicidad subyacente en todo esto, debida a una unidad subyacente igual de elemental en la forma de actuar de la vida. Todos los habilidosos y diminutos procesos químicos que animan las células (los esfuerzos cooperativos de los nucleótidos, la transcripción del ADN en ARN) evolucionaron sólo una vez y se han mantenido bastante bien fijados desde entonces en toda la naturaleza. Tal como dijo, sólo medio en broma, el ya difunto genetista francés Jacques Monod, «cualquier cosa que sea cierta de *E. coli* debe ser cierta de los elefantes, salvo que en mayor cuantía».[46]

Todo ser vivo es una ampliación hecha a partir de un único plan original. Somos, como humanos, meros incrementos: un mohoso archivo cada uno de nosotros de ajustes, adaptaciones, modificaciones y retoques providenciales que se remontan hasta 3.800 millones de años atrás. Estamos incluso muy íntimamente emparentados con las frutas y las verduras. La mitad, más o menos, de las funciones químicas que se presentan en un plátano son fundamentalmente las mismas que las que se producen en nosotros.

No hay que cesar de repetirlo: la vida es toda una. Ésa es, y sospecho que será siempre, la más profunda y veraz de las afirmaciones.

VI

EL CAMINO HASTA NOSOTROS

¿Descendemos de los monos? Esperemos, querido mío, que no sea verdad pero, si lo es, recemos para que no llegue a saberlo todo el mundo.

Comentario atribuido a la esposa
del obispo de Worcester después de que
le explicaron la teoría de la evolución de Darwin.

TIEMPO DE HIELO

Yo tuve un sueño, que no era un sueño.
El luminoso sol se había extinguido y las estrellas
vagaban sin rumbo...

LORD BYRON, *Darkness*

En 1815, en la isla indonesia de Sumbawa, una bella montaña, inactiva durante mucho tiempo, llamada Tambora, estalló espectacularmente, matando a 100.000 personas en la explosión y en los tsunamis relacionados. Nadie que esté hoy vivo ha presenciado jamás una furia tal. Lo de Tambora fue algo mucho mayor que todo lo que haya podido experimentar cualquier ser humano vivo. Fue la mayor explosión volcánica de los últimos 10.000 años, 150 veces mayor que la del monte St. Helen, equivalente a 60.000 bombas atómicas del tamaño de la de Hiroshima.

Las noticias no viajaban demasiado rápido en aquellos tiempos. *The Times* de Londres publicó un pequeño reportaje[1] (en realidad una carta de un comerciante) siete meses después del acontecimiento. Pero, por entonces, se estaban sintiendo ya los efectos de Tambora. Se habían esparcido por la atmósfera 240 kilómetros cúbicos de ceniza humeante, polvo y arenilla, que oscurecían los rayos del Sol y hacían que se enfriase la Tierra. Las puestas de Sol eran de una colorido insólito pero empañado, algo que captó memorablemente el artista J. M. W. Turner. Aunque él no podría haberse sentido más feliz, el mundo se hallaba cubierto en su mayoría por un sudario oscuro y opresivo. Fue esa penumbra sepulcral lo que indujo a Lord Byron a escribir esos versos que hemos citado.

Ni llegó la primavera ni calentó el verano:[2] 1815 pasaría a conocerse como el año sin verano. No crecieron los cultivos en ninguna parte. En Irlanda, una hambruna y una epidemia de tifus relacionada mataron a 65.000 personas. En Nueva Inglaterra, el año pasó a llamarse popularmente Mil Ochocientos Hielo y Muerte. Las heladas matutinas duraron hasta junio y casi ninguna semilla plantada creció. La escasez de forraje hizo que muriese mucho ganado o que hubiese que sacrificarlo prematuramente. Fue en todos los aspectos un año horrible, casi con seguridad el peor de los tiempos modernos para los campesinos. Sin embargo, a escala mundial la temperatura descendió menos de 1 °C. Como los científicos aprenderían, el termostato de la Tierra es un instrumento extremadamente delicado.

El siglo XIX era un periodo frío. Europa y Norteamérica llevaban ya doscientos años experimentando lo que ha llegado a llamarse Pequeña Edad del Hielo, que permitió todo tipo de actividades invernales que hoy son imposibles (ferias sobre el hielo en el Támesis, carreras de patines en el hielo por los canales holandeses). En otras palabras, fue un periodo en que la gente tenía el frío mucho más presente. Así que tal vez podamos excusar a los geólogos del siglo XIX por tardar en darse cuenta de que el mundo en el que vivían era, en realidad, templado y agradable comparado con épocas anteriores y que gran parte de la tierra que les rodeaba la habían moldeado unos glaciares trituradores y un frío que podría dar al traste hasta con una feria sobre el hielo.

Sabían que había algo extraño en el pasado. El paisaje europeo estaba plagado de anomalías inexplicables (huesos de reno ártico en el cálido sur de Francia, rocas inmensas plantadas en sitios inverosímiles...) y los científicos solían proponer soluciones imaginativas pero no demasiado plausibles. Un naturalista francés llamado De Luc[3] sugirió, para explicar la presencia de rocas de granito en lo alto de las laderas de caliza de las montañas del Jura, que tal vez las había lanzado allí el aire comprimido en las cavernas, lo mismo que los corchos de las pistolas de juguete. A la roca desplazada se la denomina roca errática, pero en el siglo XIX el adjetivo parecía muchas veces más aplicable a las teorías que las rocas.

El gran geólogo inglés Arthur Hallam ha comentado que si James Hutton, el padre de la geología del siglo XVIII, hubiese visitado Suiza, se habría dado cuenta inmediatamente de lo que significaban los valles esculpidos, las pulidas estriaciones, las reveladoras líneas de la orilla donde habían sido depositadas las rocas y el resto de abundantes claves que indicaban el paso de capas de hielo.[4] Desgraciadamente, Hutton no era un viajero. Pero incluso sin nada mejor a su disposición que lo que otros le contaban, rechazó de plano la idea de que las inundaciones pudiesen explicar la presencia de rocas inmensas en las laderas de las montañas a 1.000 metros de altitud («ni siquiera toda el agua del mundo hará flotar una roca», comentó) y se convirtió en uno de los primeros que postularon una glaciación generalizada. Por desgracia, sus ideas pasaron desapercibidas y, durante otro medio siglo, la mayoría de los naturalistas siguió insistiendo en que los boquetes de las rocas podían atribuirse al paso de carros o incluso al roce de las botas de clavos.

Pero los campesinos de la zona, que no estaban contaminados por la ortodoxia científica, sabían más. El naturalista Jean Charpentier contaba[5] que un día iba caminando, en 1834, por un sendero rural con un leñador suizo y se pusieron a hablar de las rocas que había a los lados. El leñador le explicó, con toda naturalidad, que las rocas procedían del Grimsel, una zona de granito que quedaba a cierta distancia. «Cuando le pregunté cómo creía él que habían llegado aquellas rocas a su emplazamiento, contestó sin vacilación: "El glaciar del Grimsel las transportó a ambos lados del valle, porque en el pasado el glaciar llegaba hasta la ciudad de Berna".»

Charpentier se quedó encantado porque también había llegado por su cuenta a la misma conclusión, pero, cuando la expuso en reuniones científicas, la rechazaron. Uno de los amigos más íntimos de Charpentier era otro naturalista suizo, Louis Agassiz, que tras cierto escepticismo inicial, acabó abrazando la teoría y más tarde casi apropiándosela.

Agassiz había estudiado con Couvier en París y era profesor de historia natural en la Universidad de Neuchâtel, Suiza. Otro amigo de Agassiz, un botánico llamado Karl Schimper, fue en realidad el primero que acuñó el término Edad del Hielo (en alemán, *Eiszeit*), en 1837, y que afirmó que había sólidas pruebas que demostraban que el hielo había cubierto en otros tiempos no sólo los Alpes suizos sino gran parte de Europa, Asia y Norteamérica. Era una idea revolucionaria. Schimper prestó sus notas a Agassiz,[6] acción que habría de lamentar mucho luego, cuando empezó a atribuirse a este último el mérito por lo que él creía, con cierta legitimidad, que era una teoría suya. También Charpentier acabó convirtiéndose en un acerbo enemigo de su viejo amigo. Otro amigo, Alexander von Humboldt, tal vez pensase, en parte al menos, en Agassiz cuando dijo que había tres etapas en un descubrimiento científico:[7] primero, la gente rechaza lo que es verdad; luego, niega que sea importante, y, finalmente, atribuye el mérito a quien no corresponde.

Lo cierto es que Agassiz se apoderó del campo. En su esfuerzo por entender la dinámica de la glaciación[8] fue a todas partes, penetró en profundas y peligrosas grietas y ascendió a las cumbres de los picos alpinos más escarpados, sin parecer darse cuenta, muchas veces, de que su equipo y él eran los primeros que los escalaban. Se enfrentó en casi todas partes con una resistencia inflexible a aceptar sus teorías. Humboldt le instó a volver al tema del que era especialista, los peces fósiles, y a abandonar aquella loca obsesión por el hielo, pero Agassiz estaba poseído por una idea.

Su teoría halló aún menos respaldo en Inglaterra, donde la mayoría de los naturalistas no había visto en su vida un glaciar y no solía hacerse cargo, por ello, de las fuerzas aplastantes y trituradoras que ejerce el hielo en masa. «¿Podrían las raspaduras y pulimentos ser debidos al *hielo*?», preguntaba Roderick Murchison en un tono jocoso en una reunión científica, imaginando, evidentemente, las rocas cubiertas por una especie de leve escarcha vítrea. Mostraría, hasta el día de su muerte, la más franca incredulidad ante aquellos geólogos «locos del hielo», que creían que los glaciares podían explicar tanto. William Hopkins, profesor de Cambridge y miembro destacado de la Sociedad Geológica,[9] apoyó esa posición, argumentando que la idea de que el hielo pudiese transportar rocas entraña «sinsentidos mecánicos tan evidentes» que la hacía indigna de que la institución le prestase atención.

Agassiz, sin dejarse intimidar por esto, viajó incansablemente para defender y difundir su teoría. En 1840 leyó un artículo en una reunión de la Asociación Británica para el Progreso de la Ciencia de Glasgow, en la que el gran Charles Lyell le criticó abiertamente. Al año siguiente, la Sociedad Geológica de Edimburgo aprobó una resolución en la que se admitía que la teoría podía tener cierta validez general, pero que desde luego no podía aplicarse a Escocia.

Lyell acabaría aceptando la idea. Su momento de epifanía llegó cuando se dio cuenta de que una morrena, o hilera de rocas, que había cerca de la finca que su familia tenía en Escocia, por la que había pasado cientos de veces, sólo se podía entender si se aceptaba que aquellas piedras las había depositado allí un glaciar. Pero, pese a esa conversión, perdió luego el valor y retiró su apoyo público a la idea de la Edad del Hielo. Fue un periodo de contrariedades para Agassiz. Su matrimonio hacía aguas, Schimper le acusaba fogosamente de haberle robado sus ideas, Charpentier no quería hablar con él y el geólogo más prestigioso del momento sólo le ofrecía un apoyo sumamente tibio y vacilante.

En 1846, Agassiz hizo un viaje a Estados Unidos para dar una serie de conferencias y encontró allí por fin la estimación que ansiaba. Harvard le brindó una cátedra y le construyó un museo de primera categoría, el Museo de Zoología Comparativa. Ayudó sin duda el hecho de que se había establecido en Nueva Inglaterra, donde los largos inviernos fomentaban una mejor aceptación de la idea de periodos interminables de frío. También ayudó que, seis años después de su llegada, la primera expedición científica a Groenlandia informase que casi la totalidad de aquel continente estaba cubierta de una capa de hielo que era igual que la que se postulaba en la teoría de Agassiz. Por fin, sus ideas empezaron a encontrar seguidores. El único defecto básico de la teoría de Agassiz era que sus edades del hielo no tenían ninguna causa. Pero estaba a punto de llegar ayuda de un lugar bastante inverosímil.

En la década de 1860, las revistas y otras publicaciones doctas de Inglaterra empezaron a recibir artículos sobre hidrostática, electricidad y otros temas científicos de un tal James Croll, de la Universidad de Anderson de Glasgow. Uno de los artículos, que trataba de cómo las variaciones en la órbita de la Tierra podrían haber provocado eras glaciales, se publicó en *Philosophical Magazine* en 1864 y se consideró inmediatamente un trabajo del más alto nivel. Hubo, por tanto, cierta sorpresa y, tal vez, cierto embarazo cuando resultó que Croll no era en la universidad profesor, sino conserje.

Croll, nacido en 1821, era de familia humilde y sus estudios oficiales sólo duraron hasta los trece años. Trabajó en una gran variedad de tareas (como carpintero, vendedor de seguros, encargado de un hotel de templanza, es decir, donde no se permitían las bebidas alcohólicas) antes de ocupar el puesto de ordenanza en la Universidad de Anderson (actualmente la Universidad de Strathclyde en Glasgow). Tras conseguir convencer a su hermano para que hiciera gran parte de su trabajo, consiguió pasar muchas veladas silenciosas en la biblioteca de la universidad aprendiendo física, mecánica, astronomía, hidrostática y las otras ciencias en boga en la época, y empezó poco a poco a escribir una serie de artículos, en los que se centraba sobre todo en los movimientos de la Tierra y sus repercusiones en el clima.

Croll fue el primero que indicó que los cambios cíclicos en la forma de la órbita de la Tierra, de elíptica (es decir, ligeramente oval) a casi circular y a elíptica de nuevo, podrían explicar la aparición y el repliegue de las eras glaciales. A nadie se le había ocurrido plantear antes una explicación astronómica de las variaciones en el clima de la Tierra. Gracias casi exclusivamente a la persuasiva teoría de Croll, empezó a aceptarse más en Inglaterra la idea de que, en algún periodo antiguo, partes de la Tierra habían estado cubiertas de hielo. Cuando el ingenio y la capacidad de Croll recibieron reconocimiento, se le dio un empleo en el Servicio Geológico de Escocia y se le honró cumplidamente: fue nombrado miembro de la Real Sociedad de Londres y de la Academia de Ciencias de Nueva York, y se le concedió un título honorífico de la Universidad de St. Andrews, entre otras muchas cosas.

Desgraciadamente, justo cuando la teoría de Agassiz estaba empezando al fin a encontrar defensores en Europa, él se dedicaba a penetrar en un territorio cada vez más exótico en América. Empezó a encontrar huellas de glaciares prácticamente en todos los lugares en los que miraba,[10] incluso cerca del ecuador. Finalmente se convenció de que el hielo había cubierto durante un tiempo toda la Tierra,[11] extinguiendo del todo la vida, que luego Dios había tenido que crear otra vez. Ninguna de las pruebas que había encontrado apoyaba semejante idea. Sin embargo, en su país de adopción su prestigio creció y creció hasta que llegó a considerársele sólo ligeramente inferior a una deidad. Cuando murió, en 1873, Harvard consideró necesario nombrar tres profesores para que ocuparan su lugar.[12]

Pero, como sucede a veces, sus teorías pasaron enseguida de moda. Menos de una década después de su muerte,[13] su sucesor en la cátedra de geología de Harvard escribía que «la presunta época glacial, tan popular unos años atrás entre los geólogos glaciales, puede ya rechazarse sin vacilación».

Parte del problema era que los cálculos de Croll indicaban que la Edad del Hielo más reciente se había producido 80.000 años atrás, mientras que las pruebas geológicas indicaban cada vez más que la Tierra había sufrido algún tipo de perturbación espectacular en fechas mucho más recientes. Sin una explicación plausible de qué podría haber provocado la Edad del Hielo, acabó perdiéndose interés por toda la teoría. Volvería a conseguir despertar el interés por ella un profesor serbio llamado Milutin Milankovitch, que no tenía antecedentes como especialista en movimientos celestes (había estudiado ingeniería mecánica) pero que, a principios de la década de 1900, empezó inesperadamente a interesarse por el tema. Milankovitch se dio cuenta de que el problema de la teoría de Croll no era que fuese falsa, sino que era demasiado simple.

Como la Tierra se mueve a través del espacio está sometida no sólo a variaciones en la longitud y la forma de su órbita, sino también a cambios rítmicos en su ángulo de orientación respecto al Sol (su inclinación y posición y oscilación), todo lo cual afecta a la duración e intensidad de la luz solar que cae sobre cualquier parte de ella. Experimenta en particular, durante largos periodos de tiempo, tres cambios de posición, conocidos oficialmente como oblicuidad, precesión y excentricidad. Milankovitch se preguntó si no podría haber una relación entre estos complejos ciclos y la aparición y desaparición de eras glaciales. El problema era que los ciclos tenían duraciones muy diferentes (de unos 20.000, 40.000 y 100.000 años, respectivamente, pero que variaban en cada caso hasta en unos cuantos miles de años), lo que significaba que determinar sus puntos de intersección a lo largo de grandes periodos de tiempo exigía una cuantía casi infinita de cálculos excesivamente trabajosos. Milankovitch tenía que obtener el ángulo y la duración de la radiación solar que llegaba a todas las latitudes de la Tierra, en todas las estaciones, durante un millón de años, según tres variables en constante cambio.

Por suerte era ése en concreto el tipo de tarea repetitiva que se ajustaba al carácter de Milankovitch. Durante los veinte años siguientes, incluso mientras estaba de vacaciones,[14] trabajó incesantemente con el lápiz y la regla de cálculo elaborando las tablas de sus ciclos (un trabajo que podría terminarse hoy en un día o dos con un ordenador). Todos los cálculos tenía que hacerlos en su tiempo libre, pero en 1914 Milankovitch dispuso de muchísimo tiempo libre porque estalló la Primera Guerra Mundial y le detuvieron por su condición de reservista del ejército serbio. Pasó la mayor parte de los cuatro años siguientes en Budapest, sometida a un arresto domiciliario flexible que no le obligaba más que a presentarse a la policía una vez por semana. El resto del tiempo lo pasaba trabajando en la biblioteca de la Academia de Ciencias Húngara. Es posible que fuese el prisionero de guerra más feliz de la historia.

El resultado final de sus diligentes cálculos y anotaciones fue un libro publicado en 1930, *La climatología matemática y la teoría astronómica de los cambios climáticos*. Milankovitch tenía razón en lo de que existía una relación entre las eras glaciales y el giro excéntrico del planeta, aunque supuso como la mayoría de la gente que se trataba de un aumento gradual de inviernos duros que conducían a largos periodos de frío. Fue un meteorólogo ruso-alemán, Vladimir Köppen (suegro de nuestro tectónico amigo Alfred Wegener) el que se dio cuenta de que el proceso era más sutil que eso y bastante más desconcertante.

La causa de las eras glaciales, decidió Köppen, hay que buscarla en veranos frescos, no en inviernos brutales.[15] Si los veranos son demasiado frescos para que pueda fundirse toda la nieve que cae en una zona determinada, hay una mayor proporción de luz solar devuelta por la superficie reflectante, lo que exacerba el efecto refrescante y contribuye a que nieve aún más. La situación tendería así a autoperpetuarse. Cuando se acumulase la nieve sobre una capa de hielo, la región se haría más fría, y eso fomentaría que se acumulase más hielo. Como ha dicho el glaciólogo Gwen Schultz: «No es necesariamente la cantidad de nieve la causa de las planchas de hielo sino el hecho de que la nieve, aunque sea poca, se mantenga».[16] Se cree que podría iniciarse una Edad del Hielo a partir de un solo verano impropio. La nieve que queda refleja el calor y exacerba el frío. «El proceso se autoamplía,[17] es imparable, y el hielo una vez que empieza realmente a crecer se mueve», dice McPhee. Tienes ya glaciares avanzando y una Edad del Hielo.

En los años cincuenta, debido a una tecnología imperfecta de la datación, los científicos no fueron capaces de correlacionar los ciclos cuidadosamente calculados de Milankovitch con las supuestas fechas de las eras glaciales tal como entonces se aceptaban, de manera que

Milankovitch y sus cálculos fueron dejándose de lado gradualmente. Él murió en 1958 sin haber podido demostrar que sus ciclos eran correctos. Por entonces, en palabras de un historiador del periodo, «te habría costado trabajo encontrar un geólogo o un meteorólogo que considerase el modelo algo más que una curiosidad histórica».[18] Hasta los años setenta, y el perfeccionamiento del método de potasio-argón para la datación de antiguos sedimentos marinos, no se reivindicaron finalmente sus teorías.

Los ciclos de Milankovitch no bastan por sí solos para explicar ciclos de eras glaciales. Intervienen muchos otros factores (uno importante es la disposición de los continentes, sobre todo la presencia de masas de tierra sobre los polos), pero aún no conocemos del todo los detalles concretos de ellos. Se ha dicho, sin embargo, que si se arrastrasen sólo 500 kilómetros hacia Norteamérica, Eurasia y Groenlandia tendríamos eras glaciales permanentes e inevitables. Parece que somos muy afortunados por disfrutar de un poco de buen tiempo. Aún sabemos menos de los ciclos de temperaturas relativamente templadas dentro de eras glaciales conocidos como interglaciales. Resulta un poco desconcertante pensar que toda la historia humana significativa (la aparición de la agricultura y la ganadería, la creación de ciudades, el surgimiento de las matemáticas, la escritura y la ciencia y todo lo demás) haya tenido lugar dentro de un pequeño periodo atípico de buen tiempo. Los periodos interglaciales anteriores sólo han durado 8.000 años. El nuestro ha cumplido ya su diezmilésimo aniversario.

El hecho es que aún nos hallamos en muy gran medida en una era glacial;[19] lo único que pasa es que se trata de una un poco reducida, aunque menos de lo que mucha gente se cree. En el punto álgido del último periodo de glaciación, hace unos 20.000 años, estaba bajo el hielo aproximadamente el 30 % de la superficie de la Tierra. El 10 % aún lo está. (Y un 14 % más se halla en un estado de permafrost.) Tres cuartas partes de toda el agua dulce del mundo está solidificada en forma de hielo todavía hoy y tenemos casquetes de hielo en ambos polos, una situación que puede que sea única en la historia de la Tierra.[20] El hecho de que haya inviernos con nieve en una gran parte del mundo y glaciares permanentes incluso en zonas templadas como Nueva Zelanda puede parecer muy natural, pero es en realidad una situación sumamente insólita para el planeta.

La norma general de la Tierra ha sido, durante la mayor parte de su historia, el calor. Sin ningún hielo permanente en ningún sitio. La Edad del Hielo actual (época del hielo, en realidad) se inició hace unos cuarenta millones de años y ha oscilado entre un tiempo criminalmente malo y un tiempo que no tenía absolutamente nada de malo. Hoy vivimos en uno de los pocos periodos de esto último. Las eras glaciales tienden a eliminar los testimonios de las eras glaciales anteriores, de manera que, cuanto más retrocedes en el tiempo, más esquemático se va haciendo el cuadro, pero parece que hemos tenido un mínimo de 17 episodios glaciales graves en los últimos 2,5 millones de años,[21] aproximadamente el periodo que coincide con la aparición de *Homo erectus* en África, al que siguieron los humanos modernos. Dos culpables de la época actual a los que suele citarse son el surgimiento del Himalaya y la formación del istmo de Panamá, el primero por perturbar la circulación de las corrientes de aire y, el segundo, por interrumpir las corrientes oceánicas. India, en tiempos una isla, se ha incrustado 2.000 kilómetros en la masa continental asiática en los últimos cuarenta y cinco millones de años, haciendo surgir no sólo el Himalaya sino también la vasta altiplanicie tibetana que hay detrás. La hipótesis es que el terreno más elevado que se creó no sólo era más frío, sino que además desviaba los vientos de manera que los hacía fluir hacia el norte y hacia Norteamérica, que pasó a ser por ello más propensa a fríos prolongados. Luego, en un proceso que se inició hace unos cinco millones de años, afloró del mar Panamá, cerrando el vacío entre Norteamérica y Suramérica, interrumpiendo el paso de corrientes cálidas entre el Pacífico y el Atlántico y modificando las pautas de las precipitaciones en la mitad del mundo como mínimo. Una consecuencia fue un desecamiento de África que obligó a los monos a bajarse de los árboles y a buscar una nueva forma de vida en las sabanas en formación.

De todos modos, con los océanos y los continentes dispuestos como lo están hoy, parece ser que el hielo seguirá formando parte de nuestro futuro durante mucho tiempo. Según John McPhee, se pueden esperar unos 50 episodios glaciales más,[22] con una duración cada uno de ellos de unos 100.000 años, antes de que podamos acariciar la esperanza de un deshielo realmente largo.

Hasta hace cincuenta millones de años, la Tierra no tuvo eras glaciales regulares,[23] pero cuando empezamos a tenerlas tendieron a ser colosales. Hace unos 2.200 millones de años se produjo un congelamiento masivo, al que siguieron unos mil millones de años de calor. Luego hubo otra era glacial aún mayor que la primera; tan grande que algunos científicos denominan al periodo en el que se produjo el Criogénico, o era hiperglacial.[24] Pero la denominación más popular es la de Tierra Bola de Nieve.

Pero Bola de Nieve no indica bien lo terrible de las condiciones que imperaban. La teoría es que, debido a una disminución de la radiación solar del 6 % aproximadamente y a una reducción de la producción (o retención) de gases de efecto invernadero, la Tierra perdió casi toda su capacidad de conservar el calor. Se convirtió toda ella en una especie de Antártida. Las temperaturas llegaron a descender unos 45 °C. Es posible que se congelase toda la superficie del planeta,[25] alcanzando el hielo en los océanos los 800 metros de espesor en las latitudes más altas y hasta decenas de metros en los trópicos.

Hay un problema grave en todo esto porque los testimonios geológicos indican hielo en todas partes, incluso alrededor del ecuador, mientras que los testimonios biológicos indican exactamente con la misma firmeza que tenía que haber aguas abiertas en alguna parte. En primer lugar, las cianobacterias sobrevivieron a la experiencia y fotosintetizan. Necesitan, por tanto, luz solar y el hielo, como sabrás si has intentado alguna vez ver a través de él, se vuelve enseguida opaco y al cabo de sólo unos pocos metros no deja pasar absolutamente nada de luz. Se han propuesto dos posibilidades. Una es que una pequeña cantidad de agua oceánica permaneció expuesta (es posible que debido a algún tipo de calentamiento localizado en un punto cálido) y la otra es que tal vez el hielo se formase de manera que se mantuviese translúcido, algo que sucede a veces en la naturaleza.

Si la Tierra se congeló, se plantea la difícil cuestión de cómo llegó a calentarse de nuevo. Un planeta helado reflejaría tanto calor que se mantendría congelado para siempre. Parece ser que la salvación pudo llegar de nuestro interior fundido. Tal vez debamos dar las gracias, una vez más, a la tectónica por permitirnos estar aquí. La idea es que nos salvaron los volcanes, que brotaron a través de la superficie enterrada, bombeando gran cantidad de calor y de gases que fundieron las nieves y reformaron la atmósfera. Curiosamente, al final de este periodo hiperfrígido se produjo la expansión cámbrica, el acontecimiento primaveral de la historia de la vida. Puede que no fuese en realidad un periodo tan tranquilo. Lo más probable es que la Tierra fuese pasando mientras se calentaba por el peor tiempo que haya experimentado,[26] con huracanes tan poderosos como para alzar olas de la altura de los rascacielos y desencadenar lluvias de una intensidad indescriptible.

A lo largo de todo este tiempo, los gusanos tubiformes y las almejas y otras formas de vida que se adherían a las chimeneas de ventilación de las profundidades oceánicas siguieron viviendo como si no pasase nada, pero el resto de la vida de la Tierra probablemente estaba más próxima a la desaparición completa de lo que lo haya llegado a estar nunca. Todo eso sucedió hace mucho tiempo y por ahora simplemente no sabemos nada más.

Las eras glaciales más recientes parecen fenómenos de una escala bastante pequeña comparadas con una irrupción criogénica, pero fueron sin lugar a dudas inmensamente grandes para las pautas de cualquier cosa que exista hoy en la Tierra. La capa de hielo wisconsiana, que cubrió gran parte de Europa y de Norteamérica, tenía más de tres kilómetros de espesor en algunos lugares y avanzaba a un ritmo de 120 metros al año. Debía de ser todo un espectáculo. Las capas de hielo podrían tener un grosor de casi 800 metros incluso en su extremo frontal. Imagina que estás situado en la base de una pared de hielo de esa altura. Detrás de ese borde, por toda un área que mediría millones de kilómetros cuadrados, sólo habría más hielo y no asomarían por encima de él más que unas cuantas cumbres de las montañas más altas aquí y allá. Continentes enteros estaban aplastados bajo el peso de tanto hielo y aún siguen elevándose para volver a su posición ahora 12.000 años después de que se retiraran los glaciares. Las capas de hielo no sólo descargaban rocas y largas hileras de pedregosas morrenas, sino que depositaban en su lento avance masas de tierra completas (Long Island, cabo Cod y Nantucket, entre otras). No tiene nada de extraño que a geólogos anteriores a Agassiz les costase trabajo hacerse cargo de su monumental capacidad para modificar paisajes.

Si volviesen a avanzar las capas de hielo, no contamos en nuestro arsenal con nada que pudiese desviarlas. En 1964, en el estrecho del Príncipe Guillermo, en Alaska, resultó afectado por el terremoto de mayor potencia de que hay noticia en el continente uno de los mayores campos de glaciares de Norteamérica. El terremoto alcanzó un grado de 9,2 en la escala Richter. La tierra llegó a elevarse hasta seis metros a lo largo de la línea de falla. El movimiento sísmico alcanzó tal violencia que llegó incluso a hacer agitarse el agua en las charcas en Texas. ¿Y qué efectos tuvo esta perturbación sin paralelo en los glaciares del estrecho del Príncipe Guillermo? Absolutamente ninguno. Simplemente lo amortiguaron y siguieron su curso.

Durante mucho tiempo se creyó que entrábamos en las eras glaciales y salíamos de ellas de forma gradual, a lo largo de centenares de miles de años, pero ahora sabemos que no ha sido así. Gracias a los testigos de hielo de Groenlandia, disponemos de un registro detallado del clima durante unos 100.000 años y, lo que nos revelan, no resulta tranquilizador. Nos indica que la Tierra, durante la mayor parte de su historia reciente, no ha sido nada parecido al lugar tranquilo y estable que ha conocido la civilización, sino que ha oscilado más bien, violentamente, entre periodos de calor y de frío brutal.

Hacia el final de la última gran glaciación, hace 12.000 años, la Tierra empezó a calentarse, y con gran rapidez, pero luego volvió a precipitarse bruscamente en el frío inclemente, durante un millar de años o así, en un acontecimiento que la ciencia denomina Dryas Más Joven.[27] (El nombre procede de una planta ártica, el dryas, que es una de las primeras que recolonizan la Tierra después de que se retira una capa de hielo. Hubo también un periodo de Dryas Más Vieja, pero no fue tan intenso.) Al final de esta arremetida del hielo de un millar de años las temperaturas medias saltaron de nuevo, hasta 4 °C en veinte años, lo que no parece a primera vista muy espectacular pero que equivale a cambiar el clima de Escandinavia por el del Mediterráneo en sólo 20 años. Los cambios fueron aún más espectaculares localmente. Los testigos de hielo de Groenlandia muestran que las temperaturas cambiaron allí hasta 8 °C en diez años, lo que modificó drásticamente el régimen de lluvias y el crecimiento de las plantas. Debió de ser muy perturbador en un planeta escasamente poblado. Las consecuencias serían hoy bastante inimaginables.

Lo más alarmante de todo es que no tenemos la menor idea de qué fenómeno natural pudo haber perturbado con tanta rapidez el termómetro de la Tierra. Como comentó en *New Yorker* Elizabeth Kolbert: «Ninguna fuerza externa conocida, ni siquiera alguna que se haya propuesto como hipótesis, parece capaz de hacer oscilar tan violentamente, y tan a menudo, la temperatura como han demostrado esos testigos de hielo que sucedió». Parece haberse tratado, añade, de «un enorme y terrible circuito de realimentación», en el que probablemente participaban los océanos y perturbaciones de las pautas normales de circulación oceánica, pero aún queda un largo camino para poder aclarar todo esto.

Una teoría es que el enorme aflujo de agua fundida a los mares en el inicio de la Dryas Más Joven redujo la salinidad (y, por tanto, la densidad) de los océanos septentrionales, haciendo desviarse la corriente del Golfo hacia el sur, como un conductor que intentase evitar un choque. Las latitudes septentrionales, privadas del calor de la corriente del Golfo, volvieron a condiciones de frío. Pero esto no empieza a explicar siquiera por qué un millar de años después, cuando la Tierra volvió a calentarse, la Corriente del Golfo no se desvió como antes. Se nos otorgó, en vez de eso, el periodo de tranquilidad insólita conocido como el Holoceno, en el que vivimos ahora.

No hay ninguna razón para suponer que este periodo de estabilidad climática haya de durar mucho más. En realidad, algunas autoridades en la materia creen que nos aguardan cosas aún peores. Es natural suponer que el calentamiento global actuase como un contrapeso útil de la tendencia de la Tierra a precipitarse hacia condiciones glaciales. Sin embargo, como ha señalado Kolbert, cuando te enfrentas a un clima fluctuante e impredecible, «lo último que desearías hacer sería realizar con él un vasto experimento no supervisado».[28] Se ha dicho incluso, y resulta más plausible de lo que podría parecer en principio, que una elevación de las temperaturas podría provocar una era glacial. La idea es que un ligero calentamiento aumentaría los índices de evaporación[29] e incrementaría la cubierta de nubes, lo que provocaría en las latitudes más altas una acumulación de nieve más persistente. En realidad, el calentamiento global podría, plausible y paradójicamente, conducir a un enfriamiento intensamente localizado en América y Europa.

El clima es el producto de tantas variables (aumento y disminución de los niveles de dióxido de carbono, los cambios de los continentes, la actividad solar, las tremendas oscilaciones de los ciclos de Milankovitch) que resulta tan difícil entender los acontecimientos del pasado como predecir los del futuro. Muchas cosas están fuera de nuestro alcance. Pensemos en la Antártida. Durante un mínimo de veinte millones de años después de que se asentó en el polo Sur, estuvo cubierta de plantas y libre de hielo. Eso simplemente no debería haber sido posible.

Resultan igual de intrigantes los hábitats conocidos de algunos de los últimos dinosaurios.[30] El geólogo inglés Stephen Drury comenta que bosques situados a 10° de latitud del polo Norte albergaban a estos grandes animales, incluido el *Tyrannosaurus rex*. «Esto es extraño —escribe—, porque en una latitud tan alta hay una oscuridad continua durante tres meses al año.» Además, ya hay pruebas de que en esas altas latitudes los inviernos eran rigurosos. Estudios con isótopos de oxígeno indican que el clima en torno a Fairbanks, Alaska, era más o menos el mismo que ahora a finales del Cretácico. ¿Qué estaba haciendo entonces allí el tiranosaurio? O emigró estacionalmente recorriendo enormes distancias o pasaba gran parte del año en bancos de nieve en la oscuridad. En Australia (que era por entonces más polar en su orientación), no era posible una retirada a climas más cálidos.[31] Sólo podemos hacer conjeturas sobre cómo se las arreglaban los dinosaurios para sobrevivir en tales condiciones.

Una cosa que hay que tener en cuenta es que, si las capas de hielo empezasen a formarse de nuevo por la razón que fuese, dispondrían ahora de muchísima más agua para hacerlo.[32] Los Grandes Lagos, la bahía de Hudson, los innumerables lagos de Canadá, no estaban allí para alimentar el último periodo glacial. Los creó precisamente él.

Por otra parte, en la siguiente fase de nuestra historia podríamos tener que fundir muchísimo hielo en vez de hacerlo. Si se fundiesen todas las capas de hielo, los niveles del mar se elevarían 60 metros (la altura de un edificio de 20 pisos) y se inundarían todas las ciudades costeras del mundo. Lo más probable, al menos a corto plazo, es el desmoronamiento de la capa de hielo del oeste de la Antártida. En los últimos cincuenta años, las aguas que hay en torno a ella se han calentado 2,5 °C y los desmoronamientos han aumentado espectacularmente. Si sucediese eso, los niveles del mar se elevarían a escala mundial (y con bastante rapidez) entre 4,5 y 6 metros como media.[33]

El hecho extraordinario es que no sabemos qué es más probable: un futuro que nos ofrezca eones de frigidez mortal u otro que nos dé periodos similares de calor bochornoso. Sólo una cosa es segura: vivimos en el filo de una navaja.

Por otra parte, los periodos glaciales no son en modo alguno una mala noticia sin más para el planeta a largo plazo. Trituran rocas dejando atrás suelos nuevos de espléndida fertilidad y forman lagos de agua dulce que proporcionan abundantes posibilidades nutritivas para cientos de especies de seres. Actúan como un acicate para la migración y mantienen dinámico el planeta. Como ha dicho Tim Flannery: «Sólo hay una cosa que tienes que preguntarte de un continente para determinar el futuro de sus habitantes: "¿Tuvisteis una buena edad del hielo?"».[34] Y teniendo en cuenta eso, es hora ya de que nos ocupemos de una especie de mono que verdaderamente tuvo una buena edad de hielo.

28

EL BÍPEDO MISTERIOSO

Justo antes de la Navidad de 1887,[1] un joven médico holandés, con un nombre tan poco holandés como Marie Eugène François Thomas Dubois,* llegó a Sumatra, entonces parte de las Indias Orientales Holandesas, con la intención de encontrar los restos humanos más antiguos de la Tierra.

Había en todo esto varias cosas extraordinarias. Para empezar, nadie había ido nunca antes en busca de huesos humanos antiguos. Todo lo que se había encontrado hasta entonces se había encontrado por accidente, y no había nada en los antecedentes personales de Dubois que indicase que pudiera ser el candidato ideal para plantearse aquello deliberadamente. Era un anatomista sin ninguna formación paleontológica. Tampoco había ninguna razón especial para suponer que las Indias Orientales albergasen restos humanos primitivos. La lógica dictaba que, si se podían encontrar restos de gente antigua, se encontrarían en masas continentales pobladas desde hacía mucho tiempo, no en el aislamiento relativo de un archipiélago. A Dubois no le condujo a las Indias Orientales nada más sólido que un barrunto, un empleo disponible y el conocimiento de que Sumatra estaba llena de cuevas, el entorno en que se habían encontrado hasta entonces la mayoría de los fósiles importantes de homínidos.** Lo más extraordinario de todo esto (casi milagroso, realmente) es que encontró lo que estaba buscando.

---

* Dubois, aunque holandés, era de Eijsden, una población situada al borde de la zona francófona de Bélgica. *(N. del A.)*

** A los humanos se los incluye en la familia Hominidae. Entre los miembros de esa familia, tradicionalmente denominados homínidos, figuran todas las criaturas (incluidas las extintas) que están más estrechamente emparentadas con nosotros que con cualquier chimpancé superviviente. A los monos, por otra parte, se les amontona en una familia llamada Pongidae. Muchas autoridades en la materia creen que deberían in-

En la época en que Dubois concibió su plan de buscar un eslabón perdido, el registro fósil humano consistía en muy poco: cinco esqueletos incompletos de neandertales, parte de una quijada de procedencia incierta y media docena de humanos de la Edad del Hielo que habían encontrado recientemente unos obreros ferroviarios en una cueva de un barranco llamado Cro-Magnon,[2] cerca de Les Eyzies (Francia). De los especímenes de neandertales, el mejor conservado estaba en Londres, colocado en una estantería. Lo habían encontrado unos trabajadores que extraían piedra de una cantera en Gibraltar en 1848, así que su preservación era un milagro, pero por desgracia nadie había llegado a darse cuenta de lo que era. Se había descrito en una reunión de la Sociedad Científica de Gibraltar y se había enviado luego al Museo Hunteriano, donde nadie se ocupó de él más para limpiarle el polvo de vez en cuando durante más de medio siglo. La primera descripción oficial[3] no se redactó hasta 1907, y lo hizo un geólogo llamado William Sollas «con conocimientos superficiales de anatomía».

Así que el nombre y el crédito por el descubrimiento de los primeros restos humanos primitivos fueron para el valle de Neander, en Alemania[4] (lo que no tenía nada de impropio, ya que, por una extraña coincidencia, Neander significa en griego «hombre nuevo»). Allí, en 1856, trabajadores de otra cantera hallaron en la pared de un barranco, sobre el río Düssel, unos huesos de extraño aspecto que entregaron a un maestro de la zona que sabían que estaba interesado por la historia natural. Este maestro, Johann Karl Fuhlrott tuvo el mérito de darse cuenta de que se trataba de un tipo nuevo de «ser humano», aunque qué era y lo especial que era serían motivo de polémica durante un tiempo.

Hubo muchos que se negaron a aceptar que los huesos de neandertal fuesen antiguos. August Mayer, profesor de la Universidad de Bonn y hombre influyente, insistió en que aquellos huesos no eran más que los de un soldado cosaco mongol, que había resultado herido en combate en Alemania en 1814, y se había arrastrado hasta aquella cueva para morir en ella. T. H. Huxley se limitó a comentar[5] desde Inglaterra al oír esto que le resultaba muy notable el que un soldado, pese a estar mortalmente herido, hubiese trepado veinte metros por la pared de un precipicio, se hubiese desprendido de la ropa y de los efectos personales, hubiese cerra-

cluirse también los chimpancés, los gorilas y los orangutanes en la familia de los Hominidae, con humanos y chimpancés en una subfamilia llamada Homininae. El resultado final es que las criaturas tradicionalmente denominadas homínidos se convirtieron, con este esquema, en homininos. (Leakey y otros insisten en esa designación.) Hominoidea es el nombre de la superfamilia de los monos, que nos incluye. *(N. del A.)*

do la entrada de la cueva y se hubiese enterrado bajo 60 centímetros de tierra. Otro antropólogo, desconcertado por la gran cresta superciliar, explicó que era debido a que el sujeto había mantenido el ceño fruncido durante mucho tiempo debido al dolor que le causaba una fractura de antebrazo mal curada. Las autoridades en la materia, en su afán de rechazar la idea de humanos primitivos, estaban a menudo dispuestos a aferrarse a las posibilidades más singulares. Más o menos al mismo tiempo que Dubois se disponía a zarpar para Sumatra, se dictaminó resueltamente que un esqueleto hallado en Périgueux era el de un esquimal. Nunca se llegó a dar una explicación satisfactoria de qué podía estar haciendo un antiguo esquimal en el suroeste de Francia. Se trataba, en realidad, de un antiguo cromañón.

Éste fue el telón de fondo con el que Dubois inició su búsqueda de huesos humanos antiguos. No efectuó personalmente ninguna excavación, utilizó para ello a cincuenta convictos que le prestaron las autoridades holandesas.[6] Trabajaron durante un año en Sumatra y luego se trasladaron a Java. Y allí, en 1891, Dubois encontró (o más bien su equipo, ya que él rara vez visitaba las excavaciones) una sección de un cráneo humano antiguo, conocido hoy como casquete de Trinil. Aunque era sólo parte de un cráneo, revelaba que el propietario había tenido rasgos claramente no humanos pero un cerebro mucho mayor que el de cualquier simio. Dubois le llamó *Anthropithecus erectus* (se cambió más tarde, por razones técnicas, por *Pithecanthropus erectus*) y proclamó que era el eslabón perdido entre simios y humanos. El nombre se popularizó enseguida como hombre de Java. Hoy lo conocemos como *Homo erectus*.

Al año siguiente, los trabajadores de Dubois encontraron un fémur casi completo que parecía sorprendentemente moderno. En realidad, muchos antropólogos creen que es moderno y que no tiene nada que ver con el hombre de Java.[7] Si es un hueso de *erectus*, es diferente a todos los que se han encontrado desde entonces.[8] Sin embargo, Dubois utilizó el fémur para deducir (correctamente, como se vería) que *Pithecanthropus* caminaba erguido. Construyó también, partiendo sólo de un fragmento de cráneo y un diente, un modelo del cráneo completo[9] que resultó también asombrosamente exacto.

Dubois regresó a Europa en 1895, esperando una recepción triunfal. En realidad, se encontró casi con la reacción opuesta. A la mayoría de los científicos le desagradó tanto sus conclusiones como la forma arrogante con que las expuso. La bóveda craneana era la de un simio, probablemente un gibón, y no la de un humano primitivo. Dubois, con la esperanza de reforzar sus teorías, permitió en 1897 que un prestigioso anatomista de la Universidad de Estrasburgo, Gustav Schwalbe, hiciese un molde de la bóveda craneal. Pero Schwalbe, para gran disgusto de Dubois, escribió una monografía,[10] que recibió mucha más atención favorable que todo lo que había escrito él, y emprendió a continuación una gira dando conferencias en la que se le alabó casi tan encarecidamente como si él hubiese desenterrado el cráneo. Consternado y amargado, Dubois puso punto final a su carrera aceptando una modesta plaza de profesor de geología en la Universidad de Amsterdam y, durante las dos décadas siguientes, no quiso que nadie más volviera a ver sus valiosos fósiles. Murió amargado en 1940.

Entre tanto, en 1924 y a medio mundo de allí, Raymond Dart, y el jefe del departamento de anatomía de origen australiano de la Universidad de Witwatersrand, Johannesburgo, recibió el cráneo, pequeño pero muy completo, de un niño, con la cara intacta, una mandíbula inferior y lo que se denomina un endomolde (un molde natural del cerebro), procedente de una cantera de piedra caliza situada al borde del desierto de Kalahari, en un lugar polvoriento llamado Taung. Dart se dio cuenta inmediatamente de que el cráneo de Taung no era de un *Homo erectus*[11] como el hombre de Java de Dubois, sino de una criatura anterior, más simiesca. Le asignó una antigüedad de dos millones de años y lo denominó *Australopithecus africanus*, u «hombre mono meridional africano». En un artículo que escribió para *Nature*, Dart calificaba los restos de Taung de «asombrosamente humanos» y explicaba que era necesaria una familia completamente nueva, *Homo simiadae* («los simios hombres») para acomodar el hallazgo.

Las autoridades en la materia se mostraron aún menos favorablemente dispuestas hacia Dart de lo que se habían mostrado con Dubois. Les molestaban casi todos los aspectos de su teoría y les molestaba, en realidad, casi todo en él. En primer lugar, se había comportado de un modo lamentablemente presuntuoso efectuando él mismo el análisis en vez de pedir ayuda a especialistas más prestigiosos. Hasta el nombre que eligió, *Australopithecus*, indicaba una falta de precisión científica, al mezclar como lo hacía raíces griegas y latinas. Sobre todo, sus conclusiones hacían caso omiso de los criterios imperantes. Todos aceptaban que humanos y simios se habían separado hacía como mínimo 15 millones de años atrás en Asia. Si los humanos hubiésemos surgido en África, eso nos habría hecho a todos *negroides*, por amor de Dios. Era como si alguien proclamase hoy que había encontrado huesos ancestrales de humanos, por ejemplo, en Misuri. Era sencillamente algo que no se ajustaba a lo que se sabía.

El único apoyo importante con que contó Dart fue el de Robert Broom, médico y paleontólogo de origen escocés, hombre de notable inteligencia y de carácter encantadoramente excéntrico. Tenía, por ejemplo, la costumbre de hacer su trabajo de campo desnudo cuando hacía calor, lo que era frecuente. Se decía también de él que realizaba experimentos anatómicos sospechosos con sus pacientes más pobres y más dóciles. Cuando se morían los pacientes, lo que era también frecuente, enterraba a veces los cadáveres en el huerto de detrás de su casa para poder desenterrarlos más tarde y estudiarlos.[12]

Broom era un paleontólogo consumado y, como vivía también en Suráfrica, pudo examinar personalmente el cráneo de Taung. Se dio cuenta inmediatamente de que era tan importante como suponía Dart y habló con vigor en defensa de éste, pero sin resultado. Durante los cincuenta años siguientes, el criterio imperante fue que el niño de Taung era un simio y nada más. La mayoría de los libros de texto no lo mencionaba siquiera. Dart se pasó cinco años redactando una monografía, pero no pudo encontrar a nadie que se la publicara.[13] Finalmente renunció por completo a publicarla (aunque siguió buscando fósiles). El cráneo (considerado hoy uno de los máximos tesoros de la antropología) estuvo muchos años haciendo de pisapapeles en el escritorio de un colega.[14]

En 1924, cuando Dart comunicó su hallazgo, sólo se conocían cuatro categorías de homínidos antiguos (*Homo heidelbergensis*, *Homo rhodesiensis*, neandertales y el hombre de Java de Dubois), pero todo eso estaba a punto de cambiar radicalmente.

Primero, un aficionado canadiense de grandes dotes llamado Davidson Black se puso a husmear en China, en un lugar llamado Colina del Hueso de Dragón, que era famoso en la zona entre los que buscaban huesos antiguos. Desgraciadamente, los chinos, en vez de preservar los huesos para su estudio, los trituraban para hacer medicamentos. Nunca sabremos cuántos huesos de *Homo erectus*, de valor incalculable, acabaron como una especie de equivalente chino de los polvos de Beecham. El lugar había sido muy expoliado en la época en que Black llegó allí, pero encontró un molar fosilizado y, basándose sólo en él, proclamó brillantemente el descubrimiento de *Sinanthropus pekinensis*,[15] que no tardó en conocerse como el hombre de Pekín.

Se efectuaron luego, a instancias de Black, excavaciones más decididas y se hallaron muchos más huesos. Desgraciadamente se perdieron todos en 1941, al día siguiente del ataque japonés a Pearl Harbor, cuando un contingente de infantes de Marina estadounidenses intentaba sacarlos (y escapar) del país y fueron capturados por los japoneses. Los soldados japoneses, al ver que aquellas cajas sólo contenían huesos, las dejaron a un lado de la carretera. Fue lo último que se supo de ellas.

Entretanto, en el viejo territorio de Dubois, en Java, un equipo dirigido por Ralph von Koenigswald había encontrado otro grupo de humanos primitivos que pasaría a conocerse como la gente de Solo, por hallarse el yacimiento en el río Solo, en Ngandong. Los descubrimientos de Koenigswald podrían haber sido más impresionantes aún, pero se reparó en ello demasiado tarde. Koenigswald había ofrecido a los habitantes de la zona 10 centavos por cada fragmento de hueso de homínido que le llevasen. Acabaría descubriendo horrorizado que se habían dedicado afanosamente a romper piezas grandes para convertirlas en muchas pequeñas y ganar más dinero.[16]

En los años siguientes, a medida que fueron encontrándose e identificándose más huesos, se produjo una riada de nuevos nombres: *Homo aurignacensis, Australopithecus transvaalensis, Paranthropus crassidens, Zinjanthropus boisei* y muchísimos más, casi todos relacionados con un nuevo tipo de género además de una nueva especie. En la década de los cincuenta el número de los tipos de homínidos designados se había elevado a bastante más del centenar. Para aumentar la confusión, las formas individuales pasaban a menudo por una serie de nombres diferentes a medida que los paleontólogos perfeccionaban y reestructuraban las clasificaciones y se peleaban por ellas. La gente de Solo recibió denominaciones tan diversas como *Homo soloensis, Homo primigenius asiaticus,*[17] *Homo neanderthalensis soloensis, Homo sapiens soloensis, Homo erectus erectus* y, finalmente, sólo *Homo erectus*.

En 1960, F. Clark Howell, de la Universidad de Chicago, con el propósito de introducir cierto orden, propuso, siguiendo las sugerencias que habían hecho en la década anterior Ernst Mayr y otros más,[18] que se redujese el número de géneros a sólo dos (*Australopithecus* y *Homo*) y que se racionalizasen muchas de las especies. Los hombres de Java y de Pekín se convirtieron en *Homo erectus*. El orden prevaleció durante un tiempo en el mundo de los homínidos. Pero no duró mucho.

Tras una década, más o menos, de calma relativa, la paleoantropología inició otro periodo de rápidos y numerosos descubrimientos, que aún no ha cesado. La década de los cincuenta produjo *Homo habilis*, considerado por algunos el eslabón perdido entre simios y humanos, pero que otros no consideran en modo alguno una especie diferenciada. Luego llegaron (entre muchos otros), los siguientes *Homo: ergaster, louisleakeyi, rudolfensis, microcranus* y *antecessor,* así como un montón de australopitecinos: *afarensis, praegens, ramidus, walkeri, anamensis,* etcétera. En la literatura científica actual se aceptan en total unos 20 tipos de homínidos. Desgraciadamente, casi no hay dos especialistas que acepten los mismos 20.

Algunos siguen fieles a los dos géneros de homínidos que propuso Howell en 1960, pero otros colocan a los australopitecinos en un género diferente llamado *Paranthropus*, y hay otros incluso que añaden un grupo anterior llamado *Ardipithecus*. Hay quien asigna *praegens* a los *Australopithecus* y quien lo asigna a una nueva clasificación, *Homo antiquus*, pero la mayoría no acepta, de ninguna manera, *praegens* como especie diferenciada. No hay ninguna autoridad central que decida sobre estas clasificaciones. La única manera de que se acepte una denominación es por consenso, y de eso suele haber muy poco.

Paradójicamente, la causa del problema es en gran parte la escasez de pruebas. Han vivido desde el principio de los tiempos varios miles de millones de seres humanos (o de humanoides), que aportaron cada uno de ellos un poco de variabilidad genética a la reserva humana general. De este vasto número, el total de nuestro conocimiento de la prehistoria humana se basa en los restos, a menudo excesivamente fragmentarios, de tal vez unos 5.000 individuos.[19]

—Podrías meter todo lo que hay en la parte de atrás de una furgoneta si no te importase mucho que estuviese todo revuelto[20] —me explicó Ian Tattersall, el barbudo y amable conservador del Museo Americano de Historia Natural de Nueva York, cuando le pregunté por el tamaño del archivo total de huesos de homínidos y humanos primitivos.

La escasez no sería un problema tan grave si los huesos estuviesen distribuidos de un modo equitativo a lo largo del tiempo y del espacio, pero por supuesto no lo están. Aparecen al azar, a menudo de la forma más enrevesada. *Homo erectus* anduvo por la Tierra durante más de un millón de años y habitó en un territorio que abarcaba desde el borde atlántico de Europa hasta las costas chinas del Pacífico, pero si volvieses a la vida a todos los *Homo erectus* individuales de cuya existencia podemos dar fe no podríamos llenar un autobús escolar. De *Homo habilis* disponemos de menos restos aún, sólo de dos esqueletos incompletos y de una serie de huesos aislados de extremidades. Algo tan efímero como nuestra civilización es casi seguro que podría no conocerse en absoluto a través del registro fósil.

—En Europa —explicó Tattersall a modo de ejemplo—, disponemos de cráneos de homínidos de Georgia fechados hace unos 1,7 millones de años, pero luego tenemos un vacío de casi un millón de años hasta los restos siguientes que aparecen en España, justo al otro extremo del continente. Después hay otro vacío de 300.000 años hasta un *Homo heidelbergensis* de Alemania... y ninguno de ellos se parece demasiado a cualquiera de los demás. —Sonrió—. A partir de ese tipo de piezas fragmentarias es como tenemos que intentar descubrir la historia de especies enteras. Es mucho pedir. La verdad es que tenemos muy poca idea de la relación entre muchas especies antiguas... que conducen a nosotros y que fueron callejones evolutivos sin salida. Algunas no hay ninguna razón para considerarlas especies diferenciadas.

Es lo fragmentario del registro lo que hace que cada nuevo hallazgo parezca tan inesperado y tan distinto de todos los demás. Si tuviésemos decenas de miles de esqueletos distribuidos a intervalos regulares a lo largo del registro histórico, habría una gama de matices mucho mayor. Las nuevas especies no surgen completas instantáneamente, como parece decirnos el registro fósil, sino de un modo gradual, a partir de otras especies existentes. Cuanto más te remontas a un punto de divergencia, mayores son las similitudes, de manera que resulta extraordinariamente difícil, y a veces imposible, diferenciar a un *Homo erectus* tardío de un *Homo sapiens* primitivo, puesto que es probable que los restos correspondan a ambos y a ninguno. Pueden surgir a menudo discrepancias similares sobre cuestiones de identificación de restos fragmentarios, cuando hay que decidir, por ejemplo, si un hueso determinado corresponde a una mujer *Australopithecus boisei* o a un *Homo habilis* varón.

Los científicos, con tan poco de lo que pueden estar seguros, suelen tener que formular suposiciones basadas en otros objetos hallados cerca, y esas suposiciones pueden no ser más que audaces conjeturas. Como han comentado secamente Alan Walker y Pat Shipman, si correlacionases el descubrimiento de herramientas con la especie de criatura que con mayor frecuencia se encuentra cerca, tendrías que llegar a la conclusión de que las herramientas manuales primitivas eran principalmente obra de antílopes.[21]

Tal vez no haya nada que ejemplifique mejor la confusión que el fardo fragmentario de contradicciones que fue *Homo habilis*. Hablando con claridad, los huesos de *habilis* no tienen sentido. Si se ordenan en secuencia, muestran machos y hembras evolucionando a ritmos distintos y en direcciones distintas:[22] los machos haciéndose menos simiescos y más humanos con el tiempo, mientras que las hembras del mismo periodo parecen estar *alejándose* de la condición humana y reforzando la condición simiesca. Algunas autoridades en la materia no creen en absoluto que *habilis* sea una categoría válida. Tattersall y su colega Jeffrey Schwartz lo rechazan como una simple «especie cubo de basura»,[23] en la que se «podían echar cómodamente» fósiles no relacionados. Ni siquiera los que consideran *habilis* una especie independiente están de acuerdo en si es del mismo género que nosotros o de una rama lateral que acabó en nada.

Por último, pero tal vez por encima de todo, la naturaleza humana es un factor en todo esto. Los científicos tienen una tendencia natural a interpretar los hallazgos del modo más halagüeño para su prestigio. Es realmente raro que un paleontólogo comunique que ha encontrado un depósito de huesos, pero que no tienen nada de particular. Como comenta sobriamente John Reader en el libro *Eslabones perdidos*: «Es notable la frecuencia con que las primeras interpretaciones de nuevos testimonios han confirmado las ideas previas de su descubridor».[24]

Todo esto deja un amplio espacio para las discusiones, claro está, y no hay gente a la que le guste más discutir que los paleontólogos. «Y de todas las disciplinas de la ciencia, la paleoantropología es tal vez la que exhibe un mayor porcentaje de egos»,[25] dicen los autores del reciente *Java Man...* [Hombre de Java] un libro, por cierto, que dedica pasajes largos y maravillosamente despreocupados a atacar la incompetencia de otros científicos, en especial la de Donald Johanson, antiguo amigo del autor.

Así pues, teniendo en cuenta que hay poco que puedas decir sobre la prehistoria humana que no haya alguien en algún sitio que lo discuta, aparte del hecho de que es seguro que tuvimos una, lo que creemos saber sobre quiénes somos y de dónde venimos es más o menos esto.

Durante el primer 99,999 % de nuestra historia como organismos, estuvimos en la misma línea ancestral que los chimpancés.[26] No se sabe prácticamente nada de la prehistoria de los chimpancés, pero, fuesen lo que fuesen, lo éramos nosotros. Luego, hace unos siete millones de años sucedió algo importante. Un grupo de nuevos seres salió de los bosques tropicales de África y empezó a moverse por la sabana.

Se trataba de los australopitecinos y, durante los cinco millones de años siguientes, serían la especie de homínidos dominante en el mundo. (*Austral* significa en latín «del sur» y no tiene ninguna relación en este contexto con Australia.) Había diversas variedades de australopitecinos, unos esbeltos y gráciles, como el niño de Taung de Raymond Dart, otros más fornidos y corpulentos, pero todos eran capaces de caminar erguidos. Algunas de estas especies vivieron durante más de un millón de años, otras durante un periodo más modesto de unos pocos cientos de miles, pero conviene no olvidar que hasta los que tuvieron menos éxito, contaron con historias mucho más prolongadas de la que hemos tenido nosotros hasta ahora.

Los restos de homínidos más famosos del mundo son los de un australopitecino de hace 3,18 millones de años hallados en Hadar, Etiopía, en 1974, por un equipo dirigido por Donald Johanson. El esqueleto, conocido oficialmente como A. L. (Localidad de Afar) 288-1, pasó a conocerse más familiarmente como *Lucy*, por la canción de los Beatles «Lucy in the Sky with Diamonds». Johanson nunca ha dudado de su importancia. «Es nuestro ancestro más antiguo, el eslabón perdido entre simios y humanos»,[27] ha dicho.

Lucy era pequeña, de sólo 1,05 metros de estatura. Podía caminar, aunque es motivo de cierta polémica lo bien que podía hacerlo. Es evidente que era también buena trepadora. No sabemos mucho más. No tenemos casi nada del cráneo, por lo que se puede decir poco con seguridad del tamaño de su cerebro, aunque los escasos fragmentos de que disponemos parecen indicar que era pequeño. La mayoría de los libros dicen que disponemos de un 40 % del esqueleto, pero algunos hablan de casi la mitad y uno publicado por el Museo Americano de Historia Natural de Nueva York dice que disponemos de dos tercios de él. La serie de televisión de la BBC *Ape Man* llega a decir que se trata de «un esqueleto completo», aunque mostraba que no era así ni mucho menos.

El cuerpo humano tiene 206 huesos, pero muchos de ellos están repetidos. Si tienes el fémur izquierdo de un espécimen, no necesitas el derecho para conocer sus dimensiones. Si prescindes de todos los huesos superfluos, el total son 120, que es lo que se llama medio esqueleto. Incluso con este criterio bastante acomodaticio, considerando el más pequeño fragmento como un hueso completo, *Lucy* constituye sólo el 28 % de medio esqueleto (y sólo aproximadamente el 20 % de uno entero).

Alan Walker cuenta, en *The Wisdom of the Bones* [La sabiduría de los huesos], que le preguntó una vez a Johanson de dónde había sacado la cifra del 40 % y éste replicó tranquilamente que había descontado los 106 huesos de las manos y de los pies...[28] más de la mitad del total del cuerpo, y una mitad bastante importante, además, sin lugar a dudas, ya que el principal atributo definitorio de *Lucy* era el uso de manos y pies para lidiar con un mundo cambiante. Lo cierto es que se sabe de *Lucy* bastante menos de lo que generalmente se supone. Ni siquiera se sabe en realidad si era una hembra. Su sexo es una suposición basada en su diminuto tamaño.

Dos años después del descubrimiento de *Lucy*, Mary Leakey encontró en Laetoli, Tanzania, las huellas dejadas por dos individuos de (se supone) la misma familia de homínidos. Las huellas las habían dejado dos australopitecinos que habían caminado sobre ceniza cenagosa tras una erupción volcánica. La ceniza se había endurecido más tarde, conservando las impresiones de sus pies a lo largo de unos 23 metros.

El Museo Americano de Historia Natural de Nueva York tiene un fascinante diorama que reseña el momento del paso de las dos criaturas por la ceniza cenagosa. Aparecen en él reproducciones de tamaño natural de un macho y una hembra caminando, uno al lado del otro, por la antigua llanura africana. Son peludos, parecidos a chimpancés en las dimensiones, pero tienen un porte y un paso que sugieren la condición humana. El rasgo más sorprendente es que el macho tiene echado el brazo izquierdo protectoramente sobre los hombros de la hembra. Es un gesto tierno y afectuoso, que sugiere un estrecho vínculo.

Este cuadro vivo se representa con tal convicción que es fácil no acordarse de que prácticamente todo lo que hay por encima de las pisadas es imaginario. Casi todos los aspectos externos de los dos personajes, la densidad del vello, los apéndices faciales (si tenían narices humanas o de chimpancés), las expresiones, el color de la piel, el tamaño y la forma de los pechos de la hembra, son inevitablemente hipotéticos. Ni siquiera podemos saber si eran una pareja. El personaje femenino podría haber sido, en realidad, un niño. Tampoco podemos estar seguros de que fuesen australopitecinos. Se supone que lo son porque no hay ningún otro candidato conocido.

Me habían dicho que se les representó así porque, durante la elaboración del diorama, el personaje femenino no hacía más que caerse, pero Ian Tattersall insistió con una carcajada en que esa historia es falsa.

—Es evidente que no sabemos si el macho le tenía el brazo echado por encima del hombro a la hembra o no, pero sabemos, por las mediciones del paso, que caminaban uno al lado del otro y muy juntos... lo suficiente para que estuvieran tocándose. Era una zona bastante expuesta, así que es probable que se sintieran vulnerables. Por eso procuramos que tuvieran expresiones que reflejasen cierta preocupación.

Le pregunté si le preocupaba a él lo de que se hubiesen tomado tantas libertades en la reconstrucción de los personajes.

—Hacer reproducciones es siempre un problema —aceptó sin reparos—. No te haces idea de lo que hay que discutir para llegar a decidir detalles como si los neandertales tenían cejas o no las tenían. Y lo mismo pasó con las imágenes de Laetoli. La cuestión es que no podemos conocer los detalles de su apariencia, pero *podemos* transmitir su talla y su porte. Si tuviese que hacerlo otra vez, creo que tal vez los habría hecho un poquito más simios y menos humanos. Esas criaturas no eran humanas. Eran simios bípedos.

Hasta hace muy poco se consideraba que éramos descendientes de *Lucy* y de las criaturas de Laetoli, pero ahora muchas autoridades en la materia no están tan seguras. Aunque ciertos rasgos físicos (por ejemplo, los dientes) sugieran un posible vínculo entre nosotros, otras partes de la anatomía de los australopitecinos son más problemáticas. Tattersall y Schwartz señalan en su libro *Extinct Humans* [Humanos extintos] que la porción superior del fémur humano es muy parecida a la de los monos, pero no es como la de los australopitecinos; así que, si está en una línea directa entre los monos y los humanos modernos, eso significa que debemos de haber adoptado un fémur de australopitecino durante un millón de años o así y que, luego, volvimos a un fémur de simio al pasar a la fase siguiente de nuestro desarrollo. No sólo creen que *Lucy* no fue antepasada nuestra, sino que ni siquiera caminaba demasiado bien.

—*Lucy* y su género no tenían una locomoción que se pareciese en nada a la forma humana moderna[29] —insiste Tattersall—. Esos homínidos sólo caminaban como bípedos cuando tenían que desplazarse entre un hábitat arbóreo y otro, viéndose «forzados» a hacerlo por su propia anatomía.[30]

Johanson no acepta esto. «Las caderas de *Lucy* y la disposición de los músculos de su pelvis[31] —ha escrito— le habrían hecho tan difícil trepar a los árboles como lo es para los humanos modernos.»

La confusión aumentó aún más en los años 2001 y 2002 en que se hallaron unos especímenes nuevos y excepcionales. Uno de ellos, descubierto por Meave Leakey, de la famosa familia de buscadores de fósiles, en el lago Turkana,[32] en Kenia, recibió el nombre de *Kenyanthropus platyops* («hombre de Kenia de rostro-plano»), es aproximadamente de la misma época que *Lucy* y se plantea la posibilidad de que fuese ancestro nuestro y *Lucy* sólo una rama lateral fallida. También se encontraron en 2001 *Ardipithecus ramidus kadabba*, al que se atribuye una antigüedad de entre 5,2 y 5,8 millones de años y *Onorin turegensis*, al que se le atribuyeron 6 millones de años, con lo que se convirtió en el homínido más antiguo... aunque lo sería por poco tiempo.[33] En el verano de 2002, un equipo francés que trabajaba en el desierto de Djurab, en el Chad (una zona que no había proporcionado nunca huesos antiguos), halló un homínido de casi siete millones de años de antigüedad,[34] al que llamaron *Sahelanthropus tchadensis*. (Algunos críticos creen que no era humano sino un mono primitivo[35] y, que por ello, debería llamarse *Sahelpithecus*.) Se trataba, en todos los casos, de criaturas antiguas y muy primitivas, pero caminaban erguidas y lo hacían mucho antes de lo que anteriormente se pensaba.

El bipedalismo es una estrategia exigente y arriesgada. Significa modificar la pelvis, convirtiéndola en un instrumento capaz de soportar toda la carga. Para preservar la fuerza necesaria, el canal del nacimiento de la hembra ha de ser relativamente estrecho. Eso tiene dos consecuencias inmediatas, muy importantes, y otra a largo plazo. Significa en primer lugar mucho dolor para cualquier madre que dé a luz y un peligro mucho mayor de muerte, tanto para la madre como para el niño. Además, para que la cabeza del bebé pueda pasar por un espacio tan pequeño, tiene que nacer cuando el cerebro es aún pequeño y, por tanto, mientras el bebé es aún un ser desvalido. Eso significa que hay que cuidarlo durante mucho tiempo, lo que exige a su vez un sólido vínculo varón-hembra.

Todo esto resulta bastante problemático cuando eres el dueño intelectual del planeta, pero, cuando eres un australopitecino pequeño y vulnerable, con un cerebro del tamaño de una naranja,* el riesgo debe de haber sido enorme.[36]

¿Por qué, pues, *Lucy* y los de su género bajaron de los árboles y salieron del bosque? Probablemente no tuviesen otra elección. El lento afloramiento del istmo de Panamá había cortado el flujo de las aguas del Pacífico al Atlántico, desviando las corrientes cálidas del Ártico y haciendo que se iniciase un periodo glacial extremadamente intenso en las latitudes septentrionales. Esto habría producido en África una sequía y un frío estacionales que habría ido convirtiendo gradualmente la selva en sabana. «No se trató tanto de que *Lucy* y los suyos quisieran abandonar los bosques —ha escrito John Gribbin—, como de que los bosques los abandonaron a ellos.»[37]

Pero salir a la sabana despejada de árboles dejó también claramente mucho más expuestos a los homínidos. Un homínido en posición erguida podía ver mejor, pero también se le podía ver mejor a él. Ahora, incluso, somos una especie casi ridículamente vulnerable en campo abierto. Casi todos los animales grandes que puedas mencionar son más fuertes, más rápidos y tienen mejores dientes que nosotros. El hombre moderno sólo tiene dos ventajas en caso de ataque. Un buen cerebro, con el que podemos idear estrategias, y las manos, con las que podemos tirar o blandir objetos que hagan daño. Somos la única criatura capaz de hacer daño a distancia. Podemos permitirnos por ello ser físicamente vulnerables.

Da la impresión de que todos los elementos hubiesen estado dispuestos para la rápida evolución de un cerebro potente y, sin embargo, no parece haber sucedido así. Durante más de tres millones de años, *Lucy* y sus compañeros australopitecinos apenas cambiaron.[38] Su cerebro no aumentó de tamaño y no hay indicio alguno de que se valiesen ni siquiera

* El tamaño absoluto del cerebro[39] no es lo que explica todo, o puede que hasta ni siquiera te diga mucho. Tanto los elefantes como las ballenas tienen cerebros mayores que el nuestro, pero no tendrías mucho problema para engañarles negociando un contrato. Lo que importa es el tamaño relativo, y es algo que suele pasarse por alto. Como dice Gould, *Australopithecus africanus* tenía un cerebro de sólo 450 cc, más pequeño que el de un gorila. Pero un varón *africanus* típico pesaba menos de 45 kilos, y una hembra mucho menos aún, mientras que el gorila puede fácilmente superar los 150 kilos. (*N. del A.*)

de los útiles más simples. Y lo que resulta más extraño aún es que sabemos ahora que, durante aproximadamente un millón de años, vivieron a su lado otros homínidos primitivos que utilizaban herramientas, pero los australopitecinos nunca sacaron provecho de esa tecnología tan útil que estaba presente en su medio.[40]

En un momento concreto situado entre hace tres y dos millones de años, parece haber habido hasta seis tipos de homínidos coexistiendo en África. Pero sólo uno estaba destinado a perdurar: *Homo*, que emergió de las brumas hace unos dos millones de años. Nadie sabe exactamente qué relaciones había entre los australopitecinos y *Homo*, pero lo que sí se sabe es que coexistieron algo más de un millón de años, hasta que todos los australopitecinos, los robustos y los gráciles, se esfumaron misteriosa y puede que bruscamente hace más de un millón de años. Nadie sabe por qué desaparecieron. «Tal vez nos los comiésemos», sugiere Matt Ridley.[41]

La línea *Homo* se inicia convencionalmente con *Homo habilis*, una criatura sobre la que no sabemos casi nada, y concluye con nosotros, *Homo sapiens* (literalmente «hombre que sabe»). En medio, y dependiendo de las opiniones que tengas en cuenta, ha habido media docena de otras especies de *Homo*: *ergaster, neanderthalensis, rudolfensis, heidelbergensis, erectus* y *antecessor*.

Homo habilis («hombre hábil») es una denominación que introdujeron Louis Leakey y sus colegas en 1964, por tratarse del primer homínido que utilizaba herramientas, aunque muy simples. Era una criatura bastante primitiva, con mucho más de chimpancé que de humano, pero con un cerebro un 50 % mayor que el de *Lucy* en términos absolutos y no mucho menos grande proporcionalmente, por lo que era el Einstein de su época. Aún no se ha aducido ninguna razón persuasiva que explique por qué los cerebros humanos empezaron a crecer hace dos millones de años. Se consideró durante mucho tiempo que había una relación directa entre los grandes cerebros y el bipedalismo (que el abandono de los bosques exigía astutas y nuevas estrategias que alimentaron o estimularon el desarrollo cerebral), así que constituyó toda una sorpresa, después de los repetidos descubrimientos de tantos zoquetes bípedos, comprobar que no había absolutamente ninguna conexión apreciable entre ambas cosas.

—No hay sencillamente, que sepamos, ninguna razón convincente que explique por qué los cerebros humanos se hicieron grandes —dice Tattersall.

Un cerebro enorme es un órgano exigente: constituye sólo el 2 % de la masa corporal, pero devora el 20 % de su energía.[42] Si no volvieses a comer nunca otro bocado de grasa, tu cerebro no se quejaría porque no toca la grasa. Lo que quiere es glucosa, y en grandes cantidades, aunque eso signifique una injusticia para otros órganos. Como dice Guy Brown: «El cuerpo corre constantemente el peligro de que lo consuma un cerebro ávido,[43] pero no puede permitirse dejar que el cerebro pase hambre porque eso lleva enseguida a la muerte». Un cerebro grande necesita más alimento y más alimento significa un mayor peligro. Tattersall cree que la aparición de un cerebro grande puede haber sido simplemente un accidente evolutivo. Piensa, como Stephen Jay Gould, que si hicieses volver atrás la cinta de la vida (incluso si la hicieses retroceder sólo un poco, hasta la aparición de los homínidos) hay «muy pocas» posibilidades de que hubiese aquí y ahora humanos modernos ni nada que se les pareciese.

«Una de las ideas que más les cuesta aceptar a los seres humanos —dice Jay Gould— es que no seamos la culminación de algo. No hay nada inevitable en el hecho de que estemos aquí. Es parte de nuestra vanidad como humanos que tendamos a concebir la evolución como un proceso que estaba, en realidad, programado para producirnos. Hasta los antropólogos tendían a pensar así hasta la década de 1970.» De hecho, en una fecha tan reciente como 1991, C. Loring Brace se aferraba tozudamente en el texto divulgativo *Los estadios de la evolución humana* a la concepción lineal,[44] aceptando sólo un callejón sin salida evolutivo, los australopitecinos robustos. Todo lo demás constituía una progresión en línea recta, en la que cada especie de homínido iba portando el testigo de la evolución un trecho y se lo pasaba luego a un corredor más joven y fresco. Ahora, sin embargo, parece seguro que muchas de esas primeras formas siguieron senderos laterales que no llevaban a ningún sitio.

Por suerte para nosotros, una acertó, un grupo de usuarios de herramientas que pareció surgir de la nada y coincidió con el impreciso y muy discutido *Homo habilis*. Se trata de *Homo erectus*, la especie que descubrió Eugène Dubois en Java en 1891. Vivió, según la fuente que se consulte, entre hace aproximadamente 1,8 millones de años y una fecha tan reciente como 20.000 años atrás.

Según los autores de *Java Man*, *Homo erectus* es la línea divisoria:[45] todo lo que llegó antes que él era de carácter simiesco; todo lo que llegó después de él era de carácter humano. *Homo erectus* fue el primero que cazó, el primero que utilizó el fuego, el primero que fabricó utensilios complejos, el primero que dejó pruebas de campamentos, el primero que se cuidó de los débiles y frágiles. Comparado con todos los que lo habían precedido, esa especie era extremadamente humana tanto en la forma como en el comportamiento, sus miembros tenían largas extremidades y eran delgados, muy fuertes (mucho más que los humanos modernos) y poseían el empuje y la inteligencia necesarios para expandirse con éxito por regiones enormes. Debían de parecer a los otros homínidos aterradoramente grandes, vigorosos, veloces y dotados. Su cerebro era muchísimo más refinado que todo lo que el mundo había visto hasta entonces.

Erectus era «el velocirraptor de su época», según Alan Walker, de la Universidad de Penn State, una de las primeras autoridades del mundo en este campo. Si le mirase a uno a los ojos, podría parecer superficialmente humano, pero «no conectarías: serías una presa». Según Walker, tenía el cuerpo de un humano adulto pero el cerebro de un bebé.

Aunque *Homo erectus* ya era conocido desde hace casi un siglo lo era sólo por fragmentos dispersos, insuficientes para aproximarse siquiera a poder construir un esqueleto entero. Así que su importancia (o su posible importancia al menos) como precursor de los humanos modernos no pudo apreciarse hasta que no se efectuó un descubrimiento extraordinario en África en los años ochenta. El remoto valle del lago Turkana (antiguamente lago Rodolfo) de Kenia es uno de los yacimientos de restos humanos primitivos más productivos del mundo, pero durante muchísimo tiempo nadie había pensado en mirar allí. Richard Leakey se dio cuenta de que podría ser un lugar más prometedor de lo que se había pensado, porque iba en un vuelo que se desvió y pasó por encima del valle. Se envió un equipo a investigar y al principio no encontró nada. Un buen día, al final de la tarde, Kamoya Kimeu, el buscador de fósiles más renombrado de Leakey, encontró una pequeña pieza de frente de homínido en una colina a bastante distancia del lago. No era probable que aquel lugar concreto proporcionase mucho, pero cavaron de todos modos por respeto a los instintos de Kimeu y se quedaron asombrados cuando encontraron un esqueleto casi completo de *Homo erectus*. Era de un niño de entre nueve y doce años que había muerto 1,54 millones de años atrás.[46] El esqueleto tenía «una estructura corporal completamente moderna», dice Tattersall, lo que en cierto modo no tenía precedente. El niño de Turkana era «muy enfáticamente uno *de nosotros*».[47]

Kimeu encontró también en el lago Turkana a KNM-EP, 1808, una hembra de 1,7 millones de años de antigüedad, lo que dio a los científicos su primera clave de que *Homo erectus* era más interesante y complejo de lo que se había pensado anteriormente. Los huesos de la mujer estaban deformados y cubiertos de toscos bultos, consecuencia de un mal torturante llamado hipervitaminosis A, que sólo podía deberse a haber comido el hígado de un carnívoro. Esto nos indicaba, en primer lugar, que *Homo erectus* comía carne. Era aún más sorprendente el hecho de que la cantidad de bultos indicase que llevaba semanas o incluso meses viviendo con la enfermedad. Alguien había cuidado de ella.[48] Era el primer indicio de ternura en la evolución homínida.

Se descubrió también que en los cráneos de *Homo erectus* había (o, en opinión de algunos, posiblemente había) un área de Broca, una región del lóbulo frontal del cerebro relacionada con el lenguaje. Los chimpancés no tienen esa característica. Alan Walker considera que el canal espinal no tenía el tamaño y la complejidad necesarios para permitir el habla, lo más probable era que *Homo erectus* se hubiese comunicado más o menos del modo en que lo hacen los chimpancés modernos. Otros, especialmente Richard Leakey, están convencidos de que podían hablar.

Parece ser que, durante un tiempo, *Homo erectus* fue la única especie homínida. Se trataba de unas criaturas con un espíritu aventurero sin precedentes que se esparcieron por el globo aparentemente con lo que parece haber sido una rapidez pasmosa.[49] El testimonio fósil, si se interpreta literalmente, indica que algunos miembros de la especie llegaron a Java al mismo tiempo que dejaban África, o incluso un poco antes. Esto ha llevado a algunos científicos optimistas a decir que tal vez el hombre moderno no surgió ni mucho menos en África, sino en Asia... lo que sería notable, por no decir milagroso, pues nunca se ha hallado ninguna especie precursora posible nunca fuera de África. Los homínidos asiáticos habrían tenido que aparecer por generación espontánea, como si dijésemos. Y de todos modos, un inicio asiático no haría más que invertir el problema de su expansión; aún habría que explicar cómo la gente de Java llegó luego tan deprisa a África.

Hay varias alternativas más plausibles para explicar cómo *Homo erectus* se las arregló para aparecer tan pronto en Asia después de su primera aparición en África. En primer lugar, hay sus más y sus menos en la datación de restos humanos primitivos. Si la antigüedad real de los huesos africanos es el extremo más elevado del ámbito de estimaciones o la de los de Java el extremo más bajo, habría habido tiempo de sobra para qué el *Homo erectus* africano pudiese llegar hasta Asia. Es también muy posible que aún puedan descubrirse huesos de *Homo erectus* más antiguos en África. Además, las fechas de Java podrían ser completamente erróneas.

Lo que es seguro es que en un momento de hace bastante más de un millón de años, algunos seres nuevos, relativamente modernos y que caminaban erguidos abandonaron África y se esparcieron audazmente por gran parte del globo. Es posible que lo hiciesen muy deprisa, aumentando su ámbito de ocupación hasta 40 kilómetros al año como media, todo ello teniendo que salvar cadenas de montañas, ríos, desiertos y otros obstáculos y que adaptarse a diferencias de clima y de fuentes de alimentación. Es especialmente misterioso cómo pasaron por la orilla occidental del mar Rojo, una zona famosa por su terrible aridez hoy, pero aún más seca en el pasado. Es una curiosa ironía que las condiciones que les impulsaron a dejar África hiciesen que les resultase mucho más difícil hacerlo. Pero lo cierto es que consiguieron dar con una ruta que les permitió sortear todos los obstáculos y poder prosperar en las tierras que había más allá.

Y me temo que es ahí donde se acaban las coincidencias. Lo que pasó después en la historia del desarrollo humano es tema de largo y rencoroso debate, como veremos en el capítulo siguiente.

Pero, antes de continuar, conviene que recordemos que todos esos tejemanejes evolutivos, a lo largo de 5.000 millones de años, desde el lejano y desconcertado australopitecino al humano plenamente moderno, produjeron una criatura que aún es genéticamente indiferenciable en un 98,4 % del chimpancé moderno. Hay más diferencias entre una cebra y un caballo, o entre un delfín y una marsopa, que la que hay entre tú y las criaturas peludas que dejaron atrás tus lejanos ancestros cuando se disponían a apoderarse del mundo.

EL MONO INQUIETO

En algún momento de hace aproximadamente millón y medio de años, algún genio olvidado del mundo homínido hizo algo inesperado. Ese homínido (o muy posiblemente ésa) cogió una piedra y la utilizó cuidadosamente para dar forma a otra. El resultado fue una sencilla hacha manual en forma de lágrima, pero fue la primera pieza de tecnología punta del mundo.

Era tan superior a las herramientas existentes que pronto hubo otros que siguieron el ejemplo del inventor y se pusieron a hacer hachas de mano por su cuenta. Con el tiempo habría sociedades enteras que da la impresión de que hacían poco más que eso.

—Las hacían a miles[1] —dijo Ian Tattersall—. Hay algunas zonas de África donde casi no puedes moverte sin pisarlas. Es extraño porque son objetos que exigen mucha concentración para hacerlos. Es como si las hubiesen hecho por el puro placer de hacerlas.

Tattersall bajó de una estantería de su soleada habitación de trabajo un molde enorme, puede que de medio metro de longitud y 20 centímetros de anchura en su parte más ancha, y me lo pasó. Tenía la forma de una punta de lanza, pero el tamaño de una de esas piedras que se colocan en arroyos y riachuelos aflorando del agua para poder cruzar pisando por ellas sin mojarse. Como era de fibra de vidrio, no pesaba más que unas onzas, pero el original, que se había encontrado en Tanzania, pesaba 11 kilos.

—Era completamente inútil como herramienta —dijo Tattersall—. Habrían hecho falta dos personas para levantarla adecuadamente e incluso entre dos habría resultado agotador intentar darle a algo con ella.

—¿Para qué se utilizaba, entonces?

Tattersall se encogió de hombros jovialmente, complacido con lo misterioso del asunto.

—Ni idea. Debía de tener una función simbólica, pero no sabemos muy bien cuál.

Las hachas acabaron llamándose instrumentos achelenses, por Saint Acheul, un barrio de Amiens, en el norte de Francia, donde se encontraron en el siglo XIX los primeros ejemplos, y son diferentes de los utensilios más antiguos y más simples, conocidos como olduvaienses, hallados en principio en la garganta de Olduvai, en Tanzania. Los útiles de Olduvai que aparecen en los manuales más antiguos suelen ser piedras de tamaño manual, redondeadas y sin filo. De hecho, los paleoantropólogos tienden ahora a creer que las partes instrumentales de las piedras de Olduvai eran las piezas arrancadas de esas piedras de mayor tamaño, que podían utilizarse luego para cortar.

Y ahí está el misterio. Cuando los humanos modernos primitivos (los que acabarían convirtiéndose en nosotros) empezaron a irse de África, hace más de 100.000 años, la tecnología preferida eran los útiles achelenses. A estos primitivos *Homo sapiens* les encantaban además sus útiles achelenses. Los transportaban a lo largo de grandes distancias. A veces hasta llevaban con ellos piedras sin trabajar para convertirlas en utensilios más tarde. Estaban, en resumen, consagrados a la tecnología. Pero aunque se han encontrado útiles achelenses por África, Europa y Asia occidental y central, casi nunca se encuentran en Extremo Oriente. Esto es sumamente desconcertante.

En la década de los cuarenta, un paleontólogo de Harvard que se llamaba Hallum Movius trazó la denominada línea Movius, que separaba la parte con útiles achelenses de la que carecía de ellos. La línea atraviesa, en una dirección suroriental, Europa y Oriente Próximo hasta llegar a las proximidades de la Calcuta y el Bangladesh actuales. Al otro lado de la línea de Movius, por todo el sureste asiático y China, sólo se han hallado los utensilios olduvaienses más simples. Sabemos que *Homo sapiens* fue mucho más allá de ese punto, así que ¿por qué portaría una tecnología lítica avanzada a la que daba gran valor hasta el borde de Extremo Oriente y la abandonaría luego sin más?

—A mí eso me preocupó durante mucho tiempo —recordó Alan Thorne, de la Universidad Nacional Australiana de Canberra, cuando fui a verlo—. La antropología moderna se edificó toda ella en torno a la idea de que los humanos salieron de África en dos oleadas: una primera de *Homo erectus*, que se convirtió en el hombre de Java y el hombre de Pekín y similares, y otra oleada posterior más avanzada de *Homo sapiens*, que desplazó a la primera. Pero, para poder aceptar eso, tienes que aceptar que *Homo sapiens* llegó a un territorio tan alejado con su tecnología más moderna y luego, por la razón que fuese, prescindió de ella. Resultaba todo muy desconcertante, como mínimo.

Como se vio después, habría muchos más motivos para el desconcierto, y uno de los hallazgos más desconcertantes de todos llegaría de la parte del mundo del propio Thorne, del interior casi despoblado de Australia. En 1968, un geólogo llamado Jim Bowler andaba husmeando por el lecho de un lago llamado Mungo que llevaba seco mucho tiempo, en un rincón calcinado y solitario de la parte occidental de Nueva Gales del Sur, cuando le llamó la atención algo muy inesperado. De un montículo de arena en forma de media luna, de un tipo que se denomina *lunette*, sobresalían unos huesos humanos. Por entonces se suponía que los humanos no llevaban presentes en Australia más que 8.000 años, pero Mungo llevaba seco 12.000. ¿Qué estaba haciendo entonces alguien en un lugar tan inhóspito?

La respuesta, aportada por la datación con carbono 14, fue que el propietario de los huesos había vivido allí cuando el lago Mungo era un hábitat mucho más agradable, tenía 20 kilómetros de longitud, estaba lleno de agua y de peces y rodeado de gratos bosquecillos de casuarinas. Para asombro de todo el mundo, resultó que los huesos tenían una antigüedad de 23.000 años. Otros huesos hallados cerca de allí resultó que tenían una antigüedad de hasta 60.000 años. Esto era algo tan inesperado que parecía casi imposible. Australia era ya una isla desde antes que aparecieran por primera vez homínidos en la Tierra. Todos los seres humanos que llegaron allí tuvieron que hacerlo por mar, en número suficiente para iniciar una población que pudiera perpetuarse, después de cruzar 100 kilómetros o más de alta mar, sin tener medio alguno de saber que les aguardaba tierra firme. La gente de Mungo había recorrido, después de desembarcar, unos 3.000 kilómetros tierra adentro desde la costa norte de Australia (que se supone que fue el punto de acceso), lo que indica, según un informe de las *Proceedings of the National Academy of Sciences*, «que la llegada de seres humanos debió de iniciarse mucho antes de hace 60.000 años».[2]

Cómo llegaron allí y por qué lo hicieron son interrogantes que no podemos aclarar. Según la mayoría de los textos de antropología, no hay ningún testimonio de que hubiese gente capaz siquiera de hablar hace 60.000 años, mucho menos de realizar el tipo de tareas cooperativas necesarias para construir embarcaciones aptas para navegar por el océano y colonizar continentes insulares.

—Hay sencillamente muchísimas cosas que no sabemos sobre los desplazamientos humanos anteriores a la historia documentada[3] —me dijo Alan Thorne—. ¿Sabes que cuando llegaron por primera vez antropólogos del siglo XIX a Papúa Nueva Guinea encontraron gente en las tierras altas del interior, en algunos de los lugares más inaccesibles de la Tierra, que cultivaba batatas? Las batatas son originarias de Suramérica. Así que, ¿cómo llegaron a Papúa Nueva Guinea? No lo sabemos. No tenemos la más remota idea. Pero lo que es seguro es que la gente lleva desplazándose de un lugar a otro con una seguridad considerable desde mucho antes de lo que tradicionalmente se creía, y es casi indudable que compartían genes además de información.

El problema es, como siempre, el registro fósil.

—Son muy pocas las partes del mundo incluso vagamente propicias para la preservación a largo plazo de restos humanos —dijo Thorne, un hombre de ojos vivaces, perilla blanca y actitud resuelta pero cordial—. Si no fuese por unas cuantas zonas productivas de África oriental, como Hadar y Olduvai, nuestra información sería terriblemente escasa. Y cuando consideras otras zonas la información es terriblemente escasa. La India, toda ella, sólo ha aportado un fósil humano antiguo, de hace unos 300.000 años. Entre Irak y Vietnam, es decir, una distancia de unos 5.000 kilómetros, sólo ha habido dos hallazgos: uno en la India y un neandertal en Uzbequistán —y añadió sonriendo—: No es que sea gran cosa para poder trabajar. Te ves en la situación de que dispones de unas cuantas zonas productivas de fósiles humanos, como el Gran Valle del Hundimiento en África y Mungo aquí en Australia, y muy poco en medio. No es nada sorprendente que los paleontólogos tengan problemas para relacionar las pruebas.

La teoría tradicional para explicar los desplazamientos humanos (y la única que acepta la mayoría de los especialistas en la materia) es que los humanos se propagaron por Eurasia en dos oleadas. La primera estaba compuesta por *Homo erectus* y abandonó África con notable rapidez (casi en cuanto surgieron como especie) a partir de hace casi dos millones de años. Con el tiempo estos primitivos *erecti* evolucionaron diferenciándose en dos tipos: el hombre de Java y el hombre de Pekín en Asia, *Homo heidelbergensis* y, por último, *Homo neanderthalensis* en Europa.

Luego, hace unos 100.000 años, surgió en las llanuras africanas una especie de criatura más ágil e inteligente (los ancestros de todos los que vivimos hoy) y empezó a irradiar desde allí en una segunda oleada. Fuesen a donde fuesen, de acuerdo con esta teoría, esos nuevos *Homo sapiens* desplazaron a sus predecesores, menos adaptados. Cómo lo hicieron exactamente ha sido siempre motivo de polémica. Nunca se han hallado testimonios de matanzas, así que la mayoría de las autoridades en la materia cree que simplemente ganaron los nuevos homínidos, aunque puedan haber influido también otros factores.

—Tal vez les contagiamos la viruela —sugirió Tattersall—. Pero la verdad es que no hay modo de saberlo. Lo único seguro es que nosotros estamos ahora aquí y ellos no.

Estos primeros humanos modernos son sorprendentemente misteriosos. Es muy curioso el hecho de que sepamos menos de nosotros mismos que casi de cualquier otro linaje de homínidos. Resulta realmente extraño, como comenta Tattersall «que el acontecimiento importante más reciente de la evolución humana, la aparición de nuestra propia especie, sea tal vez el más oscuro de todos».[4] Nadie puede siquiera estar seguro de dónde aparecieron por primera vez en el registro fósil humanos verdaderamente modernos. Muchos libros sitúan esa aparición unos ciento veinte mil años atrás, en la forma de restos hallados en la desembocadura del río Klasies, en Suráfrica, pero no todo el mundo acepta que esos restos correspondiesen a humanos plenamente modernos. Tattersall y Schwartz sostienen que «aún no se ha aclarado definitivamente si algunos o todos ellos son representantes de nuestra especie».[5]

La primera aparición indiscutible de *Homo sapiens* es la que se produce en el Mediterráneo oriental, en torno al Israel actual, donde empiezan a aparecer hace unos 100.000 años, pero incluso allí se les describe (lo hacen Trinkaus y Shipman) como «extraños, difíciles de clasificar y escasamente conocidos».[6] Los neandertales estaban ya bien establecidos en la región y tenían un tipo de juego de herramientas conocido como musteriense, que es evidente que los humanos modernos consideraron bastante digno de tomar prestado. No se han encontrado nunca restos de neandertales en el norte de África, pero sus juegos de herramientas aparecen allí por todas partes.[7] Alguien debe de haberlos llevado allí y los humanos modernos son los únicos candidatos. Se sabe también que neandertales y humanos modernos coexistieron de algún modo durante decenas de miles de años en Oriente Próximo.

—No sabemos si compartieron temporalmente el mismo espacio o si vivían en realidad unos al lado de otros —dijo Tattersall—, pero los modernos continuaron utilizando gustosamente el utillaje neandertal (un hecho que no evidencia precisamente una superioridad aplastante). No es menos curioso que se hayan encontrado en Oriente Próximo herramientas achelenses de hace bastante más de un millón de años, mientras que en Europa apenas se han hallado que sean anteriores a hace 300.000 años. Es también un misterio por qué los que tenían la tecnología no llevaron con ellos el utillaje.

Durante mucho tiempo se creyó que los cromañones, que es como se acabaron denominando los humanos modernos de Europa, habían ido empujando delante de ellos a los neandertales en su avance a través del continente, y que habían acabado arrinconándolos en los márgenes occidentales de éste, donde no habían tenido al final más opción que caer al mar o extinguirse. Hoy sabemos que, en realidad, los cromañones estaban en el extremo oeste de Europa más o menos en la misma época en que iban avanzando también desde el este.

—Europa era un lugar bastante vacío en aquella época —dijo Tattersall—. Puede que no se encontrasen entre ellos con tanta frecuencia, pese a todas sus idas y venidas.

Una cosa curiosa de la llegada de los cromañones es que se produjo en una época conocida por la paleoclimatología como el intervalo de Boutellier,[8] en que tras un periodo de clima relativamente suave Europa estaba precipitándose en otro periodo de frío riguroso. No se sabe cuál fue la causa que les arrastró a Europa, pero desde luego no fue la bondad del clima.

En cualquier caso, la idea de que los neandertales se desmoronaron ante la competencia de los recién llegados cromañones no casa demasiado bien con los datos de que disponemos. Es indiscutible que los neandertales no eran precisamente gente débil. Durante decenas de miles de años soportaron condiciones de vida que ningún humano moderno ha experimentado, salvo unos cuantos científicos y exploradores polares. Durante lo peor de los periodos glaciales eran frecuentes las tormentas de nieve y los vientos huracanados. Era habitual que las temperaturas bajasen hasta -45 °C. Los osos polares se paseaban por los valles nevados de la Inglaterra meridional. Los neandertales retrocedieron, como es lógico, dejando atrás las regiones más inhóspitas, pero, a pesar de ello, tuvieron que soportar un clima que era como mínimo tan duro como un invierno siberiano moderno. No cabe duda de que padecieron mucho (un neandertal que superase bastante la treintena era realmente afortunado), pero como especie fueron espléndidamente resistentes y casi indestructibles. Sobrevivieron 100.000 años como mínimo, y tal vez el doble,[9] en una zona que se extendía desde Gibraltar hasta Uzbequistán, lo que es un historial bastante distinguido para cualquier especie de seres.

Sigue siendo motivo de dudas y discrepancias quiénes y qué eran exactamente. La visión antropológica aceptada del neandertal fue, hasta mediados del siglo XX, la de un ser corto de luces, encorvado, simiesco, que andaba arrastrando los pies, la quintaesencia del cavernícola. Fue sólo un doloroso accidente lo que indujo a los científicos a reconsiderar ese punto de vista. En 1947, un paleontólogo francoargelino llamado Camille Arambourg, que estaba haciendo trabajo de campo en el Sahara,[10] buscó refugio del sol del mediodía bajo el ala de su aeroplano ligero. Cuando estaba allí sentado, uno de los neumáticos del aparato reventó a causa del calor y el aeroplano se desplomó hacia un lado súbitamente, asestándole un doloroso golpe en la parte superior del cuerpo. Más tarde, en París, fue a hacerse una radiografía del cuello y comprobó cuando se la entregaron que tenía las vértebras alineadas exactamente como las del encorvado y fornido neandertal. O bien era fisiológicamente primitivo o se había descrito mal la apariencia del neandertal. Era esto último en realidad. Las vértebras de los neandertales no tenían nada de simiescas. Eso cambió por completo nuestra visión de ellos... pero al parecer sólo durante un tiempo.

Sigue siendo frecuente que se afirme que los neandertales carecían de la inteligencia o la fuerza de carácter necesarias para competir en condiciones de igualdad con el recién llegado Homo sapiens, más esbelto y cerebralmente más dotado.[11] He aquí un comentario característico de un libro reciente: «Los humanos modernos neutralizaron esa ventaja [el físico considerablemente más vigoroso del neandertal] con mejor vestimenta, mejores fuegos y mejores albergues;[12] los neandertales, por su parte, estaban lastrados por un cuerpo demasiado grande cuyo mantenimiento exigía una mayor cantidad de alimentos.» Dicho de otro modo, los mismos factores que les habían permitido sobrevivir con éxito durante un centenar de miles de años se convirtieron de pronto en un obstáculo insuperable.

Hay, sobre todo, una cuestión que casi nunca se aborda y es la de que los neandertales tenían un cerebro significativamente mayor que el de los humanos modernos (1,8 litros los primeros frente a 1,4 de los últimos, según un cálculo).[13] Es una diferencia mayor que la que se da entre el Homo sapiens moderno y el Homo erectus tardío, una especie que consideramos sin problema casi humana. El argumento que se utiliza es que, aunque nuestro cerebro fuese más pequeño, era por alguna razón más eficiente. Creo que no me equivoco si digo que en ningún otro punto de la evolución humana se ha utilizado ese argumento.

Así que, por qué entonces, es muy posible que preguntes, si los neandertales eran tan fuertes y adaptables y estaban cerebralmente tan bien dotados no están ya con nosotros. Una respuesta posible (aunque muy discutida) es que quizá lo estén. Alan Thorne es uno de los principales propulsores de una teoría alternativa, llamada la hipótesis multirregional, que sostiene que la evolución humana ha sido continua, que lo mismo que los australopitecinos evolucionaron convirtiéndose en Homo habilis y Homo heidelbergensis se convirtió con el tiempo en Homo neanderthalensis, el moderno Homo sapiens surgió simplemente a partir de formas de Homo más antiguas. Según este punto de vista, el Homo erectus no es una especie diferenciada sino una fase de transición. Así, los chinos modernos descienden de antiguos antepasados *Homo erectus* de China, los europeos modernos de antiguos *Homo erectus* europeos, etcétera.

—Salvo que para mí no hay ningún *Homo erectus* —dijo Thorne—. Yo creo que es un término que ya no tiene utilidad. Para mí *Homo erectus* no es más que una parte más antigua de nosotros. Yo creo que no abandonó África más que una especie de humanos y que esa especie es *Homo sapiens*.

Los adversarios de la teoría multirregional la rechazan, en primer lugar, basándose en que exige una cuantía inverosímil de evolución paralela de homínidos por todo el Viejo Mundo (en África, China, Europa, las islas más lejanas de Indonesia, en los lugares en que aparecieron). Algunos creen también que el multirregionalismo estimula una visión racista de la que a la antropología le costó mucho tiempo liberarse. A principios de los años sesenta, un famoso antropólogo llamado Carleton Coon, de la Universidad de Pensilvania, sugirió que algunas razas modernas tienen orígenes diferentes, con la idea implícita de que algunos de nosotros venimos de un linaje superior a otros. Esto rememoraba incómodamente creencias anteriores de que algunas razas modernas, como los «bosquimanos» de África (más propiamente los sans del Kalahari) y los aborígenes australianos eran más primitivos que otros.

Independientemente de lo que pudiese haber pensado Coon, lo que eso implicaba para mucha gente era que había algunas razas que eran intrínsecamente más avanzadas y que algunos humanos podían constituir en realidad especies distintas. Ese punto de vista, tan instintivamente ofensivo hoy, fue muy popular en lugares respetables hasta fechas bastante recientes. Tengo ante mí un libro de divulgación publicado por Time-Life Publications en 1961, titulado *The Epic of Man* [Épica humana], que está basado en una serie de artículos de la revista *Life*. En él se pueden encontrar comentarios como «el hombre de Rhodesia... vivió hace sólo 25.000 años y puede haber sido un antepasado de los negros africanos.[14] El tamaño de su cerebro estaba próximo al de *Homo sapiens*». En otras palabras, los africanos negros tenían por antepasados recientes a criaturas que estaban sólo próximas a *Homo sapiens*.

Thorne rechaza rotundamente (y yo creo que es sincero) la idea de que su teoría sea en alguna medida racista. Y explica la uniformidad de la evolución humana indicando que hubo mucho movimiento y mucho intercambio entre culturas y regiones.

—No hay ningún motivo para suponer que la gente fuese sólo en una dirección —dijo—. Se desplazaban por todo el territorio y, donde se encontraban, es casi seguro que compartían material genético a través de cruces. Los recién llegados no sustituían a las poblaciones indígenas, se *unían* a ellas. Se hacían miembros de ellas.

La situación le parece comparable a la de cuando Cook o Magallanes se encontraron con pueblos remotos por primera vez.

—No eran encuentros de especies diferentes, sino de miembros de la misma especie con algunas diferencias físicas.

Lo que en realidad se ve en el registro fósil, insiste Thorne, es una transición suave e ininterrumpida.

—Hay un cráneo famoso de Petralona, Grecia, al que se ha asignado una antigüedad de unos 300.000 años, que ha sido motivo de disputa entre los tradicionalistas porque parece en ciertos aspectos un *Homo erectus* pero, en otros, un *Homo sapiens*. Pues bien, lo que nosotros decimos es que esto es exactamente lo que esperarías encontrar en especies que, en vez de estar siendo desplazadas, estuviesen evolucionando.

Algo que ayudaría a aclarar las cosas sería que se encontrasen pruebas de cruces, pero eso no resulta nada fácil de probar, ni de refutar, a partir de fósiles. En 1999, unos arqueólogos de Portugal encontraron el esqueleto de un niño de unos cuatro años que había muerto hace unos 24.500. Era un esqueleto absolutamente moderno, pero con ciertas características arcaicas, posiblemente neandertales: huesos de las piernas insólitamente robustos, dientes con una pauta distintiva «en pala» y (aunque no todo el mundo esté de acuerdo) una hendidura en la parte posterior del cráneo denominada fosa suprainiaca, un rasgo exclusivo de los neandertales. Erik Trinkaus de la Universidad de Washington, San Luis, la principal autoridad en neandertales, proclamó que el niño era un híbrido, una prueba de que neandertales y modernos se cruzaron. Otros, sin embargo, consideraron que los rasgos neandertales y modernos no estaban tan mezclados como debieran. Como dijo un crítico: «Si miras una mula, no ves que la parte delantera parezca de un asno y la trasera de un caballo».[15] Para Ian Tattersall no era más que «un niño moderno fornido». Él acepta que es muy posible que haya habido «jueguecitos» entre neandertales y modernos, pero no cree que eso pudiese haber conducido a vástagos reproductivamente aptos.*

—No conozco ningún caso de dos organismos de cualquier reino de la biología que sean tan distintos y, pese a ello, pertenezcan a la misma especie —dijo.

---

* Una posibilidad es que neandertales y cromañones tuviesen un número diferente de cromosomas, una complicación que suele plantearse cuando se cruzan especies que están próximas pero que no son del todo idénticas. En el mundo equino, por ejemplo, los caballos tienen 64 cromosomas y los asnos 62. Si los cruzas tendrás un vástago con un número de cromosomas reproductivamente inútil, 62. Tendrás, en suma, una mula estéril. *(N. del A.)*

Al ser tan escasa la ayuda del registro fósil, los científicos han recurrido cada vez más a los estudios genéticos, en especial a la parte conocida como ADN mitocondrial. El ADN miticondrial no se descubrió hasta 1964, pero, a mediados de los años ochenta, ciertas almas ingeniosas de la Universidad de California, Berkeley, se dieron cuenta de que había dos características que lo hacían especialmente útil como una especie de reloj molecular: se transmite sólo por línea femenina, por lo que no se mezcla con el ADN paterno en cada nueva generación, y muta unas veinte veces más deprisa que el ADN nuclear normal, lo que facilita la detección y el seguimiento de pautas genéticas a lo largo del tiempo. Rastreando los índices de mutación se podían determinar las historias genéticas y las relaciones de grupos completos de individuos.

En 1987, el equipo de Berkeley, dirigido por el difunto Allan Wilson, hizo un análisis de ADN mitocondrial de 147 individuos y proclamó que los humanos anatómicamente modernos habían surgido en África en los últimos 140.000 años y que «todos los humanos actuales descienden de aquella población».[16] Era un golpe serio para los multirregionalistas. Pero luego se empezaron a examinar los datos con más detenimiento.[17] Uno de los puntos más extraordinarios (en realidad, casi demasiado extraordinario para creerlo) era que los «africanos» utilizados en el estudio eran en realidad afroamericanos, cuyos genes habían sido sometidos evidentemente a cambios considerables en los últimos cientos de años. No tardaron en surgir también dudas sobre los supuestos índices de mutaciones.

En 1992, el estudio estaba prácticamente desacreditado. Pero las técnicas de análisis genético siguieron perfeccionándose; en 1997, científicos de la Universidad de Múnich consiguieron extraer y analizar ADN del hueso del brazo del hombre de Neandertal original[18] y esta vez quedó demostrado. Según el estudio de Múnich el ADN neandertal era diferente a cualquier ADN hallado en la Tierra hoy, lo que indicaba rotundamente que no había ninguna relación genética entre neandertales y humanos modernos. Esto *era*, sin duda, un golpe para el multirregionalismo.

Luego, a finales de 2000, *Nature* y otras publicaciones informaron sobre un estudio sueco del ADN mitocondrial de cincuenta y tres personas que indicaba que todos los humanos modernos surgieron en África en los últimos 100.000 años y procedían de un grupo reproductor de no más de 10.000 individuos.[19] Poco después, Eric Lander, director del Centro Whitehead/MIT, proclamó que los europeos modernos, y tal vez gente de más lejos, proceden de «nada más que unos cuantos centenares de africanos que dejaron su tierra natal en fecha tan reciente como hace sólo 25.000 años».

Como hemos indicado en otra parte del libro, los seres humanos modernos muestran una variabilidad notablemente escasa (una autoridad en la materia ha dicho que «hay más diversidad en un grupo social de cincuenta y cinco chimpancés que en toda la población humana»)[20] y eso explicaría por qué. Como somos descendientes recientes de una pequeña población fundadora, no ha habido tiempo suficiente para aportar una fuente de gran variabilidad. Parecía un golpe bastante serio contra el multirregionalismo. «Después de esto —explicó al *Washington Post* un profesor de la Universidad Penn State—, la gente no se interesará demasiado por la teoría multirregional, que puede aportar muy pocas pruebas.»

Pero todo esto pasaba por alto la capacidad más o menos infinita de sorpresa que brindaba la antigua gente de Mungo, en el oeste de Nueva Gales del Sur. A principios de 2001, Thorne y sus colegas de la Universidad Nacional Australiana comunicaron que habían recuperado ADN de los especímenes más antiguos de Mungo[21] (a los que se asigna una antigüedad de 62.000 años) y que se trataba de un ADN «genéticamente diferenciado».

El hombre de Mungo era, de acuerdo con estos descubrimientos, anatómicamente moderno (exactamente igual que tú y que yo), pero portaba un linaje genético extinto. Su ADN mitocondrial, que debería estar presente en los humanos actuales, no lo está, no se encuentra ya en humanos actuales como debería encontrarse si, como todos los demás humanos modernos, descendiese de individuos que hubiesen abandonado África en el pasado reciente.

—Eso volvió a ponerlo todo patas arriba —dijo Thorne con evidente satisfacción.

Luego empezaron a aparecer anomalías aún más curiosas. Rosalind Harding, una genetista de las poblaciones del Instituto de Antropología Biológica de Oxford, descubrió, cuando estudiaba genes de betaglobina humana en individuos modernos, dos variantes que son comunes entre los asiáticos y los aborígenes de Australia, pero que apenas aparecen en África. Harding está segura de que esa variante surgió hace más de 200.000 años, no en África sino en el este de Asia... mucho antes de que el *Homo sapiens* moderno llegase a la región. El único modo de explicar la presencia de esos genes es aceptar que entre los ancestros de la gente que hoy vive en Asia figuraban homínidos arcaicos (el hombre de Java y otros similares). Curiosamente, esa misma variante genética (el gen del hombre de Java, como si dijésemos) aparece en poblaciones modernas de Oxfordshire.

Desconcertado por todo esto, fui a ver a la señora Harding al instituto, emplazado en un viejo chalé de ladrillo de Banbury Road, Oxford.

Harding es una australiana oriunda de Brisbane, pequeña y alegre, con una extraña habilidad para ser divertida y seria al mismo tiempo.

—No sé —dijo inmediatamente, sonriendo, cuando le pregunté cómo la gente de Oxfordshire podía tener secuencias de betaglobina que no debían aparecer allí.

—En general —continuó en un tono más sombrío—, el registro genético apoya la hipótesis del origen africano.[22] Pero luego encuentras esos grupos genéticos de los que la mayoría de los genetistas prefiere no hablar. Hay inmensas cantidades de información que tendríamos disponible si pudiésemos interpretarlos, pero que aún no podemos. Apenas hemos hecho más que empezar.

Se negó a abordar la cuestión de lo que puede significar la existencia de genes de origen asiático en Oxfordshire, limitándose a decir que la situación es claramente complicada.

—Lo único que podemos decir en esta etapa es que es todo muy irregular y no sabemos en realidad por qué.

Por la época en que nos vimos, a principios de 2002, otro científico de Oxford llamado Bryan Sykes acababa de publicar un libro de divulgación titulado *Las siete hijas de Eva* en el que, basándose en estudios de ADN mitocondrial, afirmaba que había podido rastrear el origen de casi todos los europeos actuales y que se remontaba a una población fundadora de sólo siete mujeres (las «hijas de Eva» del título) que vivieron entre hace 10.000 y 45.000 años, en el periodo conocido por la ciencia como el Paleolítico. Sykes asignó un nombre a cada una de esas mujeres (Ursula, Xenia, Jasmine, etcétera). Y les atribuyó incluso una detallada historia personal («Ursula era la segunda hija de su madre. A la primera la había matado un leopardo cuando no tenía más que dos años...»).

Cuando le pregunté a Harding por el libro, esbozó una sonrisa amplia pero prudente, como si no estuviese del todo segura de adónde quería llegar con su respuesta.

—Bueno, creo que hay que otorgarle cierto crédito por ayudar a divulgar un tema difícil —dijo, e hizo una pausa reflexiva—. Y existe la posibilidad *remota* de que tenga razón.

Se echó a reír y luego continuó en un tono más entusiasta:

—La verdad es que los datos de un solo gen cualquiera no pueden decirnos nada tan definitivo. Si rastreases el ADN mitocondrial, podría llevarte a un lugar determinado... a una Ursula, una Tara o lo que sea. Pero si cogieses cualquier *otro* fragmento de ADN, cualquier gen que sea, y rastreases hacia atrás, te llevaría a un lugar completamente distinto.

Llegué a la conclusión de que aquello se parecía un poco a seguir un camino al azar partiendo de Londres y encontrarte con que acabas en

John O'Groats, y sacar de ello la conclusión de que todos los de Londres tienen que haber llegado del norte de Escocia. Podrían haber llegado de allí, claro, pero podrían haber llegado igualmente de otro centenar de sitios cualesquiera. En ese sentido, según Harding, cada gen es una carretera diferente y apenas hemos hecho más que empezar a cartografiar las rutas.

—Un solo gen nunca va a contarte toda la historia —dijo.

¿No se puede confiar entonces en los estudios genéticos?

—Bueno, no, puedes confiar bastante en ellos, hablando en términos generales. En lo que no puedes confiar es en las conclusiones radicales que la gente suele relacionar con ellos.

Ella cree que el origen africano es «probablemente correcto en un 95 %», pero añade:

—Yo creo que ambas partes han hecho un mal servicio a la ciencia al insistir en que debe ser una cosa o la otra. Es probable que las cosas no sean tan sencillas como los dos bandos quieren que pienses. Las pruebas están empezando claramente a indicar que hubo múltiples migraciones y dispersiones en diferentes partes del mundo que iban en todas direcciones y que provocaron una mezcla general del patrimonio genético. Es un problema que no va a resultar fácil de resolver.

Justo por entonces hubo también una serie de informes que ponía en duda la fiabilidad de las afirmaciones relacionadas con la recuperación de ADN muy antiguo. Un académico había comentado, en un artículo publicado en *Nature*, que un paleontólogo al que un colega había preguntado si creía si un cráneo antiguo estaba o no estaba barnizado, había lamido la parte superior de él y había proclamado que lo estaba.[23] «Al hacer eso —indicaba el artículo de Nature— se habían transferido al cráneo grandes cantidades de ADN humano moderno», haciéndolo inviable para un futuro estudio. Le pregunté a Harding por esto.

—Bueno, es casi seguro que estaría contaminado ya —dijo—. El simple hecho de manejar un hueso lo contamina. Respirar sobre él lo contamina. La mayoría del agua de nuestros laboratorios lo contamina. Estamos todos nadando en ADN ajeno. Para conseguir un espécimen que se pueda confiar en que está limpio, tienes que excavarlo en condiciones estériles y hacerle pruebas in situ. Es dificilísimo, en realidad, no contaminar un espécimen.

—¿Hay que dudar, por tanto, de esas afirmaciones? —le pregunté.

La señora Harding asintió solemnemente:

—Mucho —dijo.

Si quieres comprender inmediatamente por qué sabemos tan poco como sabemos sobre los orígenes humanos, tengo el lugar ideal para ti. Se encuentra en Kenia, un poco más allá del borde de azules montañas Ngong, al sur y al oeste de Nairobi. Sal de la ciudad por la carretera principal hacia Uganda y experimentarás un momento glorioso y fascinante cuando el suelo desaparezca a tus pies y se te otorgue una vista como desde un ala delta de llanura africana sin límites de un verde pálido.

Se trata del Gran Valle del Hundimiento, que se extiende en un arco de casi 5.000 kilómetros por el este de África, señalando la ruptura tectónica que hace romper amarras a África de Asia. Allí, a unos 65 kilómetros de Nairobi, siguiendo el tórrido lecho del valle, hay un antiguo yacimiento llamado Olorgesailie, que se hallaba en otros tiempos al lado de un lago grande y bello. En 1919, mucho después de que el lago se hubiese esfumado, un geólogo llamado J. W. Gregory andaba explorando la zona en busca de minerales cuando cruzó una extensión de terreno despejado llena de unas anómalas piedras oscuras a las que era evidente que había dado forma la mano del hombre. Había encontrado uno de los grandes yacimientos de manufactura de herramientas achelense del que me había hablado Ian Tattersall.

Inesperadamente, en el otoño de 2002 me convertí en un visitante de ese lugar extraordinario. Estaba en Kenia con un objetivo completamente distinto, visitando unos proyectos de la organización benéfica CARE Internacional, pero mis anfitriones, que conocían mi interés por los orígenes humanos en relación con este libro, habían incluido en el programa una visita a Olorgesailie.[24]

Después de que el geólogo Gregory lo descubriese, Olorgesailie permaneció intacto durante dos décadas más, hasta que el famoso equipo de marido y mujer formado por Louis y Mary Leakey inició una excavación que aún no está terminada. Lo que los Leakey encontraron fue un yacimiento que tenía unas cuatro hectáreas de extensión, donde se habían hecho herramientas en número incalculable durante un millón de años aproximadamente, desde hace 1,2 millones de años hasta unos doce mil años atrás. Hoy los depósitos de útiles están protegidos de los peores efectos de los elementos bajo grandes cobertizos de lata y vallados con tela metálica para disuadir a los visitantes carroñeros, pero los útiles se dejan por lo demás donde los dejaron sus creadores y donde los encontraron los Leakey.

Jillani Ngalli, un aplicado joven del Museo Nacional de Kenia, que había sido enviado para que sirviera de guía, me explicó que las piedras de cuarzo y de obsidiana de las que se habían hecho las hachas no se encontraban en el lecho del valle.

—Tuvieron que transportar las piedras desde allí —dijo.

Indicó un par de montañas en el nebuloso segundo plano, en direcciones opuestas respecto al yacimiento: Olorgesailie y OI Esakut. A unos diez kilómetros de distancia cada una de ellas, una distancia larga para acarrear una brazada de piedras.

La razón de que la antigua gente de Olorgesailie se tomara tantas molestias es algo sobre lo que sólo podemos aventurar hipótesis, claro está. No sólo arrastraron grandes piedras a distancias considerables hasta la orilla del lago, sino que organizaron el trabajo. Las excavaciones de los Leakey revelaron que había zonas donde se hacían hachas y otras donde las que estaban desafiladas se afilaban. Olorgesailie era, en suma, una especie de fábrica, una fábrica que había estado funcionando un millón de años.

Diversas reproducciones efectuadas han mostrado que las hachas eran objetos complicados y que exigían mucho trabajo (incluso con práctica, se tardaba varias horas en hacer una) y lo más curioso es que no eran demasiado buenas para cortar ni picar ni raspar ni ninguna otra de las tareas para las que presumiblemente se usaban. Así que nos encontramos ante el hecho de que, durante un millón de años (mucho, muchísimo más incluso de lo que lleva existiendo nuestra especie y aún más de lo que lleva dedicada a tareas de cooperación continuadas), esa gente antigua acudía en número considerable a aquel lugar concreto a hacer una cantidad estrambóticamente grande de herramientas que parecen haber sido bastante inútiles.

¿Y quién era esa gente? En realidad, no tenemos la menor idea. Suponemos que se trataba de *Homo erectus* porque no hay ningún otro candidato conocido, lo que significa que en su periodo de apogeo los trabajadores de Olorgesailie habrían tenido el cerebro de un niño pequeño moderno. Pero no hay ninguna evidencia material sobre la que basar una conclusión. Pese a más de sesenta años de búsqueda, nunca se ha encontrado un hueso humano ni en Olorgesailie ni en sus cercanías. Por mucho tiempo que pasasen dando forma a las piedras, parece ser que iban a morir a otro sitio.

—Es todo un misterio —me dijo Jillani Ngalli, sonriendo muy feliz.

La gente de Olorgesailie desapareció de escena hace unos 200.000 años, cuando se secó el lago y el valle del Rift empezó a convertirse en el lugar cálido y duro que es hoy. Pero, por entonces, sus días como especie estaban ya contados. El mundo estaba a punto de conseguir su primera raza auténticamente dominante: *Homo sapiens*. Las cosas nunca volverían a ser igual.

30

ADIÓS

A principios de la década de 1860, precisamente por la época en que Edmond Halley y sus amigos Christopher Wren y Robert Hooke se sentaban en un café de Londres y se embarcaban en la despreocupada apuesta que acabaría desembocando en los *Principia* de Newton, el cálculo del peso de la Tierra de Henry Cavendish y muchas de las otras inspiradas y encomiables empresas que nos han ocupado durante las últimas 400 páginas, en la isla Mauricio, una isla perdida en el océano Índico, a unos 1.300 kilómetros de la costa de Madagascar, se estaba superando un hito bastante menos deseable.

Allí, algún marinero olvidado, o algún animal doméstico de un marinero, estaba acosando y matando al último de los dodós, la famosa ave no voladora cuyo carácter bobalicón, pero confiado, y cuya carencia de unas patas briosas la convertía en un objetivo bastante irresistible para jóvenes marineros aburridos de permiso en la costa. Millones de años de aislamiento pacífico no la habían preparado para la conducta errática y profundamente desquiciante de los seres humanos.

No conocemos exactamente las circunstancias, ni siquiera el año en que se produjeron los últimos momentos del último dodó, así que no sabemos qué llegó primero, un mundo que tenía unos *Principia* u otro que ya no tenía ningún dodó, pero sabemos que las dos cosas sucedieron al mismo tiempo, más o menos. Yo creo que resultaría difícil encontrar un par de sucesos que ejemplifiquen mejor el carácter divino y criminal del ser humano, una especie de organismo que es capaz de desentrañar los secretos más profundos de los cielos y de precipitar a la extinción, al mismo tiempo y sin absolutamente ninguna finalidad, a una criatura que no nos había hecho nunca ningún mal y no era ni siquiera remotamente capaz de entender lo que le estábamos haciendo cuando se lo hacíamos. De hecho, los dodós eran tan espectacularmente cortos de miras, según se cuenta, que si querías cazar a todos los dodós de una zona no tenías más que coger uno y hacerle graznar y todos los demás acudían a ver lo que pasaba.

Las indignidades cometidas con el pobre dodó no acabaron ahí. En 1755, unos setenta años después de la muerte del último, el director del Museo Ashmoleano de Oxford decidió que el dodó disecado de la institución se estaba poniendo desagradablemente mohoso y mandó que lo quemasen. Fue una decisión sorprendente, ya que era por entonces el único dodó que existía, disecado o no. Un empleado que pasaba se quedó aterrado e intentó salvar el ave pero no pudo rescatar del fuego más que la cabeza y parte de una pata.

Debido a esto y a otras transgresiones del sentido común, hoy no estamos demasiado seguros de cómo era un dodó vivo. Poseemos mucha menos información de lo que supone la mayoría de la gente, unas cuantas toscas descripciones de viajeros «sin rigor científico, tres o cuatro cuadros al óleo y unos cuantos fragmentos óseos dispersos»,[1] según decía, en tono algo ofendido, el naturalista del siglo XIX H. E. Strickland. Como este mismo naturalista comentaba, disponemos de más restos materiales de monstruos marinos antiguos y de torpes y pesados saurópodos que de un ave que vivió en los tiempos modernos y no necesitaba de nosotros para sobrevivir nada más que nuestra ausencia.

Así que lo que se sabe del dodó es lo siguiente: vivió en la isla Mauricio, era gordo pero nada sabroso y era el miembro conocido de la familia de las palomas de mayor tamaño, aunque no se sabe exactamente con qué margen, ya que nunca se registró con precisión su peso. Extrapolaciones de los «fragmentos óseos» de Strickland y los exiguos restos del Ashmoleano muestran que medía poco más de 75 centímetros de altura y más o menos lo mismo desde la punta del pico hasta el trasero. Al no ser un ave voladora anidaba en el suelo, con lo que dejaba que huevos y polluelos fuesen trágicamente fácil presa de los cerdos, perros y monos que los marineros habían llevado a la isla. Es probable que el dodó estuviese extinto ya en 1683 y lo estaba con seguridad en 1693. Aparte de eso no sabemos casi nada más, excepto que no volveremos a verlo nunca. Desconocemos por completo sus hábitos reproductores y su dieta, por dónde andaba, qué sonidos emitía cuando estaba tranquilo o asustado... No poseemos ni un solo huevo de dodó.

Nuestro conocimiento de los dodós animados duró, de principio a fin, sólo setenta años. Es un periodo sobrecogedoramente breve... aunque hay que decir que, en ese momento de nuestra historia, teníamos miles de años de práctica a la espalda en el tema de las eliminaciones irreversibles. Nadie sabe hasta qué punto son destructivos los seres humanos, pero es un hecho que, en los últimos 50.000 años o así, adonde quiera que hemos ido los animales han tendido a desaparecer, a menudo en un número asombrosamente grande. En América, 30 géneros de animales, algunos realmente muy grandes, desaparecieron casi de golpe tras la llegada de humanos modernos al continente entre 10.000 y 20.000 años atrás. Norteamérica y Suramérica perdieron aproximadamente tres cuartas partes de sus animales de gran tamaño una vez que llegó el hombre cazador con sus lanzas de punta de pedernal y su gran capacidad organizativa. Europa y Asia, donde los animales habían tenido más tiempo para adquirir evolutivamente una útil cautela frente a los humanos, perdieron entre un tercio y la mitad de sus grandes criaturas. Australia, precisamente por las razones opuestas, perdió nada menos que el 95 %.[2]

Como las primitivas poblaciones cazadoras eran relativamente pequeñas y las poblaciones animales verdaderamente monumentales (se cree que yacen congelados en el suelo de la tundra, sólo en Siberia, hasta 10 millones de mamuts), algunas autoridades en la materia piensan que tiene que haber otras explicaciones, tal vez relacionadas con el cambio climático o con algún tipo de pandemia. Como dice Ross MacPhee, del Museo Americano de Historia Natural: «No proporciona ningún beneficio material cazar animales peligrosos más a menudo de lo que necesitas, sólo puedes comer un número determinado de filetes de mamut».[3] Otros piensan que tal vez fuese casi criminalmente fácil capturar y matar presas. «En Australia y en América —dice Tim Flannery—, los animales probablemente no sabían lo suficiente para escapar.»

Algunas de las criaturas desaparecidas eran de una espectacularidad singular y habrían resultado un tanto problemáticas si aún siguiesen andando por ahí. Imaginemos los perezosos de tierra que podían asomarse sin problema por la ventana del piso de una casa, las tortugas del tamaño de un pequeño Fiat, lagartos de seis metros de longitud tomando el sol al borde de las carreteras del desierto de Australia Occidental. Han desaparecido, por desgracia, y vivimos en un planeta muy empequeñecido. Hoy sólo sobreviven cuatro tipos de animales terrestres realmente grandes[4] (una tonelada o más): elefantes, rinocerontes, hipopótamos y jirafas. La vida en la Tierra ha sido bastante menos diminuta y dócil durante decenas de millones de años.

La cuestión que se plantea es si las desapariciones de la Edad de Piedra y las de tiempos más recientes son en realidad parte de un solo acontecimiento de extinción; si los humanos son, en suma, intrínsecamente una mala noticia para las otras cosas vivas. Lo más probable es que, por desgracia, es muy posible que sea así. Según el paleontólogo de la Universidad de Chicago David Raup, la tasa básica media de extinción en la Tierra a lo largo de la historia biológica ha sido de una especie perdida cada cuatro años. Según dicen Richard Leakey y Roger Lewin en *La sexta extinción*, la extinción causada por el hombre puede ser hasta 120.000 veces mayor.[5]

A mediados de la década de los noventa, el naturalista australiano Tim Flannery, que dirige hoy el Museo del Sur de Australia en Adelaida, se quedó impresionado por lo poco que parecíamos saber sobre muchas de esas extinciones, incluidas las relativamente recientes.

—Mirases hacia donde mirases, parecía haber vacíos en los registros, piezas que faltaban, como el dodó, o sobre las que no había referencia alguna —me dijo en Melbourne a principios de 2002.

Flannery reclutó a su amigo Peter Schouten, pintor y compatriota suyo, y se embarcaron los dos en una investigación un tanto obsesiva de todas las colecciones importantes del mundo para determinar lo que se había perdido, lo que quedaba y aquello de lo que nunca se había tenido noticia. Se pasaron cuatro años examinando pieles viejas, especímenes mohosos, viejos dibujos y descripciones escritas, todo lo que había disponible. Schouten pintó a tamaño natural todos los animales que pudieron recrear razonablemente y Flannery redactó el texto. El resultado fue un libro extraordinario titulado *A Gap in Nature*, que constituye el catálogo más completo (y, hay que decirlo también, más conmovedor) de extinciones animales de los últimos trescientos años.

En el caso de algunos animales había buenos registros, pero nadie había hecho gran cosa con ellos, a veces en años, a veces nunca. La vaca marina de Steller, una criatura tipo morsa relacionada con el dugong, fue uno de los animales realmente grandes que se extinguió. Era verdaderamente enorme (un individuo adulto podía alcanzar longitudes de casi nueve metros y pesar 10 toneladas), pero sólo tenemos noticia de él porque, en 1741, una expedición rusa naufragó casualmente en el único lugar donde esas criaturas sobrevivían aún en cierto número, las remotas y brumosas islas del Comendador del mar de Bering.

Afortunadamente figuraba en la expedición un naturalista, Georg Steller, que se quedó fascinado con el animal.

—Tomó copiosísimas notas —dijo Flannery—. Midió incluso el diámetro de los bigotes. Lo único que no llegó a describir fueron los genitales masculinos, aunque, no se sabe por qué, sí describió, con bastante complacencia, los de las hembras. Recogió incluso un trozo de piel, por lo que pudimos hacernos una buena idea de su textura. No siempre hemos tenido tanta suerte.

Lo único que Steller no pudo hacer fue salvar a la propia vaca marina. Cazada ya hasta bordear la extinción, desaparecería por completo unos veintisiete años después de que él la descubriese. Pero muchos otros animales no se pudieron incluir porque se sabía muy poco de ellos. El ratón saltarín de Darling Downs, el cisne de las islas Chatham, el rascón no volador de la isla de Ascensión, cinco tipos al menos de grandes tortugas y muchas otras criaturas se han perdido para siempre y no nos quedan de ellas más que los nombres.

Flannery y Schouten descubrieron que muchas de esas extinciones no habían sido por crueldad o por capricho, sino sólo por una especie de necedad mayestática. En 1894, en que se construyó un faro en una peña solitaria llamada la isla Stephens, en el tempetuoso estrecho que hay en Nueva Zelanda entre la isla del Norte y la del Sur, el gato del farero no paraba de llevarle a éste unos pajaritos extraños que capturaba. El farero envió diligentemente algunos especímenes al Museo de Wellington. Allí el director se emocionó mucho porque aquella ave era una reliquia, una especie de reyezuelo no volador, el único ejemplo de insesores no voladores que se había encontrado. Salió inmediatamente hacia la isla, pero cuando llegó allí un gato los había matado todos.[6] Lo único que queda son 12 especies disecadas de museo del reyezuelo no volador de la isla Stephens.

Por lo menos tenemos eso. Resulta que, con demasiada frecuencia, no nos va mucho mejor buscando especies después de que han desaparecido de lo que nos iba antes de que lo hicieran. Consideremos el caso del encantador periquito de Carolina. Verde esmeralda, con la cabeza dorada, puede que sea el ave más sorprendente y bella que haya vivido en Norteamérica —los loros no suelen aventurarse tan al norte, como es posible que sepas ya— y, en su periodo de apogeo, había un enorme número de ellos, sólo superado por el de las palomas migratorias. Pero el periquito de Carolina era considerado también una plaga por los campesinos y resultaba fácil de cazar porque volaba en bandadas muy densas y tenía la peculiar costumbre de remontar el vuelo al oír un tiro (cosa esperada), pero volver casi inmediatamente a ver lo que les había pasado a los camaradas caídos.

Charles Willson Peale describe en su clásico *American Ornithology* [Ornitología americana], escrito a principios del siglo XIX, cómo en una ocasión dispara repetidamente con una escopeta a un árbol en el que están posados:

A cada descarga sucesiva,[7] aunque caían montones de ellos, el afecto de los supervivientes parecía más bien aumentar; porque, después de dar unas cuantas vueltas alrededor, volvían a posarse cerca de mí, mirando hacia abajo, a sus compañeros muertos, con tan manifiestos síntomas de compasión y preocupación como para desarmarme del todo.

En la segunda década del siglo XX, los periquitos habían sido objeto de una caza tan implacable que sólo quedaban vivos unos cuantos ejemplares en cautividad. El último, que se llamaba *Inca*, murió en el Zoológico de Cincinnati en 1918 (menos de cuatro años después de que muriese la última paloma migratoria en el mismo parque) y fue reverentemente disecado. ¿Y dónde podrías ir a ver a *Inca* hoy? Nadie lo sabe. El zoológico lo perdió.[8]

Lo más intrigante, y lo más desconcertante al mismo tiempo, de esa historia es que Peale era un amante de los pájaros y, sin embargo, no vacilaba en matarlos en gran número sin más razón para hacerlo que la de que le interesaba hacerlo. Es asombroso que, durante muchísimo tiempo, la gente que estaba más profundamente interesada por el mundo de las cosas vivas resultase ser la que más las extinguiese.

No hay mejor representante de esto a una escala mayor (en todos los sentidos) que Lionel Walter Rothschild, el segundo barón Rothschild. Vástago de la gran familia de banqueros, era un individuo extraño y retraído. Vivió toda su vida, desde 1868 a 1937, en el ala destinada a los niños de su hogar de Tring, en Buckinghamshire, utilizando el mobiliario de su infancia y durmiendo incluso en la cama de su niñez, a pesar de que llegaría a pesar 135 kilos.

Su pasión era la historia natural y se convirtió en un fervoroso acumulador de objetos. Envió hordas de hombres adiestrados (hasta cuatrocientos en una ocasión) a todos los rincones del globo para que escalaran montañas y se abrieran camino a través de las selvas en busca de nuevos especímenes, sobre todo seres que volaban. Luego se metían en cajas o cajones y se enviaban a aquella finca que Rothschild tenía en Tring, donde un batallón de ayudantes y él lo registraban y analizaban todo exhaustivamente, produciendo una corriente constante de libros, artículos y monografías... unos 1.200 en total. La fábrica de historia natural de Rothschild procesó más de dos millones de especímenes y añadió 5.000 especies de criaturas a los archivos de la ciencia.

Curiosamente, los esfuerzos coleccionistas de Rothschild no fueron ni los más extensos ni los que contaron con una financiación más generosa en el siglo XIX. Ese honor le corresponde, casi con seguridad, a un coleccionista británico algo anterior pero también muy rico llamado Hugh Cuming, que llegó a obsesionarse tanto con la acumulación de objetos que construyó un gran trasatlántico al que dotó de su correspondiente tripulación para recorrer el mundo exclusivamente con la finalidad de recoger todo lo que pudieran encontrar:[9] aves, plantas, todo tipo de animales y sobre todo conchas. Fue su colección inigualable de percebes, que le pasó a Darwin, la que sirvió a éste de base para su estudio fundamental.

Sin embargo, Rothschild fue con mucho el coleccionista más científico de su época. También fue, por desgracia, el más mortífero, pues en la década de 1890 se interesó por Hawai, tal vez el entorno más tentadoramente vulnerable que haya producido la Tierra. Millones de años de aislamiento habían permitido que la evolución desarrollase allí[10] 8.800 especies únicas de animales y plantas. A Rothschild le resultaban especialmente interesantes las peculiares aves de vistosos colores de las islas, que solían constituir poblaciones muy pequeñas que habitaban zonas sumamente específicas.

Lo trágico para muchas aves hawaianas era no sólo su carácter peculiar, deseable y raro (una combinación peligrosa en las mejores circunstancias), sino que solía ser también patéticamente fácil cazarlas. El pinzón mayor del koa, un inocuo miembro de la familia de los depranídidos,[11] se agazapaba tímidamente en las copas de los árboles koa, pero si alguien imitaba su canto abandonaba su refugio inmediatamente y bajaba a tierra en una demostración de bienvenida. El último de la especie desapareció en 1896, lo mató el as de los recolectores de Rothschild, Harry Palmer, cinco años después de la desaparición de su primo el pinzón menor del koa, un pájaro de una rareza tan sublime que sólo ha llegado a verse uno:[12] el que se mató para la colección de Rothschild. Durante el periodo aproximado de una década, en que la labor coleccionista de Rothschild fue más intensa, desaparecieron nueve especies de aves hawaianas como mínimo, aunque pueden haber sido más.

Rothschild no era ni mucho menos el único que tenía esa ansia de capturar aves casi a cualquier precio. Hubo otros aún más implacables. Cuando un coleccionista famoso llamado Alanson Bryan se dio cuenta, en 1907, de que había matado los tres últimos especímenes de mamo negro, una especie de ave de bosque que hacía sólo una década que había sido descubierta, comentó que la noticia le llenó de «alegría».

Era, en suma, una época difícil de entender... un periodo en el que casi cualquier animal era perseguido si se consideraba mínimamente molesto. En 1890, el estado de Nueva York pagó más de un centenar de recompensas por pumas, aunque estaba claro que aquellas acosadísimas criaturas estaban al borde del exterminio. Muchos estados siguieron pagando recompensas hasta mediados de la década de los cuarenta por casi cualquier tipo de predador. Virginia Occidental concedía una beca anual a quien presentase el mayor número de alimañas muertas... y «alimaña» se interpretaba liberalmente, significando casi cualquier cosa que no se criase en las granjas o no se tuviese como animal de compañía.

Puede que no haya nada que exprese con mayor viveza lo extraña que era esa época que el destino de la pequeña y encantadora curruca de

Bachman. Oriunda del sur de Estados Unidos, era famosa por su canto, excepcionalmente bello, pero su población, nunca numerosa, fue disminuyendo hasta que desapareció del todo en los años treinta y pasaron varios años sin que se viese un solo ejemplar. Luego, en 1939, por una coincidencia afortunada, dos amantes de los pájaros que vivían en localidades muy alejadas entre sí, encontraron supervivientes solitarios con sólo dos días de diferencia. Ambos los mataron.

El impulso del exterminio no era ni mucho menos algo exclusivamente estadounidense. En Australia se pagaron recompensas por el tigre de Tasmania (más apropiadamente el tilacino), una criatura parecida al perro con manchas características de tigre por el lomo, hasta poco antes de que muriese el último, triste y anónimo, en un zoo privado de Hobart en 1936. Si vas hoy al Museo y Galería de Arte de Tasmania y dices que quieres ver el último de los miembros de esa especie, la única de grandes marsupiales carnívoros de los tiempos modernos, todo lo que podrán enseñarte será fotografías y una vieja filmación de 61 segundos. Al último tilacino superviviente lo tiraron cuando se murió con la basura de la semana.

Menciono todo esto para indicar que, si estuvieses diseñando un organismo para que se cuidase de la vida en nuestro cosmos solitario, para controlar hacia dónde va y mantener un registro de dónde ha estado, no deberías elegir para la tarea seres humanos.

Pero hay aquí un punto sumamente importante: hemos sido elegidos, por el destino, por la providencia o como quieras llamarle. Somos, al parecer, lo mejor que hay. Y podemos ser todo lo que hay. Es una idea inquietante que podamos ser el máximo logro del universo viviente y, a la vez, su peor pesadilla.

Como somos tan notoriamente descuidados en lo de cuidar de los seres, cuando están vivos y cuando no lo están, no tenemos idea (realmente ninguna en absoluto) de cuántas especies han muerto definitivamente, o pueden hacerlo pronto, o nunca, y qué papel hemos desempeñado en cualquier parte del proceso. Norman Myers decía en 1979, en su libro *The Sinking Ark* [El fondo del arca], que las actividades humanas estaban provocando en el planeta unas dos extinciones a la semana. A principios de la década de los noventa había elevado la cifra a unas 600 por semana.[13] (Es decir, extinciones de todo tipo, plantas, insectos, etcétera, además de animales.) Otros han propuesto una cifra aún mayor, hasta bastante más de 1.000 a la semana. Un informe de Naciones Unidas de 1995 situó, por otra parte, el número total de extinciones conocidas de los últimos cuatrocientos años en algo menos de 500 en el caso de los animales y algo más de 650 para los vegetales..., admitiendo al mismo tiempo que eran «casi con seguridad unas cifras inferiores a las reales»,[14] sobre todo en el caso de las especies tropicales. Hay, sin embargo, unos cuantos especialistas que creen que la mayoría de las cifras de extinciones son muy exageradas.

El hecho es que no sabemos. No tenemos la menor idea. No sabemos cuándo empezamos a hacer muchas de las cosas que hemos hecho. No sabemos lo que estamos haciendo en este momento o cómo afectarán al futuro nuestras acciones actuales. Lo que sí sabemos es que sólo hay un planeta para seguir haciéndolo y sólo una especie capaz de cambiar las cosas de una forma considerada. Edward O. Wilson lo expresó con una brevedad insuperable en *La diversidad de la vida*: «Un planeta, un experimento».[15]

Si este libro contiene una lección, esa lección es que somos terriblemente afortunados por estar aquí... y en el «somos» quiero incluir a todos los seres vivos. Llegar a generar cualquier tipo de vida, sea la que sea, parece ser todo un triunfo en este universo nuestro. Como humanos somos doblemente afortunados, claro. No sólo gozamos del privilegio de la existencia sino también de la capacidad singular de apreciarlo e incluso, en muchísimos sentidos, de mejorarla. Se trata de un truco que sólo acabamos de empezar a dominar.

Hemos llegado a esta posición eminente en un periodo de tiempo de una brevedad asombrosa. Los humanos conductualmente modernos llevamos por aquí sólo un 0,0001 % más o menos de la historia de la Tierra..., casi nada, en realidad, pero incluso existir durante ese breve espacio de tiempo ha exigido una cadena casi interminable de buena suerte.

Estamos en realidad en el principio de todo. El truco consiste, sin duda, en asegurarse de que nunca encontremos el final. Y es casi seguro que eso exigirá muchísimo más que golpes de suerte.

Capítulo 1: Cómo construir un universo

1. Bodanis, $E = mc^2$, p. 111
2. Guth, *The Inflationary Universe*, p. 254.
3. *New York Times*, «Cosmos Sits for Early Portrait, Gives Up Secrets», 12 de febrero de 2003, p. 1; *US News and World Report*, «How Old Is the Universe?», 18-25 de agosto de 1997, pp. 34-36.
4. Guth, *The Inflationary Universe*, p. 86.
5. Lawrence M. Krauss, «Rediscovering Creation», en Shore (ed.), *Mysteries of Life and the Universe*, p. 50.
6. Overbye, *Lonely Hearts of the Cosmos*, p. 153.
7. *Scientific American*, «Echoes from the Big Bang», enero de 2001, pp. 38-43.
8. Guth,*The Inflationary Universe*, p. 101.
9. Gribbin, *In the Biginning*, p. 18.
10. *New York, Times*, «Before the Big Bang, There Was... What?», 22 de de mayo de 2001, p. F 1.
11. Alan Lightman, «First Birth», en Shore (ed.), *Mysteries of Life and the Universe*, p. 3.
12. Overbye, *Lonely Hearts of the Cosmos*, p. 216.
13. Guth, *The Inflationary Universe*, p. 89.
14. Overbye, *Lonely Hearts of the Cosmos*, p. 242.
15. *New Scientist*, «The First Split Second», 31 de marzo de 2001, pp. 27-30.
16. *Scientific American*, «The First Stars in the Universe», diciembre de 2001, pp. 64-71; *New York Times*, «Listen Closely: From Tiny Hum Came Big Bang», 30 de abril de 2001, p. 1.
17. Guth, *The Inflationary Universe*, p. 14.
18. *Discover*, «Why Is There Life?», noviembre de 2000, p. 66.
19. Rees, *Just Six Numbers*, p. 147.
20. *Financial Times*, «Riddle of the Flat Universe», 1-2 de julio de 2000; *Economist*, «The World is Flat after All», 20 de mayo de 2000, p. 97.
21. Weinberg, *Dreams of a Final Theory*, p. 26.
22. Hawking, *A Brief History of Time*, p. 47.

23. Hawking, *A Brief History of Time*, p. 13.
24. Rees, *Just Six Numbers*, p. 147.

Capítulo 2: Bienvenido al sistema solar

1. *New Yorker*, «Among Planets», 9 de diciembre de 1996, p. 84.
2. Sagan, *Cosmos*, p. 261.
3. US Naval Observatory, comunicado de prensa, '20th Anniversary of the Discovery of Pluto's Moon Charon», 22 de junio de 1998.
4. *Atlantic Monthly*, «When Is a Planet Not a Planet?», de febrero de 1998, pp. 22-34.
5. Citado en PBS *Nova*, «Doomsday Asteroid», primera emisión, 29 de abril de 1997.
6. US Naval Observatory, comunicado de prensa, «20th Anniversary of the Discovery of Pluto's Moon Charon», 22 de junio de 1998.
7. Artículo de Tombaugh, «The Struggles to Find the Ninth Planet», del portal de Internet de la NASA.
8. *Economist*, «X marks the spot», 16 de octubre de 1999, p. 83.
9. *Nature*, «Almost Planet X», 24 de mayo de 2001, p. 423.
10. *Economist*, «Pluto Out in the Cold,' 6 de febrero de 1999, p. 85.
11. *Nature*, «Seeing Double in the Kuiper Belt», 12 de diciembre de 2002, p. 618.
12. *Nature*, «Almost Planet X», 24 de mayo de 2001, p. 423.
13. PBS *NewsHour* transcripción, 20 de agosto de 2002.
14. *Natural History*, «Between the Planets», octubre de 2001, p. 20.
15. *New Scientist*, «Many Moons», 17 de marzo de 2001, p. 39; *Economist*, «A Roadmap for Planet-Hunting», 8 de abril de 2000, p. 87.
16. Sagan and Druyan, *Comet*, p. 198.
17. *New Yorker*, «Medicine on Mars», 14 de febrero de 2000, p. 39.
18. Sagan and Druyan, *Comet*, p. 195.
19. Ball, H_2O, p. 15.
20. Guth, *The Inflationary Universe*, p, 1; Hawking, *A Brief History of Time*, p. 39.
21. Dyson, *Disturbitig the Universe*, p. 251.
22. Sagan, *Cosmos*, p. 5.

Capítulo 3: El universo del reverendo Evans

1. Ferris, *The Whole Shebang*, p. 37.
2. Robert Evans, entrevistado en Hazelbrook, Australia, 2 de septiembre de 2001.
3. Sacks, *An Anthropologist on Mars*, p. 189.
4. Thorne, *Black Holes and Time Warps*, p. 164.
5. Ferris, *The Whole Shebang*, p. 125.
6. Overbye, *Lonely Hearts of the Cosmos*, p. 18.
7. *Nature*, «Twinkle, Twinkle, Neutron Star», 7 de noviembre de 2002, p. 31.
8. Thorne, *Black Holes and Time Warps*, p. 171.
9. Thorne, *Black Holes and Time Warps*, p. 174.

10. Thorne, *Black Holes and Time Warps*, p. 174.
11. Thorne, *Black Holes and Time Warps*, p. 175.
12. Overbye, *Lonely Hearts of the Cosmos*, p. 18.
13. Harrison, *Darkness at Night*, p. 3.
14. BBC *Horizon*, documental, «From Here to Infinity», transcripción del primer programa emitido, 28 de febrero de 1999.
15. Entrevista a John Thorstensen, Hanover, NH, 5 de diciembre de 2001.
16. Nota de Evans, 3 de diciembre del 2002.
17. *Nature*, «Fred Hoyle (1915-2001)», 17 de septiembre de 2001, p. 270.
18. Gribbin y Cherfas, *The First Chimpanzee*, p. 190.
19. Rees, *Just Six Numbers*, p. 75.
20. Bodanis, $E = m^2$, p. 187.
21. Asimov, *Atom*, p. 294.
22. Stevens, *The Change in the Weather*, p. 6.
23. *New Scientist*, suplemento, «Firebirth», 7 de agosto de 1999, n.p.
24. Powell, *Night Comes to the Cretaceous*, p. 38.
25. Drury, *Stepping Stones*, p. 144.

Capítulo 4: La medida de las cosas

1. Sagan, *Comet*, p. 52.
2. Feynman, *Six Easy Pieces*, p. 90.
3. Gjertsen, *The Classics of Science*, p. 219.
4. Citado por Ferris, *Coming of Age in the Milky Way*, p. 106.
5. Durant, *The Age of Louis XIV*, p. 538.
6. Durant, *The Age of Louis XIV*, p. 546.
7. Cropper, *Great Physicists*, p. 31.
8. Feynman, *Six Easy Pieces*, p. 69.
9. Calder, *The Comet Is Coming!*, p. 39.
10. Jardine, *Ingenious Pursuits*, p. 36.
11. Wilford, *The Mapmakers*, p. 98.
12. Asimov, *Exploring the Earth and the Cosmos*, p. 86.
13. Ferris, *Coming of Age in the Milky Way*, p. 134.
14. Jardine, *Ingenious Pursuits*, p. 141.
15. *Dictionary of National Biography*, vol. 12, p. 1302.
16. *American Heritage*, «Mason and Dixon: Their Line and its Legend», de febrero de 1964, pp. 23-29.
17. Jungnickel y McCormmach, *Cavendish*, p. 449.
18. Calder, *The Comet Is Coming!*, p. 71.
19. Jungnickel y McCornmach, *Cavendish*, p. 306.
20. Jungnickel y McCornmach, *Cavendish*, p. 305.
21. Crowther, *Scientists of the Industrial Revolution*, pp. 214-215.
22. *Dictionary of National Biography*, vol. 3, p. 1261.
23. *Economist*, «G Whiz», 6 de mayo de 2000, p. 82.

Capítulo 5: Los coleccionistas de piedras

1. *Dictionary of National Biography*, vol. 10, pp. 354-356.
2. Dean, *James Hutton and the History of Geology*, p. 18.
3. McPhee, *Basin and Range*, p. 99.
4. Gould, *Time's Arrow*, p. 66.
5. Oldroyd, *Thinking About the Earth*, pp. 96-97.
6. Schneer (ed.), *Toward a History of Geology*, p. 128.
7. Geological Society papers, *A Brief History of the Geological Society of London*.
8. Rudwick, *The Great Devonian Controversy*, p. 25.
9. Trinkaus y Shipman, *The Neanderthals*, p. 28.
10. Cadbury, *Terrible Lizard*, p. 39.
11. *Dictionary of National Biography*, vol. 15, pp. 314-315.
12. Trinkaus y Shipman, *The Neanderthals*, p. 26.
13. Annan, *The Dons*, p. 27.
14. Trinkaus y Shipman, The *Neanderthals*, p. 30.
15. Desmond y Moore, *Darwin*, p. 202.
16. Schneer (cd.), *Toward a History of Geology*, p. 139.
17. Clark, *The Huxleys*, p. 48.
18. Citado en Gould, *Dinosaur in a Haystack*, p. 167.
19. Hallam, *Great Geological Controversies*, p. 135.
20. Gould, *Ever since Darwin*, p. 151.
21. Stanley, *Extinction*, p. 5.
22. Citado en Schneer (ed.), *Toward a History of Geology*, p. 288.
23. Citado en Rudwick, *The Great Devonian Controversy*, p. 194.
24. McPhee, *In Suspect Terrain*, p. 190.
25. Gjertsen, *The Classics of Science*, p. 305.
26. McPhee, *In Suspect Terrain*, p. 50.
27. Powell, *Night Comes to the Cretaceous*, p. 200.
28. Fortey, *Trilobite!*, p. 238.
29. Cadbury, *Terrible Lizard*, p. 149.
30. Gould, *Eight Little Piggies*, p. 185.
31. Citado en Gould, *Time's Arrow*, p. 114.
32. Rudwick, *The Great Devoonian Controversy*, p. 42.
33. Cadbury, *Terrible Lizard*, p. 192.
34. Hallam, *Great Geological Controversies*, p. 105 y Ferris, *Coming of Age in the Milky Way*, pp. 246-247.
35. Gjertsen, *The Classics of Science*, p. 335.
36. Cropper, *Great Physicists*, p. 78.
37. Cropper, *Great Physicists*, p. 79.
38. *Dictionary of National Biography, Supplement 1901-1911*, p. 508.

Capítulo 6: Grandes y sangrientas batallas científicas

1. Colbert, *The Great Dinosaur Hunters and their Discoveries*, p. 4.
2. Kastner, *A Species of Eternity*, p. 123.

3. Kastner, *A Species of Eternity*, p. 124.
4. Trinkaus y Shipman, *The Neanderthals*, p. 15.
5. Simpson, *Fossils and the History of Life*, p. 7.
6. Harrington, *Dance of the Continents*, p. 175.
7. Lewis, *The Dating Game*, pp. 17-18.
8. Barber, *The Heyday of Natural History*, p. 217.
9. Colbert, *The Great Dinosaur Hunters and their Discoveries*, p. 5.
10. Barber, *The Heyday of Natural History*, p. 127.
11. *New Zealand Geographic*, «Holy Incisors! What a Treasure!», abril-junio de 2000, p. 17.
12. Wilford, *The Riddle of the Dinosaur*, p. 31.
13. Wilford, *The Riddle of the Dinosaur*, p. 34.
14. Fortey, *Life*, p. 214.
15. Cadbury, *Terrible Lizard*, p. 133.
16. Cadbury, *Terrible Lizard*, p. 200.
17. Wilford, *The Riddle of the Dinosaur*, p. 5.
18. Bakker, *The Dinosaur Heresies*, p. 22.
19. Colbert, *The Great Dinosaur Hunters and their Discoveries*, p. 33.
20. *Nature*, «Owen's Parthian shot», 12 de julio de 2001, p. 123.
21. Cadbury, *Terrible Lizard*, p. 321.
22. Clark, *The Huxleys*, p. 45.
23. Cadbury, *Terrible Lizard*, p. 291.
24. Cadbury, *Terrible Lizard*, pp. 261-262.
25. Colbert, *The Great Dinosaur Hunters and their Discoveries*, p. 30.
26. Thackray y Press, *The Natural History Museum*, p. 24.
27. Thackray y Press, *The Natural History Museum*, p. 98.
28. Wilford, *The Riddle of the Dinosaur*, p. 97.
29. Wilford, *The Riddle of the Dinosaur*, p. 100.
30. Colbert, *The Great Dinosaur Hunters and their Discoveries*, p. 73.
31. Colbert, *The Great Dinosaur Hunters and their Discoveries*, p. 93.
32. Wilford, *The Riddle of the Dinosaur*, p. 90.
33. Psihoyos y Knoebber, *Hunting Dinosaurs*, p. 16.
34. Cadbury, *Terrible Lizard*, p. 325.
35. *Newsletter of the Geological Society of New Zealand*, «Gideon Mantel - The New Zealand Connection», abril de 1992; *New Zealand Geographic*, «Holy Incisors! What a Treasure!' abril-junio de 2000 p. 17.
36. Colbert, *The Great Dinosaur Hunters and their Discoveries*, p. 151.
37. Lewi, *The Dating Game*, p. 37.
38. Hallam, *Great Geological Controversies*, p. 173.

Capítulo 7: Cuestiones elementales

1. Ball, H_2O, p. 125.
2. Durant, *Age of Louis XIV*, p. 516.
3. Strathern, *Mendeleyev's Dream*, p. 193.
4. Davies, *The Fifth Miracle*, p. 14.
5. White, *Rivals*, p. 63.

6. Brock, *The Norton History of Chemistry*, p. 92.
7. Gould, *Bully for Brontosaurus*, p. 366.
8. Brock, *The Norton History of Chemistry*, pp. 95-96.
9. Strathern, *Mendeleyev's Dream*, p. 239.
10. Brock, *The Norton History of Chemistry*, p. 124.
11. Cropper, *Great Physicists*, p. 139.
12. Hamblyn, *The Invention of Clouds*, p. 76.
13. Silver, *The Ascent of Science*, p. 201.
14. *Dictionary of National Biography*, vol. 19, p. 686.
15. Asimov, *The History of Physics*, p. 501.
16. Ball, H_2O, p. 139.
17. Brock, *The Norton History of Chemistry*, p. 312.
18. Brock, *The Norton History of Chemistry*, p. 111.
19. Carey (ed.), *The Faber Book of Science*, p. 155.
20. Ball, H_2O, p. 139.
21. Krebs, *The History and Use of our Earth's Chemical Elements*, p. 23.
22. De una reseña de *Nature*, «Mind over Matter?», de Gautum R. Desiraju, 26 de septiembre de 2002.
23. Heiserman, *Exploring Chemical Element and their Compounds*, p. 33.
24. Bodanis, $E = mc^2$, p. 75.
25. Lewis, *The Dating Game*, p. 55.
26. Stratherr, *Mendeleyev's Dream*, p. 294.
27. Anuncio de la revista *Time*, 3 de enero de 1927, p. 24.
28. Biddle, *Field Guide to the Invisible*, p. 133.
29. *Science*, «We Are Made of Starstuff», 4 de mayo de 2001, p. 863.

Capítulo 8: El universo de Einstein

1. Cropper, *Great Physicists*, p. 106.
2. Cropper, *Great Physicists*, p. 109.
3. Snow, *The Physicists*, p. 7
4. Kevles, *The Physicists*, p. 33.
5. Ebbing, *General Chemistry*, p. 755.
6. Kevles, *The Physicists*, pp. 27-28.
7. Thorne, *Black Holes and Time Warps*, p. 64.
8. Cropper, *Great Pliysicists*, p. 208.
9. *Nature*, «Physics from the Inside», 12 de julio de 2001, p. 121.
10. Snow, *The Physicists*, p. 101.
11. Bodanis, $E = mc^2$, p. 6.
12. Boorse *et al.*, *The Atomic Scientists*, p. 142.
13. Ferris, *Coming of Age in the Milky Way*, p. 193.
14. Snow, *The Physicists*, p. 101.
15. Thorne, *Black Holes and Time Warps*, p. 172.
16. Bodanis, $E = mc^2$, p. 77.
17. *Nature*, «In the Eye of the Beholder», 21 de marzo de 2002, p. 264.
18. Boorse *et al.*, *The Atomic Scientists*, p. 53.
19. Bodanis, $E = mc^2$, p. 204.

20. Guth, *The Inflationary Universe*, p. 36.
21. Snow, *The Physicists*, p. 21.
22. Bodanis, $E = mc^2$, p. 215.
23. Hawking, *A Brief History of Time*, p. 91; Aczel, *God's Equation*, p. 146.
24. Guth, *The Inflationary Universe*, p. 37.
25. Brockman y Matson, *How Things Are*, p. 263.
26. Bodanis, $E = mc^2$, p. 83.
27. Overbye, *Lonely Hearts of the Cosmos*, p. 55.
28. Kaku, «The Theory of the Universe?», en Shore (ed.), *Mysteries of Life and the Universe*, p. 161.
29. Cropper, *Great Physicists*, p. 423.
30. Christianson, *Edwin Hubbie*, p. 33.
31. Ferris, *Coming of Age in the Milky Way*, p. 258.
32. Ferguson, *Measuring the Universe*, pp. 166-167.
33. Ferguson, *Measuring the Universe*, p. 166.
34. Moore, *Fireside Astronomy*, p. 63.
35. Overbye, *Lonely Hearts of the Cosmos*, p. 45; *Natural History*, «Delusions of Centrality», diciembre de 2002-enero de 2003, pp. 28-32.
36. Hawking, *The Universe in a Nutshell*, pp. 71-72.
37. Overbye, *Lonely Hearts of the Cosmos*, p. 13.
38. Overbye, *Lonely Hearts of the Cosmos*, p. 28.

Capítulo 9: El poderoso átomo

1. Feynman, *Six Easy Pieces* p. 4.
2. Gribbin, *Almost Everyone's Guide to Science*, p. 250.
3. Davies *The Fifth Miracle*, p. 127.
4. Rees, *Just Six Numbers*, p. 96.
5. Feynman, *Six Easy Pieces*, pp. 4-5.
6. Boorstin, *The Discoverers*, p. 679.
7. Gjertsen, *The Classics of Science*, p. 260.
8. Holmyard, *Makers of Chemistry*, p. 222.
9. *Dictionary of National Biography*, vol. 5, p. 433.
10. Baeyer, *Taming the Atom*, p. 17.
11. Weinberg, *The Discovery of Subatomic Particles*, p. 3.
12. Weinberg, *The Discovery of Subatomic Particles*, p. 104.
13. Citado en Cropper, *Great Physicists*, p. 259.
14. Cropper, *Great Physicists*, p. 317.
15. Wilson, *Rutherford*, p. 174.
16. Wilson, *Rutherford*, p. 208.
17. Wilson, *Rutherford*, p. 208.
18. Cropper, *Great Physicists*, p. 328.
19. Snow, *Variety of Men*, p. 47.
20. Cropper, *Great Physicists*, p. 94.
21. Asimov, *The History of Physics*, p. 551.
22. Guth, *The Inflationary Universe*, p. 90.
23. Atkins, *The Periodic Kingdom*, p. 106.

24. Gribbin, *Almost Everyones Guide to Science*, p. 35.
25. Cropper, *Great Physicists*, p. 245.
26. Ferris, *Coming of Age in the Milky Way*, p. 288.
27. Feynman, *Six Easy Pieces*, p. 117.
28. Boorse *et al.*, *The Atomic Scientist*, p. 338.
29. Cropper, *Great Physicists*, p. 269.
30. Ferris, *Coming of Age in the Milky Way*, p. 288.
31. David H. Freedman, «Quantum Liaisons», en Shore (ed.), *Mysteries of Life and the Universe*, p. 137.
32. Overbye, *Lonely Hearts of the Cosmos*, p. 109.
33. Von Baeyer, *Taming the Atom*, p. 43.
34. Ebbing, *General Chemistry*, p. 295.
35. Trefil, *101 Things You Don't Know About Science and No One Else Does Either*, p. 62.
36. Feynman, *Six Easy Pieces*, p. 33.
37. Alan Lightman, «First Birth», en Shore (ed.), *Mysteries of Life and the Universe*, p. 13.
38. Lawrence Joseph, «Is Science Common Sense?», en Shore (ed.), *Mysteries of Life and the Universe*, pp. 42-43.
39. *Christian Science Monitor*, «Spooky Action at a Distance», 4 de octubre de 2001.
40. Hawking, *A Brief History of Time*, p. 61.
41. David H. Freedman, «Quantum Liaisons», en Shore (ed.), *Mysteries of Life and the Universe*, p. 141.
42. Ferris, *The Whole Shebang*, p. 297.
43. Asimov, *Atom*, p. 258.
44. Snow, *The Physicists*, p. 89.

Capítulo 10: El plomo, los clorofluorocarbonos y la edad definitiva de la Tierra

1. McGrayne, *Prometheans in the Lab*, p. 88.
2. McGrayne, *Prometheans in the Lab*, p. 92.
3. McGrayne, *Prometheans in the Lab*, p. 92.
4. McGrayne, *Prometheans in the Lab*, p. 96.
5. Biddle, *A Field Guide to the Invisible*, p. 62.
6. *Science*, «The Ascent of Atmospheric Sciences», 13 de octubre de 2000, p. 299.
7. *Nature*, 27 de septiembre de 2001, p. 364.
8. Willard Libby, «Radiocarbon Dating», de Nobel Lecture, 12 de diciembre de 1960.
9. Gribbin y Gribbin, *Ice Age*, p. 58.
10. Flannery, *The Eternal Frontier*, p. 174.
11. Flannery, *The Future Eaters*, p. 151.
12. Flannery, *The Eternal Frontier*, pp. 174-175.
13. *Science*, «Can Genes Solve the Syphilis Mystery?», 11 de mayo de 2001, p. 109.
14. Lewis, *The Dating Game*, p. 204.

15. Powell, *Mysteries of Terra Firma*, p. 58.
16. McGrayne, *Prometheans in the Lab*, p. 173.
17. McGrayne, *Prometheans in the Lab*, p. 94.
18. *Nation*, «The Secret History of Lead», 20 de marzo de 2000.
19. Powell *Mysteries of Terra Firma*, p. 60.
20. *Nation*, «The Secret History of Lead», 20 de marzo de 2000.
21. McGrayne, *Prometheans in the Lab*, p. 169.
22. *Nation*, 20 de marzo de 2000.
23. Green, *Water, Ice and Stone*, p. 258.
24. McGrayne, *Prometheans in the Lab*, p. 191.
25. McGrayne *Prometheans in the Lab*, p. 191.
26. Biddle, *A Field Guide to the Invisible*, pp. 110-111.
27. Biddle, *A Field Guide to the Invisible*, p. 63.
28. Los libros son: *Mysteries of Terra Firma* y *The Dating Game*, que convierten los dos su nombre en «Claire».
29. *Nature*, «The Rocky Road to Dating the Earth», 4 de enero de 2001, p. 20.

Capítulo 11: Los quarks en Muster Mark

1. Cropper, *Great Physicists*, p. 325.
2. Citado en Cropper, *Great Physicists*, p. 403.
3. *Discover*, «Gluons», julio de 2000, p. 68.
4. Guth, *The Inflationary Universe*, p. 121.
5. *Economist*, «Heavy Stuff», 13 de junio de 1998, p. 82; *National Geographic*, «Unveiling the Universe», de octubre de 1999, p. 36.
6. Trefil, *101 Things You Dont Know About Science and No One Else Does Either*, p. 48.
7. *Economist*, «Cause for concern», 28 de octubre de 2000, p. 75.
8. Carta de Jeff Guinn.
9. *Science*, «U.S. Rescarchers Go for Scientific Gold Mine», 15 de junio de 2001, p. 1979.
10. *Science*, 8 de febrero de 2002, p. 942.
11. Guth, *The Inflationary Universe*, p. 120; Feynman, *Six Easy Pieces*, p. 39.
12. *Nature*, 27 de septiembre de 2001, p. 354.
13. Sagan, *Cosmos*, pp. 265-266.
14. Weinberg, *The Discovery of the Subatomic Particles*, p. 163.
15. Weinberg, *The Discovery of Subatomic Particles*, p. 165.
16. Von Baeyer, *Taming the Atom*, p. 17.
17. *Economist*, «New realities?», 7 de octubre de 2000, p. 95; *Nature*, «The Mass Question», 28 de febrero de 2002, pp. 969-970.
18. *Scientific American*, «Uncovering Supersymmetry», julio de 2002, p. 74.
19. Citado en el vídeo PBS *Creation of the Universe*, 1985; citado también, con números ligeramente distintos, en Ferris, *Coming of Age in the Milky Way*, pp. 298-299.
20. Documento de portal Internet de CERN «The Mass Mystery», sin fecha.
21. *Science News*, 22 de septiembre de 2001, p. 185.
22. Weinberg, *Dreams of a Final Theory*, p. 168.

23. Kaku, *Hyperspace*, p. 158.
24. *Scientific American*, «The Universe's Unseen Dimensions», de agosto de 2000, pp. 62-69; *Science News*, «When Branes Collide», de septiembre de 2001, pp. 184-185.
25. *New York Times*, «Before the Big Bang, There Was... What?», 22 de mayo de 2001, p. F1.
26. *Nature,* 27 de septiembre de 2001, p. 354.
27. Portal de Internet del *New York Times* , «Are They a) Geniuses or b) Jokers?; French Physicists' Cosmic Theory Creates a Big Bang of Its Own», 9 de noviembre de 2002; *Economist*, «Publish and Perish», 16 de noviembre de 2002, p. 75.
28. Weinberg, *Dreams of a Final Theory*, p. 184.
29. Weinberg, *Dreams of a Final Theory*, p. 187.
30. *US News and World Report*, «How Old Is the Universe?», 25 de agosto de 1997, p. 34.
31. Treffi, *101 Things You Don't Know About Science and No One Else Does Either*, p. 91.
32. Overbye, *Lonely Hearts of the Cosmos*, p. 268.
33. *New York Times*, Cosmos Sits for Early Portrait, Gives up Secrets», 12 de febrero de 2003, p. 1.
34. *Economist*, «Queerer than we can suppose», 5 de enero de 2002, p. 58.
35. *National Geographic*, «Unveiling the Universe», octubre de 1999, p. 25.
36. Goldsmith, *The Astronomers*, p. 82.
37. *Economist*, «Dark for Dark Business», 5 de enero de 2002, p. 51.
38. PBS *Nova*, «Runaway Universe», transcripción del primer programa emitido, 21 de noviembre de 2000.
39. *Economist* «Dark for Dark Business», 5 de enero de 2002, p. 51.

Capítulo 12: La Tierra se mueve

1. Hapgood, *Earth's Shifting Crust*, p. 29.
2. Simpson, *Fossils and the History of Life*, p. 98.
3. Gould, *Ever since Darwin*, p. 163.
4. *Encylopaedia Britannica*, vol. 6, p. 418.
5. Lewis, *The Dating Game*, p. 182.
6. Hapgood, *Earth's Shifting Crust*, p. 31.
7. Powell, *Mysteries of Terra Firma*, p. 147.
8. McPhee, *Basin and Range*, p. 175.
9. McPhee, *Basin and Range*, p. 187.
10. Harrington, *Dance of the Continents*, p. 208.
11. Powell, *Mysteries of Terra Firma*, pp. 131-132.
12. Powell, *Mysteries of Terra Firma*, p. 141.
13. McPhee, *Basin and Range*, p. 198.
14. Simpson, *Fossils and The History of Life*, p. 113.
15. McPhee, *Assembling California*, pp. 202-208.
16. Vogel, *Naked Earth*, p. 19.
17. Margulis y Sagan, *Microcosmos*, p. 44.

18. Trefil, *Meditations at 10,000 Feet*, p. 181.
19. *Science*, «Inconstant Ancient Seas and Life's Path», 8 de noviembre de 2002, p. 1165.
20. McPhee, *Rising from the Plains*, p. 158.
21. Simpson, *Fossils and the History of Life*, p. 115.
22. *Scientific American*, «Sculpting the Earth from Inside Out», marzo de 2001.
23. Kunzig, *The Restless Sea*, p. 51.
24. Powell, *Night Comes to the Cretaceous*, p. 7.

Capítulo 13: ¡Bang!

1. Raymond P., Anderson, Geological Society of America GSA Special Paper 302, «*The Manson Impact Structure: A Ute Cretaceous Meteor Crater in the Iowa Subsurface*», primavera de 1996.
2. *Des Moines Register*, 30 de junio de 1979.
3. Entrevista a Schlapkohl, Manson, Iowa, 18 de junio de 2001.
4. Lewis, *Rain of Iron and Ice*, p. 38.
5. Powell, *Night Comes to the Cretaceous*, p. 37.
6. Transcripción de la BBC del documental *Horizon*, «New Asteroid Danger», p. 4; primera emisión del programa, 18 de marzo de 1999.
7. *Science News*, «A Rocky Bicentennial», 28 de julio de 2001, pp. 61-63.
8. Ferris, *Seeing in the Dark*, p. 150.
9. *Science News*, «A Rocky Bicentennial», 28 de julio de 2001, pp. 61-63.
10. Ferris, *Seeing in the Dark*, p. 147.
11. Transcripción de la BBC del documental *Horizon*, «New Asteroid Danger», p. 5; primera emisión del programa, 18 de marzo de 1999
12. *New Yorker*, «Is This the End?», 27 de enero de 1997, pp. 44-52.
13. Vernon, *Beneath our Feet*, p. 191.
14. Entrevista telefónica a Asaro, 10 de marzo de 2002.
15. Powell, *Mysteries of Terra Firma*, p. 184.
16. Peebles, *Asteroids: A History*, p. 170.
17. Lewis, *Rain of Iron and Ice*, p. 107.
18. Citado por Officer y Page, *Tales of the Earth*, p. 142.
19. *Boston Globe*, «Dinosaur Extinction Theory Backed», 16 de diciembre de 1985.
20. Peebles, *Asteroids: A History*, p. 175.
21. Iowa Department of Natural Resources Publication, *Iowa Geology 1999*, número 24.
22. Entrevista a Anderson y Witzke, Iowa City, 15 de junio de 2001.
23. *Boston Globe*, «Dinosaur Extinction Theory Backed», 16 de diciembre de 1985.
24. Peebles, *Asteroids: A History*, pp. 177-8; *Washington Post*, «Incoming», 19 de abril de 1998.
25. Gould, *Dinosaur in a Haystack*, p. 162.
26. Peebles, *Asteroids: A History*, p. 196.
27. Peebles, *Asteroids: A History*, p. 202.
28. Peeble, *Asteroids: A History*, p. 204.

29. Iowa Department of Natural Resources Publication, *Iowa Geology 1999*, «Iowa Mansion Impact Structure'.
30. Lewis, *Rain of Iron and Ice*, p. 209.
31. *Arizona Republic*, «Impact Theory Gains New Supporters», 3 de marzo de 2001.
32. Lewis,*Rain of Iron and Ice*, p. 215.
33. *New York Times,* revista, «The Asteroids Are Coming! The Asteroids Are Coming!», 28 de julio de 1996 pp. 17-19.
34. Ferris, *Seeing in the Dark*, p. 168.

Capítulo 14: El fuego de abajo

1. Entrevista a Mik Voorhies, Ashfall Fossil Beds State Park, Nebraska, 13 de junio de 2001.
2. *National Geographic*, «Ancient Ashfall Creates Pompeii of Prehistoric Animals», enero de 1981, p. 66.
3. Feynman, *Six Easy Pieces*, p. 60.
4. Williams y Montaigne, *Surviving Galeras*, p. 78.
5. Ozima, *The Earth*, p. 49.
6. Officer y Page, *Tales of the Earth*, p. 33.
7. Officer y Page, *Tales of the Earth*, p. 52.
8. McGuire, *A Guide to the End of the World*, p. 21.
9. McGuire, *A Guide to the End of the World*, p. 130.
10. Trefil, *101 Things You Don't Know About Science and No One Else Does Either*, p. 158.
11. Vogel, *Naked Earth*, p. 37.
12. *Valley News*, «Drilling the Ocean Floor for Earth's Deep Secrets», 21 de agosto de 1995.
13. Schopf, *Cradle of Life*, p. 73.
14. McPhee, *In Suspect Terrain*, p. 16
15. *Scientific American*, «Sculpting the Earth from Inside Out», marzo de 2001, pp. 40-47, y *New Scientist*, «Journey to the Center of the Earth», suplemento, 14 de octubre de 2000, p.1.
16. *Earth*, «Mystery in the High Sierra», junio de 1996, p. 16.
17. Vogel, *Naked Earth*, p. 31.
18. *Science*, «Much About Motion in the Mantle», 1 de febrero de 2002, p. 982.
19. Tudge, *The Time Before History*, p. 43.
20. Vogel, *Naked F-artli*, p. 53.
21. Trefil, *101 Things You Don't Know About Science and No One Else Does Either*, p. 146.
22. *Nature*, «The Earth's Mantle», 2 de agosto de 2001, pp. 501-506.
23. Drury, *Stepping Stones*, p. 50.
24. *New Scientist*, «Dynamo Support», 10 de marzo de 2001, p. 27.
25. *New Scientist*, «Dynamo Support», 10 de marzo de 2001, p. 27.
26. Trefil, *101 Things You Don't Know About Science and No One Else Does Either*, p. 150.
27. Vogel, *Naked Earth*, p. 139.

28. Fisher *et al.*, *Volcanoes*, p. 24.
29. Thompson, *Volcano Cowboys*, p. 118.
30. Williams y Montaigne, *Surviving Galeras*, p. 7.
31. Fisher *et al.*, *Volcanoes*, p. 12.
32. Williams y Montaigne, *Surviving Galeras*, p. 151.
33. Thompson, *Volcano Cowboys*, p. 123.
34. Fisher *et al.*, *Volcanoes*, p. 16.

Capítulo 15: Una belleza peligrosa

1. Smith, *The Weather*, p. 112.
2. BBC, documental de, *Horizon*, «Crater of Death», primera emisión, 6 de mayo de 2001.
3. Lewis, *Rain of Iron and Ice*, p. 152.
4. McGuire, *A Guide to the End of the World*, p. 104.
5. McGuire, *A Guide to the End of the World*, p. 107.
6. Entrevista a Paul Doss, Parque Nacional de Yellowstone, Wyoming, 16 de junio de 2001.
7. Smith and Siegel, *Windows into the Earth*, pp. 5-6.
8. Sykes, *The Seven Daughters of Eve*, p. 12.
9. Ashcroft, *Life at the Extremes*, p. 275.
10. Transcripción PBC *NewsHour*, 20 de agosto de 2002.

Capítulo 16: Un planeta solitario

1. *New York Times Book Review*, «Where Leviathan Lives», 20 de abril de 1997, p. 9.
2. Ashcroft, *Life at the Extremes*, p. 51.
3. *New Scientist*, «Into the Abyss», 31 de marzo de 2001.
4. *New Yorker*, «The Pictures», 15 de febrero de 2000, p. 47.
5. Ashcroft, *Life at the Extremes*, p. 68.
6. Ashcroft, *Life at the Extremes*, p. 69.
7. Haldane, *What Is Life?*, p. 188.
8. Ashcroft, *Life at the Extremes*, p. 59.
9. Norton, *Stars beneath the Sea*, p. 111.
10. Haldane, *What Is Life?*, p. 202.
11. Norton, *Stars beneath the Sea*, p. 105.
12. Norton, *Stars beneath the Sea*, p. 121.
13. Gould, *The Lying Stones of Marrakech*, p. 305.
14. Norton, *Stars beneath the Sea*, p. 124.
15. Norton, *Stars beneath the Sea*, p. 133.
16. Haldane, *What Is Life?*, p. 192.
17. Haldane, *What Is Life?*, p. 202.
18. Ashcroft, *Life at the Extremes*, p. 78.
19. Haldane, *What Is Life?*, p. 197.
20. Ashero, *Life at the Extremes*, p. 79.

21. Attenborough, *The Living Planet*, p. 39.
22. Smith, *The Weather*, p. 40.
23. Ferris, *The Whole Shebang*, p. 81.
24. Grinspoon, *Venus Revealed*, p. 9.
25. *National Geographic*, «The Planets», enero de 1985, p. 40.
26. McSween, *Stardust to Planets*, p. 200.
27. Ward y Brownice, *Rare Earth*, p. 33.
28. Atkins, *The Periodic Kingdom*, p. 28.
29. Bodanis, *The Secret House*, p. 13.
30. Krebs, *The History and Use of our Earth's Chemical Elements*, p. 148.
31. Davies, *The Fifth Miracle*, p. 126.
32. Snyder, *The Extraordinary Chemistry of Ordinary Things*, p. 24.
33. Parker, *Inscrutable Earth*, p. 100.
34. Snyder, *The Extraordinary Chemistry of Ordinary Things*, p. 42.
35. Parker, *Inscrutable Earth*, p. 103.
36. Feynman, *Six Easy Pieces*, p. xix.

Capítulo 17: En la troposfera

1. Stevens, *The Change in the Weather*, p. 7.
2. Stevens, *The Change in the Weather*, p. 56; *Nature*, «1902 and All That», 3 de enero de 2002, p. 15.
3. Smith, *The Weather*, p. 52.
4. Ashcroft, *Life at the Extremes*, p. 7.
5. Smith, *The Weather*, p. 25.
6. Allen, *Atmosphere*, p. 58.
7. Allen, *Atmosphere*, p. 57.
8. Dickinson, *The Other Side of Everest*, p. 86.
9. Ashcroft, *Life at the Extremes*, p. 8.
10. Attenborough, *The Living Planet*, p. 18.
11. Citado por Hamilton-Paterson, *The Great Deep*, p. 177.
12. Smith, *The Weather*, p. 50.
13. Junger, *The Perfect Storm*, p. 102.
14. Stevens, *The Change in the Weather*, p. 55.
15. Biddle, *A Field Guide to the Invisible*, p. 161.
16. Bodanis, $E = mc^2$, p. 68.
17. Ball, H_2O, p. 51.
18. *Science*, «The Ascent of Atmospheric Sciences», 13 de octubre de 2000, p. 300.
19. Trefil, *The Unexpected Vista*, p. 24.
20. Drury, *Stepping Stones*, p. 25.
21. Trefil, *The Unexpected Vista*, p. 107.
22. *Dictionary of National Biography*, vol. 10, pp. 51-52.
23. Trefil, *Meditations at Sunset*, p. 62.
24. Hamblyn, *The Invetion of Clouds*, p. 252.
25. Trefil, *Meditations at Sunset*, p. 66.
26. Ball, H_2O, p. 57.

27. Dennis, *The Bird in the Waterfall*, p. 8.
28. Gribbin y Gribbin, *Being Human*, p. 123.
29. *New Scientist*, «Vanished», 7 de agosto de 1999.
30. Trefil, *Meditatiotis at 10,000 Feet*, p. 122.
31. Stevens, *The Change in the Weather*, p. 111.
32. *National Geographic*, «New Eyes on the Oceans», octubre de 2000, p. 101.
33. Stevens, *The Change in the Weather*, p. 7.
34. *Science*, «The Ascent of Atmospheric Sciences», 13 de octubre de 2000, p. 303.

Capítulo 18. El mar delimitador

1. Margulis y Sagan, *Microcosmos*, p. 100.
2. Schopf, *Cradle of Life*, p. 107.
3. Green, *Water, Ice and Stone*, p. 29; Gribbin, *In the Beginning*, p. 174.
4. Trefil, *Meditations at 10,000 Feet*, p. 121.
5. Gribbin, *In the Beginning*, p. 174.
6. Kunzig, *The Restless Sea*, p. 8.
7. Dennis, *The Bird in the Waterfall*, p. 152.
8. *Economist*, 13 de mayo de 2000, p. 4.
9. Dennis, *The Bird in the Waterfall*, p. 248.
10. Margulis y Sagan, *Microcosmos*, p. 184.
11. Green, *Water, Ice and Stone*, p. 2
12. Ward y Brownlee, *Rare Earth*, p. 360.
13. Dennis. *The Bird in the Waterfall*, p. 226.
14. Ball, H_2O, p. 21.
15. Dennis, *The Bird in the Waterfall*, p. 6; *Scientific American*, «On Thin Ice», diciembre de 2002, pp. 100-105.
16. Smith, *The Weather*, p. 62.
17. Schultz, *Ice Age Lost*, p. 75.
18. Weinberg, *A Fish Caught in Time*, p. 34.
19. Hamilton-Paterson, *The Great Deep*, p. 178.
20. Norton, *Stars beneath the Sea*, p. 57.
21. Ballard, *The Eternal Darkness*, pp. 14-15.
22. Weinberg, *A Fish Caught in Time*, p. 158; Ballard,*The Eternal Darkness*, p.17.
23. Weinberg, *A Fish Caught in Time*, p. 159.
24. Broad, *The Universe Below*, p. 54.
25. Citado en *Underwater*, revista, «The Deepest Spot on Earth», invierno de 1999.
26. Broad, *The Universe Below*, p. 56.
27. *National Geographic*, «New Eyes on the Oceans», octubre de 2000, p. 93.
28. Kunzig, *The Restless Sea*, p. 47.
29. Attenborough, *The Living Planet*, p. 30.
30. *National Geographic*, «Deep Sea Vents», octubre de 2000, p. 123.
31. Dennis, *The Bird in the Waterfall*, p. 248.
32. Vogel, *Naked Earth*, p. 182.

33. Engel, *The Sea*, p. 183.
34. Kunzig, *The Restless Sea*, pp. 294-305.
35. Sagan, *Cosmos*, p. 271.
36. *Good Weekend*, «Armed and Dangerous», 15 de julio de 2000, p. 35.
37. *Time*, «Call of the Sea», 5 de octubre de 1998, p. 60.
38. Kunzig , *The Restless Sea*, pp. 104-105.
39. Informe de *Economist*, «The Sea», 23 de mayo de 1998, p. 4.
40. Flannery, *The Future Eaters*, p. 104.
41. *Audubon*, mayo-junio de 1998, p. 54.
42. *Time*, «The Fish Crisis», 11 de agosto de 1997, p. 66.
43. *Economist*, «Pollock Overboard», 6 de enero de 1996, p. 22.
44. Informe de *Economist*, «The Sea», 23 de mayo de 1998, p. 12.
45. *Outside*, diciembre de 1997, p. 62.
46. *National Geographic*, octubre de 1993, p. 18.
47. Informe de *Economist*, «The Sea», 23 de mayo de 1998, p. 8.
48. Kurlansky, *Cod*, p. 186.
49. *Nature*, «How Many More Fish in the Sea?», 17 de octubre de 2002, p. 662.
50. Kurlansky, *Cod*, p. 138.
51. *New York Times,* revista, «A Tale of Two Fisheries», 27 de agosto de 2000, p. 40.
52. BBC *Horizon*, transcripción, «Antarctica: The Ice Melts», p. 16.

Capítulo 19: La aparición de la vida

1. *Earth*, «Life's Crucible», febrero de 1998, p. 34.
2. Ball, H_2O, p. 209.
3. *Discover*, «The Power of Proteins», enero de 2002, p. 38.
4. Crick, *Life Itself*, p. 51.
5. Sulston y Ferry, *The Common Thread*, p. 14.
6. Margulis y Sagan, *Microcosmos*, p. 63.
7. Davies, *The Fifth Miracle*, p. 71.
8. Dawkins, *The Blind Watchmaker*, p. 45.
9. Dawkins, *The Blind Watchmaker*, p. 115.
10. Citado en Nuland, *How We Live*, p. 121.
11. Schopf, *Cradle of Life*, p. 107.
12. Dawkins, *The Blind Watchmaker*, p. 112.
13. Wallace *et al.*, *Biology*, p. 428.
14. Margulis y Sagan, *Microcosmos*, p. 71.
15. *New York Times*, «Life on Mars? So What?», 11 de agosto de 1996.
16. Gould, *Eight Little Piggies*, p. 328.
17. *Sydney Morning Herald*, «Aerial Blast Rocks Towns», 29 de septiembre de 1969, y 'Farmer Finds "Meteor Soot"», 30 de septiembre de 1969.
18. Davies, *The Fifth Miracle*, pp. 209-210.
19. *Nature*, «Life's Sweet Beginnings?», 20-27 de diciembre de 2001, p. 857; *Earth*, «Life's Crucible», febrero de 1998, p. 37.
20. Gribbing, *In the Beginning*, p. 78.
21. Ridley, *Genome*, p. 21.

22. Entrevista a Victoria Bennett, Universidad Nacional Australiana, Canberra, 21 de agosto de 2001.
23. Ferris, *Seeing in the Dark*, p. 200.
24. Margulis y Sagan, *Microcosmos*, p. 78.
25. Nota facilitada por el doctor Laurence Smaje.
26. Wilson, *The Diversity of Life*, p. 186.
27. Fortey, *Life*, p. 66.
28. Schopf, *Cradle of Life*, p. 212.
29. Fortey, *Life*, p. 89.
30. Margulis y Sagan, *Microcosmos*, p. 128.
31. Brown, *The Energy of Life*, p. 101.
32. Ward y Brownlee, *Rare Earth*, p. 10.
33. Drury, *Stepping Stone*, p. 68.
34. Sagan, *Cosmos*, p. 273.

Capítulo 20: Un mundo pequeño

1. Biddle, *Field Guide to the Invisible*, p. 16.
2. Ashcroft, *Life at the Extremes*, p. 248; Sagan y Margulis, *Garden of Microbial Delights*, p. 4.
3. Biddle, *Field Guide to the Invisible*, p. 57.
4. *National Geographic*, «Bacteria», agosto de 1993, p. 51.
5. Margulis y Sagan, *Microcosmos*, p. 67.
6. *New York Times*, «From Birth, Our Body Houses a Microbe Zoo», 15 de octubre de 1996 p. C-3.
7. Sagan y Margulis, *Garden of Microbial Delights*, p. 11.
8. *Outside*, julio de 1999, p. 88.
9. Margulis y Sagan, *Microcosmos*, p. 75.
10. De Duve, *A Guided Tour of the Living Cell*, vol. 2, p. 320.
11. Margulis y Sagan, *Microcosmos*, p. 16.
12. Davies, *The Fifth Miracle*, p. 145.
13. *National Geographic*, «Bacteria», agosto de 1993, p. 39.
14. *Economist*, «Human Genome Survey», 1 de julio de 2000, p. 9.
15. Davies, *The Fifth Miracle*, p. 146.
16. *New York Times*, «Bugs Shape Landscape, Make Gold», 15 de octubre de 1996, p. C-1.
17. *Discover*, «To Hell and Back», julio de 1999, p. 82.
18. *Scientific American*, «Microbes Deep Inside the Earth», octubre de 1996, p. 71.
19. *Economist*, «Earth's Hidden Life», 21 de diciembre de 1996, p. 112.
20. *Nature*, «A Case of Bacterial Immortality?», 19 de octubre de 2000, p. 844.
21. *Economist*, «Earth's hidden life», 21 de diciembre de 1996, p. 111.
22. *New Scientist*, «Sleeping Beauty», 21 de octubre de 2000, p. 12.
23. BBC News online, «Row over Ancient Bacteria», 7 de junio de 2001.
24. Sagan y Margulis, *Garden of Microbial Delights*, p. 22.
25. Sagan y Margulis, *Garden of Microbial Delights*, p. 23.
26. Sagan y Margulis, *Garden of Microbial Delights*, p. 24.

27. *New York Times*, «Microbial Life Steadfast Champion, 15 de octubre de 1996, p. C-3.
28. *Science*, «Microbiologists Explore Life's Rich, Hidden Kingdoms», 2 de marzo de 1997, p. 1740.
29. *New York Times*, «Microbial Life's Steadfast Champion», 15 de octubre de 1996, p. C-7.
30. Ashcroft, *Life at the Extremes*, pp. 274-275.
31. *Proceedings of the National Academy of Sciences*, «Default Taxonomy: Ernst De mayo der's View of the Microbial World», 15 de septiembre de 1998.
32. *Proceedings of the National Academy of Sciences*, «Two Empires or Three?», 18 de agosto de 1998.
33. Schopf, *Cradle of Life*, p. 106.
34. *New York Times*, «Microbial Life's Steadfast Champion», 15 de octubre de 1996, p. C-7
35. *Nature*, «Wolbachia: a tale of sex and survival», 11 de mayo de 2001, p. 109.
36. *National Geographic*, «Bacteria», agosto de 1993, p. 39.
37. *Outside*, julio de 1999, p. 88.
38. Diamond, *Guns, Germs and Steel*, p. 208.
39. Gawande, *Complications*, p. 234.
40. *New Yorker*, «No Profit, No Cure», 5 de noviembre de 2001, p. 46.
41. *Economist*, «Disease Fights Back», 20 de mayo de 1995, p. 15.
42. *Boston Globe*, «Microbe Is Feared to Be Winning Battle Against Antibiotics», 30 de mayo de 1997, p. A-7.
43. *New Yorker*, «No Profit, No Cure», 5 de noviembre de 2001, p. 46.
44. *Economist*, «Bugged by Disease», 21 de marzo de 1998, p. 93.
45. *Forbes*, «Do Germs Cause Cancer?», 15 de noviembre de 1999, p. 195.
46. *Science*, «Do Chronic Diseases Have an Infectious Root?», 14 de septiembre de 2001, pp. 1974-1976.
47. Citado en Oldstone, *Viruses, Plagues and History*, p. 8.
48. Biddle, *A Field Guide to the Invisible*, pp. 153-154.
49. Oldstone, *Viruses, Plagues and History*, p. 1.
50. Kolata, *Flu*, p. 292.
51. *American Heritage*, «The Great Swine Flu Epidemic of 1918», junio de 1976, p. 82.
52. *American Heritage*, «The Great Swine Flu Epidemic of 1918», junio de 1976, p. 82.
53. *National Geographic*, «The Disease Detectives», enero de 1991, p. 132.
54. Oldstone, *Viruses, Plagues and History*, p. 126.
55. Oldstone, *Viruses, Plagues and History*, p. 128.

Capítulo 21: La vida sigue

1. Schopf, *Cradle of Life*, p. 72.
2. Lewis, *The Dating Game*, p. 24.
3. Trefil, *101 Things You Don't Know About Science*, p. 280.
4. Leakey y Lewin, *The Sixth Extinction*, p. 45.
5. Leakey y Lewin, *The Sixth Extinction*, p. 45.

6. Entrevista a Richard Fortey, Museo de Historia Natural, Londres, 19 de febrero de 2001.
7. Fortey, *Trilobite!*, p. 24.
8. Fortey, *Trilobite!*, p. 121.
9. 'From Farmer-Laborer to Famous Leader: Charles D. Walcott (1850-1927)», *GSA Today*, enero de 1996.
10. Gould, *Wonderful Life*, pp. 242-243.
11. Fortey, *Trilobite!*, p. 53.
12. Gould, *Wonderful Life*, p. 56.
13. Gould, *Wonderful Life*, p. 71.
14. Leakey y Lewin, *The Sixth Extinction*, p. 27.
15. Gould, *Wonderful Life*, p. 208.
16. Gould, *Eight Little Piggies*, p. 225.
17. *National Geographic*, «Explosion of Life», octubre de 1993, p. 126.
18. Fortey, *Trilobite!*, p. 123.
19. *US News and World Report*, «How Do Genes Switch On?», 18-25 de agosto de 1997, p. 74.
20. Gould, *Wonderful Life*, p. 25.
21. Gould, *Wonderful Life*, p. 14.
22. Corfield, *Architects of Eternity*, p. 287.
23. Corfield, *Architects of Eternity*, p. 287.
24. Fortey, *Life*, p. 85.
25. Fortey, *Life*, p. 88.
26. Fortey, *Trilobite!*, p 125.
27. Dawkins, *Sunday Telegraph*, 25 de febrero de 1990.
28. *New York Times Book Review*, «Survival of the Luckiest», 22 de octubre de 1989.
29. Recensión de *Full House* en *Evolution*, junio de 1997.
30. *New York Times Book Review*, «Rock of Ages», 10 de mayo de 1998, p. 15.
31. Fortey, *Trilobite!*, p. 138.
32. Fortey, *Trilobite!*, p. 132.
33. Fortey, *Life*, p. 111.
34. Fortey, «Shock Lobsters», *London Review of Books*, 1 de octubre de 1998.
35. Fortey, *Trilobite!*, p. 137.

Capítulo 22: Adiós a todo eso

1. Attenborough, *The Living Planet*, p. 48.
2. Marshall, *Mosses and Lichens*, p. 22.
3. Attenborough, *The Private Life of Plants*, p. 214.
4. Attenborough, *The Living Planet*, p. 42.
5. Schopf, *Cradle of Life*, p. 13.
6. McPhee, *Basin and Range*, p. 126.
7. Officer y Page, *Tales of the Earth*, p. 123.
8. Officer y Page, *Tales of the Earth*, p. 118.
9. Conniff, *Spineless Wonders*, p. 84.
10. Fortey, *Life*, p. 201.

11. BBC *Horizon*, «The Missing Link», primera emisión, 1 de febrero de 2001.
12. Tudge, *The Variety of Life*, p. 411.
13. Tudge, *The Variety of Life*, p. 9.
14. Gould, *Eight Little Piggies*, p. 46.
15. Leakey y Lewin, *The Sixth Extinction*, p. 38.
16. Entrevista a Ian Tattersall, Museo Americano de Historia Natural, Nueva York, 6 de mayo de 2002.
17. Stanley, *Extinction*, p. 95; Stevens, *The Change in the Weather*, p. 12.
18. *Harpers*, «Planet of Weeds», octubre de 1998, p. 58.
19. Stevens, *The Change in the Weather*, p. 12.
20. Fortey, *Life*, p. 235.
21. Gould, *Hen's Teeth and Horse's Toes*, p. 340.
22. Powell, *Night Comes to the Cretaceons*, p. 143.
23. Flannery, *The Eternal Frontier*, p. 100.
24. *Earth*, «The Mystery of Selective Extinctions», octubre de 1996, p. 12.
25. *New Scientist*, «Meltdown», 7 de agosto de 1999.
26. Powell, *Night Comes to the Cretaceons*, p. 19.
27. Flannery, *The Eternal Frontier*, p. 17.
28. Flannery, *The Eternal Frontier*, p. 43.
29. Gould, *Eight Little Piggies*, p. 304.
30. Fortey, *Life*, p. 292.
31. Flannery, *The Eternal Frontier*, p. 39.
32. Stanley, *Extinction*, p. 92.
33. Novacek, *Time Traveler*, p. 112
34. Dawkins, *The Blind Watchmaker*, p. 102.
35. Flannery, *The Eternal Frontier*, p. 138.
36. Colbert, *The Great Dinosaur Hunters and their Discoveries*, p. 164.
37. Powell, *Night Comes to the Cretaceous*, pp. 168-169.
38. BBC *Horizon*, «Crater of Death», primera emisión, 6 de mayo de 2001.
39. Gould, *Eight Little Piggies*, p. 229.

Capítulo 23: La riqueza del ser

1. Thackray y Press, *The Natural History Museum*, p. 90.
2. Thackray y Press, *The Natural History Museum*, p. 74.
3. Conard, *How to Know the Mosses and Liverworts*, p. 5.
4. Entrevista a Len Ellis, Museo de Historia Natural, Londres, 18 de abril de 2002.
5. Barber, *The Heyday of Natural History: 1820-1870*, p. 17.
6. Gould, *Leonardo's Mountain of Clams and the Diet of Worms*, p. 79.
7. Citado por Gjertsen, *The Classics of Science*, p. 237, y en el portal de Internet de University of California/UCMP Berkeley.
8. Kastner, *A Species of Eternity*, p. 31.
9. Gjertsen, *The Classics of Science*, p. 223.
10. Durant, *The Age of Louis XIV*, p. 519.
11. Thomas, *Man and the Natural World*, p. 65.
12. Schwartz, *Sudden Origins*, p. 59.

13. Schwartz, *Sudden Origins*, p. 59.
14. Thomas, *Man and the Natural World*, pp. 82-85.
15. Wilson, *The Diversity of Life*, p. 157.
16. Elliott, *The Potting-Shed Papers*, p. 18.
17. *Audubon*, «Earth's Catalogue», enero-febrero de 2002; Wilson, *The Diversity of Life*, p. 132.
18. *Economist*, «A Golden Age of Discovery», 23 de diciembre de 1996, p. 56.
19. Wilson, *The Diversity of Life*, p. 133.
20. *US News and World Report*, 18 de agosto de 1997, p. 78.
21. *New Scientist*, «Monkey Puzzle», 6 de octubre de 2001, p. 54.
22. *Wall Street Journal*, «Taxonomists Unite to Catalog Every Species, Big and Small», 22 de enero de 2001.
23. Entrevista a Koen Maes, Museo Nacional, Nairobi, 2 de octubre de 2002.
24. *Nature*, «Challenges for Taxonomy», 2 de mayo de 2002, p. 17.
25. *The Times*, «The List of Life on Earth», 30 de julio de 2001.
26. Bodanis, *The Secret House*, p. 16.
27. *New Scientist*, «Bugs Bite Back», 17 de febrero de 2001, p. 48.
28. Bodanis, *The Secret House*, p. 15.
29. *National Geographic*, «Bacteria», agosto de 1993, p. 39.
30. Wilson, *The Diversity of Life*, p. 144.
31. Tudge, *The Variety of Life*, p. 8.
32. Wilson, *The Diversity of Life*, p. 197.
33. Wilson, *The Diversity of Life*, p. 197.
34. *Economist*, «Biotech's Secret Garden», 30 de mayo de 1998, p. 75.
35. Fortey, *Life*, p. 75.
36. Ridley, *The Red Queen*, p. 54.
37. Attenborough, *The Private Life of Plants*, p. 177.
38. *National Geographic*, «Fungi», agosto de 2000, p. 60; Leakey y Lewin, *The Sixth Extinction*, p. 117.
39. Flannery y Schouten, *A Gap in Nature*, p. 2.
40. *New York Times*, «A Stone-Age Horse Still Roams a Tibetan Plateau», 12 de noviembre de 1995.
41. *Economist*, «A World to Explore», 23 de diciembre de 1995, p. 95.
42. Gould, *Eight Little Piggies*, pp. 32-34.
43. Gould, *The Flamingo's Smile*, pp. 159-160.

Capítulo 24: Células

1. *New Scientist*, 2 de diciembre de 2000, p. 37.
2. Brown, *The Energy of Life*, p. 83.
3. Brown, *The Energy of Life*, p. 229.
4. Alberts *et al.*, *Essential Cell Biology*, p. 489.
5. De Duve, *A Guided Tour of the Living Cell*, vol. 1, p. 21.
6. Bodanis, *The Secret Family*, p. 106.
7. De Duve, *A Guided Tour of the Living Cell*, vol. 1, p. 68.
8. Bodanis, *The Secret Family*, p. 81.
9. Nuland, *How We Live*, p. 100.

10. Jardine, *Ingenious Pursuits*, p. 93.
11. Thomas, *Man and the Natural World*, p. 167.
12. Schwartz, *Sudden Origins*, p. 167.
13. Carey (ed.), *The Faber Book of Science*, p. 28.
14. Nuland, *How We Live*, p. 101.
15. Trefil, *101 Things You Don't Know About Science and No One Else Does Either*, p. 33; Brown, *The Energy of Life*, p. 78.
16. Brown, *The Energy of Life*, p. 87.
17. Nuland, *How We Live*, p. 103.
18. Brown, *The Energy of Life*, p. 80.
19. De Duve, *A Guided Tour of the Living Cell*, vol. 2, p. 293.
20. Nuland, *How We Live*, p. 157.
21. Alberts *et al.*, *Essential Cell Biology*, p. 110.
22. *Nature*, «Darwin's Motors», 2 de mayo de 2002, p. 25.
23. Ridley, *Genome*, p. 237.
24. Dennett, *Darwin's Dangerous Idea*, p. 21.

Capítulo 25: La idea singular de Darwin

1. Citado en Boorstin, *Cleopatra's Nose*, p. 176.
2. Citado en Boorstin, *The Discoverers*, p. 467.
3. Desmond y Moore, *Darwin*, p. 27.
4. Hamblyn, *The Invention of Clouds*, p. 199.
5. Desmond y Moore, *Darwin*, p. 197.
6. Moorehead, *Darwin and the Beagle*, p. 191.
7. Gould, *Ever since Darwin*, p. 21.
8. Citado en *Sunday Telegraph*, «The Origin of Darwin's Genius», 8 de diciembre de 2002.
9. Desmond y Moore, *Darwin*, p. 209.
10. *Dictionary of National Biography*, vol. 5, p. 526.
11. Citado en Ferris, *Coming of Age in the Milky Way*, p. 239.
12. Barber, *The Heyday of Natural History*, p. 214.
13. *Dictionary of National Biography*, vol. 5, p. 528.
14. Desmond y Moore, *Darwin*, pp. 454-455.
15. Desmond y Moore, *Darwin*, p. 469.
16. Citado por Gribbin y Cherfas, *The First Chimpanzee*, p. 150.
17. Gould, *The Flamingo's Smile*, p. 336.
18. Cadbury, *Terrible Lizard*, p. 305.
19. Citado en Desmond y Moore, *Darwin*, p. xvi.
20. Citado en Gould, *Wonderful Life*, p. 57.
21. Gould, *Ever Since Darwin*, p. 126.
22. Citado por McPhee, *In Suspect Terrain*, p. 190.
23. Schwartz, *Sudden Origins*, pp. 81-82.
24. Citado en Keller, *The Century of the Gene*, p. 97.
25. Darwin, *On the Origin of Species* (ed. facsímil), p. 217.
26. Schwartz, *Sudden Origins*, p. 89.
27. Lewontin, *It Ain't Necessarily So*, p. 91.

28. Ridley, *Genome*, p. 44.
29. Trinkaus y Shipman, *The Neanderthals*, p. 79.
30. Clark, *The Survival of Charles Darwin*, p. 142.
31. Conniff, *Spineless Wonders*, p. 148.
32. Desmond y Moore, *Darwin*, p. 575.
33. Clark, *The Survival of Charles Darwin*, p. 148.
34. Tattersall y Schwartz, *Extinct Humans*, p. 45.
35. Schwartz, *Sudden Origins*, p. 187.

Capítulo 26: El material de la vida

1. Sulston y Ferry, *The Common Thread*, p. 198.
2. Woolfson, *Life without Genes*, p. 12.
3. De Duve, *A Guided Tour of the Living Cell*, vol. 2, p. 314.
4. Dennett, *Darwin's Dangerous Idea*, p. 151.
5. Gribbin y Gribbin, *Being Human*, p. 8.
6. Lewontin, *It Aint Necessarily So*, p. 142.
7. Ridley, *Genome*, p. 48.
8. Wallace *et al.*, *Biology*, p. 211.
9. De Duve, *A Guided Tour of the Living Cell*, vol. 2, p. 295.
10. Clark, *The Survival of Charles Darwin*, p. 259.
11. Keller, *The Century of the Gene*, p. 2.
12. Wallace *et al.*, *Biology*, p. 211.
13. Maddox, *Rosalind Franklin*, p. 327.
14. White, *Rivals*, p. 251.
15. Judson, *The Eighth Day of Creation*, p. 46.
16. Watson, *The Double Helix*, p. 21.
17. Jardine, *Ingenious Pursuits*, p. 356.
18. Watson, *The Double Helix*, p. 17.
19. Jardine, *Ingenious Pursuits*, p. 354.
20. White, *Rivals*, p. 257; Maddox, *Rosalind Franklin*, p. 185.
21. Portal internet PBS, «A Science Odyssey», n.d.
22. Citado en Maddox, *Rosalind Franklin*, p. 317.
23. De Duve, *A Guided Tour of the Living Cell*, vol. 2, p. 290.
24. Ridley, *Genome*, p. 50.
25. Maddox, *Rosalind Franklin*, p. 144.
26. Crick, *What Mad Pursuit*, p. 73-74.
27. Keller, *The Century of the Gene*, p. 25.
28. *National Geographic*, «Secrets of the Gene», octubre de 1995, p. 55.
29. Pollack, *Signs of Life*, p. 22-23.
30. *Discover*, «Bad Genes, Good Drugs», abril de 2002, p. 54.
31. Ridley, *Genome*, p. 127.
32. Woolfson, *Life without Genes*, p. 18.
33. Nuland, *How We Live*, p. 158.
34. *National Geographic*, «The New Science of Identity», mayo de 1992, p. 118.
35. BBC *Horizon*, «Hopeful Monsters», primera transmisión en 1998.

36. *Nature*, «Sorry, dogs-man's got a new best friend», 19-26 de diciembre de 2002, p. 734.
37. *Los Angeles Times* (reimpreso en *Valley News*), 9 de diciembre de 2002.
38. BBC *Horizon*, «Hopeful Monsters», primera transmisión en 1998.
39. Gribbin y Cherfas, *The First Chimpanzee*, p. 53.
40. Schopf, *Cradle of Life*, 240.
41. Lewontin, *It Ain't Necessarily So*, p. 215.
42. *Wall Street Journal*, «What Distinguishes Us from the Chimps?' Actually Not Much», 12 de abril de 2002, p. 1.
43. *Scientific American*, «Move Over, Human genome», abril de 2002, pp. 44-45.
44. *The Bulletin*, «The Human Enigma Code», 21 de agosto de 2001, p. 32.
45. *Scientific American*, "Move Over, Human genome», abril de 2002, pp. 44-45.
46. *Nature*, «From *E. coli* to Elephants», 2 de mayo de 2002, p. 22.

Capítulo 27: Tiempo de hielo

1. Williams, *Surviving Galeras*, p. 198.
2. Officer y Page, *Tales of the Earth*, pp. 3-6.
3. Hallam, *Great Geological Controversies*, p. 89.
4. Hallam, *Great Geological Controversies*, p. 90.
5. Hallam, *Great Geological Controversies*, p. 90.
6. Hallam, *Great Geological Controversies*, pp. 92-93.
7. Ferris, *The Whole Shebang*, p. 173.
8. McPhee, *In Suspect Terrain*, p. 182.
9. Hallam, *Great Geological Controversies*, p. 98.
10. Hallam, *Great Geological Controversies*, p. 99.
11. Gould, *Time's Arrow*, p. 115.
12. McPhee, *In Suspect Terrain*, p. 197.
13. McPhee, *In Suspect Terrain*, p. 197.
14. Gribbin y Gribbin, *Ice Age*, p. 51.
15. Chlorton, *Ice Ages*, p. 101.
16. Schultz, *Ice Agew Lost*, p. 72.
17. McPhee, *In Suspect Terrain*, p. 72.
18. Gribbin y Gribbin, *Ice Age*, p. 60.
19. Schultz, *Ice Agew Lost*, p. 5.
20. Gribbin y Gribbin, *Fire on Earth*, p. 147.
21. Flannery, *The Eternal Frontier*, p. 148.
22. McPhee, *In Suspect Terrain*, p. 4.
23. Stevens, *The Change in the Weather*, p. 10.
24. McGuire, *A Guide to the End of the World*, p. 69.
25. *Valley News* (del *Washington Post*), «The Snowball Theory», 19 de junio de 2000, p. C1.
26. BBC *Horizon*, transcripción, «Snowball Earth», emisión, 22 de febrero de 2001, p. 7.
27. Stevens, *The Change in the Weather*, p. 34.

28. *New Yorker*, «Ice Memory», 7 de enero de 2002, p. 36.
29. Schultz, *Ice Age Lost*, p. 72.
30. Drury, *Stepping Stones*, p. 268.
31. Thomas H. Rich, Patricia Vickers-Rich y Roland Gangloff, «Polar Dinosaurs», manuscrito, n.d.
32. Schultz, *Ice Age Lost*, p. 159.
33. Ball, H_2O, p. 75.
34. Flannery, *The Eternal Frontier*, p. 267.

Capítulo 28: El bípedo misterioso

1. *National Geographic*, mayo de 1997, p. 87.
2. Tattersall y Schwartz, *Extinct Humans*, p. 149.
3. Trinkaus y Shipman, *The Neanderthals*, p. 173.
4. Trinkaus y Shipman, *The Neanderthals*, pp. 3-6.
5. Trinkaus y Shipman, *The Neanderthals*, p. 59.
6. Gould, *Eight Little Piggies*, pp. 126-127.
7. Walker y Shipman, *The Wisdom of the Bones*, p. 39.
8. Trinkaus y Shipman, *The Neanderthals*, p. 144.
9. Trinkaus y Shipman, *The Neanderthals*, p. 154.
10. Walker y Shipman, *The Wisdom of the Bones*, p. 42.
11. Walker y Shipman, *The Wisdom of the Bones*, p. 74.
12. Trinkaus y Shipman, *The Neanderthals*, p. 233.
13. Lewin, *Bones of Contention*, p. 82.
14. Walker y Shipman, *The Wisdom of the Bones*, p. 93.
15. Swisher *et al.*, *Java Man*, p. 75.
16. Swisher *et al.*, *Java Man*, p. 77.
17. Swisher *et al.*, *Java Man*, p. 211.
18. Trinkaus y Shipman, *The Neanderthals*, pp. 267-268.
19. *Washington Post*, «Skull Raises Doubts about our Ancestry», 22 de marzo de 2001.
20. Entrevista con Ian Tattersall, Museo Americano de Historia Natural, Nueva York, 6 de mayo de 2002.
21. Walker y Shipman, *The Wisdom of the Bones*, p. 66.
22. Walker and Shipman, *The Wisdom of the Bones*, p. 194.
23. Tattersall y Schwartz, *Extinct Humans*, p. 111.
24. Citado por Gribbin y Cherfas, *The First Chimpanzee*, p. 60.
25. Swisher *et al.*, *Java Man*, p. 17.
26. Tattersall, *The Human Odyssey*, p. 60.
27. PBS *Nova*, «In Search of Humani Origins», primera emisión, agosto de 1999.
28. Walker y Shipman, *The Wisdom of the Bones*, p. 147.
29. Tattersall, *The Monkey in the Mirror*, p. 88.
30. Tattersall y Schwartz, *Extinct Humans*, p. 91.
31. *National Geographic*, «Face-to-Face with Lucy's Family», marzo de 1996, p. 114.
32. *New Scientist*, 24 de marzo de 2001, p. 5.
33. *Nature*, «Return to the Planet of the Apes», 12 de julio de 2001, p. 131.

34. *Scientific Ametican*, «An Ancestor to Call our Own», enero de 2003, pp. 54-63.
35. *Nature*, «Face to Face with our Past», 19-26 de diciembre de 2002, p. 735.
36. Stevens, *The Change in the Weather*, p. 3; Drury, *Stepping Stones*, pp. 335-336.
37. Gribbin y Gribbin, *Being Human*, p. 135.
38. PBS *Nova*, «In Search of Human Origins», primera emisión, agosto de 1999.
39. Gould, *Ever since Darwin*, pp. 181-183.
40. Drury, *Stepping Stones*, p. 338.
41. Ridley, *Genome*, p. 33.
42. Drury, *Stepping Stones*, p. 345.
43. Brown, *The Energy of Life*, p. 216.
44. Gould, *Leonardo's Mountain of Clams and the Diet of Worms*, p. 204.
45. Swisher *et al.*, *Java Man*, p. 131.
46. *National Geographic*, mayo de 1997, p. 90.
47. Tattersall, *The Monkey in the Mirror*, p. 132.
48. Walker y Shipman, *The Wisdom of the Bones*, p. 165.
49. *Scientific American*, «Food for Thought», diciembre de 2002, pp. 108-115.

Capítulo 29: El mono inquieto

1. Entrevista a Ian Tattersall, Museo Americano de Historia Natural, Nueva York, 6 de mayo de 2002.
2. *Proceedings of the National Academy of Sciences*, 16 de enero de 2001.
3. Entrevista a Alan Thorne, Canberra, 20 de agosto de 2001.
4. Tattersall, *The Human Odyssey*, p. 150.
5. Tattersall y Schwartz, *Extint Humans*, p. 226.
6. Trinkaus y Shipman, *The Neanderthals*, p. 412.
7. Tattersall y Schwartz, *Extinct Humans*, p. 209.
8. Fagan, *The Great Journey*, p. 105.
9. Tattersall y Schwartz, *Extinct Humans*, p. 204
10. Trinkaus y Shipman, *The Neanderthals*, p. 300.
11. *Nature*, «Those Elusive Neanderthals», 25 de octubre de 2001, p. 791.
12. Stevens, *The Change in the Weather*, p. 30.
13. Flannery, *The Future Eaters*, p. 301.
14. Canby, *The Epic of Man*.
15. *Science*, «What — or Who — Did In the Neandertals?», 14 de septiembre de 2001, p. 1981.
16. Swisher, *et al.*, *Java Man*, p. 189.
17. *Scientific American*, «Is Out of Africa Going Out the Door?», agosto de 1999.
18. *Proceedings of the National Academy of Sciences*, «Ancient DNA and the Origin of Modern Humans», 16 de enero de 2001.
19. *Nature*, «A Start for Population Genomics», 7 de diciembre de 2000, p. 65; *Natural History*, «What's New in Prehistory», de mayo de 2000, pp. 90-91.
20. *Science*, «A Glimpse of Humans' First Journey out of Africa», 12 de mayo de 2000, p. 950.

21. *Proccedings of the National Academy of Sciences*, «Mitochondrial DNA sequences in Ancient Australians: Implications for Modern Human Origins», 16 de enero de 2001.
22. Entrevista a Rosalind Harding, Instituto de Antropología Biológica, Oxford, 28 de febrero de 2002.
23. *Nature*, 27 de septiembre de 2001, p. 359.
24. Sólo para que conste diré que el nombre suele escribirse también Olorgesailie, incluso en algunos documentos oficiales keniatas. Fue esa grafía la que utilicé en un librito que escribí para CARE sobre la visita. Ian Tattersall me informa ahora que la grafía correcta es con una «e» en medio.

Capítulo 30: Adiós

1. Citado en Gould, *Leonardo's Mountain of Clams and the Diet of Worms*, p. 237.
2. Flannery y Schouten, *A Gap in Nature*, p. xv.
3. *New Scientist*, «Mammoth Mystery», 5 de mayo de 2001, p. 34.
4. Flannery, *The Eternal Frontier*, p. 195.
5. Leakey y Lewin, *The Sixth Extinction*, p. 241.
6. Flannery, *The Future Eaters*, pp. 62-63.
7. Citado en Matthiessen, *Wild Life in America*, pp. 114-115.
8. Flannery y Schouten, *A Gap in Nature*, p. 125.
9. Desmond y Moore, *Darwin*, p. 342.
10. *National Geographic*, «On the Brink: Hawaii's Vanishing Species», septiembre de 1995, pp. 2-37.
11. Flannery y Schouten, *A Gap in Nature*, p. 84.
12. Flannery y Schouten, *A Gap in Nature*, p. 76.
13. Easterbrook, *A Moment on the Earth*, p. 558.
14. *Washington Post*, in *Valley News*, 27 de noviembre de 1995, «Report Finds Growing Biodiversity Threat'.
15. Wilson, *Diversity of Life*, p. 182.

BIBLIOGRAFÍA

Aczel, Amir D., *Gods Equation: Einstein, Relativity, and the Expanding Universe*. London: Piatkus Books, 2002.

Alberts, Bruce, Dennis Bray, Alexander Johnson, Julian Lewis, Martin Raff, Keith Roberts and Peter Walter, *Essential Cell Biology: , Introduction to the Molecular Biology of the Cell*. New York and London: Garland Publishing, 1998. [Hay una traducción al castellano: *La biología molecular de la célula*, trads. M. Reina, S. Balcells, J. García-Valero, M. Poquet, M. Fernández, J. Ferrer y R. Iglesias, Ediciones Omega S. A., Barcelona, 1992.]

Allen, Oliver E., *Atmosphere*. Alexandria Va.: Time-Life Books, 1983

Álvarez, Walter, *T. Rex and the Crater of Doom*. Princeton, NJ, Princeton University Press, 1997. [Hay una traducción al castellano: *Tyrannosaurus rex y el cráter de la muerte*, trad. Ros, J., Editorial Crítica, Barcelona, 1998.]

Annan, Noel, *The Dons: Mentors, Eccentrics aud Geniuses*. London: HarperCollins, 2000.

Ashcroft, Frances, *Life at the Extremes: The Science of Survival*. London: Harper Collins, 2000.

Asimov, Isaac, *The History of Physics*. New York: Walker & C, 1966.

—, *Exploting the Earth and the Cosmos: The Growth and Future Human Knowledge*. London: Penguin Books, 1984.

—, *Atom: Journey Across the Subatomic Cosmos*. New York: Truman / Talley / Dutton, 1991. [Hay una traducción al castellano: *Átomo: viaje a través del cosmos subatómico*. RBA Coleccionables S. A.:, Barcelona, 1994.]

Atkins, P. W., *The Second Law*. New York: *Scientific American*, 1984. [Hay una traducción al castellano: *La segunda ley*, Prensa Científica S. A., Barcelona 1992.]

—, *Molecules*. New York: *Scientific American*, 1987.

—, *The Periodic Kingdom*. London: Weidenfeld & Nicolson, 1995.

Attenborough, David. *Life on Earth: A Natural History*, London, Collins, 1979. [Hay una traducción al castellano: *El planeta viviente*, trad. Granell, M., Salvat Editores S.A., Barcelona, 1995.]

—, *The Living Planet: A Portrait of the Earth*. London: Collins, 1984.

—, *The Private Life of Plants: A Natural History of Plant Behaviour*. London:

BBC Books, 1984. [Hay una traducción al castellano: *La vida privada de las plantas*, trads., Omedes, A. y Pijoan, M., Editorial Planeta S.A., Barcelona, 1995.]

Baeyer, Hans Christian von, *Taming the Atom: The Emergence of the, Visible Microworld*. London: Viking, 1993.

Bakker, Robert T., *The Dinosaur Heresies: New Theories Unlocking the Mystery of the Dinosaurs and their Extinction*. New York: William Morrow, 1986.

Ball, Philip, H_2O: *A Biography of Water*. London: Phoenix/Orion, 1999.

Ballard, Robert D., *The Eternal Darkness: A Personal History of Death-Sea Exploration*. Princeton, NJ: Princeton University Press, 2000.

Barber, Lynn, *The Heyday of Natural History: 1820-1870*. London: Jonathan Cape, 1980.

Barry, Roger G., and Richard J. Chorley, *Atmosphere, Weather and Climate*, 7th edn. London: Routledge, 1998. [Hay una traducción al castellano: *Atmósfera, tiempo y clima*, trads. Fortes, M.J. y Tarrida,V. , Ediciones Omega S.A., Barcelona, 1999.]

Biddle, Wayne, *A Field Guide to the Invisible*. New York: Henry Holt, 1998.

Bodanis, David, *The Body Book*. London: Little, Brown, 1984.

—, *The Secret House: Twenty-Four Hours in the Strange and Unexpected World in wich We Spend our Nights and Days*. New York: Simon & Schuster, 1984.

—, *The Secret Family: Twenty-Four Hours Inside the Mysterious World of Our Minds and Bodies*. New York: Simon & Schuster, 1997.

—, $E = mc^2$: *A Biography of the World's Most Famous Equation.*. London: Macmillan, 2000. [Hay una traducción al castellano: $E = mc^2$, trad. López de Sa, J.M., Editorial Planeta, S.A., Barcelona, 2002.]

Bolles, Edmund Blair, *The Ice Finders: How a Poet, a Professor and a Politician Discovered the Ice Age*. Washington DC: Counterpoint / Perseus, 1999.

Boorse, Henry A., Lloyd Motz and Jefferson Hane Weaver, *The Atomic Scientists: A Biographical History*. New York: John Wiley & Sons, 1989.

Boorstin, Daniel J., *The Discoverers*. London: Penguin Books, 1986. [Hay una traducción al castellano: *Los descubridores, I, II, III, IV*. Trad. Lijtmaer, S., RBA Coleccionables, S.A., Barcelona, 1994.]

—, *Cleopatra's Nose: Essays on the Unexpected*. New York: Random House, 1994. [Hay una traducción al castellano: *La nariz de Cleopatra*. Trad. Desmonds, A., Editorial Crítica, Barcelona, 1996.]

Bracegirdle, Brian, *A History of Microtechnique: The Evolution of the Microtome and the Development of Tissue Preparation*. London: Heinemann, 1978.

Breen, Michael, *The Koreans: Who they Are, What They Waiit, Where Their Future Lies*, London: Texere, 1998.

Broad, William J., *The Universe Below: Discovering the Secrets of the Deep Sea*. New York: Simon & Schuster, 1997.

Brock, William H., *The Norton History of Chemistry*. London: W. W. Norton, 1993. [Hay una traducción al castellano: *Historia de la Química*. Trads., García, E.; Valle, A. Dely Burgos, P., Alianza Editorial, S.A., Madrid, 1998.]

Brockman, John, and Katinka Matson (eds.), *How Things Are: A Science Tool-Kit for the Mind*. London: Weidenfeld & Nicolson, 1995. [Hay una traducción al castellano: *Así son las cosas*. Trad. Ibeas, J.M., Ediciones Debate, Barcelona, 1996.]

Brookes, Martin, Fly. *The Unsung Hero of Twentieth-Century Science*. London: Phoenix, 2002.

Brown, Guy, *The Energy of Life*. London: Flamingo/HarperCollins, 2000. [Hay una traducción al castellano: *La energía de la vida*. Trad. García Garmilla, M., Editorial Crítica, Barcelona, 2002.]

Browne, Janet, *Charles Darwin: A Biography*, vol. 1. London: Jonathan Cape, 1995.

Burenhult, Göran (ed.), *The First Americans: Human Origins and History to 10,000 Bc*. London: HarperCollins, 1993.

Cadbury, Deborah, *Terrible Lizard: The First Dinosaur Hunters and the Birth of a New Science*. New York: Henry Holt, 2000. [Hay una traducción al castellano: *Los cazadores de dinosaurios: el descubrimiento del mundo enterrado antes del Diluvio Universal*. Trad. Murillo, I., Ediciones Península, S.A., Barcelona, 2002.]

Calder, Nigel, *Einstein's Universe*. London: BBC Books, 1979.

—, *The Comet Is Coming! The Feverish Legacy of Mr Halley*. London: BBC Books, 1980.

Canby, Courtlandt (ed.), *The Epic of Man*. New York: Time / Life, 1961.

Carey, John (ed.), *The Faber Book of Science*. London: Faber, 1995. Chorlton, Windsor, *Ice Ages*. New York: Time-Life Books, 1983.

Christianson, Gale E., *In the Presence of the Creator: Isaac Newton and his Times*. New York: Free Press / Macmillan, 1984.

—, *Edwin Hubble: Mariner of the Nebulae*. Bristol, England: Institute of Physics Publishing, 1995.

Clark, Ronald W., *The Huxleys*. London: Heinemann, 1968.

—, *The Survival of Charles Darwin: A Biography of a Man and an Idea*. London: Daedalus Books, 1985.

—, *Einstein: The Life and Times*. London: HarperCollins, 1971.

Coe, Michael, Dean Snow and Elizabeth Benson, *Atlas of Ancient America*. New York: Equinox/Facts on File, 1986. [Hay una traducción al castellano: *Atlas cultural de la América Antigua: civilizaciones precolombinas*. Trad. N.c., Editorial Óptima, Barcelona, 2002.]

Colbert, Edwin H., *The Great Dinosaur Hunters and their Discoveries*. New York: Dover Publications, 1984.

Cole, K. C., *First You Build a Cloud: And Other Reflections on Physics as a Way of Life*. San Diego: Harvest / Harcourt Brace, 1999.

Conard, Henry S., *How to Know the Mosses and Liverworts*. Dubuque, Iowa: William C. Brown Co., 1956.

Conniff, Richard, *Spineless Wonders: Strange Tales from the Invertebrate World*. London and New York: Henry Holt, 1996.

Corfield, Richard, *Architects of Eternity: The New Science of Fossils*. London: Headline, 2001.

Coveney, Peter, and Poger Highfield, *The Arrow of Time: The Quest to Solve Sciences Greatest Mystery*. London: Flamingo, 1991. [Hay una traducción al castellano: *La flecha del tiempo*. Trad. Buxó, M.J., Plaza & Janés Editores, S.A., Narcelona, 1992.]

Cowies, Virginia, *The Rothschilds: A Family of Fortune*. London: Futura, 1975.

Crick, Francis, *Life Itself: Its Origin and Nature*. London: Macdonald, 1982.

—, *What Mad Pursuit: A Personal View of Scientific Discovery*. London: Penguin

Press, 1990. [Hay una traducción al castellano: *Qué loco propósito*. Trads. Goday, A. y Puigdomenech, P., Tusquets Editores, Barcelona, 1989.]

Cropper, William H., *Great Physicists: The Life and Times of Leading Physicists from Galileo to Hawking*. Oxford: Oxford University Press, 2002.

Crowther, J. G., *Scientists of the Industrial Revolution*. London: Cresset, 1962.

Darwin, Charles, *On the Origin of Species by Means of Natural Selection, or the Preservation of Favoured Races in the Struggle for Life* (facsimile edn). London: AMSPR, 1972. [Hay una traducción al castellano: *El origen de las especies*. Trad. Froufe, A., Alba Libros, S.L., Madrid, 1997.]

Davies, Paul, *The Fifth Miracle: The Search for the Origin of Life*. London: Penguin Books, 1999. [Hay una traducción al castellano: *El quinto milagro, la búsqueda del origen y el significado de la vida*. Trad. García Sanz. J., Editorial Crítica, Barcelona, 2000.]

Dawkins, Richard, *The Blind Watchmaker*. London: Penguin Books, 1988. [Hay una traducción al castellano: *El relojero ciego*. Trad. Arroyo, M., RBA Coleccionables, S.A., Barcelona, 1993.]

—, *River Out of Eden: A Darwinian View of Life*. London: Phoenix, 1996. [Hay una traducción al castellano: *El río del Edén*. Trad. Laporta, V., Editorial Debate, Barcelona, 2000.]

—, *Climbing Mount Improbable*. London: Viking, 1996. [Hay una traducción al castellano: *Escalando el monte improbable*. Trad. Ros, J., Tusquets Editores, Barcelona, 1998.]

Dean, Dennis R., *James Hutton and the History of Geology*. Ithaca, NY: Cornell University Press, 1992.

De Duve, Christian, *A Guided Tour of the Living Cell*, 2 vols. New York: Scientific American / Rockefeller University Press, 1984. [Hay una traducción al castellano: *La célula viva*, 2 v. Trad. Santiago, E., Prensa Científica, S.A., Barcelona, 1999.]

Dennett, Daniel C., *Darwin's Dangerous Idea: Evolution and the Meanings of Life*. London: Penguin, 1996. [Hay una traducción al castellano: *La peligrosa idea de Darwin*. Trad. Pera, C., Galaxia Gutenberg, Barcelona, 2000.]

Dennis, Jerry, *The Bird in the Waterfall: A Natural History of Oceans, Rivers and Lakes*. London and New York: HarperCollins, 1996.

Desmond, Adrian, and James Moore, *Darwin*. London: Penguin Books, 1992.

Dewar, Elaine, *Bones: Discovering the First Americans*. Toronto: Random House Canada, 2001.

Diamond, Jared, *Guns, Germs and Steel: The Fates of Human Societies*. New York: Norton, 1997. [Hay una traducción al castellano: *Armas, gérmenes y acero*. Trad. Chueca, F., Editorial Debate, Barcelona, 1998.]

Dickinson, Matt, *The Other Side of Everest: Climbing the North Face through the Killer Storm*. New York: Times Books, 1997.

Drury, Stephen, *Stepping Stones: The Making of our Home World*. Oxford: Oxford University Press, 1999.

Durant, Will and Ariel, *The Age of Louis XIV*. New York: Simon & Schuster, 1963.

Dyson, Freeman, *Disturbing the Universe*. London and New York Harper & Row, 1979.

Easterbrook, Gregg, *A Moment on the Earth: The Coming Age of Environmental Optimism*. London: Penguin, 1995.

Ebbing, Darrell D., *General Chemistry*. Boston: Houghton Mifflin, 1996.

Elliott, Charles, *The Potting-Shed Papers: On Gardens, Gardeners and Garden History*. Guilford, Conn.: Lyons Press, 2001.

Engel, Leonard, *The Sea*. New York: Time-Life Books, 1969.

Erickson, Jon, *Plate Tectonics: Unravelling the Mysteries of the Earth*. London and New York: Facts on File, 1992.

Fagan, Brian M., *The Great Journey: The Peopling of Ancient America* London: Thames & Hudson, 1987.

Fell, Barry, *America B.C.: Ancient Settlers in the New World*. London: Random House, 1976.

—, *Bronze Age America*. London and Boston: Little, Brown, 1982.

Ferguson, Kitty, *Measuring the Universe: The Historical Quest to Quantify Space*. London: Headline, 1999. [Hay una traducción al castellano: *La medida del universo*. Trad. Conde, J., Ma Non Troppo, Teiá, 2000.]

Ferris, Timothy, *The Minds Sky: Human Intelligence in a Cosmic Context*. New York: Bantam Books, 1992. [Hay una traducción al castellano: *El firmamento de la mente*. Trad. Linares, A., Acento Editorial, Boadilla del Monte, 1993.]

—, *The Whole Shebang: A State of the Universe(s) Report*. London Phoenix, 1998. [Hay una traducción al castellano: *Informe sobre el universo*. Trad. García Sanz, J., Editorial Crítica, Barcelona, 1998.]

—, *Seeing in the Dark: How Backyard Stargazers Are Probing Deep Space and Guarding Earth from Interplanetary Peril*. New York: Simon & Schuster, 2002.

—, *Coming of Age in the Milky Way*. London: HarperCollins, 2003.

Feynman, Richard P., *Six Easy Pieces*. London: Penguin Books, 1998. [Hay una traducción al castellano: *Seis piezas fáciles*. Trad. García Sanz, J., Editorial Crítica, Barcelona, 1998.]

Fisher, Richard V., Grant Heiken and Jeffrey B. Hulen, *Volcanoes: Crucibles of Change*. Princeton, NJ: Princeton University Press 1997.

Flannery, Timothy, *The Future Eaters: An Ecological History of the Australasian Lands and People*. London: W. W. Norton, 1995.

—, *The Eternal Frontier: An Ecological History of North America and its Peoples*. London: Heinemann, 2001.

—, and Peter Schouten, *A Gap in Nature: Discovering the World Extinct Animals*. London: Heinemann, 2001.

Fortey, Richard, *Life: An Unauthorised Biography*. London, Flamingo / HarperCollins, 1998. [Hay una traducción al castellano: *La vida: una biografía no autorizada*. Trad. Laporta, V., Taurus Ediciones S.A., Madrid, 1999.]

—, *Trilobite! Eyewitness to Evolution*. London: HarperCollins, 2000.

Frayn, Michael, *Copenhagen*. London: Methuen, 1998; New York: Anchor Books, 2000. [Hay una traducción al castellano: *Copenhague*. Trad. Solanas, Ch., Centro cultural de la villa, Madrid, 2003.]

Gamow, George, and Russell Stannard, *The New World of Mr. Tompkins*. Cambridge: Cambridge University Press, 2001. [Hay una traducción al castellano: *Breviario del señor Tompkins*. Trad. González, F., Fondo de Cultura Económica de España, S.L., Madrid, 1993.]

Gawande, Atul, *Complications: A Surgeons Notes on an Imperfect Science*. New York: Metropolitan Books / Henry Holt, 2002. [Hay una traducción al castellano: *Complicaciones: confesiones de un cirujano acerca de una ciencia imperfecta*. Editorial Diagonal, Barcelona, 2003.]

Giancola, Douglas C., *Physics: Principles with Applications*. London: Prentice-Hall, 1997.

Gjertsen, Derek, *The Classics of Science: A Study of Twelve Enduring Scientific Works*. New York: Lilian Barber Press, 1984.

Godfrey, Laurie P,. (ed.), *Scientists Confront Creationism*. New York: W. W. Norton, 1983.

Goldsmith, Donald, *The Astronomers*. New York: St Martin's Press, 1991.

«Gordon, Mrs», *The Life and Correspondence of William Buckland, D.D., F.R.S.* London: John Murray, 1894.

Gould, Stephen Jay, *Ever since Darwin: Reflections in Natural History*. London: Deutsch, 1978.

—, *The Panda's Thumb: More Reflections in Natural History*. London and New York: W. W. Norton, 1980. [Hay una traducción al castellano: *El pulgar del panda*. Trads. Resines, A. Y Ros, J., Editorial Crítica, Barcelona, 2001.]

—, *Hen's Teeth and Horses Toes*. London: Penguin Books, 1984. [Hay una traducción al castellano: *Dientes de gallina, dedos de caballo*. Trad. Resines, A., RBA Coleccionables, S.A., Barcelona, 1995.]

—, *The Flamingo's Smile: Reflections in Natural History*. New York: W. W. Norton, 1985. [Hay una traducción al castellano: *La sonrisa del flamenco: reflexiones sobre historia natural*. Trad. Resines, A., Editorial Crítica, Barcelona, 1995.]

—, *Wonderful Life: The Burgess Shale and the Nature of History*. London: Hutchinson Radius, 1990. [Hay una traducción al castellano: *La vida maravillosa*. Trad. Zueras, P. Y Darder, O., RBA Coleccionables, S.A., Barcelona 1994.]

—, *Bully for Brontosaurus: Reflections in Natural History*, London: Hutchinson Padius, 1991. [Hay una traducción al castellano: *Brontosaurus y la nalga del ministro*. Trad. Ros, J.D., RBA Coleccionables, S.A., Barcelona, 1994.]

—, *Time's Arrow, Time's Cycle: Myth and Metaphor in the Discovery of Geological Time*. Cambridge, Mass.: Harvard University Press, 1987. [Hay una traducción al castellano *La flecha del tiempo*. Trad. Acero, C., Alianza Editorial S.A., Madrid, 1992.]

—, (ed.), *The Book of Life*. London: Ebury, 1993. [Hay una traducción al castellano: *El libro de la vida*. Trads. Canals, O y López, L.I., Editorial Crítica, Barcelona, 1999.]

—, *Eight Little Piggies: Reflections in Natural History*. London: Penguin, 1994. [Hay una traducción al castellano: *Ocho cerditos*. Trad. Canals, O., Editorial Crítica, Barcelona, 1994.]

—, *Dinosaur in a Haystack: Reflections in Natural History*. London: Jonathan Cape, 1996. [Hay una traducción al castellano: *Un dinosaurio en un pajar*. Trad. Ros, J., Editorial Crítica, Barcelona, 1997.]

—, *Leonardo's Mountain of Clams and the Diet of Worms: Essays on Natural History*. London: Jonathan Cape, 1998. [Hay una traducción al castellano: *La montaña de las almejas de Leonardo, ensayos sobre la historia natural*. Trad. N.c., Editorial Crítica, Barcelona, 1999.]

—, *The Lying Stones of Marrakech: Penultimate Reflections in Natural History*. London: Jonathan Cape, 2000. [Hay una traducción al castellano: *Las piedras falaces de Marrakech*. Trad. Ros, J., Editorial Crítica, Barcelona, 2001.]

Green, Bill, *Water, Ice and Stone: Science and Memory on the Antarctic Lakes.* New York: Harmony Books, 1995.

Gribbin, John, *In the Beginning: The Birth of the Living Universe.* London: Penguin, 1994. [Hay una traducción al castellano: *En el principio: el nacimiento del universo viviente.* Trad. Unturbe, J., Alianza Editorial, S.A., Madrid, 1994.]

—, *Almost Everyone's Guide to Science: The Universe, Life and Everything.* London: Phoenix, 1998. [Hay una traducción al castellano: *Introducción a la ciencia, una guía para todos (o casi).* Trad. García Garmilla, M., Editorial Crítica, Barcelona, 2000.]

—, and Mary Gribbin, *Being Human: Putting People in an Evolutionary Perspective.* London: Phoenix / Orion, 1993.

—, *Fire on Earth: Doomsday, Dinosaurs and Humankind.* New York: St. Martin's Press, 1996.

—, *Ice Age.* London: Allen Lane, 2001.

—, and Jeremy Cherfas, *The First Chimpanzee: In Search of Human Origins.* London: Penguin Books, 2001.

Grinspoon, David Harry, *Venus Revealed: A New Look Below the Clouds of our Mysterious Twin Planet.* Reading, Mass.: Helix / Addison-Wesley, 1997.

Guth, Alan, *The Inflationary Universe: The Quest for a New Theory of Cosmic Origins.* London: Jonathan Cape, 1997. [Hay una traducción al castellano: *El universo inflacionario: la búsqueda de una nueva teoría sobre los orígenes del cosmos.* Trad. Chueca, F., Editorial Debate, Barcelona, 1999.]

Haldane, J. B. S., *Adventures of a Biologist.* New York: Harper & Brothers, 1937.

—, *What is Life?* New York: Boni & Gaer, 1947.

Hallam, A., *Great Geological Controversies*, 2nd edn. Oxford: Oxford University Press, 1989. [Hay una traducción al castellano: *Grandes controversias geológicas.* Trads. Fontbote, J. M., Rubio, M., RBA Coleccionables S.A., Barcelona 1994.]

Hamblyn, Richard, *The Invention of Clouds: How an Amateur Meteorologist Forged the Language of the Skies.* London: Picador, 2001.

Hamilton-Paterson, James, *The Great Deep: The Sea and its Thresholds.* London: Random House, 1992.

Hapgood, Charles H., *Earths Shifting Crust: A Key to Some Basic Problems of Earth Science.* New York: Pantheon Books, 1958.

Harrington, John W., *Dance of the Continents: Adventures with Rocks and Time.* Los Angeles: J. P. Tarcher, Inc., 1983.

Harrison, Edward, *Darkness at Night: A Riddle of the Universe.* Cambridge, Mass.: Harvard University Press, 1987.

Hartmann, William K. *The History of Earth: An Illustrated Chronicle of an Evolving Planet.* London: Workman Publishing, 1991.

Hawking, Stephen, *A Brief History of Time: From the Big Bang to Black Holes.* London: Bantam Books, 1988. [Hay una traducción al castellano: *Historia del tiempo: del big bang a los agujeros negros.* Trad. Ortuño, M., Editorial Crítica, Barcelona, 2003.]

—, *The Universe in a Nutshell.* London: Bantam Press, 2001. [Hay una traducción al castellano: *El universo en una cáscara de nuez.* Trad. Jou, D., Editorial Crítica, Barcelona, 2003.]

Hazen, Rombert M., and James Trefil, *Science Matters: Achieving Scientific Uteracy*. New York: Doubleday, 1991. [Hay una traducción al castellano: *Temas científicos*. Trad. Marrodán, E., RBA Coleccionables, S.A., Barcelona, 1994.]

Heiserman, David L., *Exploring Chemical Elements and their Compounds*. Blue Ridge Summit, Pa.: TAB Books / McGraw Hill, 1992.

Hitchcock, A. S., *Manual of the Grasses of the United States*, 2nd edn. London: Peter Smith, 1971.

Holmes, Hannah. *The Secret Life of Dust*. London: John Wiley & Sons, 2001.

Holmyard, E. J., *Makers of Chemistry*. Oxford: Clarendon Press, 1931.

Horwitz, Tony, *Blue Latitudes: Boldly Going Where Captain Cook Has Gone Before*. London: Bloomsbury, 2002.

Hough, Richard, *Captain James Cook*. London: Coronet, 1995.

Jardine, Lisa, *Ingenious, Pursuits: Building the Scientific Revolution*. London: Little, Brown, 1999.

Johanson, Donald, and Blake Edgar, *From Lucy to Language*. London: Weidenfeld & Nicolson, 2001.

Jolly, Alison, *Lucy's Legacy: Sex and Intelligence in Human Evolution*. Cambridge, Mass.: Harvard University Press, 1999.

Jones, Steve, *Almost Like a Whale: The Origin of Species Updated*. London: Doubleday, 1999.

Judson, Horace Freciand, *The Eighth Day of Creation: Makers of the Revolution in Biology*. London: Penguin, 1995.

Junger, Sebastian, *The Perfect Storm: A True Story of Men Against the Sea*. London: Fourth Dimension, 1997. [*La tormenta perfecta: una historia real de la lucha de los hombres contra el mar*. Trad. Baena, C., Editorial Debate, Barcelona, 1998.]

Jungnickel, Christa, and Russe E. McCormmach, *Cavendish: The Experimental Life*. Bucknell, Pa: Bucknell Press, 1999.

Kaku, Michio, *Hyperspace: A Scientific Odyssey through Parallel Universes, Time Warps, and the Tenth Dimensions*. Oxford: Oxford University Press, 1999. [Hay una traducción al castellano: *Hiperespacio*. Trad. García Sanz, J., Editorial Crítica, Barcelona, 1996.]

Kastner, Joseph, *A Species of Eternity*. New York: Knopf, 1977.

Keller, Evelyn Fox, *The Century of the Gene*. Cambridge, Mass.: Harvard University Press, 2000. [Hay una traducción al castellano: *El siglo del gen: cien años de pensamiento genético*. Trad. Campos, J.P., Ediciones Península, S.A., Barcelona, 2002.]

Kemp, Peter, *The Oxford Companion to Ships and the Sea*. London: Oxford University Press, 1979.

Kevles, Daniel J., *The Physicists: The History of a Scientific Community in Modern America*. London: Random House, 1978.

Kitcher, Philip, *Abusing Science: The Case against Creationism*. Cambridge, Mass.: MIT Press, 1982.

Kolata, Gina, *Flu: The Story of the Great Influenza Pandemic of 1918 and the Search for the Virus that Caused It*. London: Pan, 2001.

Krebs, Robert E., *The History and Use of our Earths Chemical Elements*. Westport, Conn.: Greenwood, 1998.

Kunzig, Robert, *The Restless Sea: Exploring the World Beneath the Waves*. New York: W. W. Norton, 1999.

Kurlansky, Mark, *Cod: A Biography of the Fish that Changed the World.* London: Vintage, 1999. [Hay una traducción al castellano: *El bacalao: biografía de un pez que cambió el mundo.* Trad. Sabaté, H., Ediciones Península, S.A., Barcelona, 1999.]

Leakey, Richard, *The Origin of Humankind.* London: Phoenix, 1995. [Hay una traducción al castellano: *La formación de la humanidad.* Trad. Domingo, S., RBA Coleccionables, S.A., Barcelona, 1996.]

—, and Roger Lewin, *Origins.* New York: E. P. Dutton, 1977. [Hay una traducción al castellano: *Nuestros orígenes; en busca de lo que nos hace humanos.* Trad. Aubet, M. J., RBA Coleccionables, S.A., Barcelona, 1994.]

—, *The Sixth Extinction: Biodiversity and its Survival.* London: Weidenfeld & Nicolson, 1996.

Leicester, Henry M., *The Historical Background of Chemistry.* New York: Dover, 1971.

Lenimon, Kenneth, *The Golden Age of Plant Hunters.* London: Phoenix House, 1968.

Lewin, Roger, *Bones of Contention: Controversies in the Search for Human Origins,* 2nd edn. Chicago: University of Chicago Press, 1997.

Lewis, Cherry, *The Dating Game: One Mans Search for the Age of the Earth.* Cambridge: Cambridge University Press, 2000.

Lewis, John S., *Rain of Iron and Ice: The Very Real Threat of Comet and Asteroid Bombardment.* Peading, Mass.: Addison-Wesley, 1996.

Lewontin, Richard, *It Ain't Necessarily So: The Dream of the Human Genome and Other Illusions.* London: Granta, 2001. [Hay una traducción al castellano: *El sueño del genoma humano y otras ilusiones.* Trad. Ibero, R., Ediciones Paidós Ibérica, S.A., Barcelona, 2001.]

Little, Charles E., *The Dying of the Trees: The Pandemic in Americas Forests.* New York: Viking, 1995.

Lynch, john, *The Weather.* Toronto: Firefly Books, 2002.

Maddox, Brenda, *Rosalind Franklin: The Dark Lady of DNA.* London: HarperCollins, 2002.

Margulis, Lynn y Dorion Sagan, *Microcosmos: Four Billion Years of Evolution from Our Microbial Ancestors.* London: HarperCollins. [Hay una traducción al castellano: *Microcosmos.* Trad. Piqueras, M., Tusquets Editores, Barcelona, 1995.]

Marshall, Nina L., *Mosses and Lichens.* New York: Doubleday, Page & Co., 1908.

Matthiessen, Peter, *Wildlife in America.* London: Penguin Books, 1995.

McGhee, Jr, George R., *The Late Devonian Mass Extinction: The Frasnian / Famennian Crisis.* New York: Columbia University Press, 1996.

McGrayne, Sharon Bertsch, *Prometheans in the Lab: Chemistry and the Making of the Modern World.* London: McGraw-Hill, 2002.

McGuire, Bill, *A Guide to the End of the World: Everything You Never Wanted to Know.* Oxford: Oxford University Press, 2002.

McKibben, Bill, The *End of Nature.* London: Viking, 1990.

McPhee, John, *Basin and Range.* New York: Farrar, Straus & Giroux, 1980.

—, *In Suspect Terrain.* New York: Noonday Press/Farrar, Straus & Giroux, 1983.

—, *Rising from the Plains.* London: Farrar, Straus & Giroux, 1987.

—, *Assembling California*. New York: Farrar, Straus & Giroux, 1993.

McSween, Harry Y., Jr, *Stardust to Planets. A Geological Tour of the Solar System*. New York: St Martin's Press, 1993.

Moore, Patrick, *Fireside Astronomy: An Anecdotal Tour through the History and Lore of Astronomy*. Chichester: John Wiley & Sons, 1992. [Hay una traducción al castellano: *Astronomía*. Martines-Luque, M., Ediciones Pirámide, S.A., 1998.]

Moorehead, Alan, *Darwin and the Beagle*. London: Hamish Hamilton, 1969. [Hay una traducción al castellano: *Darwin y el Beagle*. Trad. Crespo, M., Ediciones del Aguazul, S.L., Barcelona, 2002.]

Morowitz, Harold J., *The Thermodynamics of Pizza*. New Brunswick, NJ: Rutgers University Press, 1991. [Hay una traducción al castellano: *La termodinámica de la pizza: ciencia y vida cotidiana*. Trad. Frabetti, C., Editorial Gedisa, S.A., Barcelona, 1995.]

Musgrave, Toby, Chris Gardner and Will Musgrave, *The Plant Hunters: Two Hundred Years of Adventure and Discovery around the World*. London: Ward Lock, 1999.

Norton, Trevor, *Stars beneath the Sea: The Extraordinary Lives of the Pioneers of Diving*. London: Arrow Books, 2000.

Novacek, Michael, *Time Traveler: In Search of Dinosaurs and Other Fossils from Montana to Mongolia*. New York: Farrar, Straus & Giroux, 2001.

Nuland, Sherwin B., *How We Live: The Wisdom of the Body*. London: Vintage, 1998. [Hay una traducción al castellano: *La sabiduría del cuerpo...* Trad. Villaverde, F., Alianza Editorial, S.A., Madrid, 1998.]

Officer, Charles, and Jake Page, *Tales of the Earth: Paroxysms and Perturbations of the Blue Planet*. New York: Oxford University Press, 1993.

Oldroyd, David R., *Thinking about the Earth: A History of Ideas in Geology*. London: Athlone, 1996.

Oldstone, Michael B. A., *Viruses, Plagues and History*. New York: Oxford University Press, 1998.

Overbye, Dennis, *Lonely Hearts of the Cosmos: The Scientific Quest for the Secret of the Universe*. London: Macmillan, 1991.

Ozima, Minoru, *The Earth: Its Birth and Growth*. Cambridge: Cambridge University Press, 1981.

Parker, Ronald B., *Inscrutable Earth: Explorations in the Science of Earth*. New York: Charles Scribner's Sons, 1984.

Pearson, John, *Serpents and Stags: The Story of the House of Cavendish and the Dukes of Devonshire*. London: Macmillan, 1983.

Peebles, Curtis, *Asteroids: A History*. Washington: Smithsonian Institution Press, 2000.

Plummer, Charles C., and David McGeary, *Physical Geology*. London: McGraw-Hill Education, 1997.

Pollack, Robert, *Signs of Life: The Language and Meanings of DNA*. London: Penguin Books, 1995.

Powell, James Lawrence, *Night Comes to the Cretaceous: Dinosaur Extinction and the Transformation of Modern Geology*. New York: W. H. Freeman, 1998.

—, *Misteries of Terra Firma: The Age and Evolution of the Earth*. New York: Free Press / Simon & Schuster, 2001.

Psihoyos, Louie, with John Knoebber, *Hunting Dinosaurs*. London: Cassell Illustrated, 1995.

Putnam, William Lowell, *The Worst Weather on Earth*. London: Mountainers Books, 1991.

Quammen, David, *The Song of the Dodo*. London: Hutchinson, 1996.

—, *The Boilerplate Rhino: Nature in the Eye of the Beholder*. London: Touchstone, 2001.

—, *Monster of God*. New York: W. W. Norton, 2003.

Rees, Martin, *Just Six Numbers. The Deep Forces that Shape the Universe*. London: Phoenix / On'on, 2000. [Hay una traducción al castellano: *Seis números nada más*. Trad. Velasco, F., Editorial Debate, Barcelona, 2001.]

Ridley, Matt, *The Red Queen: Sex and the Evolution of Human Nature*. London: Penguin, 1994.

—, *Genome: The Autobiography of a Species*. London: Fourth Estate, 1999. [Hay una traducción al castellano: *Genoma, la autobiografía de una especie en 23 capítulos*. Cifuentes, I., Taurus Ediciones, S.A., Madrid, 2001.]

Ritchie, David, *Superquake! Why Earthquakes Occur and When the Big One Will Hit Southern California*. London: Random House, 1989.

Rose, Steven, *Lifelines: Biology, Freedom, Determinism*. London: Penguin, 1997. [Hay una traducción al castellano: *Trayectorias de vida*. Trad. Zadunaisky, D., Ediciones Granica, S.A., Barcelona, 2001.]

Rudwick, Martin J. S., *The Great Devonian Controversy: The Shaping of Scientific Knowledge among Gentlemanly Specialists*. Chicago: University of Chicago Press, 1985.

Sacks, Oliver, *An Anthropologist on Mars: Seven Paradoxical Tales*. London: Picador, 1996. [Hay una traducción al castellano: *Un antropólogo en Marte: siete relatos paradójicos*. Trad. Alou, D., Editorial Anagrama, S.A., Barcelona, 1997.]

—, *Oaxaca Journal*. London: National Geographic, 2002.

Sagan, Carl, *Cosmos*. London: Random House, 1980. [Hay una traducción al castellano: *Cosmos*. Trads. Muntaner, M. y Moya, M. M., Editorial Planeta, S.A., Barcelona, 2000.]

—, and Ann Druyan, *Comet*. London: Random House, 1985.

Sagan, Dorion, and Lynn Margulis, *Garden of Microbial Delights: A Practical Guide to the Subvisible World*. Boston: J. Harcourt Brace Jovanovich, 1988.

Sayre, Anne, *Rosalind Franklin and DNA*. London: W. W. Norton, 2002. [Hay una traducción al castellano: *Rosilind Franklin y el ADN*. Trad. Carretero, T., Editorial Horas y Horas, Madrid, 1997.]

Schneer, Cecil J. (ed.), *Toward a History of Geology*. London: MIT Press, 1970.

Schopf, J. William, *Cradle of Life: The Discovery of Earths Earliest Fossils*. Princeton, NJ: Princeton University Press, 1999. [Hay una traducción al castellano: *La cuna de la vida*. Riera, J., Editorial Crítica, Barcelona, 2000.]

Schultz, Gwen, *Ice Age Lost*. Garden City, NY: Anchor Press / Doubleday, 1974.

Schwartz, Jeffrey H., *Sudden Origins: Fossils, Genes and the Emergence of Species*. New York: John Wiley & Sons, 1999.

Semonin, Paul, *American Monster: How the Nations First Prehistoric Creature Became a Symbol of National Identity*. New York: New York University Press, 2000.

Shore, William H. (ed.), *Mysteries of Life and the Universe*. San Diego: Harvest / Harcourt Brace & Co., 1992.

Silver, Brian, *The Ascent of Science*. New York: Solomon / Oxford. University Press, 1998.

Simpson, George Gaylord, *Fossils and the History of Life*. New York: Scientific American, 1983.

Smith, Anthony, *The Weather: The Truth about the Health of our Planet*. London: Hutchinson, 2000.

Smith, Robert B., and Lee J. Siegel, *Windows into the Earth: The Geologic Story of Yellowstone and Grand Teton National Parks*. Oxford: Oxford University Press, 2002.

Snow, C. P., *Variety of Men*. London: Macmillan, 1967.

—, *The Physicists*. London: House of Stratus, 1979.

Snyder, Carl H., *The Extraordinary Chemistry of Ordinary Things*. London: John Wiley & Sons, 1995.

Stalcup, Brenda (ed.), *Endangered Species: Opposing Viewpoints*. San Diego: Greenhaven, 1996.

Stanley, Steven M., *Extinction*. New York: Scientific American, 1987.

Stark, Peter, *Last Breath: Cautionary Tales from the Limits of Human Endurance*. New York: Ballantine Books, 2001.

Stephen, Sir Leslie, and Sir Sidney Lee (eds.), *Dictionary of National Biography*. Oxford: Oxford University Press, 1973.

Stevens, William K., *The Change in the Weather: People, Weather, and the Science of Climate*. New York: Delacorte, 1999.

Stewart, Ian, *Natures Numbers: Discovering Order and Pattern in the Universe*. London: Phoenix, 1995.

Strathern, Paul, *Mendeleyev's Dream: The Quest for the Elements*. London: Penguin Books, 2001. [Hay una traducción al castellano: *El sueño de Mendeléiev, de la alquimia a la química*. Trads. Resines, A. y Bevia, H., Siglo XXI de España Editores, S.A., Madrid, 2000.]

Sullivan, Walter, *Landprints*. New York: Times Books, 1984.

Sulston, John, and Georgina Ferry, *The Common Thread: A Story of Science, Politics, Ethics and the Human Genome*. London: Bantam Press, 2002. [Hay una traducción al castellano: *El hilo común de la humanidad: una historia sobre la ciencia, la política, la ética y el genoma humano*. Trads. Ferry, G., Padilla, J. A. y Padilla, A., Siglo XXI de España Editores, S.A., Madrid, 2003.]

Swisher III, Carl C., Garniss H. Curtis and Roger Lewin, *Java Man: How Two Geologists' Dramatic Discoveries Changed our Understanding of the Evolutionary Path to Modern Humans*. London: Little, Brown, 2001.

Sykes, Bryan, *The Seven Daughters of Eve*. London: Bantam Press, 2001.

Tattersall, Ian, *The Human Odyssey: Four Million Years of Human Evolution*. New York: Prentice-Hall, 1993.

—, *The Monkey in the Mirror: Essays on the Science of What Makes Us Human*. Oxford: Oxford University Press, 2002.

—, and Jeffrey Schwartz, *Extinct Humans*. Boulder, Colo.: Westview / Perseus 2001.

Thackray, John, and Bob Press, *The Natural History Museum: Natures Treasurehouse*. London: Natural History Museum, 2001.

Thomas, Gordon, and Max Morgan Witts, *The San Francisco Earthquake*. London: Souvenir, 1971.

Thomas, Keith, *Man and the Natural World: Changing Attitudes in England, 1500-1800*. London: Penguin Books, 1984.

Thompson, Dick, *Volcano Cowboys: The Rocky Evolution of a Dangerous Science*. New York: St Martin's Press, 2000.

Thorne, Kip S., *Black Holes and Time Warps: Einstein's Outrageous Legacy*. London: Picador, 1994. [Hay una traducción al castellano: *Agujeros negros y tiempo curvo*. Trad. García Sanz, R., Editorial Crítica, Barcelona, 1995.]

Tortora, Gerard J., and Sandra Reynolds Grabowski, *Principles Of Anatomy and Physiology*. London: John Wiley & Sons, 1999. [Hay una traducción al castellano: *Anatomía y fisiología*. Trad. N. c., Elsevier España, S.A., Madrid, 1996.]

Trefil, James, *The Unexpected Vista: A Physicists View of Nature*. New York: Charles Scribner's Sons, 1983.

—, *Meditations at Sunset: A Scientist Looks at the Sky*. New York: Charles Scribner's Sons, 1987.

—, *Meditations at 10,000 Feet: A Scientist in the Mountains*. New York: Charles Scribner's Sons, 1987.

—, *101 Things You Don't Know About Science and No One Else Does Either*. London: Cassell Illustrated, 1997.

Trinkaus, Erik, and Pat Shipman, *The Neanderthals: Changing the Image of Mankind*. London: Pimlico, 1994. [Hay una traducción al castellano: *1001 cosas...* Trad. Domingo, S., RBA Coleccionables, S.A., Barcelona, 1993.]

Tudge, Colin, *The Time before History: Five Million Years of Human Impact*. New York: Touchstone / Simon & Schuster, 1996.

—, *The Variety of Life: A Survey and a Celebration of All the Creatures that Have Ever Lived*. Oxford: Oxford University Press, 2002. [Hay una traducción al castellano: *La variedad de la vida: exploración y celebración de todas las criaturas que han vivido en la tierra*. Trad. Riera, J. L., Editorial Crítica, Barcelona, 2001.]

Vernon, Ron, *Beneath our Feet: The Rocks of Planet Earth*. Cambridge: Cambridge University Press, 2000.

Vogel, Shawna, *Naked Earth: The New Geophysics*. New York, Dutton, 1995.

Walker, Alan, and Pat Shipman, *The Wisdom of the Bones: The Search of Human Origins*. London: Weidenfeld & Nicolson. 1996.

Wallace, Robert A., Jack L. King and Gerald P. Sanders, *Biology: The Science of Life*, 2nd edn. Glenview, III: Scott, Foresman & Co., 1986. [Hay una traducción al castellano, *Biología molecular y herencia: la ciencia de la vida*.]

Ward, Peter D., and Donald Brownlee, *Rare Earth: My Complex Life Is Uncommon in the Universe*. New York: Copernicus, 1999.

Watson, James D., *The Double Helix: A Personal Account of the Discovery of the Structure of DNA*. London: Penguin Books, 1999. [Hay una traducción al castellano, *La doble hélice*.]

Weinberg, Samantha, *A Fish Caught in Time: The Search for the Coelacanth*. London: Fourth Estate, 1999.

Weinberg, Steven, *The Discovery of Subatomic Particles*. London: W. H. Freeman, 1990.

—, *Dreams of a Final Theory*. London: Vintage, 1993. [Hay una traducción al castellano: *El sueño de una teoría final: la búsqueda de las leyes fundamentales de la naturaleza*. Trad. García Sanz, J., Editorial crítica, Barcelona, 2003.]

Whitaker, Richard (ed.), *Weather*. London: Warner Books, 1996. White, Michael, *Isaac Newton: The Last Sorcerer*. London: Fourth Dimension, 1997. [Hay una traducción al castellano: *Isaac Newton*. Trad. Bautista, A., Ediciones SM, Boadilla del Monte, 1991.]

—, *Rivals: Conflict as the Fuel of Science*. London: Vintage, 2001.

Wilford, John Noble, *The Mapmakers*. London: Random House, 1981.

—, *The Riddle of the Dinosaur*. London: Faber, 1986. [Hay una traducción al castellano: *El enigma de los dinosaurios*. Trad. Adsuar, J., RBA Coleccionables, S.A., Barcelona, 1993.]

Williams, E. T., and C. S. Nicholls (eds.), *Dictionary of National Biography, 1961-1970*. Oxford: Oxford University Press, 1981.

Williams, Stanley, and Fen Montaigne, *Surviving Galeras*. Boston: Houghton Mifflin, 2001.

Wilson, David, *Rutherford: Simple Genius*. London: Hodder, 1984.

Wilson, Edward O., *The Diversity of Life*. London: Allen Lane / Penguin Press, 1993.

Winchester, Simon, *The Map that Changed the World: The Tale of William Smith and the Birth of a Science*. London: Viking, 2001.

Woolfson, Adrian, *Life without Genes: The History and Future of Genomes*. London: Flamingo, 2000.

ÍNDICE ANALÍTICO

AGRADECIMIENTOS

Estoy aquí sentado, a principios de 2003, y tengo ante mí varias páginas de manuscrito que contienen notas, mayestáticamente alentadoras y llenas de tacto, de Ian Tattersall del Museo Americano de Historia Natural que indican, *inter alia,* que Périgueux no es una región productora de vino, que es ingenioso pero un poco heterodoxo por mi parte cursivear las divisiones taxonómicas situadas por encima del nivel de género y especie, que he escrito mal insistentemente Olorgesailie (un lugar que no visité hasta fechas muy recientes) y así sucesivamente, en una vena similar, a lo largo de los dos capítulos del texto que abordan la materia de la que él es especialista: los primeros humanos.

Aunque quién sabe cuántos oscuros motivos de vergüenza más pueden acechar aún ocultos en estas páginas, gracias al doctor Tattersall y a todos los demás que estoy a punto de mencionar, no hay muchos centenares más. Ojalá fuese capaz de agradecer como se merecen por su ayuda a todos los que colaboraron en la preparación de este libro. Estoy especialmente en deuda con los siguientes, que fueron generosos y amables por igual y demostraron tener unas reservas de paciencia absolutamente heroicas contestando a una simple pregunta infinitamente repetida: «Perdona, pero ¿puedes explicármelo otra vez?».

En Inglaterra: David Caplin del Imperial College de Londres; Richard Fortey, Len Ellis y Kathy Way del Museo de Historia Natural; Martin Raff del University College, Londres; Rosalind Harding del Instituto de Antropología Biológica de Oxford; el doctor Laurence Smaje, antes del Instituto Wellcome, y Keith Blackmore de *The Times.*

En Estados Unidos: Ian Tattersall del Museo Americano de Historia Natural de Nueva York; John Thorstensen, Mary K. Hudson y David Blanchflower del Colegio Dartmouth, Hanover, New Hampshire; el doctor William Abdu y el doctor Bryan Marsh del Centro Médico Dartmouth-

Hitchcock de Lebanon, New Hampshire; Ray Anderson y Brian Witzke del Departamento de Recursos Naturales de Iowa; Mike Voorhies de la Universidad de Nebraska y el Parque Estatal del Lecho de Fósiles de Ashfall, Orchard, Nebraska; Chuck Offenburger de la Universidad de Buena Vista, Storm Lake, Iowa; Ken Rancourt, director de investigación, Observatorio Mount Washington, Gorham, New Hampshire; Paul Doss, geólogo del Parque Nacional de Yellowstone, y su esposa, Heidi, también del Parque Nacional; Frank Asaro de la Universidad de California, Berkeley; Oliver Payne y Lynn Addison de la National Geographic Society; James O. Farlow, Universidad de Purdue, Indiana; Roger L. Larson, profesor de geofísica marina, Universidad de Rhode Island; Jeff Guinn del *Star-Telegram* de Fort Worth; Jerry Kasten de Dallas, Texas; y el personal de la Sociedad Histórica de Iowa, Des Moines.

En Australia: el reverendo Robert Evans de Hazelbrook, Nueva Gales del Sur; el doctor Jill Cainey, Oficina Australiana de Meteorología; Alan Thorne y Victoria Bennett de la Universidad Nacional Australiana, Camberra; Louise Burke y John Hawley de Camberra; Anne Milne del *Sydney Morning Herald;* Ian Nowak, antes de la Sociedad Geológica de Australia Occidental; Thomas H. Rich del Museo Victoria; Tim Flannery, director del Museo del Sur de Australia, Adelaida; Natalie Papworth y Alan MacFadyen de los Reales Jardines Botánicos Tasmanianos, Hobart; y al amabilísimo personal de la Biblioteca Estatal de Nueva Gales del Sur, Sidney.

Y en otros sitios: Sue Superville, directora del centro de información en el Museo de Nueva Zelanda, Wellington; y la doctora Emma Mbua, el doctor Koen Maes y Jillani Ngalla del Museo Nacional de Kenia de Nairobi.

Tengo también una deuda importante por diversas razones con Patrick Janson-Smith, Gerald Howard, Marianne Velmans, Alison Tulett, Gillian Somerscales, Larry Finlay, Steve Rubin, Jed Mattes, Carol Heaton, Charles Elliott, David Bryson, Felicity Bryson, Dan McLean, Nick Southern, Gerald Engelbretsen, Patrick Gallagher, Larry Ashmead y los empleados de la sin par y siempre alegre Biblioteca Howe de Hanover, New Hampshire.

Sobre todo, y como siempre, mi agradecimiento más profundo a mi querida, paciente e incomparable esposa, Cynthia.